# 797,885 Books
are available to read at

# Forgotten Books

www.ForgottenBooks.com

Forgotten Books' App
Available for mobile, tablet & eReader

ISBN 978-0-259-79966-5
PIBN 10630216

This book is a reproduction of an important historical work. Forgotten Books uses state-of-the-art technology to digitally reconstruct the work, preserving the original format whilst repairing imperfections present in the aged copy. In rare cases, an imperfection in the original, such as a blemish or missing page, may be replicated in our edition. We do, however, repair the vast majority of imperfections successfully; any imperfections that remain are intentionally left to preserve the state of such historical works.

Forgotten Books is a registered trademark of FB &c Ltd.
Copyright © 2017 FB &c Ltd.
FB &c Ltd, Dalton House, 60 Windsor Avenue, London, SW19 2RR.
Company number 08720141. Registered in England and Wales.

For support please visit www.forgottenbooks.com

# 1 MONTH OF FREE READING

## at
## www.ForgottenBooks.com

---

By purchasing this book you are eligible for one month membership to ForgottenBooks.com, giving you unlimited access to our entire collection of over 700,000 titles via our web site and mobile apps.

To claim your free month visit:
www.forgottenbooks.com/free630216

\* Offer is valid for 45 days from date of purchase. Terms and conditions apply.

English
Français
Deutsche
Italiano
Español
Português

# www.forgottenbooks.com

**Mythology** Photography **Fiction**
Fishing Christianity **Art** Cooking
Essays Buddhism Freemasonry
Medicine **Biology** Music **Ancient Egypt** Evolution Carpentry Physics
Dance Geology **Mathematics** Fitness
Shakespeare **Folklore** Yoga Marketing
**Confidence** Immortality Biographies
Poetry **Psychology** Witchcraft
Electronics Chemistry History **Law**
Accounting **Philosophy** Anthropology
Alchemy Drama Quantum Mechanics
Atheism Sexual Health **Ancient History**
**Entrepreneurship** Languages Sport
Paleontology Needlework Islam
**Metaphysics** Investment Archaeology
Parenting Statistics Criminology
**Motivational**

# Jeschurun

Monatsschrift
für
Lehre und Leben im Judentum.

Herausgeber: Dr. J. Wohlgemuth

## Neunter Jahrgang

1922.

AP
93
J4
Jg.9

# Inhaltsverzeichnis des neunten Bandes.

|  | Seite |
|---|---|
| David Hoffmann vom Herausgeber | 1—19 |
| Heiligkeit und Weltlichkeit von Max Landau | 81—91 |
| Die Erwählung Israels vom Herausgeber | 177—191 |
| Mussarworte vom Herausgeber | 305—317 |
| Die Urattribute Gottes als Vorbilder des Menschen vom Herausgeber | 385—400 |
| Der moderne Kampf gegen die Geschichtlichkeit der Patriarchenreligion von Geh.-R Prof. Dr. E. König | 91—115 |
| Dreitausend Fehler im Alten Testament? von Geh.-R Prof Dr. E. König | 257—262 |
| Die Bedeutung David Hoffmanns für die Bibelwissenschaft, dargestellt an Hand seiner wichtigsten Forschungsergebnisse von Dr Jacob Neubauer | 347—376 |
| Mar Samuel (Fortsetzung) von Prof. Dr. D. Hoffmann 20—47; 129—137; | 218—229 |
| Untersuchungen über die Entwickelung und den Geist der Massora (Fortsetzung) von Schuldirektor Dr. Ernst Ehrentreu . 137—164; 202—218; | 330—346 |
| Hoffmann-Beiträge von Rabb Dr. Samuel Klein | 164 174 |
| Die Schriftherleitung von כי ממני יצאו von Rabb. Dr S. Kaatz | 174—175 |
| Hillel und die Bne-Batyra von Rabb. Dr. S. Kaatz | 247 257 |
| Das jüdische Notrecht von Dr. Heinrich Cohen | 272 299 |
| Die Religionsphilosophie Hermann Cohen's (Fortsetzung) von Dr. Harry Levy . . . . 48—59; | 191—201 |
| Nachtrag zur „Philosophie des Organischen" von Dr Oscar Wolfsberg | 71 74 |
| Psychoanalytischer Deutungsversuch einiger Riten des Versöhnungstages von Oberlehrer Dr. A. Blau | 115—128 |
| Einiges aus dem Ideenkreis des R Salman aus Ladi, des Begründers des Chabad von Rabb. Dr. I. Unna | 241—246 |

„Monistische Märchen" von Dr. W. Freyhan . . . 299—304
Die religiöse Immanenz von Dr. H. Weyl 318–330; 433—445
Zum Problem der Ethik von Dr. Oscar Wolfsberg . . . 408 415

Das jüdische Lehrerseminar in Litauen von
    Direktor F. Getz . . . . . . . . . . . . . . 65—71
Jüdische Friedhöfe einst und jetzt von Erich Töplitz 229—235
Hermann L. Strack vom Herausgeber . . . . . . . . 381—384
Aus R. Akiba Eger's Heimat von Dr. A. Fürst . . . 401 407

Briefe aus dem Golus von einer Proselytin . . . . . 59— 64
Ricarda Huch und wir von Dr. Heinrich Weyl . . . 235 237
Israel Zangwill als Dramatiker von Oberlehrer Dr
    A. Blau . . . . . . . . . . . . . . . . 262—272
Gertrud Marx Gedichte Neue Folge von Oberlehrer
    Dr. A. Blau . . . . . . . . . . . . . . 377—381
Eine Weihnachtsfeier von Awigdor Feuerstein frei über-
    tragen von Ari Wohlgemuth . . . . . . . . . 415 438

Bücherbesprechungen:
  Der babylonische Talmud übersetzt und erläutert von Dr.
    Nivard Schlögel . . . . . . . . . . . . . 75—78
  Jüdisches Jahrbuch für die Schweiz 5682 . . . . . 78—80
  Ein deutscher Tagore (Paul Lehmann) . . . . . . 80
  I. Leverant ספר דרך לתלמוד . . . . . . . . . 175
  S. Schachnowitz: Im Judenstaat der Chasaren . . 176
Gabe, zum 50 Geburtstag Rabb. Dr. Nobel dargebracht . . 237—239
I. Zangwill: Auserwählte Völker . . . . . . . . . 239—240
Heinrich Rickert: Die Philosophie des Lebens . . . . . . 240
G. Dalmann: Orte und Wege Jesu . . . . . . . . . . 446—448

Notiz von Prof. Dr. Sulzbach . . . . . . . . . . .

# Jeschurun

9. Jahrgang     שבט—טבת 5682     Heft 1/2
Januar—Februar 1922

## David Hoffmann.

תבא בכלח עלי קבר כעלות גדיש בעתו Du kommst in ungeschwächter Kraft ans Grab, wie die Garbe eingebracht wird zur rechten Zeit. Dies Trostes- und Segenswort Eliphas' könnten wir auf den grossen Mann anwenden, dessen Heimgang wir betrauern. In einem Alter, das zu erreichen heute nur wenigen beschieden, wurde er von uns genommen, und sein Auge war bis zum Todestage nicht trübe geworden, seine Geisteskraft bis zuletzt nicht von ihm gewichen.

Warum fasst uns dennoch ein mächtiges Sehnen, warum will der zehrende Kummer in uns nicht zur Ruhe kommen? Weil wir in ihm einen **Einzigen** sehen, für dessen Wirksamkeit einen Nachfolger zu finden die Sorge der letzten Jahre war, für den nach menschlichem Ermessen keiner heute in die Bresche zu treten vermag.

Das sind nicht Ueberschwänglichkeiten, gesprochen an einem frischen Grabe, das ist die Ueberzeugung derer, die sich seine Schüler und Anhänger nennen durften. Diese Wahrheit einem grösseren Kreise zum Bewusstsein zu bringen, ist der Zweck der folgenden Erörterungen.

Es herrscht Streit darüber, ob das Idealbild des Judentums in dem erfüllt ist, der sich ausschliesslich mit der Thora beschäftigt und jede, aber auch jede Berührung mit der Kultur der anderen Völker, mit den Errungenschaften in Kunst und Wissenschaft ablehnt. Dieser Streit ist nicht von heute, er ist in allen Perioden der jüdischen Geschichte lebendig gewesen und zu Zeiten recht erbittert durchgefochten worden. Uns erscheint der Streit schon um dessentwillen verfehlt, weil es eine solche Idealnorm, die durch den E i n z e l n e n verkörpert wird, überhaupt nicht gibt, wir uns nur vorstellen können, dass das J u d e n t u m durch eine G e s a m t h e i t von Gestalten, die, ein jeder einen anderen seiner Wesenszüge besonders markant hervortreten lassen, in idealer Weise uns vor Augen tritt. Es möchte sonst schwer fallen, den Normaltypus des Ideals aufzustellen: Ist's Jesajah oder der Brisker Raw, ist's Maimonides oder der Bescht? Aber es genügt für die Antithese durchaus: Ist's Samson Raphael Hirsch oder der Brisker Raw?

Aber die psychologische Erklärung für diesen Streit liegt in einem anderen Moment. Nicht so sehr die Vereinigung von Thorawissen und fremder Kultur erregte den Widerspruch, als die Wahrnehmung, dass die K e n n t n i s der Thora und die völlige Hingabe an ihre Lehren unter der Beschäftigung mit den fremden Wissensgebieten litt. Darum haben wohl immer Zeitalter miteinander gewechselt, in denen die Vertreter des einen oder des anderen Prinzips die Vorherrschaft hatten, weil bald die Folgen der Einseitigkeit, bald die des Versuchs der Harmonisierung sich geltend machten und eine Rückwirkung auslösten, nie aber sind die Grossen, die beides: eine überragende Thorakenntnis und die Bildung ihrer Zeit in sich vereinigten, ohne dauernde Anerkennung geblieben. Maimonides ist hier nur der alle übertreffende Vertreter dieser Grossen, aber immer nur ein Typ. Freilich nicht Thora und Wissenschaft allein waren gedanklich zu vereinen. Diese Vereinigung musste getragen werden von einer Persönlichkeit, die Jude war, Jude in der religiösen Inbrunst des Fühlens, Jude in der Hingabe des Glaubens an die Verbindlichkeit und in der treuen Erfüllung des Gesetzes, Jude in der allumfassenden Liebe zu ihrem Volke.

Diesen Typ hat die Blütezeit unserer Geschichte in der Diaspora in vielen ragenden Gestalten verkörpert. Wir bewundern die Männer, die das profane Wissen ihrer Zeit sich zu eigen gemacht, ihre wissenschaftliche Methode beherrschten und zugleich Heroen talmudischer Forschung waren, die Staatsmänner, Aerzte, Religionsphilosophen, die der Stolz Israels in der Geschichte der Wissenschaft sind, in gleicher Weise Autoritäten der Halacha für alle Zeit wurden und das vorbildliche jüdisch-religiöse Leben führten, das uns heute als schier unerreichbar gilt. Es ist bekannt, dass diese innige Verbindung zwischen Glauben und Wissen, zwischen Lehre und Leben, zwischen Religion und Kultur, zwischen dem tiefen und umfassenden Thorastudium und den grossen Errungenschaften der wissenschaftlichen Methoden der Zeit Jahrhunderte hindurch verloren ging. In der neueren Zeit ist der Versuch eines Ausgleichs zwischen diesen scheinbaren Gegensätzen im Kreise der Bekenner des überlieferten Judentums durch grosse Männer angebahnt werden. Aber für das Leben nur gelang, wenigstens zu einem Teil, dieser Versuch, nicht so sehr für die Wissenschaft. Denn die Harmonie ist nicht dadurch hergestellt, dass es religiöse Juden gibt, die in ihrem Aeusseren oder in ihrer Schulbildung teilnehmen an der Kultur der Neuzeit. Es handelt sich um mehr. Was wertvoll ist an den Grundideen der Zeit, bleibend an der wissenschaftlichen Methode, das muss in innige Beziehung gebracht werden zu unserem Erbgut, dass aus dieser Vermählung eine wirkliche Einheit ersteht. Und doch darf diese Einheit nicht nur eine des Gedankens sein, sie muss durch ein religiöses Leben geweiht sein, das in Lehre und Uebung in der Tradition verankert ist.

Diese Harmonie war in einer den Grossen der früheren Periode nahe kommenden Vollendung im letzten Menschenalter allein in Hoffmann verkörpert. Darum nannten wir ihn einen Einzigen יחיד בדורו, denn er, dem die grosse zum Teil schöpferische Thorakunde alten Stiles eigen war, nahm zugleich eine allgemein anerkannte Stellung in der Wissenschaft ein und war doch in Weltanschauung und Lebensführung nicht einen Schritt von den die Einheit und Dauer des Judentums allein gewährleistenden Grundwahrheiten und Gesetzesnormen gewichen.

Diese Harmonie und ihre Auswirkungen waren naturgemäss das Ergebnis einer längeren Entwickelung. Wie immer bei grossen Männern waren die Geistes- und Charakteranlagen aussergewöhnliche. Man war im Zweifel, wem man die Palme reichen sollte, seinem unübertroffenen Scharfsinn, dem ans Wunderbare grenzenden Gedächtnis oder dem eisernen Fleiss. Er sprach selten von sich, aus gelegentlichen Aeusserungen erfuhr man Züge, die von der Frühreife des Genies zeugen. Er konnte Schülern gegenüber, denen eine Raschistelle zur Thora unbekannt war, bitter werden: „Das habe ich zu vier Jahren gewusst" und dem Schreiber dieser Zeilen erzählte er vergangenes Jahr in seinem siebenundsiebenzigsten Jahre eine „תורה", die er in seinem siebenten Jahre „gesagt", selbst gefunden und vorgetragen. Die Eltern müssen Bedeutendes an sich gehabt haben, denn Hoffmann, der nie einer Phrase sich schuldig gemacht, bemerkte, anlässlich eines Kommerses, in dem wir mit ihm zu seinem sechzigsten Geburtstage zusammen waren, dass er sich an Grösse mit seinem Vater nicht messen könne. Anlage und Fleiss legten dann bei ihm den Grund zu jener tiefen und umfassenden Bibel- und Talmudkunde, die um so bewundernswerter erscheint, als er eigentlich im letzten halben Jahrhundert seines Lebens nur einen Bruchteil seiner Zeit dem eigentlichen Lernen gewidmet hat. Er hat es oft bedauert, besonders, dass er seinem Schiur nicht die Vorbereitung nach den Ansprüchen angedeihen lassen konnte, die er an sich für einen Schiur stellte, und dieser bescheidenste aller Menschen, der aber naturgemäss wie jeder Grosse, für den allein Bescheidenheit Verdienst, die Sprungkraft seines Geistes wohl abzuschätzen wusste, hat es in einer Dozentenkonferenz bei Beratung des Stundenplans ausgesprochen, dass er bei entsprechender Vorbereitung sich wohl getraute, einen Schiur wie der חתם סופר zu lernen.

So war auch für die ihm charakteristische Art der Erfassung und Vertiefung des Talmudstudiums und der Dezisoren seine Entwickelung, abgeschlossen, bevor er der Lehrer der Rabbinergenerationen Deutschlands in den letzten beiden Menschenaltern wurde. Ein Schüler grosser Lehrer und vor allem des מהר"ם ש״ק und man darf wohl sagen, sein תלמיד מובהק, nahm er in sich die ganze Fülle des Wissens und die scharfsinnige Behandlungsart der talmudischen Diskussionen auf, die die ungarischen Rabbinen zu bieten hatten. R. Esriel Hildesheimer's

Jeschiwah in Eisenstadt eröffnete dem Jüngling einen neuen Ausblick durch die Einführung in die klassische Welt des Altertums und die modernen Disziplinen. In der Art des Lernens stand Hildesheimer aber selbst — bei aller Selbständigkeit — etwas im Banne des ungarischen Pilpul. Hoffmann bekannte, dass er neue Gesichtspunkte gewann, als er in den Kreis des Würzburger Raw geriet. Es war eine Art des Lernens, in der die endgültige und praktische Halacha in den Mittelpunkt gestellt wurde, eine Gründlichkeit und Akribie in der Kleinarbeit, die eine glückliche Ergänzung der ihm bisher gewohnten Methode war. Aus all den Quellen, aus denen er geschöpft, erwuchs dann die besondere Eigenart Hoffmann's, die ihn befähigte, talmudische Fragen mit pilpulistischem Scharfsinn und zugleich kritisch und mit Heranziehung aller bereits gegebenen Antworten so gründlich und exakt zu behandeln, dass seine Lösung sich dem kundigen Beurteiler oft als die einzig mögliche ergibt. Es soll aber unterstrichen werden, dass Hoffmann den Pilpul nicht etwa unterschätzte. Wohl erzählte er mit Vorliebe von einer Reise im späteren Alter nach Ungarn, wo er in seinem Heimatsorte über ein talmudisches Thema vor bedeutenden Rabbinern einen Pilpul hielt, der das Entzücken der Anwesenden war, um am folgenden Tage das gleiche Thema kritisch behandelnd ihnen zu erklären, dass er hier der Wahrheit näher gekommen zu sein glaube. Doch hielt er noch viel weniger von den Kritikern, die jene Jeschiwastadien nicht durchlaufen und den echten und rechten Pilpul nicht zu handhaben wussten.

Wie hier die Forschungsmethoden der neueren Zeit für Hoffmann ein Hilfsmittel wurden, um noch tiefer zu schürfen, als es auf dem Wege des Pilpul allein möglich war, so betrachtete er ganz im allgemeinen die verschiedenen wissenschaftlichen Disziplinen als Stufen, die überall zu einer vollkommeneren Erkenntnis der Thora führten. Eine Wahrheit, die unsere jüdischen Religionsphilosophen und Exegeten ja oft genug ausgesprochen, die aber in der Aufklärungszeit und von manchen Vertretern der „Jüdischen Wissenschaft" des neunzehnten Jahrhunderts missbraucht und darum in Misskredit gekommen war.

Das Verdienst, diese alte Wahrheit in überlieferungstreuen Kreisen wieder zur Geltung gebracht zu haben, gebührt bekanntlich Rabbi Esriel Hildesheimer. Diesem grossen Tatenmenschen lag eigentlich die kontemplative Art, aus der das Maimonideische Streben erwächst, Glauben und Wissen restlos zu versöhnen, gar nicht. Seine intellektuelle Ehrlichkeit zeigte ihm nur den unzweifelhaften Wert der Geisteswissenschaften, in die er mit dem Ernst, der ihn auszeichnete, eingedrungen war und offenbarte ihm, wieviel aus den Forschungsmethoden, die dort gehandhabt wurden, für die rechte Erfassung von Bibel und Talmud zu gewinnen sein müsste. War es ihm, bei seiner umfassenden Tätigkeit, die er für zahlreiche Aufgaben des Klal Jisroel entfaltete, auch nicht vergönnt, diese jüdisch-wissenschaftliche Tätigkeit ausschliesslich zu pflegen, so tat er mehr, er stellte die rechten Menschen an den rechten Platz.

Es war ein seltenes Glück, dass R. Esriel Hildesheimer die beiden Fähigkeiten, die man so selten beieinander findet, in sich vereinigte, die aussergewöhnliche Arbeitskraft und den intuitiven Blick für die rechten Hilfskräfte, für die Männer, die geeignet waren, die Lehrer der künftigen geistigen Führer des deutschen Judentums zu werden. Und es bedeutete eine wesentliche Förderung für Hoffmann, dass er in Berliner, Barth und Hirsch Hildesheimer die Mitarbeiter fand, die ihn zu so mancher Betätigung anregten, die seinen Spezialgebieten fern lag. Wer das Glück hatte, viele Jahre Zeuge dessen zu sein, wie in den Konferenzen und sonstigen Zusammenkünften sich aus beiläufigen Aeusserungen und längeren Aussprachen Anregungen mannigfachster Art ergaben, der hat einen Einblick gewonnen in den Werdegang vieler wissenschaftlicher Bemerkungen und Aufsätze, die von diesen Lehrern am Rabbinerseminar uns erhalten sind.

Zu einer der für die jüngste Vergangenheit und nach menschlichem Ermessen leider auch für die Gegenwart und Zukunft des Judentums wichtigsten wissenschaftlichen Betätigungen Hoffmann veranlasst zu haben, ist das ausschliessliche Verdienst Hirsch Hildesheimers, nämlich zu den Bemerkungen, Aufsätzen und Schriften in der Abwehrtätigkeit gegen den Antisemitismus.

Man denkt heute gering von dieser Tätigkeit. Man glaubt den jahrtausendlangen Kampf auch des wissenschaftlich sich gebenden Judenhasses übersehen oder mit anderen Mitteln aus dem Waffenarsenal, das die moderne nationaljüdische Bewegung bietet, entgegentreten zu können. Die Geschichte wird darüber entscheiden, ob dem Judentum in der Diaspora mit dieser Einstellung gegen den Antisemitismus gedient ist. Wir lassen uns jedenfalls den Glauben nicht nehmen, dass jene Abwehrtätigkeit, die ja übrigens keine Erfindung der Neuzeit ist, sondern auch von den grossen Rabbinen des Mittelalters geübt wurde, uns vor manchem Schlimmen bewahrt und vor Schlimmerem zu bewahren in vielen Fällen geeignet ist, dass sie notwendig, ja ein Lebensbedürfnis ist, damit nicht Recht und Moral des Judentums in den Augen der Völker endgültig entstellt wird, und diese uns mit gutem Gewissen den Rang einräumen, der dem missgestalteten und entarteten Gliede der Völkerfamilie ihrer Meinung nach gebührt. In diesem Kampf um unsere Gleichberechtigung, den vor allem mit Aufopferung seines Selbst Hirsch Hildesheimer geführt, fällt Hoffmann aber durch dessen Anregungen ein wesentlicher Anteil zu. Wo immer ein Angriff sich regte, und seit dem Beginn der antisemitischen Aera in Preussen folgten sie ununterbrochen aufeinander, war er für die nachbiblische Literatur ein nie versagender Berater. Ob es sich um Konitz und Xanten, um die Verhütung des Schächtverbots, um die Pamphlete und Flugblätter in den zahlreichen Aktionen der Antisemiten handelte. Es ist unübersehbar, wieviel Ausführungen der Gegenwehr in der „Jüdischen Presse", damals das Zentrum der jüdischen Verteidigungsfront in jenem aufreibendem Kampfe, auf ihn zurückgehen. Aus der Auseinandersetzung mit Ecker und Justus ist dann das Werk von dauerndem Wert entstanden, das u. W. bisher unübertroffene wissenschaftliche Nachschlagebuch gegen die Verunglimpfung der Ethik des Rabbinismus: „Der Schulchan-Aruch und die Rabbinen über das Verhältnis der Juden zu Andersgläubigen".

Hoffmann hat in diesem Kampf oft die besten Kräfte ausgeben müssen. Es galt ja immer, sofort die Antwort zu finden. Und als er als Siebenziger aufgefordert wurde, in dem Prozess gegen den Lästerer des jüdischen Gottesbegriffes Fritzsche ein Gutachten abzugeben, hat er die Nächte zu Tagen gemacht, Monate hindurch hat er, der bereits um 6 Uhr morgens zum Gottesdienst erschien, bis 3 Uhr nachts gearbeitet, um jenes wissenschaftlich wohl begründete Gutachten zu vollenden, das den Umfang eines Werkes angenommen. Bruchstücke daraus sind in dieser Zeitschrift als Aufsätze veröffentlicht: „Der Eid der Juden" (Jahrgang I S. 186—197 und 229—234) „Zurückweisung einiger Angriffe gegen die Moral der Juden" (Jahrgang III S. 20—35) Stellung des heutigen Judentums zu der aus Talmud und Schulchan Aruch zu entnehmenden Ethik (ebds. S. 293—312).

Dies Tätigkeitsgebiet Hoffmanns, wiewohl um seiner Wirkungen willen vielleicht einem weiteren Kreis bekannt, tritt, wie dem Kenner der jüdischen Wissenschaft nicht betont zu werden braucht, völlig zurück vor seiner Wirksamkeit als gelehrter Forscher.

Seine erste wissenschaftliche Arbeit, seine Promotionsschrift: „Mar Samuel der Rektor der jüdischen Akademie in Babylon" zeigt in der Wahl des Helden das Ideal, das Hoffmann sich als Muster und Vorbild für seine Forscherlaufbahn erwählt. Ist doch Samuel der vollendetste Typ des Thora und Wissenschaft vereinenden Talmudweisen. Und wenn Hoffmann in dieser Erstlingsschrift von Samuel sagt, dass er dem ganzen Leben der jüdischen Nation durch die Ausbildung und Entwickelung des überlieferten Gesetzes eine durchgreifende Förderung gegeben, durch Ermunterung zur Pflege der Wissenschaft einen erweiterten Gesichtskreis geboten und durch herzliche Ermahnung der Förderung des staatlichen Wohls eine heitere Aussicht für die Zukunft verschafft, so sind die drei Arbeitsgebiete, die er später bebauen sollte, von ihm selbst vorgezeichnet.

Aber erst mit der Berufung Hoffmanns an das Rabbinerseminar im Jahre seiner Gründung Oktober 1893 beginnen in den Jahresberichten des Rabbinerseminars, in dem 1876—1893 von ihm gemeinsam mit Prof. Berliner herausgegebenen „Magazin für die Wissenschaft des Judentums", in den wissenschaftlichen Beilagen zur „Jüdischen Presse", jene Reihe von Abhandlungen, die dem aufmerksamen Blick als die Wurzeln seiner Kraft sich darstellen.

Schon die erste, im e r s t e n Jahre des Bestehens der Anstalt als Programm erschienen: „Die Zeit der Omerschwingung und des Wochenfestes", die zwei einzige Worte des Pentateuchs behandelt, ob ממחרת השבת den Morgen nach dem ersten Pessachtage oder den ersten Tag den Woche bedeutet, überrascht durch die Fülle der aufklärenden Bemerkungen, die hier gegeben werden. Alle, aber auch alle traditionelle und antitraditionelle Anschauungen und Erklärungen sind hier unter die Lupe genommen und eines der schwierigsten Probleme der Pentateuchexegese, an dessen Lösung Mendelssohn verzweifelt und dem k e i n e r der Kommentatoren beigekommen, wird hier für immer aus der Welt geschaft. Wie hier behandelt H. zumeist uralte Fragen, die alle unsere grossen jüdischen Exegeten beschäftigt haben, ja über die es Kontroversen schon zur Zeit der Tannaim gab. Es ist naturgemäss unmöglich, im Rahmen dieses Aufsatzes, obwohl er besonders der Würdigung des G e l e h r t e n gewidmet ist auch nur die T h e m a t a zu nennen, die von ihm behandelt werden. Ich zähle in dem Verzeichnis der Werke, Abhandlungen, Aufsätze, Bemerkungen und Besprechungen, das in der Festschrift zum 70jährigen Geburtstag Hoffmanns erschienen, 39 Nummern allein zur Pentateuchexegese, darunter so umfangreiche Abhandlungen wie die über zwei Jahrgänge des „Magazin" sich erstreckende: „Die neueste Hypothese über den pentateuchischen Priesterkodex", eine Abhandlung, die später zu der bedeutungsvollen Arbeit: „Die wichtigsten Instanzen gegen die Wellhausensche Hypothese" erweitert wurde und wie „die Ueberlieferung der Väter und der Neu-Sadducäismus", umgearbeitet erschienen in der Festschrift zum 40jährigen Amtsjubiläum Rabb. Dr. Carlebachs, in der Hoffmann, man möchte sagen so nebenbei — ein System der Theorie der תורה שבעל פה entwirft.

Diese Vorarbeiten, in denen H. jede Einzelfrage in einer Monographie behandelt, sich mit den Anschauungen von der

ältesten Zeit bis auf die neueste auseinandersetzt, sind nur das
e i n e Mittel, das H. befähigte, der grosse Erklärer des Pentateuchs zu werden. Das andere ist die wissenschaftliche Erfassung der Komposition der halachischen Midraschim, der verschiedenen Strömungen, die in diesen Traditionsquellen uns begegnen, die umfassende Kenntnis aller halachisch-exegetischen
Erklärungen des Religionsgesetzes aus der klassischen Periode
der schriftlich fixierten Tradition.

Es ist schwer, dem Uneingeweihten einen Begriff von der
Bedeutung dieser Einleitungswissenschaft zu geben und von der
Geistesarbeit, die in den Werken dieser Wissenschaft niedergelegt ist. Das Interesse und das Verständnis für die Wichtigkeit dieser Fragen, das unter den ראשונים noch lebendig war,
ist den späteren Geschlechtern der Talmudbeflissenen verloren
gegangen und erst bei Talmudgrössen neuerer Zeit wieder erwacht. Und die nicht mit dem Talmud vertraute Welt glaubt,
es wären die Werke hier, wie bei der Einleitungswissenschaft
auf anderen Gebieten nur als Ergebnis sammelnder und ordnender Tätigkeit aus einer fleissig und mit Ausdauer benutzten
Literatur zu gewinnen. Vielleicht darf man zum Vergleich
heranziehen, dass das vielbewunderte Werk von Leopold Zunz:
„Die gottesdienstlichen Vorträge der Juden" was die in ihm sich
kundgebende schöpferische Gelehrsamkeit und die Bedeutsamkeit
der Ergebnisse betrifft, hinter den Arbeiten dieser Einleitungswissenschaft zurücksteht. Oder ein anderes: dass Israel Lewy
seinen wohlbegründeten Ruhm als einen unseren ersten Kenner
und kritischen Durchdringer der mischnaitisch-talmudischen Periode
wenigen und nicht einmal umfangreichen Arbeiten auf diesem
Gebiete verdankte. Das Material, das hier verarbeitet wird, ist
nicht bloss durch einfache Sammeltätigkeit gewonnen, sondern
in den kleinsten Bausteinen das Resultat tiefgründiger Forschung
Darum haben in dieser Literatur nur die g r o s s e n Talmudisten
Wertvolles geschaffen, denen der Talmud in seiner ganzen Ausdehnung zugleich mit den verwandten Quellen völlig vertraut war.

Nach einer Anzahl von Aufsätzen und Bemerkungen eröffnet die Reihe grösserer Arbeiten auf diesem Gebiete die Beilage zum Jahresbericht 1882: „Die erste Mischna und die Kontroversen der Tannaim". „Die erste Mischna", vorher nur ein aus der Mischna bekanntes W o r t, über das freilich mancherlei gesagt worden war, wird jetzt zu einem fest umrissenen B e - g r i f f. Die Urmischna hebt sich in ihren Bestandteilen heraus, das Alter wird festgestellt und das bedeutsame Resultat gewonnen — nicht dass es uralte Ueberlieferungen gegeben, das stand immer fest, sondern dass die F a s s u n g und der Wortlaut vieler in unserer Mischna niedergelegten Halachas einer viel früheren Zeit angehört als die Redaktion unserer Mischna unter R. Jehuda Hanassi, sodass nicht Philo und Josephus sondern oft unsere Mischna, trotzdem sie Jahrhunderte später entstanden ist, die ältere Quelle darstellt.

Als den Höhepunkt dieser Forschungsarbeit H's kann man wohl die Beilage zum Jahresbericht des Rabbinerseminars 1888 bezeichnen: „Zur Einleitung in die halachischen Midraschim". Das Buch ist das Standardwerk der Einleitungswissenschaft für die halachischen Midraschim. Es entzieht sich jeder Möglichkeit, auch nur die Themata zu umzeichnen, die hier in unüberbietbarer Kürze auf 92 Seiten erschöpfend behandelt werden. Die blosse Aufzählung dieser Themata nimmt im 15. Band des „Magazin" drei Seiten ein. Ueber jene Literatur, die an Alter und vielleicht auch Bedeutung noch vor unserer Mischna rangiert, über jene Literatur der halachischen Exegese der Thora, die Hauptquellen unserer Tradition, herrschten selbst unter den Kundigen höchst verworrene Vorstellungen.

In die meisten dunklen Fragen wurde hier zuerst Licht gebracht, durch Beibringung zahlreicher Belegstellen die gewonnenen Resultate gesichert. Nicht wie in anderen Einleitungsbüchern haben wir hier eine vorwiegend nur systematisch geordnete Zusammenstellung bekannter Ergebnisse, es ist vielmehr ein schöpferisches Buch ersten Ranges.

Das Buch stellt wohl einen Höhepunkt aber nicht einen Abschluss dar. Es folgen noch eine Reihe ergänzender Abhandlungen und als wertvolle Gabe die Bereicherung der halachischen Midraschim selbst durch die Herausgabe der מכילתא

um מדרש תנאים על ספר דברים und den דר"ש בן יוחאי על ספר שמות nur die beiden Hauptveröffentlichungen zu nennen.

Diese grosse Leistung für die Aufhellung des Wesens der halachischen Midraschim ist an sich von unvergänglichem Wert. Sie hatte für Hoffmann als Exegeten aber noch die besondere Bedeutung, dass er — vielleicht mehr als irgend seiner Vorgänger — einen Einblick gewann in die Methode der ältesten halachischen Exegese, in die charakteristischen Unterschiede der Deutungsarten. Und da nun auch eine seltene Vertrautheit mit der gesamten Ueberlieferungsliteratur hinzukam, so wurde er jener grosse Kenner der παράδοσις, der allein nach des grossen nichtjüdischen Orientalisten Lagarde Ausspruch legitimiert ist, Interpret der Thora zu sein.

Hoffmann ist auf der Bahn der exegetischen Forschung einen langen Weg geschritten, der nach einem oft von ihm gebrauchten Wort der kürzere war. Und so fiel ihm als reife Frucht seiner Lebensarbeit das monumentale Werk des Leviticus-Kommentars zu, von dem der bedeutende Orientalist und Bibelforscher Joseph Halevy in der Revue sémitique schreiben durfte, dass der Rabbinismus seit Raschi kein so gründliches Werk über den Leviticus hervorgebracht, das zugleich allen Ansprüchen der Exegese gerecht wird.

Der Kommentar zum Deutoronomium liegt fast vollendet vor. Teile des Genesis- und Exoduskommentars sind unter dem Titel „Probleme der Pentateuchexegese" in den ersten sechs Jahrgängen des „Jeschurun" erschienen.

Es klingt seltsam, aber wir müssten sagen: das alles schuf Hoffmann im Nebenberuf. Sein Hauptberuf war der Lehrauftrag für Talmud und Decisoren. Auch hier war er ein Eigener. In der Vereinigung wissenschaftlichen Methodik mit der Art des alten „Lernens". Das kann naturgemäss hier nicht durch Beispiele illustriert werden. Das volle Verständnis für die Eigenart und Fruchtbarkeit seiner kritischen Arbeitsmethode ging nur dem auf, dem das Glück zuteil geworden, bei ihm zu lernen תלמידי חכמים שמוש im ursprünglichen Sinne des Wortes bei ihm zu üben לתרץ טעמי המשנה ומשניות הסותרות זו את זו והיינו נמרא.

Von seinen חידושים, die Bände füllen würden, ist nur wenig noch veröffentlicht in älteren hebräischen Zeitschriften und in dem hebräischen Teil der 2 letzten Jahrgänge dieser Zeitschrift. Auch hier ein Anknüpfen an die klassische Periode der ראשונים. Den Pilpul meisternd in einer Form, dass er zum erlesenen Genuss wird, löst er die Schwierigkeiten nicht so sehr durch eine immerhin oft verwirrende Häufung sich in einander schlingender Beweisführungen, als durch eine einzige glückliche Idee, die den Gegenstand in ein völlig neues Licht rückt, und die doch so einfach und einleuchtend ist, dass sie geradezu selbstverständlich erscheint und, einmal erkannt, sich mit zwingender Gewalt als die allein mögliche Lösung aufdrängt.

Dies war auch das Geheimnis seiner Bedeutung als פוסק. Zahllos waren die Anfragen, die an ihn ergingen, und für die neuen Verhältnisse unserer Zeit bedurfte es neuer Lösungen. Er konnte im Verhältnis zu den Koryphäen im Osten nur einen Bruchteil seiner Zeit der Beantwortung widmen. Aber die I n t u i t i o n, eine Art geniale Konzeption, kam ihm zu Hilfe. Nicht nur מי כהחכם יודע פשר דבר, dass er aus der Polyphonie der widerstreitenden Stimmen in kürzester Zeit und mit Sicherheit die Harmonie gewann. Aus irgend einer Talmudstelle leuchtet ihm gleich den Grossen unter den פוסקים eine Idee auf, die mit einem Schlage allem Streite ein Ende macht. Das wird der jüdischen Welt in noch höherem Masse zum Bewusstsein kommen, wenn seine תשובות allgemein zugänglich gemacht werden.

Ein Volksbuch ist seine Uebersetzung und Erklärung des Mischnajoth Seder Nesikin geworden. Die Anmerkungen geben eine Fülle von Aufklärungen und halten sich doch fern von jeder gelehrten Abschweifung. Es ist kein Zeichen mangelnden jüdischen Wissens, wenn man d i e s e Uebersetzung benutzt. Für den Seder Taharoth, der leider unvollendet geblieben, ist seine Uebersetzung und Erklärung auch dem „Lamdon" eine unentbehrliche Hilfe. Seine „Diktate" zu den verschiedensten Teilen des Schulchan Aruch übertreffen an Klarheit der Anordnung und Heraushebung des Wesentlichen die bekannten Zusammenfassungen aus neuerer Zeit. Wenn H. auch an den Anfang jeden Diktats das Verbot stellte, aus diesen Aufzeichnungen allein ohne sorgfältiges Studium der ersten Quellen eine Entscheidung zu treffen, so ist es doch in der Hand des Kundigen ein so wertvolles Hilfsmittel, dass die Veröffentlichung unbedingt wünschenswert ist.

Ein so umfassender und tiefdringender Geist wie Hoffmann, dem zugleich Philo und Josephus, die Septuaginta, der Syrer und Samaritaner und die gesamte rabbinische Literatur gegenwärtig war, hat nicht zwei Menschenalter den Talmud durchforscht und gelehrt, ohne dass sich ihm überall Berührungspunkte und Entdeckungsmöglichkeiten boten, ohne dass er die verschiedensten Zweige der Wissenschaft bereichert. Von einzelnen grossen Abhandlungen, wie die Beilage zum Jahresbericht des Rabbinerseminars 1878: „Der oberste Gerichtshof in der Stadt des Heiligtums" bis auf kleinere literarische Notizen fliesst durch fünfzig Jahre der Strom neuer Erkenntnis für Geschichte und Literatur der nachbiblischen Jahrhunderte, die Liturgie, die Lexikographie des Talmuds, Folkloristik u. s. f. Die Besprechungen erstrecken sich auf Bücher so mannigfacher Art: über Barth's „Ethymologische Studien" und Berliner's „Beiträge zur Geographie und Ethnographie Babyloniens" usw. bis auf Maybaums „Homiletik" und Heller „die echten hebräischen Melodien", dass man fast stutzig wird. Aber auf allen Gebieten hat H. uns etwas zu sagen, und zwar ein solches, das unsere Erkenntnis für die Dauer fördert.

In der Bibliographie seiner Schriften und Aufsätze zusammengestellt von Rabb. Dr. L. Fischer in der Festschrift zum 70. Geburtstag Hoffmanns, zählen diese Bemerkungen und Aufsätze nach hunderten. Es wäre ein verdienstlicher Beitrag zur Literatur der jüdischen Geschichtsschreibung, wenn auch nur der Anteil festgestellt würde, den Hoffmann durch diese überall zerstreuten und zum Teil fast gar nicht zugänglichen Ausführungen an den Fortschritten dieser einen wissenschaftlichen Disziplin zukommt. Sie werden viel zu wenig benutzt. Selbst so umfangreiche Aufsätze wie „Simon ben Schetach und seine Zeit" (Literaturblatt der „Jüdischen Presse 1877 No. 1—3) „Ueber die Synagogen im Altertum" (ebds. 1878 No. 5—8) „Die Proselyten des adiabenischen Königshauses" (ebds. 1879 No. 1—3) Rabbi Josua ben Chananja (ebds. 1880 No. 5—8) sehe ich in der Bibliographie zu den betreffenden Artikeln in der „Jewish Encyclopedia" nicht zitiert. Das alles freilich nicht ganz ohne die Schuld von H.'s Zurückhaltung und Bescheidenheit, die es verschmähte auch von den wertvollsten Veröffentlichungen Sonderabdrucke vornehmen zu lassen, ja sie auch nur den Fachgenossen zuzuschicken. David Kaufmann, der wahrlich abzuschätzen wusste, bemerkte schon, dass Hoffmann es verstehe, seine besten Entdeckungen in Anmerkungen zu verstecken.

Ebenso wichtig — wiederum weil sie zerstreut und daher wenig bekannt und nicht genug verwertet — erscheint uns eine Zusammenstellung von Hoffmanns Beiträgen zur Lexikographie von Bibel und Talmud. Sie sind fast immer von zwingender Beweiskraft. Die Leser dieser Zeitschrift erinnern wir nur an die literarische Notiz über מטח פותח (VI. Jahrg. S. 658f). Wer hat sich bei der Erklärung dieses Terminus durch „Oeffnung eines Tefach" nicht unbefriedigt gefühlt, die doch an vielen Stellen z. B. Oholoth XII 1 und 6 gar nicht passen will. Und wie wird alles sonnenklar, wenn dies פותח auf Grund des von Barth in seinen „Ethymologischen Studien" festgestellten Wechsels von ה und ח nun als פותה erklärt wird: טפח פותח eine Handbreit.

Erwähnt sei, dass H. auch in dem Kampf gegen die Reform eingriff. Wir erinnern nur an seine Streitschrift über das Badische Gebetbuch.

Und auch das soll hervorgehoben werden, worauf die erwähnte Vielseitigkeit in den von Hoffmann zu den mannigfachsten Wissensgebieten beigesteuerten Beiträgen und Besprechungen hinweist, ohne es freilich deutlich genug aufzuzeigen, dass dieser grosse Fachgelehrte nicht etwa amusisch gewesen. Intensivste Inanspruchnahme durch seine wissenschaftlichen Arbeiten und Berufsgeschäfte raubten ihm freilich früh die Möglichkeit und später dann auch das Interesse, sich mit der Kunst auseinanderzusetzen. Hoffmann's junge Frau musste in Vertretung des Gatten dann Rabb. Dr. Cahn-Fulda ins Theater führen, der nebenbei bemerkt bis an seinen Tod mit rührender Liebe und

Verehrung an diesen Freund und Studienkollegen hing, auch R. Esriel Hildesheimer die erste Anregung zur Berufung Hoffmanns an das Rabbinerseminar gab. Man braucht da nicht einmal auf den Stil in allen Arbeiten Hoffmanns zu verweisen, der eine seltene Klarheit mit einer edlen Sprache verbindet, obwohl in dieser Formgebung sich ein künstlerisches Element verbirgt. Aber die Grazie seines Wesens, die er im vertrauten Beisammensein entfaltete, die Anmut, mit der er die Kundgebungen der jüdischen Literatur zu gestalten wusste, die dem Fühlen der jüdischen Volksseele entsprungen, seine midraschischen Auslegungen in Reden und Ansprachen, sein Vortrag in den Sabbathgesängen und als בעל תפלה, für den er mit einer Stimme voll Zaubers begnadet war, all dies bot dem Tieferblickenden den Beweis, dass bei Hoffmann über die Gedankenarbeit die Gefühlsseite nicht verkümmert war.

Auch in viel höherem Sinne ist das Wort des Hohen Liedes כי קולך ערב ומראך נאוה auf ihn anzuwenden, auf den Reiz, den seine ganze Persönlichkeit ausstrahlte als Mensch und als Jehudi. Denn das ist's, das recht eigentlich den jüdischen Gelehrten ausmacht, der nicht zu verwechseln ist mit dem gelehrten Juden. Das ist ein Unterschied wie der, den Berliner zwischen dem jüdischen Philosophen und dem philosophierenden Juden festgehalten wissen wollte. Hoffmann war vom Schlage jener alten תלמידי חכמים — es gibt keine Uebersetzung für diesen spezifisch jüdischen Begriff — die man jetzt legendär nennen möchte, von jener Vollkommenheit aller liebenswerten menschlichen und spezifisch jüdisch-religiösen Eigenschaften, hinter denen das Wissen und die Gelehrsamkeit fast zurücktritt.

Es ist bekannt, dass die Gelehrten sehr oft mit menschlichen Fehlern nur allzustark behaftet sind. Die Frucht der wissenschaftlichen Tätigkeit kann verderben und wertlos werden, wenn sie nicht in Liebe gehegt und gepflegt, in Liebe eingebracht wird. Wie mancher hat sich der Frucht seiner Arbeit beraubt, weil er der Liebe bar, von Eigennutz und Eigensucht erfüllt, weil er keinem andern den Vortritt gönnt, voll Ehrgeiz und Anmassung אני ואפסי עוד sich selbst über alle stellt. Und nun der jüdische Gelehrte. Gilt doch sein Lebenswerk לזכות את הבריות dem, was die Mitmenschen beglücken soll, und es könnte ein liebeleeres Herz in seiner Brust schlagen? Liebe aber erwächst allein aus. D e m u t , die Liebe zu Gott und zu den Menschen. Die G o t t e s f u r c h t, die nur F u r c h t, die ringt sich auch der Selbstbewusste und Stolze ab, weil ihm Schicksalsschläge die Schranken seiner eigenen Kraft zum Bewusstsein gebracht. Die E h r f u r c h t vor Gott ist Erzeugnis der Liebe zu ihm, dass er mich, den Unwürdigen, den so unendlich Kleinen gewürdigt seiner Gnadenfülle. Das ist der tiefe Sinn jenes Wortes in מסכת דרך ארץ: שלשה דברים שקולים זה כזה חכמה יראה ענוה. Drei Dinge sind völlig gleichwertig, von einander abhängig, sie sind ein jedes ohne das andere in ihrer Vollendung nicht denkbar, die Weisheit und die Gottesfurcht und die Demut. Die w a h r e Weisheit, aus Gottesfurcht und aus Demut geboren, d i e Gottesfurcht nur die e c h t e, die von der Weisheit bedient und zur Demut führt, d i e Demut allein von Wert, die einem Manne eigen, der an Weisheit und Gottesfurcht emporragt.

Wer Hoffmann als M e n s c h e n zeichnen will, dem drängt sich unweigerlich dieser Charakterzug auf, ענוה die Demut, die Bescheidenheit, d i e Demut, die aus einem Herzen voller Ehrfurcht entspringt.

In allen seinen Werken kein einziges Wort, das als Ueberhebung nur gedeutet werden könnte, in seinen Streitschriften eine Vornehmheit, die nie dem Gegner zu nahe tritt, die Achtung und Verehrung jeder Leistung entgegenbringt. Im Verkehr mit den Kollegen von einer geradezu rührenden Zurückhaltung, seine Meinung der anderen unterordnend, wenn er sie nur irgend als die bessere erkannt, den Schülern gegenüber trotz mancher geistvollen Zurechtweisung nie die eigene Ueberlegenheit betonend, denn ihre Ehre war ihm so lieb und so teuer wie seine eigene. Es war seine Aufgabe den Schülern in ihrer Gesamtheit Mussar zu sagen, in den Ansprachen bei der Eröffnung des Studienjahres. Dem Einzelnen gegenüber fiel es ihm schwer, doch er übte die seltene Kunst in Andeutungen immer neuer und anderer Art dem zu Leitenden das Gewissen zu wecken.

Seine Demut entsprang nicht dem Quietismus und der Schwäche: Wie es von Mosche heisst והאיש משה ענו מאד, dass jener tapfere, starke M a n n Mosche sich die Tugend der Demut abrang, so Hoffmann: Des eigenen Wertes wohl bewusst, hat er die Neigung dies je in irgendeiner Form zum Ausdruck zu bringen, bekämpft, in Demut sich selbst bezwungen.

Von seiner Willensstärke, die allein schon das schier übermenschliche Pflichtbewusstsein bezeugt, wären von denen, die ihm nahe stehen durften, zahllose Beispiele beizubringen. Doch diese Dinge sind zu zart, als dass sie selbst nach seinem Tode hier veröffentlicht werden dürften. Sie bewies er auch in der Erfüllung der besonderen jüdischen Pflichten. Das alles trat nicht so in die Erscheinung, weil das Prophetenwort הצנע לכת עם אלקיך ihm gebot Kampf und Sieg keusch zu verbergen. Er nahm das Kohelethwort zur Richtschnur אל תצדק הרבה, er hat nicht Rabenu Tam's Tefillin gelegt und mancherlei andere Dinge gelassen, die über die in unserem von den Weisen und Rabbinen ausgebauten Gottesgesetz niedergelegten Pflichten und Bräuche hinausgehen. Aber was uns geboten, das hat er mit einer Treue und Hingabe, einer Kraft und Stärke erfüllt, die seiner Weisheit würdig war. Einen deutlichen Einblick in diese Art seines Wesens erhielten wir in dem letzten Jahre seines Lebens. Es wird stets zu unseren wehmütig-stolzesten Erinnerungen gehören, dass wir Zeugen sein durften dieses erhabenen Kampfes zwischen Geist und Materie, zwischen der Seele und dem Körper. Wie dieser körperlich völlig verbrauchte Greis sich noch mühte, auch das kleinste der Gebote zu erfüllen, wie e r, dem es so schwer wurde, sich nur vom Sitz zu erheben, die Kraft aufbrachte, vor seinem Schöpfer im Gebet wie der Jungen einer zu stehen, das hat sich für immer in unseren Sinnen eingegraben und wird uns mahnend und fördernd auf unserem Lebenswege begleiten.

Und wie die Persönlichkeit in ihrer Ganzheit auf die Schüler gewirkt hat, dass sie bei der Nachricht von dem Tode des Mannnes, der als Lehrer nie um ihre Liebe geworben, soweit

sie überhaupt nur die Möglichkeit hatten, alle wie zu einem
Vater herbeieilten, um ihm die letzte Ehre zu erweisen, so hat
auch seine Lebensarbeit sie beeinflusst und wird auch, dessen
sind wir sicher, noch lange lebensspendend und fruchtbringend
sich bewähren. Es ist nicht wesentlich, dass dies gerade in der
Fortsetzung der Behandlung der von Hoffmann gestellten und
nach dem Wissen seiner Zeit von ihm gelösten Probleme geschieht.
Wie jedes Ergebnis der Wissenschaft wird auch die Arbeit
Hoffmanns zum Teil in den Hintergrund treten. Der Panbaby-
lonismus hat z. B. die Grundlagen der Wellhausenschen Theorie
endgültig erschüttert und darum manches aus den Schriften Hoffmanns entbehrlich gemacht. Wenn H. auch der unvergängliche
Ruhm bleibt, dass er als erster jener geschlossenen Phalanx
entgegenzutreten wagte. Worauf es ankommt, ist, dass der Geist
wissenschaftlichen Strebens im Judentum lebendig bleibe, dass
das Judentum die Religion der Vernunft bleibt. Trotz des
modernen Strebens nach Mystik, das angesichts des Zusammen-
bruchs der Kultur im Weltkriege und seiner Folgezeit durch
die Welt geht und in den verschiedensten Lagern auch bei uns
seine Anhänger findet. Eine Religion der Vernunft, in der die
Vernunft freilich ihre Grenzen nicht überschreitet, in der die
transcendenten Fragen, die sie ihrer Natur nach nicht lösen kann,
dem Glauben an die Ueberlieferung überlassen bleiben, in der die
Bekenner sich mühen den Ausspruch 'ה כי אל דעות in jenem tiefen
Sinne zu ihrem Leitstern zu machen, in dem das Wort unserer
Weisen es nimmt: Nichts erhabeneres denn die Erkenntnis,
darum ist sie zwischen die beiden Gottesnamen gestellt. Grundlage und Ziel der Erkenntnis Gott! Von Gott ausgehend und
zu ihm zurückkehrend.

    Auf diesem Wege war Hoffmann unser grosser Führer.

    Den Einzigen haben wir verloren.

    Ihm nachzustreben, soll auch ferner unser Ziel sein.

J. W.

# Mar Samuel
Rektor der jüdischen Akademie zu Nehardea in Babylonien
von Rektor Prof. Dr. D. Hoffmann זצ״ל.

## III.

Mar Ukba, der wegen seiner Gesetzeskunde, Bescheidenheit, Freigebigkeit und vieler anderer Tugenden berühmte Resch Galutha[98], war ein Schüler Abba b. Abba's und seines Sohnes Samuel und hatte diesen seine Kenntniss der Gesetzeslehre zu verdanken[99]. Wenn schon alle Gelehrten von ihm begünstigt und befördert wurden, so hatte sich besonders sein Lehrer Samuel seiner Verehrung und Hochachtung zu erfreuen und da dieser in der Rechtsgelehrsamkeit, die bei den Juden keine besondere Disziplin, sondern einen Teil der theologischen Gelehrsamkeit bildet[100], sich besonders auszeichnete und vermöge der Schärfe seines Verstandes in die verborgensten Tiefen der Rechtslehre einzudringen vermochte[101], so ernannte ihn der Exilarch zum Richter am Gerichtshofe zu Nehardea[102]. Dieser Gerichtshof, an welchem noch der Freund Samuels, der ebenso gelehrte als scharfsinnige Karna, als Richter und Jakob, der Vater des später als Rechtsgelehrten so berühmten R. Nachman, als Sekretär fungierten[103], war damals allgemein als der vortrefflichste anerkannt, weshalb man in Palästina wie in Babylonien Samuel und Karna schlechtweg Dajane Golah (Richter der Diaspora) nannte[104].

Der grosse Ruf Samuels als Kenner der Gesetzeslehre überhaupt und der Rechtslehre insbesondere hatte eine grosse Anzahl lernbegieriger Jünger aus allen Ländern nach Nehardea versammelt, denen er in der Traditionslehre Unterricht erteilte. Noch grösser wurde die Zahl seiner Schüler, als im Jahre 219 n. ü. Z. der greise Resch Sidra R. Schela starb und Samuel an dessen Stelle zum Oberhaupte des Lehrhauses zu Nehardea erhoben wurde, nachdem Rab, der in Nehardea, der Heimat Samuels, keine Würde vor diesem einnehmen wollte, dies Ehrenamt abgelehnt hatte[105]. Während Rab nach dem ungefähr 22 Ferseng von Nehardea entfernten Mata-Mechassia, auch Sura genannt[106], sich begab, um in dieser Gegend, wo die jüdischen Gemeinden in grösster Unwissenheit lebten, durch Gründung einer Hochschule Wissen und Geistesbildung zu verbreiten, erlangte die Sidra zu Nehardea unter dem Rectorate Samuèls einen neuen Glanz und neue Blüte, und bald standen die Hochschulen Rab's und Samuels in und ausserhalb Babyloniens in höchstem Ansehen.

Die vorzüglichste Pflege fand in diesen Schulen die Gesetzeslehre, wobei sich Rab und Samuel der Mischna R. Juda's als Leitfaden zu ihren Vorträgen bedienten. Doch beschränkten sie sich nicht darauf, den Gesetzesinhalt der Mischna einfach zu lehren; ihre Lehre war viel eindringender und umfassender und darf nicht als blosse Reproduktion älterer Lehren angesehen werden. Die Halachothsammlung des R. Juda war nicht ein abschliessender Codex, der den lebendigen Fluss der Ueberlieferung auf einmal zum Stillstande und zur Erstarrung zu bringen beabsichtigte; sondern sie wollte nur der sich weiter fortpflanzenden Traditionslehre eine einheitliche Grundlage darbieten und den Stoff aufbewahren und vor Vergessenheit sichern. Dem Studium der Halachoth wurde aber selbst von R. Juda ha-Nasi, dem Mischna-Redakteur, nur ein untergeordneter Wert beigemessen[107]. Besonders aber wurde von Samuel der Grundsatz aufgestellt, dass man weder aus den Halachoth noch aus den Zusätzen (Tosiphta's) das Gesetz lehren dürfe, sondern nur aus derjenigen Erklärung und Erläuterung der Mischna, welche Talmud genannt wird[108]. Ausserdem aber fand man in der Mischna, und selbst wenn man die verschiedenen Baraïtha-Sammlungen hinzufügte, nicht alle im Leben sich darbietenden Fälle behandelt. Es wurden täglich religionsgesetzliche Fragen zur Entscheidung vorgelegt, für welche neue Halachoth geschaffen werden mussten. Die Haupttätigkeit Samuels sowie der andern Emoraïm in der Gesetzeslehre war also nach zwei Seiten hin gerichtet: sie kommentierten und erläuterten die ältern Halachoth und schufen neue Gesetze für Fälle, über die jene nicht entschieden. Betrachten wir Samuels Leistungen auf diesem Gebiete und es wird sich uns das wichtige Resultat ergeben, dass alle die Lehrmethoden, welche nach einer oberflächlichen Anschauung, erst in einer viel spätern Zeit zur vollständigen Ausbildung gelangt sein sollen, schon bei Samuel in ihrer höchsten Vollendung vorgefunden werden. Da nun dies auf einen viel älteren Ursprung hinweist, so wird es nicht mehr als übertrieben erscheinen, wenn man den Anfang der talmudischen Dialektik schon von der Zeit R. Jochanan b. Sakkai's (70 n. ü. Z.) her datiert[109].

Was die Erklärung der Mischna, der emoräischen Tätigkeit im engeren Sinne, betrifft, so hatte Samuel zunächst sehr viel durch Worterklärungen zum Verständnis der Mischna beigetragen, was besonders in Babylonien nötig war, wo viele, obgleich in Palästina in der gewöhnlichen Umgangssprache gebräuchliche Wörter nicht verstanden wurden[110]. Es waren dies grösstenteils Fremdwörter aus dem Griechischen und Lateinischen[111]. Aber auch von andern Wörtern, die zum Teile schon zur Zeit der Tanaïm als veraltet einer Erklärung bedurften, suchte Samuel die Bedeutung zu ermitteln. Er zeigte hierbei einen regsamen Eifer und wissenschaftlichen Forschungsgeist, indem er alle ihm zu Gebote stehenden Quellen für etymologische Belehrung zu benutzen suchte und nicht selten Reisende, die zu Meere entfernte Länder besucht und aus eigener Anschauung gewisse Naturprodukte und ihre Namen kennen gelernt hatten, wegen der Bedeutung eines Wortes um Bescheid fragte[112]. Der Worterklärung reihte sich die Erläuterung des Sinnes der Mischna an. Zum richtigen Verständnis der in einem sehr gedrängten Lapidarstyle verfassten Mischna war ausser einer tiefen Einsicht noch umfassende Gelehrsamkeit erforderlich. Es hatte schon Samuel durch Zuhilfenahme anderer Ueberlieferungsquellen über viele dunkle Stellen Licht verbreitet, unbestimmte und zweideutige Ausdrücke präzisiert und überhaupt durch seine Erklärungen irrtümlichen Auffassungen der Mischna vorzubeugen gesucht[113].

Mit dieser Erklärung war allerdings das in der Mischna Gelehrte zum Bewusstsein gebracht; aber die Uebertragung der

Mischnalehren auf das praktische Leben konnte erst dann erfolgen, wenn deren Gründe vollständig erkannt und alle gegen dieselben gemachten Einwürfe hinreichend widerlegt waren. Es wurde daher bei jeder Lehre nach der zu Grunde liegenden Norm geforscht und man bestrebte sich, jeden speziellen Fall auf ein allgemeines Gesetz zurückzuführen. Ausserdem wurde noch jeder Mischna-Satz mit anderen Lehren der Mischna und der Baraïtha's sorgfältig verglichen und die sich hierbei häufig ergebenden Widersprüche zwischen zwei Lehren auf die beste Weise auszugleichen gesucht. Alle diese Untersuchungen sehen wir Samuel mit Meisterschaft führen und seine scharfsinnigen Forschungen ergeben schon die Resultate: dass viele Lehren der Mischna und Baraïtha nicht allgemein aufzufassen seien, sondern auf gewisse besondere Fälle beschränkt werden müssen[114], dass öfters, um einem Mischna-Satze vollständige Gesetzeskraft einräumen zu können, eine Korrektur bei demselben vorzunehmen nötig sei[115]; dass manchmal zwei Halachoth nebeneinander gestellt seien, welche die divergirenden Ansichten zweier hier nicht genannten Autoren bilden[116]; dass ein Lehrer seine in die Mischna aufgenommene Meinung später widerrufen habe[117]; dass manche Halacha nur die Meinung eines einzelnen sei, der von Vielen widersprochen werde[118] und dass demgemäss die endgültige Entscheidung modifiziert werden müsse. Diese Forschungen, an welchen sich auch Rab beteiligte, führten den Namen Hawajoth de Rab u-Schemuel (Fragen des Rab und Samuel)[119], weil gewöhnlich die äussere Form derselben derart war, dass eine schwierige Frage aufgeworfen und dann über dieselbe disputiert und verhandelt wurde. Solche Fragen und deren Lösungen forderten viel Scharfsinn und Verstandestiefe, und so war der Ausdruck Hawajoth de Rab u-Schemuel in Babylonien eine stehende Bezeichnung für schwer zu lösende Probleme geworden[120].

Da die Mischna sowohl als auch die Baraïtha's nicht nur endgültige Decisionen, sondern auch die Controversen der verschiedenen Gesetzeslehrer enthalten, über die selten ein Endurteil abgegeben wird, so war es auch die Aufgabe der Mischna-

Erklärer, in dieser Hinsicht die Mischna zu ergänzen, um deren Lehren auf die Praxis anwendbar zu machen. Sie mussten Regeln aufstellen, nach welchen, bei Verschiedenheit der Meinungen entschieden werden soll. Solche Normen zur endgültigen Festsetzung der Halacha hatte Samuel viele aufgestellt, wobei er zuweilen blos die Sache, um die es sich handelt, im Auge behielt, ohne einem Gesetzeslehrer mehr Autorität als dem andern einzuräumen[121], in vielen Fällen aber gewisse Tananïm als massgebende Autoritäten anerkannte[122]. Einen hohen Grad von gewissenhafter Aengstlichkeit bekundete er hierbei dadurch, dass er nicht immer nach der Mehrheit der Gesetzeslehrer entschied, sondern oft bei einer Controverse zwischen einem Einzelnen und einer Mehrheit auch auf die Meinung des ersteren, wenn sie erschwerend war, Rücksicht nahm[123].

Was die andere Seite von Samuels Tätigkeit auf dem Gebiete der Gesetzeslehre betrifft, nämlich die Entscheidung über Fälle, deren die älteren Halachoth-Sammlungen nicht Erwähnung tun, so waren die von ihm ausgesprochenen zu dieser Kategorie gehörenden Halachoth entweder Ueberlieferungen, die er von seinen Lehrern empfangen[124], oder neue Lehrsätze, die durch Analogie aus den alten Prinzipien abgeleitet und als Ausläufer und Verzweigungen der letzteren betrachtet wurden[125] Man konnte überhaupt neuen Lehren nur dadurch Anerkennung verschaffen, dass man sie durch Analogieen und Subsumptionen auf ältere zurückführte, und man ging hierbei von dem Gedanken aus, dass diese Lehren nur deswegen nicht schon von den alten Lehrern ausgesprochen worden seien, weil sie auch ihren spätern Enkeln auf dem Felde der Gotteslehre eine Nachlese zu halten gestatten wollten, damit deren Namen ebenfalls berühmt und verewigt würden[126]. Diese neuen selbst gefolgerten Lehren wurden mit dem Namen Horaoth (Decisionen, Lehren) belegt[127], während man die Lehrsätze der Emoraïm überhaupt mit dem Namen Schema'atoth (Traditionen) bezeichnete[128]. Obgleich aber die in Mischna und Baraïtha vorgetragenen Sätze und Lehren als Autoritäten galten, denen von Spätern nicht widersprochen werden durfte, und jede Schema'ata, die sich mit einer älteren

Halacha im Widerspruch befand, für unrichtig erklärt wurde, so finden wir dennoch bei Samuel ausnahmsweise, dass sein Ausspruch für so zuverlässig galt, dass er trotz des Widerspruches einer Baraïtha ungeschmälerte Gesetzeskraft behielt [129]. Oft verteidigt Samuel seine im Gegensatze zu einer älteren Halacha stehende Lehre dadurch, dass er erstere beschränkte und mit Uebergehung des einfachen Sinnes eine andere Erklärung (Targum genannt) zu dem betreffenden Satze gab, so dass seine Lehre neben ihm bestehen konnte [130].

Das reichste Feld fand die selbständige Hora'ah in der Aufstelluag neuer Theorien auf dem Gebiete der Rechtslehre. Hier mussten von Samuel viele neue Lehren geschaffen werden, indem die veränderten Verhältnisse in Babylonien neue Forderungen an die Rechtslehre stellten und teils zur Erzeugung neuer, teils zur weiteren und vollständigeren Ausbildung älterer Rechtstheorien drängten. Auf diesem Gebiete war Samuel die Autorität in Babylonien und seine Aussprüche haben selbst gegen Rab Gesetzeskraft erlangt, da ihm ausser seinem ungewöhnlichen Scharfsinne noch seine ausgebreitete Praxis im Rechtssprechen eine Ueberlegenheit über seine Kollegen verschaffte [131]. Aber auch in ritualgesetzlichen Entscheidungen hat Samuel in sehr vielen Fällen über Rab den Sieg davon getragen; so besonders in den Gesetzen über Tierkrankheitsfälle (Trephoth), wo ihm seine medizinischen Kenntnisse zum Erfassen und gründlichem Verständnis der hierüber überlieferten Lehren sehr zu Statten kamen. Seiner gediegenen Kenntnis in diesem Fache wurde auch von Rab die gebührende Anerkennung gezollt. Als einst eine diesbezügliche religionsgesetzliche Frage zur Entscheidung vorlag, wurde von Samuel durch eine treffliche Lehre ein solcher überraschender Aufschluss über Rab's Zweifel gegeben, dass dieser erstaunt ausrief: „Die tiefsten Geheimnisse sind Dir erschlossen [132]!"

Neben dieser allseitigen und eingehenden Durchforschung der Gesetzeslehre beschäftigte sich Samuel auch mit Erklärung der Bibel, und zwar sowohl mit der einfachen sinngemässen als auch mit der agadischen (homiletischen) Auslegungsweise [133]. Es wurde ihm auch der Name Kara (Bibelkundiger) beigelegt, mit welchem man aber nach Einigen andeutete, dass seine Aussprüche so wahr, und so zuverlässig seien, wie die der heiligen Schrift[134].

Dass in der Hochschule zu Nehardea auch Medizin, Astronomie und Kalenderkunde gelehrt wurden, ist kaum zweifelhaft. Haben sich doch die von Samuel im Talmud aufbewahrten Lehren in diesen Wissenschaften grösstenteils durch mündliche Ueberlieferung von Geschlecht zu Geschlecht fortgepflanzt[135]. Ja, es ist wahrscheinlich, dass der grösste Teil der medizinischen und astronomischen Lehren im babylonischen Talmud Ueberlieferungen Samuels an seine Schüler sind, obgleich sie nicht seinen Namen an der Spitze tragen[136]. Wird ja nach ihm keine in diesen Wissenschaften besonders ausgezeichnete Persönlichkeit genannt, und die älteren aus Palästina stammenden Lehren sind gewiss grösstenteils nur durch ihn nach Babylonien verpflanzt worden.

Durch die Akademien zu Sura und Nehardea war die geistige Selbständigkeit Babyloniens und dessen Unabhängigkeit von Palästina begründet worden. Diese Trennung vom Mutterlande, die selbständige Förderung der Gesetzesstudien auf babylonischem Boden, war aber jetzt nicht mehr, wie früher, mit einer Gefahr für die Einheit des Judentums verbunden; denn, indem durch die Fürsorge R. Juda des Heiligen die traditionelle Lehre eine feste Grundlage erhalten hatte, war für das zerstreute Israel ein geistiges Band geschaffen, das die Einheit in Lehre und Leben desselben aufrecht zu erhalten im Stande war und vor allen Stürmen und Zeitereignissen viel gesicherter erschien, als der heilige Boden von Palästina. Das Judentum nahm jetzt in Babylonien einen höheren Aufschwung. Die dem Gesetzestudium sich widmenden Jünglinge waren nicht mehr genötigt, nach Palästina zu wandern; es ward ihnen in ihrer Heimat Gelegenheit geboten, ihren Wissensdurst zu löschen, und Babylonien wurde nun gewissermassen als ein zweites heiliges Land betrachtet[137]. Samuel lehrte: „So wie es verboten ist, aus Palästina nach dem Auslande auszuwandern, so ist es auch nicht gestattet, aus Babylonien nach anderen Ländern zu ziehen[138]". Sein Schüler Rab Juda bewies gar aus der Schrift, dass es verboten sei, aus Babylonien nach Palästina zu ziehen[139], was um so merkwürdiger ist, als Rab Juda als warmer Verehrer des heiligen Landes bekannt war[140].

Der Vorzug, den man Babylonien von jeher selbst in Palästina in gewisser Beziehung vor anderen Ländern eingeräumt hatte[141], wurde damals vielfach erweitert[142] und dies veranlasste auch, dass man nicht nur in den Schulen Rab's und Samuel's, sondern auch in dem Lehrhause des R. Jochanan zu Tiberias die Grenzen von Babylonien genau zu bestimmen suchte[143]; was den Beweis liefert, dass man in Palästina weit davon entfernt war, die unabhängige und bevorzugte Stellung des Nachbarlandes mit scheelen Blicken anzusehen, sondern sie als auf reale Tatsachen gestützt vollständig billigte. Rab und Samuel genossen auch in Palästina eine solche Verehrung, dass man sie mit dem Namen Rabbothenu sche-be-Golah (unsere Lehrer im Exile) allgemein bezeichnete[144].

## IV.

Nachdem durch die Konsolidierung der zur Blüthe gelangten Hochschulen in Babylonien für das jüdische Geistesleben daselbst eine neue Epoche begonnen hatte, trat in der persischen Monarchie eine politische Umwälzung ein, welche auch auf die Juden einen mächtigen Einfluss ausübte. Ardeschir Babegan, der Statthalter der Provinz Fars[145], verschwor sich gegen seinen Herrn, den Partherkönig Artaban IV. aus dem Geschlechte der Arsakiden, wusste die kriegerischen Volksstämme, welche in den jüdischen Quellen Chabarim heissen[146], für seine Pläne zu gewinnen und stürzte mit deren Hilfe die arsakidische Dynastie. In der Ebene von Hormuz[147] verlor Artaban in einer entscheidenden Schlacht Krone und Leben, und Ardeschir (in der Pehlwi-Sprache Artachscheter genannt) schwang sich im Jahre 226 n. ü. Z. auf den persischen Thron[148] und gründete die Sassaniden-Dynastie.

Schrecken bemächtigte sich der jüdischen Gemeinden, als sie von dem Einfalle der Chabarim Kunde erhielten, denn diese

Stämme waren bei ihnen von jeher übel berüchtigt und den „Engeln des Verderbens" gleichgehalten [149]. Ueberdies hatten die Parther eine solche milde Herrschaft geführt und den Juden so viel Freiheit und Selbständigkeit gewährt, dass diese von einer neuen Dynastie in keinem Falle eine Verbesserung ihrer Lage erwarten konnten [150]. Auch in Palästina war man nicht wenig besorgt für das Schicksal der Juden in Babylonien unter der neuen Herrschaft. Als man R. Jochanan, dem Rektor der Akademie zu Tiberias, die Nachricht von dem siegreichen Vordringen der Chabarim brachte, überkam ihn grosse Angst, dass die bisher so glücklich gewesenen babylonischen Gemeinden nunmehr der Willkür eines barbarischen Volkes preisgegeben sein würden [151].

Das befürchtete Unglück liess auch nicht lange auf sich warten. Die zur Herrschaft gelangten Neuperser waren eifrige Anhänger der Zendreligion und Ardeschir, der sich das Epiteton Hormuzd-Verehrer beilegte [152], zeigte eine ausserordentliche Begeisterung für die Zoroasterlehre. Die Magier, die Priester der Feueranbeter, wurden am Hofe mächtig und einflussreich [153] und auf ihr Anstiften wurde mit fanatischer Grausamkeit gegen die Andersgläubigen gewütet, wobei auch die Juden nicht verschont blieben. Ihre Synagogen wurden zerstört [154], ihre Begräbnisorte entweiht [155], der Genuss des Fleisches und der Gebrauch der Reinigungsbäder wurde ihnen untersagt [156] und hierzu noch der Gewissenszwang aufgelegt, an gewissen Feiertagen der Magier für deren Lichttempel Pfannen mit glimmenden Kohlen zu verabreichen [157].

Am meisten war Rab, der Rektor der suranischen Hochschule, dem der letzte Arsakide Artaban ein Freund und Gönner war, über die eingetretene furchtbare Katastrophe entsetzt. Als die Nachricht vom Tode Artabans an sein Ohr drang, rief er trauernd und bestürzt aus: Gelöst ist das Band (der Freundschaft) [158]. Von der Unmenschlichkeit der Chabarim das Schlimmste erwartend, sprach er öfters: Unter der Gewalt eines Arabers und nicht eines Römers; aber lieber noch unter einem Römer, als einem Cheber (Gueber) [159]. Wie sich früher die Juden in Palästina unter der drückenden Römerherrschaft der Hoffnnng hingegeben hatten, es würden einst die Römer in die Hand der Perser fallen und Judäa von ihrer Tyrannei befreit werden, so vernehmen wir damals von Rab, dem bei der jetzigen gefährlichen Lage der babylonischen Juden die Römerherrschaft noch milde erschien, den Ausspruch, dass die Perser, die habsüchtig und unbarmherzig in ihrem Fanatismus jüdische Synagogen zerstören, nicht besser seien als die Römer, die Tempelzerstörer, und dass daher erstere einst in die Hand der letzteren fallen werden.[160].

Bei dieser allgemeinen Bestürzung, die sich der Gemüter der babylonischen Juden bemächtigte, war es Samuel, der allein gefasst blieb und auch den Mut seiner Brüder aufzurichten suchte. Hatten auch die Neuperser in ihrem ersten Siegesrausche einen Feuereifer für die Zoroasterreligion an den Tag gelegt und ein Verfolgungssystem gegen andere Bekenntnisse angeordnet, so sah doch Samuel ein, dass dieser Fanatismus nicht lange andauern, sondern nach und nach mildern Gesinnungen Platz machen werde. Er bestrebte sich daher vor allem, einerseits durch Lehre und Beispiel seine Brüder zu einem solchen Verhalten zu bewegen, wodurch sie ihre Feinde entwaffneten, andererseits wieder Anordnungen zu treffen, wie sie die neu eingetretenen Verhältnisse dringend erforderten.

Einer alten Ueberlieferung zufolge, wonach die Heiden ausserhalb Palästina's nicht als eigentliche Götzendiener, sondern nur als Nachahmer ihrer väterlichen Gebräuche zu betrachten seien[161], erklärte Samuel, dass manche von den Rabbinen erlassenen Gesetze zur Absonderung von Heiden nur für Palästina, nicht aber für Babylonien verordnet worden seien[162]. Dies sein mildes Urteil über die persischen Heiden wurde von ihm sogar auf die Priester des Feuerkultus, die Magier, ausgedehnt. Während Rab sie für Gotteslästerer erklärte und der Meinung war, wer nur das Geringste von ihnen lerne, habe bei Gott das Leben verwirkt, wollte Samuel sie wie Astrologen, Zauberer und Wahrsager beurteilt wissen, von denen man wohl Theoretisches lernen dürfe, wenn man es nur nicht praktisch zur Anwendung bringe[163]. Ebenso nahm auch Samuel keinen Anstand, den theologischen Disputationen zwischen den Hormuzd-Verehrern und den Christen beizuwohnen, obgleich dies von Rab und andern Gesetzeslehrern prinzipiell vermieden wurde[164].

Das durch die neue Herrschaft geänderte Verhältnis der Juden zur Landesregierung veranlasste Samuel eine Lehre geltend zu machen, die für die Juden in ihrer Zerstreuung von der grössten Wichtigkeit werden sollte. Die alten parthischen Herrscher hatten sich nicht in die innern Angelegenheiten der Juden gemischt, sie hatten die ganze Verwaltung derselben dem Resch Galutha überlassen und bloss die Einzahlung bestimmter Steuern verlangt[165]. Als aber die Sassaniden zur Regierung gelangten, änderte sich die Sachlage. Ardeschir ergriff mit starker Hand die Zügel der Regierung, verordnete neue Gesetze, die er im ganzen Reiche ausgeführt haben wollte. Die Juden mussten es sich sogar gefallen lassen, dass man in der ältesten besonders geheiligten Synagoge zu Schafjathib in der Nähe von Nehardea[166] die persische Königsstatue aufstellte; nicht damit ihr göttliche Verehrung zu Teil werde, da die Perser selbst den Bilderdienst verabscheuten, sondern als Zeichen, dass nun alle Angelegenheiten der Juden unmittelbar dem Landesherrn untergeordnet seien[167]. Samuel, der von der Ueberzeugung durchdrungen war, dass es eines jeden Bürgers unabweisbare Pflicht sei, die Staatsgesetze heilig zu halten und dies ausserdem schon in einer alten Mischna ausgesprochen fand[168], glaubte dieser Lehre, deren strikte Befolgung den Juden nur zum Heile gereichen müsste, auch allgemeine Anerkennung verschaffen zu müssen. Er stellt daher den Grundsatz auf, dass das Gesetz der Regierung gültiges Gesetz sei[169]; diese Lehre von allen Gesetzeslehrern als halachisch gültig anerkannt, liess seit jener Zeit den Juden die Befolgung der Landesgesetze nicht als Zwangsgebot, sondern als eine religiöse Pflicht erscheinen. Samuel hielt es zugleich für nötig, obwohl den Juden ihre eigene Zivilgerichtsbarkeit von den Sassaniden gelassen worden war[170], das persische Recht zu berücksichtigen und manche jüdische rechtliche Bestimmungen nach demselben zu modifizieren, was namentlchi in den Fällen geschah, wo es als notwendige Konsequenz des neu aufgestellten Grundsatzes sich ergab[171].

Samuel hatte sich in seinen Hoffuungen nicht getäuscht. Seine Bemühungen, die Juden mit dem herrschenden Volksstamme auszusöhnen, waren von dem schönsten Erfolge gekrönt. Von der Durchführung der von Verfolgungssucht diktierten harten Gesetze geschieht keiner weiteren Erwähnung; im Gegenteil sieht man Juden und Perser, wenigstens zur Zeit Samuels, friedlich und im freundschaftlichem Verkehr mit einander leben.

Die nähere Berührung, in welche auch die Juden Palästina's damals mit den Heiden gekommen waren, hatte auch den Patriarchen R. Juda II veranlasst, das von den Schulen Hillel's und Samaï's (um 50 n. ü. Z.) verbotene heidnische Oel für erlaubt zu erklären, weil die Beobachtung des Verbotes zu beschwerlich gefallen und es ohnehin bei den Juden noch nicht allgemeiner Gebrauch geworden war, sich des heidnischen Oeles zu enthalten[172]. Als R. Simlaï[173] die Nachricht von dieser Verordnung des Patriarchen nach Babylonien brachte, war Rab hierüber so erstaunt, dass er diese Neuerung gar nicht einführen wollte. Samuel jedoch betrachtete die Gründe des Patriarchen als von so zwingender Natur, dass er, obschon nach seiner Meinung die Verordnung der Hillel'schen und Samaïtischen Schulen, selbst von einer Behörde, die jenen an Zahl und Weisheit überlegen wäre, nicht abgeschafft werden könnten[174], dennoch in die Aufhebung dieses Verbotes einwilligte und auch bewirkte, dass sein Freund Rab nach langem Widerstreben endlich nachgab und selbst von dieser Erlaubnis tatsächlichen Gebrauch machte[175].

Zwischen den Häuptern der Hochschulen von Sura und Nehardea herrschte überhaupt Eintracht und brüderliche Liebe und sie wirkten in schönster Harmonie zusammen zur Verherrlichung und Verbreitung der Gotteslehre sowohl, als auch zur Verbesserung der Sittlichkeit und Veredelung des Volkes. Rab kam auch öfters zu Samuel nach Nehardea, sowie dieser mehrmals seinen Kollegen in Sura besuchte[176] und diese häufigen Zusammenkünfte knüpften immer enger zwischen ihnen das Band der Freundschaft und war auch für ihr einheitliches Zusammenwirken von wohltätigem Einfluss.

Es bedurfte auch der eifrigen und energischen Tätigkeit dieser beiden grossen Männer, um die geistigen und moralischen Zustände der babylonischen Gemeinden zu verbessern und den strengen Anforderungen des jüdischen Gesetzes gemäss zu gestalten. Denn die Volkserziehung war seit langer Zeit in Babylonien vernachlässigt, und selbst die Städte, in denen die Gesetzeskunde heimisch war, liessen in Betreff ihres sittlichen Zustandes gar Vieles zu wünschen übrig[177]. Die Schulhäupter liessen es sich daher angelegen sein, nicht nur ihre Schüler, sondern auch das Volk zu belehren und ihm die Wahrheiten der Religion in öffentlichen Vorträgen zum Verständniss zu bringen[178]. Sie zeigten ausserdem eine unermüdliche Tatkraft, wo es galt, das jüdische Religionsgesetz aufrecht zu erhalten und der mutwilligen Verletzung desselben zu steuern. Die Reinheit und Heiligkeit des Ehelebens glaubten sie durch einen festen Damm schützen zu müssen, indem sie die Beobachtung der jüdischen Ehegesetze besonders einschärften und gegen eingeschlichene Missbräuche mit Strenge eiferten[179]; aber auch den nur rabbinisch gebotenen zweiten Festtag schützten sie sorgfältig vor Entweihung, indem sie über diejenigen, die ihn nicht achteten, die Bannstrafe verhängten[180]. Dagegen liess Samuel bei den Gesetzen über die Priester- und Levitenabgaben von den Felderträgnissen, die, ursprünglich nur für Palästina gegeben, dennoch aber auch im Auslande ausgeübt wurden, vielfache Erleichterungen eintreten und diese geringschätzige Meinung Samuels von der Ausübung dieser für Babylonien bedeutungslosen Gebote bewirkte, dass sie daselbst später gänzlich aufgehoben wurden.

Durch die vereinigte Tätigkeit Rab's und Samuel's ist auch die Liturgie vielfach ausgebildet und bereichert worden. Manche neue Hymnen und Segenssprüche wurden von Beiden gemeinschaftlich verfasst, wie die Eulogie über die allweise Einrichtung des menschlichen Organismus und der als „eine Perle" bezeichnete Hymnus beim Scheiden des Sabbaths an einem Festabend[181]. Viele Gebete und Eulogieen, die grösstenteils noch heute in den jüdischen Gebetbüchern ihren Platz behaupten, leiten teils von Rab teils von Samuel ihren Ursprung her. Von letzterem mögen besonders erwähnt werden: ein Schlussgebet für den Versöhnungstag, viele Segenssprüche und ein in solchen Fällen, wo die nötige Sammlung zur längeren Andacht nicht gewonnen werden kann, für das aus achtzehn Benediktionen bestehende Hauptgebet zu substituierendes kurzes Gebet[182]. In Bezug auf die Vorlesungen aus der heiligen Schrift trafen diese beiden Lehrer Babyloniens ebenfalls neue Anordnungen, und zwar teils für gewisse ausgezeichnete Sabbate ausser den gewöhnlichen noch andere Stücke zur Vorlesung zu bestimmen, teils überhaupt für manche hierzu geeignete Zeiten Schriftvorlesungen anzuordnen, wie das Vorlesen von Stücken aus den Hagiographen beim Mincha-Gottesdienste am Sabbath, welches Samuel in Nehardea eingeführt[183].

Hatte Samuel durch solche das ganze jüdische Leben durchdringende Lehren und Institutionen seine Stammgenossen zur genauen Befolgung des Religionsgesetzes angeregt, zu einem höheren geistigen und moralischen Standpunkte emporgehoben und zu treuer Anhänglichkeit an den Staat und seine Gesetze ermahnt, so sollte er durch den Einfluss, den er am persischen Hofe gewann, auch in den Stand gesetzt werden, seinen Brüdern wirksamen Schutz nach aussen gewähren und zu ihren Gunsten vor dem Königsthrone das Wort führen zu können. Sowohl wegen seiner Bemühungen für die Wohlfahrt des Staates als auch wegen seines weit über den Kreis seiner Glaubensgenossen hinaus verbreiteten wissenschaftlichen Rufes ward Samuel am Hofe geschätzt und geachtet. Doch scheint Ardeschir von der Ordnung der Reichsangelegenheiten und von den Römerkriegen zu sehr in Anspruch genommen gewesen zu sein, als dass er noch Musse gehabt hätte, die Verdienste der im Stillen für das Heil seines Reiches wirkenden Männer zu beachten und nach Gebühr zu würdigen[184]. Erst als nach seinem im Jahre 238 n. ü. Z. erfolgten Tode sein Sohn Schabur den Thron bestieg[185], fand Samuel die ihm gebührende Anerkennung.

Der Charakter des Sassanidenkönigs Schabur (Sapores) I. erscheint uns in den jüdischen Quellen in einem ganz anderen Lichte als in den römischen, und die Geschichte ist gewiss nicht berechtigt, den Zeugnissen der durch die bitteren Kränkungen über die erlittenen schmählichen Niederlagen zum leidenschaftlichsten Hasse aufgebrachten römischen Schriftsteller mehr Glauben zu schenken als den schlichten vorurteilsfreien Erzählungen der babylonischen Juden. Während Schabur von den Römern als ein treuloser, stolzer und grausamer Tyrann geschildert wird [186], so ist in den jüdischen Quellen von allen diesen keine Spur zu finden. Hier erscheint er vielmehr als ein Wohltäter der Armen, als ein Freund der Weisen und als ein milder schonungsvoller Herrscher, der selbst im schrecklichen Kriege das Gebot der Menschlichkeit nicht ganz ausser Acht lässt [187].

Dieser König nun war ein Freund und Verehrer Samuels. Er liebte den Umgang mit dem jüdischen Weisen, pflog öfters Unterredungen mit ihm und erbat sich nicht selten seinen weisen Rat [188]. Von diesem Einflusse machte Samuel den edelsten Gebrauch, indem er das Herz des Königs für seine Glaubensgenossen zu gewinnen suchte, und seiner Fürsprache ist es gewiss zuzuschreiben, dass Schabur die Juden nicht nur mit Milde behandelte, sondern sogar mit Gunstbezeugungen überhäufte. Er zeigte ein Interesse für den Glauben, die Gesetze, Sitten und Gebräuche der Juden und wohnte teilnahmsvoll ihren fröhlichen Spielen am Hüttenfeste bei [189]. Eine vom Talmud mitgeteilte Unterredung zwischen ihm und Samuel [190] lässt vermuten, dass Schabur zu seinem projektierten Kriege gegen die Römer auf eine kräftige Unterstützung von Seiten der Juden rechnete. Dass ihm diese auch wirklich zu Teil geworden ist, beweist die Versicherung, die er Samuel gab, dass er niemals einen Juden getötet habe [191], obwohl er häufig durch von Juden bevölkerte feindliche Gegenden seinen Zug nahm, die dem römischen Reiche mit Treue anhingen. Hätte nicht Odenat, der tapfere Bürger von Palmyra, den Eroberungen Schabur's ein Ziel gesetzt, wer weiss, ob dieser nicht den Juden ein zweiter Cyrus geworden und durch ihn der Wiederaufbau des Tempels zu Stande gekommen wäre [192].

Der milde und edle Charakter Schabur's scheint Samuel bei seinen Aussprüchen vorgeschwebt zu haben, in welchen er über die Könige sich so überaus günstig äussert. „Das Wort eines Königs", behauptet er, „ist heilig und er bricht es nicht, wenn es auch gilt, Berge zu zerreissen" [193]. Er hatte es gewiss selbst erfahren, dass Schabur ihm Zusicherungen in Betreff seiner Glaubensgenossen erfüllte, obgleich die fanatischen Magier demselben ungeahnte Schwierigkeiten in den Weg gelegt haben mochten. Ein anderer Ausspruch Samuels wollte die Vorteile hervorheben, welche die Sassanidendynastie gerade wegen ihrer dunkeln Abstammung [194] dem Volkswohle böte. Ein König, meint er, an dessen Geschlechte gar kein Makel haftet, kann durch Stolz und Ueberhebung seinen Untertanen ein gefährlicher Tyrann werden, und deswegen habe auch die Vorsehung die Regierung der Saul'schen Dynastie von keiner langen Dauer sein lassen [195], während ein Monarch von dunkler Herkunft, auf seinen Ursprung zurückblickend, stets bescheiden und herablassend dem Volke gegenüber sich verhält, sich enge an dasselbe anschliesst und es zu beglücken sich bestrebt [196]. Da Samuel einen von der göttlichen Vorsehung eingesetzten Herrscher als einen charakterfesten, nur für das Heil seines Volkes tätigen Mann sich dachte, so kann es uns nicht Wunder nehmen, dass er in der unumschränkten Königsmacht das Wohl des Staates erblickte und die Behauptung aussprach, dass es jedem Herrscher erlaubt sei, von dem Rechte, welches der Prophet Samuel in seiner Rede an das Volk (Samuel I, K. 8, V. 11—17) dem Könige einräumte, auch tatsächlichen Gebrauch zu machen, da der Prophet keineswegs blos, um das Volk von seinem Vorhaben, den Staat in eine Monarchie zu verwandeln, abzuschrecken, von Rechten des Königs gesprochen habe, die demselben nach göttlichem Gesetze zustehen [197]. Wenn ein König, von der Macht der politischen Verhältnisse gezwungen, einen Krieg unternimmt, so wird er nach der Meinung Samuels von Gott wegen der hierdurch herbeigeführten Verluste von so vielen Menschenleben zu keiner Verantwortung gezogen, weil er nur als Vertreter des seiner Fürsorge anvertrauten Staates handelt, für den kein Opfer zu hoch angeschlagen werden darf[198]. Von der Gerechtigkeit Schabur's in seinem Kriege gegen die Römer überzeugt, war daher Samuel für diese Unternehmung so sehr begeistert, dass er selbst das Gefühl für seine Stammgenossen in seinem Innern zurückdrängte und bei der Nachricht, dass die Perser bei der Eroberung von Mazaca Cäsarea[199] in Kappadozien 12000 Juden, die ihnen einen hartnäckigen Widerstand entgegengesetzt, niedergemetzelt hatten, es unterliess, seine Trauer über die Gefallenen nach jüdischer Sitte durch Kleiderzerreissen zum Ausdrucke zu bringen[200]. Sowie die Vertiefung in das Gesetzstudium Samuel nicht verhindert hatte, die anderen Wissenschaften ebenfalls mit Liebe und Eifer zu pflegen, so vermochte auch nicht seine Anhänglichkeit an seine Glaubensbrüder die Hingebung an das Vaterland bei ihm abzuschwächen. Die Juden pflegten ihn in ehrender Weise „König Schabur" zu nennen, im Hinblicke darauf, dass er beim Perserkönige in hohem Ansehen stand und, als ein treuer Untertan, dessen und des Staates Interessen stets zu wahren suchte[201].

## V.

Im Jahre 247 n. ü. Z. starb Rab, der grosse Lehrer zu Sura[202]. Die Nachricht hievon machte auf Samuel einen erschütternden Eindruck. „Der Mann, der mir überlegen war, ist dahingeschieden", rief er weheklagend aus und zerriss nacheinander zwölf Kleider, von der Trauer über den Verlust des von ihm verehrten Kollegen ganz überwältigt[203]. Zu Sura wählte man kein neues Schuloberhaupt; Rab Huna, der grösste Schüler Rab's, der nach dessen Tode am Gerichtshofe daselbst präsidierte, ordnete sich in jeder Beziehung Samuel unter und legte ihm alle schwierigen religionsgesetzlichen Fragen zur Entscheidung vor[204]. In Nehardea war jetzt die einzige Hochschule Babyloniens, deren Rektor Samuel als die höchste Autorität von allen Juden anerkannt wurde. Selbst R. Jochanan, der hervorragendste palästinensische Lehrer, der vorher Samuel nur als Kollegen betrachtet und auch über den von diesem angefertigten Kalender[205] sich geringschätzig geäussert hatte, wurde endlich durch eine grosse Anzahl von Samuel ihm zugesandter Belehrungen über wichtige Ritualgesetze von dessen Grösse überzeugt und mit solcher Hochachtung gegen ihn erfüllt, dass er den Entschluss fasste, sofort seinen Lehrer in Babylonien, wie er jetzt Samuel nannte, zu besuchen, und nur durch ein Gerücht von dessen Tode von dieser beschwerlichen Reise abgehalten werden konnte[206].

Indessen war dies Gerücht falsch; Samuel lebte noch nach dem Tode Rab's zehn Jahre[207], scheint jedoch in seinen letzten Lebensjahren durch die Kriege zwischen Persern und Römern an dem Verkehr mit Palästina verhindert gewesen zu sein und seine segensreiche Tätigkeit bloss auf Babylonien beschränkt zu haben[208]. Hier nahm die Sorge für seine Schule, nach welcher jetzt auch die verwaisten Schüler Rab's hinströmten, alle seine Kräfte in Anspruch, indem er sich bemühte, letzteren als ein väterlicher Freund den schweren Verlust, den sie erlitten, zu ersetzen. Er war auch so glücklich, an seinen Jüngern seine unbegrenzte Mildtätigkeit üben zu können. Besonders ward er Rab's Sohn Chija, der ebenfalls zu ihm gekommen war, ein zweiter Vater, und es gereichte ihm zur höchsten Freude, von den vortrefflichen Lehren, die ihm von seinem hochverehrten Freunde bekannt waren, dessen würdigem Sohne mitteilen zu können[209].

Nicht so glücklich war Samuel in seinem Familienleben. Es waren ihm keine männlichen Nachkommen beschieden, und zwei Töchter wurden ihm während des Krieges von einer feindlichen Truppe gefangen weggeführt[210]. Die Gefangenen wurden nach Sepphoris in Palästina, wo R. Chanina, der ehemalige Lehrer Samuels, einer Hochschule vorstand, gebracht. Dort wurden sie von den Juden, die bei der Auslösung gefangener Glaubensgenossen keine Kosten scheuten, durch Lösegeld aus der Gefangenschaft befreit. Kaum hatte R. Chanina erfahren, dass sie die Töchter Mar Samuels seien, so entschloss er sich, da eine Rückkehr nach Babylonien in jener Zeit mit grossen Gefahren verbunden war, sich ihrer väterlich anzunehmen. Er bewog seinen ebenso durch Frömmigkeit wie durch Gelehrsamkeit ausgezeichneten Schüler Simon b. Abba, der ein Babylonier und mit Samuel verwandt war, eine Tochter desselben zu heiraten. Doch sie starb bald nach der Vermählung und ebenso wurde ihre Schwester, die Simon nachher heiratete, durch einen frühzeitigen Tod ihm entrissen [211]. Der unglückliche Vater ertrug sein Geschick mit Ruhe und Geduld. Nicht lange vorher hatte sein Bruder Pinchas einen ähnlichen Trauerfall zu beklagen. Samuel ging, um seinen Bruder zu trösten, und als er in dessen äusserlicher Erscheinung die Trauer allzusehr ausgedrückt fand, konnte er sich nicht enthalten, sein Befremden hierüber zu äussern. „Würdest du denn so gleichgültig sein, wenn dir ein solches Unglück begegnete", fragte Pinchas und — so fügt die Quelle hinzu — gleich als wäre einem Herrscher ein unheilvolles Machtgebot aus Versehen entschlüpft, wurde auch wirklich Samuel bald von einem solch harten Schlage getroffen [212].

In Palästina schrieb man dies Unglück einer alten Sünde zu, die Chanania, der Brudersohn des R. Josua begangen, indem er in Babylonien Monatsanfänge bestimmt und Schaltjahre eingesetzt hatte [213]. Man konnte es sich nicht anders erklären, wie es denn kam, dass der hochverehrte, tugendhafte und sündenlose Mar Samuel von der Hand Gottes so schwer getroffen wurde. Man wagte nicht, auch nur daran zu denken, dass an diesem reinen Tugendbilde irgend ein Makel hafte; ja man erzählte, dass einem Manne, der sich über Mar Samuel nach dessen Tode tadelnd geäussert hatte, auf der Stelle von einem herabgestürzten Balken der Hirnschädel zerschmettert worden wäre; so furchtbar hätte Gott eine Verletzung der Ehre dieses Frommen bestraft [214].

Einer solchen allgemeinen Verehrung hatte sich Samuel, wie kein Anderer, durch seine Taten verdient gemacht. Keiner war gleich ihm stets für das Gemeinwohl besorgt und diesem seine eigenen Interessen aufzuopfern bereit. Sein Vater Abba diente ihm hierin als leuchtendes Vorbild. Dieser hatte es als seinen Beruf angesehen, für das Wohl Anderer zu sorgen und durch Liebesdienste seinen Nebenmenschen nützlich zu sein.

Gab es Gefangene auszulösen, so war es Abba, der in die vorderste Reihe trat, dies zu bewerkstelligen [215]; gab es Waisengelder zu verwalten, so war es wieder Abba, der mit fast peinlicher Gewissenhaftigkeit dieses Geschäft besorgte [216]. Seine Mildtätigkeit gegen die Armen war unbegrenzt und weit gepriesen [217]. Er verkaufte den Ertrag seiner Felder immer zur Erntezeit zu billigem Preise, denn er hielt es für sündhaft, Kornvorräte aufzuspeichern und dadurch eine Teuerung der Lebensmittel herbeizuführen [218]. In allen diesen eiferte Samuel seinem Vater nach und wollte ihn womöglich noch übertreffen. Aus Fürsorge für die hilflosen Waisen stellte er jedem Gerichtshofe die Aufgabe, bei den Waisen Vaterstelle zu vertreten [219]. Er liess seine Feldfrüchte bis zur Zeit der Teuerung liegen, um sie dann den Armen zu den billigen Preisen der Erntezeit zu verkaufen [220]. Er zeigte ausserdem das Bestreben, Redlichkeit und Rechtschaffenheit in Handel und Wandel ans Herz zu legen und das Volk vor Bedrückung und Uebervorteilung zu schützen. Er warnte in vielen Aussprüchen vor dergleichen Ungerechtigkeiten, schärfte den Kaufleuten ein, nie mehr als ein Sechstel des Einkaufspreises Profit zu nehmen [221], duldete es nicht, dass man auf Waren, die zur Ausübung einer religiösen Pflicht gehörten, einen zu hohen Preis setzte und zeigte bei solchen Gelegenheiten sich bereit, die Strenge des Religionsgesetzes zu mildern, falls die Kaufleute sich nicht zu billigern Preisen verstehen würden [222]; wie er auch in manchen Fällen die Uebertretung einer Religionsvorschrift erlaubte, um viele Menschen vor Schaden zu bewahren [223]. Wie er selbst stets mit der Gesamtheit fühlte, wie er in seiner ganzen Tätigkeit nur das Wohl Anderer im Auge hatte und wie er von seinem Einflusse bei dem Fürsten nur zum Heile des Volkes Gebrauch machte, so wollte er, dass solche Gefühle auch jedes Israeliten Herz erfüllten, dass jeder sein eigenes Wohl in dem der Gesellschaft suche und dass diese Gefühle auch in den Gebeten ihren Ausdruck fänden, in welchen der Einzelne sich nie von der Gesamtheit ausschliessen solle [224].

Fast scheint es überflüssig zu erwähnen, dass sein Wohlwollen nicht auf den engen Kreis seiner Glaubensgenossen beschränkt war, sondern auf alle Menschen ohne Unterschied der Religion sich erstreckte; haben wir ja schon oben gesehen, wie er mit heidnischen Männern der Wissenschaft vertrauten Umgang gepflogen und den freundschaftlichen Verkehr zwischen Juden und Heiden zu befördern gestrebt hatte. Aber auch an vortrefflichen Lehren liess er es nicht fehlen, um diese Duldsamkeit zu verbreiten. „Es ist verboten, einen Menschen, mag er Jude oder Heide sein, auch nur durch Worte zu hintergehen"[225]. „Vor dem Richterthrone des Weltenschöpfers waltet kein Unterschied ob zwischen Juden und Heiden, da ja unter letzteren sich ebenfalls edle und tugendhafte Männer befinden"[226]. „Man hüte sich besonders, in Gegenwart eines Proselyten Verachtung und Geringschätzung gegen Heiden kundzugeben; denn ist auch bei jenem der angestammte Glaube durch seine späteren Ueberzeugungen verdrängt worden, so muss doch jede Unduldsamkeit um so mehr sein Herz verwunden, als er es am meisten fühlt, wie diejenigen, welche, treu den in ihrer zartesten Jugend eingesogenen Lehren und Anschauungen, ihrem Irr- und Aberglauben anhangen, mit Unrecht verachtet und verfolgt werden"[227]. Diese und ähnliche Lehren wurden von Samuel ausgesprochen[228]. Ebensowenig wie auf das religiöse Bekenntnis blickte er auf den Stand bei der Betätigung seiner Menschenliebe. Seiner Menschlichkeit und gewissenhaften Rechtlichkeit in der Behandlung der Sklaven wird gewiss niemand die Bewunderung versagen, der bedenkt, dass in jener Zeit selbst bei den gebildetsten Völkern der Sklave nur als eine Ware betrachtet wurde. Samuel lehrte durch Wort und Tat, dass man auch in den Sklaven die Menschenwürde achten müsse und dass sie nur zum Dienste aber nicht zur Herabwürdigung und ehrenkränkenden Behandlung dem Herrn anvertraut seien[229]. Als ihm einmal eine Sklavin geraubt wurde und er sie im Gedanken aufgegeben hatte, hielt er sich aus diesem Grunde verpflichtet, ihr später, nachdem er sie durch Lösegeld wieder erlangt hatte, einen Freibrief zuzustellen[230].

Mehr noch als seine Selbstlosigkeit und sein herzgewinnendes Wohlwollen trugen seine Bescheidenheit und Sanftmut dazu bei, ihm die Liebe und Verehrung seiner Nebenmenschen zu verschaffen. Ungeachtet der hohen gesellschaftlichen Stellung, die er einnahm und der Geistesgrösse, wodurch er unter seinen Zeitgenossen hervorragte, war dennoch jeder Stolz, jede Ueberhebung und Selbstüberschätzung seinem ganzen Wesen fremd; er brachte im Gegenteil eine anspruchslose Bescheidenheit in Lehre und Leben zum Ausdrucke. Die Schule des Patriarchen Hillel, jenes Musterbildes der Bescheidenheit, wurde von Samuel besonders gepriesen und verherrlicht. „Drei Jahre" lautet ein Ausspruch von ihm, „controversierten die Schulen Hillel's und Sammai's mit einander, bis endlich eine göttliche Stimme rief: ‚Die Lehren beider Schulen sind Worte eines lebendigen Gottes, aber für die Praxis ist die Schule Hillel's massgebend". „Warum geschah dies? Weil die Hilleliten sanft, bescheiden und duldsam waren und es nicht verschmähten, neben ihrer eigenen Meinung stets auch die Ansicht ihrer Gegner vorzutragen, ja letztere sogar der eigenen vorauszuschicken"[231]. Dem Beispiele der Hilleliten folgend, war auch Samuel in seinem Streite bescheiden und vertrug auch Widerspruch gern. Er beharrte nie hartnäckig auf seiner Meinung, sondern nahm sie sogleich zurück, sobald er von deren Irrtümlichkeit überzeugt war[232]. Er machte öfters seinem Gegner das Zugeständnis, dass dessen Ansicht dem Verstande einleuchtender sei, als die seinige und rechtfertigte jene gegen die von Andern erhobenen Einwände[233]. Und wie bescheiden und anspruchslos war sein öffentliches Auftreten! Die angesehene Familie Schela, welcher nach altem Herkommen bei der Huldigung des Exilarchen der Vortritt eingeräumt wurde, hatte dieses Vorrecht an Samuel abgetreten. Dieser jedoch, der bei jeder Gelegenheit nicht nur vor Rab, sondern auch vor dessen Schüler R. Assi zurücktrat, überliess auch diese Ehre seinem Freunde Rab, den er wie einen Lehrer ehrte[234]. Er war gewohnt Jedem, von dem er auch nur eine Sache gelernt hatte, öffentlich seine Achtung zu bezeugen, verschmähte es nie, selbst von solchen, die ihm tief untergeordnet waren, Belehrung anzunehmen[235] und, um auch seine Schüler zu einem solchen Verhalten zu ermuntern, wies er ihnen nach, dass viele im Munde des ge-

meinen Volkes lebenden Sprichwörter in der heiligen Schrift
ihre Begründung finden, dass also selbst Unwissende manchmal
göttliche Weisheitslehren aussprechen [236]. In seiner Sprache liebte
er jene Geradheit, die in einfacher, ungekünstelter Rede ihre
Gedanken äussert und zeigte einen tiefen Widerwillen gegen
diejenigen, die hochmütig die gewöhnliche Sprache verschmähten
und nach eigentümlichen, fremdsprachlichen Ausdrücken haschten [237].
Wie tief die Bescheidenheit und Demut in seinem Innern
wurzelte und wie sehr sein Geist von ihnen durchdrungen war,
bekunden sowohl seine religiösen Herzensergüsse, in welchen
er die Eitelkeit und Nichtigkeit der menschlichen Weisheit und
Grösse sowie die Geringfügigkeit der menschlichen Tugenden
und Vorzüge in erhabenen und ergreifenden Worten darstellt [238],
als auch seine öffentlichen Vorträge, welche über die Allgüte
und Allbarmherzigkeit des Schöpfers belehrten, der dem schuld-
belasteten Sterblichen seine Gnade und Vergebung in reichem
Maße zu Teil werden lässt [239].

Auch darin glich Samuel ganz dem Patriarchen Hillel,
dass er Jedermann mit unbeschreiblicher Sanftmut und Freund-
lichkeit begegnete, ganz unähnlich seinem Freunde, dem Schul-
oberhaupte von Sura, der gleich Samaï durch seine Heftigkeit
die Menschen zuweilen abstiess. Ein Perser kam einmal zu Rab
und wollte von ihm in der jüdischen Religion unterrichtet
werden. Dieser zeigte sich ihm willfährig. Als jener aber gegen
Alles, was ihm vorgetragen wurde, einen halsstarrigen Zweifel
entgegensetzte, wies ihn Rab zornig von sich. Er ging hierauf
zu Samuel und dieser brachte es durch Sanftmut und Geduld
in kurzer Zeit so weit, dass der verstockte Perser zu glauben
anfing und zum Judentum übertrat [240]. Diese menschenfreundliche
Gesinnung leitete ihn auch in seinem Urteile über Andere, worin
er stets zu liebevoller Nachsicht, nie aber zum Verdammen und
Verurteilen bereit war. Ein gewisser Rab Schela [241] hatte einmal
die Wiederverheiratung einer Frau gestattet, deren Mannes Tod
noch nicht gesetzlich konstatiert war. Rab ward hierüber so
aufgebracht, dass er sofort über Rab Schela die Bannstrafe ver-
hängen wollte. Samuel jedoch hielt ihn von diesem Schritte

zurück, indem er bemerkte, man müsse vor der Verurteilung erst den Schuldigen vernehmen. Wirklich wusste Rab Schela, um den Grund seiner Entscheidung befragt, sich vollkommen zu rechtfertigen, und Rab freute sich, durch des Freundes Rat von einer Uebereilung abgehalten worden zu sein, die von unangenehmen Folgen für ihn gewesen wäre[242]. Solche Nachsicht empfahl Samuel auch Andern. „Lasset euch nie dazu herbei, ein Kind zu enterben, und wäre es auch, einen ungeratenen Sohn zu Gunsten eines bessern", warnte er seine Schüler, sie zur Toleranz und Versöhnlichkeit ermahnend[243].

Jedoch erlaubte er es nicht, dass die Bescheidenheit und Geduld zu weit getrieben werde und bis zur Schwäche ausarte. Er selbst legte immer ein hohes Selbstbewusstsein, eine Festigkeit und Entschlossenheit an den Tag, wenn es galt, für Recht und Wahrheit und für das Ansehen der Lehre in die Schranken zu treten. Bevor er noch ein öffentliches Amt bekleidete, hatte er schon der Willkürherrschaft und den gesetzwidrigen Anordnungen des Exilarchen offen und entschieden entgegenzutreten gewagt[244], und als später sein Schüler Ukba zum Exilarchat gelangte, liess er trotz der glanzvollen äusseren Stellung seines Schülers es nicht ungerügt, wenn dieser gegen ihn sich verging[245]. Wenn die Autorität der Lehre und des Gesetzes gefährdet war, da verwandelte sich seine Milde in Strenge und wich seine Sanftmut einer gerechten Entrüstung, die allein ohne Hinzufügung einer anderen Strafe hinreichend war, die Gesetzesverächter zu zerschmettern und zu vernichten[246]. Ebenso tatkräftig bekämpfte er falsche Ansichten und achtete die Wahrheit höher als jede Autorität[247]. Selbst Rab gegenüber führte er in solchen Fällen eine Sprache, die von nicht geringem Selbstbewusstsein zeugt. „Wenn Abba einer solchen Ansicht ist, so versteht er von Sabbath- oder Trephot-Gesetzen gar Nichts", sagte er mitunter[248]; aber ohne auch nur im Geringsten seinen Freund hiermit verkleinern oder herabwürdigen zu wollen, was schon der Umstand beweist, dass er ihn unzählige Male mit dem Ehrentitel Rab (Lehrer) benennt[249].

Diesen Bestrebungen, das Gesetz und die Lehre in ihrer

Reinheit und ihrem Ansehen zu erhalten, entsprechen auch die strengen Anforderungen, die Samuel an sich selbt und an die Richter und Lehrer überhaupt stellte. Der Richter muss nach Samuel im Rechtsprechen eine Gewissenhaftigkeit beobachten, die auch den geringsten Schein von Bestechlichkeit und Parteilichkeit vermeidet. Als ihm einmal Jemand beim Gange über eine Brücke die Hand zur Stütze reichte, wollte er einen Rechtsstreit, den der Betreffende hatte, nicht zur Entscheidung übernehmen, aus Befürchtung, durch die ihm bewiesene Zuvorkommenheit bestochen, sich zu dessen Begünstigung geneigt fühlen zu können [250]. Mit derselben Vorsicht solle auch der Lehrer bei religionsgesetzlichen Entscheidungen verfahren, die er nur dann zu treffen unternehmen dürfe, wenn er von den betreffenden Lehren vollständige und klare Kenntniss besässe [251]. Der Lehrer soll — so lehrt Samuel — in seinen Handlungen nicht immer den Buchstaben des Gesetzes, sondern zuweilen das Gewissen um Rat fragen, das oft über eine Handlung ein Verdammungsurteil fällt, die der Arm des Richters ungestraft lässt. Er soll ferner nicht in Handel und Wandel Andern gegenüber zu sehr auf strenges Recht pochen, sondern freudig zuweilen auf sein rechtliches Eigentum Verzicht leisten [252]. Zu den notwendigen Eigenschaften eines Gesetzeslehrers zählt Samuel endlich eine eifrige Wahrheitsliebe, der jede heuchlerische Verlogenheit verhasst und verabscheuenswürdig ist [253].

Der Eifer, mit welchem Samuel für seine Nebenmenschen tätig war, die Liebe und die freundliche Teilnahme, die er ihnen stets entgegentrug, wurden noch übertroffen von seinem nie ermattenden Eifer im Dienste Gottes und von seiner treuen Anhänglichkeit und Liebe zur Lehre Gottes. Nur durch Gottesdienst und Forschen in der Gotteslehre erlangt der Mensch nach Samuel's Aussprüchen ein Recht auf das Dasein; vernachlässigt er diese Pflichten, so ist er, weil nicht seiner Bestimmung gemäss lebend, oder, wie sich Samuel selbst ausdrückt, weil aus dem von Gott für das wahrhaft m e n s c h l i c h e Leben bestimmten Elemente geschieden, gleich dem Fische, der das Wasser verlässt, als nicht lebend zu betrachten [254]. Wer auch nur ein Gottesgebot vernachlässigt, schlägt seinem geistigen Leben eine unheilbare Wunde und vermag nicht mehr, wie der unverdrossen seine Pflichten Uebende, gegen furchtbare von aussen auf ihn eindringende Stürme der Not und der Leiden sich mutig aufrecht zu erhalten [255].

Samuels Leben war auch von rastloser, pflichteifriger Tätigkeit und vom Forschen in der Weisheit [256] ganz ausgefüllt. Auch die tiefsten religiös-philosophischen Fragen beschäftigten seinen regen Geist. Die Welt, behauptet er, sei nur für Männer wie Moses erschaffen worden, dem alle Pforten der Weisheit erschlossen waren mit Ausnahme einer einzigen, der Erkenntnis der Wesenheit Gottes [257]. Diese Ansicht erkennt als das höchste Ziel des Menschen die möglichst hohe Erkenntnis an, bedingt aber, dass sie, wie bei Moses, mit eifriger praktischer Pflichterfüllung verbunden sei. Die theoretische Erkenntnis allein genügt ebensowenig wie ein blos sittlicher und religiöser Wandel ohne Erkenntnis [258]. Das Dogma vom Messias, diese tröstende und aufrichtende Lehre von einer heilvollen Zukunft, wurde in einer andern Weise aufgefasst, als man es bis zu seiner Zeit gewohnt war. Er lehrte, die messianische Zeit werde sich nur dadurch von der frühern unterscheiden, dass Israel, geläutert durch so viele Leiden, veredelt und frei von jeder Knechtschaft sein werde; im Uebrigen werde sein Zustand unverändert bleiben. Die Weissagungen der Propheten von einem glücklichen goldenen Zeitalter beziehen sich gar nicht auf die messianische Zeit, sondern auf das zukünftige Leben (Olam ha-ba, zukünftige Welt, Jenseits), dessen ungetrübte Glückseligkeit die Propheten sinnbildlich darstellten [259]. Auch über die göttliche Vorsehung besitzen wir von Samuel mehrere Aussprüche, die uns den Beweis liefern, dass dieses Thema seine Gedanken eifrig beschäftigt hatte. Er stellte über die weise, göttliche Weltordnung Betrachtungen an, wies nach, dass sich die göttliche Vorsehung auf jeden einzelnen Menschen erstrecke, und zeigte, wie besonders in der jüdischen Geschichte die göttliche Vorsehung sich offenbarte [260].

Es lässt sich leicht denken, dass ein Mann von solcher

Verstandesgrösse, wie Samuel, jeden Aberglauben, dem seine Zeit ergeben war, verwerfen musste. Wir haben schon oben gesehen, dass er die Nichtigkeit der Sterndeuterei erkannte und vor der Uebung derselben warnte. Aber auch den Träumen, die man zu seiner Zeit für göttliche Offenbarungen der Zukunft hielt, sprach er jedwede Bedeutung ab[261]. Dies bewies er auch seinem königlichen Freunde Schabur auf folgende Weise. Schabur, der besonders viel auf Träume gab, fragte einmal Samuel, ob er, der so weise, auch im' Stande sei, ihm vorherzusagen, was für einen Traum er in der folgenden Nacht haben werde? „Du wirst in deinem Traume sehen, o König", erwiderte Samuel, „dass die Römer dich gefangen nehmen und zu schwerer Arbeit verurteilen". Dies beunruhigte den ganzen Tag des Königs Gedanken, und die Folge hiervon war, dass' er auch wirklich diesen Traum hatte. Er wurde dadurch von der Nichtigkeit des Traumglaubens überzeugt, da er einsah, dass die Träume nur von den Gedanken, mit denen man am Tage sich beschäftigt, herrühren [262].

Der reine und geläuterte Glaube war es auch, der Samuel die Ueberzeugung verschaffte, dass es nicht Gottes Wille sei, dass der Mensch sich kasteie, allen Freuden dieser Welt entsage und ein ascetisches Leben führe, sondern dass er vielmehr jeden erlaubten Genuss sich vergönne. Demgemäss lehrte er auch: „Wer sich Fasten auferlegt, ist ein Sünder; wer Gelübde auf sich nimmt, wird ein Frevler genannt; und wer sich die nötige Nahrung entzieht, dem wird sie auch vom Himmel vorenthalten werden; denn wie sollte Gott sich seiner erbarmen, da er selbst kein Mitleid fühlt?[263] Diese Welt ist eine von Gott den Menschen bereitete Tafel, von der Jeder, so viel als erlaubt ist, sich nehme, bevor er von seinem himmlischen Vater in eine andere Welt abberufen wird"[264]. Gerade darin besteht nach Samuel die höchste Tugend, mitten in den Freuden dieser Welt zu leben und dennoch genau dem göttlichen Willen nachzukommen, sich keinen Genuss zu versagen, aber stets dessen eingedenk zu sein, dass man Gottes Eigentum geniesse, welches, wie heiliges Gut, erst durch ein Lösegeld, den Dank an den Schöpfer und die Lobpreisung seiner Gnade erworben, werden müsse[265]. Samuel hatte den schönen Wahlspruch: „Alles für Gott"[266].

Es war auch sein ganzes Leben und Wirken eine Verherrlichung des göttlichen Namens, ein vollendeter Ausdruck des Ideals der göttlichen Lehre. Er hat dem ganzen Leben der jüdischen Nation, das in der Lehre wurzelte, durch die Ausbildung und Entwicklung des überlieferten Gesetzes eine durchgreifende Förderung gegeben, durch Ermunterung der Pflege der Wissenschaften einen erweiterten Gesichtskreis geboten und durch herzliche Ermahnung zur Förderung des staatlichen Wohles eine heitere Aussicht für die Zukunft verschafft. So wurde von diesem Geistesheroën schon am Beginne des geschichtlichen Lebens der Juden in der Diaspora der Grundstein zur Fortentwickelung des Judentums in der Fremde gelegt. Diese sind: **standhaftes Festhalten am väterlichen Glauben, eifriges Pflegen der Wissenschaft und treue Anhänglichkeit an das Vaterland.**

Im Jahre 257 n. ü. Z. schied Samuel aus diesem Leben und hinterliess in seinen Schülern, auf die er seinen Geist und seine Tugenden vererbt hatte, würdige Nachfolger, welche das schöne Werk, das er begonnen, eifrig fortsetzten. Von seinen ausgezeichneten Schülern waren in der folgenden Generation am hervorragensten: R. Nachman, welcher das Rektorat der Akademie zu Nehardea übernahm[267], und Rab Juda, „der Scharfsinnige", der eine neue Hochschule zu Pumbadita begründete[268], und von dem sein Lehrer im Hinblicke auf dessen heiligen Lebenswandel behauptet hatte, er sei gar kein Staubgeborener[269].\*)

---

\*) Die Anmerkungen können aus technischen Gründen erst im nächsten Heft gegeben werden.

# Die Religionsphilosophie Herm. Cohen's.
Von **Harry Levy**, Berlin.
(Fortsetzung).
### Der Begriff der Religion.
#### I.
Die systematische Frage.

Am Individuum entdeckt Cohen Wesen, Eigenart der Religion, an der Religion — das Individuum, entdeckt es als unabweisliches Desiderat, als Urkraft, Grundpfeiler, fundamentale Komponente des Bewusstseins, dessen Verwaltungsbezirke er doch schon unter Disziplinen der Philosophie restlos verteilt hat.

Erkenntnis — Wille — Gefühl, — auf dieser Kantischen Dreieinigkeit erhebt er den Mommentalbau seiner Philosophie, den Dreiklang seiner Ideensymphonie, Logik, Ethik, Aesthetik der noch ergänzt, untergriffen, umfasst werden sollte von einer Psychologie, die als Lehre von der Einheit des Kulturbewusstseins definiert wird.[1] Aber für die Religion bleibt weder Raum noch Betätigungsfeld. „Das System in der Philosophie scheint in den drei Gliedern, welche Kant aufgestellt hat, geschlossen, und der vierte Teil, den unser eigener Systemversuch in Aussicht genommen hat, kann diese Bedenken nur verstärken Was könnte es anderes geben ausser der reinen Erkenntnis, dem reinen Willen, dem reinen Gefühle und der sie alle zusammenfassenden Einheit des Bewusstseins?"[2]

Die Frage nach der systematischen Einordnung der Religion ist aber für Cohen grundlegend, entscheidend nicht nur für den Wahrheitsgehalt der Religion, für die Bewährung seiner Philosophie. Denn die ist in seinem Kern und Wesen Systematik. „Die Philosophie kommt nur als System zu ihrem

---

[1] Die Darstellung der Psychologie ist nicht zur Ausführung gekommen, wie wir glauben aus dem inneren Zwang der philosophischen Entwicklung des Autors.

[2] Der Begriff der Religion im System der Philosophie (Giessen 1915) S. 15.

Begriffe"³) „Es gibt nur eine Art von Philosophie, die systematische". Indifferenz ist so wenig möglich wie Negation. Ist die Religion als Kulturfaktum erkannt, so ist auch ihre Beziehung zur philosophischen Systematik gegeben, denn die „Immanenz der Philosophie in allen Hauptrichtungen der Kultur ist die allgemeine Voraussetzung des philosophierenden Bewusstseins".⁴)

Das rein induktive Verfahren der Religionsgeschichte kann von sich aus nie zum Ziele kommen, nicht über Wert und Wahrheitsgehalt entscheiden, da es eines **Leitbegriffs** als Voraussetzung bedarf. Vergessen wir nicht, wir stehen auf dem Boden des transcendentalen Idealismus, der von den Tatsachen ausgehend die Frage stellt nach Recht und Wert **kraft des** von ihm konstruierten **Begriffes**. Einen einheitlichen **Begriff** aber kann man aus den Quellen nicht gewinnen, wenn nicht — „nach der methodischen Analogie des Organismus" — der „**ideale Vorwurf**" vorweg genommen wird.⁵) Das ganze weite Material der Geschichte ist nur die „**negative Vorbedingung**", der **Begriff** aber die **Schöpfung**, „die nur der Deduktion gelingen kann"⁶). „**Die Vernunft** ist der Felsen, aus dem der Begriff entspringt und aus dem er erst entsprungen sein muss für die methodische Einsicht, wenn der Lauf übersichtlich sein soll, den er im Stromgebiet der Geschichte nimmt"⁷). Die Wissenschaft der Vernunft aber ist die Philosophie. Bliebe nur übrig, die Religion aus dem Reich der Vernunft zu vertreiben, spezifisch religiöse Werte zu negieren, sie in Ethik zu erschöpfen. In der Tat geht die Tendenz der früheren Schriften Cohens — wie wir schon sahen — ganz in dieser Richtung. Das liegt um so näher, da seine Ethik den Gottesbegriff in ihr Lehrgebäude aufnimmt⁸), als den Urquell des „Guten",⁹) als

---
³) Logik d. r. E. S. 601.
⁴) Der Begriff der Religion a. a. O. S. 9.
⁵) Die Religion der Vernunft a. a. O. S. 2.
⁶) Der Begriff der Religon S. 5.
⁷) D. Rel. der Vernunft S. 6.
⁸) Ethik d. r. W. S. 416.
⁹) Ethik d. r. W. S. 106, 427.

den Urheber und Bürgen der Sittlichkeit[10]), um „für die Ewigkeit des Ideals die analoge Ewigkeit der Natur zu sichern"[11]), liegt um so näher, als Cohen ja das Wesen der wahren Religion, des monotheistischen Gottesbegriffes, die urgewaltige Entdeckung, Errungenschaft des Judentums, grade in der absoluten B e ziehung zur Ethik erblickt. Im Gegensatz zur Mystik und zum Mythos, wird der Schwerpunkt von Gott zum Menschen, von dem Zauber des Unerforschlichen zur klarumrissenen Aufgabe des Sittlichen verlegt, ist Gott nicht so sehr Rätsel des Seins als Urbild des Handelns, Religion nicht so sehr Offenbarung über Gott als Lehre vom Menschen. — Die Ethik aber erhebt im Rahmen der Philosophie den Anspruch alle Angelegenheiten des Menschen zu verwalten, sie ist — seit Sokrates — die eigentliche „Lehre vom Menschen".[12])

So drängt die logische Konsequenz der Gedanken, das rationale Schema dazu, die Religion als Systemglied der Philosophie zu negieren. Mit der systematischen Stellung aber verliert sie auch Berechtigung und Wahrheit; denn es kann nicht 2 Quellen der Wahrheit geben; Vernunft ist der einzige Maßstab, das einzige Kriterium des Gültigen, des Wahren. Es gibt kein Vaknum des Bewusstseins, dass der Legislative der Vernunft nicht unterstände. Die Allherrschaft und Alleinherrschaft der „ratio", die Vernünftigkeit des Wirklichen ist zwar nicht Tatsache — der Grundirrtum Hegels — aber eben das Ziel, der Sinn der Verwirklichung, die ewige Aufgabe. Die Dinge sind nicht, sie werden vernünftig, werden vernünftig, indem sie wirklich werden.

Bleibt nur die Alternative: dass die Philosophie den wahren Kern der religiösen Gedanken übernimmt, sie aus dem Dunkel der Mystik, dem Dämmer des Mythos ans Tageslicht der „ratio" führt, aus der historischen, nationalen Bedingt- und Begrenztheit ihres Ursprungs, zu ihrer begrifflichen, universalen Klarheit

---

[10]) ibid, p. 84, 317.
[11]) Ethik d. r. W. 410.
[12]) ibid. p. 2.

und Bedeutung. Das ist in kurzen Umrissen die Position Cohens bis — 1915. Da bricht mit einem Mal der Gedanke durch, der das System in seinen Grundfesten zu erschüttern droht und doch zu seiner Erfüllung wird. — Wir stehen an einem Schnittpunkt, am Brennpunkt ganzer Ideenkomplexe, an dem Wendepunkt, der entscheidend ist für die B e w e r t u n g d e s W e r k e s und die E n t w i c k l u n g des Denkers. Den Biographen mag hier mehr der geistige Einfluss, die psychologische Ursächlichkeit interessieren. Für uns aber soll die persönliche Motivierung zurücktreten hinter der logischen Triebkraft der Ideen.

Es erhebt sich hier nämlich die Frage, ob die Ethik von sich aus a l l e Probleme der sittlichen Erkenntnis, alle Aufgaben der Wahrheit zu fassen, ob sie das Problem der Religion — nicht so sehr den Gottesbegriff, als die Beziehung, die K o r r e - l a t i o n zwischen Gott und Mensch — zur Erfüllung bringen kann.

„Nun müssen wir aber fragen, ob es sich in Wahrheit so verhält, ob in der Tat die Ethik in der Verfassung ist, alle Probleme zu behandeln, die hergebrachterweise in der Religion entstehen und von denen angenommen werden darf, dass ihr Fortbestand berechtigt und gesichert sei? Steht es so in der Ethik mit dem Begriff von Gott, mit dem Begriff vom Menschen und dem zufolge mit dem Verhältnis zwischen Mensch und Gott, wie zwischen Gott und Mensch, kurz mit der K o r r e - l a t i o n  v o n  G o t t  u n d  M e n s c h ?"[13]).

Fällt die Antwort negativ aus, — und das ist der Fall, denn die Ethik kann nur den Gott der Menschheit, aber nicht den Gott des Individuums entdecken — so ist systematische Position der Religion, ihre Eigenart gesichert. — Eigenart, nicht Selbständigkeit, denn die wäre an eine besondere Bewusstseinsart gebunden und „es scheint durchaus aussichtslos eine Bewusstseinspotenz zu erdenken, die die Eigenart der Religion gewährleisten könnte." [14])

---

[13]) Der Begriff der Religion S. 43.
[14]) Der Begriff der Religion S. 15.

Aber die Eigenart ist ja nur durch einen neuen Inhalt, ja nur durch eine Modifikation des Inhaltes bedingt: „**Der neue Inhalt allein begründet die Eingliederung in das System.** [15])

Es kann den Anschein haben, — diese Scheidung sei gekünstelt, aber sie soll auch erst ihre **Bewährung zeigen**. Auf **allein drei Richtungen** des Bewusstsein fussend hat diese Eigenart selbst „für den **Systembegriff** der Philosophie eine neue **Erfüllung zu erbringen**." [16]) Und sie erbringt sie, sie leistet mehr, als man erwartet. Ist nicht nur krönender Schlussstein, ist wahrhaft der Odem, der dem starren System Leben und Seele einhaucht, letzte Erfüllung bringt und neuen Sinn erschliesst. Das aber leistet der „Begriff des religiösen Individuums."

## II.
Das absolute Individuum.

Weder Logik, Ethik noch Aesthetik können das Individuum in Reinheit zur Enfaltung bringen. Die Logik kennt nur die Kategorien der Mehrheit und der Allheit, das Einzelne nur als Abstraktion der Mehrheit oder Allheit, die Ethik das Individuum nur als Rechtssubjekt, als Glied der **Rechtsgemeinschaft** das „Ich" als Korrelat des „Du", in Projektion auf die Idee der Menschheit, die Aesthetik nur als Typus.

In seiner Absolutheit, Isolierung fasst es erst die Religion, entdeckt es am Problem der Sünde, führt es zur Verwirklichung am Begriff der Erlösung. Schon die Ethik weist den Weg, zeigt die Möglichkeit des „Ich" am Problem des Du". Hier liegt eins der bedeutsamsten Gedankenmotive Cohen's, dass auf dem Umwege des „**Nicht-Ich**", das „**Ich**" erst gefunden wird, am Bewusstsein des Anderen, das Selbstbewusstsein erwacht. „Der Andere, der alter ego, ist der Ursprung des Ich." [17])

---

[15]) ibid. p. 41.
[16]) ibid. p. 14 siehe dazu ebed. 1, 24 die Polemik gegen Herrmann.
[17]) Ethik d. r. W. S. 201,

— — „Das Selbstbewusstsein ist in erster Linie bedingt durch das Bewusstsein des Anderen." [18])

Ist so der Nebenmensch logisch gesetzt, — wie auch als Tatsache der Erfahrung bekannt, — so kann doch erst der Mitmensch, der Begriff des Mitmenschen die „Ethik des reinen Willens" gründen.

Dieser Begriff ist jüdischen Ursprungs. In der Bibel tritt er zuerst uns entgegen, in der Forderung der Nächstenliebe, in der sozialen Predigt der Propheten.

Doch wie kann er entstehen? Der Affekt des Mitleids soll uns zu Hilfe kommen. Das Mitleid ist in Misskredit gekommen in der Geschichte der Philosophie. Die Stoa, die Affektenlehre Spinoza lehnen es ab. — Der Weise, in den Mantel des Gleichmuts gehüllt, steht über dem Leiden, daher auch über dem Mitleid. Jedes Leid ist — Passivität, hat subjektive Quellen. — Wie kann solcher Irrtum entstehen? Weil das Leid nicht als soziales Leiden erkannt war. „Wo „der soziale Gedanke nicht zum fundamentalen Problem wird, da muss das Mitleid in Unehren bleiben." [19])

Es handelt sich ja nicht um mein subjektives Wohlbefinden. „Mein Wohl und Wehe mag mir gleichgültig sein, aber nie das Wohl und Wehe meines Nächsten". [20])

Das ethische Temperament, der Wirklichkeits- und Gerechtigkeitssinn Cohens kann vor dem Erdenjammer sein Auge nicht verschliessen, um sich in den Nebelschleier einer Metaphysik zu hüllen. Dem Aktualisten, dem Socialethiker, dem Juden ist der Weg gewiesen.

Er versenkt sein ganzes Ich, erfüllt sein ganzes Bewusstsein, sein ganzes Selbst mit dem irdischen Leid, bis es zum Grundpfeiler seiner Philosophie, zur Triebkraft seines System's, zum „Hebel aller Sittlichkeit", zum „Motor des reinen Willens" wird.

[18]) ibid. S. 202.
[19]) Religion der Vernunft S. 168.
[20]) Die Religion der Vernunft S. 153.

Das Mitleid wandelt den Nebenmenschen zum Mitmensch, der Mitmensch weitet sich zur „Menschheit", die Menschheit gründet die reine, die soziale Ethik, wird das Regulativ des reinen Willens, das reine Wollen erzeugt das Selbstbewusstsein des „Ich".

Am Mitleid scheiden sich die Geister, entzündet sich die wahre Sittlichkeit, vollführt das Judentum jene gewaltige Wendung in der Geistesgeschichte der Menschheit. Das ist der ethische Mangel des Polytheismus, dass er im Mythos seinen Schwerpunkt hat, „dass ihn sein Zauber mehr erfüllt, als ihn das Leiden ergreift".[21]

So führt das Mitleid über den Weg des Mitmenschen zum Individualbegriff der Ethik.

Aber das ethische Individuum entfaltet sich nur an der Menschheit, bleibt Abstraktion, ist nur das Individuum der Allheit. Es ist ja seine Pflicht sein Ziel, sich selbst zu negieren, zu überwinden, „seine Isolation abzustreifen", in der Menschheit aufzugehen, um vom Egoismus, von Eigenliebe, Eigensucht befreit zu werden.

Die Auflösung, Ueberwindung des Individuums ist ja der höchste „Triumph der Ethik".[22] Sie kennt nur die Menschheit; den Einzelnen nur in Relation auf das Gesetz. „Aber der Fall des Gesetzes ist nicht das Individuum".[23]

Doch noch an einem zweiten Problem zeigt sich „die Insufficienz der Ethik für das Problem des Menschen": an dem Bewusstsein der Sünde.

Das Mitleid, jener Uraffekt, Ursprungsaffekt der Ethik muss ja gerade von ihr abstrahieren. Das Menschenleid muss ausschliesslich das Bewusstsein erfüllen, „ausgeschaltet sein muss jede Spur des Interesses an dem subjektiven, individuellen Grunde des Leidens".[24] Die Schuld bleibt „das

---

[21] ibid. p. 167.
[22] ibid. p. 209.
[23] ibid. p. 197.
[24] ibid. p. 161.

Attribut des Individuums".[25]) Die Ethik kann es nicht erlösen. „Der Aufschwung zur Allheit mag ein Trost sein"[26]) aber es bleibt doch nur eine „Wirkung in die Ferne".[27])

Aber jene beiden Begriffe in Korrelation werden uns das Geheimnis der Religion entschleiern. Dabei beirrt uns nicht die Frage, ob es denn überhaupt berechtigte Begriffe sind: Individuum und Sünde. — Es sind **Grundlegungen, Hypothesen, deren Prüfstein ihre Fruchtbarkeit ist** und gegenüber dem Einwand, dass solche Grundlegungen relativ, provisorisch seien, steht die Einsicht „dass anders die Forschung gar nicht möglich ist". Die Korrelation der 3 Begriffe ist von selbst gegeben.

„An der Selbsterkenntnis der Sünde wird das Individuum zur Entdeckung gebracht"[27]).

„Die Selbsterkenntnis der Schwächen ist die Geburtsstätte der Religion"[28]).

Die Schuld kann aus dem Bewusstsein nicht gestrichen werden, auch wenn in der Ethik kein Raum für sie ist.

Bei der Besprechung des Strafrechts kommt Cohen zu der u. E. unbedingt richtigen und jüdischen Forderung, dass der Richter nur **nach der Definition des Gesetzes**, Ermittlung und Bestrafung zu vollziehen hat. „Mit seinem „schuldig", auch über die Schuld des Menschen das Urteil zu fällen, liegt nicht in seiner Befugnis"[29]. Das bedeutet keine Streichung der Schuld. Vom Richter weggenommen, muss sie der Verbrecher selbst auf sich nehmen. Er selbst darf an seiner Willensfähigkeit nicht zweifeln, selbst wenn es der Richter tut, kann sich seiner Verantwortung nicht entäussern, er gäbe denn sich selber auf. Mag dieser freie Wille auch Fiktion sein, so ist doch diese Fiktion die Grundlage aller Handlung überhaupt.

---

[25]) ibid.
[26]) Der Begriff der Religion S. 55.
[27]) ibid. p. 56.
[28]) ibid.
[29]) Die Religion der Vernunft S. 195; siehe auch Ethik. d. r. W. S. 349 ff.

Vor welchem Tribunal aber soll der sündige Mensch die Selbstverantwortung vollziehen. — Das Gewissen lehnt Cohen um seiner Unbestimmtheit willen ab. Diese Aufgabe erfüllt allein — der **Gottesbegriff der Religion**. „Der Mensch muss sich isoliert denken, sofern er sich sündhaft denkt"[30]. Aber nur in der Korrelation zu dem einzigen Gotte findet der Mensch seine Einzigkeit, seine Isoliertheit, sich selbst.

Doch das sündige „Ich" ist nur ein Durchgangsstadium, ein „Uebergangspunkt für die Erzeugung des religiösen Individuums"[31]) in Begriff der Erlösung. Nicht das Verharren in der Sündhaftigkeit meint „die Sünde vor Gott". Sondern die Erlösung durch Gott. An der Prophetie Jecheskels erschliesst nun Cohen die תשובה als das zentrale Problem der Religion. Nicht mehr wie in der Antike schreibt die Schuld den Weg dem Sünder vor, vor dem es kein Entrinnen gibt, nein es ist eine **Umkehr möglich**; diese Umkehr ist **das** Problem, die höchste Forderung der Religion, sie die Erlösung, die Befreiuung. Nein, die Schuld darf nicht zum מכשול werden, sie darf nur Antrieb zum Aufschwung sein. Diese „**Möglichkeit der Selbstverwandlung** aber macht das **Individuum zum Ich**". In dem Akte der Reue, des Bekenntnisses mit all der Selbstzerknirschung und Demütigung, findet das Individuum die Kraft zu der Neuschöpfung seines sittlichen Bewusstseins.

Beim Menschen liegt die **Aktivität**, aber bei **Gott das Ziel**;

beim Menschen das **unendliche** Streben, bei Gott **die Zuversicht der Erfüllung**;

beim Menschen die **Busse**, bei Gott die **Erlösung**.

Diese Momentanität des Aufschwunges, der sittlichen Erneuerung des „Ich's" ist die „**Realisierung des Individuums**" (so wie auch in der Erkenntnistheorie nur im Augenblick des Erdenkens die Realität des Gegenstandes fassbar wird).

---

[30]) Der Begriff der Religion S. 63.
[31]) Die Religion der Vernunft S. 219.

Auch jene anderen beiden Bestimmungen, die die wissenschaftliche Methodik aus der Mathematik übernommen hat, „Stetigkeit" und „Kontinuität" eigenen diesem Begriffe des Individuums.

Denn diese Momentanität höchster religiöser Spannung ka̦nn und soll ja jeden Moment erneuert, die Einmaligkeit des Erlebens zur Ewigkeit werden, das religiöse Hochgefühl der תשובה keinen Augenblick den Menschen verlassen. Das ist der Sinn der Heiligung, die da zu dem höchsten Ziel, dem רוח הקדש führt, dessen Wesen nicht anderes ist (ורוח נכון חדש בקרבי) als die ständige Selbsterneuerung des sittlichen Geistes, die wirklich höchste „Aktivität."

Denn wohlgemerkt, jene „Harmonisierung mit dem Urgeiste" ist nie vollzogen, bleibt immer die „ewige", die unendliche Aufgabe.

So hat die Religion das absolute Individum zu Erfassung gebracht, und das Individum die Religion.

Wir brauchen nun nicht zu fürchten, dieses Individuum wäre wiederum nur Abstraktion. Die Unendlichkeit der Aufgabe, gibt ihm Verwirklichung im Sinne der transcendentalen Methode Cohens.

So hat auch die Religion ihre Aufgabe im System der Philosophie erfüllt, einen neuen Inhalt erzeugt, ihre Eigenart gerechtfertigt, ja darüber hinaus noch mehr geleistet. Hier müssen wir noch auf eine Wendung des Gedankens zurückkommen. Die Erlösung von der Sünde, die Versöhnung mit Gott bedeutet ja für den Menschen zugleich „die Versöhnung mit den Widersprüchen, die das Individuum nicht zur Einheit des „Ichs" kommen lassen."

So erzeugt das religiöse Erlebnis, die Heiligung, nicht nur das Individuum, sondern zugleich die „Einheit des Ichs;" die aber ist die Grundlage für die „Einheit des Bewusstseins", dem „höchsten Problem der systematischen Philosophie".[32]) Wir wagen hier die Behauptung, dass es aus der Logik des Gedankens zu erklären ist, wenn Hermann Cohen die Darstellung des vierten Teiles seines Systems, die Psychologie, die die Einheit des Kulturbewusstseins repräsentieren sollte, nicht ausführte, uns dagegen das Werk über die Religion der Vernunft hinterliess; wagen die Behauptung, dass die Religion in gewissem Sinne diese Einheitsfunktion übernimmt, wagen die Behauptung, obwohl wir wissen, dass Cohen selbst an einer Stelle einer solchen Auffassung vorbeugen will. Doch das gehört in anderen Zusammenhang.

Jedenfalls gewinnt von hieraus die Religion eine ganz neue Deutung und Bedeutung für die Systematik der Philosophie. Das im religiösen Erlebnis realisierte Individuum greift hinüber in alle 3 Bewusstseinsarten, haucht ihnen Leben ein und einen Abglanz von Ewigkeit. Die transcendentale Methodik selbst hat den Grenzbegriff des religiösen Erlebnisses geschaffen, der eigentlich das rationelle Schema durchbricht, das Fenster aufstösst zur Unendlichkeit, ohne aber den Systembau zu erschüttern.

Daher kann Cohen nun umgekehrt wieder die Religion „als eine allgemeine Funktion des Bewusstseins" dem System eingliedern, der kritischen Methode unterstellen, vor den Richterstuhl der „ratio" laden. Daher kann er eine Religion der Vernunft entwickeln, und damit ebenso Intuition als Quelle der Religion abweisen, wie die „geschichtliche Natürlichkeit"[33]), kann ihr Allgemeinheit und Gesetzlichkeit geben. Dieser Allgemeinheit der Religion der Vernunft, die ja nicht auf ein Volk oder ein Literaturerzeugnis beschränkt sein kann, scheint zu widersprechen, dass Cohen sie „aus den Quellen des Judentums" demonstriert. Aber er will nicht andere Quellen ausschalten, glaubt nur, dass in der jüdischen Literatur die Urquelle fliesst, und gibt ihr deshalb den Vorzug. So entwickelt er alle Begriffe der jüdischen

---

[32]) ibid. p. 427.
[33]) ibid. p. 7.

Religion, beleuchtet und bewertet sie sub specie rationis, von dem Standpunkt seiner wissenschaftlichen Methode aus. Wie er das ausführt, wollen wir im nächsten Aufsatz betrachten.

## Briefe aus dem Golus
### von einer Proselytin.
### am Schabbos.

Traurigkeit verfinsterte mich ganz und gar,
ach, hielt umklammert meine Seele!
Sank bis auf ihren Grund. —
    ein wie beschwerlich Ding ist meine Seele.

Aus der Betrübnis aber,
strömt Klage mir wie Melodie:
davon erwacht
Neschomo jesseire!
Und alle Trübsal wird
    ein Teppich golden unter ihren Füssen — —
darein geschrieben ist:
    „Scholaum".

\* \*

### Kinoh!

Wie lange noch wird mein Weinen
    ein fruchtbarer Regen sein,
den Herzen meiner Feinde —? —

Wie lange noch wird mein Leben
mich verraten an ihre Bosheit —? —

Vor den Toren ihrer Städte sitze ich
wie ein Bettler,
und schäme mich ihrer Almosen.

Ihre Wohltaten zerreissen mein Kleid
mehr als Dorngesträuche.

Sie sind mir gram um meine Armut.

Auf dem Grunde meiner Seele
habe ich mich verborgen:
ich sitze dort wie ein flügelzerbrochener Vogel.

Meine Augen sind betrübt.
Mein Herz klopft gegen die Wände
meines Körpers; wie lange noch —? —

„nicht lange, so werde ich sein
mein Schatten über den Wassern;

und ein Gedenken in den Herzen
der Blumen und Vögel!

\* \* \*

„ — und keine Brücke geht von Mensch zu Mensch —."
Wie gering und gottesunmächtig muss das Leben des einzelnen sein, wie unendlich klein seine Sehnsucht, dass sie nicht Einung erzwingen kann, in sich, in deren Angesicht sie alle leben, die, Du und Ich! Wie weh tut mir, dass man das grosse heilige Leben in kleinen Tropfen erschmachten soll, und nicht aus glühenden Bechern trinken, im Feuer der Inbrunst geläuterten!

Wir leben im Golus! Wir, Du und wir, Ich!

Und alle Sehnsucht ist nicht heilig genug! Und alles Gotthingeneigtsein ist nicht glühend genug!

Immer unheilig, immer kalt und unbefreit bleiben unsere Leben.

Wie einzelnes Tönen, dunkel und seiner nicht mächtig, sich ablöst von Gottes Rhytmus, verloren und schwankend irrt im leeren Raum, so ist auch unsere Seele nicht freudig entflammt auf Gott hin, nicht in Ihn gemündet. Schwankend unbekannt sich selbst, in den Tiefen seines Wesens noch, wird der Rauch seines Opfers nicht aufsteigen, sondern am Boden kriechen.

Wie zage und kränklich muss die Seele sein, dass sie Hindernisse der Atmospbäre, eine mechanische Trübung, nicht zu zersetzen vermag. Da ist Gott zur Formel geworden; Glauben zur mechanischen Funktion. Was bedeutet die Erkenntnis einer Unfähigkeit gegenüber der anderen, dass sie niemals ganz zu überwinden sein wird.

Kann ein Mensch den anderen niemals in vollkommener Güte erfassen?! — — Wie unbegreiflich ist der Weg der Heiligung. Wie zahllose Dinge führen von ihm ab; wie leicht scheint es, ihn zu betreten, wie unendlich schwer, auf ihm zu beharren.

Es kommt das Leben mit tausend süssen Sünden und schillernden Torheiten, und man nimmt sie von ihm. Ach, wären sie bitter, wer griffe danach? —

Gibt es nicht auch eine Sehnsucht zur Sünde? — —

Wohin verirre ich mich? — oder ist das alles nur „Ringen nach Ausdruck?" —

Wie raffiniert versteht man, sich die Begriffe dienstbar zu machen. Sünden des Golus!

„ — Ich bin Haschêm, Dein Gott, nicht andere Götter habe neben mir! —" Süsse Melancholie des Weltabends! Schwindender Ton eines Waldhorns aus dämmergrauem Sommerabend!

Gibt es nicht Sünde der Inbrunst auch? —

Inbrünstig bin ich und bist Du! Wohin sind wir gerichtet? —

Sind wir auf Unheiliges gerichtet, dass unsere Seelen einander nicht begegnen, im Rhytmus Gott?! —

Möchten die Schauer des Ewigen unsere Seele zerwühlen, wenn sie betend sich richtet auf Ihn!

Damit sie anffliege wie ein Pfeil!

Unabwendbar wie ein Schrei zerteile Welt, zu erreichen Jeruschschalojim, die Ewige!

\*     \*

— „Gebet von Deinem Munde fährt ins Leere —"

Ich rang meine Hände zu Dir aus meiner tausendjährigen Verbannung: „Höre mich, Gott meiner Väter" — — und er hörte mich nicht. Klipaus hingen sich an die Schwingen meines Gebets, sodass sie trauernd sich zur Erde senkten, und Kwonoh verloren!

Kein süsser Friede trat in mein angstvoll erweitertes Herz.
Keine Ahnung dessen, der ist und sein wird, entspannt den
fiebernden Flügelschlag meiner Augen.

Die Melancholie eines fürchterlichen Tages liegt vor mir — —
Hawdoloh ist vorüber! — —

Auf verfallener Stadtmauer möchte ich sitzen, hinunter-
horchen auf blaues neapolitanisches Meer. Leisetönde Schwermut
singen, Lieder meines Volkes!

Wie Korallenschnüre von meinem Hals die Sehnsucht lösen,
die klammernde, — — tropfen lassen ins Meer, — — tausend-
fältig gibt sie zurück das Meer.

Gebeugt ist meine Seele dem Ghetto!

Wie rote Türme aufstarrt Vergangenes in unsere Zeit.
Nichts ist so unbestechlich wie rote Mauern, darauf die späte
Sonne ist. Unauslöschlich und unüberwindlich ist ihr Bild meinen
Augen!

Späte Sonne macht milde, müde — — bröckelt an
Mauern. —

Ich liebe nicht lärmende Gärten, — das Blühen ihrer
Hollunderbüsche übertönt geschwätziges Volk. — Geruch des
Chaul ist in ihren Kleidern — Chaul hat Unversöhnliches auf
ihre Stirn geschrieben. —

Immer sind sie „zwischen den Festen!"

Weissaufschäumendes Meer von Mjorka beisst in den
Fels — — —

Wie singende Unendlichkeit steht blaue Luft darüber — — —

Immer sind da Mauern um alles Leben: Mauern des Golus.

Abendmilde, müde schwebt Dämmerung herbei: es verfällt
der Tag — — und dem Tag verfallen wir!

Das Meer der Welt beginnt zu grauen — — —

\* \* \*

### Rüsttag des jaum tauw.

Schwer ist die Luft der Steppe —
   oh weit — oh tief —
der Saum ihrer Schatten schleift

nachtfarben — altgold — violett,
über vergrauendem Tag,
dahin über Augen, die geöffnet sind,
geöffnet, ach, der Braunen! der Dürren! der Duftenden!
Unvergleichlichen Steppe!
Ferne sind Menschen —
    so ferne alles, was menschlich ist —
    aber lese ich nicht in den Sternen die Mitternacht?! —
Schwingt nicht in der brausenden Luft
    Einssof?!
Aus vieltöniger Luft,
    wie ein Schrei,
wie ein lebenlanges Gebet,
Wie Inbrunst und Inbrunstgewähr —
    wie Hisbaudedus und „Brenn".
    Eint sich nicht wunderbar
    Ewig — Einzig „Haschêm der Gottheit!? —"
Webt nicht die Steppe, ach, seinen Namen?! —"
    Naht in der glühenden Steppe
    der Unbenennbare nicht!? —
Auf gen Osten hebe ich meine Stirn —
    meine inbrunstzitternden Hände —
erhebe gebetschwer mein Herz —
    ewigkeitsschauernd mein ganzes Sein —
    auf Ihn, Haschêm!
    meine Seele,
    gotttaumelnd erhoben,
ja aufgehoben im Wirbelsturm, —
fühl' ich aus tausend Leben mir
ausbrechen wie einen S c h r e i:
aus tausend Gebeten mir entflammen
    den heiligen Namen!
Unwiderstehlich gerichtet
    auf Ihn „Haschêm" —
entbraust meine Seele.
    ewig geoffenbart dem Gott!

### Tag des Moschiach!

Mein Gott, Dein schöner Tag ist rund um mich!
Die Früchte Deiner Liebe reifen mir
Und ich bin mitten unter ihnen,
Glückselig ruhe ich in Deiner Hände Licht
Mein Gott, und Deine schöne Sonne
erwärmt mein Herz.
Allein inmitten einer Welt
bin ich mit Dir.
Der meinen Augen gab,
unendliches Entzücken zu begreifen
und meinem Leid
Sich zu erlösen in der Begnadung Deiner Herrlichkeit.
Mein Gott! Ja, Du hast mir verliehen zu leiden,
Du gabst mir Leid,
damit ich lerne, entbinden meine Seele
ihrer Erdenheit.
Du gabst mir vieles Leid,
damit ich lerne zu lösen . . .
mein blutend Ich,
Von zu viel Menschenwesen.
Mein Gott! Ich nehme diesen Tag aus Deinen Händen
als meiner Seelen Seligkeit!
So gross! So still! So gut! So schön!
Wie Deine Tage mich umstehen
Umhegt mein Ich sein Weltenleid,
Umblüht mein Herz der Erden Bitterkeit,
Und meine Inbrunst sprengt der Erde Totenkleid.
Wie ist Dein Tag, mein Gott,
Dein schöner Tag noch weit!

## Das jüdische Lehrerseminar in Litauen
(nach einem Bericht seines Leiters F. Getz).

Der Geist einer neuen Zeit hat auch vor den Toren der historischen Zentren jüdischen Lebens nicht Halt gemacht. Die Westeuropäische Kultur, gefährlich durch ihr unvermitteltes Eindringen, fordert gebieterisch ihr Recht. Unvergleichlich wichtige Güter, der kostbare Schatz einer in vielen Generationen treu bewahrten Thorakenntnis, sind von den Gefahren fremdartiger Einflüsse zu schützen und kommenden Geschlechtern zu erhalten.*)

Dieser grossen Aufgabe kann nur ein Lehrerstand gewachsen sein, der, festverwurzelt in der grossen Tradition der Vergangenheit, mit offenen Blick für die Bedürfnisse der Gegenwart dem jungen Geschlecht zugleich das Gefühl für die grosse Vergangenheit einzuflössen und die Waffen für den tausendfach verschärften Kampf ums Dasein zu schmieden vermag. Da ist es doppelt traurig, wenn die Führer der Orthodoxie täglich von neuem den Mangel an geeigneten Lehrerpersönlichkeiten erkennen müssen. Die ehemaligen Melamdim stehen auf dem Aussterbeetat, aus verschiedenen Gründen können sie sich nicht halten. Der Krieg mit seiner unerbittlichen Grausamkeit hat den schon früher eingeleiteten Entwicklungsgang reissend beschleunigt. Die litauische Jndenheit, zum grössten Teil von den Russen evakuiert, hat einen schicksalsreichen Leidensweg durchwandert.

---

*) Unwiederbringliches hat hier der Krieg vernichtet. Gleich im Beginn wurde fast die gesamte Judenschaft in Litauen von den Russen evakuiert und in alle Gegenden des grossen Reiches verschleppt. Die Jugend empfing vielfach weder Belehrung noch Erziehung, die demoralisierenden Einflüsse der Kriegszeit, besonders unter so drückenden äusseren Bedingungen taten ihre Wirkung. Unwissenheit und Mangel der moralischen Hemmung zeigten sich in einem Mass, wie ihn Litauen, die alte Hochburg der Thora, noch nie gesehen hatte. Blendend drang das Licht westlicher Kultur ins Land — es gilt hier, die Jugend allen neuen Einwirkungen zum Trotz, wieder zur ewigfrischen Quelle jüdischen Geistes zu führen.

Die elementare Not des Lebens hat in der Fremde viele Lehrer gezwungen, neue Erwerbszweige zu suchen. Wenige haben sich unter den gegenwärtigen Zeitverhältnissen entschlossen, ihren Beruf wieder aufzunehmen. Was noch vom alten Typ des Melamed verblieben ist, hat sich innerlich gewandelt. Früher ermöglichten es die ausserordentlich günstigen Lebensbedingungen dass sich beim alten Judentum äusserste Genügsamkeit mit seltener Hingabe vereinigte. Mit einer geringen Schülerzahl lernte und lehrte er vom frühen Morgen bis zum späten Abend gegen ein sehr bescheidenes Entgelt. Tiefinnere Frömmigkeit liess ihm sein Amt unter dem Gesichtspunkte des jüdischen Volkes als Thoravolk, als ein heiliges, gottgerechtes betrachten.

Ganz anders erscheint sein Nachfolger. Zwar gab es für ihn keine Möglichkeit, sich besser vorzubilden, seinem Wissen und Können gemäß hätte er gewiss keine höheren Ansprüche zu stellen. Doch die total veränderte soziale und ökonomische Umschichtung der Gesellschaft ist auch an ihm nicht spurlos vorüber gegangen. Er will nicht mehr darben, er verlangt ein menschenwürdiges, zeitgemässes Dasein: Dann müsste er aber eine grössere Schülerzahl gleichzeitig unterrichten; ist aber dieser schwierigen Aufgabe pädagogisch nicht gewachsen. Zugleich will er ihnen nicht den ganzen Tag widmen — daher wird das Ausmass der übermittelten Kenntnisse bedeutend zurückgehen. Dazu tritt noch die schwierige Frage der profanen Bildung: Früher verbannte sie ein Dekret der zaristischen Regierung fast ganz aus dem Programm der jüdischen Schule, heute gibt es wohl verschwindend wenige Eltern, die sie ihren Kindern vorenthalten wollen. Auf diesem Gebiet fehlt es dem Melamed ganz an den elementarsten Vorkenntnissen.

Danach vermag man den heutigen Zustand des Cheders zu beurteilen. Mehrere Schülergruppen, die auf ganz verschiedener Entwicklungsstufe stehen, werden täglich 5—6 Stunden unterrichtet. Nur ein streng methodisch geschulter Lehrer könnte alle gleichzeitig beschäftigen und in der zur Gebote stehenden Zeit zu einem lohnenden Ziel führen. Die ganz anders eingestellten „Melamdin" sehen sich chaotischen Zuständen gegenüber; die Elternschaft ist unwillig wegen der geringen Fortschritte, die ihre Kinder erzielen. Schweren Herzens schicken daher auch streng religiös gesinnte Väter ihre Kinder auf die öffentliche oder private Volksschule, eine Erscheinung, die für das religiöse Judentum verhängnisvoll wirken kann. Denn diese Anstalten — und noch in höherem Mass die Gymnasien — sind bar jedes jüdisch-religiösen Geistes. Die Lehrerschaft, die entweder aus dem Wilnaer Lehrerinstitut oder aus den Grodnoer Kursen entstammt, ist im günstigsten Fall religiös indifferent, häufig aber religiös feindlich. Leider sind auch die Schulen der gutorganisierten bundistischen Kulturliga verbreitet. Sie entstanden vielfach zur Zeit der deutschen Okkupation, weil von den Besatzungstruppen das Jargon gegenüber dem Hebräischen bevorzugt wurde. Ihr Programm ist äusserst dürftig: Jargon, Rechnen und etwas Naturwissenschaft. Sie stellte daher nur geringe Ansprüche an ihre Lehrerschaft und konnte verhältnismässig am leichtesten jüngeren Nachwuchs heranziehen. Die nötigen Geldmittel spendeten auch im Kriege in reichem Masse ihre Gesinnungsgenossen in Amerika und Südafrika. So konnte sie sich an vielen Orten im Lande festsetzen und bildet heute eine grosse Gefahr. Dazu sind sie in ihrer Gesinnung äusserst radikal; sie suchen systematisch jedes religiöse Gefühl in den Herzen ihrer Schüler auszumerzen. Die Religion, insbesondere die jüdische, dient ihnen nur als Zielscheibe des frivolsten Spottes. Sie kämpfen auch gegen die hebräische Sprache und versperren ihren Zöglingen den Zugang zu der Quelle jüdischen Geistes.

Auf dem Sprachgebiet sind ihre eifrigsten Gegner die Tarbusleute. Das Hebräische als Unterrichtssprache beherrscht den Schulbetrieb; doch auch dort, wo sie heilig sein sollte, ist sie profan. Die Bibel erscheint den Kindern nicht als heilige Quelle unserer Religion, vielmehr als schönes Denkmal der hebräischen Literatur. Die Bibelkritik wird gern willig zu Rate gezogen.

Niederdrückend und tief beschämend wirkt der Gedanke, dass hier ganz anders gesinnte Eltern ihre Kinder solchen

Schulen anzuvertrauen gezwungen sind. Die Gefahren der bundistischen Anstalten erkennt auch das trübste Auge; schwerer zu durchschauen sind die Schleier, mit denen die zionistischen Leiter der Tarbusschule ihre negative oder indifferente Stellung zur Religion verhüllen. Doch selbst bei klarstem Blick bleibt der um sein Kind besorgte Vater ratlos; denn selbst die wenigen Glücklichen, die nach ihrem Vermögensstand sich den Luxus einer Privaterziehung ihrer Kinder leisten könnten, werden in Litauen überaus selten eine geeignete Persönlichkeit antreffen.

Um der hieraus für die heranwachsende Generation drohenden Gefahr zu steuern, wurde in Kowno, der Hauptstadt von Litauen, unter dem Präsidium des dortigen רב die Organisation „Jawne" begründet. Zu ihrem Aufgabenkreis gehören alle Massnahmen, die zu ergreifen sind, um die Jugend des Landes in religiöstraditionellem Geiste zu erziehen. Die besten Kräfte der litauischen Orthodoxie wirkten zusammen, um dieses edle Ziel zu erreichen. Erstens gilt es, alle verfügbaren Lehrkräfte des Landes, die auf dem Boden der Thora stehen, aufzuspüren und möglichst geschickt zu verteilen; zweitens sollen aber neue Verfechter unserer Ideale, so wie das Land und die heutige Zeit sie erfordern, herangebildet werden. Dank der wertvollen materiellen Unterstützung des amerikanischen „Central-Relief" ist schon mancherlei erreicht worden. In verhältnismässig kurzer Zeit hat Jawne in eifrigem Ringen mehr als 40 Schulen von der Kulturliga und den Zionisten erobert; in ungefähr 30 Orten wurden Melamdim eingeführt. Viel zu stark aber war das Bedürfnis nach frommen jüdischen Lehrern, als dass Jawne es hätte im entferntesten decken können. Die Erfahrung öffnete auch leichtgläubigen Naturen die Augen. Mit tiefer Bestürzung erlebten es die Eltern, in welchen Abgrund des Unglaubens und der Demoralisation die Erziehungsmethode der bestehenden Schulen führten; sie baten flehentlich um die Eröffnung von „Jawne"-Schulen mit stärkerem Einschlag profanen Wissens oder zumindest von Chedarim. Diesem Ansturm gegenüber konnte Jawne mit seinem geringen Arsenal von auch nur religiös geeigneten Kräften wenig ausrichten.

Man sah sich vor der dringenden Notwendigkeit, neue Kräfte, so schnell und so gut wie möglich, heranzubilden. Mutig schritt man an die Eröffnung eines Lehrerseminars, das thoratreuer Geist durchdringen sollte. Von vornherein erforderte die aussergewöhnliche Zeit aussergewöhnliche Massnahmen. Die vorbereitenden Schritte für ein so wichtiges Unternehmen, die sonst viel Zeit erfordern, wurden stark beschleunigt. Der provisorische Charakter des Ganzen, der schreiende Lehrermangel des Landes verwehrten es, sofort eine schnelle Ausbildung von Zöglingen zu beginnen. Nach den Landesgesetzen hätte sich die theoretische und praktische Unterweisung über 6 Jahre erstrecken sollen — solange konnte das Land nicht auf einen Lehrer warten. So begnügte man sich vorerst mit einem einjährigen Lehrkurs, der vorgeschrittene Zöglinge der Jeschiwos mit den nötigen Profankenntnissen und dem elementarsten pädagogischen Rüstzeug ausstatten sollte. Mit einer relativ geringen Schülerzahl wurde begonnen. Für 30 Zöglinge wurde ein Internat eingerichtet. Unsern Tendenzen entsprechend wurde die profane Ausbildung möglichst zusammengedrängt; neben der Landessprache und der Arithmethik umfasste sie Naturwissenschaft, Erdkunde und Geschichte. Der Hauptwert wurde auf jüdische Disziplinen gelegt, תנ״ך, נ״ך ח, hebräische Sprache, jüdische Geschichte und Literatur, Landeskunde von Palästina wurden gepflegt. Damit paarten sich allgemein-pädagogischer und methodischer Unterricht; in mannigfaltigen Lehrproben wurden die jungen Leute in die Praxis ihres künftigen Berufes eingeführt. 26 Kursteilnehmer haben im April 1921 die Abschlussprüfung bestanden, die vor Vertretern der litauischen Regierung abgehalten wurde. Sie wurden sofort danach den Schulen, besonders der Provinz, zugewiesen. Nur ein geringer Teil der Nachfrage konnte damit gedeckt werden. Noch jetzt liegen der Leitung des Jawne 80 Anforderungen vor, denen in möglichst kurzer Frist Genüge geleistet werden muss.

Daher hat Jawne beschlossen, auch weiterhin neben dem eigentlichen Seminarbetrieb einjährige Kurse für Lehrer und Lehrerinnen zu unterhalten, um auf diese Weise im Laufe einiger Jahre nach und nach der dringendsten Not abhelfen zu können. Die Leitung ist sich klar bewusst, dass der eingeschlagene Weg kein idealer ist. Aber es gilt wenigstens die Jugend den areligiösen Schulen der Gegner zu entreissen. Musterschulen können mit so notdürftig vorgebildeten Kräften nicht begründet werden; doch muss es uns vorläufig genügen, wenn in ihnen nicht wie im andern Lager der Geist der Leugnung und der Religionsfeindlichkeit, sondern der Geist der Thora und der wahren Jüdischkeit zur Herrschaft gelangt. Die stärkste Seite dieser Lehrerschaft liegt gewiss in ihrer hebräischen Vorbildung; meist der Jeschiwoh entstammend, verfügen sie über eine solide Grundlage und bringen der weiteren Ausbildung reges Interesse entgegen. Leider kann ihnen bei der beschränkten Zeit in den profanen Fächern: Arithmethik, Naturwissenschaften, Geschichte und Erdkunde nicht das Mass von Wissen geboten werden, das man selbst bei einfachen Volksschullehrern als selbstverständlich voraussetzen sollte. Eine eindringende Arbeit müsste hier um so mehr geleistet werden, als die in westlichen Ländern in den normalen Schulen erworbenen Kenntnisse den Hörern der Kurse vollständig fehlen.

Im Augenblick bleibt keine Wahl: das bestehende Werk, das allein durchführbar erscheint, muss trotz aller Mängel aufrecht erhalten werden. Für die Zukunft muss ein weiteres und höheres Ziel ins Auge gefasst werden. Der Kampf gilt nicht nur den Volksschulen der Kulturliga und des Tarbus; noch viel heisser werden wir mit den sogenannten jüdischen Gymnasien zu ringen haben. Sie tragen ihren Namen zu Unrecht; sie sind ebensowenig jüdisch wie Gymnasien — und doch wirkt der blosse Name wie ein Zauberwort. Fast alle Städte Litauens erfreuen sich heute einer solchen Gründung, und scharenweise führen die Eltern ihre Kinder diesen Anstalten zu. Die Erinnerung an frühere Zeiten, wo ein Gymnasium dem Juden schwer zugänglich war und daher der Eintritt um so heisser begehrt wurde, mag uns dieses Rätsel aufklären. Die Ratlosigkeit, für die Kinder eine geeignete Erziehungsanstalt zu finden, um ein Weiteres, um viele jüdische Kinder diesen unjüdischen Bildungsstätten in die Arme zu treiben.

Hier zu helfen, ist unser Lehrerseminar berufen. Können wir genügend vorgebildete Kräfte in ihm grossziehen, so braucht kein jüdischer Vater mehr sein Kind in Gewissensnot einer fremdgesinnten Schulen zuzuführen; doch könnten in weiterer Ferne mit begabten Elementen städtische Schulen mit Gewerbeabteilungen, technische Mittelschulen begründet werden, die durch ihre bessere Anpassung an das Erwerbsleben mit Erfolg gegen die jüdischen Gymnasien auftreten können. Schwer ist der Weg, der vor uns liegt; doch lohnend winkt das Ziel an seinem Ende. In der Hochburg des jüdischen Lebens im Osten, in Litauen, soll ein Geschlecht vor der Unwissenheit, vor dem völligen Abfall gerettet werden!

# Nachtrag zu „Philosophie d. Organischen".
### (Jeschurun VIII, 480—504).

Wir werfen noch die Frage auf: Aus welchen allgemeinen Gedankengängen heraus mag wohl das religiöse Denken sich für die vitalistische Biologie und die darauf aufgebaute Philosophie entscheiden? Könnte es nicht nach Art der materialistischen Argumentation, mit der die französischen Aufklärer sich beschäftigt haben, sich zu einem Hylozoismus bekennen, der die Materie belebt sein lässt, oder eine chemische Theorie des Lebens annehmen (die aber selbst ein so skeptischer Mann wie F. A. Lange wie den Hylozoismus als Tod der exakten Wissenschaft bezeichnet, denn der Vorzug der klassisch-mechanischen Schule ist die umfassende räumlich zeitliche Definition der untersuchten Tatbestände, und da gibt es keinen Platz für geheimnisvolle Eigenschaften; das wäre ein Rückfall in den Materialismus von Demokrit.) Der Materie als solcher will kein strenger Denker Leben zusprechen. Nur das glauben manche, dass ihre Anordnung Leben ermöglicht, im Sinne einer chemisch-physikalischen Struktur als Summe der einzelnen Kräfte. Ich bin der Meinung, dass für das ungetrübte Denken der V. den Phänomenen der Lebewesen am meisten gerecht wird. Die Gegner des Vitalismus pflegen, wenn man sie hinweist auf die Unmöglichkeit, sich eine Maschine vorzustellen, die all das leistet, was Organismen fertigbringen, einen Wechsel auf die Zukunft auszustellen, indem sie glauben, es könne einstmals die Sache maschinell klar werden. Aber ich meine, was eine Maschine ist im landläufigen Sinne, ist einigermassen klar. Dass eine Maschine immer wieder teilbar ist und doch immer ganz bleibt, das ist sicherlich absurd, und doch gibt es so etwas bei Organismen. Eine Maschine pflegt im allgemeinen eine ganz bestimmte Leistung zu vollbringen, die entweder in Umsetzung von Energie oder in Formgebung aber keine typisch kombinierte besteht, evtl. einer Koppelung dieser beiden und möglicherweise dieses wieder in komplizierter Steigerung.

Ich halte dafür, dass wir uns der wissenschaftlichen Meinung anschliessen sollen, die die meiste wissenschaftliche Berechtigung hat und es vermeidet, die Tatsachen einer gewünschten Einfachheit der Natur und ihrer Erklärung zuliebe zu vergewaltigen. Es scheint mir aber auch dem Geist der Religion zu entsprechen, nicht der Lehre beizupflichten, die eine höhere und neuartige Komplikation im Weltbetriebe dadurch beseitigen will, dass sie darin nur eine besondere Anordnung und Kombination bereits gekannter elementarer Faktoren sehen will, ohne dass die Natur-Logik das gestattet, sondern gegebenenfalls nicht zurückzuschrecken vor der Einführung neuer Elemente. Freilich behauptet kein tiefer schürfender Mechanist, die Rätsel der Welt alle entziffert zu haben, nicht zuletzt Du Bois-Reymond, der Verfasser der Schrift über die Grenzen der Naturerkentnis, ein heftiger Gegner vitalistischer Lehrmeinung\*), wies auf das Irrationale im empirischen Sein hin. Aber diese Denker sind bemüht, die Rätsel an die Materie und die Energieformen, die

---

\*) Noch kurz vor seinem Tode (1896) zog er in der Akademie-Rede gegen den Neovitalismus von D r i e s c h , B u n g e und R i n d - f l e i s c h zu Felde.

wir kennen, zu knüpfen. Sie wollen durchaus den Rahmen der Erkenntnis nicht weiter stecken, als Physik und Chemie das für ihren Bedarf nötig haben. (Die nicht materialistisch Gesinnten erkennen daneben eine autonome Psychologie an). Dem Geist des Gottsuchens aber entspricht es, gerade Neuartiges zu schauen, wenn nicht zu suchen. Das Wesen der Gottheit wird erhöht, wenn sich das All voll reicher Schöpferkraft in vielfacher relativer Autonomie aufbaut. Deshalb scheint mir die etwas höhnische Frage der Materialisten (z. B. Locke, der allerdings Sensualist ist): „Sollte denn Gott nicht imstande gewesen sein, mit der vorhandenen Materie und Energieformen Leben zu formen oder einstmals der Materie solche Eigenschaften beizulegen", ziemlich unbedeutend. Nicht darauf kommt es an, ob Gott die Materie so oder anders hätte ausstatten können. Was ich eben für die Attitude der Religion gegenüber der Wissenschaft in gleichsam hypothetischer Form gesagt habe, wäre natürlich nur ein frommer Wunsch, wenn dem nicht die Gesetzlichkeit der Welt entspräche. Dass sie es tut, macht den Wunsch zu einer Tatsache. So stärkt die von keinem religiösen Sentiment geleitete vitalistische Lehre dessen Bestreben, ja sie realisiert es erst.

Beachten wir eines: wie immer die Entelechie geschaffen sei; — die metaphysische Ausdeutung dieses biotheoretischen Begriffs führt unmittelbar an die Schwelle des Gottesproblems und manch anderer religionsphilosophischen Frage in direkter Konsequenz wie kein anderes wissenschaftliches System. Populär gesprochen wird die E. bezw. das Psychoid, das personal als formenbildender bezw. Handlungsfaktor auftritt, zum Ueberpersönlichen gesteigert, sobald die kollektiven Probleme, die über das Ich [Solipsismus] den Mitmenschen einführen: Ethik, Geschichte und Stammesgeschichte sowie Systematik auftauchen. Und ist schon beim Personalen die E. wie ein intelligent in die Materie eingreifender Faktor, der primäres Wissen und Wollen hat (s. o. was wir dem bewussten menschlichen Denken nicht zuschreiben können), begreifbar, so stehen wir angesichts des Suprapersonalen vor gar Bedeutsamem, was, wenn auch nicht mit השגחה zu identifizieren, so doch als deren wissenschaftliches Korrelat zu bezeichnen ist.

Wenn wir dazu übergehen, mit Driesch all das metaphysisch auszudeuten, so ergibt sich, dass die E. das ganzheitliche gegenüber dem Zufälligen der Materie ist. So gelangen wir zu dem Dualismus, Ganzheit und Zufall, der in seiner Vereinigung die Welt abgibt. Die Ganzheit oder die höchste Setzung, die alles oder doch das Wesentliche mitsetzt, wird dann zum Gottesbegriff, und da nach Driesch alle Probleme nur Teile des Gottesproblems sind, so wird von oben her gesehen, tatsächlich das bisher naturwissenschaftlich Betrachtete zur Theologie freilich in durchaus aklerikaler, unkonfessioneller Weise. Bedeutung von vorher ungeahnter Art bekommen eben durch die vom Vitalismus angebahnte Philosophie inauguriert die Probleme des Todes und der Unsterblichkeit, die nun legitim in der Metaphysik höherer Stufe auftauchen. Um dessentwillen ist uns der Vitalismus so teuer, weil er etwas wahr gemacht, dass man kaum noch zu hoffen wagte: weil er eine Vereinigung religionsphilosophischer Probleme mit induktiver Philosophie ermöglicht, weil er unseren religiösen Traditionen, ohne von ihnen beeinflusst zu sein, ihren Platz erhalten, ja bis zu einem gewissen Grad gefestigt hat durch Einfügung in die Wissenschaft.

Freilich geht es auch hier wie überall, wo seit Saadja besonders von Maimonides der Versuch einer Religionsphilosophie gemacht wurde: diese kann nur zustande kommen durch eine gewisse Umdeutung des traditionellen Denkens, insofern es Anschauung und Erkenntnis ist, und durch Ausschaltung mancher Einzelheiten. Nie darf man hoffen, im Gebäude einer Religionsphilosophie alles unterzubringen, was die Religion in ihrem Kern und darauf sich stützend religiöse Denker uns je mitgeteilt haben. Das, was uns bei Hermann Cohen und besonders in seiner Schrift so deutlich entgegentritt: die Sublimierung und die Subtraktion, gilt im Prinzip für jeden ähnlichen Versuch.

## Bücherbesprechungen.

Der babylonische Talmud. Uebersetzt und kurz erläutert von Dr. Nivard Schlögel, O. Cist, a. O. Prof. für oriental. Sprachen a. d. Wiener Universität. I. Lieferung Preis M. 10.— Wien, BurgVerlag Richter und Zöllner.

Eine vollständige Uebersetzung des babylonischen Talmuds wird gewiss allgemein in der wissenschaftlichen und auch in der nichtwissenschaftlichen gebildeten Welt, von Juden und Christen begrüsst werden, besonders aber von Juden, nicht um ihrer selbst willen, denn diese haben Gelegenheit an der Quelle zu schöpfen, aber um des Talmud selbst willen, denn wird sein Inhalt klar erkannt, dann wird alles Gezänk um ihn aufhören und die Lügen, die aus ihm herausdistilliert wurden, werden zum Schweigen verurteilt sein. Die bisherigen deutschen Uebersetzungen, die eine, die nur einen Traktat behandelt, die andere, die schon weit vorgeschritten, aber noch nicht zum Abschluss gebracht ist, haben ihre Mängel, allein ihre Verf. sind Männer, die die Materie beherrschen, und dies lässt über die Mängel sehr oft hinwegsehen. Es fragt sich aber, ob bei der eigenartigen Konstruktion des Talmud eine deutsche Uebersetzung ohne Mängel möglich ist, ob es einer imstande ist in einer klaren allgemeinverständlichen, in gutem Deutsch geschriebenen Uebersetzung den Inhalt des Talmud weiteren Kreisen zu vermitteln. Besonders wenn es sich um die Particen der halachischen Diskussionen handelt, da müsste es schon ein Stilkünstler, der im Besitz eines gründlichen talmudischen Wissens sein, der sich an die schwierige Aufgabe wagen dürfte.

Nun, Herr Schlögel wagt sich daran. Er legt uns zwar einstweilen einen ganz minimalen Bruchteil vor, 96 Seiten, entsprechend 18 Bl. des Traktates Berachoth, des bekanntlich am leichtesten zu übersetzenden Teiles, da die halachischen Diskussionen hier im Vergleich zu den andern Traktaten sehr wenige sind. Zumeist sind es Partien agadischen Inhalts, deren Uebersetzung, hat man sich in das aramäische Idiom hineingelesen, nicht schwierig ist, zumal man sich mit den bereits vorhandenen Uebersetzungen gut helfen kann, wenn das eigene Wissen versagt.

Lassen uns nun die sechs Bogen, die der Verf. uns vorlegt, Grosses von ihm erwarten? Können wir glauben, dass er seine Vorgänger übertreffen wird und als Mann von umfassender Talmudkenntnis anzusprechen ist, denn ein solcher muss der Uebersetzer des Talmud sein, soll er nicht Unheil anrichten — der uns nun eine Arbeit liefern wird, an der man seine Freude haben kann, und in der der Welt eine Quelle reichen Wissen geöffnet wird? Sehen wir!

In dem ersten Satz auf der ersten Seite, also sehr früh offenbart der Verf. ein Nichtverständnis und eine Nichtkenntnis, die man einem Anfänger nicht verzeihen würde. Er schreibt nämlich: „Von wann an rezitiert man das Schema am Abend? Von der Stunde an, da die Priester sich versammeln, um ihre Hebe (dazu Anm. Opferteil, vgl. Lev. 22, 4—7) zu verzehren". Hier also ausser der Frage Wort für Wort falsch. Die Priester versammeln sich nicht, denn נכנסין heisst „hineingehen" und nicht „sich versammeln", das könnte nur der Hitpael ausdrücken und תרומה ist keine Opferhebe, sondern die Naturalabgabe, die das Gesetz dem Priester als Entschädigung für den Ausschluss vom Grunderwerb zuweist. Der Verf. versteht also die Mischnasprache nicht und weiss garnicht, um was es sich hier handelt, denn nicht an einen Hinweis auf Jerusalem, wo nur Opferheben verzehrt werden durften, ist hier gedacht, sondern an das ganze Land, in dem die Teruma in levitischer Reinheit verzehrt werden durfte. Der erste Satz in seinem Werke lässt uns erkennen, was wir von diesem Uebersetzer zu erwarten haben. Ex ungue .. aber hinter dieser Klaue steckt kein Löwe.

Eigentlich könnte ich hier meine Kritik schliessen; die Kapacität des Verf. wäre schon erkannt; allein ich will gerecht sein und habe mich darum weiter umgesehen und will nun einen kleinen Teil des auf meinem Spaziergange gesammelten Ertrages für mein Herbarium hier mitteilen, indem ich von allen Stilblüten absehe.

S. 9 „R. Ammi sagte: Man rede in Gegenwart eines Toten nur Worte des Toten". Was soll das heissen? Das ist ja Unsinn. Allein der Verf weiss nicht, dass דבר im Talmud auch Angelegenheit bedeute und hier R. Ammi lehrt, dass man aus Achtung vor der Leiche kein leeres Geschwätz führe, sondern nur von דבריו של מת, von Dingen, die von dem Toten, z. B. seiner Einkleidung, von seiner Bestattung usw. sprechen.

Zu S. 10 sei beiläufig bemerkt, dass von R. Schlomo Jarchi die Rede ist. Raschi so anzusprechen, ist antediluvianisch. — S. 11 „schlafen bis 3 Uhr" muss heissen „bis zur dritten Stunde", d h. 9 Uhr: warum weiss dies der Verf, wenn es בשעה שלישית und weiss es nicht, wenn es בשלש שעות heisst? S. 14 ורוח bedeutet in der Talmudsprache, sofern von dem Dasein nach dem Tode die Rede ist, nur das Paradies, nicht die Hölle; das scheint, wie aus Anm. 2 hervorgeht, der Verf. nicht zu wissen. — S. 23 חטיבה bedeutet nicht „Alleinherrscher", das hätte dem Verfasser die Wortbildung schon sagen sollen, sondern „Auserwählung" oder „Gegenstand der Auserwählung". Man vgl. dazu die Wörterbücher Levy. Chald. Wb. u Dahlmann Neuhebr. und aram. Wb. Dieser scheinbare Irrtum des Verf. veranlasst mich jedoch, etwas länger bei ihm zu verweilen. Die betr. Stelle lautet: אתם עשיתוני חטיבה אחת בעולם אף אני אעשה אתכם חטיבה אחת בעולם. Angelehnt ist dieser Satz an den Bibelvers: את ה׳ האמרת וכו׳ וה׳ האמירך (s. B. M. 26, 17.18.) Dies übersetzt der Verf. im Text: „Du hast I. sprechen lassen usw., was wörtlich möglich ist, in der Anmerkung hingegen als das Richtige: „Von I. erklärst du heute usw. u. I. erklärt von Dir, dass du sein Eigentumsvolk bist", und wie lässt sich nun der Verf. im Text aus? „Ihr habt mich zum Alleinherrscher der Welt gemacht ... Darum will auch ich euch zur Alleinherrscherin der Welt machen". Nun da haben wir ja die erträumte Weltherrschaft der Juden; hier sagt es ja deutlich der Talmud heraus! Man muss nur richtig lesen, d. h. falsch übersetzen. Nebenbei bemerkt: Diskrepanz zwischen Text und Anmerkung ist nicht selten. — Warum der Verfasser das bekannte רדף (S. 24) nacheilen, nachlaufen mit „trachten wir" übersetzt, ist nicht ersichtlich; etwa deshalb, damit die Deutung des Talmud unverständlich wird? Das. דבר הלכה übersetzt der Verf. „Gesetzesübung", während es „Halachavortrag" oder „Gesetzesvortrag" zu übersetzen wäre. S 26. איני „Das ist nicht richtig", so übersetzt der Verf., aber dies ist eben nicht richtig, es ist hier eine Frage „ist dies denn richtig", das אין ist hier nicht das Verneinende, sondern das bejahende Adverb. — S. 34. Samuel II, 7, 10 und I Chron. 17, 9 sind zwei bis auf e i n Wort identische Verse, es ist die Verheissung an David, nur in dem einen heisst es לבלתי, in dem andern לענתו. Der Talmud sucht nun diese Verschiedenheit des Ausdrucks zu erklären. Dazu bemerkt nun der Verf. „In Wirklichkeit heisst es hier (Chron.) genau so, nur steht hier ein anderes Wort". Vor dieser Weisheit steht man fassungslos; das ist es ja eben, was der Talmud urgiert, was will also der Verf.? Man kann die Ungereimtheit, deren sich der Verf schuldig macht, nur entschuldigen, wenn man annimmt, er habe die ganze Talmudstelle nicht verstanden. — S. 89. Drei Dinge werden an den Persern gerühmt, sie seien צנועין bei Tische, auf dem Abort und bei דבר אחר, der Verf. übersetzt nun צנועין mit keusch, was nun auf die beiden ersten nicht recht passt, aber bei dem dritten ist ihm ein Malheur passiert, er übersetzt „keusch auch sonst", dass in der Talmudsprache ד"א auch ehelicher Verkehr bedeutet, ist ihm fremd. — S. 40 Anm. 1. Wenn der Verfasser eine Ahnung gehabt hätte von der Verhandlung über das בשכבך ובקומך, das auf die Bestimmung des Schem'alesens am Tage und bei Nacht hinweist, so hätte er seine weise Bemerkung, dass „nicht das Aufstehen den Tag und das Schlafen nicht die Nacht mache", sich sparen können. — S. 44, Anm. 1. בין תכלת שבה ללבן שבה Dazu bemerkt Maimonides: בין תכלת שבציצית; wohlgemerkt: שבציצית, ausführlicher Raschi: das durch das Blau durchschimmernde Weiss, das an dem blauen Zizithfaden wahrnehmbar ist. Welchen Unsinn unterschiebt nun der Verf. dem Maimonides? „Hier ist an den weissen, blaugestreiften G e b e t s m a n t e l gedacht". Doppelter Unsinn: einmal, der müsste ja mit einem doppelten Staar gestraft sein, der etwas Helle nötig hätte, um die dunkeln Streifen von dem Weiss des Tallith, von dem überdies Maimonides garnicht spricht, unterscheiden zu können und zweitens anticipiert der Verf. den Gebetsmantel in die Zeit der Mischna und zumal die blauen Streifen an ihm, die eine spätere Mode und Industrie erfunden hat. — Daselbst im Text übersetzt der Verf. תפילין mit Gebet. — Als Curiosum sei noch die Uebersetzung: „Dies ist bei mir nicht wichtig" statt „bei mir hat es sich nicht bewährt' angeführt.

Doch nun genug! Ich habe noch viel mehr aufgezeichnet, begnüeg mich aber mit dem, was ich auf einigen 40 Seiten, die ich geprüft, gelesen habe, das Uebrige wird wohl auch nicht fehlerlos sein. Wie wird aber das Werk erst aussehen, wenn es vollendet auf viele tausend Seiten gebracht, sein wird.

Nun noch einige Anmerkungen zu den Anmerkungen unter dem Strich. Ich übergehe alle die sachlich falschen Aeusserungen des Verf's, alle die peremptorischen „Falsch", die er dem wirklichen Richtig entgegenruft, alle die moquanten Bemerkungen, mit denen er die Worterklärungen des Talmud begleitet, die ein vorurteilsfreier Uebersetzer eines Werks, von dem nicht eine Kritik, sondern nur eine wahrhafte Wiedergabe verlangt wird, nicht zu geben hat. Es sei nur Folgendes hervorgehoben. Zu den Zitaten aus der Bibel, die der Talmud anführt, gibt der Verf. den Nachweis der Fundstelle. Das ist gut, aber kein eigenes Verdienst, denn darin hat ihn der Verf. des Nachweises, der in allen Talmudausgaben in den Randbemerkungen abgelesen werden kann, schon längst überholt. Allein die verschiedenen Hinzufügungen: „Einschub" „verdorbener Text", „messianisch" u. dgl. was soll das hier? Hätten die Rabbinen etwa nach den Ergebnissen Wellhausenscher Textkritik zitieren oder die messianischen Deutungen der Kirche sich aneignen sollen? Mag Herr Schlögel soviel Bibelkritik anwenden wie er will, es ist sein Recht, das ihm niemand bestreiten kann, aber was hat alles dies mit der Uebersetzung des babylonischen Talmuds zu tun? Allein, man kann nicht wissen — es ist niemandem zu verdenken, wenn er nicht nur in den Anmerkungen, sondern in dem ganzen Uebersetzungs-Unternehmen Tendenz vermutet. Aber eines geht noch aus den Anmerkungen hervor, sie und der Text und dieser wieder an sich selbst, weisen Widersprüche auf, namentlich gilt dies von manchen Uebersetzungen der Bibelzitate, die in den Anmerkungen verbessert sind durch: „Wörtlich so". Warum ist diese „wörtliche" Uebersetzung nicht gleich in den Text aufgenommen, wenn nicht verschiedene hilfreiche Hände hier tätig waren, die Interesse an einer Talmudübersetzung, wie sie hier vorliegt haben?

Dass Herrn Schlögel alle die Bedingungen abgehen, die eine wahrhaftige, wissenschaftlich gut begründete Uebersetzung des babylonischen Talmuds erfordern, werden die obigen Darlegungen erwiesen haben.

Prof. A. Sulzbach.

---

**Jüdisches Jahrbuch für die Schweiz 5682, 6. Jahrgang.** Verlag d. Jüd Jahrbuches Basel.

Man muss mit freudiger Anerkennung diesen neuen Jahrgang des Schweizer Jahrbuches begrüssen, der auch anspruchsvollen Erwartungen genügt. Der Rahmen ist derselbe wie sonst. Eine recht vollständige Jahreschronik des Redakteurs, die sich wieder durch unparteiische Würdigung der heterogenen Bestrebungen unseres Volkes, eine echte Liebe zu dessen Hoff.

nungen und Errungenschaften und warmes Mitgefühl zu der Tragik, die nicht enden will, auszeichnet, Kalendarium und ein umfassendes Verzeichnis aller jüdischen Institutionen in der Schweiz schliessen eine bunte Reihe wertvoller Aufsätze ein.

Nicht alles ist gleichwertig, nicht alles, was hier nicht genannt wird, ist wertlos. Ich kann nur Eigenartiges herausgreifen. — Wiederum gruppiert sich um die Gestalt von R. Abr. J. Kuk eine Reihe von Abhandlungen. Dr. Marcus Cohn, der ein glühender Bewunderer Kuks ist, hat die Verehrung bei des Rabbi Biographie die Feder geführt; Hillel Zeitlin lässt Kuks Leistung „Degel Jeruscholajim" das nationale Werk Achad Haams und noch mehr von Pines und Jawitz fortsetzen, die das politische Ideal der nationalen Bewegung vergeistigen wollten, mit Ausnahme von Achad Haams, mit Betonung der Thorakultur. (Ich möchte hier hervorheben, dass Zeitlins Beitrag im Vergleich mit seinen grösseren Leistungen in den כתבים נבחרים, in der התקופה etc. — mir recht schwach erscheint). Kuk selbst ist durch einen Abschnitt aus dem 2. Teil des Werkes אורות vertreten, die in der ihm eigenen Weise, den Heiligkeitsgedanken allem Irdischen des jüdischen Volkes einhauchen will, nichts Unheiliges anerkennt, alles Unheilige im jüdischen Volk als gleichmässig empfänglich für die Heiligung erachtet und deshalb nichts verwirft.

Belehrend sind eine andere Serie von Aufsätzen. Dr. Arth. Cohn druckt eine von ihm gehaltene Vorlesung über den Chassidismus, die insbesondere für alle mit dem Chassidismus aus Leben und Literatur nicht-Vertrauten, viel des Wissenswerten enthält; vor allem ist sie reich an Biographischem bezw. Anekdotischem. — Dr. Lewenstein teilt das biblische und talmudische Material und Bemerkungen von Exegeten auf dem Gebiet der „Messianischen End-Zeit" mit.

Ludwig Krauss bemüht sich, Einblicke in Hermann Cohens nachgelassenes Werk „Die Religion der Vernunft aus den Quellen des Judentums" zu geben. Nach meinem Dafürhalten ist ihm das nicht recht gelungen, was freilich nicht ihm zur Last fällt. Es ist ausserordentlich schwer, über dieses eigenartige Buch ein Referat zu erstatten. Es muss mit vieler Mühe studiert werden. Nur zweierlei will ich hier betonen: 1. beschränkt sich das Referat zu sehr auf die Einleitung des Buches, 2. kann es gar leicht den Anschein erwecken, als ob Cohen mit der Tradition vollkommen oder im wesentlichen einig wäre. Das muss bei aller Anerkennung, dass Cohen der Ueberlieferung, mit grossem Verständnis entgegengetreten, doch erheblich eingeschränkt werden da Schöpfung, Offenbarung etc. bei Cohen doch in ihrer Bedeutung von den Begriffen der Tradition nicht wenig abweichen.

Das Belletristische u. Dichterische ist diesmal ausgezeichnet gelungen. Trunks Erzählung „Ruth", die Geschichte der Gerim von der Wolga, die nach Erez Israel ausgewandert sind, das heroische Ausharren des Weibes, nach dem Tod des Mannes, ist von schlichter Schönheit. Der Sehnsuchtsruf

80 Bücherbesprechungen

Rosenkranz' nach Palästina rechtfertigt aufs Neue das Lob, das wir ihm im Vergangenen Jahr spendeten. Beer-Hoffmann bedarf nicht meiner als eines Herolds seines Ruhms. Sein „Schlaflied für Mirjam" gehört für mich zu dem Reinsten, das moderne Lyrik hervorgebracht. Auch Zuckermanns wenige Rhythmen „Jesaja" und Max Brod's launige „Hebräische Lektion" zieren das Buch. Nicht so begeistert mich die Uebersetzung von Jehoaschs מזמור שיר ליום השבת.

Nach allem kann ich nur aufrichtig und erwartungsvoll sprechen: Vivat sequens.  Dr. Wolfsberg.

### Ein deutscher Tagore.

Die Worte der Weisheit, die heute aus Indien zu uns dringen, haben in Deutschland, wie immer wenn es sich um die Stimme eines Dichters aus weiter Ferne handelt, reichen Widerhall gefunden. Allzu leicht ist man aber geneigt, den neuen Rhytmen eine neue Wertschätzung beizumessen, indem man ganz vergisst, dass auch die deutsche Literatur Dichter von gleicher Glut des Wortes und Inbrunst des lyrischen Gesichtes besitzt, wie z. B. Nietzsche, Arno Holz, Cäsar Flaischlen. So verschieden diese Dichter sein mögen, auch in ihnen lebt, was Tagore adelt: Die ethische, überdichterische Mission, die den gewohnten Rahmen des Strophen- und Reimgedichtes sprengt. In unverkennbarer Verwandtschaft mit dem Inder steht einer der jüngsten deutschen Autoren, dessen Werke im Akabjah-Verlag in Halle erschienen sind. Obwohl sie schon eine staatliche Anzahl von Auflagen zu verzeichnen haben, hat die Oeffentlickeit bisher noch zu wenig Notiz davon genommen. Vor allem ist noch nirgends die Einheit des Schaffens von Paul Lehmann, die sich um die legendäre Gestalt Akabjahs, des Sohnes Mehalalels, schliesst, gewürdigt worden, was er in seinen drei Büchern „Akabjah", „Akabjahs Ruf" und der „Lebende Baum" in kurzen, fein stilisierten Gedichten in Prosa und legendenhaften Novellen gestaltet, ist mehr als Unterhaltungsliteratur und Modedichtung. Es verlangt ernste Leser, die sich in den Klang, den Sinn und das Mass anschauender Lebenseinstellung versenken können. Die Werke sind vom Verlage in schönen Geschenkbänden vereinigt worden.

Dr. Walter Meckauer.

### Notiz.

In meinem Artikel (Jesch. VIII 11/12) אל תקרי habe ich die Quelle, auf die die von Heidenheim zitierte ח״ם-Stelle hinweist, nicht nachgewiesen. Es ist אבן עזרא zu Ex. I, 9, der bemerkt, dass die babylonischen Juden einen Unterschied zwischen ממנו 1. pers. pl. und der 3. pers. sing. machen, indem das נ im 1. Falle nicht, im 2. Falle dagegen dageschirrt wird. Die Stelle im ע״א aber ist präziser als sie von H. angeführt, da dies nach A. E. auch in der Schrift der ספרי תורה zum Ausdruck kommt. Das Dagesch. in 3. pers. sing. solle so meint A. E. das ה ersetzen, da es eigentlich ממנהו heissen müsste. Dies unterstützt auch meine Ausführungen.  Sulzbach.

Verantwortlicher Redakteur Dr. J. Wohlgemuth, Berlin.
Druck von H. Itzkowski, Berlin N. 24 Auguststr. 69.

יש כח ביד אלה שנעשה על דעתם לשנותם אף לדבר הרשות מר). ומי שלא יודה לסברת
הט"ז יודה משום זה שאין דין המותר מובן לו, שהרי מטה נסיבך, אם נתקדשו הדמים
כ ל ם בקדושת בית הכנסת מפני מה יש להוציא המותר לחולין ואם לא נתקדש
בהם אלא אותו חלק הצריך לדבר הקדושה ומה שיתר על כן לא נתקדש, אף
ב ל י התנאתן של זט"ה במא"ה יהא המותר חולין, אלא ודאי כדאמרן. ורק בזה שונה
דין המעות שנתקדשו על ידי פדיון תשמישי קדושה בהם מדין תשמישי קדושה עצמן
עד שלא נפדו, שהאחרונים אף כשאין לקדושה צרך בהם אסור להשתמש בהם
אף לסברת הט"ז שום תשמיש של חול שמכיון שאין בהן שמור של כבוד אין זו
גניזה שהן צריכין לה, אבל מעות פדיון אין בהם א ל א קדושתן, ומאחר שנפקעה
זו· אין בהן שום דין גניזה, שהרי אין בהם כ ב ו ד ה של קדושה המצריך את
הגניזה בכל· מקום אלא ד י ן הקדושה הוא שנתפס בהם ומכיון שפקע (פקע מה)
ומשטר לתשמיש חול. ומשום זה צריכין זט"ה במא"ה לפדות בית הכנסת במעות
ולהפקיע אח"כ את המעות לדבר הרשות, אף על פי שהן יכולין להפקיע
עצם הקדושה מבית הכנסת עצמו על ידי שיחליטו שאין בו צורך לצבור
ובכך הקדושה נפקעת מאליה כסברת הט"ז מ"מ עדיין ישאר בו דין גניזה
ויהא אסור לתשמיש חול, לפיכך הן צריכין למכרו תהלה, והכסף שיקבלו
בפדיונו תהא בו רק קדושה נתפסת מצד ה ד י ן ולא כבודה של קדושה שהרי
בהם לא נשתמשו מעולם לתפלה, וקדושה שנית סו). זו יש כח ביד זט"ה במא"ה
להפקיע ודין גניזה לא בא בה, כמבואר. (המשך יבא.)

## אברהם אלי' בהגרא"א טראקאוו ז"ל קפלן.

מד) ערכין ו': וגם משם ראיה לסברת הט"ז וצ"ע ודוק בענין גר אם תשמיש קדושה
הוא ע' ש"ך יו"ד רנ"ט וט"ז במקום אחר· חולק עליו.
מה) לדעת הרתוס', ורוב הפוסקים ודלא כרטב"א דלעיל, ע' מ"ו.
מו) הפרש זה בין קדושה ראשונה לשנלת גבי הפקעת זט"ה במא"ה מבואר בדברי הר"ן
ז"ל (בפ' בני העיר בד"ה ומאן לשרי כו' בסופן), אך בלי באורנו הוא נראה כמלתא בלא
טעמא. עיי"ש היטב. ולדעת תרמב"ם אסור להם להפקיע אלא המותר מפני שזו תהי' כהורדה
כלפי הקדושה של הנמכר, ודוק.

הוספה לאות ל"ג: הבנתו של הג' חתם *סופר בדין גניזה היתה גם לרבנו סג"א (קנ"ג
ס"ק י"ד ברמיזתו לקנ"ד ס"ה, ודוק). אבל דבריו תמוהים גם בלי זה וכבר הראה עליהם
בפמ"ג שהם סותרים לפסק מוש"ע ביו"ד רפ"ב וכן תמה שם בהגהותיו ר"ש איגר ז"ל, ולהלן
יבואר עוד בס"ד.

דפוס ה. איצקובסקי, ברלין.

דבר) א ז נגנזין. ואם ראויין הם עדיין לאיזה תשמיש שיש בו משום שמור בכבוד, כגון תכריכין למת מיחדין אותן לתשמיש זה וזוהי גניזתן.

נמצא שתשמישי קדושה אינן בכלי המקדשלו), שהראשונים קדושתם נפקעת מאליה (לדעת הרי״ח בכרך ז״ל כשהם נשברים ולדעת הט״ז ז״ל אפילו בשלמים כשודאי אין צרך בהם), אבל האחרונים אין קדושתן נפקעת עולמית. מפני שכלי המקדש קדושתן עצמית היא, ואינה תלויה בשרותן, ונהפוך הדבר, שמאחר שנתקדשו הן נעשין ראויין לשרת בהן, ולפיכך קדושתן לעולם קיימת אפילו כשאינן ראויין כבר לשרותן, מה שאין כן בתשמישי קדושה שאין קדושתן באה אלא משמושם בקדש ועד שלא נשתמשו בהם לא נתקדשו בהזמנה בלבד לו). לפיכך כשכלה זמן שמושם קדושתם מאליה נפקעת ואין להם אלא דין גניזה או מעין גניזה ע״י תשמיש של שמור בכבוד. ולפיכך אמרו חכמיםלח) על בגדי כהן גדול שאינן ראוין ליום הכפורים אחר שלא יורידום לקדושת בגדי כהן הדיוט שכאן אי אפשר לדון כסברת הט״ז, מפני שקדושתן עצמית היא ואף כשאינן ראויין לקדושתם החמורה שהוזמנו לה מתחלתם בשעת הקדשתם אסור לשנותם לקדושה קלה. וכן נגנזו אבני מזבח ששקצום בני יון ולא שנום לקדושה קלהלט). וכן ס״ת שבלה אין עושין ממנה מזוזהם) אעפ״י שאינה ראויה כבר לקדושתה החמורה מפני שקדושתה עצמית (כמו בכלי שרת) ואינה תלויה באחרים (כמו תשמישי קדושה). וכבר הובא לעיל סיוע לסברת הט״ז מדין בתי כנסיות בחוץ לארץ.

ועוד סיוע לו ז״ל נ״ל מדין המותרמא), שהרי אמרו חכמים על שבעה טובי העיר במעמד אנשי העיר כשהן מוכרין בית הכנסת שאפשר להם לשנות את מותר הדמים אפילו לדבר הרשות, שאילו הדמים עצמן, חוץ ממותרן, אינן יכולין לשנותםמב). רק כשהתנו בשעת מכירה של א תהא קדושת בית הכנסת נתפסת על הדמים הללו, אלא שתפקע קדושתן בלי פדיון כדין זט״ה במא״ה שיש להם כח להפקיע כן כשיש לצבור צרך במכירה כזו לשם שמוש בדמי׳ לענין נחוץ ואפילו הוא דבר הרשות מג), אבל אם מכרו זט״ה סתם את בית הכנסת סתם הרי נתפסין הדמים בקדושת בית הכנסת ואז אין יכולין להוציאן לחולין עד שיעשו בו צרך של קדושה, והמותר הנשאר אחר כך, מאחר שאינו צריך עוד לאותה קדושה, אומרין בו כסברת הט״ז שקדושתו נפקעת מאליה ואעפ״י שעדיין מיוחדים הם לדבר זה משום טעם נדר מ״מ

לו) ע׳ ירושלמי פ׳ בני העיר באור הפרש זה לענין חלות קדושתן.
לז) דהזמנה לאו מלתא היא, סנהדרין מ״ח. לח) יומא י״ב:
לט) עבודה זרה נג:
מ) מנחות לב. ומכל המקומות הללו פרך בס׳ תבואות שור על הט״ז, ולפי יסודי באורינו הדברים פשוטים.
מא) מגלה כז.
מב) בשיטת הרמב״ם הכתוב מדבר, דלא כתוס׳ שם.
מג) כן ביאר הריב״ש ז״ל דעת הרמב״ם ז״ל, סי׳ רפ״ה, והובא בב״י קנ״ד.

שהרי שנינו במס׳ ציצית כח). שצצית שנפסקו נזרקין ועושין מהן תכריך למת וטרדעת לחמור, ואם תאמר שתכריכין תשמישי מצוה הם היאך דימן למרדעת של חמור, וגם מהו החדוש בצצית מפני שהן נזרקין הרי גם במטפחות ספרים שהן נגנזין התירו לעשותן תכריך למת כט), אלא ודאי לא התיר זה במטפחות רק כשבלו ואין עומדות עוד לקדושתן, ואז יש להתירן אפילו לדבר שאינו תשמיש קדושה וגם לא תשמיש מצוה אלא ענין של חובה שתהא בו מעין גניזה, כגון תכריכי המת, ולפיכך אמר מר זוטרא "וזוהי גניזתן׳ ל), מפני שתשמישי קדושה צריכין גניזה גם לאחר שפקעה קדושתן מהן אם רק לא נפדו בדמים. וכן מצאתי להג׳ רבנו חיים יאיר בכרך ז״ל בתשובותיו לא), שתשמישי קדושה הנשברים פקעה קדושתן מהן מאליה, ואעפ״כ אטרו בגמ׳ שהן צריכין גניזה. ויתר על כן הוא חדושו של ט״זלב) שאף אם לא נשברו אלא שודאי לא ישתמשו בהן עוד לקדושתן מותר להשתמש בהן לענין אחר שיהא בו משום גניזה, ולאסוקי תשמיש חול. מפני שענין הגניזה הוא שיהו משומרין בכבוד מחמת הקדושה שהיתה בהן קודם, אף על פי שעכשיו כבר פקעה מהן, ובתשמיש חול אין לנו שמור כזה.

אמנם ראיתי להג׳ מהר״ם סופר ז״ל בתשובותיו לג) שהוכיח מדין הגניזה שאין פדיון מועיל לתשמישי קדושה, שאם לא כן לא היו אומרין עליהם שנגנזין אלא שנפדין, ואעפ״י שבפרוש כ׳ הרמב״ם ז״ללד) שנוי׳ ספר תורה נפדין ויוצאין לחולין ירד הגאון ז״ל לחלק בין תשמישין לנוי׳, שהראשונים נגנזין ולא נפדין והאחרונים נפדין, חלוק שהוא נראה דוחק, שהרי ממה נפשך, אם יש לנויין דין תשמישי קדושה מאין יצא לו להרמב״ם להקל בהן שיפדו, ואם כבאורו של הגאון ז״ל באותה תשובה, שהנויין אין להן דין תשמישי קדושה מפני שלא היו כיוצא בהן במקדש, מנין לו להרמב״ם שיצטרכו פדיון ושלא יהא להם אלא דין תשמישי מצוה שהם נזרקין. אך מלבד דחקה של סברא זו מחמת עצמה תמוהה היא מאד, שהרי בפרוש אמר רבא לה) על דברים שאינם קדושים אלא משום שהם מזומנים לכבודו של ספר, ולא משום תשמישו, שהם נגנזין, ומדברי רבא אלו הוציא הרמב״ם את דינו לה*) שיש דין תשמישי קדושה לנויי ספר תורה, ואעפ״י שרבא אמר עליהם שהם נגנזין פסק בהם הרמב״ם שהם נפדין ויוצאין לחולין, אלא ודאי אין הפרש בין נוי לשרות ולא נאמר דין הגניזה לאפוקי מדין פדיון, אלא שאם לא נפדו (מפני שאין כדאי לפדותו, שבלו כבר ביותר ואין לעשות בהם

---

כח) הובא בבאור הגר״א א״ח כ״א ס״ק ג׳. כט) ול״ד סת מצוה ע״ל כ״ז.
ל) מגלה כו: לא) חות יאיר, קס״ב. לב) קנ״ד סקי״ז. לג) חתם סופר א״ח ל״ח.
לד) פ״י מה״ת ס״ת ה״ד.
לה) מגלה כו: הני קמטרי וכו׳ ופרושן עיין להלן. לה*) ואח״כ מצאתי בבאורי הגר״א ז״ל (יו״ד רפ״ב) שהראה מקור לדין הרמב״ם מדברי רבא אלו וב״ה שכונתי לדעתו הגדולה. ומוכרח בד׳ הגר״א דלא כחתם סופר.

מהן אבל אם יבוא קודם שנחרבו יעמדו בקדושתן עולמית כא). וכשבוננו בית הכנסת בחו"ל ודאי שמקדישין אותו, כמבואר לעיל, אולם אם חרב קודם ביאת הגואל נמצא מעתה שאין קדושתו קדושה עולמית, שהרי כשיבוא הגואל תפקע קדושתו, לפיכך מועיל בו תנאי מעכשיו כב). שהרי גם בלי התנאי אין קדושתו גמורה, שהרי אינה עולמית (וכדברי הרשב"א ז"ל). ומכל מקום צריך תנאי בדבר, שאם לא כן יהא אסור לשנותו לדבר הרשות כדין דבר המיוחד למצוה או לצדקה כג). ומטעם נדר. אבל בתי כנסיות שבארץ ישראל מכיון שהוקדשו בשעת בנין שוב אין קדושתן נפקעת מהן בשום פעם, ואי אפשר להם להתנות שיהיו חולין לאחר חורבנן. שהרי אם נַתְנוּ כן הרי זה כאלו התנו שיהיו פעם קודש ופעם חול ואין זו הזמנה כלל ולא יצאו ידי חובתם בהקמת מקדש-מעט, כמבואר לעיל. מה שאין כן בתי כנסיות שבחוץ לארץ, אף על פי שלאחר שחרבו בטלה קדושתם למפרע, כי נמצא מעתה שלא חלה עליהם קדושה עולמית, מכל מקום אין זה אלא אונס, ודעת הצבור בשעת בנין היתה שיעמור בית תפלתם עד ביאת הגואל במהרה ותהא קדושתו עולמית, ולפיכך יצאו ידי חובתם כדין.

ויסור הענין בבית הכנסת שבחוץ לארץ שבביאת הגואל תפקע קדושתן, נ"ל שאינו מלתא בלא טעמא, אלא שכך הדין בכל תשמישי קדושה. שאם ברי לנו בהן שלא ישתמשו בהם עוד לעולם לצורך קדושה הרי קדושתן נפקעת, ובשוב ישראל אל אדמתו הן לא ישתמשו עוד בחו"ל בתי כנסיות החרבים כד) לשם תפלה, ומשום זה הן יוצאין לחולין. ומכאן סיוע לדעת הט"ז ז"ל כה) שאם עשו ארון גדול ומפואר בבית הכנסת תחת הקטן ממנו שהיה קודם מותר להשתמש בקטן לקדושה קלה שעד כאן לא אמרו בתשמישי קדושה שאסור להורידן מחמורה לקלה, אלא כשהן עומדין עדיין להשתמש בהן באותה קדושה חמורה. אבל אם לא כן, עדיפה להם יותר קדושה קלה משיהיו פנויים לגמרי. ואין סופו של דבר לקדושה קלה אלא אף כשאי אפשר להורידן אלא לתשמיש מצוה בלבד גם זה מותר, וגם זה טוב יותר מגניזה סתם, כמו שהוכיח שם בט"ז דינו ממטפחות ספרים שבלו שהתיר טר זוטרא כו) לעשות מהם תכריכים למת כז), אעפ"י שאין זה תשמיש קדושה כלל. ויש ראיה לדבר שגם תשמיש מצוה אינו, מכיון שהוא נאסר בהנאה,

---

כא) כן מבואר מתוך הגמ' במג"א קנ"א ס"ק ט"ו.   כב) פי' משעת בנין שאל"כ אסור. מטעם נדר ועי"ל באות הסמוכה.   כג) שכ"כ ט"ז ומג"א קנ"ג ס"ח גבי מעות וכ"ש בית עצמו. וע' להלן בזה.

כד) אף שצ"ע ממ"ש עתירה א"י שתתפשט על כל הארצות, אין למדין מדברי אגדה, כן מוכח מד' תוס' ורא"ש בזה.   כה) ט"ז קנ"ד ס"ק ו.

כו) מגלה כו:   כז) ואף שבגמ' איתא מת מ צ ו ה הט"ז לא העתיק כן, ובאמת אין חלוק, שאף כשיש לו קרובים הן מצוה לאו ליהנות נתנו, ולא אמרו כן בגמ' אלא מפני דאיירו בשל צבור ופשיטא שלא יתנו הממפחות למת שיש לו קרובים, אבל במטפחת ס"ת של יחיד שבלתה, אין חלוק.

שאנו מעלים עליהם כאילו התנו בהם שלא יהו נתפסות בקדושה. ולא עוד אלא שהבאור הזה על דבר שלשה מיני תשמיש אינו מעלה ארוכה עדיין לאותה קושיא שהוקשה להם מדין בית הכנסת. כי הלכה בידינו שאין תנאי מועיל לבית הכנסת שחרב אלא בחוץ לארץ, שהרי כשיבא הגואל במהרה תפקע קדושתם י). אבל בתי כנסיות שבארץ ישראל כיון שקדושתן לעולם קימת הרי הן בחורבנן כמו בישובן ממש, חוץ מכבוד ורבוץ שאינן צריכין א). ואין תנאי מועיל בהם עולמית, ולפי זה קשה על תשמישי קדושה, כגון ארון ומטפחות, מפני מה תנאי מועיל בהם הרי קדושתם לעולם קימת כמו בתי כנסיות שבארץ ישראל?

אלא ודאי הפרש אחר יש בדבר. שכשבונים בית הכנסת אי אפשר להתנות שלא תחול עליו שום קדושה, שאם כן לא יהיה להם "בי כנשתא" אלא "דוכתא לצלויי" יב) (מקום להתפלל בו), ועשרה ישראל הדרים במקום אחד חייבים לבנות להם בית הכנסת שיהא מיוחד להתפלל בו בכל עת תפלה, ורק מקום כזה הוא הנקרא יג) בית הכנסת, ואפילו יש להם בית מרונח מבתי התושבים שכלם יכולים להתפלל בו לא נפטרו עדיין בזה מחיוב בנין בית הכנסת יד). ולפיכך אם יבנו בית הכנסת ויתנו עליו שלא תחול בו קדושה הרי זה כאילו לא בנו בית הכנסת אלא יחדו להם "דוכתא לצלויי" באחד מבתי העיר, ואינם יוצאים ידי חובתם בכך, ועל כרחם עליהם להקדישו בקדושת בית הכנסת טו). ואינם יכולים להתנות עליו שיהא חול אלא על מנת שיֶחָרֵב טז*), מה שאין כן בארון ומטפחות, שאין שום חיוב בדבר להתפיסן בקדושה, אלא שכל זמן שלא התנו עליהן הן נתפסין מאליהן, אבל אם התנו הכל לפי תנאם, ולא חלה עליהם קדושה כלל כדברי מהר"י איסרלין ז"ל טז).

ויש לשאול על מהר"י איסרלין ז"ל, מנין לו שהתנאי מועיל שלא תחול עליהם קדושה כלל, שמא עד כאן לא אמרו בירושלמי יז) בשם ר' מנא (ויש גורסין: ר' מאיר) שתנאי מועיל בארון הקודש להשתמש בו חול, אלא בזמן שאין תשמישו לקדושה, ותהיה קדושתו לזמנים, פעם קודש ופעם חול. אבל כבר האיר עינינו בזה רבנו הגדול הרשב"א ז"ל יח), שבאר, כי אין קדושה חלה לזמנים, וכל שהוא פעם קודש ופעם חול אינו קדוש כלל, שהרי זה כצורך תפלין בסדור ולא הזמינו לכך יט) שאין קדושה נתפסת בו, ואין לך הזמנה אלא כשהוא מזמינו לעולם, שההזמנה לשעה לא הזמנה היא אלא הַשָׁאֲלָה כ). וזהו באור הענין גם בבתי כנסיות. שאלו שבחוץ לארץ אם יבא הגואל לאחר חורבנן תפקע קדושתן

---

י) תוס' והובא במג"א. קנ"א ס"ק ס"ו. יא) א"ח שם ס"ו. יב) ב"ב ד': יג) ז"ל רמב"ם ריש פי"א מה' תפלה. יד) כן מבואר במ"ז קנ"ב ס"ק א' וטעם זה שכל שמותר לשנותו לצרכי רשות אינו אלא עראי.

טו) ולדעת הרמב"ן ז"ל שבית הכנסת אינו אלא תשמיש מצוה ע' להלן. טו*) אח"כ מצאתי כדברי אלה ממש בס' סחנה אפרים בה' צדקת וב"ה שכונתי לדעתו הגדולה. טז) ע"ל ס'. יז) ע"ל ה'. יח) בתשובותיו המיוחסות לרמב"ן רי"ס. יט) סנהדרין מ"ח. כ) ע"ל ד'.

# ברורי הלכות.

הפרק הזה הנקבע מחדש ב"ישורון" העברי יהא מיוחד לברורי הלכות שהשעה צריכה לחן ושנדונו להלכה ולמעשה. לא יהא בהם משום פלפול וחדוד אלא משום לבון הדינים כדי שישוטטו בהם רבים ותרבה הדעת. לא היה לנו להתחיל אלא בהדפסת תשובותיו של כ' סרן רב דוד צבי פרום' הופמן ז"ל, אך לדאבוננו, מפני סבות מכניות התלויות בשביתה הכללית ששררה במדינה בזמן האחרון, אין לנו אפשרות להדפיסן עד עת צאת החוברת הבאה אי"ה.

**שאלה***). מנהג קדומים במדינת אשכנז שהמטפחת שעוטפין בה את התנוק כשהוא נכנס לבריתו של א"א ננזות עד יום בואו בפעם הראשונה לבית הכנסת, שאותו היום עושין יום-טוב, ומקדישין את המטפחת הזאת, ששם הילד רקום עליה, שתהא מעתה מטפחת הספר, וכורכין בה ספר תורה באותו היום. והנה נערמו חבילות חבילות של מטפחות עד אשר למאות יגיע, והן הולכות ובלות, וטמונן אבד. מהו להוציאן לחולין ולעשות מהן בגדים לעניים?

**תשובה**. אף על פי שמדין המשנה מטפחות הספרים תשמישי קדושה הן א) מכל מקום יש אומרים שבזמננו לא חלה עליהן קדושה כלל ב), מפני שאנו מצוים תמיד בבתי התפלה ואי אפשר לנו להזהר שלא להשתמש בהן ולא נתנה תורה למלאכי השרת ג), לפיכך לב ביתהדין מתנה עליהן מתחלה שלא תחול עליהן קדושה והרי זה דומה למי שמשאיל מטפחת לספרים ד) שהוא חוזר ונוטלן מהן כל זמן שירצה. ודבר זה, שטועיל תנאי בתשמישי קדושה להשתמש בהם תשמיש חול, אמור בירושלמי ה). ומפני שהוקשה ו) דין זה מן ההלכה האמורה בבתי כנסיות שאין תנאי מועיל בהם אלא לאחר חורבנן אבל כל זמן שהם בישובן אין תנאי מועיל בה ז), הוכרחו לפרש שער כאן לא התירו בירושלמי להתנות בתשמישי קדושה אלא לתשמישי חול שאין בהם שום קלות ראש, ומה שנאסרה קלות ראש אפילו בבתי כנסיות חרבים אין זה אלא בקלות ראש גדולה. ולפי באור זה יש שלשה מיני תשמיש: זה שאין בו קלות ראש כלל מותר על ידי תנאי, וזה שיש בו קלות ראש בינונית אין תנאי מועיל לו בשעה שהבית או המטפחת ראויה עדיין לתשמיש קדושה אבל מועיל לו בלאחר שחרב הבית א בלתה המטפחת, וזה שיש בו קלות ראש גדולה אין תנאי מועיל לו עולמית ח). אכן מלבד מה שבאור זה דחוק מחמת עצמו אין לשונו של מהר"י איסרלין ז"ל סובל כן, שהרי טמנו מוצא הדבר והוא ז"ל כתב בתשובתו שמטפחות הספרים בזמננו "לא חלה עליהם קדושה כלל ט)

---

*) נשאלה בבית המדרש לרבנים בברלין מאת קהלת וירצבורג.

א) מגלה כו. ב) א"ח קנ"ד ח'. ג) ז"ל תה"ד. ד) תוספתא סגלה. ה) הובא ברא"ש ס"מ בני העיר. ו) מגן אברהם קנ"א ס"ק י"ד. ז) תוס' ורא"ש, ובא"ח שם. ח) כל הבאור הזה במג"א שם ט) תרומת הדשן רע"ג.

רבי יצחק אליהו גפן ז"ל*).

## להבנת ענין סתום.

מסופר לנו במס' בבא מציעא (פ"ו.) באגדה: קא מפלגי במתיבתא דרקיעא, אם בהרת. קודמת לשער לבן טמא, ואם שער לבן קודם לבהרת טהור, ספק — הקב"ה אומר: טהור, וכולהו מתיבתא דרקיעא אמרי: טמא.

והרמב"ם ז"ל בפרק שני מהלכות טומאת צרעת פסק, שספק טמא. וכתב בכסף משנה שם, שאעפ"י שהקב"ה אמר טהור הרי זה בכלל "לא בשמים היא" ומצאנו דבר זה נבי' בת קול (ב"מ נ"ט:) אבל כאן, נבי מקור האמת עצמו, הענין סתום מאד.

אולם נראה לי להסבירו עפ"י דברי רבנו תם (מס' כתובות ע"ה:) שלדברי האומר בספק.זה שהוא טמא אין זה אלא כשנזקק קודם לנגע אחר ואח"כ נולד הספק בנגע זה שעדיין אין לו חזקת טהרה ולפיכך טמא מספק. והוקשה לי, שהרי שנינו בפ"ג דנגעים מ"א אין מסגירין את המוסגר ואין מחליטין את המוחלט. ומצאתי בפרוש הר"ש פ"ד. דנגעים שעמד בזה. ומפרש לה כגון שנתרפא מנגע ראשון ועכשו יחזור ויחליטנו על נגע זה מספק. אך עדיין קשה לי הלא הטומאה והטהרה תלויות באמירת הכהן, אם יאמר טהור או טמא, וטרם יטמאנו הכהן אף אם הנגע הוא מנגעי. טומאה בכל זאת הוא טהור לגמרי (וע' פ"ג דנגעים מ"ב) אם כן קודם שראה הכהן את הנגע החדש וטמאו הרי הוא טהור מן הראשון כשאמר עליו הכהן שהוא טהור ממנו וכשיבוא הכהן אח"כ לראות את הנגע השני המסופק הרי יש לו כבר חזקת טהרה ממש. וצריך לישב לדמיירי שראה הכהן קודם את הנגע השני עד שלא אמר על הראשון שהוא טהור. אבל כל זה שייך אצל האדם אשר הוא קצר הראות בהיותו קרוץ מחוטר ולא יוכל לראות שני נגעים בבת אחת ממש (וע' פ"ג דנגעים מ"א), אבל אצל הקב"ה, כלומר במקור הראיה עצמו, שניהם נסקרין בסקירה אחת, ולא שייך כלל בזה אחר זה, א"כ טהרתו של ראשון וספקו של שני באין כאחד ממש בצמצום גמור, ולפיכך נגבי שמים טהור, ועל זה נאמר "לא בשמים היא", כי לפי השגתנו אנו שעל פיה הכהן דן ובמאמרו הדבר תלוי, וודאי שאי אפשר לטהר, שהרי אי אפשר לצמצם, ואם ראה את הנגע המסופק. בזמן כל שהוא קודם כבר אין לו חזקת טהרה, שהרי אסור לו לכהן לשתוק (ע' דברי ר' יוסי, מועד קטן ז':). ובאור זה מצוה לפרסמו.

---

*) אחד מגאוני רוסיה, מפורסם בדור שלפנינו. וזה קטע מכתב ידו ז"ל.

כפר לודים, הם הפראים שוכני המדבר הקרוב למקום ההוא הנזכרים במס' גטין (מז.) ובירושלמי עבודה זרה (פ"ב).

ובאותו המקום ישבה העיר זפרון, בגבול צפוני־מזרחי, שכן כתוב בפרשת הגבולות (במדבר שם) ויצא הגבול זפרונה והיו תוצאותיו חצר עינן זה יהיה לכם גבול צפון והתאויתם לכם לגבול קדמה מחצר עינן שפמה. ומתורגם בתרגום יונת על "ויצא הגבול זפרונה" — ויפוק תחומא לקרן זכותא. זכותא זו נקראת גם סכותא או סכיתא ח) ומקומה בחבל הארץ ההוא לא רחוק מן העיר גדר, היושבת למערבה של העיר אָבֵל שהוזכרה גם היא בתרגום יונתן (שם) בשתי מלים קודם: "לאבלם דקלקאי", כי המתוז ההוא נקרא גם קליקיה כידוע. וחרבות שתי הערים האלה, גדר ואבל, עומדות עד היום הזה לדרומו של הנהר יַרמוך. העיר גדר היתה חשובה ובצורה היטב והרבה מבני ישראל ישבו בה בעת ההיא ט) וזפר (גרסת רש"י בדפוסים הקדומים: "זָפְרוּ" ואולי נתחלף נון בו"או וצ"ל "זפרן" ויהי שמו כשם העיר זפרון) ראש העדה הוא שעכב את העדים, וכנראה לא היה ראוי להוראה ולפיכך לא התרה בו רבן גמליאל כלל אלא הורידו מגדולתו.

לאחר שכתבתי מצאתי בספר חדש שנדפס בשנה הזאת י) מאת ד"ר שמואל קלין (מסלבקיה) שפירש גם הוא כי גדר זו שהזכיר ר' יהודה בברייתא בעבר הירדן היא, ובעת ההיא היה שם בית־הכנסת ובראשו עמד איש בשם שזפר, שם סורי, השפה אשר דברו/בה גם היהודים בסביבה זו, אך לא התעסק לפרש (כי אין זה מענין הספר) כיצד טעו בני הדור ההוא ליחס את עכוב העדים שאירע בלוד הסמוכה לירושלים, במערבה, (לולא נלינו את לוד החדשה), אל אותה העיר גדר הרחוקה כל כך היושבת על כתף ים כנרת קדמה.

ח) ע' כל זה בדברי הילדסהימר Beiträge zur Geographie Palästinas S. 44 ולדבריו סכותא הוא המקום תרגגולא הנזכר קודם בתרגום יונתן ולא הוקשה לו שמיד אחר כך כתב זכותא מפני שרחה בכלל תרגום יונתן בשתי ידים עיי"ש עמוד ל"ט בהערה 267 וגם בעמוד מ"ז, והדבר צריך תלמוד, אך לא כאן מקומו.

ט) מפורש בקדמוניות ליוסף הכהן. ועכשו קורין לאותו המקום Mukēs ולהתחרבות אשר על ידו gedûr. ראה S. 131 (1909) ZFDAW.

י) ושמו: ארץ ישראל, גאוגרפיה של א"י לבתי ספר תכוניים ולעם עם מפות וציורים. הוצאה עברית סגורה, וינה.

נתחלף להם, לאמר: "זפרון עכב את העדים!" והם ידעו שרבי עקיבא יושב בזפרון ולא היה להם שום ספק שזה נעשה על פיו שהרי בישבו שמה ודאי שהיו כל בני לוד נשמעין לו, ומתוך כך יצאה השמועה, שרבי עקיבא עכב את העדים בלוד וגם כך נשנית בבית המדרש. ואשר שנם רבן גמליאל חשב כן ושלח דברים לרבי עקיבא וזרונה, אבל בן הדור רבי יהודה הנחתום*) מספר לנו שאחר כך נודעה הטעות שלא רבי עקיבא הוא המעכב אלא שזפר ראשה של נדר עכבם ושלח רבן גמליאל והורידוהו מגדולתו.

ומנין לי שלשת המקומות הללו בעבר הירדן בארץ הגלעד: לוד גדר וזפרון?

אנו קוראים בתורה בתולדות בני שם: עילם ואשור וארפכשד ולוד ה) וארם (בראשית י' כ"א). לוד זו מה היא? ודאי שאינם בני אותה המדינה הידועה בשם Lydien, כי יושביה לא מבני שם המה ומוצאם מבני חם (בראשית י' י"ג) והוזכרו בדברי ירמיהו יחד עם בני פוט (ירמיה מ"ו ט'). וכבר טרחו החוקרים למצא את לוד השמית על גדות חדקל על פי מקום אחד הנזכר בכתבי היתדות האשוריים בשם לודו (מבוטא: לוּד) אבל אין זו אלא השערה ו). מתוך דברי התנאים שהזכירו את הלודים לעתים קרובות נראה שמקומם לא רחוק מגבול ארץ ישראל. נמשנה שלמה היא (גטין ב.) רבי אליעזר אוטר אפילו מכפר לודים ללוד ז) ואמר אביי בעירות הסמוכות לארץ ישראל וטובלעות בתחום ארץ ישראל עסקינן (שם ד.) ופירש רש"י ז"ל (בד"ה ואמר וכו'): רבי אליעזר הוסיף את המובלעות כגון עיירות שמנה הכתוב במזרחה של ארץ וישראל להיות לנבול כדכתיב (במדבר ל"ד) והתאויתם לכם לנבול קדמה מחצר עינן ושפמה וכו' עיי"ש. לא הזכיר רש"י נבול מזרח למשל בעלמא כי אם שם מקומה של לוד זו שדבר בה רבי אליעזר, ושם גם

---

*) כן הוא בירושלמי.

ה) זו מנוקדת לוּד בעוד אשר לוד העיר, היושבת במערב ירושלים, מנוקדת תמיד לֹד (ע' עזרא ונחמיה ויהושע). ולומר תרגם את שתיחן Lydien והביא ערבוב בדבר, עד אשר חשב לוי בספר המלים כי תולדים הפראים אוכלי אדם בימי ריש לקיש (גטין מ"ז.) הם בני העיר לוד הסמוכה לירושלים. גם תילדסהיומר בספריו הגאוגרפי (הערה 166) כתב על העיר לוד = Lud ת"ל Lod'.

ו) עיין בזה דברי יאגזן DLZ 1899 Nr. 24 Sp. 936

ז) תדעה שהזכרת בתוספות (גטין כ') שלוד היא מקומו של רבי אליעזר נדחית שם. ואי אפשר כלל לפרש כן, שהרי לוד זו אשר ביהודה אינה יושבת על הגבול והיא רחוקה רק מהלך יום אחד מירושלים לצד מערב וכבר תמה הג' רבי אריה ליב יעלין בהגהותיו לש"ס (ד' וילנא) על הדבר הזה, וכתב דתרי לוד נגהו, אבל לא גלח מקומה. וע' פרוש המשנה להרמב"ם במס' שביעית (פ"ט מ"ו) שכתב בפרוש שיש מקום הנקרא לוּד בעבר הירדן. והגר"א ז"ל תמה ע"ז בפרושו שנות אליהו, אבל מדברי הירושלמי שהביא אחר כך לפי גרסתו שם "מלוד עד הירדן" משמע שיש, לוד בעבר הירדן, עיי"ש חיטב רק אפשר שהוא ט"ס וצריך לגרוס "מלוד עד היס". וע' הגהות רע"ק איגר ז"ל שם בשם הרב אזולאי ז"ל, אבל זה רחוק גדול, ודוק.

א. א. קפלן.

# חליפי שמות.

שנינו במס' ראש השנה (כ״א:) מעשה שעכרו יותר מארבעים זוג ועכבן רבי עקיבא בלוד. שלח לו רבן גמליאל אם מעכב אתה את הרבים נמצאת מכשילן לעתיד לבא. ובגמרא שם (כ״ב.) תניא אמר רבי יהודה חס ושלום שרבי עקיבא עכבן אלא שזפר ראשה של גדר עכבם ושלח רבן גמליאל והורידהו מגדולתו.

מאין יצאה להם לבני הדור טעות משונה כזו להחליף את זפרא[א] ברבי עקיבא? ודאי שיצא הקול בירושלים כי יותר משמונים איש שהלכו להעיר על החודש נתעכבו במקום אחד, וגם דברו בודאי על שם המקום ועל מי שעכב אותם והנה לדעת ר' יהודה טעו גם בשם המקום, כי לא בלוד נתעכבו אלא בגדר, ומשמע שהן קרובות זו לזו, עד שהיה מקום לטעות. ואמנם יש קרוב ללוד[ב] מקום ששמו גדרג). אבל כיצד החליפו את שם המעכב?

אולם לדעתי לוד האמורה בכאן וגדר הנזכרת עמה אינן אלה שבארץ יהודה, אלא בעבר הירדן מזרחה, וגם שם שתיהן סמוכות זו לזו, או יותר נכון, שלוד הוא שם המחוז וגדר שם עיר. ושם עיר אחת ששמה זפרון, ובזמן מאוחר: זָפֵירִין, ובה״ד) ישב רבי עקיבא אָז מסוים. ובאותה העת הוא שאירע עכוב העדים. והגיע הקול לירושלים לאמר: "זפר עכב את העדים!" וזפר בזפרון

א) אולי יש לנקד זֶפַר כמו צֶפַר (איוב ב' י״א ועוד) וחלוף צדי בזיין נפרץ, והאות שין בסלת "שזפר" אינה מן השם, שכן מתרת הסגגון: ח״ו שָׁ... אלא שָׁ... ע' מכלתא (יתרו פ״א) אמר ר' יוסי ח״ו לאותו צריק שנתעצל במילה וכו' אלא שנתעצל בלינה וכו'. ויש קורין שֶׁזְפַר. ומדברי רש״י אין להוכיח, שכן פירש גם בסס' ברכות (יט.) "בכרכמית כך שמה" אף על פי שהאות ב' שם ודאי נוספת.

ב) שמקומה מהלך יום אחד מירושלים לצד מערב (מעשר שני ה' ב') ונזכרת בעזרא (ב' ג') ונחמיה.

ג) יהושע ט״ו ל״ו: גדרת. ובדברי הימים־א' י״ב ד': הגדרתי. ושם ב' נ״א: בית גדר. וגם עכשו הוא נקרא בערבית: גדר. ותוספת "בית" נופלה, ע' במדבר ל״ד ג' ושם ג' ויהושע י״ג כ״ז.

ד) בבא קמא קי״ג: אמר ר' שמעון דבר זה דרש ר' עקיבא כשבא מזפירין וכו' וכן שם המקום בתרגום ירושלמי במדבר ל״ד ט'. וע' בסדבר רבה פ״ח: אמר ר' אלעזר ב״ר שמעון זו היתה משנת רבי עקיבא עד שלא בא מזפירין [ובספרי בסדבר ד' חגרסא: עד שלא בא לופירונה] משבא מזפירין אמר וכו'. ובירושלמי בבא קמא פ״ט הגרסא: זופירין. ויש גורסין: זופרית (ע' דקדוקי סופרים) ומזה נשתרבבה טעות בילקוט פ' נשא: כופרי. ובערוך השלם כתב לרחות כל הגרסאות מפני גרסת הילקוט לבדו. ובאר שוח האי קפריסין. אבל לא מצאנו בשום מקום שהאי הזה יקרא כופרי. וגם גרץ בדברי ימי ישראל לא פ״י כדברי הערוך השלם. וודאי שאין לדחות כל הגרסאות מפני גרסת הילקוט שנבושה נכר.

ע"ז א"א זה שבוש אלא כשרין להקוות עליהן וכתב הכ"מ שכדברי הראב"ד הוא בתוספתא שהביא הר"ש בפ"ק דמקואות אך דיש לומר דהרמב"ם היתה לו הגירסא פסולין להקוות עליהן ומ"מ קשה דהרמב"ם סותר את עצמו דקתני סיפא מקוה שיש בו מ' סאה חסר קורטוב ונפלו לתוכו פחות מג' לוגין אפילו כולן טמאין כיון שנפל לתוכו קורטוב של מי גשמים טהורים לטבילה והא קתני דכל שלא רבו מים אחרונים על הראשונים פסולים ותי' הכ"מ דיש חילוק בין מקוה שאינו חסר אלא קורטוב ובין מקוה שאין בו אלא ל"ט סאה דחסר סאה שלמה, דבחסר קורטוב כיון שיש עליו שם מ' סאה לא פסלוהו כלל לוגין מים טמאים עכ"ד הכ"מ וכ"כ בב"י סי' ר"א ות"מא גדולה היכן מצינו חילוק זה הא כל שיעורי דאורייתא בדוקא הן ומה לי חסר קורטוב מה לי חסר סאה שלמה, וא"כ צ"ע על הרמב"ם האיך סותר את עצמו מניה וביה.

**תשובה.** באמת תירוצו של הב"י אינו מעלה ארוכה לדברי הרמב"ם, ועכ"כ אמרתי ליישב בע"ה דבריו בענין אחר, והרמב"ם והראב"ד לשטתייהו אזלו ואלו ואלו דברי אלקים חיים, דהנה בפ' ט"ו מהלכות טומאת אוכלין פליגי הרמב"ם והראב"ד דהרמב"ם סובר דמקוה פחות ממ' סאה מקבלת טומאה א נפלו מים טמאים לתוכו לרצון, אמנם הראב"ד סובר דאין המים שבמקוה מקבלין טומאה עד שיתלשו עיי"ש, וא"כ א"ש דפסק הרמב"ם דאם נפלו לתוך מקוה פחות ממ' סאה אפי' פחות מג' לוגין מים טמאין דפסולין להקוות עליהן דטיירו שנפלו לתוכן לרצון וא"כ נהי דפחות מג' לוגין אין פוסלין משום שאובין מ"ט הרי הן מטמאין את מי המקוה ואין המקוה יכול להטהר אא"כ רבו מי גשמים או ששפו לומר כדאית לי ולומר כדאית לי ואיך יטבלו במקוה שטמיים טמאין הא כל עצמו של מקוה שטטהר הוא רק מפני שהוא עצמו אינו מקבל טומאה דכתב' יהי' טהור ואם הוא טמא איך יטהר. אמנם כל זה אם גם בנפילת המים טמאים היה המקוה חסר, אך אם אינו חסר למ' אלא קורטוב ונפלו לתוכו פחות מג' לוגין מים שאובין טמאין, א"כ מדאורייתא נשלם שיעור מקוה דמיעוט שאוב כשר מדאורייתא אף אם השאובין טמאין דלא מצינו חילוק במיעוט שאוב בין טמאין לטהורין וא"כ מדאורייתא הרי נשלם כאן שיעור מקוה והמים הטמאין חזרו למהרה ע"י מקוה, ונהי דאמרו חכמים דפחות מג' לוגין מים שאובין אעפ"י שאינן פוסלין מ"מ אין מכשירין, מ"מ לענין טומאה כיון מדאורייתא הוי מקוה שלם אינו מקבל טומאה, וא"כ שפיר פסק הרמב"ם דאם ירד קורטוב של מים גשמים ונשלם המקוה דכשר לטבילה שהרי לא נטמא המקוה. אמנם הראב"ד לשיטתו דסובר דמקוה פחות ממ' סאה אינו מקבל טומאה אפילו אם נפלו מים טמאים לרצון שפיר פסק דכשרים להקוות עליהם.

ג) מה שכתב כי בעיני החכמים האחרונים היה זה קצת בלתי נכון אשר מעשה גדול כעבור השנה יעשה ע"י ג' הדיוטות רועי בקר, השערה בעלמא היא. וגם באמת לא שלשה הרועים הם שעברו את השנה אלא שעל פי עדותן קבעו בית דין את העבור, וכן מפורש בירושלמי (סנהדרין פ"א ה"ב וראש השנה פ"ב ה"ה) אמר רבי חלבו והסכים בית דין עמהם, וריש לקיש לא דן אלא אם יש לסמוך על עדותן או חשבונן של חשודים על השביעית ומפני זה דימן לג' רועי בקר שחכמים סמכו עליהם.

ד) לפי גרסת הגמ' (יבמות מ"ז א') רבי דוסא הוא שאמר דברי כבוד לר' עקיבא והבאים עמו ולא רבי יונתן אחיו, ואולי כונת שי"ר לדברי סדר-הדורות שהביא מן הירושלמי כי שם הגרסא שר' יונתן כבדם בדבריו ולא ר' דוסא, אמנם בגרסת הירושלמי אשר לפנינו אינו כן, ולא אדע מנין הוציא בעל סדר הדורות את דבריו.

ה) מה שכתב שהיתה מחלוקת בין רבן גמליאל ורבי עקיבא בענין קדוש החודש אין כל יסוד לדבר, ואדרבא, בירושלמי יש, שרבי עקיבא נעשה שליח, לרבן גמליאל ללכת להגיד לרבי יהושע שיבוא במקלו ובתרמילו ביום הכפורים שחל להיות בחשבונו, וכשעכב רבי עקיבא את העדים בלוד לא עשה במתכון נגד רבן גמליאל אלא שסבר שאסור להם לחלל את השבת שלא לצורך ורבן גמליאל לא שלח להגיד „דברי כעס גדול" (כמש"ש שי"ר) אלא שהודיעו חומר-הענין „שכל מי שמטכשיל את הרבים צריך גדוי", זהו לשון הירושלמי, אבל לא שנדהו, וגם רבי יהודה הנחתום אשר אמר „חס ושלום שנתנדה רבי עקיבא" אין פרושו אלא חס ושלום שיהא ראוי לנדוי, אבל גם לדברי ת"ק לא נער בו רבן גמליאל כלל ולא היתה שום מחלוקת. וגם כיון שישב רבי עקיבא בלוד לא היה יכול כלל להשתתף בעבור השנה (כמו שטען שי"ר בעצמו) כי אמרו בירושלמי סנהדרין פ"ב לוד ביהודה היא ואף על פי בן אין מעברין בה את השנה מפני שנטי רוח הם. עיי"ש.

א. א. ק.

---

רבי דוד צבי האפפמאן ז"ל.

# חידושים והערות.

ל"נ.

שאלה. הרמב"ם פ"ה מה' מקואות ה"ט פסק מקוה שאין בו מ' סאה ונפל לתוכו פחות מג' לוגין מים שאובין טמאין וכו' פסולין להקוות עליהן והשיג הראב"ד

לאורך ימים בבניו ובבנותיו וניניו ונכדיו עם בני ביתו היקרים כנפשו ונפש אוהבו ומכבדו כערכו הרב שלמה יהוד׳ ליב כהן ראפאפארט.

יום א׳ י״ד מנחם אב תרי״ם סק״ק פראג.

\* \* \*

## הערות לדברי המכתב.

א) כבודו של זקן יהא במקומו מונח אבל דעת זקנים בעלי התוספות ז״ל צדקה ממנו, וודאי שלא היה דוחה אותה אלמלי ראה את פירוש רבנו יונה ז״ל למס׳ סנהדרין (שנדפס ראשונה בליווארנו בשנת תס״ה וחזר ונדפס בזמן האחרון בארץ רוסיה בלי הודעת מקום הדפוס) אשר לפי דבריו ז״ל כונת התוספות ברורה, אלא שהלשון שם משובשת וצריכה תקון על פי נוסח הדפוס הראשון. ועיקרן של דברים כך הוא: על שלשה סימנים השנים מתעברות, על התקופה שאינה חלה לפני ט״ז בניסן, על האביב פי׳ השעורים שלא נמלו עדיין כל צרכן ולא יהא עומר לקרבן ועל פרות האילן שלא צמחו כבזמן הזה בכל שנה ונמצא שלא יהא פסח חל בימי האביב, על שנים משלשה סימנים הללו מעברין את השנה. והנה כשעברו את השנה על שני הסימנים האחרונים בעוד אשר הסימן הראשון איננו, כי התקופה חלה בזמנה, אז יש להסתפק בדבר אם אחרו השעורים להתבשל והאילנות לצמח בשביל שלא בא החום בזמנו או משום סבה אחרת היא התלויה בתבואה ובאילנות עצמם, כי אמנם החום בזמנו בא. וזהו ספקן של רב ספא אי שתא בתר ירחי אזיל פי׳ סדר חקור והחום של השנה כסדר החדשים הוא או בתר עבורא אזיל פי׳ אחר טעם העבור הוא הולך, שהרי העבור בא משום איחור האביב ועניין איחורו מפני דחוי החום לזמן מאוחר בשנה זו. והביא ראי׳ טן הבריתא, עיין היטב בסוגיא. וזהו שהזכירו התוספות "חדשי החמה" כלומר מהלך החדשים לפי מועדי התקופות, שהרי התקופה בזמנה חלה, ולא עברו את השנה אלא משום שני הסימנים האחרונים, וכמו שפירש רבנו יונה ז״ל. וזהו גם מה שתרצו בנמ׳ אתרמי מלתייהו כלומר שיש אשר איחור האביב בא מחמת הארכת הקור אבל ברוב השנים אינו כן, אם לא שמתעברות מפני איחור התקופה.

ב) אם כדברי הח׳ שי״ר שלדעת הירושלמי הטבע משנה מפני עבור השנה [אף כי אין הנדון דומה לראיה, שנגבי בת ג׳ שנים דין תורה הוא כן ולפיכך משתנה הטבע כדי שיקוים דין תורה, אבל בעניין קור וחום כלום דין תורה הוא שיהא חודש תשרי חם, ולמה ישתנה הטבע לחנם] יש להקשות למה אין כהן גדול משתתף בעבור השנה, שהרי הטעם שאמרו בגמרא דידן/ משום צינה בטל לדעת הירושלמי, כי החום יאריך מפני העבור עד אחרי תשרי; אלא שבאמת יש בירושלמי טעם שני למניעת כהן גדול מהשתתפות בעבור השנה, ופלונתא היא שם בין ר׳ חנינא ור׳ מנא, עיי״ש בפ״ב ה״ב, והלשון משובשת, ובהגהות הש״ם לר׳ ארי׳ ליב יעלין אב״ד

והנה מצאנו (יבמות ט"ז א') שאמר רבי יונתן בן הרכינס לרבי עקיבא: אתה הוא עקיבא ששמך מסוף העולם ועד סופו, אשריך שזכית לשם ועדיין לא הגעת לרועי בקר ע"כ. ואינו מובן כלל. מתחלה הגביהו למעלה ראש ואח"כ השפילו כרגע לאמר לו ועדיין לא הגעת וכו'? וגם כבד שם ללל התנאים שבאו עם רבי עקיבא מאד ולרבי עקיבא אמר נ"כ דברי כבוד) ולבסוף בזהו כל כך? למה זה ועל מה זה? אכן שם מסופר מהמחלוקת שבין בית שמאי ובית הלל בענין צרת הבת, ורבי יונתן שהיה מתלמידי בית שמאי התרין לאחין כדבריהם. המחלוקת היתה אסוא נגד בית הנשיא שהם היו בית הלל, והלכו המחזיקים עם הנשיא רבי אלעזר בן עזריה ורבי יהושע ורבי עקיבא אל רבי דוסא לשאול לו על הדבר הזה, והוא אמר להם: אח קטן יש לי בכור שטן הוא ויונתן שמו ומתלמידי בית שמאי וכו'. ובסוף פרק א' דראש השנה במשנה מעשה שעברו ארבעים זוג [עדים לראיית הלבנה וקדוש החודש] ועכבם רבי עקיבא בלוד. שלח לו רבן גמליאל אם מעכב אתה את הרבים נמצאת מכשילן לעתיד לבוא. ובגמרא שם תניא אמר רבי יהודה ח"ו שרבי עקיבא עכבן אלא שוטר ראשה של גדר עכבן ושלח רבן גמליאל והורידוהו מגדולתו ע"כ אכן בירושלמי שם ששלח לו רבן גמליאל בלשון כעם גדולה) ואמר רבי יהודה הנחתום ח"ו שרבי עקיבא נתנדה אלא ראש גדר היה ושלח רבן גמליאל והעבירוהו מראשותו ע"כ ולפי זה היה לו לרבן גמליאל מחלוקת עם רבי עקיבא עצמו שעכב עדי הראיה, ואף לפי נוסחת הבבלי. הרי נקטינן כתנא קמא, ע"י תוספות יום טוב. ונודע כעם בית הנשיא על ענין עבור וקדוש החודש אם היה רוצה אחד מן החכמים לעשות בזה מאוטה בלעדם או נגד פקודתם, יעוין אצל רבי יהושע וביחוד אצל רבי חנניה בן אחיו. ופה אצל רבי עקיבא נראה הכעס יותר גדול, כי עכב את העדים בלוד מקום ישיבת רבי אליעזר הגדול והוא שמותי ר"ל מתלמידי בית שמאי, כפירוש הירושלמי. ושם עכב קדוש החודש אשר הוא מתוקף יתרון של הנשיא והוא מבית הלל. ולכן אמר רבי יונתן שהוא מתלמידי בית שמאי לרבי עקיבא: אתה הוא עקיבא ששמך הולך וכו' ועדיין לא הגעת לרועי בקר, עם כל גדולתך וחשיבותך בעיני הבריות לא הניחו לך לעשות מה שהגיחו לרועי בקר, הם יכלו לעבר השנה כרצונם ואתה לא יכלת לעשות מאוטה בקדוש החדש, ושני אלה, היינו קדוש החודש ועבור השנה היו נקשרים לרוב מאד. ורבי עקיבא בענותנותו השיב: אפילו לרועי צאן. ונבין עתה ג"כ יותר תשובת ר' יוחנן לאמוראים על ריש לקיש שקרא אותם רועי בקר ג"כ בענין עבור השנה: ואי קרי לכו רועי צאן מאי אמינא לי' כרמז לתשובת רבי עקיבא אל רבי יונתן בענין כזה ובלשון כזה.

וזה דבר יקר לענית דעתי להבין דברי חכמים וחדותם. ובקשתי מכ"ת, אם יסכים לו הזמן והתורה, ישא לדבר הזה, להראות את דברי אל ידידינו החכמים הגדולים שמה, אשר אנכי דורש בשלומם באהבה ובכבוד, ובראשם הרב הה"ג החכם הגדול האב"ד שם. ואני טרוד היום מאד כפי הנודע לכ"ת ביום חתונות ושמחות לב כמה זוגות, יברכם ה', אשר אחד מהם הוא לכ"ת ידידי נ"י. יראה עוד שמחות וגיל

חלק בהתגברות או בהתמעטות קור וחום מכפי אשר היה לפנים, וכפי הראוי להיות בכל שנה בחוק זה של תשרי כן הוא עתה. וכשנעשה חדש זה של תשרי על ידי העבור חלק שמיני. מן השנה [בצרוף ירח אדר שני] תחת היותו בשנה שעברה חלק שביעי מתגברת בו הצנה כמו בשנה שעברה בחדש מרחשון שהיה הוא אז חלק שמיני ועתה תשרי הוא חלק שמיני. וההשקפה השנית היא אם נאמר שתא בתר עבורא אזלא, שהטבע משתנה כפי מה שנעשה העבור ע"י בית דין, ואחרי שעשו עתה תשרי לחלק שמיני מכל מקום אין בו קור יותר מבתשרי של שנה שעברה, והש"י מנהיג העולם כפי מה שעשו חכמים על ידי העבור. ולא נרחיק הדבר כל כך, שכן בית דין עושים העבור גם כן כפי סדר קור וחום בשנת החמה, וכקושית הגמרא, ולא נאריך בזה כעת. וההשקפה זו מבוארת בירושלמי (פ"א דסנהדרין דף י"ט ע"א דפוס וויניציאה) רבי הושעיא כך, הוה מקבל שהדיא בעין טב [לקדוש החודש] אמר להן הוו יודעין כמה עדות יוצאה מספיכם וכו' אמר רבי אבינא ואין כיני [אם כן הוא] אפילו בדיני נפשות, בת שלש שנים ויום אחד, נמלכו בית דין לעברו הבתולים חוזרים ואם לאו אין הבתולים חוזרים [כן היא הגרסא הנכונה והמוכרחת בירושלמי. שלסני הרב בעל ,פני משה, וכן בילקוט תהלים נ"ז]. ואנו רואים מזה כי גם הטבע משתנה כפי קביעות בית דין בחדש או בשנה, ולפי זה לא היה לו לכהן גדול לפחוד מאומה מהוספת חדש שהרי על ידי ההוספה ההיא יהיה עוד חום בתשרי ואעפ"י שהוא עתה במקום מרחשון של שנה שעברה ב).

ורש"י ז"ל כתב זה בבאור, לקמן ד"ה ועברוה רבנן וכו' וז"ל. אלמא שתא בתר עבורא אזיל ולא נהגא חום דניסן באדר אלא מנהג אדר באדר שני עכ"ל וזה על קושית הגמרא מן ג' רועי בקר אשר ממהלך החום הוכיחו עבור שנה זו. ודברי התוספות במה שכתבו חדשי חמה חדשי חמה קשים לפרשם, ויש לבאר שרצו לומר, כי חדשי החמה הולכים כפי סדר העבורים שהיה כפי המנהג אחד לשתים א לשלש שנים, ועל ידי כן נשתוו חדשי החמה בסדר הכללי של מהלך העתים כפור וחום — ודי בזה.

ואחרי אשר בא הדבור אל שלשה רועי בקר אקח לי הרשיון להגיד אל כ"ת דבר חדוש אשר העליתי בע"ה בפרוש דברי אחד מהתנאים הנראים כסתומים. כי הנה ספור זה של שלשה רועי בקר היה מתפרסם מאד אצל החכמים, עד שלקחו ריש .לקיש למשל מחודד מחודד נגד האמוראים ר' חייא בר זרנוקי ור' שמעון בן יהוצדק שהיו מעברים השנה מבלי אשר היו ראויים לזה בעיניו, ואמר עליהם: לא קשיא לי, מידי דהוי אשלשה רועי בקר (סנהדרין כ"ו א'). וכשהתרעמו עליו על זה אצל ר' יוחנן, השיבם: ואי קרי לכו רועי צאן מאי אמינא ליה ע"כ. ונראה .הספור זה .של רועי בקר ישן מאד, כי לשונה סורית ישנה, ואעפ"י שבירושלמי (ר"ה פ"ב ה"ה) בא ספור זה מרי יוחנן מכל מקום נמצאו לרוב ספורי ר' יוחנן מתנאים קדמונים. והיה זה קצת בלתי נכון בעיני חכמים מאוחרים אשר מעשה גדול כזה של עבור השנה ינתן בידי הדיוטים כאלה, וכמו שנראה מלשון ריש לקיש שהיה חושד את האמוראים המעברים באסור שביעית ואמר עליהם דרך בזיון מידי דהוי אשלשה רועי בקר ג).

מן הכלון, ויהודי ספרד ששרד לשונות מפותחות ועשירות, נעימות ויפות, הערבית והספרדית היו שגורות על שפתותיהם, דבקו באהבה יתירה, גם בדבור העברי, עד כי גם בזמננו אנו מוצאים את היהודים הספרדים מדברים ספרדית אבל גם עברית, בסגנון חי ושוטף. דבר שהסב והכריע בארץ ישראל לקבלת המבטא הספרדי וקביעתו — ע"י שתלמידי בתי הספר העבריים הראשונים בא"י היו הילדים העברים הספרדים שהרגלו בדבור הספרדי כבר בבית אבותם.

אבל זכות גדול בהרחבת השפה העברית ושכלולה בתקופה הנזכרת, יש ליהודי אשכנז וצרפת שמעולם לא עלתה על דעתם לכתוב ספריהם — עד הזמן האחרון — בשפות ארצות מגוריהם. ובשבשבילם נעתקו בראשונה הספרים שנכתבו ערבית לעברית והמתרגמים הוכרחו ליהד מלים ומבטאים ערבים רבים — והם היהודים האשכנזים שמרו ג"כ על קיום הספרים הכתובים עברית טהורה למרות שהרבנים והחכמים השתמשו בסגנון הרבני שאודותיו נדבר להלן.

## מרפפארט לבערענר.
### (מכתב שנמצא)*)

ב"ה.

לכבוד ידידי הרב המופלג בתורה ובירא־ה החכם השלם הנגיד המפואר מוהר"ר קאשמאן בערענד סג"ל ני"ו.

שאלת כ"ת בדברי רש"י (סנהדרין י"ח ב' ד"ה שתא בתר ירחי) גדולה היא. וראיתי המכתב אשר ביד כ"ת על עין זה, והנה אינט עוסק כלל בבאור דברי רש"י ז"ל, איזה הפרש יש בין אם שתא בתר ירחי אזלא או לא? ובעלי התוספות נ"ל הכבידו פה עוד ההבנה, במה שערבו הנה חדשי החמה אשר לענ"ד אין ענין להם סה"א), רק באופן ידוע. והעיקר אצלנו עתה לדעת על נכון כונת רש"י, ודברי התוספות נראים מאוחרים מאד, והם בעצמם מביאים מה שפרשו בתוספות אשר לפניהם (ויעיון שם שכתבו ופרשו בתוספות דמיירי וכו').

ונבוא לגוף הענין ונאמר, כי יש שתי השקפות בעבור השנה לענין מהלך הטבע ברוח ובקור וחום. האחת היא, כי כל שנה נחלקת לי"ב חלקים על ידי י"ב הירחים וכל ירח יש לו טבע ידוע בקור וחום, על דרך משל: ניסן מתחיל החום ואייר מוסיף, והולך ומתגבר עד תשרי ומשם ואילך הולך ומתמעט עד כי במרחשון יש יותר צנה מבתשרי וכו'. וכפי זה אין לעבור השנה על ידי תוספת ירח אחד שום

---

*) נמסר לנו מאת מר ל. לויזאן אשר מצאו בין המכתבים שנשלחו אל הפרופיסר ברנסדורף שהוציא לאור את המסורה הגדולה ואת מסורת אכלה ואכלה. מר קאשמאן בערענד שאליו שלח ראפאפארט את המכתב הזה הוזכר בספרו של גרונוטן: Genealogische Studien über d. alten jüd. Familien Hannovers S. 89 u. 90. המערכת.

א) והערות לאותיותיהן נדפסות אחרי המכתב, עיין שם.

בכלל באיזה מדה יכולה שפה להתפתח ואי אלה הם השנויים העלולים לחול בה במשך תולדותיה מבלי סכן את אחדותה, מבלי משמש את פרצופה האישי ואפיה המיחד ומבלי נתק לאט לאט פתיל חייה.

השפה עלולה להשתנות באופן מהיר מכל הבחינות: הן מצד־החומר שלה — הוא אוצר מליה, הן מצד הצורות הדקדוקיות שלה (מורפולוגיה בלע״ז), הן מצד דרך מבנה משפטיה (סינטכסיס בלע״ז). אבל, במה דברים אמורים? כל זמן שהעם או הגזע המדבר בה נמצא במצב הילדות או הנערות ועדיין לא הגיע לבגרות תרבותית והשכלתית. בימים ההם אין עוד אחדות בעם עצמו ואינו אלא קבוצה של שבטים העלולה לקבל השפעות שונות לפי תנאי החיים בגלילותיהם, כמו כן השפה אז אינה ראויה עדיין לשם זה, והיא משתנה מגליל לגליל לפי השבט המדבר בה; עדיין אינה אלא קבוצה של אניות (Dialectes) מקומיות, כיון שאין דקדוק אחד ומשתף נקנה לכל השבטים ע״י החנוך שאינו מסודר עדין . . .

אבל כשהעם נתכנר ואפיו נסתיים, ויוצר לו תרבות רוחנית ידועה, נעשים כתבי המופת של הסופרים הגדולים לתנ״ך של כל העם ההוגה בהם ומשפע מסגננם ומצורותיהם הדקדוקיות, ועל פיהם קובעים את הדקדוק, והעם שומר על הפרצוף המיחד של שפתו.

למן היום ההוא והלאה משנקבעה צורת השפה בהכרת העם ע״י הדקדוק המקובל . . . שוב לא תמהר השפה לפשוט צורה וללבוש צורה כמו לפנים. הדקדוק לא ישתנה עוד, אלא, אולי בפרטים קלי ערך שאין רשמם נכר ביותר . . . השפה התרבותית החיה יכולה וצריכה להשתנות בחמר שלה, לאמר באוצר מליה, לפי צרכי החיים וחליפותיהם בזמנים השונים: ישנן מלים שהדלו להתאים בשמש — הן מתישנות ונשכחות, אחרות משגנות את הוראתן כדי להסתגל לצרכים החדשים, אחרות מתחדשות לפי המושגים שזה עתה נולדו גם הם. גם הסנטכסיס, לאמר תורת מבנה המשפטים עלול להתפתח ולהשתכלל יותר לרגלי התעשרות המחשבה והסתבכותה. כל אלה הטקרים והחליפות אינם מוחקים בכל זאת מעל השפה את צורתה האישית, כיון שהדקדוק המסור והמקבל שומר עליה.

כמחזה הזה אנו רואים בספרות האשכנזית בשקבע. לותר ע״י תרגום התנ״ך שלו את צורתה של השפה הגרמנית ואת אחדותה, כמו״כ בשפה הצרפתית וספרותה הקלסית מן המאה הי״ז (קורניל, רסין, מולייר, לפונטין) שבתביהם נעשר ליסוד החנוך הצרפתי ומאז לא נשתנתה השפה הצרפתית במורפולוגיה שלה".

וכאמור רואים אנו בתור הזהב של שפתנו בתקופה הערבית־ספרדית גם כן, שכל השנויים שנעשו בה אז היו רק חיצוניים, בלי שנויי הצורה האישית, ומבלי לפרץ או לשנות חוקי הדקדוק שהיו קבועים ועומדים.

וראוי לעמוד על הדבר, כי למרות שבראשית התקופה הערבית כתבו חכמינו הספרים המדעיים בערבית ורק „במלאכת השיר" השתמשו בשפת עברית, הנה אח״כ נהפוך הדבר כי גם הספרים שנכתבו במקורם בערבית נעתקו לעברית, ונצלו עי״ז

שהיתה שפת התלמודים, ושבו לשים לב לשפת התורה. והנביאים ומתוך כך השתלמו גם בשפת עבר צחה ונכונה.

הפיוט היה אבי השירה המפוארה של גדולי משוררינו בספרד, כבן גבירול, רבי יהודה הלוי, בני עזרא ועוד. משוררים, שעוד כיום אנו מתענגים על פרי עטם ורוחם הכביר ונהנים מזיו שפתם הרוממה והבהירה. אבל בתקופה רבת הזוהר ההיא אנו מוצאים שני מיני הפרחה והשתכללות אצל שפתנו. א) השתלמות הסגנון והתעשרותו, ב) הרחבה על ידי בריאה או הכנסת מלים חדשות. המשוררים הגדולים שלנו בני אותה התקופה שלטו בכל מטבעי השפה התנכית והמדרשית, אלא שהשפעו מן התרבות והשירה הערבית, יצרו להם סגנון עברי מקורי עשיר הגונים. הם עבדו את הלשון העברית באמנות נפלאה ובבינה יתירה ויסגלו אותה לכל המושגיים השיריים: תארי הטבע, תענוגות בשרים וכל ההרגשות האנושיות. הם חדשו את השפה ונעשתה לשפה חיה, או כמו שאמר סופר אחד: בימי משוררנו הספרדים חדלה שפתנו להיות „לשון הקודש" — רוצה לומר, שמשתמשים בה רק בחוג הצר המקיף את הדברים שבין אדם למקום — ותהי ללשון בני אדם, ללשון אנשים חיים ומרגישים . . . (טביוב, שם.) וכמו שכתב אחד הסופרים על רבי שלמה אבן גבירול כי השפה העברית שבה לימי עלומיה על ידו, בחלקת לשונו החליק יקהת פניה, קרע בסוך עיניה, הביאה בעדי עדים. (עיין, תולדות חכמי ישראל לק. שולמן ח"א 31).
הלטוש והברק הוסיפו לוית חן על שפתנו עד כי רב המתרפקים עליה והמחזיקים בה, והשתלמות הסגנון השירי הלך והתפתח באופן מצוין.

אבל באמת רק המשוררים והפייטנים יכלו בזמן ההוא להסתפק באוצר המלים של שפתנו כפי שהיה בזמן ההוא. לא כן בעלי הסברות המדעית והחקירתית. הם הכרחו ברצותם להביע את המושגים המדעיים ששלטו אז בעולם המדע, גם בעבריה, לברוא מלים חדשות מתאימות למושגים שמצאו בספרים המדעיים שבלשונות העמים ביחוד הערביים. חלק מן המלים החדשות השתדלו לגזור מן מלים עבריות ישנות, ולא נמנעו להשתמש בזה גם במלים שאין תמונותיהן משתנות כמו: איך, כמה, מה, שיצרו מהן מלות המקרה: איכות, כמות, מהות, ועוד. אבל לפעמים לא מצאו בכל אוצר שפתנו מלים שהכשרו לברוא מהן בריאות חדשות למושגים הצריכים להם ואז לקחו השמות כמו שהם מלשונות הערביות וגם מלשונות האחרות כמו: אופק, אקלים, מרכז, קוטב, קוטר ועוד. על פי הרוב בחרו והכניסו חדושיהם מן השפה הערבית, וזה משני טעמים: ראשית בשביל שהיא קרובה בנגע ובטעם והשנית בשביל שבה נכתבו אז ספרי המדע. אבל גם מלים יוניות, למשל, הכניסו על דרך בעלי המשנה, כמו המלה „היולי" שאינה ערבית אלא יונית טהורה. וכן אנו רואים הרחבת הלשון ע"י בריאה והכנסת מלים חדשות.

האמנם נראה אמתת ההנחה הבלשנית-היסטורית שעליה דבר המורה ישראל איתן באספת ועד הלשון שבירושלים לפני איזו שנים. הוא הרציא אז ע"ד הצורה הדקדוקית שבשפתנו ואפשרות שנויה ובתוך שאר דברים אמר: עלינו לברר לעצמנו

ראשוני הפייטנים העברים (הראשון שבהם יוסי בן יוסי היתום שמיחסים לו הפיוטים של ראש השנה אהללה אלוה, אסחר במעשי, אנוסה לעזרה למוסף של ראש השנה) וכמו כן מיחסים לו שני סדרי „עבודה" ליום הכפורים: אתה כוננת עולם מראש הנמצא בכל המחזורים, ו„אזכור גבורות אלוה" שיצא לאור ע"י שד"ל. והגדול והמפורסם מכל הפייטנים שבימים ההם היה ר' אלעזר הקליר, שעדיין אין אנו יודעים בבירור איפה נולד וחי ופעל הפייטן הזה, וגם בנוגע לזמנו נחלקו הדעות, אלא שהכל מודים כי זמנו לא יאוחר מהמאה הששית לאלף החמישי.

בטרם נדבר על שפת הפיוטים והתועלת שהיתה בה בשביל הרחבת הלשון וקיומה, רוצה אני להקדים ולאמר, כי למן חתימת התלמוד עד אחרית ימי הגאונים, היא תקופה של חמש מאות שנה בערך, אין אנו מוצאים ספרות מסוימה בת העת ההיא. ספרי ההלכה היו בכלל מעין חזרת פסקי התלמוד, ספרי המדרשים רק נסדרו אבל מקורם מימים קדומים ביותר, עד לרב סעדיה גאון אשר הראב"ע אמר עליו כי „היה הראשון מזקני לשון הקודש", וחבר ספרים במקצועות מיוחדים מקוריים ואשר שם לבו לחבר גם ספר בדקדוק (ספר „האגרון").

אבל באחרית תקופת הגאונים באה דחיפה גדולה מן החוץ שעוררה גם שפתנו לתחיה והפרחה, הלא היא עלית הערביאים על המדרגה היותר גבוהה בסולם ההשכלה. בהתפשט ממשלת הערביאים ובהשכילם לדעת בכל חכמה ומדע הרבו לעסוק גם בחקרי הלשון ובעליצות ושירים, ויתחילו היהודים השוכנים ביניהם לעשות גם הם כמתכנתם בשפתנו. רבי יהודה בן קריש יליד אפריקה הצפונית, שחי עוד לפני רב סעדיה גאון, כתב ספר הדקדוק הראשון, וקרוב לזמנו ר' שבתי דונולו באיטליה. והתחילה התקופה המהוללה, התקופה הערבית־ספרדית, תור הזהב לשפתנו בימי הבינים.

כאשר כבר הערתי, היו הפייטנים הראשונים מן המחזיקים והמקיימים של השפה העברית. כל הבקי אפילו רק במקצת יודע, עד כמה התאמצו הפייטנים להרחיב את השפה בניבים ובמבטאים — דבר שעל פי הרוב לא עלה בידם. אדרבה. בהרבה מקומות כשיצאו מגבולות השפה הישנה, לא עשו זאת מן ההכרח לבטא מושגים חדשים, שלא נמצא אצלם, אלא כדי להקל את המבטא ואת החרוז (עיין לילינבלום, להרחבת השפה, השלח, כרך נ' 127) ובשביל שכתבו כפי העולה על רוחם, בלי התאמה לרוח השפה, יצרו מלים כמו: נם, סץ, אהב, ערץ, אההו וכדומה, שנמש העם נקעה מהם וירגש בהם מעין להג משעשם, כמו כן מוצאים אנו בריות בלשניות מבהילות בצורתן מעין „יבלעדוך" — מן „בלעדי" (אצל הקליר). אבל הפייטנים עם כל מגרעותיהם ובשושיהם הרבו ידיעת וחקירת הלשון, ונמצאו לפעמים בין הפייטנים המאחרים, כאלה, שרוח השירה נצנצה בהם ויתנשאו ביפי מליצתם, בטוב טעמם והלך רעיונותיהם. ומאחרי שהפיוטים נתעטפו במעטה הקדושה, זכו לשיטת לב רבים וכן שלמים מן החכמים. שאלמלי הפיוטים היו נשקעים בשפת הפוסקים

# ישרון

## ירחון לתורה ולעניני היהדות

חוברת א.    טבת—שבט תרפ"ב    שנה שלישית.

דר. שמואל גרינברג.

## השפה העברית במהלך העתים.

ג.

### התקופה הערבית.

עם חתימת המשנה התחילו ימי המשבר של השפה העברית. "גם בתי המדרש נורשה לאט לאט, והחכמים וחמורים, בין בבבל בין בארץ ישראל, השתמשו על פי רוב רק בלשונות ז'רגוניות. התלמוד הבבלי כתוב רובו בזרגון ארמי, והתלמוד ירושלמי — בזרגון־סורי. לשון שני התלמודים בלולה ומקולקלת מאוד.... בלי כל חקות הדקדוק ובלי כל משפטי הסטיליסטיקה" (טביוב, השלח, כרך י' 204). אמנם מוצאים אנו גם בשני התלמודים איזה הרחבות וחדושים בלשון העברית, אבל מספרם קטן מאוד, עי"ז שהשתמשו בכללם בשפה בלולה (כמו לסטים — מלסטם, מקנתר), ואחרי חתימת התלמוד נורשה שאת עבר כלה מבתי המדרש והישיבות. רבנן סבוראי והגאונים כתבו את ספריהם (שאלתות, הלכות גדולות וכו') ואת "תשובותיהם" בלשון הארמית־סורית שדברו בה אז יהודי בבל. ואלטלי ספרי ה"מדרשים" הרבים שנסדרו אז ורובם בעברית טהורה (כמו פרקי דרבי אליעזר, ססיקתא, תנא דבי אליהו ועוד) אולי היתה השפה העברית הולכת באמת ונשכחת מפי עמנו במרוצת הזמן. אבל דוקא המון העם הנענה והנדכא, שמחו לא היה סני לפלפולים, לשקלא וטריא עיונית כדרך בני הישיבה והלמדנים שבדור, שבר רעבונו הרוחני וירוה את צמאונו לדבר ד' במדרשי ההגדה המטשכים את הלב שהיו כתובים — עברית, ועי"ז נשתמרה שפתנו בקרב העם גם להלאה. בעת ההיא נמצאו גם

# Jeschurun

9. Jahrgang     אדר—ניסן 5682     Heft 3/4
März—April 1922

## Heiligkeit und Weltlichkeit.

ויראו את אלהי ישראל ותחת רגליו כמעשה לבנת הספיר וכעצם השמים לטהר
ואל אצילי בני ישראל לא שלח ידו ויחזו את האלהים ויאכלו וישתו.

Dunkel, und geheimnisvoll mutet uns diese Stelle an. Rätselhaft ist uns die Bedeutung dieser Sätze an sich, unerklärlich ihr gegenseitiger Zusammenhang, unerklärlich ihre Stellung, ihre Einreihung gerade an den Schluss von משפטים 'פ, kurz vor תרומה 'פ. Viele der Erklärer haben sich um sie gemüht, viele sind mit frommer Scheu vorbeigegangen, ihr innerer Sinn ist uns noch nicht enthüllt.

Und wenn wir länger über die Frage nachsinnen, was wohl diese Sätze mit משפטים 'פ verbinden mag, dann fällt uns bald noch ein anderes auf: Ist es nicht seltsam fragen wir, dass die allererste Gesetzesgruppe, die nach der Offenbarung am Sinai erlassen wird, gerade dem Gebiet von משפטים entnommen ist? Hätte es nicht näher gelegen, der Offenbarung, die ja mit den Worten angekündigt wird: ihr sollt mir ein einzigartiges Kleinod, ein ganz Besonderes, von allen Völkern Verschiedenes sein, ihr sollt mir ein Volk von Priestern, von Heiligen werden, dieser Offenbarung unmittelbar ein Gesetz folgen zu lassen, das eben diesen סגלה-Charakter des jüdischen Volkes, eben diesen Priesterschafts- und Heiligkeitscharakter mit vollster Deutlichkeit hervorhebt, das angesichts der Völker, die ja die Thauro hohnlachend verschmäht, und nun gespannt darauf warten, was denn nun das besondere Wesen dieser Thauro und ihres Trägers sein würde, mit aller Nachdrücklichkeit gerade auf das Einzigartige, das Besondere, das grundsätzlich Verschiedene an Jisroel hinweist?

Hätte also das Werk der Gesetzgebung nicht eher mit den hohen und heiligen Lehren beginnen sollen, die die Thauro uns bietet, mit Lehren von einem Leben voll Reinheit und Güte, von einem Leben in Gott, von Entsagung und Ueberwindung der Triebe, von der Loslösung vom Irdischen, von der Erklimmung der Stufenleiter zum Ewigen? Oder hätten nicht eher die grossen חוקים an den Eingang gestellt werden sollen, diese gewaltigen Wahrzeichen von Jisroels Einzigartigkeit? Oder etwa die הל׳ קרבנות, die so seinen priesterlichen Charakter hervorheben?

Aber nun gerade משפטים? Dinge, die doch so gar nichts Priesterliches, so gar nichts Heiliges an sich haben, die das rein materielle Dasein des Volkes betreffen, so wie es ein jedes Dutzendvolk auch führt; Regelung rechtlicher und wirtschaftlicher Beziehungen, Kauf und Verkauf, Leihen und Borgen, Worte gerichtet an ein Volk von Bauern und Händlern, an das Volk auf dem Markte und auf der Gasse, auf dem Acker und in der Werkstatt!

Und haben die Völker nicht recht, wenn sie nun enttäuscht fragen: „Haben wir nicht auch Gesetze gegen Mord und Diebstahl erlassen, nicht auch Gesellschaft und Wirtschaft durch rechtliche Bestimmungen gesichert, Handel und Wandel in geordnete Bahnen geleitet? Und mögen auch eure Gesetze besser und entsprechender sein, weil sie göttlichen Ursprungs sind, aber was ist da Priesterliches, Heiliges daran, wo ist denn da das Einzigartige, das wesentlich Verschiedene zwischen euch und uns?

Und weiter: wenn wir es recht bedenken, haben denn die Völker nicht Männer gehabt, die aus tiefstem inneren Bedürfnis um Gotteserkenntnis rangen, die in selbstgewählter Einsamkeit, weltabgewandt, ein frommes und heiliges Leben führten? Wurden in ihren Tempeln nicht auch inbrünstige Gebete laut, verrichteten ihre Priester nicht auch mit Begeisterung den Opferdienst? Und mochten sie auch falschen Götzen opfern, wähnten sie nicht, dem wahren Gott zu dienen?

Aber die Heiligen der Völker, sie waren wohl im Tempel und in der Wüste, in Klöstern und Einsiedeleien, aber auf dem

Markte, in der Gasse, im bunten, strömenden Volksleben waren sie nicht zu finden. Wohl herrschten in der stillen Klause Gerechtigkeit und Liebe, aber auf dem Markte galt nur Gewalt und List; wohl erklangen in den Tempeln Hymnen, aber in den Gassen machten sich die Triebe breit. Wer ein Heiliger werden wollte, der musste das Leben fliehen. Tempel und Markt, Heiligkeit und Weltlichkeit, waren zwei verschiedene Welten, durch eine ungeheure Kluft getrennt, und keine Brücke spannte sich darüber.

Aber das Volk, das jetzt in die Geschichte getreten, das jetzt die Sache Gottes führen sollte, durfte mit diesem Bruche nicht belastet sein, durfte einen solchen Zwiespalt nicht mit sich führen. Bei ihm sollten Markt und Tempel nicht feindlich gegenüberstehen, ihm sollten Heiligkeit und Weltlichkeit in eins zusammenfliessen.

Und klar wird uns nun, warum משפטים gerade den Reigen eröffnen, warum משפטים an den Eingang treten musste. Kann doch nichts deutlicher und schärfer die himmelweite Kluft offenbaren, die Jisroel von den Völkern trennt, als der Gedanke, den משפטים zum Ausdruck bringen will: Der Jude dient Gott, indem er seinen Alltag heiligt, des Juden Priesterkleid ist auch ein schlichter Arbeitskittel, jede seiner Handlungen auch im Bereich der äusseren Lebenszwecke, so sie nur in gottinnigem Gedenken vollzogen, wird ein קרבן für Gott.

Der Jude schreitet hinter seinem Pflug einher, er schwingt den Hammer und bietet seine Waren feil, aber im Herzen sinnt er heimlich seinem Gotte nach.

Der Jude scheut das Leben nicht, er taucht hinein und trinkt mit vollen Zügen aus seinem tiefen Strom. Denn für ihn ist ja מלא כל הארץ כבודו, die ganze Welt ist ihm ein grosses Heiligtum.

Und da der Jude so sein Leben heiligt, muss seine Heiligkeit ihm auch lebendig bleiben. Vom unerschöpflichen Lebensstrom bespült, weiss er auf immer neue Weise Gottes Lied zu singen, vom unversieglichen Lebensquell befruchtet, kann seine Inbrunst nie erlahmen, kann seine Gottesglut nie erlöschen.

So steht nun der Jude da מצב ארצה וראשו מגיע השמימה, erd-verwachsen und gottschauend, trägt frei und aufrecht sein Haupt und weiss es in Demut zu neigen: ungebrochene Einheit ist des jüdischen Menschen Wesen, ungespaltene Ganzheit seines Lebens Ausdruck.

Und als nun die Worte des Gesetzgebers verklungen und das Volk einmütig entgegnet: כל הדברים אשר דבר ה' נעשה, da drängt es sie, den Gedanken und Stimmungen, die das grosse Erlebnis am Sinai und ס' משפטים in ihnen ausgelöst, Ausdruck zu geben und ihrem Meister in einem stummen und doch beredten Symbol zu zeigen, dass sie die Absicht Gottes wohl verstanden, dass sie aus der Fülle der Gesetze den Wesenskern herauszuschälen vermocht, und sie, denen Ganzheit zum Grundzug ihres Wesens anbefohlen, bringen — zum erstenmal — das שלמים קרבן, das Ganzheitsopfer dar פרים שלמים לה' ויזבחו זבחים.

שלמים לה', seelische Ganzheit im Dienste Gottes verwandt, das sollte das Grundwesen des jüdischen Volkes, die Grundform alles jüdischen Wirkens sein, שלמים ist ja das jüdischste Opfer, das seinesgleichen nicht hat bei allen Völkern, לא קרבו שלמים בני נח, die noachidische Menschheit, der dies Erlebnis nicht zuteil geworden, kann freilich ein ק' שלמים nicht kennen.

Die Harmonie des וזבחת שלמים ואכלת שם ושמחת לפני ה' אלהיך äusseren und inneren Menschen, die ק' שלמים voraussetzt, die Läuterung der irdischen Arbeit, die Heiligung des Genusses, die sie zur Folge hat, sie führt zur Harmonie mit dem Weltall, und ihr entquillt jene hohe und lautere Freude, die Freude im Angesichte Gottes, die ein Eigenes des jüdischen Menschen ist, die ihn wie warme, milde Flut durchströmt, die ihn mit stiller Lohe füllt, und ihn weich und innig bettet in jenes höhere Sein, in dem die letzten Nebel schwinden, und er klaren und geöffneten Auges die Gottesglorie zu erschauen vermag: ויראו את אלהי ישראל.

Und die grosse Erkenntnis, die sie soeben aus ס' משפטים geschöpft und die sie sich in ק' שלמים wieder zu Bewusstsein gebracht, sie erschauen sie nun in einer Vision von wunderbarer Schönheit zu Gestalt geworden ותחת רגליו כמעשה לבנת הספיר וכעצם השמים לטהר:

Ein Ziegelstein, Sinnbild irdischer Arbeit, in saphirene Schönheit getaucht, ein Ziegelstein, vergänglicher irdischer Stoff, von himmlischer Reinheit durchstrahlt, Irdisches und Göttliches im engsten Bunde, Heiligkeit und Weltlichkeit vermählt!

Und wenn wir an jene so wundersam ähnliche Vision denken, von der יחזקאל הנביא erzählt: וממעל לרקיע אשר על ראשם כמראה אבן ספיר דמות כסא dann fragen wir uns, wie vermochte יחזקאל, der doch בתוך הגולה, der doch in der Verbannung lebte, בארץ כשדים im Lande des grausamen Feindes, der Jisroels Blüte in Tod und Verbannung geführt, על נהר כבר, an einem jener Ströme, an denen unsere Väter sassen und weinten, in einer Zeit, da Volk und Land aus tausend Wunden bluteten, da die Freude keine Stätte fand, nur tiefer Schmerz, Zerrissenheit und unsagbare Trauer herrschten, wie konnte יחזקאל in solcher Zeit, in solcher Umwelt, die doch des שלמים-Charakters völlig entbehrten, dieser Erscheinung teilhaftig werden?

Aber der Prophet (das Gotteswort) setzt gleich hinzu: ותהי עליו שם יד ה'.

יד ה', das ist der stehende Ausdruck für prophetische Exstase, für überirdische Begeisterung, für das trunkene Besessensein vom Geiste Gottes, für die plötzlich von aussen hereinbrechende Macht, die den Propheten allem Irdischen entrückt, die ihn hebt in die höheren Welten und ihn so fähig macht, die göttlichen Gesichte aufzunehmen. Freilich, שם, dort, in solcher Lage, musste die Hand Gottes יחזקאל gewaltig packen, aber אל אצילי בני ישראל zu denen, die da אצילי בני ישראל לא שלח ידו genannt werden, auf denen der Geist Gottes ja dauernd נאצל war, brauchte Gott seine Hand nicht auszustrecken.

ויחזו את האלהים ויאכלו וישתו — מתוך אכילה ושתיה היו מסתכלין בו בלבו Sie, deren Tagewerk ein הללויה, deren Genuss ein קרבן war, sie, die in ihrem Grundgefühl von Einheit und Ganzheit, aus ihrem geheiligten Genuss ganz von selbst hinüberglitten in das stille, heitere, wortlose Schauen — was brauchte er bei diesen יד ה'!

Unser Volk ging in sein Land und gründete sein Leben auf reiche, breite Weltlichkeit. Aber um dauernd Träger dieses Lebensgefüges zu sein, dazu war es noch nicht reif genug. Immer wieder brachen versteckte Triebe durch, immer wieder suchte Weltlichkeit die Heiligkeit zu vergewaltigen, und immer wieder standen Männer auf, Heisse und Tapfere, die das Verschobene zurechtzurücken, die gelösten Teile in das rechte Verhältnis zn bringen versuchten. Und als das Mass voll geworden, als das Strafgericht niedergegangen, und als auch der zweite Versuch, geheiligte Weltlichkeit zu leben, ebenso misslungen war wie der erste, da standen unsere Väter, bittere Erfahrung im Herzen, vor den Flammen, in denen der zweite Tempel aufging, und schwuren sich's zu, dass sie nun das Volk nicht mehr auf die Probe stellen dürften.

Sie verzichteten nicht auf Weltlichkeit, aber sie verengten sie. Sie machten sie klein und schmal, sodass sie übrsichtlich wurde und der Reif des Gesetzes sie fest umspannen konnte. Sie zimmerten sich eine magere Weltlichkeit zurecht, die gerade nur des Lebens Notdurft fasste, und wo die Völker sie aus Hass an Lebensmöglichkeit beschnitten, da nahmen sie es in Frieden hin. Womit sie bisher gescheitert waren, das gelang ihnen nun auf dem beschränkten Raume. In diesem schmalen Dasein, in diesem ihren kleinen Reich, da banden sie nun die Welten aneinander: da ergossen sie all ihre Kräfte und all ihr Schaffen in ein einziges heiliges Becken, und ihre Frömmigkeit hinwieder saugte aus ihrer kargen Weltlichkeit immer neue Lebenssäfte ein.

So waren sie in ihrer kleinen Welt, in ihrem engen Kreis, doch ganze Juden, ungebrochen, ungespalten; blieben sie Juden, wo sie gingen und standen, blieben sie Juden, ob sie nun beteten und lernten, ob sie ihren Handel trieben oder gar in froher Laune zechten; hatten sie Einheit, hatten sie Ganzheit.

Und dann kam eine Zeit, da wuchs unser Geschlecht heran. Das spähte durch die Gitter, das lugte durch die Ritzen. Das sah da draussen ein buntes, reiches Leben vorüberströmen, so voller Farbenpracht und voll köstlicher Verheissungen, das schäumte von Fülle und Kraft, das lockte und rief.

Da wurde es uns schwül und enge, und wir empfanden die Armut unserer kleinen Welt. Da sprachen wir zu unsern Alten: „Lasst uns hinaus. Machet die Tore auf. Fürchtet nicht um Gottes Gesetz. Sind wir nicht zweitausend Jahre lang in eine harte Schule gegangen, hat uns nicht zweitausend Jahre der Hammer des Gesetzes hart geschmiedet? Wir wollen ja die Wirklichkeit nur einfangen, wollen sie dienstbar machen unserem Gott. תורה עם דרך ארץ sei Losung und Lösung, Mensch-Jisroel unser Ideal!"

Da haben wir die Tore weit aufgemacht, und — was wir so nie hätten tun dürfen — haben uns von Fremden die Weltlichkeit erborgt.

Anstatt auf eigenem Grunde eigene jüdische Weltlichkeit zu bauen, anstatt sie in immer grösseren Kreisen sich um unseres Lebens Mitte ansetzen zu lassen, anstatt dass wir sie langsam spriessen, wachsen, reifen liessen, haben wir die fertige Weltlichkeit der Völker übernommen.

Wir, reichstes Volk der Welt, haben gierig die Hände nach ihrem Bettel ausgestreckt. Wir, schöpferischstes Volk der Menschheit, haben ihre abgegriffene Schablone dankbar hingenommen.

Wir haben unsere Wirtschaft eingebaut in ihren seelenlosen Betrieb aus Glas und Stahl, wir haben mit teilgenommen an ihrem System der Ausbeutung der Schwachen, wir haben aus unserm Wirtschaftsleben jeden Funken von Gerechtigkeit verbannt.

Unsern Feierabend verbringen wir an den Stätten einer öden, rohen Lust, in unsern Mussestunden ergötzen uns die Werke einer unheiligen Kunst.

Die Formen unseres öffentlichen Lebens sind durchsetzt vom gleichen Geist der Lieblosigkeit und Eigensucht, und dort, wo uns ein gütiges Geschick die Anfänge staatlicher Gestaltung gab, wie im Heiligen Lande und in den Ländern des Ostens, da haben wir sie auf die gleichen Grundlagen gestellt, auf Lüge und Heuchelei, auf Ränkespiel und verantwortungsloses Geschwätz.

Wir tragen den urfremden Geist der Völker in unsere Häuser, wir spielen ihre Spiele, wir singen ihre Lieder, wir sprechen ihre Sprachen, — wir denken ihre Gedanken.

Und so fällt unser Leben auseinander.

Unser Gottesdienst wird nicht mehr vom frischen Hauch einer frohen Wetlichkeit belebt, und unsere Weltlichkeit ist ohne Gott. Wir haben unsern Gott in enge Tempel gebannt, aber in unsern Gassen ist er nicht zu finden. Wir haben ihm einige festliche Stunden gegönnt, aber unsern Alltag haben wir ihm entrisen. Unsere Einheit ist uns entglitten, unsere Ganzheit ist gespalten. Wir haben unsern einst so freien, aufrechten, sichern Gang mit einem feigen Taumeln vertauscht. Unser Judentum ist verfälscht, und unser Menschentum ist brüchig.

Wir sind Menschen des Bindestrichs.

Freunde, es ist Zeit, dass wir erwachen. Zeit ist's, dass wir uns lösen aus der unwürdigen Versklavung, Zeit ist's, dass wir den eigenen Bau beginnen.

Wir wollen ja weite, stolze Weltlichkeit, wir wollen des Lebens Macht und Fülle nicht entbehren. Aber diese Weltlichkeit sei heilig, sei eine eigene, jüdische, sei eine Weltlichkeit von unserm Geist, eine, in der Gott sich heimisch fühlen kann.

Und wenn dann in der nächsten פרשה der alte Ruf ertönt: ועשו לי מקדש ושכנתי בתוכם, so wisst, der Ruf galt nicht nur dem Geschlecht der Wüste, seine Forderung tritt auch an uns heran. Und, nach des Midrasch zartem Gleichnis: so wie ein Vater, der seine einzige Tochter einem fremden Manne zum Weibe gibt, und nur die eine Bitte hat אלא זו טובה עשה לי שבכל מקום שאתה הולך so spricht הקב״ה zu Isroel: נתתי לכם את התורה, לפרוש הימנה איני יכול, לוטר לכם אל תטלוה איני יכול, אלא בכל מקום קיתון אחד עשה לי שאדור אצלכם denn es heisst ja: ועשו לי שאתם הולכים בית אחד עשו לי שאדור בתוכו מקדש ושכנתי בתוכם. Es heisst בתוכם, nicht בתוכו! Macht mir ein solches Haus, dass ich in eurer Mitte wohnen kann. Macht mich nicht zum Gotte der Liturgie, macht mich zum Gotte eures tätigen Lebens. Schliesst mich nicht in steinerne Tempel ein, werft mir nicht den kargen Abfall eurer Stunden zu.

אתם צאני ואני רועה עשו דיר לרועה וירעה אתכם
אתם כרם ואני שומר עשו סוכה לשומר וישמור אתכם
אתם בנים ואני אביכם עשו בית לאב וישרה אצל בניו

in Feld und Weinberg will ich mit euch leben, so wie ein Vater in unzertrennlicher Gemeinschaft mit dem Kinde.

Freunde, bauen wir unserm Gott ein neues Haus. Eines, das seiner würdig ist, eines, in dem er wohnen kann. Aber mit reinen Händen müssen wir dies Werk beginnen. Müssen uns zuvor der Zwiespältigkeit entringen, müssen verzichten auf das ewige Tändeln mit dem Fremden, müssen Abstand halten von der Wirrnis unserer Umwelt und aus uns selber die Ergänzung schaffen: müssen unsere Ganzheit wiederzugewinnen suchen.

Dann trauen wir uns, das Werk zu leisten.

Wir werden unsere Häuser weiten, wir werden unsere Türme höhen, wir werden unsere ארבע אמות strecken, so dass sie ד' אמות bleiben und doch des Lebens ganze Kraft und Schönheit in sich fassen.

ויריעות משכנותיך יטו אל, ruft der Prophet, הרחיבי מקום אהלך ויתדתיך חזקי, aber תחשכי האריכי מיתריך!

Ja, wir werden eine neue Weltlichkeit aus unserm Schoss gebären.

Wir werden bauen Formen einer neuen Wirtschaft, die auf Gerechtigkeit gegründet ist, die die Arbeit hebt und die dem Tagwerk Sinn und Adel gibt. In unseren neuen staatlichen Gebilden wird die Führerschaft den Besten eignen, und nur die Weisen, Reifen, Stillen werden unsere Könige sein.

Wir werden schaffen Werke einer hohen, reinen Kunst, wir werden unsere Lebensfreude in Gottes Reich verströmen lassen, wir werden in Zucht und Schönheit unsere Feste feiern, wir werden heiter auf den Wiesen spielen, und helles Lachen wird durch unsere Gassen klingen.

Sagt ihr, wir seien zu arm, zu dürr, zu unfruchtbar, wir könnten nicht all dies aus eignen Kräften schaffen, wir müssten uns von fremden Völkern nähren, so sag' ich euch, es ist nicht wahr! כי רבים בני שוטטה מבני בעולה אמר ה׳. Wir sind ja reich, sind unermesslich reich. Unser Boden ist voll ungehobener Schätze, unser Volk ist voll von schöpferischen Kräften. Ihr braucht ja nur zu graben, braucht nur ein wenig hinzuhorchen, wo unsere Quellen leise fliessen, braucht euch nur einmal ins Judentum versenken, braucht nur ins Volk hinabzugehen und seine ungeheuren Kräfte kennen lernen, und ihr werdet dort alles finden, um eine neue Welt zu bauen.

Und wenn ihr fragt, wer soll das tun? Unsere Menschen sind in die Welt der Völker tausendfach verstrickt, ihre Seelen sind geflickt mit tausend bunten Lappen, wir sind zerrissen, unstet, wurzellos, wie können wir ein solches Werk beginnen?

Zagt nicht, noch bleibt uns eins, noch haben wir unsere Jugend. וכל בניך למודי ה׳ ורב שלום בניך noch ist gross die Ganzheit unseres Jungen. Noch ist ihr Sinn nicht verbogen, noch sind ihre Seelen nicht zerknittert. אל תקרא בניך אלא בוניך. Jisroels künftige Bauer sinds, sie sind gerufen, Gott ein Haus zu stellen.

Und wenn nun morgen die grosse Musterung beginnt, die grosse Musterung zum grossen Bauen, da ein jeder sein Scherflein tragen soll zum heiligen Werk על עבודת אהל מועד, so ist das erste, was Gott von uns fordert ונתנו איש כפר נפשו, dass ein jeder gebe sein מחצית השקל zur Sühne seiner Halbheit hin, auf dass sie sich zur Ganzheit runde.

Und dann wollen wir unser כסף הכפורים, unsern halben שקל geben, dass wir wieder Ganze werden, dass wir mit ganzer Kraft den Gottesbau beginnen, dass wir unsere ganze Glut einströmen lassen in das grosse, heilige Werk, das unser harrt. Und einen neuen und tiefen Sinn empfangen nun die Worte unseres Pajton: נשא אדון עליו פניך אור das Licht deines Angesichts lass strahlen über uns, o Herr ונשא אשא בבית נכון ושקל und in einem neuen Hause, einem grossen, weiten, hochgewölbten, bringe ich Dir den שקל dar, den ganzen שקל, nicht mehr den halben.

אל רם ונשא segne uns mit Ganzheit ברכנו בשלום. M. L.

### Nachbemerkung des Herausgebers.
Vorstehender Appell an unsere Zeit ist der wörtliche Abdruck

einer Rede, die am Rabbinerseminar zu Berlin als Übungspredigt von einem Studenten zu שלקים 'פ gehalten wurde. Wenn auch der Einfluss von S. R. Hirsch und Nathan Birnbaum unverkennbar, so sind doch die übernommenen Gedankengänge nach Inhalt und Form so selbständig und eigenartig behandelt, dass unsere Leser es wohl nicht bedauern werden, dass die Schriftleitung ihr bisher streng festgehaltenes Prinzip, im Jeschurun keine Predigt zu veröffentlichen, in diesem Falle durchbrochen hat.

# Der moderne Kampf gegen die Geschichtlichkeit der Patriarchenreligion.
### Von Geheimrat Prof. Dr. E. König-Bonn.

Es hat nie eine Zeit gegeben, in der ein so heftiger und weithin tobender Sturm gegen die geistesgeschichtliche Bedeutung der althebräischen Kultur gewütet hätte, wie er in unserer Gegenwart durch die Lande rast. Und welches waren die Ausgangspunkte dieser Sturmwellen? Als solche Sturmerreger haben sich vor allem drei Erlebnisse und Gedankenbewegungen der neueren Zeit geltend gemacht.

Der erste Ausgangspunkt jenes Sturms lag in den neuen Entdeckungen, welche durch die **Ausgrabungen in Babylonien** und anderen vorderasiatischen Ländern erzielt worden sind. Da brachte — um wenigstens ein paar Hauptpunkte aus dieser wendungsreichen Ausgrabungsgeschichte herauszugreifen — eines Tages ein Färber aus dem Dorfe Khorsabâd einige Stunden nördlich vom alten Ninive dem französischen Konsul Botta Ziegel mit Keilschrift, aus denen er bis dahin seine Kesselanlagen gebaut hatte. Darauf liess Botta dort in jenem Dorfe Khorsabâd am 30. März 1843 den Spaten zu Ausgrabungen einsetzen, und der Erfolg war derartig, dass jener Tag nicht mit Unrecht als der Geburtstag der Assyriologie bezeichnet worden ist. Denn schon in wenigen Tagen stellten die Nachgrabungen ein grosses Schauspiel vor das Auge des Forschers. Die Arbeiter legten nämlich die Tore und Säulen und Wände eines weitausgedehnten

Palastes frei, und bald konnte man auch den Erbauer dieses Palastes gleichsam begrüssen. Denn prachtvolle Basreliefs an den Wänden der Säle stellten ihn dar, wie er auf seinem Throne sass, oder in einem Kriegswagen daherfuhr, oder wie er den Göttern opferte. Als nun weiterhin Tausende von Tontafeln mit Keilschrift gefunden worden, eine ganz neue Literatur und Kultur entdeckt worden war, trat diese aus mehr als einem Anlass nicht bloss in den Vordergrund des Interesses, sondern auch der Wertschätzung. Oder wer wüsste nicht, was erstens die Eigenschaft der N e u h e i t einer Erscheinung ihr für einen bezaubernden Glanz verleiht? Dazu kam aber der noch mehr irreführende Gedanke, dass von einer g r o s s e n und p o l i t i s c h herrschenden Nation auch der höchste Einfluss in der K u l t u r ausgegangen sein müsse. Liess man doch z. B. diese Sätze drucken: „Das Dörflein draussen [d. h. Israel] hat Babels Art, Babels Kultur, n u r d u r c h B a b e l i s t e s, w a s e s i s t"[1]). Welcher Ansturm gegen die bisherige kulturgeschichtliche Stellung der Literatur Israels musste durch solche Anschauungen hervorgerufen werden!

Dazu kam, dass diese Anschauungen auch noch Bundesgenossen fanden. Denn in derselben zweiten Hälfte des 19. Jahrhunderts, wo die babylonische Kultur als Rivalin der israelitischen entdeckt wurde, hat auch die l i t e r a r i s c h e Kritik des althebräischen Schrifttums eine tiefeinschneidende Wendung erlebt. Denn da stellte man folgende Behauptungen auf: Erstens das älteste Geschichtsbuch über die Anfänge Israels stammt aus dem Jahre „900" oder „840"[2]), und zweitens „Das Gesetz des Judentums ist auch das Produkt des Judentums"[3]), jedenfalls hat das Gesetz seine Stelle hinter den Propheten, wie Wellhausen auf S. 4 hinzufügt. Mit welchem Umsturz wurde die überlieferte

---

1) Otto Weber, Theologie und Assyriologie im Streit um Babel und Bibel (1904), S. 10 f.

2) So z. B. Gunkel, in seinem Kommentar zum 1. B. Mose (1910), S. LXXXIX.

3) Wellhausen, Prolegomena zur Geschichte Israels, 2. Aufl., S. 3.

Geltung des altisraelitischen Schrifttums auch durch diese zweite moderne Meinung bedroht!

Das Schlimmste war aber, dass zu den beiden erstgenannten Ausgangspunkten des Ansturms gegen die Kulturstellung Israels sich noch folgender d r i t t e hinzugesellte. Dies war eine neue Geschichtsauffassung. Nämlich es war die Philosophie Hegels († 1831), welche die Ansicht verbreitete, dass a l l e Geschichte sich aus einem stetigen Wechsel von Gegensätzen, sozusagen aus dem Aufeinanderprallen von Wellenberg und Wellental, erkläre. Diese Geschichtsauffassung der Hegelschen Philosophie ist dann vom Materialismus und Darwinismus zu dem Dogma ausgebildet worden, dass a l l e Geschichtserscheinungen sich n u r aus d i e s s e i t i g e n Ursachen erklären und v o n u n t e n n a c h o b e n sich entwickelt h a b e n und entwickeln m ü s s e n. Von diesem Standpunkt aus schrieb der Hegelianer V a t k e sein Buch „Die biblische Theologie, Band I: Die Religion des Alten Testaments" (1835), und Vatke ist es, von dem W e l l h a u s e n ausdrücklich sagt, dass er von i h m „das Meiste und Beste gelernt habe" (Prolegomena 2, S. 14). In Wellhausens Fussstapfen gehen nun eine ganze Anzahl von Bearbeitern der altisraelitischen Religionsgeschichte einher, wie z. B. Stade in seiner „Biblischen Theologie des A. T." (1905) oder der schon erwähnte Gunkel. Sie alle gehen von der darwinistischen oder entwicklungstheoretischen Voraussetzung aus, dass auch in Israels Religion kein Lichtstrahl aus der jenseitigen Welt aufgeleuchtet hat, und dass auch sie aus primitiven Anfängen „sich langsam' emporgearbeitet hat", wie Wellhausen buchstäblich sagt in dem grossen Sammelwerke „Die Kultur der Gegenwart" (I, 4, S. 14). Deshalb war es keine unerwartete Folge, dass diese Versuche, die altisraelitische Religionsgeschichte u m z u d r e h e n, endlich in der Schrift Friedrich D e l i t z s c h s „Die grosse Täuschung" (1920), in der er sich (S. 7) ausdrücklich auf Wellhausen als seinen Vorgänger beruft, ihren extremsten Ausläufer fanden. Nachdem gleich den Geschichtschreibern Israels auch dessen Propheten nach materialistischem Rezept allmählich ihrer Autorität entkleidet worden waren und niemand mehr auch nur den Weheruf Jesajas über Begriffsverdrehung und Selbsttäuschung (5, 20 f.) beachtete, da war es eine natürliche Konsequenz, dass schliesslich einer auftrat, der die prophetische Religion zu Trug und Täuschung stempeln wollte. Wie Herostrat einstmals zu Ephesus den Dianentempel, eines der sieben Wunder der alten Welt, in Flammen aufgehen liess, um sich einen berühmten Namen zu machen, so sollte auch das Heiligtum der altisraelitischen Religionsgeschichte einen Herostrat bekommen, der die Brandfackel in diesen Tempel schleuderte⁴).

Die Stosskraft der drei gekennzeichneten Sturmwellen, die sich gegen die geistesgeschichtliche Stellung der altisraelitischen Kultur überhaupt neuerdings heranwälzten, musste sich aber naturgemäss am heftigsten gegenüber der **Patriarchenreligion** geltend machen. Denn erstens kam Abraham aus Babylonien und konnte also am meisten babylonisches Kulturgut herübergebracht haben. Zweitens schien die neue Bezweifelung der Vertrauenswürdigkeit der althebräischen Geschichtsbücher natürlich in bezug auf die **Anfänge** Israels am meisten geübt werden zu können. Drittens konnte die darwinistische Voraussetzung, dass **alle** Geschichte sich aus primitiven oder rohen Anfängen emporentwickelt habe, gerade an der **ältesten** Gestalt der israelitischen Religionsgeschichte am meisten ein Probiermittel oder Untersuchungsobjekt finden. Aber kann die Patriarchenreligion durch die drei Stösse, die neuerdings gegen sie unternommen worden sind, wirklich aus ihrer geistesgeschichtlichen Stellung geworfen werden? Untersuchen wir diese Sache!

## I.
### Die moderne Babylonisierungsneigung im Kampfe mit der Patriarchenreligion.

Wie völlig berechtigt war der Jubel über die gelungene Entdeckung direkter Zeugen der babylonischen Kultur! Dieser Jubel war der schöne Ausdruck des echtmenschlichen Strebens,

---

4) Inwieweit bei dem modernen Ansturm gegen die althebräische Literatur Viertens antisemitische Parteitendenz mitwirkte, soll als ausserhalb der Wissenschaft liegend hier nicht erörtert werden.

alle möglichen Quellen der Erkenntnis zu öffnen und durch alle von ihnen dargebotenen Farben das Gesamtbild der menschlichen Kultur weiter auszumalen. Aber musste oder durfte die neue Erkenntnis dazu führen, das frischaufgedeckte Stück alter Kultur nun als die **Ausgangs- und Gipfelregion aller Kultur** des Altertums anzusehen? Nein, diese panbabylonische Ansicht, die alle Hauptmomente der späteren menschlichen Kultur auf Babylon als ihren Ausgangspunkt zurückzuführen sucht[5]), ist ein falscher Ausfluss der Begeisterung für die jeweils neuen Entdeckungen.

Was ferner ist über solche neuere Sätze, wie z. B. den schon angeführten von dem „Dörflein" Israel, das seine Kultur aus der Großstadt Babylon bezogen haben müsse, zu urteilen? Hängt wirklich von der **Kleinheit** eines Gebiets oder Volkes auch dessen **politische insbesondere kulturelle Leistung** ab, wie hauptsächlich auch Hugo Winckler behauptet?[6]) Um darauf eine richtige Antwort zu finden, schaue man doch in die Blätter der Geschichte! Wie waren die griechischen Staaten so klein gegenüber dem Perserreiche mit seinen einhundertundsiebenundzwanzig Satrapien (Esth. 1, 1) und doch sind sie dem Koloss erfolgreich entgegengetreten! Hat sich ferner auch der **geistige** Einfluss des Hellenenvolkes nach der Kleinheit seiner Anzahl gerichtet? Nein, der Zwerg an äusserlicher Ausdehnung ist nach seiner Kulturbedeutung ein Riese geworden. Oder kann die Möglichkeit der kulturgeschichtlichen Selbständigkeit Israels durch den Hinweis auf die Schweiz mit Winckler?[7]) bestritten werden? Darauf hat schon Oettli[8])

---

5) So hauptsächlich Hugo Winckler, Die babylonische Geisteskultur (1907).

6) In „Die Keilinschriften und das alte Testament" (1903), S. 5 sagt er: „Dem kleinen Volk Israel fehlen für die Entwicklung seiner eignen Kultur die Vorbedingungen. Das Gebiet ist zu klein, es fehlen die Flüsse, welche als natürliche Verkehrsstrassen dienen könnten".

7) In seinem Buche „Abraham als Babylonier usw." (1903), S. 12. Alfr. Jeremias, Das Alte Testament usw.. S. 29 hat „die kulturelle Ueberlegenheit des Reiches von Damaskus über Israel-Juda" daraus ableiten

gewiss mit Recht geantwortet, dass die Schweiz zwar wohl entscheidende Anregungen von den grossen Kulturstaaten empfangen hat, zwischen denen sie liegt, aber in der Hauptsache ihrem eigenen Genius folgte und in der neueren Zeit sogar ihrerseits Anregungen gegeben hat. Auf dem geistigen Gebiete wirkt eben n i c h t die natürliche Schwerkraft und Anziehung grosser Körper. Hat doch sogar das politisch besiegte Griechenvolk durch seine philosophisch geschulte Geisteskraft, seine hervorragende künstlerische Anlage und seine schriftstellerische Ausbildung den siegreichen Römern „Gesetze gegeben" und überhaupt der Nachwelt bis heutigentags einen unsterblichen Schatz von Ideen und Idealen hinterlassen. Wenn nun manche Neuere aus den soeben beurteilten Beweggründen und Gesichtspunkten schon im allgemeinen geneigt sind, die israelitische Kultur von der babylonischen abzuleiten, wie sehr muss sich diese ihre Neigung in bezug auf d i e ü b e r l i e f e r t e P a t r i a r c h e n r e l i g i o n geltend machen wollen, da Abraham aus Babylonien ausgewandert ist!

In der Tat hat man e r s t e n s bis in die neueste Zeit — erst wieder in der vor kurzem erschienenen Schrift von Erbt „Das Judentum"[9]) — den babylonischen M o n d g o t t S i n als die Gottheit Abrahams hinzustellen gewagt. Das leitet man daraus ab, dass in Abrahams Heimatsort Ur (etwas südlich vom untersten Euphrat) der Mondgott der Hauptgegenstand des Kultus war, und dass Abraham mit seinem Vater nach Charan im westlichen Mesopotamien wanderte und auch in dieser Stadt der Mondgott ein Haupttheiligtum besass. Aber welche Art von Logik zeigt sich in dieser Ableitung! Nach den Quellen und Tatsachen ist ja Abraham bei der Wanderung bis Charan n u r

wollen, dass Amos 3, 12 von Damaststoffen spricht und Ahas (2. Kön. 15, 10 f. einen Damaszenischen Altar nachahmen liess. Wie sehr werden da ä u s s e r l i c h e K l e i n i g k e i t e n a l s G r a d m e s s e r d e r K u l t u r h ö h e b e n ü t z t !

8) In der Zeitschrift „Der Beweis des Glaubens" (1904), S. 120 f.

9) Wilh. Erbt, Das Judentum. Die Wahrheit über seine Entstehung (1921), S. 10.

der Begleiter seines Vaters Terach (Thara) gewesen. Bis dahin hat er also nicht seinerseits die Richtung der Reise und das Haltmachen in einer Stätte des Mondkultus bestimmt. Sodann aber, was die Hauptsache ist, wieder nach den Quellen und Tatsachen der vorliegenden Geschichte, hat Abraham sich von der Religion seiner Vorfahren und Verwandten getrennt. Denn ihm ward die göttliche Kunde: „Gehe aus deinem Vaterland und von deiner Verwandtschaft und sogar aus deines Vaters Hause usw.!" (1. Mos. 12,1), und ausdrücklich wird in Jos. 24, 2f. als eine Gotteskunde zu Israel gesagt: „Eure Väter wohnten vormals jenseits des Stroms (d. h. des Euphrat), Terach der Vater Abrahams und Nahors, und dienten andern Göttern. Da nahm ich euren Vater Abraham von jenseits des Stroms und liess ihn wandern in ganz Kanaan usw." Ebenso hat Jakob sich von Laban in religiöser Hinsicht getrennt, denn er spricht von „dem Gotte meines Vaters" (1. Mos. 31, 3a 5b usw.) und Laban sagt zu Jakob und den Seinigen: „Eures Vaters Gott" (V. 29) und dagegen „meine Götter" (V. 30).[10]) Also welche Willkür ist es, wenn die in den Quellen ausdrücklich berichtete und in der Tatsachengeschichte vorliegende Getrenntheit des Gottesglaubens der Babylonier und der Patriarchen in Verbindung verwandelt wird!

Aber hauptsächlich hat man neuerdings zweitens die Idee des Monotheismus aus Babylonien hergeleitet.

Zum Beweis dafür beruft sich Delitzsch[11]) zunächst auf den Eigennamen Ilu-amranni, indem er ihn mit „Gott, sieh mich an!" übersetzt. Aber ilu „Gott" kann bei Verehrern vieler Götter nur den Sinn von „ein Gott", oder „irgendein Gott" besitzen. Die Babylonier waren aber Verehrer vieler

---

10) Ueber V. 53 vgl. man die Erörterung in meiner „Theologie des A. T." (1922), S. 40 f.

11) In „Babel und Bibel" I, 4. Aufl. S. 75. 1921, S. 48 hat er das nicht mehr aufrecht erhalten, aber doch Babylon in bezug auf den Monotheismus mit Jerusalem gleichgestellt. „Vereinzelte erleuchtete Geister mochten in Jerusalem wie in Babylon die Wahrheit ahnen." (S. 48).

Götter. Denn das beweist z. B. Hammurapi gleich durch den Anfang seiner Gesetzesinschrift: „Als A n u , der Erhabene, und B e l , der Herr von Himmel und Erde, M a r d u k , dem Herrschersohne E a s , die irdische Menschheit zuerteilt hatten". Also da zählt er gleich in den ersten drei Zeilen vier Götter auf. Nur Henotheismus tritt in der babylonischen Religionsgeschichte mehrfach hervor. Nämlich z. B. die Ischtar, d. h. die Venusgottheit, wird in einem langen Gedichte so hoch gepriesen, dass man denken könnte, sie werde von dem betreffenden Dichter als d i e e i n z i g e Gottheit angesehen. Aber am Schlusse heisst es doch: „Die G ö t t e r des All mögen dir huldigen!"[12]) Also nur eine Scheingestalt des Monotheismus zeigt sich da. Ferner beruft Delitzsch sich auf einen Text, dessen Zeilen so lauten, wie z. B. diese: „*il Nergal Maruduk scha qabla*", d. h. der Gott Nergal [der Kriegsgott usw.] ist der Marduk des Kampfes." Damit ist gemeint: „Der Gott Nergal ist nur dasselbe, was Marduk ist, wenn dieser als Gott des Kampfes aufgefasst wird". Damit ist aber nicht die Existenz des Gottes Nergal verneint, sondern es ist nur Marduk, der Stadtgott von Babylon, als ein Gott charakterisiert, der a u c h mit allen Fähigkeiten der andern Götter ausgestattet sei. Ausserdem stammt der angeführte Text aus der n e u babylonischen Zeit, die von 625 an läuft, und kann also schon deswegen nichts für die Zeit Abrahams beweisen. S o d a n n bemerkt man[13]), dass schon im dritten Jahrtausend der Gott Anu als König der Götter bezeichnet worden sei. Aber dies ist nur die in der Geschichte des polytheistischen Gottesglaubens häufige Erscheinung, die z. B. auch bei den Griechen in der Anschauung von Zeus begegnet und die am deutlichsten als m o n a r c h i s c h e V i e l g ö t t e r e i bezeichnet werden kann. Diese Erscheinung eine „monotheistische Strömung" zu nennen, hat keinen Wert, und dies Verfahren erweckt insbesondere bei den Babyloniern nur einen falschen Schein, da bei ihnen

---

12) Hnr. Zimmern, Babylonische Hymnen und Gebete, S. 16.
13) Alfr. Jeremias, Monotheistische Strömungen innerhalb der babylonischen Religion, S. 19.

neben Anu auch andere Götter gelegentlich als „höchster Gott" gepriesen werden, und „jeder Tempel den siebenstufigen Planetenhimmel darstellt".[14]) E n d l i c h wird immer und immer wieder behauptet: „Bereits in den ältesten Urkunden der altorientalischen Welt zeigt sich eine einheitliche Geisteskultur, die in den Göttern Manifestationen einer einheitlichen Macht sieht"[15]). Aber die urkundlichen Aussagen, auf die dann hingewiesen wird, beweisen wie Alfr. Jeremias s e l b s t sagt, nur dies, dass „bereits das Denken der ältesten babylonischen Urkunden a s t r a l ist". Also nur die Vorstellung der einheitlichen Sternenwelt liegt in jenen Urkunden vor. Aber nicht nur wird auch das von andern Kennern bestritten[16]), sondern diese Vorstellung des einheitlichen Sternenhimmels ist auch k e i n M o n o t h e i s m u s.

Folglich hat auf keine Weise gezeigt werden können, dass bei den Babyloniern Monotheismus geherrscht hat. Also konnte auch Abraham den monotheistischen Gedanken nicht mit aus Babylonien bringen. Ausserdem ist das gar nicht wahr, was seit Delitzschs Babel und Bibel I, S. 44[17]) so gern gesagt wird, dass die weltgeschichtliche Bedeutung der Bibel im Monotheismus liege. Diese Bedeutung liegt vielmehr in der besonderen Verbindung mit Gott, welche das Wesen der Patriarchenreligion und der biblischen Religion überhaupt ausmacht.

Also hat die moderne Neigung, den Inhalt der Bibel in weitem Umfange zu b a b y l o n i s i e r e n, nichts gegen die erhabene Stellung der Patriarchenreligion ausrichten können. Inwiefern dies übrigens mit dem Zeugnis der Geschichtsschreiber Israels und mit dem häufigen Protest seiner Redner gegen fremde Kultur (Jes. 2, 6; 46, 1; Jer. 2, 10—13; Hos. 8, 14 usw.) zusammenstimmt, soll später erwähnt werden, da ja die Autorität

---

14) Joh. Hehn, Die biblische und die babylonische Gottesidee (1913), S. 51 f.

15) Alfr. Jeremias im Theologischen Literaturblatt (1910), Sp. 459.

16) Belege gibt meine Geschichte der alttestam. Religionsgeschichte (1915), S. 126 f.

17) 1921 „berührt ihn p o l y t h e i s t i s c h e Gottesanschauung und -verehrung durchaus nicht schlechthin unsympathisch"!

des Zeugnisses der israelitischen Schriftsteller erst im weiteren Fortgang dieser Untersuchung festgestellt werden soll.

## II.
### Die neuerdings gewöhnliche Beurteilung der Geschichtsbücher Israels als Gegnerin der Patriarchenreligion.

Aber kaum liegt der eine Bekämpfer der überlieferten Patriarchenreligion am Boden, so tritt schon wieder eine **zweite Gefahr** für sie in unser Sehfeld. Diese Gefahr liegt in der jetzt landläufigen Einschätzung, die man weithin den **Geschichtsbüchern** Israels besonders über dessen früheste Zeit zu Teil werden lässt. Von den abschätzigen Urteilen, die jetzt über den Wert dieser Geschichtsbücher geäussert zu werden pflegen, ist ja das noch ein glimpfliches, wenn gesagt wird: „Ueber die Anfänge Israels ist Dunkel gebreitet"[18]). Andere neuere Urteile über diese Geschichtsbücher haben einen noch viel gefahrdrohenderen Wortlaut. Denn von den meisten jetzigen Bearbeitern der Geschichte Altisraels wird jetzt behauptet, dass die ältesten Geschichtsbücher über die Anfänge Israels **erst um 850** entstanden seien. So lesen wir es nicht nur, wie schon erwähnt, bei Gunkel in seinem Kommentar zum 1. Buch Mose (1910), S. LXXXIX, sondern auch bei Delitzsch, die grosse Täuschung (1920), S. 7. Ein Allerneuester, W. Erbt in seinem soeben erschienenen Buche „Das Judentum", S. 40 macht „die sogenannten fünf Bücher Moses" sogar zur ersten Ausgabe eines seiner Phantasie entsprungenen „Buches der Ursprünge", das er in der Zeit des Königs Ahas, also um 730 entstanden sein lässt. Wenn diese jetzt gewöhnlichen Behauptungen auf Richtigkeit Anspruch machen könnten, würde dies selbstverständlich verhängnisvoll für den Wert dieser Geschichtsbücher und folglich auch für die Wirklichkeit der Patriarchenreligion sein. Welch zwingender Anlass liegt also vor, diese jetzt landläufige Behauptung auf ihre Sicherheit zu untersuchen! Dies führt aber nach meinen Forschungen zu folgenden Sätzen.

---

18) z. B. bei Meinhold, Einführung in das alte Testament (1919), S. 53.

Vor allem sind die Geschichtsbücher, die jetzt um 850 oder gar 730 angesetzt zu werden pflegen, in viel früherer Zeit aufgebaut worden, nämlich das eine im letzten Teile der Richterzeit und das andere in den Tagen David-Salomos. Aber viel wichtiger ist schon das nächste Urteil, durch das ich jene jetzt landläufige **kahle Aussage** über die Quellen der ältesten Geschichte Israels ergänzen kann: Die Geschichte der Urväter und Patriarchen ist aus alten Baumaterialien aufgebaut. Freilich Delitzsch oder Erbt **erwähnen gar nichts von den Grundlagen** der Geschichtserzählungen Israels über seine älteste Zeit. Das ist der allerstärkste Mangel an den jetzt gewöhnlichen Aussagen über die Quellen der ältesten Geschichte Israels. Sobald ich diesen Mangel entdeckt hatte, ist es ein Hauptziel meiner wissenschaftlichen Arbeit gewesen, diese Lücke auszufüllen, und ich habe auch keineswegs vergeblich gesucht. Denn jene Lücke kann reichlich mit guten Materialien ausgefüllt werden.

Die **Baumaterialien** der Geschichtsbücher Israels über seine älteste Zeit würden ja für die Autorität dieser Bücher **schon dann** von grossem Werte sein, wenn diese Baumaterialien auch nur durch die **mündliche Tradition** erhalten worden wären.

Denn es ist eine unbestreitbare Tatsache, dass das menschliche Gedächtnis bei den Geschlechtern, die noch bloss auf dies angewiesen waren und der Schreibkunst entbehrten, einen sehr hohen Grad von Spannkraft besessen hat. Oder lehrt uns das nicht schon ein Blick z. B. auf die griechische Literatur? Homers Ilias und Odyssee sind nur durch die Arbeit des Gedächtnisses aufgebaut und Jahrhunderte lang bewahrt worden, wie erst vor kurzem wieder einer der besten Kenner dieser Dinge, Th. Birt (Marburg) in seinem „Abriss des antiken Buchwesens" (1913), S. 246 betont hat. Es konnte ja auch mehr als ein Gelehrter versichern, dass er die ganze heilige Schrift auswendig wisse.[19]) Und dazu gesellt sich auch der begünstigende

---

19) z. B. Jismael ben Jose (bei L. Blau, Zur Einleitung in die heilige Schrift, S. 86).

Umstand, dass die mündliche Ueberlieferung, wenn sie von Abraham bis Mose allein die Erinnerungen Israels zu vererben gehabt hätte, nicht sehr viele Generationen zu umspannen hatte. Freilich behauptet Gunkel in seinem Kommentar zum 1. Buch Mose (1910), S. IX: „Es lässt sich kein Weg denken, auf dem die Kunde z. B. über die Patriarchen bis zum biblischen Berichterstatter gelangt wäre". Aber warum denn nicht? Freilich er hat nicht untersucht, wieviel Geschlechter von den Patriarchen bis zu Mose gelebt haben. Aber meine Nachforschung darüber hat gelehrt, dass von Abraham bis zu Mose in manchem Stamm nur sechs Generationen gelebt haben (vgl. in meinem Kommentar zu 1. Mose 1919, S. 92). Folglich konnten die Erinnerungen der Erzväter gar wohl auf ihre Kinder, Enkel usw. durch Weitererzählen vererbt werden.

So demnach läge die Sache schon dann, wenn vorausgesetzt werden dürfte, dass von der Zeit der Patriarchen bis Mose die Bewahrung der ältesten Nachrichten bloss von der mündlichen Tradition geleistet werden musste.

Aber ist diese Voraussetzung auch sicher berechtigt? Sie besitzt nicht einmal ein wahrscheinliches Recht. Denn der Satz, der in der neueren Zeit oft gehört wurde und dem noch Delitzsch (1920, S. 68) nicht widerspricht, dass die Israeliten noch zur Zeit Moses eine „illiterate Horde" gewesen seien, hat seit 1902 auch den letzten Schimmer von Wahrscheinlichkeit verloren. Denn in diesem Jahre wurde in der persischen Stadt Schuster, d. h. der alten Residenzstadt Susa, die Basaltsäule mit den 282 Paragraphen der Gesetzesinschrift des altbabylonischen Königs Hammurapi gefunden. Schon die öffentliche Aufstellung dieser Gesetzgebung setzt nun voraus, dass die Untertanen eine Kenntnis von der Buchstabenschrift besassen. Dies wird aber noch ausdrücklicher z. B. durch § 128 bezeugt, weil es da heisst: „Wenn jemand eine Ehefrau nimmt, aber keinen Vertrag mit ihr schliesst, so ist dieses Weib keine Ehefrau." Folglich ist Abraham aus einem Lande gekommen, wo es so mit der Kenntnis der Schreibkunst stand. Eine wie unnatürliche Voraussetzung ist es demnach, wenn neuerdings vielfach von der Annahme ausgegangen worden ist, **dass nur gerade dieser Mann den Schriftgebrauch nicht gekannt hat!** Zur Widerlegung dieser jetzt gewöhnlichen Voraussetzung braucht man also gar nicht noch daran zu erinnern, dass Juda einen Siegelring trug (1. Mos. 38, 18), wie auch bei den Ausgrabungen in Palästina Siegelringe gefunden worden sind, z. B. 1904 das Siegel des Shemá' zu Megiddo in der Ebene Israel. Auch hat es einen südwestpalästinensischen Ort mit dem **alten** Namen „Schriftstadt" gegeben (Jos. 15, 15 usw.), der später Debîr hiess.

Infolgedessen ist es als natürlich und naheliegend anzusehen, dass **schon in der Zeit der Patriarchen** bei den Hebräern einzelne **Aufzeichnungen** über hervorragende Erlebnisse, wenigstens kurze Notizen über Stammbäume oder bedeutsame Erwerbungen, wie z. B. der Höhle von Machpela bei Hebron (1. Mos. 23, 3 ff.), gemacht worden sind. Betreffs des Zugeständnisses, dass dies der Fall sein könne, ist man leider auch neuestens noch sehr zweifelsüchtig, wie z. B. auch Kittel in seiner Geschichte Israels, Band I (1916), S. 415. Aber warum soll man den Vorfahren Israels ganz naheliegende Dinge, wie den Gebrauch der Schrift zu gelegentlichen Aufzeichnungen wichtiger Erlebnisse absprechen und dagegen eine unnatürliche Gewohnheit, nämlich die Vernachlässigung ihrer Erinnerungen, zumuten? Einen solchen Mangel an Sorge für die Bewahrung ihrer Erinnerungen den Ahnen Israels zuzutrauen, hat man aber nicht nur **kein Recht**, sondern davon werden wir auch noch **durch positive Tatsachen abgehalten**, die sofort entfaltet werden sollen.

Nämlich speziell das Volk Israel **konnte** erstens einen **lebhaften Sinn für die Pflege seiner Erinnerungen besitzen**. Denn wie sehr sind Familien oder Zünfte und Vereine, die sich wertvoller Erinnerungen erfreuen, überall und zu allen Zeiten darauf bedacht, sie von Geschlecht zu Geschlecht zu vererben! Nun ist es aber doch **noch nicht ausgemacht**, dass das Volk Israel keine wichtigen Schätze der Erinnerung betreffs der Anfänge seiner Nation und Religion besessen hat. Folglich entspricht es zunächst nur der **son-**

stigen menschlichen Gewohnheit, wenn dieses Volk von seinen Ursprüngen her einen wachen Sinn für die Erhaltung seiner alten Erinnerungen besass und sie der Nachwelt zu übermitteln strebte. Die Hauptsache aber ist, dass viele Tatsachen den Beweis dafür liefern, dass dem Volke Israel **in Wirklichkeit ein lebendiger Sinn für die Pflege seiner alten Erinnerungen innegewohnt hat.**

Einzelne Proben von diesen Tatsachen sind die folgenden: **Erstens** zeigt das Volk Israel **tatsächlich eine lebendige Aufmerksamkeit auf die Stufen des gewöhnlichen Fortschritts.** Denn wieviele Male wird im althebräischen Schrifttum der Wechsel von Ortsbezeichnungen notiert! Die Reihe dieser auffallenden Bemerkungen beginnt mit dem Satze „Bela, das ist (das spätere) Zoar" (1. Mos. 14, 2), und so gibt es eine lange Reihe von Stellen, die einen Wechsel in der Benennung oder das Datum einer Stadtgründung (4. Mos. 13, 23) oder des Aufkommens einer Volkssitte (1. Sam. 30, 25) oder die Aenderung der Monatsnamen (1. Kön. 6, 38 usw.) usw. notieren. **Zweitens** hat Israel die Sitte besessen, sich äusserlich wahrnehmbare **Stützen der Erinnerung zu** schaffen. Solche Stützen waren schon alte Bäume, wie die Tamariske, die Abraham zu Beerscheba' pflanzte (1. Mos. 21, 33), denn wenn dieser Baum auch zunächst eine Kultstätte beschatten sollte, so kam der langlebige Baum doch auch zugleich als Anhaltspunkt für die Erinnerung an Abraham in Betracht. Wie sicher fungierte als eine solche Stütze ferner die Höhle des Erbbegräbnisses bei Hebron, die fünfmal im ersten biblischen Buche erwähnt ist (1. Mos. 23, 20 usw.)! Ebensolche Stützpunkte für das Gedächtnis waren die Altäre und Säulen, die zur Erinnerung an eine religiöse Erfahrung (12, 7; 28, 18 usw.) errichtet wurden, ferner der Krug mit Manna, sodann z. B. die Sitte, alle Jahre die Erzählung über den Ursprung des Pessachfestes zu wiederholen (2. Mos. 13, 8—10) usw., wie das ganze Material in meinem Kommentar zum 1. Buch Mose, S. 84 ff. gesammelt ist. Und übersehen wir **drittens** nicht das deutlichste von diesen Mitteln, die alten

Erinnerungen in ihrer Echtheit zu erhalten! Dieses deutlichste Mittel ist natürlich die **Anlegung von Büchern**, in denen die Erinnerungen aufgezeichnet wurden, und gab es etwa keine solchen Bücher im alten Israel? Man möchte es fast meinen, da wieder der amerikanische Gelehrte Albert Knudson[20]) oder Delitzsch und Erbt kein Wort von diesen **alten Büchern** sagen. Aber zwei von ihnen sind ja **ausdrücklich zitiert**. Das erste ist „Das Buch von den Kriegen des Ewigen" (4. Mos. 21, 14), in welchem die Kämpfe erzählt wurden, die unter der unsichtbaren Führung des Herrn[21]) zur Ehre seines Namens und zur Beschützung seines Volkes ausgefochten wurden. Vielleicht kann darin zuerst der Kriegszug Abrahams gegen Kedorlaomer (1. Mos. 14) erzählt gewesen sein! Das zweite alte Buch, das ausdrücklich als Quelle zitiert wird, ist das „Sepher ha-jaschar" (Jos. 10, 13 usw.), das nach den daraus angeführten Texten eine poetische Anthologie war, und Poesien haben nach den neueren Forschungen die ältesten Bestandteile vieler Literaturen, wie z. B. der indischen und arabischen, gebildet. Ausser diesen **direkten** Zitaten gibt es aber noch eine lange Reihe von **in**direkten. Denn z. B. die Segenssprüche Jakobs über seine Söhne (1. Mos. 49, 3—27) sind ein vom Erzähler der Patriarchengeschichte in seinen Bericht eingeflochtenes Material. Ein solches sind aber auch z. B. „die zehn Worte" (2. Mos. 20, 2—17), ferner „das Bundesbuch" (24, 7) usw. Also dies alles ist **übersehen worden**, wenn viele neuere Darsteller die ältesten Geschichtsquellen Israels über seine früheste Zeit **nur so einfach** „aus dem 9. oder 8. Jahrhundert" herleiten.

Und das lebendige Interesse für seine früheste Geschichte, welches Israel nach vielen — freilich von den meisten Neuern ignorierten — Anzeichen besessen hat, erweist sich endlich auch noch durch viele Spuren der **weltgeschichtlichen Orientiertheit, der Unparteilichkeit und der Unterscheidung älterer und späterer Zeit** als wirklich vorhanden.

---

20) The religions Teaching of the Old Testament (New York 1919).
21) Vgl. „ich bin der Fürst über das Heer des HERRN" (Jos. 5,14).

Lassen Sie mich von diesen drei Eigenschaften der Geschichtsbücher Israels über seine früheste Zeit nur je einen einzigen Beleg geben! Nämlich z. B. die Angabe, dass Abraham zu Hebron mit Hethitern verhandelte (23, 3 ff.), war in der neueren Zeit oft ein Gegenstand des Zweifels oder sogar des Spottes (z. B. für Stade)[22]). Aber das Zeugnis der Amarna-Briefe hat die Richtigkeit dieser israelitischen Ueberlieferung erwiesen, wie dies ausführlich in meiner Erklärung von 1. Mos. 23, 20 dargelegt ist. Neben diesem Beleg für die s i c h e r e  O r i e n t i e r t h e i t der althebräischen Geschichtsschreibung stelle ich folgenden einzigen Beweis für ihre u n p a r t e i i s c h e  O b j e k t i v i t ä t. Welches andere Geschichtbuch des Altertums hat die eigene Nation so oft getadelt, wie die Geschichtsbücher Israels dies von 2. Mos. 16, 2 an tun? Ja, sie haben auch sogar bei solchen Persönlichkeiten, die im allgemeinen zu rühmen waren, doch einzelne Schwächen nicht verschwiegen. Ist doch sogar über Abraham berichtet, dass er, weil er seine Frau halbrichtig seine Schwester genannt hatte, einen Verweis des Pharao und die Ausweisung aus Aegypten erfahren musste (1. Mos. 12, 10 ff.). Als hauptsächlichster Beweis für die tatsächliche Zuverlässigkeit der Geschichtsbücher Israels über dessen älteste Zeit ist aber noch folgende Tatsache zu erwähnen. Das ist d i e  U n t e r s c h e i d u n g  e i n e r  v o r m o s a i s c h e n  P e r i o d e im Geschichtsbewusstsein Israels. Also aller Glanz, in welchem die mosaische Epoche als die Jugendzeit (Hos. 11, 1) des israelitischen Volkes strahlte, hat doch nicht das Licht erbleichen lassen, das aus noch früherer Zeit herüberfunkelte. Nein, trotz der überragenden Grösse, die Mose als der gottbegnadete Vermittler einer Hauptwende in der Existenz Israels besass, sind doch Abraham und Jakob als die Anfänger des nationalen Daseins und der religiösen Sonderstellung des israelitischen Volkes anerkannt, ja auch Isaak, obgleich er nicht so hervortrat, dabei n i c h t  v e r g e s s e n  w o r d e n! Und doch wie natürlich wäre es gewesen, wenn Israel a l l e Grundlagen

---

[22]) Stade, Geschichte des Volkes Israel, Band I, S. 143.

seines völkischen und kulturellen Daseins erst in Moses Zeit hätte eingesenkt sein lassen! Oder haben nicht andere Völker des Altertums den ganzen Ausgang ihres Daseins auf je einen einzigen sogenannten Heros eponymos zurückgeführt und die mehreren als B r ü d e r gedacht? Man denke nur an den Achaios der Achäer oder den Jon der Jonier? Aber Israel hat drei a u f e i n a n d e r folgende Stammväter vor Mose gekannt! Die Geschichtsschreibung Israels über dessen früheste Zeit muss doch bessere Grundlagen besessen haben, als neuerdings viele behaupten. Die U n t e r s c h e i d u n g  d e r  v o r m o s a i s c h e n P e r i o d e ist auf jeden Fall ein Kardinalpunkt bei der Würdigung der Geschichtsbücher des alten Israel, und wenn es mir gelingt, dies endlich in der Wissenschaft zur Anerkennung zu bringen, wird der biblischen Wahrheit ein grosser Dienst geleistet sein.

Weil nun aber die Geschichtsbücher Israels über seine älteste Zeit aus so lebendigem Sinn für die Pflege der Erinnerungen, geboren sind und so viel tatsächliche Spuren von Uebereinstimmung mit der geschichtlichen Wirklichkeit aufweisen, wie ich heute hier in aller Kürze darlegen konnte, so b e s t e h t  a u c h  k e i n  R e c h t, das Bild der Patriarchenreligion, das in diesen ältesten Geschichtsbüchern Israels überliefert ist, als ungeschichtlich zu bezeichnen und zu ignorieren.

Trotzdem aber schwirrt eine neuere Anschauung über den Gottesglauben der Patriarchen durch viele Bücher unserer Tage, wie wir diese Anschauung in folgenden Worten Gunkels lesen: „Die Religion Abrahams ist in Wirklichkeit die Religion der Sagenerzähler, die sie Abraham zuschreiben". So steht es — denn man hält es vielleicht garnicht für möglich — bei Gunkel in seinem Kommentar zu 1. Mose, S. LXXIX.

Ist das wahr? Wir protestieren dagegen schon auf Grund der dargelegten Beschaffenheit der Geschichtsbücher Israels über seine Anfänge, die von keinem Wellhausenianer so untersucht worden ist. Aber die wörtlich angeführte Behauptung Gunkels gibt uns den — man kann sagen — erwünschten Anlass, die Frage nach der geschichtlichen Wirklichkeit der überlieferten

Patriarchenreligion noch von einer a n d e r n Seite her ins Auge zu fassen. Jetzt gilt es, die überlieferte Patriarchenreligion mit der s p ä t e r e n Gestalt der prophetischen Religion Israels zu vergleichen. Um dies aber tun zu können, müssen wir erst das Bild von der Patriarchereligion betrachten, das sich in den alten Quellen widerspiegelt. Und was schauen wir da?

In der Gottesvorstellung der Patriarchen steht die Eigenschaft der M a c h t im Vordergrund, denn der Hauptname Gottes ist in der Patriarchenzeit „El schaddaj, der allmächtige Gott" (1. Mos. 17, 1 usw.) oder „der Gegenstand der Scheu Isaaks" (31, 42. 53) oder bei Jakob der Starke und Allmächtige (49, 24. 25). Ferner als Bundesforderungen treten nur folgende auf: die Verpflichtung zu religiös orientierter Sittlichkeit, wie es uns aus der göttichen Kundgebung „Ich bin der allmächtige Gott, wandle vor mir und sei fromm!" (17, 1) entgegentönt. Dazu gesellt sich noch die Forderung der Beschneidung der acht Tage alten Knaben zu ihrer Weihung als Bürger des besonderen Gottesreiches (17, 10). Sodann auf dem Gebiete der positiven Kultuseinrichtung, welche Einfachheit! Denn als Kultusstätte diente stets nur ein Altar (12, 7 usw.) und als gottesdienstliche Handlung begegnet nur Darbringung von Brandopfer und Schlachtopfer, also keine Speisopfer usw. Endlich als Bundesverheissungen sind bloss diese berichtet: die Zusicherung eines Landes als der irdischen Stätte des speziellen Gottesreiches (12, 2 usw.), ferner Grösse der Volkszahl (ebenda) und die Stellung der wahren Abrahamsnachkommenschaft als der Vermittlerin der Segnung der ganzen als Einheit gedachten Menschheit (12, 3 b und so fünfmal schon im ersten biblischen Buche).

Welches eigenartige Bild der prophetischen Religion Israels reflektieren uns also die Quellen als die Patriarchenreligion! Entspricht diesem Bilde eine spätere Gestalt der prophetischen Religion? Nein, durchaus nicht. Alle späteren Erscheinungsformen dieser Religion sind in bezug auf die Gottesnamen, die Bundesforderungen, die Kultuseinrichtungen und die Verheissungen v e r s c h i e d e n von der in den ältesten Geschichtsbüchern überlieferten Religion der Erzväter. Deshalb ist jener Satz

Gunkels: „Die Religion Abrahams ist die Religion der Sagenerzähler, die sie Abraham zuschreiben" aus der Luft gegriffen und eine Zerstampfung der Geschichtsquellen. In jenem Satze Gunkels zeigt sich nur die Erscheinung, dass viele neuere Bearbeiter der Geschichte Israels das, was in den Quellen steht, i g n o r i e r e n und anstatt dessen einen Neubau n e b e n den Quellen k o n s t r u i e r e n.

Wie aber mag dieses jetzt häufige Verfahren veranlasst worden sein? Diese Frage führt uns zum dritten und letzten Teile der Behandlung meines heutigen Themas.

### III.

D i e  d a r w i n i s t i s c h e  G e s c h i c h t s a u f f a s s u n g  d e r n e u e r e n  Z e i t  a l s  d r i t t e  H a u p t g e f a h r  f ü r  d i e A n e r k e n n u n g  d e r  P a t r i a r c h e n r e l i g i o n.

Die zuletzt gestellte Frage kann ihre Hauptantwort nur in diesem Satze finden. Der Kampf gegen die Anerkennung der in den Geschichtsbüchern bezeugten Patriarchenreligion besitzt seinen Hauptausgangspunkt in der modernen materialistisch-darwinistischen Geschichtsauffassung. Nach dieser Grundmeinung vieler neueren Geschichtsdarsteller soll auch in der Religionsgeschichte Israels kein Funke aus einer höheren Welt aufgeblitzt sein und keine Kraft vom Jenseits her gewaltet haben. Nach dieser Grundansicht muss vielmehr auch die prophetische Religion Israels v o n  p r i m i t i v e n  A n f ä n g e n  a u s  s i c h a l l m ä h l i c h  e m p o r e n t w i c k e l t  h a b e n, wie dies in den Eingangs zitierten Worten Wellhausens gerade heraus ausgesprochen worden ist. Unter dem Einflusse dieser Grundvoraussetzung ist es geschehen, dass von den meisten neueren Bearbeitern der ältesten Geschichte Israels an die Stelle des Bildes von der Patriarchenreligion, welches die Quellen widerspiegeln, ein anderes primitives Bild gesetzt wird.

1. Aber ist es erstens sicher oder auch nur wahrscheinlich, dass die Patriarchen A h n e n k u l t u s getrieben haben? In seiner „Biblischen Theologie des A. T.", Band I, § 51 spricht Stade von „den Ahnengräbern" Israels und behauptet: „Die

enge Beziehung von Ahnengrab und Kultstätte tritt uns entgegen zu Hebron im Grabe der Sara, zu Sichem im Grabe Josephs, zu Kades Barnea im Grabe Mirjams". Aber er führt kein Wort des Beweises dafür an, dass an diesen Grabstätten von alten Israeliten ein Kult getrieben worden wäre, und er hätte auch keinen Beweis anführen können. Denn die Geschichtsquellen enthalten keine Spur davon, dass beim Erbbegräbnis zu Hebron Abraham oder Sara ein Kultus gewidmet worden wäre usw. Dann erinnert Stade allerdings an die „Eiche des Weinens" über dem Grabe der Amme Debora (1. Mos. 35, 8). Aber „Eiche des Weinens" ist n i c h t, wie Stade sagt, soviel wie „Eiche' einer Kultusstätte oder des Opferns". Da sieht man, wie unter dem Einfluss der entwicklungstheoretischen Schablone, nach der die Erzväter auf einer niederen Religionstufe gestanden haben m ü s s e n, die Aussagen der Quellen umgedeutet werden. Ausserdem wäre die aus Mesopotamien mitgebrachte Amme doch auch nicht natürlicherweise ein Gegenstand des Kultus von Israeliten gewesen.

Eine weitere Stütze für Ahnenkultus des alten Israel findet die jetzt herrschende Richtung der Darstellung der israelitischen Religionsgeschichte in 5. Mos. 26, 14. Darnach musste der, welcher Erstlinge ablieferte, vor dem Priester erklären, dass er von den betreffenden Früchten nichts in bezug auf (= für) einen Toten gegeben habe. Aber dabei braucht nur die Verwendung eines Teiles dieser Früchte „zur Speise für einen Toten" gemeint zu sein, wie auch z. B. Steuernagel in seinem Kommentar zu 5. Mos. 26, 14 urteilt. Der Gebrauch aber, den Verstorbenen Speise und Trank an das Grab hinzustellen, war im Altertum weit verbreitet und auch im alten Volke Israel bekannt. Denn z. B. bei den Arabern ist der aus dem Gehirn der Verstorbenen angeblich entstandene Totenvogel manchmal durstig und schreit am Grabe; „Gebt mir zu trinken *(isqûni)*!", und bei den Hebräern sind „Speisen, die an ein Grab hingelegt sind" noch bei Sir. 30, 18 erwähnt und können da selbstverständlich nicht als Opfer für den Toten gemeint sein.

Wie grundlos Totenkultus den Patriarchen neuerdings von

manchen (Stade, Marti usw.) zugeschrieben wird, ergibt sich auch noch aus folgender Tatsache. Wenn das mosaische Gesetz den Kampf gegen den Ahnenkultus aufzunehmen gehabt hätte, müsste man im Zehngebot eine Frontstellung gegen diese Verehrung der Ahnen erwarten. Aber im mosaischen Grundgesetz (2. Mos. 20, 2 ff.) findet sich zwar ein Verbot der Verehrung jeglicher Bilder von dem, was droben im Himmel ist, usw., jedoch von einem Verbot, der sich gegen Ahnenkultus richtete, findet sich da und in den fünf Büchern Moses überhaupt keine Spur. Im Gegenteil aber habe ich einen von den Neueren übersehenen Hinweis darauf entdeckt, dass der Heroenkult, und das wäre doch die nächstliegende Art von Ahnenkult gewesen, im alten Israel vermieden wurde. Dieser Hinweis liegt in der Erzählung, dass das Grab Moses verborgen wurde (5. Mos. 34, 6). Man sollte nicht etwa zum Grabe Moses wallfahrten und ihm Verehrung weihen.

2. Aber in dem Suchen nach einer primitiven Religionsstufe der Patriarchen sind die meisten Neueren noch weiter gegangen. Sie haben den Erzvätern auch F e t i s c h d i e n s t, Verehrung von heiligen Steinen, Quellen oder Bäumen, in denen Dämonen wohnen sollten, zugeschrieben. So lesen wir es bei Stade, Biblische Theologie §. 15, 2; bei Gunkel im Kommentar zu 1. Mose, S. 319 und bei vielen andern Wellhausenianern. Aber ist es denn auch nur wahrscheinlich, dass die Patriarchen auf der Stufe des F e t i s c h d i e n s t e s gestanden haben?

Die Beziehung dieser Frage will man auf die Erzählung über Jakobs Erlebnis auf seiner Wanderung nach Mesopotamien (1. Mos. 28, 11.ff.) gründen. Da wird uns ja berichtet, dass Jakob in seiner Anspruchslosigkeit beim ersten Nachtlager einen Stein sozusagen zu seinem Kopfkissen wählte und dann im Traum die Engel Gottes an der Himmelsleiter auf- und niedersteigen sah. Aber wollen die Worte, die dann von V. 17 an folgen, wirklich den Gedanken ausdrücken, dass Jakob jenen Stein als die Wohnung eines göttlichen Wesens, demnach als einen Fetisch betrachtet habe? Wird die jetzt weit verbreitete Bejahung dieser Frage wirklich dem Texte gerecht? Fragen wir seine einzelnen Teile nach ihrer Antwort!

Nun gewiss, Jakob richtete jenen Stein als eine Mazéba, eine Säule auf (V. 18a). Aber genau so wird von ihm auch erzählt, dass er einen Stein als Zeichen der Erinnerung an den Vertrag mit Laban aufstellte, und dieser Stein heisst ebenfalls Mazéba (31, 45). Folglich braucht auch die Mazéba von 28, 18 nur ein Denkstein, ein Stein der Erinnerung an ein aussserordentliches Erlebnis zu sein. Ferner goss Jakob Oel oben auf den Stein (28, 18b). Aber dies ist nur ein Ausdruck für „salben" denn ganz eben dieselbe Redeweise steht in 3. Mos. 8, 12 und 1. Sam. 10, 1 anstatt „er salbte ihn", und die Worte von 28, 18b sind auch in 31, 13 durch *maschach* „salben" ersetzt, und jenes Salben braucht nur einen Akt der Weihung, nämlich zu einem Denkmal und Grundstein eines Gotteshauses zu bezeichnen. Denn so wird das Salben auch in bezug auf den Altar usw. gebraucht (2. Mos. 29, 36 usw.). Also der Gedanke, dass Jakob jenen Stein als einen Fetisch, als die Wohnung eines Geistes, betrachtet habe, lässt sich n i c h t p o s i t i v aus dem Text von 1. Mos. 18, 17 ff. erweisen.

D a g e g e n aber, dass die Erzählung den Stein als einen Fetisch habe charakterisieren wollen, sprechen mehrere Gründe a u s d r ü c k l i c h : Erstens lautet der Ausruf Jakobs n i c h t „Wie furchtbar ist dieser Stein!", sondern „Wie furchtbar ist dieser O r t !" (V. 17a). Zweitens benannte Jakob auch n i c h t den Stein, sondern „diesen O r t" als Beth-el „Haus Gottes" (V. 19a). D i e s ist die in den hebräischen Worten ausgeprägte Idee von „Beth-el", denn das wird durch den Zusatz „aber Lûz war früher der Name der Stadt" (V. 19b) unwidersprechlich bestätigt. Drittens ist der Stein auch in V. 22 n i c h t „Haus Gottes" genannt, wie z. B. von William Robertson Smith in seinem berühmten Buche „Die Religion der Semiten" ausdrücklich behauptet wird. Denn V. 22 heisst vor allem nicht „Dieser Stein i s t ein Gotteshaus". Sodann kann V. 22 auch nicht mit Smith übersetzt werden „und dieser Stein soll ein Gotteshaus s e i n". Denn nach der Meinung von Smith und den Wellhausenianern überhaupt wäre dieser Stein s c h o n  d a m a l s bei Jakobs Wegwanderung eine Gotteswohnung g e w e s e n, und der ebenerwähnte Wortlaut jener Uebersetzung würde also unsinnig sein. Nein, V. 22 muss natürlich unbedingt heissen „und dieser Stein soll ein Gotteshaus w e r d e n", d. h. den Anfang von einem ganzen Gotteshaus bilden. Also der Text enthält mindestens drei e n t s c h e i d e n d e  H i n d e r n i s s e der Auffassung jenes Steines als eines Fetisches.

Was nun aber mag, trotzdem dass die Sache nach dem Texte so liegt, die jetzt so vielfach vertretene Behauptung veranlasst haben, dass jener Stein doch von Jakob als ein Fetisch verehrt worden sei? Nun als Sprungbrett zu dieser Behauptung wird die Stelle 35, 7 benützt, wo wir von Jakob lesen: „Und er baute einen Altar und nannte den Ort „Der Gott von Bethel". Dies bedeutet „der Gott, der sich in Bethel kundgegeben hat", wie die Fortsetzung „denn dort hatte sich ihm die Gottheit enthüllt" verlangt. Diese Benennung des gebauten Altars mit „Der Gott von Bethel" prägt nur die dankbare Erinnerung daran aus, dass Gott einstmals diesen Ort — aus gnädigem Erbarmen mit dem so einsamen Jüngling — als Erscheinungsstätte gewählt hatte. Aber e i n e  G l e i c h s e t z u n g  d e s  A l t a r s  m i t  d e r  G o t t h e i t  d a r f  d e m  E r z ä h l e r  n i c h t  z u g e s c h r i e b e n  w e r d e n. Denn dieser lässt ja Gott v o m  H i m m e l  h e r sich enthüllen (21, 17 usw.). Also bemerkt Kautzsch in seinem Bibelwerk mit Unrecht zu 35, 7: „Diese Stelle zeigt, dass das n u m e n  l o c i [d. h. der Lokalgott] von 28, 17 ff. auch für den Erzähler von 35, 7 noch unvergessen war". Nein, d e r  T e x t  v o n  35, 7  z e i g t  d a s  n i c h t, sondern die Gleichsetzung jenes Altars mit der Gottheit beruht bei Kautzsch und den andern Wellhausenianern nur auf der V o r a u s s e t z u n g, dass die Patriarchenreligion auf der Stufe des Fetischismus gestanden habe. [23]

---

[23] Eine noch weitere Auseinandersetzung mit den Wellhausenianern über diesen wichtigen Punkt gibt meine kürzlich erschienene „Theologie des alten Testaments" (1922, S. 37f.

Von dieser Grundanschauung aus ist jetzt die Methode beliebt geworden, von den tatsächlich im Texte stehenden Aussagen **wegzublicken** und **in die vorgeschichtliche Zeit zurückzugreifen**. Dieses Verfahren ist aber einfach eine Flucht in den leeren Raum zu nennen. Wie diese Methode die Grenzen der **Zeit** unrichtig überschreitet, so überspringt eine andere neuere Methode die Schranken des **Raums**. Nämlich oft neigt man jetzt dazu, die in den althebräischen Schriften auftretenden Erscheinungen aus dem gegenwärtig vielgenannten **Milieu** erklären zu wollen, also nach dem zurechtzuschneiden, was in der altsemitischen oder sonstigen Kultur des Altertums gefunden wird. Dieses Verfahren setzt als selbstverständlich voraus, dass die wahre Religion Israels **keine Eigenartigkeit** besessen haben **könne**. Diese Voraussetzung ist aber **der Ruin der Kulturgeschichtsforschnng**. Denn wenn nicht mehr das Eigenartige in den Quellenberichten beachtet und geschützt werden soll, dann braucht man gar keine Quellen mehr. Dann kann man sich den Verlauf der Geschichte **selbst** konstruieren, wie es ja neuerdings vielfach in bezug auf die Vergangenheit Israels versucht wird. Aber dann ist die Arbeit dieser Darsteller nicht mehr Geschichte, sondern Philosophie oder — Phantasie. Diese neuere Behandlung zunächst der Patriarchenreligion ist aber nicht nur methodisch oder formell falsch, sondern auch kurzsichtig oder beschränkt. Denn diese Behandlungsweise blickt nicht auf das Ganze und hauptsächttich nicht auf den **Ausgang** der Religionsgeschichte Israels. Oder welche andere Religion des Altertums hat, um nur zwei Momente herauszugreifen, dahin geführt, dass der Monotheismus und die Bildlosigkeit des Kultus zur Religion **des ganzen Volkes** geworden ist? **Keine** andere Religion des Altertums hat eine solche Frucht getragen. Dieser einzigartige Ausgang der Religionsgeschichte Israels weist auf einen einzigartigen Anfang zurück und das war eben das religiöse Erlebnis Abrahams.

Das Resultat der hier geführten Untersuchung ist also kurz dieses: Einerseits konnte die überlieferte Patriarchenreligion nicht aus den althebräischen Geschichtsbüchern gestrichen werden, weil deren Zuverlässigkeit durch zuviel Umstände gesichert wird, und andererseits konnte keine andere Religion, wie Ahnenkult und Fetischismus, als die der Patriarchen erwiesen werden. Demnach ist die in den Geschichtsquellen sich widerspiegelnde Patriarchenreligion als die wirkliche anzuerkennen. Der dreifache Ansturm der neueren Zeit gegen die Geschichtlichkeit der Patriarchenreligion konnte demnach abgeschlagen werden. Sie ist aufs neue als die erste Stufe der biblischen Religionsgeschichte erwiesen worden, die mit einem erhabenen Lichtstrahl aus dem nur für gewöhnlich verschlossenen Welthintergrund begann, um einst in dem ewigen Glanze der göttlichen Herrlichkeit zu enden.

## Psychoanalytischer Deutungsversuch einiger Riten des Versöhnungstages.

Von Dr. **Armin Blau**, Hamburg.

Ideen haben ihre Schicksale wie Menschen, haben ihre Zeit, ihr Zeitalter, sie steigen auf am Himmel der derzeit geltenden Wissenschaft, blenden die wissensdurstigen Jünger, dann versinken sie allmählich in Nichtachtung und werden nicht mehr „gefragt". So war vor Jahrzehnten die Idee des Vitalismus stark in Mode (Schelling); zur Zeit Darwins und seitdem noch jahrzehntelang ist in allen Wissenszweigen die Idee der „Entwicklung" allbeherrschend gewesen; vor anderthalb Jahrhunderten war die „Rückkehr zur Natur" das vielberufene Prinzip, kurz, jede Generation, jede Idee schafft sich einen Anhängerkreis, ohne Rücksicht auf ihren ewigen Wahrheitsgehalt und ihre Lebensfähigkeit. Zumal in unsrer chaotischen Zeit bedarf es oft fast nicht einmal mehr einer richtig systematisierten „Idee", um „Gruppen" in Bewegung zu setzen und „Richtungen" zu schaffen, sondern es bedarf mitunter nur eines kräftigen Schlagwortes und eines kraftvollen Vertreters, um eine Gruppe und Schule zu gründen. Mitunter ist die Zentralidee gesund, für gewisse

Wissenszweige als Regulativ wertvoll, doch dann kommen die Kärrner und kleinen Händler und beuten die von der Zentralidee abfallenden Schlagworte fleissig aus, finden da ein Körnchen, dort ein Körnchen, setzen emsig Steinchen an Steinchen und bauen mit den paar von dem Meister erborgten Groschenideen, und Zwerggedanken auch ihrerseits ein „System" zurecht.

F r e u d mit seiner Erfindung der Psychoanalyse ist der Meister, und Th. R e i k[1]) und Karl A b r a h a m und andere, meistens junge Aerzte, seine anbetenden Jünger. Psychoanalyse ist das Allheilmittel für alle dunklen Gebiete der Wissenschaft, für Kunst, Literatur, Mythologie, Psychologie, Religionswissenschaft, kurz für alle Geisteswissenschaften.

Die P r o b l e m e d e r G e s c h i c h t e d e s j ü d i s c h e n K u l t u s sind das neueste Jagdgebiet, auf dem diese wenig skrupulösen Völkerpsychologen leichte Trophäen zu erbeuten suchen, umso leichter, als auf diesem Gebiete des Glaubens und der blossen Ueberlieferung die sogen. „exakten" Wissenschaften noch verhältnismässig wenig gesicherte Resultate aufzuweisen haben und jede Hypothese eigentlich leichtes Spiel hat. Vielleicht aber haben sich die beiden jungen Forscher Reik und Abraham doch die Sache z u e i n f a c h gemacht und gedacht, vielleicht ist das Gebiet, auf das sie sich begeben, nämlich die Ergründung des S c h o f a r - und K o l - N i d r e p r o b l e m s, u n s n o c h z u n a h e l i e g e n d, um ihnen mit nebelhaften Scheintheorien zu Leibe zu gehen — jedenfalls bleibt es dankenswert, auch den Argumenten des Kampfgenossen Dr. K a r l A b r a h a m[2]) nachzugehen und sie auf ihre Stichhaltigkeit zu prüfen. Gelingt es mir vielleicht auch nicht, seine Gründe zu widerlegen, so hoffe ich wenigstens die Position des Gegners zu schwächen und ihn und seine Theorie aus dem Gebiet des „Wissens" in das Gebiet des „Glaubens" und Vermutens zu verdrängen. —

[1]) s. meine Aufsätze über Psychoanalyse im Jeschurunhefte 1/2 und 3/4 des VIII. Jahrgangs.

[2]) „Der Versöhnungstag" Bemerkungen zu Reiks „Probleme der Religionspsychologie", von Dr. K. Abraham, in der Zeitschrift: „Imago", Zeitschrift für Anwendung der Psychoanalyse auf die Geisteswissenschaften, VI. Band Heft 1, Seite, 80—90.

Wir erinnern einleitend an den Hauptgedanken der Reikschen Ausführungen (s. Jeschurunheft VIII. 3/4, Seite 138 f.), wonach im K o l - N i d r e die jüdische Gemeinde sich radikal gegen das Bundesverhältnis mit Gott wendet und den in der Brith (ברית) auf sich genommenen Zwang der Heilighaltung der Eide, insbesondere des Eides der Enthaltung von Vatermordgedanken gegen Gott, abschütteln möchte. Diese Zwangsauflehnung geschieht u n b e w u s s t ,. triebartig, urinstinktmässig, wie bei den Zwangsneurotikern, die trotz aller Uebergewissenhaftigkeit oder gerade deshalb von Zeit zu Zeit ein Auflehnungsbedürfnis zur B r e c h u n g ihrer Vorsätze empfinden und die wenigstens in G e d a n k e n und Worten sich in einem Excess des Verbotenen austoben, um dann bald darauf wieder in Reue und Zerknirschung Enthaltsamkeit von der verbotenen Tat doppelt feierlich und fest zu geloben. Alle Eide und Gelübde gehen zurück (nach Freuds Totemforschungen) auf eine in grauer Vorzeit anlässlich eines mutmasslichen Vatermordes an Gott eingegangene B u n d e s v e r p f l i c h t u n g , nie wieder derartige Mordpläne zu sinnen oder auszuführen. Das Kol-Nidre enthält demnach seinem u n b e w u s s t e n I n h a l t nach das Doppelte, a m b i v a l e n t e Gefühl: das triebartige verpönte Gefühl der A u f l e h n u n g gegen die uralte Eidesverpflichtung, und das R e u e g e f ü h l des Gehorsams gegen den mächtigeren, strafenden Vatergott und das Versprechen zukünftigen unbedingten Gehorsams (s. g e n a u Jeschurun, l. c. 139/41).

Nun hat Karl A b r a h a m an diesen Ausführungen Reiks, die er übrigens bewundernswert in ihrem Scharfsinn findet, nur den e i n e n Punkt auszusetzen, dass der Autor das Kol-Nidre nur i s o l i r t der psychoanalytischen Deutung unterworfen habe, ohne es in tieferen psychologischen Zusammenhang mit dem g e s a m t e n ü b r i g e n . R i t u s d e s V e r s ö h n u n g s t a g e s gebracht zu haben. Es müssten sich doch in enger Nachbarschaft psychologische Erscheinung aufweisen lassen, so meint Abraham, die eine t i e f e r e u r s ä c h l i c h e Verknüpfung des Kol-Nidre-Ritus mit dem übrigen Zeremoniell des

Jaumkippur verraten. Diese L ü c k e in der Beweisführung Reiks sucht A b r a h a m durch seinen Beitrag auszufüllen. Abraham will den Reikschen Untersuchungen eine weitere Umrahmung" und tiefere Verankerung im ganzen J a u m - K i p p u r - R i t u a l schaffen.

In der Tat sind viele Erscheinungen und Vorschriften des Versöhnungsfestes, höchst seltsam und erheischen dringend einer rationellen Klärung. Diese Klärung kann uns, so meint Abraham, restlos und zwanglos die Psychoanalyse in der Reikschen Ausdeutung bringen.

Als e r s t e seltsame Erscheinung geht dem eigentlichen Versöhnungsfeste bekanntlich das sogenannte „K a p p o r a u s - S c h l a g e n" voraus. Die Zeremonie besteht in einem dreimaligen Schwingen eines Hahns oder einer Henne um den Kopf des zu Entsühnenden unter Aussprechen der Gebetformel „dies ist mein Sühnopfer, dies mein Stellvertreter, dieser Hahn (Henne) soll an meiner Statt in den Tod gehen". Nach Abrahams Darstellung findet diese Zeremonie „n a c h ͵ s t r e n g e m' R i t u s" statt. Was liegt nach der Ideologie eines Freudschülers näher, als in diesem Ritus den Rest eines ehemaligen T o t e m o p f e r s zu erblicken! Das Totemopfer wird nach der Schwingung geschlachtet und opferdienstmässig im Familienkreise verzehrt. Der Opfernde identifiziert sich mit dem Totemopfer; in jedem Hause wird also (nach Freudscher Terminologie) vor Beginn des Versöhnungsfestes die T o t e m m a h l z e i t gehalten, und so das „Urverbrechen" an dem Vatergott sozusagen im kleinen alljährlich wiederholt. Daran schliesst sich nun der Kol-Nidre-Ritus, der nach Reik abermals einen versteckten Bruch des Briss-Gedankens, eine Auflehnung gegen das Bundesverhältnis mit Gott und die feierliche Versicherung der Nichtwiederholung des „Urverbrechens" bringt. Auch das F a s t e n am Jaum-Kippur soll weiter eine Art Selbstbestrafung und Kasteiung für die Tötung und Verspeisung des Totemopfers darstellen. Dass nach dieser Auffassung dieses höchste und erhabenste Fest der Menschheit jeder h ö h e r e n W e i h e u n d V e r i n n e r l i c h u n g entkleidet wird und an deren Stelle

eine rein heidnische, ja barbarische, an Menschen-
opfer gemahnende, materialistische Clansitte tritt, das wird
diese nur die prähistorischen Urmotive ins Auge fassenden
Völkerpsychologen wenig genieren: die ethische Motivierung und
Vertiefung des Versöhnungstages kann ja viel späteren Datums sein.
Proteste und feierliche Versicherungen, dass wir heutigen Juden
nichts von derartigen Motiven und Trieben verspüren, werden hier
wenig verfangen. Hier hilft nur eine sachliche Widerlegung. Zunächst irrt Abraham, wenn er den Minhag des Kapporo-Schwin-
gens als von einem „strengen Ritus" gefordert bezeichnet.
Im Talmud hat dieser Brauch absolut keine Wurzel.
(In Chulin p. 95 b findet sich eine Stelle, aus der zu entnehmen
ist, dass man in Palästina am Vorabend des Versöhnungsfestes
die Eingeweide aller geschlachteten Tiere auf das Hausdach
den Vögeln zum Frasse warf, um Barmherzigkeit gegen die Tiere
zu üben, geradeso wie wir Menschen in diesen Tagen von Gott
Barmherzigkeit erflehn. Keineswegs ist dieser Stelle zu entnehmen, dass man gerade für Jaum-Kippur die Zahl der „Opfer-
tiere- oder Vögel" besonders vermehrte, oder dass eine spezielle
Gattung gefordert war.) Im Orach Chajim (ס' תרי״ה) wird der
Minhag von J. Caro als nicht nachahmenswert (יש למנוע המנהג) bezeichnet, nur der רמ״א erklärt ihn für nachahmenswert, da der
Ari und der Schloh, die zwei bedeutenden Kabbalisten (Ari-
Isaak Luria, geb. 1534, Schloh = שני לוחות הברית Isaia Horwitz
1622), ihn empfohlen hätten. Doch fügen ט״ז und מ״א in ihren
Kommentaren hinzu, man möge alles meiden, was
einem Opfer auch nur entferntest ähnlich
sehen könnte, damit es ja nicht קדשים בחוץ gleiche.
Gegen den Opfercharakter der Kapporaus spricht:
1. Es dürfen nur solche Tier- oder Vogelgattungen gebraucht
werden, die zur Zeit des Tempels als Opfer-Ersatz unbrauch-
bar waren, so מ״א, (also nicht Taube oder Turtel-
taube, die in Leviticus als Opfer-Ersatz für Aermere als zulässig genannten Vögel. Wieder irrt Abraham l. c. S. 83 mit
der Behauptung, dass nach Leviticus jede Geflügelart·
also auch Hahn, Gans u. a. als Ersatz für vierfüssige

Opfer z. Zt. des Tempels dienen konnte.) 2. Die Sitte ist, die Kapporaus an Arme zu **verschenken** (oder wenigstens ein Lösegeld an Arme zu geben), nicht aber eine Totemmahlzeit daraus zu machen. Es ist auch nirgends vorgeschrieben, dass man sie zu einer **bestimmten Stunde**, etwa kurz vor Beginn des Versöhnungstages, schlachten oder verspeisen, **unter bestimmten Riten** verspeisen solle. Im Gegenteil wird sogar erlaubt, die Kapporaus auch später, nur vor dem 7. Tage des Sukkaus (ה"ר) zu benutzen. 3. Jede Erinnerung an Opferritus wie **Auflegen** der Hände auf das Tier, das **Fahnden** nach weissfarbigen Hühnern wird getadelt, letzteres als heidnisch strengstens verworfen. Wenn nun im ganzen **talmudischen Schrifttum** keinerlei Anhaltspunkte für das hohe Alter oder Vorhandensein dieses Minhag in Palästina auffindbar sind, so wird es schwerfallen, mit Abraham zu glauben, dass dieser Gebrauch „**aus heidnischer Vorzeit** stamme, dass er uralt sei, dass ihn unsre Decisoren erst verdächtig gemacht und er jetzt nur einen „Unterschlupf im häuslichen Kultus" gefunden habe. Es ist höchst unwahrscheinlich, dass im **Talmud** von einem solchen etwa bestehenden Brauch nicht **wiederholt** und deutlich die Rede gewesen sein soll; vielmehr **ist wahrscheinlich**, dass sich der Talmud, der jede Art an Opferriten erinnernde Sitten an prominenten Stellen auf schärfste verpönt, (so das Braten eines Opferlamms am Pessach-Abend, wie es sich in Rom eingebürgert hatte, s. Trakt. Pesachim, p. 53a f.) sich auch gegen diese Sitte scharf ausgesprochen hätte.[1]) Es ist also mindestens ein argumentum ex silentio, dass dem Talmud die Sitte unbekannt war. Aus welcher Zeit sie später datiert und welches der Grund der Entstehung ist? Zweifellos waren es **kabbalistische** Anlässe und Einflüsse, mystische Erwägungen, etwa Identifizierung der Menschenseele mit der Tier-

---

[1]) In diesem Zusammenhang ist es nicht unwichtig zu hören, dass auch bei den Falaschas, die in Abessinien leben und seit Jahrtausenden zäh an ihrem jüdischen Glauben festhalten, die Sitte der Kapporaus am Jaum-Kippur nicht bekannt ist. (s. S. Rathjens, Die Juden in Abessinien, Hamburg 1921.)

seele (נפש‎, נפש תחת נפש‎), Abladung menschlischer Verfehlungen auf ein Tier-Individuum, Fortsetzung des Sündenbock-Gedankens (שעיר המשתלח‎) und dgl., die da mitgesprochen haben. Auf jeden Fall ist aus dem Protest· R. Josèf Karos im Schulchan Aruch gegen die Beibehaltung des Minhag zur Genüge erwiesen, dass es sich um eine zur damaligen Zeit (1575) noch nicht feststehende Volkssitte handelte, keineswegs aber um eine uralte, zum festen Bestand des Jaum-Kippur-Zeremoniells gehörige strenge Vorschrift.

Doch hiermit ist diese „Komödie der Irrungen" von Abraham geschrieben noch lange nicht zu Ende, dies war vielmehr nur deren I. Akt. Als nächsten höchst verdächtigen Anklagepunkt im Jaum-Kippur-Ritual hat sich Abraham den Priestersegen ausgewählt. Hier nimmt die Auslegekunst des Artikelschreibers solch bedenkliche, fast groteske Formen an, dass man schon versucht ist, von Monomanie zu sprechen. Die Priester verhüllen bekanntlich ihr Haupt beim Segnen mit Gebetmänteln und erheben die Arme zum Segen, wobei ihnen eine ganz bestimmte Fingerhaltung vorgeschrieben ist, „deren Bedeutung meines Wissens bisher keine befriedigende Erklärung gefunden hat". „Der vierte und fünfte Finger müssen gemeinsam von den drei andern Fingern(?) abgespreizt und während der ganzen Zeremonie in dieser gezwungenen Stellung belassen werden" (ibid.). Woran soll wohl diese höchst merkwürdige Fingerhaltung erinnern? Nun, die Stellung der Finger ist **zweispaltig**, die Fingergruppen sehen einer gespaltenen Klaue ähnlich, und mit einem kühnen Gedankenschwung (ex ungue leonem!) hat Jung-Abraham den Knoten des Priestersegen-Zeremoniells durchhauen: Beim Segnen ahmen die Priester durch das Fingerspreizen die Hufspaltung, die das Kaschruss des Widdertieres kennzeichnende gespaltene Klaue, nach, um so ein Totemtier und somit einen Vatergott-Ersatz zu markieren. Sie hüllen sich zum Ersatz des Widderfells (warum eigentlich hier auch nur „Ersatz", wo man doch durch echte, leicht zu beschaffende Tierfelle die Geschichte viel gruseliger machen könnte?!) in weisse Gebetmäntel. Jetzt versteht man nach Abraham schon leichter die auffallende Gepflogenheit, dass am Jaum-Kippur auch zu Neïla, am Ausgang des Festes, der Priestersegen vorgeschrieben ist: Am Ausgang des Tages wird der Totem, der Vertreter des Vatergottes, nochmals nachgeahmt, und zwar durch die Priester, und diese erneuern und besiegeln nochmals das Treueverhältnis zwischen Gott und seinen Kindern. So Abraham. — Liest ein unbefangenes Auge diese Ausführungen eines Dieners der sogenannten „exakten Forschung", so wird es ihm schwer, ernst zu bleiben und hier nicht vielmehr von Donquichotterie und Pseudowissenschaft zu sprechen. Mein Ausdruck ist hart, aber nicht ungerecht. Es ist doch wohl wissenschaftliche gute Sitte, dass man, bevor man über einen Gegenstand, stofflicher oder ideeller Art, schreibt, urteilt, folgenschwere Schlüsse zieht, dass man den Gegenstand zuerst kennen lernt in seiner bestehenden Form, Informationen einholt in einschlägigen Quellen usw. Dieses Mindestmass jeder Forschungsmethode zu erfüllen hat Abraham verabsäumt, er hat verabsäumt, sich irgendwelche zuverlässige Auskünfte über Priestersegen und was damit zusammenhängt geben zu lassen. Wenn dies „psychoanalytische Forschungen" genannt wird, dass man nach ganz eklektischer Willkürmethode aus einem Prozesse, den man analysieren will, passende Merkmale herausgreift, nichtpassende aber weglässt — nun denn, so richten solche Forschungsmethoden sich selbst.

Was tut Karl Abraham? Wie ist sein Verfahren? Er sieht das Phänomen „Priestersegen", will es rationell und genetisch erklären, nach seiner Psychoanalyse erklären. Statt aber nach Forscher-, — nicht Dilettantenart das Phänomen zuerst quellenmässig zu studieren und in all seinen Daseinsformen zu beobachten, geht der objektive Forscher Abraham einmal oder einigemal in die Synagoge, beobachtet die seltsame Zeremonie des Priestersegens, sieht einige auffallende Merkmale und Riten — und fertig ist das Zauberstück. „Mit Worten lässt sich trefflich streiten, Mit Worten ein System bereiten". Ja, die

Worte sind das Bestechendste, Gleissendste an diesen Wort-Analysen und Deutungen der Freudschüler. Wortrausch, Blutwahn blendet ihr Auge. Die Zauberformel des Meisters soll ihnen alle Geheimnisse der Vergangenheit entschleiern, nur **eine** Zwangsvorstellung beherrscht sie, und so wird der götzenartig angebeteten Theorie sogar manches **intellektuelle** Opfer dargebracht.

Welche Stützen findet Abraham in dem religiösen Phänomen „Priestersegen" für seine Theorie?. Die **eigentümliche Haltung der Hände** bei Erteilung des Segens, die die Form der Spalthufer annehmen sollen. Schon das aber stimmt nicht. Denn Vorschrift ist, dass die Finger so gehalten werden sollen, dass beide zusammengenäherten Hände[1]) **fünf** Lücken oder Fenster bilden sollen (eine zwischen $5+4$ und $3+2$ Finger, eine zwischen $3+2$ und dem Daumen linker Hand, eine zwischen dem Daumen linker und dem rechter Hand, indem sich beide spitzwinklig berühren, dann noch zwei Lücken durch Haltung der rechthändigen wie oben linkshändigen Finger). Diese Fünfzahl der Fenster soll entweder den abgekürzten Gottesnamen symbolisieren (ה׳), nach einer Ansicht, oder eine Anspielung auf eine Bibelstelle (Hohelied, cap. II 9) enthalten (Midrasch Rabba: משגיח מן החלונות מבין כתפיהן של כהנים. מציץ מן החרכים, מבין אצבעותיהם של כהנים, wo also die Finger der weihenden Priester als eine Art durchbrochenes Gitter mit Fenstern dargestellt werden, durch welche die Herrlichkeit Gottes durchscheint.) Die meisten Decisoren fordern **fünf** solcher zu bildende Lücken (s. Orach Chajim 128,12), der Sohar wünscht, dass kein Finger den andern berühren solle, also die Finger alle ausgespreizt, die Lücken somit etwa **neun** an Zahl seien. Von einer Stellung in **gespaltener Klauenform** ist somit **nirgends** die Rede, das Hauptargument Abrahams somit hinfällig und willkürlich angenommen. Denn die in Wirklichkeit geforderte, gebundene oder weitgespreizte Fingerstellung könnte ebensogut an einen — **Hahnenfuss** wie an einspaltige Tierhufer er-

---

[1]) Die Hände sollen nicht senkrecht, sondern **wagerecht**, mit der Innenfläche zur Erde gewendet, gehalten werden.

innern. Also weittragende Schlüsse hieraus zu ziehen (ist doch das Ganze nur Symbol und spätere Zutat), ist wirklich Spielerei.

Auch ist es willkürliche Geheim- und Wichtigtuerei von seiten Abrahams, bei der Gelegenheit zu behaupten, es sei eine merkwürdige Erscheinung, dass nach den Bestimmungen von Leviticus cap. 11 über die Kennzeichen der erlaubten Tiergattungen g e r a d e  d i e  T o t e m t i e r e  „fast allein" praktisch zum Genusse erlaubt in Frage kämen, und zwar wären dies: S t i e r  und  W i d d e r. Mit Verlaub! Es gibt unter den uns bekannten noch andre zum Genuss erlaubte Gattungen, so Hirsch Gazelle, Antilope u. a. (s. Hoffmann, Kommentar zur Stelle). Somit fällt die geheimnisreiche Beziehung weg, die Abraham auf Grund dieser Bestimmung der Spalthufer zwischen Stier und Widder und Totemtier konstruieren will. Die Beziehung ist auch schon deshalb wenig haltbar, da ja nach Abraham selbst die für den Totem geeigneten Tiere nach  h e i d n i s c h e m B r a u c h  z u m  G e n u s s e  g e r a d e  v e r b o t e n  w a r e n, während Stier und Widder nach der mosaischen Bestimmung als die in erster Reihe zum Essen erlaubten in Frage kommen.

Freie Kombination Abrahams ist es des weiteren, wenn er (ib., S. 87) von  d e r  V e r l e g u n g  d e s  P r i e s t e r s e g e n s v o n  d e m  V o r m i t t a g s-  i n  d e n  N a c h m i t t a g s g o t t e s d i e n s t am Jaum-Kippur als von einem höchst sonderbaren Specificum spricht und schnellfertig daraus den Schluss zieht, die Gemeinde wolle am Ausgange des Festes noch einmal an der imitierenden Zeremonie des Totemopfers (die Priester in Uniform des Totemtieres, s. obige Ausführung) sich ergötzen. Wieder hat Herrn Abraham seine leider nur zu zufällige Gastrolle bei irgendeinem Tempelgottesdienste am Jaum-Kippur einen Schabernack gespielt. Hätte er Einblick in die Quellen genommen oder sich bei jüdischen Autoritäten Rat geholt, so wäre ihm leicht der Bescheid geworden: 1. Nicht einer Verlegung des Priestersegens vom Vormittag auf den Nachmittagsgottesdienst hat Abraham beigewohnt, sondern es ist ursprünglich der reguläre Ritus gewesen und noch heute in Süddeutschland (so in Frankfurt a. M.) Sitte, am Jaumkippur dreimal (oder viermal) den Priestersegen sprechen zu lassen; 2. Nach der Mischna' (Taanith IV,) wurde an jedem Fasttage viermal der Priestersegen gesprochen,[1]) also keineswegs bildete der Versöhnungstag mit seinem נעילה-Gebet und dem damit verbundenen Priestersegen eine besondere Ausnahme. Abrahams Kombinationen erweisen sich somit als der freien Fabulierkunst entsprungene Erfindungen.

Bekannt auch die Widerstände, die sich dem ברכת כהנים schon früh entgegenstellten, da der Gedanke aufkam, als wollte das jüdische Gesetz den Priestern eine Mittlerrolle zwischen Gott und Laienmenschen (nach Art der christlichen Auffassung) einräumen. Schlimm wäre es, wenn Abrahams Interpretation des Priestersegens als wissenschaftliche Hypothese nur irgendwelche Wahrscheinlichkeit beanspruchen könnte. Wir wissen, dass unsere Weisen in verschiedenen Aussprüchen der Annahme einer Vertreterrolle des Priesters an Gottesstelle aufs entschiedenste entgegengetreten [2]). Doch auch das glauben wir zu wissen, dass Abrahams geschmackvolle Deutung des Priestersegens als einer Totemzeremonie und der Priester als Totem-Imitatoren selbst bei den ärgsten Naturalisten auf wenig Glauben und Verständnis stossen wird. Wenn schon rationell gedeutet werden soll, dann muss schon etwas mehr ratio aufgewendet werden!

Noch gilt es zum Schlusse einer gewissen undeutlich ausgesprochenen Ansicht des Hypothesenschmiedes Abraham entgegenzutreten, und zwar hinsichtlich der Wahl des Toraabschnittes und der Haftora-Vorlesung zum Mincha-Gottesdienst des Versöhnungstages: Neben dem Motiv der Auflehnung gegen den Vatergott, das Abraham wie Reik im Jaum-Kippur-Ritual aufgefunden zu haben glaubten, fehlt noch das zweite Hauptmoment aus dem Arsenal des

---

[1]) s. Näheres: Elbogen, Der jüd. Gottesdienst in seiner geschichtlichen Entwicklung. p. 68f.

[2]) Reb Ismael lehrte: Israel erhält den Segen von den Priestern, aber von wem werden die Priester gesegnet? Es heisst: „Und ich werde sie segnen", das bedeutet, die Priester segnen Israel, aber ich (Gott) die Priester. (Chulin 49a), s. weitere Stellen Hamburger, R.E. II 938.

Oedipus-Komplexes, das Begehren des Sohnes nach dem Besitz der Mutter (welches das Motiv zum supponierten Vatermord abgeben soll), das Inzestmotiv. Lässt sich nun in dem Jaum-Kippur-Ritual ein Hinweis auf das Mutterinzestmotiv vorfinden? Jawohl, antwortet mit frohem Entdeckermut Abraham; nur so ist die Zweckmässigkeit der Rezitation von Leviticus cap. XVIII zu Mincha zu verstehen, d. h. desjenigen Kapitels, welches die Verbotbestimmungen gegen den Inzest in allen Einzelheiten enthält. Auch schliesst sich sinngemäss die Verlesung der Jona-Geschichte daran an: Jona will sich Gottes Befehl durch Flucht entziehen, begeht also einen Bündnisbruch gegen Gott, wird zur Strafe von einem Tier verschlungen, durch ein Wunder gerettet und erscheint dann als reuiger Sünder. Hier haben wir das allen Mythologien geläufige Motiv des seine Kinder verschlingenden Gottes (so in der griechischen Mythologie Chronos, der seine Kinder verzehrt, und ähnlich in babylonischen Religionsvorstellungen), dies der tiefere Sinn der Jona-Erzählung!

Zunächst ein Wort zum letzteren Punkte. Hier haben wir ein Schulbeispiel für die wunderliche Psychoanalysierkunst der Freudjünger: Weil ein Symptom, ein einziges, ihrer Deutung der Jonageschichte Recht zu geben scheint, das Moment des Verschlingens durch das Seeungeheuer, deshalb ist es für Abraham schon ausgemacht, ja erwiesen, dass der Fisch ein Vertreters eines seine Kinder verschlingenden Gottes sei! Dass aber sämtliche übrigen Merkmale nicht stimmen oder überflüssig wären, so das herrliche Gebet Jonas im Fischleibe, die detailliert ausgemalte Reu- und Bussübung der Hauptstadt Ninive, das Symbol mit dem Wunderbaum Kikajon und andres, dies alles wird ignoriert der einen geliebten fixen Idee zuliebe, es muss ein Gegenstück zum Totem und Verspeisen des Totemopfers auch in der Jonageschichte konstruiert werden! Dass Wahrscheinlichkeit und grader Menschenverstand die Verlesung der Jonageschichte im Nachmittagsgottesdienst damit erklärt, dass hier der Buss- und Reugedanke am Einzelnen wie an einer ganzen Stadt am herrlichsten zum Ausdruck gelangt, vor allem dass hier der Schlussgedanke im Exempel hervortritt, dass Gott der Allerbarmer ist, der mit derselben Liebe und demselben Wohlwollen alle seine Kraturen, Mensch wie Vieh, umfasst — dieser erhabene Menschheitsgedanke ist dem Verfasser Nebensache, der einzige entscheidende Grund und Sinn für die Wahl dieser Geschichte muss ein psychoanalytischer bleiben! Dass schon die Wahl dieses tiefethischen Kapitels aus den Propheten gegen jede naturalistische Deutelei und Zeitabfassung spricht, das hat für das „objektive" Forscherauge kein Gewicht. Und was es schliesslich mit der Wahl des Inzestverbot-Abschnittes aus Leviticus auf sich hat? Soll wirklich vor urinstinktiv auftretenden Mutterinzestgedanken gewarnt werden? Sollten wirklich dem Redaktor der Jaumkippur-Liturgie und Gesetzgeber für die Bibelvorlesungen, sei es Esra[1]) oder der grosse Gerichtshof in Jerusalem gewesen die diese Einteilung getroffen, solche Befürchtungen vorgeschwebt haben? Dann hätten diese Gesetzgeber die Beziehungen schon etwas deutlicher hervortreten lassen sollen, auch sich auf die Verlesung der ersten Verse über Mutterinzest allein beschränken können. Ausserdem käme die Mahnung vor solchem Gräuel der Mutterschändung, dem angeblichen Hauptantrieb für den versuchten Vatermord, beim Nachmittagsgottesdienst etwas post festum, folgerichtiger hätte man ein solches Warnungskapitel für den Hauptabschnitt des Tages, den Vormittagsgottesdienst, vorsehen sollen! Da bleiben wir doch lieber schon bei der überlieferten Erklärung, dass dieser Abschnitt über Inzest und geschlechtliche Verirrungen zu einer Zeit in die Jaum-Kippur-Liturgie zur Warnung eingesetzt wurde, als es Sitte war, dass die Jugend beiderlei Geschlechts am Jaum-Kippur Nachmittag aus Jerusalem in die Weinberge und die Felder zum Singen und Tanzen hinauszog und da so mancher Missbrauch und manche Ausschreitung im Verkehr der Geschlechter Wurzel zu fassen be-

---

[1]) s. Elbogen, Der jüdische Gottesdienst etc. S. 68.

gonnen hatte (s. Traktat Taanith, p. 26 b). Dies ist die natürliche, und von jeder Abenteuerlichkeit meilenferne Entstehungsursache für diese Anordnung.¹)

Dass Abraham in der Formel: בישיבה של מעלה, die die Gemeindeältesten vor Kol-Nidre sprechen, eine „selbstherrliche" Erlaubniserteilung zur Kol-Nidre ausgesprochenen Eidesauflehnung erblickt, ist eine eigenartige Verkennung des einfachen Wortsinnes des העברינים, das ist der im Jahre von dem בית דין Gebannten, denen die Teilnahme am Gottesdienst sonst verboten war²); oder es sind die Marannen, die Kryptojuden in Spanien, damit gemeint (so Bloch in seiner Abhandlung über Kol-Nidre). Doch genug davon! Die Phantasie der Reik, Abraham und anderer wird weiter arbeiten, die Mischung von Romantik und erbarmungsloser Rationalisierungskunst weitere Opfer fordern, Bibel, Mythologie, Literatur auch fürder durchforscht und ihre schönsten Blüten zerzaust werden, ohne Rücksicht auf Wahrheit und Wahrscheinlichkeit.

\* \* \*

Es ist und bleibt ein grundlegender Irrtum vieler Freudschüler, dass sie grosse und allgemeine Phänomenkomplexe des Seelenlebens ganzer Völker auf einige wenige Triebe, meist Sexualtriebe, zurückführen wollen und dabei meist die aus pathologischen Fällen gewonnenen Resultate zur Erklärung normaler Erscheinungen in Analogie heranziehen. Und nun gar zur Klärung religiös-psychischer Vorgänge ethnologischer Prozesse und tiefdifferenzierter, ethischer Art einige grobsinnliche Triebe heranzuziehen und als zentral entscheidend hinzustellen, dies Verfahren ist für die Ethik sowohl³) wie für die Religion mit grosser Vorsicht zu benutzen.

---

[1] Vgl. noch eine andere entsprechende Erklärung im טיק סיק כ׳ zu Orach Chajim § 622.

[2] s. Elbogen, l. c. zur Stelle.

[3] s. H. v. Müller, Psychoanalyse und Ethik, Quelle & Meyer, Leipzig 1917, p. 18 f.

## Anmerkungen zu Hoffmann's „Mar Samuel" *)

98) Sabbath 55 a, Kethuboth 67 b, Epist. Scher p. 15. Grätz will Mar Ukba nicht Resch Galutha sein lassen, doch ist die Authenticität von Scherira's Bericht und die Nichtigkeit der Einwände Gr's. im Anhang Note D. vollkommen nachgewiesen.

99) Moed katon 16 b, Sabbath 108 b, Jebamoth 12 a, 76 a,

100) Am gewöhnlichsten wird die jüdische Gesetzeslehre in zwei Teile geschieden, in die Rituallehre אמורי und Rechtslehre דיני. cf. Einleitung in den Talmud.

101) cf. R. Ascher zu Baba kama 37 a.

102) Kethuboth 79 a, s. Raschi das.

103) Baba mezia 16 b.

104) Sanhedrin 17 b nach der richtigen Leseart des R. Samuel b. Meïr in Baba batra 70 a, 100 b, 107 b, auf die schon R. Jesaja Berlin aufmerksam gemacht. cf. auch Kochbe Jizchak (Hebräische Zeitschrift) 9. H. p. 52.

105) Epist. Scher. p. 15.

106) Sabbath 60 b. Dort wird zwar dies als die Distanz zwischen Sura und Pumbadita angegeben, aber letzteres lag in der Nähe von Nehardea. Vergl. oben Anmerk. 9. Ueber Sura, cf. Ritter, Erdkunde X, S. 205 und 267. Es gab mehrere Sura (l. c. S. 267) und ein Sura wurde besonders Mata Mechassia genannt; hierdurch ist der Einwand Graetz's (Frankels, Monatsschrift, 1853. S. 197 gegen die Identität von Sura und M. Mechassia beseitigt.

107) Baba mezia 38 a. cf. Hirsch, Jeschurun, Jahrgang 1856. S. 98.

108) Jerusch. Pea II, 4; ibid. Chagigah I, 8. cf. auch Babli ibid. 10 a Tosephoth Jom. tob. Berachoth V, 5.

109) Sukka 28 a. cf. Epist Scher., p. 1 und 9 f., wo die ältere Dialektik in ihrer Art und Weise genauer bestimmt wird. cf. auch Hirsch, l. c. S. 94 ff.

110) cf. Rapoport Erech Millin p, 117.

111) Sabbath 104 b; Pesachim 119 b; Gittin 67 b; Baba mezia 23 b; Aboda sara 8 b, 32 a; Rosch haschanah 18 a; Kiduschin 76 b etc.

112) Bechoroth 22 a; Sabbath 20 b, 21 a, 90 a; Nidda 62 a.

113) Erubin 80 a; Pesachim 8 b; Kiduschin 38 b; Sabbath 151 a, 126 b; Aboda sara 34 a u. v. a.

114) Pesachim 46 a, 76 a; Baba mezia 102 b u. A.

115) In der Vorrede zu dem Werke: Peath ha-Schulchan wird ein Ausspruch des „Gaon" R. Elia aus Wilna mitgeteilt, das wo חמורי מחסרא

*) Vgl. Jeschurun Heft 1/2, S. 20—47.

in Talmud vorkommt, es nicht so zu erklären sei, als wäre in der Mischna ein Fehler, sondern es hat der Mischnalehrer nach einer Ansicht, für die er sich entschieden, die Lehre in der vorliegenden Form Vorgetragen, die Spätern aber, die durch andere Ueberlieferungsquellen veranlasst wurden, von dieser Ansicht abzuweichen, mussten auch die darauf gegründete Mischna umändern und sie nur so in die Reihe der für die Praxis gültigen Vorschriften aufnehmen. Ich glaube, diese Auffassungsweise, die aber noch einer gründlichen Untersuchung bedarf, könne auch auf manche andere Erklärungen der Emoraim ausgedehnt werden; sowie sie nicht bei jedem חסורי מחסרא angewendet werden muss; cf. Frankel, Introd. in Hieros, p. 30 a, auch Sebachim 114 b und Raschi das.

116) Pesachim 37 b, Jebamoth 108 b תברא מי ששנה זו לא שנה זו.

117) Pesachim 17 b.

118) Sebachim 28 a.

119) Ueber die etymologische Bedeutung des Wortes הויה vgl. Landauer, Ma'arche Laschon s. v. Rapoport Toledoth de R. Nathan, p. 63 und Fürst Kultur- und Literaturgeschichte e. c. p. 165. Eine neue Vermutung s. im Anhang, Note E.

120) Berachoth 20 a, Ta'anith 24 a, Sanhedrin 106 b. Fürst's Ansicht (l. c. p. 165 ff.), dass diese Hawajoth erst der Zeit Abaje's und Raba's angehören, beruht, wie Anhang Note E bewiesen wird, auf Irrtum.

121) z. B. die Regel: הלכה כדברי המיקל באבל. Bei den Gesetzen über Trauergebräuche ist immer die erleichternde Ansicht die massgebende (Bechoroth 49 a) u. a.

122) Erubin 46 b, 47 a, 81 b; Pesachim 27 a, Nidda 7 b.

123) Megilla 18 b; Jebamot 83 a.

124) cf. z. B. Cholin 42 b und Raschi das.; Moed katan 12 a und Tosephot zu Aboda sara 21 b v. אריסא.

125) Epist Scher. p. 10. cf. Hirsch l. c. S. 95 f.

126) Cholin 7 a, Epist. Scher. l. c. p. 13.

127) R. Samuel ha Nagid, Introductio in Talmud v. הוראה; Epist. Scher. l. c. Nicht ganz richtig in Fürst's Kultur- und Literaturgeschichte e. c. S. 198. Die dort gegebene Definition des Begriffes Horaah ist zu weit, wie es in den angeführten Stellen ersichtlich ist. Es wird übrigens auch der Ausdruck הוראה dafür gebraucht, dass Jemand bei einer Controverse für eine Meinung entscheidet. Wenn hier behauptet wird, dass jede Horaah nur dann Anerkennung gefunden habe, wenn sie auf alte Lehren zurückgeführt wurde, so will dies nicht sagen, dass sie aus denselben bewiesen werden müsste, sondern sie musste bloss in der alten Lehre enthalten sein können. So z. B. kann חלוף unter הסר oder ניקב subsumiert werden (Cholin 43 a, Raschi). Erst nach Abschluss

des Talmud musste jede Lehre aus früheren Quellen bewiesen werden; es war סוף הוראה. Baha mezia 86 a.
128) Cholin 42 b und Raschi v. שב שמעתתא; Aboda sara 58 a.
129) cf. Berachot 23 b.
130) Sukka 10 b; Kethubot 107 a; Baba mezia 109 a; Aboda sara 41 b.
131) Niddah 24 b; Bechoroth 49 b. חלכתא כרב באיסורי וכשמואל בדיני; cf. Rapoport, Erech Millin, p. 221 f. und Frankel, der gerichtliche Beweis, S. 103. Es muss hier bemerkt werden, dass diese Festsetzung der Halacha erst in späterer Zeit erfolgte. In früherer Zeit (noch ein Jahrhundert nach Samuel) hat das Gebiet von Nehardea Samuel's und das von Sura Rab's Aussprüche für massgebend gehalten, cf. Kethuboth 6 a, 54 a. Baba batra 153 a. Ueber die Fälle, wo in Ritualgesetzen nach Samuel entschieden wird, cf. Kochbe Jizchak IX, p. 54 und Pachad Jizchak s. v.

132) Cholin 59 a, 95 b. cf. Rapoport in Bikkure ha Ittim, VIII, p. 18
133) cf. z. B. Berachoth 31 b; Sabbath 62 b; Pesachim 36 b; Megillah 11 a ff.; Sanhedrin 20 b, 39 b, 44 a, 94 a u. a.
134) Aboda sara 40 a und Raschi das. Ueber die Erklärung von קרא cf. Kiduschin 49 a und Raschi Ta'anith 27 b v. קרא חנינא רבי. cf. auch Frankel Introd. in Hieros. 119 a und Schitah mekubezeth Kethuboth 56 a.
135) Sabbath 108 b, 152 a; Joma 83 a; Baba mezia 85 b; Abodah sara 30 b; Sotah 10 a und Rapoport l. c. p. 14.
136) Bei Agada achtete man nicht so sehr auf den Namen des Ueberlieferers; daher hier die häufige Namenverwechselung. Wie es scheint, haben alle nicht in der Gesetzeslehre begriffenen, Wissenszweige, also auch Medizin und Astronomie, den Collectivnamen Agada geführt, welche nicht selten in sogenannte Agadabücher schriftlich aufgezeichnet wurde. cf. Rapoport Erech Millin p. 11 ff.
137) cf. Genesis rabba cap. 18 und Gittin 6 a.
138) Kethuboth 111 a: אמר שמואל כשם שאסור לצאת מארץ ישראל לבבל כך אסור לצאת מבבל לשאר ארצות.
139) Sabbath 41 a, cf. auch Gittin 6 b.
140) Berachoth 43 a: בר מיניה דרב יהודא דחביבא ליה ארץ ישראל.
141) Kiduschin 69 b, 71 a.
142) Erubin 28 a; Gittin 6 a; Baba kama 80 a. Das אתא רב לבבל ist nicht auf die Ankunft Rabs aus Palästina im Jahre 189 zu beziehen sondern auf seinen Abzug von Nehárdea nach Sura. cf. Anhang Note A VIII.
143) Kiduschin 71 b.
144) Sanhedrin 17 b; Jerusch. Bezah II, 8.
145) cf. Mirkhond bei de Sacy, memoires sur diverses antiquités de la Perse p. 275 und Malcolm, history of Persia I, p. 90.
146) Es waren dies wahrscheinlich die Völkerstämme der Provinz

Aran, dem Vaterlande Zoroasters (cf. Ritter II, p. 825), wo auch später die Ghebern vor den Verfolgungen der Araber ein Asyl gefunden. Den Namen חברי erhielten sie von ihrem Heimatlande, das wahrscheinlich von den Juden חבור genannt wurde. cf. Kiduschin 72 a: חבור זה הדייב. Ein Vorgebirge des Kaukasus A'd e i b diente noch um 960 den Ghebern zu einem religiösen Kultus (Ritter II, S. 833). הדייב wäre dann hier Aran oder Aderbidschan. Ob der spätere Name Ghebern desselben Ursprungs ist, mag dahingestellt bleiben. (cf. Ritter II, S. 109) cf. auch Frankel, Monatsschrift 1852 und Herzfeld, Geschichte des Volkes Israel, I, S. 361 ff.

147) Ritter, Erdkunde IX, S. 146 und 151.

148) cf. Mordtmannn, Erklärungnn der Münzen mit Pehlwi-Legenden in der Zeitschrift der deutsch-morgeuländischen Gesellschaft 1854, S. 29. Bei den Juden heist dieser König ארדשיר, vgl. oben Anm. 16.

149) Kiduschin 72 a; cf. Sabbath 11 a.

150) Die Sympathie der Juden für die Parther zeigt sich in den Worten des Babyloniers Levi (l. c.), der sie mit den Heeren König Davids vergleich.

151) Jebamoth 63 b.

152) Mordtmann l. c. S. 33.

153) Agathias ed. Bonn, p. 122.

154) Joma 10 a.

155) Die Perser liessen ihre Leichen in der Regel von fleischfressenden Tieren verzehren, das Begraben wie das Verbrennen der Toten, das von der Lehre Zoroasters für sündhaft erklärt wird, war ihnen daher höchst anstössig; cf. Agathias l. c. p. 138 ff. und Spiegel Friedr. Avesta, die heiligen Schriften der Parsen etc. I, S. 121.

156) Jebamoth 63 b. Die Magier verehren nächst dem Feuer am meisten das Wasser. cf. Agathias ed. Bonn, p. 118: ὑδραίρουσι δὲ ἐσ τά τὸ ὕδωρ μηδὲ τά πρόσωπα αὐτῷ ἐπαπονίζεσθαι, μήτε ἄλλως ἐπιθιγγάνειν ὅτι μὴ ποτοῦ τὸ ἔχατι καὶ τῆς τῶν φυτῶν ἐπιμελίας. cf. auch Spiegel l. c. H. S. LIV, LXXXIV und ibid. S. LXXI.

157) Sanhedrin 74 b. Ueber קואקי und רומקי cf. M. Sachs, Beiträge zur Sprach- und Altertumsforschung Th. I, S. 96 und 99.

158) Aboda sara 10 b, nach der richtigen Erklärung Raschi's, anders Abraham Ibn-Daud, Sepher ha-Kabbalah (Prag 1795) fol. 44. Das das. vorkommende ארדכן muss in ארדכן emendiert werden (Rapoport, Erech Millin Art. ארדבן). Dass im babylonischen Talmud immer ארדבן (Ardévan) und im Jerusch. (Peah I): ארטבן (Artaban) geschrieben wird, hat seinen Grund in der Verschiedenheit der Aussprache dieses Namens bei den Persern von der bei den Griechen. cf. de Sacy l. c. p. 166 u. 274.

159) Sabbath 11 a.

160) Joma 10 a. Es wird noch hinzugefügt, dass es so von der Vorsehung beschlossen sei, dass Rom die Herrschaft über die ganze Welt gewinne. Auch R. Jochanan deutet das vierte Tier, in Daniel's Vision, das da verzehren wird die ganze Erde (Dan. 7, 23) auf Rom. Schebuoth 6 b. Aboda sara 2 b. Fürst (l. c. p. 97 Anm. 222) hat diese Stelle missverstanden.

161) Cholin 13 b.

162) Aboda sara 7 b, Vergl. Raschi das.

163) Sabbath 75 a. Sachs (Beiträge zur Sprach- und Altertumsforschung II, S. 114) ist, von der historischen Voraussetzung ausgehend, dass im römischen Reiche der Ausdruck magus, μαγος für „Zauberer" gebraucht wurde, zu einem der Angabe des Talmud widersprechendem Resultate gelangt. Ich habe jedoch im Anhang Note F die Richtigkeit der talmudischen Annahme hinreichend bewiesen.

164) Sabbath 116 a. Das daselbst vorkommende בי אבידן ist schon auf verschiedene Weise aber nicht befriedigend erklärt worden. (Vergl. die Abhandlung: Ebioniten und Nazaräer im Talmud in der Zeitschrift für die gesamte lutherische Theologie, Jahrg. 1856 H. 1, wo die verschiedenen Erklärungen von Delitzsch zusammengestellt sind.) Soviel aber aus dem Zusammenhang der Stelle, sowie aus den Erklärungen der älteren Kommentatoren, die gewöhnlich von einer richtigen Tradition geleitet sind, hervorgeht, so ist בי אבידן ein Ort, wo über Religionslehren disputiert wurde Da nun ferner an jener Stelle von den Evangelien die Rede ist, (cf, Buxtorf, Lexicon Chaldaicum et Rabbinicum v. אבידן) so ist dies als ein Ort anzusehen, an welchem Glaubensdisputationen zwischen Christen und Magiern stattfanden, die seit der Herrschaft der Sassaniden an der Tagesordnung waren (cf. Ritter, Erdkunde X, S. 167). Näheres über die Beteiligung der Juden an diesen Disputationen wird nicht angegeben.

165) Baba kama 117 a; cf. Rapoport, Kerem Chemed VII, p. 155.

166) cf. oben Anm. 21.

167) Aboda sara 43 b. Dem Umstande, dass dies auf keine Weise einem Götzendienste ähnlich war, ist es zuzuschreiben, dass die Juden hier keinen solchen hartnäckigen Widerstand entgegensetzten, wie zur Zeit des Caligula, als man ein Kaiserbild im Heiligtum aufstellen wollte; cf. Joseph. Ant. XVIII, 8.

168) Gittin 10 b. Graetz, (Gesch. d. Jud. II. Aufl. IV. Seite 287) behauptet, dass der Samuel'sche Grundsatz im Widerspruche mit ältern Halacha's sich befinde und vergisst zu erwähnen, dass er in einer Mischna (l. c.) eine feste Stütze hat, während der Widerspruch mit einer ältern Halacha von Samuel hinreichend ausgeglichen ist. (cf. die Parallelstellen zum erwähnten Orte.)

169) דינא דמלכותא דינא cf. Baba kama 113 b.

170) Die peinliche Gerichtsbarkeit wurde von den Juden Babyloniens nie ausgeübt. (cf. Sanhedrin 31 b.)

171) Baba mezia 108 a; Baba batra 55 a. cf. Frankel, der gerichtsiche Beweis. S. 56.

172) Aboda sara 36 a.

173) Oben Anm. 75.

174) Jerusch. Sabbath I, zitiert in Tosephoth Aboda sara 36 a s. v. והתבן.

175) Jerusch. Aboda sara II, 6. Ueber den Ausdruck „דלא כן אני כותב עליך זקן סמרא״ cf. Frankel Introductio in Hieros. p. 15 b.

176) Epist Scher. p. 15: ולפרקים הוי מתחוין רב ושמואל אהדדי cf. Erubin 94 a: Pesachim 30 a, Cholin 53 b.

177) Joma 19 b.

178) Sabbath 156 b; Ta'anith 8 a; Sukkah 26 a.

179) Kiduschin 12 b, Jerusch. das. III,5; Niddah 25 b.

180) Pesachim 52 a.

181) Berachoth 33 b; 60 b.

182) L. c. 29 a; Pesachim 104 a; Joma 87 b; Ta'anith 4 b; Jerus. das. II,.2. Ueber Gebete, die von Samuel herrühren, vergl. man ausser den bereits zitierten Stellen noch folgende: Berachoth 11 a, Pesachim 116 a, 104, Sota 40 a, Tur Orach Chajim § 122; Sanhedrin 42 a, Kethuboth 8 a.

183) Megillah 29 b; Sabbath 116 b, 24 a; Tosephota שאלתמלא.

184) Es ist in den jüdischen Quellen keine Andeutung davon, dass Samuel bei Ardeschir in Gunst gestanden wäre. Rapoport hat dies zwar in dem Samuel beigelegten Epitheton „Arioch" finden wollen, allein ich habe schon oben (Anm. 10) nachgewiesen, dass die Erklärung nicht die richtige ist.

185) Nach Mordtmann l. c. S. 34.

186) Ueber Schaburs Grausamkeit in der Behandlung der Feinde cf. viele römischen Berichte angeführt von Flathe, Ersch und Gruber Encyclopädie Sec. III, 17, S. 398 Art. Perser, Ritter, Erdkunde VIII, S. 834.

187) cf. Baba mezia 70 b; Aboda sara 76 b; Cholin 62 b u. a. Mit diesen Angaben des Talmud stimmen auch die persischen Berichte vollständig überein, die ebenfalls die Gerechtigkeit und Wohltätigkeit Schaburs rühmen. cf. Mirkhond bei de Sacy l. c. p. 286 und 290.

188) Berachoth 56 a.

189) Sukkah 53 a; Baba mezia 119 a.

190) Sanhedrin 98 b; cf. A. Krochmal in Chaluz I, S. 83.

191) Moed katan 26 a.

192) Hieraus lässt sich die feindliche Gesinnung erklären, mit welcher die Gesetzeslehrer jener Zeit gegen Palmyra erfüllt waren, die gerade bei dem ausgezeichneten Schüler Samuels Rab Juda am stärksten sich zeigt. Er sprach: (Jebamoth 17 a) Israel werde einen neuen Festtag

einführen am Tage, an dem Palmyra untergehen wird. Nicht ohne Bedeutung sind die Worte eines späteren Lehrers: (das. 16 b.) Palmyra habe die Zerstörung des Tempels gefördert.

193) Baba batra 8 b.

194) Ardeschir war nach Einigen der Hefe des Pöbels entsprossen und im Ehebruch erzeugt. cf. Agathias ed. Bonn, p. 123, 124. De Sacy l. c. p. 32 ff. und 167 f. erklärt zwar diese Angabe für eine Fabel, jedoch diese Fabel mag schon damals verbreitet gewesen sein und Glauben gefunden haben.

195) David stammte bekanntlich auch von einer Moabiterin, was insofern als ein Makel betrachtet wurde, als ein Moabiter nicht in die Gemeinde Gottes kommen durfte (nach Deuteron. 23, 4).

196) Joma 22 b cf. Raschi das.

197) Sanhedrin 20 b.

198) Schebuoth 35 b; cf. Tosephoth zur Stelle.

199) cf. Graetz in Frankels Monatsschrift, Jahrg. 1852, S. 512. Wenn die Eroberung von Mazaka, wie von Gibbon und Clinton, Fasti Romani angegeben wird, erst im Jahre 260, also nach dem Tode Samuels erfolgt ist, so müsste man unter מוגת קוסרי die Stadt Khazr verstehen, die Schabur nach zweijähriger Belagerung erobert hatte, cf. Mirkhond bei de Sacy l. c. p. 286 ff. Doch passt hierzu nicht die in M. K. 26 a befindliche Angabe von der Nähe der Stadt לודקיא = Laodicaea.

200) Moed katan 26 a.

201) Pesachim 54 a; Baba kama 96 b.

202) Epist. Scher. p. 15.

203) Moed katan p. 24 a.

204) Ep. Scher. p. 16. Gittin 66 b, 89 b, cf. Sanhedrin 17 b.

205) cf. oben S. 21, Anm. 6.

206) Cholin 95 b, cf. Jerusch. das.

207) Ep. Scher. l. c. cf. Graetz in Frankels Monatsschrift, Jahrg. 1852 p. 512 ff.

208) Nur auf diese Weise lässt es sich erklären, wie ein Gerücht, dass er gestorben, in Palästina Glauben finden konnte und auch später nicht dementiert worden ist. cf. Jerusch. Cholin l. c.

209) cf. Berachoth 12 a, Chagigah 14 a, Erachin 16 b.

210) In welcher Zeit dies Faktum stattgefunden, kann nicht genau bestimmt werden; jedenfalls aber noch beim Leben Samuels, wie dies im Folgenden ersichtlich sein wird.

211) Kethuboth 23 a und Jerusch. das.

212) Moed katan 18 a.

213) cf. oben S. 19, Anm. 4.

214) Berachoth 19 a.

215) Kethuboth 23 a.

216) Berachoth 18 b.
217) Jerusch. Pea, Ende.
218) Baba batra 90 b.
219) Jebamoth 67 b, Gittin 37 a, 52 b.
220) Baba batra 90 b.
221) Baba mezia 40 b, Schebuoth 31 a, Cholin 113 a.
222) Pesachim 80 a, Sukkah 34 b
223) Sabbath 42 b.
224) Berachoth 49 b und Jerusch. das.
225) Cholin 94 a.
226) Jeruschalmi, Rosch ha-Schanah I, 2.
227) Sanhedrin 94 a.
228) cf. Sabbath 32 a; Jebamoth 121 b; Aboda sara 23 b.
229) Niddah 17 a, 47 a; Arachin 29 b.
230) Gittin 38 a.
231) Erubin 13 b.
232) Ibid. 90 a; Cholin 76 b, 96 a.
233) Berachoth 36 a; Baba mezia 107 a; Bechoroth 54 b.
234) Baba kama 80 a f. Jerusch., Ta'anith IV.
235) Kethuboth 22 b; Baba mezia 83 a; Jerusch. Horajoth III, 7.
236) Sanhedrin 7 a.
237) Kiduschin 70 a.
238) Joma 87 b.
239) Ta'anith 8 a.
240) Midrasch rabbah zu Eccles. VII, 8.
241) cf. oben S. 24, Anm. 4.
242) Jebamoth 121 a.
243) Kethuboth 53 a.
244) Baba batra 89 a.
245) Moëd katan 16 b. Eine der ersten Pflichten des Lehrers ist nach dem Talmud, sein Ansehen den Schülern gegenüber aufrecht zu erhalten, (Kethuboth 103 b).
246) Jerusch. Sotah IX, 16, ibid. Moëd katan III, 2.
247) cf. Chagigah 10 a; Joma 85 b; Megillah 7 a.
248) Sabbath 53 a; Cholin 45 b.
249) cf. z. B. Erubin 90 b; Aboda sara 32 b; Sanhedrin 66 b u. a.
250) Kethuboth 105 b.
251) Kiduschin 6 a.
252) Baba mezia 24 b; 75 a.
253) Cholin 94 a; Baba mezia 23 b.
254) Abodah sara 3 b; cf. Erubin 54 a.
255) Berachoth 63 a.

256) Wissenschaft, Weisheit und Gesetzeslehre wurden sämtlich durch das Wort תורה (Lehre) in jener Zeit bezeichnet. Die Rabbinen wurden „Weise" (חכמים) genannt; mit demselben Namen bezeichnete man auch die Gelehrten anderer Völker.
257) Sanhedrin 98 b; Nedarim 38 a; cf. den Kommentar des R. Nissim das.
258) Dieser Ansicht wurde von Rab und R. Jochanan widersprochen.
259) Kethuboth 112 b; Berachoth 34 b und viele Parallelstellen. Auch diese Ansicht S.'s hat von vielen Seiten Widerspruch gefunden.
260) Moëd katan 18 b; Berachoth 58 b; Megillah 11 a; Nedarim 41 a; Joma 22 b; cf. auch Sabbath 56 b.
261) Berachoth 55 b. 262) Berachoth 56 a.
263) Sabbath 129 a; Ta'anith 11 a; Nedarim 22 a.
264) Erubin 54 a; 265) Berachoth 35 a.
266) Kiduschin 81 b: הכל לשם שמים. 267) Epist. Scher. p. 16.
268) Ibid. über Pumbadita cf. oben Anm. 9. 269) Niddah 13 a.

# Untersuchungen über die Entwicklung und den Geist der Massora.
Von Schuldirektor Dr. Ernst Ehrentreu-München.
(Fortsetzung.)

## II. Kapitel*).
**Die nachtalmudische Zeit bis zur Entstehung der Ochla w'ochla-Urschrift.**

In den Jahrhunderten, welche unmittelbar dem Abschluss des Talmuds (um 500) folgten, trat die massoretische Tätigkeit in ein neues, das wichtigste Stadium ihrer Entwicklung. Während sie bis jetzt als ein Teil der „mündlichen Ueberlieferung" im ים של תלמוד unterzutauchen drohte, rafft sie sich nun zu grossen, selbständigen Leistungen auf. Die Halacha und grösstenteils auch die Aggada hatten in Zukunft den im Talmud und in den Midraschsammlungen niedergelegten Stoff zu verarbeiten, ihre ganze Tätigkeit baut sich auf dem schriftlich fixierten Material

---
*) Die nun folgenden Kapitel fassen in systematischer Weise die Ergebnisse einer Kollation von drei Massorasammlungen zusammen (siehe Jeschurun VIII S 467). Die Anregung zu dieser Arbeit erhielt ich von meinem Verehrten Lehrer Herrn Professor Dr G. Bergsträsser-Königsberg i Pr. Ich ergreife gerne die Gelegenheit ihm meinen ergebensten Dank für die reiche Förderung auszusprechen, die ich durch ihn empfing.

auf und geht — streng genommen — über dieses nicht mehr hinaus. Aber die Massora! Nur wenige Spuren begegnen uns von ihr in der ältesten Literatur. Die meisten der von ihr gezeitigten Ergebnisse wurden m ü n d l i c h weitergelehrt oder fanden auf andere Weise bessere schriftliche Fixierung, als sie der Talmud bieten konnte.[1]) Und diese hemmte nicht die Weiterentwicklung, sondern forderte förmlich eine solche heraus. Ausserdem wuchs die Fülle und Bedeutung des massoretischen Materials in einem Grade, dass die Massoreten und die Massora vor bisher unbekannte Probleme gestellt wurden. Aber auch diese Neuorientierung hatte kein anderes Ziel als die übrige jüdische Wissenschaft der damaligen Zeit: **die Reinheit des überlieferten Bibeltextes und der traditionellen Gesetzesauslegung zu erhalten.**

Unsere erste Hauptfrage lautet:

**Welches Material haben die Massoreten in diesem Zeitraum bearbeitet? Inwiefern hat sich dieses seit Abschluss des Talmuds — vor allem unter dem Einfluss des Fortschrittes in der hebräischen Sprachwissenschaft — erweitert?**

§ 1. Um das Jahr 600 setzte ein sehr bedeutender Fortschritt in der wissenschaftlichen Bearbeitung der hebräischen Sprache ein. Drei verschiedene Vokalisationssysteme haben dieser Zeit ihre Entstehung zu verdanken. Die beiden „superlinearen", nämlich das babylonische und palästinische, ferner das „sublineare" tiberische. Ausserdem wurden in diesen Jahrhunderten drei bezw. vier Akzentuationssysteme geschaffen: die

---

[1]) Selbst der Traktat Soferim, welcher — wie schon der Name sagt — eigentlich massoretischen Inhalts sein sollte, kann nicht als unmittelbarer Niederschlag dieser Tätigkeit angesehen werden. Seine Ueberlieferungen stehen vielfach im Widerspruch mit denen der Massora. (Siehe P 99, 100, 105, 106, 112, vor allem P 146 usw.). Und er ist wohl deshalb so korrupt erhalten, weil die einzigen, welche volles Verständnis für seinen Inhalt besassen, ihm sehr wenig Beachtung schenkten.

beiden Arten des tiberischen, das babylonische (nur Trennungs-akzente!) und das palästinische.

Die Schaffung der zum Teil sehr komplizierten Vokalisationssysteme vor allem die Erfindung und Einführung der Lesezeichen (Schwa, Chatef, Dagesch, Mappik, Makkef, Meteg), setzt **grammatische Beherrschung der Sprache** voraus. Auch die Akzentuation steht in enger Beziehung zur Grammatik: **mittelbar** dadurch, dass die Vokale vielfach von den Akzenten abhängig sind (siehe Pausa, Nesiga, Spirierung anlautender בגד כפת, Vokalveränderungen vor Mappik); **unmittelbar** deshalb, weil eine Reihe von Wörtern je nach der Tonsilbe verschiedene Bedeutung hat[1]). So zeigt sich, dass auch die grammatischen Forschungen in der damaligen Zeit eifrige Pflege gefunden haben müssen.[2])

---

[1]) Hierfür einige Beispiele: Das Jes 89,1 vorkommende Wort חָלְתָה ist vom Stamm חלה „**erkranken**" abgeleitet und muss daher auf der letzten Silbe den Wortton tragen, während חָלָה Jes 54,1 vom Stamme חול „**kreisen**" gebildet und daher מלעיל betont ist. Das Wort יָשֻׁב bedeutet „**zurückkehren**" (Stamm שוב), wenn die erste Silbe den Ton trägt, anderenfalls „**gefangennehmen**" (Stamm שבה). Vgl. hierzu ferner Raschis Pentateuchkommentar zu Gn 15,17 ‖ Gn 29,6; 9 ‖ Dt 11,30 ﬠ ferner Ibn Ezras Pentateuchkommentar Gn 29,6; 9.

[2]) Wer diese grammatischen Vorarbeiten, ohne welche die Vokalisation und Akzentuation nicht hätte geschaffen werden können, geleistet hat, lässt sich aus dem von uns durchgearbeiteten Material nicht nachweisen. Es ist naheliegend, an die Massoreten selbst zu denken, denen wohl der Bibeltext am Vertrautesten gewesen sein musste. Die Entscheidung in dieser Frage hängt von folgender Erwägung ab: Haben die Massoreten bei diesen sprachwissenschaftlichen Fortschritten erst sekundäre Arbeit geleistet, indem sie den vorliegenden **punktierten** und **akzentuierten** Bibeltext ebenso wie früher den Konsonantentext durch ihre eigenen Methoden in seiner Reinheit zu erhalten suchten und ihre Listen, welche die einzelnen Entwicklungsstufen der Vokalisation und Akzentuation zeigen, erst auf Grund des vokalisierten und akzentuierten Bibeltextes schufen? Oder waren die massoretischen (Wörter und Wortformen mit gleichen oder ähnlichen sprachlichen Eigentümlichkeiten sammelnden) Verzeichnisse die Vorarbeiten, welche die Punktatoren erst in den Stand setzten, ihre schwierige Aufgabe durchzuführen. Die מלעיל-מלרע-Verzeichnisse (P 5, P 46 usw.) könnten der Vokalisation ohne Weiteres zeitlich vorangegangen sein.

Die Kenntnis der Vokalisation, Akzentuation und auch der Grammatik steht im engsten Zusammenhang mit der tradiionellen Schrifterklärung. Des Beweises bedarf es nur bei der Akzentuation.[1]

Im Kuzari („Das Buch Kusari des Jehuda ha-levi von David Cassel...."), Leipzig 1869 II 72 lesen wir: בשארית הזאת אשר נשארה מלשוננו הנוצרת הברואה ענינים דקים ועמוקים נטבעו בה להבין הענינים ולהיותם במקום הטעשים ההם שהם פנים בפנים והם הטעמים אשר יקראו בה המקרא מציירין בהם מקום ההפסק והסמוך ומפריד מקום השאלה מן התשובה וההתחלה מן ההגדה והחפזון מן המתון והצווי מן הבקשה שיחובר בהם חבורים „Nun finden wir in dem uns gebliebenen Rest unserer erschaffenen Sprache höchst scharfsinnige Mittel, um jene Empfindungen auszudrücken und jene dem mündlichen Gespräch eigentümlichen Tätigkeiten zu ersetzen; nämlich die Akzente, womit die Schrift gelesen wird. Mittels ihrer bezeichnet man, was zu trennen und was zu verbinden ist, unterscheidet Frage von Antwort, den Beginn von der fortlaufenden Rede, die Hast von der Ruhe, den Befehl von der Bitte; Dinge, über die Bücher geschrieben werden könnten"[2]. Aehnliches lesen wir bei Abraham de Balmis, Professor an der Universität Bologna zu Beginn des 16. Jahrhunderts, in seinem Werke מקנה אברם (Venedig 1523) am Anfange der 8. Abteilung (שער המבטא והטעמים genannt), wo es heisst: הטעמים הנה הם הכרחיים להבנת הכתובים לקוראים כאלו הם מדברים פנים בפנים וזה כי הכונה בלשון להכניס מה שיש בנפש המדבר לנפש השומע וזאת הכונה לא תגמור בשלמות כי אם פנים בפנים וכשאין המדבר בפני השומע ויודיע המכוון בלבבו בכתב הנה הטעמים המושמים בכתב יעזרו להבין

---

An grammatisch wertvollen Listen fehlt es in der massoretischen Literatur nicht, z. B. P 42, 43, 44, 369 usw. Diese grammatische Tätigkeit der Massoreten zeitigt ein greifbares Ergebnis in dem auf Ben Ascher selbst zurückgeführten massoretischen Lehrbuch: דקדוקי הטעמים. (S. Baer und H. L. Strack, Die dikduke ha-teamim des Ahron ben Moscheh ben Ascher... 1879.)

[1]) Grammatik ist Grundlage jeder Exegese; betreffs Vokalisation vgl. die am Ende von § 4 zitierte Sanhedrinstelle 4a. Ueber Akzentuation vgl. zum Folgenden S. P. Nathan, Die Tonzeichen der Bibel, Hamburg 1898.

[2]) Siehe auch Salomo ibn Parchon, מחברת הערוך (ed. S. Stern, Pressburg 1844) in der Einleitung.

הסכון וכו׳ „Die Tonzeichen sind notwendig, damit der Leser auch das Niedergeschriebene verstehe, als ob er mit dem Schreiber von Angesicht zu Angesicht redete. Dies ist ja der Zweck jeder Unterhaltung, die Gefühle oder Ideen, die das Gemüt des Redenden beherrschen, dem Zuhörer mitzuteilen. Vollständig kann dies nur geschehen, wenn beide persönlich gegenüberstehen; ist dies jedoch nicht der Fall, sondern muss das geschriebene Wort die Stelle des Redens vertreten, so sind diese Tonzeichen von der höchsten Wichtigkeit für das Verständnis des geschriebenen Wortes usw.".

Diese beiden im Wortlaut zitierten Stellen bezeugen — ganz gleichgültig, ob alle darin enthaltenen Anschauungen beweisbar sind —, dass den jüdischen Gelehrten die Akzentuation als ein wesentlicher, untrennbarer Bestandteil der Bibel selbst galt und nach ihrer Meinung sich die Exegese auf der genauen Kenntnis der Tonzeichen (טעמים = Sinnzeichen!) aufbauen muss; denn, wie Ibn Ezra[1]) sagt: כל פירוש שאינו על הפירש הטעמים לא תאבה ולא תשמע אליו: „Eine Schrifterklärung, welche den im Vers befindlichen Tonzeichen widerspricht, darf nicht beachtet werden".

Inwiefern Akzentuation und traditionelle Auslegung sich gegenseitig stützen, inwiefern die Akzentuation häufig nur nach der traditionellen Auslegung verständlich ist, sei an folgenden Beispielen klargelegt:

Gn 15, 13 heisst es: ויאמר לאברם ידע תדע כי־גר יהיה זרעך בארץ לא להם ועבדום וענו אתם ארבע מאות שנה.

Raschi und Ramban erklären, dass die Worte ארבע מאות nicht zu dem unmittelbar vorhergehenden ועבדום וענו אותם gehören; denn nur der Aufenthalt im fremden Land, nicht aber die Zeit der Knechtschaft währte 400 Jahre. Diese Erklärung stimmt mit den Tonzeichen überein. Das Atnach von אותם trennt die nebeneinanderstehenden Worte und zwingt uns, ארבע מאות שנה als Parenthese aufzufassen. Anders wäre es, wenn das Wort להם Atnach trüge.

---

[1]) Zitiert nach אוצר ישראל (An encyclopedia of all matters concerning Jews and Judaisme in Hebrew) Vol. V New York 1911 s. v. מְעָמִים.

Lev 7, 17 lesen wir: וְהַנּוֹתָר מִבְּשַׂר הַזָּבַח בַּיּוֹם הַשְּׁלִישִׁי בָּאֵשׁ תִּשָּׂרֵף. Die diesem Verse entsprechende Halacha lautet: das sogenannte Friedensopfer darf nur zwei Tage und die dazwischen liegende Nacht gegessen werden. Nach Eintritt der auf den zweiten Tag folgenden Nacht hat das noch Uebriggebliebene den Charakter als Opferfleisch verloren und ist zum Genusse verboten. Es darf jedoch nicht in der Nacht, sondern erst am dritten Tag verbrannt werden nach Torat Kohanim z. St.: זה בנין אב לכל קדשים הנשרפים שלא יהיו נשרפים אלא ביום (Cf. Sebachim 56 b). Diese ganze Vorschrift ist in den Tonzeichen angedeutet. Das Atnach von הזבח zeigt an, dass die Worte ביום השלישי באש תשרף zusammengehören und in folgender Weise übersetzt werden sollen: „(Was von dem Opferfleisch übrig bleibt), muss am dritten Tag verbrannt werden". Der Trennungsakzent verhindert, dass die Worte והנותר מבשר הזבח ביום השלישי zusammengenommen und übersetzt werden: „Was von dem Opferfleisch am dritten Tag noch übrig ist, muss verbrannt werden".

Die I Sam 3, 3 stehenden Worte וּשְׁמוּאֵל שֹׁכֵב בְּהֵיכַל heissen nach der Tradition nicht: „Samuel schlief im Tempel"; denn das Sitzen im Tempel war nur den Angehörigen des davidischen Königshauses gestattet. (Vgl. hierzu Sanhedrin 101 b, wo es heisst: אין ישיבה בעזרה אלא למלכי בית יהודה בלבד „Das Sitzen in der Vorhalle — עזרה — des Heiligtums war nur den Königen aus dem Hause Juda gestattet". Gleichlautende Stellen finden sich Sota 40 b, 41 b; Joma 25 a, 69 a; Kidduschin 78 a; Tamid 27 a mit dem Unterschied, dass an allen diesen Stellen למלכי בית דוד statt למלכי בית יהודה steht). Das Tonzeichen gibt auch hier wieder den Sinn des Verses so an, wie ihn die Ueberlieferung lehrt. Die Worte טרם יכבה בהיכל sind begrifflich zusammenzuziehen und bedeuten: „ . . . . war noch nicht im Tempel des E. erloschen, während ושמואל שכב Parenthese ist.

Vgl. ferner Jes. 9, 6: לְםַרְבֵּה הַמִּשְׂרָה וּלְשָׁלוֹם אֵין־קֵץ עַל־ כִּסֵּא דָוִד וְעַל־מַמְלַכְתּוֹ לְהָכִין אֹתָהּ וּלְסַעֲדָהּ בְּמִשְׁפָּט וּבִצְדָקָה מֵעַתָּה

לְעַד־עוֹלָם קִנְאַת ה׳ צְבָאוֹת תַּעֲשֶׂה־זֹּאת „Zur Vermehrung der Herrschaft und zum Frieden ohne Ende auf dem Throne Davids und in seinem Reiche, ihn zu befestigen und zu stützen durch Recht und Gerechtigkeit; von jetzt an bis in Ewigkeit wird der Eifer des Gottes der Heerscharen dies wirken". Nach der Akzentuation sind die Worte מֵעַתָּה וְעַד עוֹלָם zum **Folgenden zu ziehen**. Gleichsam als Abschluss der vorhergehenden Verse, welche das Strafgericht an Sanherib schildern, wird in den letzten Worten des 6. Verses gesagt, dass „**von jetzt an bis in Ewigkeit der Eifer des Gottes der Heerscharen gegen die Gotteslästerer solches vollbringen wird**". Stünde Atnach unter עוֹלָם, so wäre der Sinn, dass das Reich Davids von jetzt ab schon gegründet ist, was der Prophezeiung widerspricht.

Wir sehen also, dass nicht nur die Kenntnis der Vokalisation und grammatischen Gesetze, sondern vor allem auch die der Akzentuation [1]) für die Forschungen in der traditionellen Schrifterklärung von hervorragender Bedeutung ist.

Und wenn die Massoreten die Fortschritte in der Erforschung der hebräischen Sprache auch zum Objekte **ihrer Wissenschaft** gemacht haben, so war ihr letztes Ziel doch die Erhaltung der Tradition über den Bibeltext. **Die massoretische Tätigkeit darf in keiner Phase ihrer Entwicklung — ganz gewiss nicht in dem in diesem**

---

[1]) Anhangsweise sei hier noch eine Stelle gebracht, welche ebenfalls in anschaulicher Weise das Verhältnis der Akzentuationsforschung zum Midrasch illustriert. Die in Ex 3, 4 stehenden Worte מֹשֶׁה מֹשֶׁה müssten nach der traditionellen Regel über die Setzung von Pasek (siehe Bergsträsser HG § 12m) durch Pasek getrennt sein. Diese Auffälligkeit bemerkt der Midrasch in Schemot rabba und deutet sie mit den Worten: אתה מוצא באברהם אברהם (Gn 22, 11) יש בו פסק יעקב יעקב (Gn 46, 2) יש בו פסק שמואל שמואל (1 S 8, 11) יש בו פסק אבל משה משה אין בו פסק למה כן. משל לאדם שנתן עליו משאוי גדול וקורא פלוני פלוני קרובי פרוק מעלי משוי זה . . . Die beiden — ohne Pasek — aufeinander folgenden Worte משה משה deuten die Dringlichkeit an, mit welcher der Befehl an Moses erging, wie wenn ein Mensch einen anderen zur schnellen Hilfeleistung herbeiruft.

Kapitel behandelten Zeitraum — als losgelöst von der übrigen jüdischen Wissenschaft angesehen werden. Sie kann erst restlos erfasst werden, wenn man sie unter der Lupe des Geistes des traditionellen Judentums betrachtet; denn sie geht von der jüdischen Gesetzesforschung aus und mündet dort wieder ein.

§ 2. Wenn schon die massoretische Tätigkeit, welche sich auf die Erforschung der Vokalisation und Akzentuation bezog, uns den Gedanken nahelegt, dass ihr die Reinerhaltung der Bibel als letztes Ziel galt, so bestätigt sich dies in noch deutlicherer Weise, wenn man die massoretischen Listen ihrem Inhalt entsprechend einteilt. Wir finden dann unter den der ältesten Massorasammlung angehörenden Verzeichnissen solche, welche unmittelbar der Schrifterklärung dienen. Wie in vielen Fällen, so liegt gerade bei diesen Listen die Bedeutung der Massoreten darin, dass sie besondere Methoden ausgebildet haben[2]), durch welche — von der anderweitigen exegetischen Wissenschaft gelassene — Lücken ausgefüllt werden.

Betrachten wir das Verzeichnis P 59 (H 60)! Nach der Ueberschrift א״ב כן ב״כ ותרויהון תרין לישניך וסימניהון ist es eine alphabetische Liste von Wörtern, welche zweimal vorkommen in gleicher Gestalt (inbezug auf Konsonanten- und Vokalbild mit ganz nebensächlichen Unterschieden), aber in verschiedener Bedeutung. Elia Levita deckt in seinem Werke מסרת ס׳ המסרת (Venedig 1538)[3]) von den verschiedenen Schwierigkeiten dieses Verzeichnisses[4]) eine auf mit den Worten: כלם בתרי לישני והאמת יש בהן הרבה נראה שאין הפרש ביניהן והנה אזכיר החמור שבכלן והוא

---

[2]) Ausführliches darüber im zweiten Teil dieses Kapitels.
[3]) Nähere Stellenbezeichnung zu geben, ist mir unmöglich, da ich nur diese Erstausgabe erlangen konnte, welche keine Kapiteleinteilung besitzt und wie alle diese Venetianer-Drucke, auch Seitenzahlen nicht angibt.
[4]) Die genauere Behandlung dieser Liste folgt im zweiten Haupteil der Arbeit bei der Kollation der drei Ochla w'ochla-Quellen.

„Alle in ‏כארי כן ישבר כארי ידי ורגלי וטי יתן ואבין ההפרש שביניהן‏. dieser Liste genannten Wörter kommen — nach der Auffassung der Massoreten — in zweifacher Bedeutung vor. In Wirklichkeit aber sind viele darunter, bei welchen sich offenbar kein Bedeutungswechsel feststellen lässt. **Und ich erwähne das allerschwierigste Beispiel und das ist** (Jes 38, 13) ‏בָּאֲרִי‏. ‏כָּאֲרִי: ידי ורגלי‏ (Ps 22, 17) || ‏בָּאֲרִי: כן ישבר כל עצמותי‏. **Wenn ich nur den Unterschied in der Bedeutung dieser beiden Wörter verstünde!**" Soweit Elia Levita.

Wir sind in der Lage seinen Wunsch zu erfüllen. Im ‏מדרש תהלים‏ (ed. Salomon Buber, Wilna 1891) ist zu Ps 22, 17 zu lesen: ‏כארי ידי ורגלי: עשו לי כשפים שיעשו ידי ורגלי כאורות לפני אחשורוש‏. ‏ונעשה לי נס והוארו ידי ורגלי כהדין סנפוריען‏. „Sie machten eine Zauberei und machten meine Füsse hässlich[1] vor A.; aber es geschah ein Wunder und meine Hände und Füsse wurden leuchtend wie Saphir". Hiermit sind die beiden Bedeutungen von ‏כארי‏ gegeben.

Wie dieses Wortpaar, so finden wohl auch manche andere ihre Aufklärung durch midraschartige Deutungen, die in den uns erhaltenen oder verloren gegangenen Midraschsammlungen zu finden wären. Oder es sind Schrifterklärungen, die niemals vorher niedergeschrieben waren, sondern der mündlichen Tradition angehörten und nur durch den Fleiss der Massoreten — wenigstens andeutungsweise — uns in diesen Listen erhalten blieben[2]).

---

[1]) ‏כאר‏ in der Bedeutung „hässlich machen" kommt z. B. auch in der Mischna Baba Kama IX, 4 vor: ‏צבעו כאור‏ „er hat es hässlich gefärbt". Die Form ‏כארי‏ wird vom Midrasch wohl wie ‏כָּאֲרִי‏ (status constructus) gelesen. Aber worin findet der Midrasch eine Andeutung, dass dies Wunder geschehen ist? Er fragte sich, weshalb steht ‏כארי‏ nicht mit Ain, wie es im allgemeinen vorkommt, und antwortet: **Es ist mit Alef geschrieben, um anzudeuten, dass ihre Füsse leuchtend wurden.** ‏כאר‏ mit Alef erinnert nämlich an das Wort ‏כאור‏ „wie Licht".

[2]) In den Massorasammlungen finden sich — wie später (Kap. III) nachgewiesen wird — zahlreiche Listen, welche der eigentlichen Massora, vor allem der Ochla-Urschrift, nicht angehören. Sie zeigen sehr

Es scheint auch, dass **midraschische Erklärungen in der späteren Zeit irrtümliche massoretische Bemerkungen** hervorgerufen haben. Zu I. Sam 17, 34 gibt es eine Auslegung (zitiert bei M. L. Malbim, Bibelkommentar, Wilna 1912, z. St.), nach welcher David sich aus der Haut des Lammes einen Gurt verfertigte und in dem Gespräch mit Saul auf diesen hinwies. In einigen Texten ist diese Erklärung dadurch angedeutet, dass Kere Ktib steht (שה כ׳ זה ק); das hinweisende Fürwort זה soll ausdrücken, dass David diesen Gurt damals trug und ihn Saul mit dem Worte זה zeigte. Wie מנחת שי und Ginsburg in seiner Prophetenausgabe (London 1911) z. St. schon bemerken, ist Kere Ktib an dieser Stelle unrichtig. Es besteht daher die Wahrscheinlichkeit, dass die Midraschdeutung die Quelle für diese falsche Lesart war[1]), welche sich in keiner

deutlich midraschisches oder auch talmudisches Gepräge und können kaum mehr als rein massoretisch angesprochen werden. Der Uebereifer der Schreiber hat die Listen unnötigerweise um unpassende vermehrt. Manche Massoreten hielten es für ihre Aufgabe, aus der ältesten Literatur, so vor allem aus dem Talmud (Traktat Soferim eingeschlossen) kleine, **nicht rein massoretische** Bemerkungen herauszusuchen und sie den Massorasammlungen anzufügen, deren ursprüngliche Rezensionen aber solche Angaben bewusst meiden. So bringen P 182 u. 183 fünf Stellen der Thora und fünf Stellen der anderen biblischen Bücher, wo קל וחומר (Schluss vom Leichteren auf das Schwerere) vorkommt. Anmerkung X (in H) zählt fünf Verse auf, in welchen das Wörtchen הוא zur Bezeichnung eines **frommen** Mannes, fünf, wo es zur Bezeichnung eines **Frevlers** gebraucht wird. Anmerkung XXI in H führt elf Männer an, welche in der Bibel איש האלהים genannt werden. Dass die Massoreten auch das rein talmudisch-halachische Gebiet beherrschten, zeigt Anmerkung III (in H). Hier werden die drei Stellen aufgezählt, wo die Verbindung לא אבה vorkommt. Manche schreiben im גם חליצה — so heisst es dort — ולא אבא (mit Wau). Dies widerlegt der Schreiber durch einen Hinweis auf eine Talmudstelle; es ist Jebamot 106b. Die prägnante Kürze und exakte Beweisführung, mit welcher dies geschieht, lassen unschwer die talmudische Gewandtheit des Verfassers erkennen. (Genaueres darüber findet sich bei den Quellenscheidungen im III. Kapitel).

[1]) In dem im Jahre 1189 von Menachem bar Salomon Verfassten Midraschwerke שכל טוב (ed. S. Buber, Berlin 1900) finden sich sehr viele קרי כתיב-Stellen, welche unser massoretische Text nicht kennt. (z. B. Gn 18, 15:

der von Ginsburg kollationierten Quellen (73 Handschriften, 19 Druckausgaben) mit Ausnahme der beiden Bombergschen Bibelausgaben von 1521 und 1524—25 findet und nur deshalb in unsere Ausgaben übergegangen ist, weil dieselben die Bombergschen als Vorlage benutzten.

Auch dies ist ein Beweis des engen Zusammenhangs zwischen Midrasch und Massora.

§ 3. Nicht allein traditionelle midraschische Textauslegungen sind häufig die dunkle Grundlage schwieriger Massorastellen, sondern auch die **persönlichen wissenschaftlichen Anschauungen** (z. B. exegetischer, grammatischer Natur) damaliger jüdischer Gelehrter. Sie haben tiefe Spuren in der Massoraliteratur hinterlassen. Sogar die geistigen Kämpfe in der jüdischen Wissenschaft spiegeln sich in den massoretischen Werken und haben wohl manchmal deren Gestalt gefälscht. Zu P 59 bemerkt R. Jakob Tam im Buche הכרעה [1]) S. 11: ואולי הנוטים אחרי דונש כתבוהו במסרת בתרין לישנין, כי לולי זה היה מביאן

(ויאמר לו כי צחקת לו כתיב לא קרי). Es ist wahrscheinlich, dass sie ihre Entstehung älteren oder neueren Midraschdeutungen zu verdanken haben. Ob diese Stellen überhaupt vom ursprünglichen Bearbeiter als wirkliche קרי כתיב aufgefasst wurden oder ob sie nur ungefähr die Bedeutung der im Talmud häufigen אל תקרי haben, ist immerhin zu erwägen. אל תקרי bedeutet ja bekanntlich **nicht**: Lies anders als es geschrieben steht! sondern: Erkläre den Bibelvers neben dem einfachen Wortsinn auch noch in midraschartiger Weise! Immer stützt sich diese auf irgend eine Besonderheit des Verses (bezüglich der Schreibung, der grammatischen Bedeutung, des Sinnes usw.). Vgl. נחלי דבש (von S. B. Bamberger, Frankfurt a. M. 1867) S. 69 a: שכל מקום שדרשו חז״ל פסוק מפסוקי תנ״ך בדרך אל תקרי אין כוונתם לשנות הקריאה או להחליף אות באות רק הכוונה באותן הדרשות לומר שאותן למודי השכל ודרכי החיים והמוסר שֶׁלְּמָדָנוּ באותם הדברים יסודתם בהררי קדש התנ״ך ונכללים ומובנים מן רמוזים באותו הפסוק שדורשים על הענין ההוא כ א י ל י נכתב כך. Siehe Ausführlicheres in קורא באמת (I. Frankfurt a. M. 1871; II. Mainz 1878), welches Werk Bamberger ganz dem אל תקרי-Thema widmete.

[1]) Zu den תשובות von Dunasch ibn Labrat (zweiter Teil von seinem Werke מחברת מנחם, herausgegeben von H. Filipowski, London 1854) schrieb R. Jakob Tam ein Werkchen הכרעה (beides von H. Filipowski,

... דונש לראיה. „Es ist möglich, dass Anhänger des Dunasch Ibn Labrat (910—986) das Wort בְּשָׂרִים — nach der Ansicht ihres Lehrers, der, gegen Menachem ben Saruk (910—970) das Wort in zwei verschiedenen Bedeutungen nimmt, — in eine Massoraliste eingetragen haben, welche Wörter (mit zwei verschiedenen Bedeutungen) zusammenstellt, um für die Anschauung ihres Lehrers in der Massora eine Stütze zu haben".

Auch das Verzeichnis P 56 ist hier zu besprechen. Nach der Ueberschrift א״ב מן ג״ג בחד לישן ולית דכוותהון משמש אנ״ך וסימניהון ist es ein Liste von je drei Wörtern aus einem Stamme (?) von denen jedes nur einmal vorkommt... Wer die Liste durchsieht, bemerkt sofort, dass nach unseren grammatischen Anschauungen sich bei verschiedenen Beispielen eine Gemeinsamkeit des Stammes nicht feststellen lässt, so z. B. bei der Gruppe ללה (I. Sam 4, 19); ללין (Gn 24, 23); ללילה (Ps 19, 3)[1]. Wenn hier unter לישן wirklich, wie Frensdorff z. St. meint, ein „grammatischer Stamm" zu verstehen ist, so muss angenommen werden, dass diese Liste Menachem ben Saruk folgt, der im Gegensatz zu Dunasch ibn Labrat die hebräischen Stämme auf zwei Wurzelbuchstaben zurückführte, wodurch vielleicht auch die oben genannte Wortgruppe ללה ... ihre Erklärung findet.

§ 4. Von sehr grosser Bedeutung für das Verständnis und für die geschichtliche Einordnung der einzelnen Massoraangaben ist die Tatsache, dass die in einer Sammlung vereinigten Listen bezüglich der Zeit, der Art und des Ortes ihrer Entstehung die denkbar grössten Differenzen aufweisen und dass **sich in ihnen verschiedene Entwicklungsstufen widerspiegeln, welche die jüdische Sprach- und Bibelwissenschaft durchmachte.**

Eine ganze Reihe von Listen (P 5, 11, 26—29; 45—50) zeigen in deutlicher Weise, dass in der Zeit ihrer Entstehung die bei uns üblichen Vokalunterscheidungen noch nicht bekannt

---

[1] **Midraschdeutungen** können auch hier wieder die massoretischen Listen beinflusst haben.

waren. Man wusste damals nur von Vokalverhältnissen und bezeichnete die jeweils volleren Laute mit מלעיל im Vergleich zu denen mit leichterer Aussprache, die מלרע genannt wurden. (Ausführlicheres darüber findet sich bei Bergsträsser H G § 9 b und Kahle H G § 7 e)[1]). Eine spätere Entwicklungsstufe zeigen die Verzeichnisse P 21—25, 71 . . ., wo die Termini פתח קמץ bereits in der bei uns üblichen, engeren Bedeutung gebraucht werden. In P 33 wird der Cholemlaut in denkbar undeutlicher Weise ausgedrückt[2]), ein Zeichen dafür, dass damals ein exakter, feststehender Terminus noch fehlte. H 56 und wahrscheinlich auch die analoge Liste P 55 (in der ersten P-Rezension[3]) — kennen für den Cholem- und Schureklaut keine Namen. Die Ueberschrift in P 73 drückt den Kameslaut אה׳, den Cholemlaut או׳ aus. Die Undeutlichkeit dieser beiden Bezeichnungen ist leicht ersichtlich, wenn man bedenkt, dass man . . . אֵהְ׳, אֶהְ׳, אָהְ׳, אַהְ׳ bzw. אוּ und אוֹ punktieren kann. Erst in den der Ochla-Urschrift nicht angehörenden Verzeichnissen finden wir die meisten der später allgemein gebräuchlichen Vokalbezeichnungen vertreten: P 207 מלא סום; P 208, 209 חירק; [P 209 für Patach משטן] P 210 für Segol משטן צבחר (= פתח קטן); P 256 für Segol פתח קטן; [P 370 bringt

---

[1]) Dort wird auch aus Ginsburgs The Massora II § 310 f (= 606 a, b) eine Quelle gebracht, wo für diese Vokalverhältnisse bereits die Namen פתח קמץ gebraucht werden.

[2]) In der uns vorliegenden Rezension von P ist dies besonders auffällig, da der Buchstabe ה den gewöhnlichen Cholemlaut mit Wau und den Cholemlaut mit folgendem He ausdrücken soll. Aber selbst wenn der ursprüngliche Sinn der Liste war, nur Wörter mi Cholemlaut (und Wau) zu sammeln, und die in P erhaltene Ueberschriftt noch die erste Rezension zeigt, so ist dieser Cholemlaut dennoch sehr undeutlich ausgedrückt.

[3]) Die uns vorliegende Rezension von P bezeichnet in der Tat den Cholemlaut mit מלא סום und den Schureklaut mit קמץ סום, was aber sicherlich erst von der Hand eines Späteren stammt, da die beiden älteren Quellen H u. Mf diese beiden Vokallaute mit אוֹ bzw. אֻ bezeichnen. Auf den Redaktor von P passt genau, was Elia Levita in der Vorrede zu ס׳ מסרת המסרת sagt: רק התחכמות הסופר שכתב כן כדי להראות שהוא חכין המסורת. „es ist nur eine „Wichtigtuerei" des Schreibers, wenn er so schreibt, um zu zeigen, dass er die Massoraangabe versteht".

für Segol noch die ältere Bezeichnung פתח]. P Anm. 14 u. 24 führt den Namen סגול an.

Ebenso lässt sich — wir beschränken uns im allgemeinen auf die Ochla-Rezensionen — eine gewisse allmähliche Entwicklung in der Erforschung der hebräischen Akzentuation nachweisen. Die Termini מלעיל מלרע werden in P 32, 51, 225, 226, 372, 373 zur Angabe des Worttons gebraucht. Dies war das erste Problem, mit welchem sich die Akzentforschung beschäftigte [1]). (P 32 u. 51 gehören der Ochla-Urschrift an!). Nach diesem scheint als erster Akzent Zakef das Interesse der Massoreten in Anspruch genommen zu haben, der doch als Satztrenner für die Sinnerklärung des Verses und für die Vorlesemelodie von ausschlaggebender Bedeutung ist. In der Tat begegnen uns die קמץ בזקף-Angaben in der Massora sehr häufig. Auch P 21, welches der Ochla-Urschrift angehört, scheint — wie unser Kommentar z. St. nachweisen wird — mit dem Zakef sich zu beschäftigen. Bestimmt gilt dies von P 223, 224, 227, 228. Von weiteren Trennungsakzenten wird mit Namen genannt in P 242 Atnach, in P 227 Rebia, in P 229 Tebir; von Verbindungsakzenten in P 221 und 374 Maarich (Mercha), in P 221 Darga. Dem Sinn nach werden in P 228 „hochtrennende Akzente" (= זקף לרומא) wie Zakef, Rebia und „verbindende Akzente" (= נחית לתהומא) wie Tebir, Mercha, Mahpach erwähnt. P 374 spricht von Versen, דסלקין ונחתין בתורה סירוש שאין שם געיא והן במאריך „welche Mercha zwischen Azla und Zarka und nicht Gaja haben". Die Anmerkungen in H bringen folgende Akzentbezeichnungen: XVI Atnach, XX Rebia, XXIX Pazer gadol.

Aus unserem Material lässt sich nicht nachweisen, dass es eine Periode gegeben hat, in welcher man nur die Trennungsakzente (טעמים) gekannt hat. Aber ein Beweis gegen diese Vermutung Kahle's (cf. HG § 9p.) lässt sich von hier nicht erbringen, wenn auch in den Ochla-Sammlungen Trennungs- und Verbindungsakzente in gleicher Weise vertreten sind; denn die Redaktionen derselben erstrecken sich auf einen ziemlich langen Zeitraum.

---

[1]) Die Bedeutung des Worttons für die Sinnerklärung erhellt aus § 1 Anf.

Allmählich dringen auch **grammatische** Bemerkungen in die Massora ein. P 42 und 43 sprechen vom Mappik, P 54 vom Unterschied des männlichen und weiblichen Possessiv-Suffixes, P 236 von dem Suffix des Singulars und Plurals usw.

Als Ergebnis dieser Spezialuntersuchungen ist festzustellen: Die Massoreten suchten ihre Forschungen über den Bibeltext den jeweiligen Fortschritten der jüdischen Wissenschaft anzupassen und wandten den jeweils aktuellen Problemen ihr Augenmerk zu. Wenn es uns gelingt, auf Grund reichsten Quellenmaterials bei den einzelnen Massoralisten nachzuweisen, welcher Zeit und Schule sie ihre Entstehung verdanken, unter welchen Einflüssen sie bezüglich ihres allgemeinen Inhalts, ihrer Termini usw. Veränderungen erfahren haben, kurzum, wenn uns die geschichtliche Entwicklung der einzelnen Massoraangaben klar vor Augen steht, so kann dies Ergebnis fruchtbar verwertet werden für die Erforschung der Geschichte mancher hebräisch-grammatischer Probleme. Andererseits wird durch d i e s e genauen Kenntnisse wieder manche Schwierigkeit in der Massorawissenschaft gelöst. So stehen die beiderseitigen Forschungen in Wechselbeziehung zueinander und befruchten sich gegenseitig.

Wir sehen — um nun die Ergebnisse der § 1, 2, 3 u. 4 zusammenzufassen —, dass die massoretische Tätigkeit in den dem Abschluss des Talmuds folgenden, nächsten Jahrhunderten sich auf die verschiedensten neuen Gebiete ausdehnte. **Die Schöpfung der Vokalisation und Akzentuation, midraschische Bibelexegese, die Ergebnisse der grammatischen Forschungen, — sie alle haben der massoretischen Tätigkeit neues Material geliefert und sie in neue Bahnen gelenkt.**

§ 5. Das zweite Hauptproblem dieses Kapitels lässt sich in folgende Fragen fassen:

**In welcher Weise haben die Massoreten das so reiche Material bearbeitet? Wie wurden die wissenschaftlichen Ergebnisse ihrer Tätigkeit schriftlich fixiert?**

Die Massoreten bildeten eine eigene Methode aus. Sie besteht nicht wie die der grammatischen Wissenschaft im allgemeinen in der A u f s t e l l u n g a l l g e m e i n e r G e s e t z e und „R e g e l n", sondern in der K o n s t a t i e r u n g u n d R e g i s t r i e r u n g von Merkwürdigkeiten. Der Ort, wo diese Ergebnisse niedergelegt wurden, war — d e r f r o i e R a u m am R a n d e d e r B i b e l h a n d s c h r i f t e n [14]).

Diese Art der schriftlichen Fixierung war üblich bis ungefähr zur Wende des ersten Jahrtausends [15]).

---

[14]) Das dies eine sehr grosse Gefahr für die genaue Ueberlieferung der Massoraangaben in sich barg, zeigt in eingehendster Weise Elia Levita in der zweiten Vorrede zu מסרת המסרת ס', wenn auch seine Schilderung nicht für alle Bibelhandschriften (mit Massora) zutrifft. Er schreibt: כי הסופרים הוידו ועל המכורת לא הקפידו ורק עיקר השיבותם ליפות את כתיבתם ולכוון את השורות שלא ישנו את הצורות וכו׳. Die Abschreiber suchten den freien Raum über, unter und neben dem Bibeltext in kalligraphisch möglichst schöner Form völlig ausfüllen. Diesem Bestreben musste die Genauigkeit der massoretischen Bemerkungen zum Opfer fallen. Sie wurden in allerlei vorgezeichnete Figuren (Kronen, Blumen, Tiere) hineingezwängt und nach dem jeweils zur Verfügung stehenden freien Raum durch Abkürzungen, Auslassungen, Wiederholungen oder andere Verstümmelungen beliebig verändert. Als Beweis sei auf H 75 hingewiesen. Dieses Verzeichnis findet sich in der übrigen Massora nicht. Man muss daher annehmen, dass der Redaktor von H es selbstständig — und zwar aus einem Bibelkodex — in die ihm vorliegende Ochla w'ochla-Sammlung aufgenommen hat. Wer dieses Verzeichnis durchsieht, bemerkt sofort, dass — es ist das einzige von H in dieser Art — sein Text völlig verderbt ist und nur mit grosser Mühe von uns rekonstruiert werden konnte. Die Menge und Art der Fehler zeigt deutlich, dass das Verzeichnis im Bibelkodex in irgend einer F i g u r zur Darstellung gebracht war und deshalb so schlecht überliefert ist. (Eine Liste von Werken, welche Stücke aus derartigen Bibelhandschriften als Facsimile veröffentlichen, findet sich bei Bergsträsser H G § 5e).

[15]) Die ursprünglichsten, einfachsten unter den Formen der massoretischen Angaben, die wir nunmehr in genetischer Anordnung vorführen werden, gehören auch schon der talmudischen Zeit an. Wir verzeichnen sie hier, weil erst in d i e s e r Epoche für die wichtigeren und wichtigsten Entwicklungsstufen uns einwandfreies Beweismaterial zur Verfügung steht.

Die Tätigkeit der Massoreten beschränkte sich in ihren ersten Anfängen wohl darauf, dass sie in den Bibelhandschriften diejenigen Stellen, welche ihr Interesse geweckt hatten, am Rande des Textes mit **Punkten** (etwa im Sinne unseres Rufzeichens) oder **ganz kurzen Bemerkungen** versahen, die bei der Lektüre oder Abschrift die Aufmerksamkeit auf irgend eine Unregelmässigkeit, seltene Form usw. lenken sollten[1]). Diese Art massoretischer Angaben hat sich noch in der Massora

---

[1]) Wenn es auch religionsgesetzlich verboten war, in den für den **Gottesdienst** bestimmten Thorarollen irgendwelche Anmerkungen zu machen (vgl. Mischna Jadaim III, 4, wonach die Ränder der Thorarollen (גליונות) dieselbe Heiligkeit besitzen wie der beschriebene Teil selbst), so wurde schon in den ältesten Zeiten der Pentateuch ausserdem noch für mehr **profane** (Lern- und Lehr-) Zwecke abgeschrieben. Dies geht aus der Talmudstelle Gittin 60a hervor: כהו לקרות בחומשים בבית הכנסת בציבור „Darf man die fünf Bücher der Thora, wenn sie von einander getrennt geschrieben sind, zur Vorlesung in der Synagoge verwenden". Nach Baba Batra 13b (תנו רבנן הרוצה לדבק תורה נביאים וכתובים כאחד מדבק) war es erlaubt, Pentateuch, Propheten und Hagiographen mit einander zu verbinden. Da die übrigen biblischen Bücher nicht den strengen Vorschriften wie die zur Vorlesung bestimmten Thorarollen unterworfen waren, ist mit grosser Sicherheit aus dieser Stelle zu entnehmen, dass auch Thoratexte geschrieben wurden, bei welchen die für den synagogalen Gebrauch geltenden Vorschriften nicht beachtet wurden. Es scheint auch, dass noch andere Talmudstellen solche Thoratexte voraussetzen. So ist Kiddeschin 30a zu lesen: פסוקי מיהא ליתו למניה „Wir können doch (eine Thorarolle holen und) die Verse zählen!" Vgl. ferner die von den Responsen der Geonim Nr. 3 (ich zitiere nach H. Deutsch, die Sprüche Salomo's... I S. 78) gebrachte Baraita, die allem Anschein nach sehr alt ist: ברייתא הדא בספרים באותו ספר תורה שמצאו בירושלים שהיה משונה בכתב ובמנין פסוקים. Diesen Stellen ist zu entnehmen, dass die Abteilung der Verse angedeutet war. Solche Bemerkungen können sich schwerlich auf die für die gottesdienstliche Vorlesung verwendeten Thorarollen beziehen, da die heute und in alter Zeit geübte Praxis dagegen spricht. Vgl. Orach Chaijim XXXII, 32 und daselbst Magen Abraham 45; ferner מלאכת שמים (von S. B. Bamberger, Altona 1853) Kap. 25 § 3. In Berachot 62a bringt Raschi eine Erklärung, auf Grund deren die Worte שמראה בהן טעמי תורה andeuten sollen, dass man mit der rechten Hand auf gewisse Tonzeichen (נגינות) im Buche hinwies. Raschi setzt also voraus, dass irgend eine Art graphischer Zeichen dafür bereits vorhanden war, die aber nur in für profane

parva erhalten, die teilweise den bei uns gebräuchlichen Bibelausgaben beigedruckt ist. So findet sich Jer 2, 14 zum Worte לָבַז die Angabe פתח בסוף פסוק. Sie soll darauf aufmerksam machen, dass hier — ausnahmsweise — trotz des Versschlusses Patach als Vokal der Tonsilbe n i c h t in Kames gedehnt wird. Jer 2, 19 findet sich zum Worte וָמָר die Bemerkung: קמץ בזקף קטן d. h. „hier ist unter dem Einfluss von Zakef katon Patach in Kames gedehnt".

Allmählich häuften sich die Merkzeichen und man sah sich gezwungen, diese auffallenden Formen zu z ä h l e n und die Zahl bei einer der Bibelstellen anzugeben. B e i s p i e l e : Mp Nu 14, 11 sagt aus : וְעַד אָנָה לית d. h. „genau diese Wortverbindung kommt in der Bibel überhaupt nicht mehr vor". Mf עד 6 bringt: וְעַד כָּל ב' d. h. „diese Wortverbindung kommt zweimal in der Bibel vor". Mf רע 18 berichtet: רוֹעָה ג' מלא בלישן „dieses Wort kommt dreimal plene (d. h. mit der mater lectionis Wau ge- schrieben) vor". Die Massora zu Gn 35, 22 sagt: מלא כל פִּילַגְשׁ בר מן ב' „dies Wort steht immer plene (mit Jod) mit Ausnahme von zwei Stellen".

Auch diese Form der Angaben findet sich sehr häufig in der Massora parva.

Aus den kleinen B e m e r k u n g e n am Texte haben sich nun die massoretischen V e r z e i c h n i s s e[1]) entwickelt, deren Prinzip es ist, alle Wortformen zu sammeln, welche die g l e i c h e, ä h n l i c h e o d e r e n t g e g e n g e s e t z t e Merk - w ü r d i g k e i t zeigen, also anzugeben, wie oft, in welchen Wortformen, an welchen Stellen eine bestimmte massoretische Besonderheit sich in der Bibel findet.

Dazu einige Beispiele: P 30, welches die Ueberschrift א"ב מן חד וחד מן תרתין תיבותא לא נסבין וי"ו בריש תיבותא ומטעין בהון trägt, konstatiert die Tatsache, dass es eine Reihe von Wortverbindungen

---

Zwecke bestimmten Thorarollen eingetragen sein konnten. In solche sind denn auch die massoretischen Bemerkungen aufgenommen worden.

[1]) Diese Scheidung zwischen Massora - „B e m e r k u n g e n" und „V e r z e i c h n i s s e n" (oder auch „Listen") führen wir im Folgenden durch. Massora - „A n g a b e n" schliesst beide Arten in sich ein.

gibt, bei welchen ein — dem Sinn nach zu erwartendes — vorgesetztes Wau f e h l t , z. B. אַרְבָּעִים שָׁנָה (2 S 5, 4). P 91 (ס״ב מלין דכתבן מוקדם מאוחר) zählt 62 Wörter auf, in welchen zwei aufeinander folgende Buchstaben versetzt sind, z. B. הָולֵךְ (Jos 6, 13). P 99 ט״ו דכתבן תיבא חדא וקרין תרין מלין 15 Wörter, die der Schrift nach ein Wort bilden, aber gelesen werden, als wären sie zwei Wörter, z. B. בְּגָד (Gn 30, 11). P 100 ח׳ כתבין תרין מלין וקרין מלא חדא: Acht Wörter, die der Schrift nach in zwei Wörter geteilt sind, aber wie ein Wort gelesen werden, z. B. כִּי טוֹב (Jud 16, 25). P 101 ג׳ מלין תיבותא קמייתא נסבא מן תניא: Drei Wortpaare, deren erstes Wort mit dem Buchstaben schliesst, der der Anfangsbuchstabe des zweiten Wortes sein sollte, z. B. הָיְתָה מוֹצִיא (II. Sam 5, 2). P 102 ב׳ מלין תנינא נסבא מן קמייתא: Zwei Wortpaare, bei denen das zweite Wort mit dem Buchstaben beginnt, der der Endbuchstabe des ersten Wortes sein sollte, z. B. שָׁם הַפְּלִשְׁתִּים (II. Sam 21, 12). P 193 ג׳ מלין אנדרוגינוס: Drei Wörter sind androgyne (d. h. sie haben Zeichen des männlichen und weiblichen Geschlechts), von denen eines im Pentateuch, eines in den Propheten und eines in den Hagiographen vorkommt, z. B. וַיַּחְמֵנָה (Gn 30, 38). P 194 ה׳ פסוקים באורייתא שאין להן הכרע: Im Pentateuch finden sich 5 Verse, welche ein Wort enthalten, bei dem nicht zu entscheiden ist, ob es zu dem unmittelbar v o r h e r g e h e n d e n  oder zu dem unmittelbar f o l g e n d e n Satzteil gehört[1]), z. B. הלוא אם תיטיב שאת ואם לא תטיב (Gn 4, 7).

Die meisten „Merkwürdigkeiten" aber, welchen die Massoreten ihr Interesse, ihre Sammel- und Zähltätigkeit widmeten, erscheinen uns als unbedeutend, der Registrierung nicht wert. Es sind keine seltenen, unregelmässigen Wortformen, die hier gesammelt werden, sondern ganz regelmässige ohne die geringste Auffälligkeit. Und wenn diese Listen isoliert und losgelöst von der übrigen Massora betrachtet werden, scheinen sie in der Tat sehr überflüssig zu sein. Das Bild ändert sich aber sofort, wenn wir versuchen, sie dem grossen Organismus der

---

1) Vgl. Joma 52a u. b.

Massorawissenschaft einzugliedern. War doch ihr erstes Ziel, die Reinheit des Konsonantentextes der Bibel zu erhalten! Durch Abschriften konnte man, auch wenn sie noch so zahlreich waren, dieser Aufgabe nicht gerecht werden; denn jede Abschrift war eine neue Fehlerquelle. Daher bildeten die Massoreten eine eigene Methode aus. Sie scheuten nicht die Arbeit — galt ihnen doch ihre ganze Tätigkeit als ein religiöses Werk, für welches die grössten Opfer zu bringen, sie bereit waren —, durch m ü h s e l i g e s  S a m m e l n  u n d  Z ä h l e n  zum Ziele zu gelangen. Sie begannen mit den seltensten und merkwürdigsten Wortformen, gelangten dann zu den weniger auffälligen, bis schliesslich am Ende der massoretischen Tätigkeit alle Merkwürdigkeiten erschöpft waren und die massoretischen Listen sich mit Problemen beschäftigten, welche eigentlich keine Probleme waren. Es wurden Verzeichnisse von Wortformen zusammengestellt, welche nichts Auffälliges zeigen, sondern nur irgend eine ä u s s e r e Gleichheit, Aehnlichkeit oder Gegensätzlichkeit aufweisen. So finden wir Verzeichnisse von Wörtern, die nur einmal m i t Wau und einmal o h n e Wau (cf. P 1), viermal o h n e Wau und einmal m i t Wau (cf. P 17), einmal mit N u n  f i n a l e und einmal mit M e m  f i n a l e (cf. P 12) vorkommen; Listen von Hapaxlegomena, die mit Kof beginnen (cf. P 19), die mit Mem finale schliessen (cf. P 34) usw. usw.

An Hand solcher Verzeichnisse konnte in früheren Zeiten und wird auch heute noch der massoretische Bibeltext kontrolliert und korrigiert. Es zeigt sich manchmal, dass einzelne seiner Stellen durch die Massoralisten in einer genaueren Form erhalten worden sind, als sie selbst unsere modernen Bibelausgaben zeigen.

§ 7. Aus Vorstehendem ist also zu entnehmen, dass es zwei Hauptarten von Massoraangaben gibt: 1. k u r z e  B e m e r k u n g e n, nur auf ein e i n z e l n e s Wort, eine e i n z e l n e Wortform sich beziehend; 2. L i s t e n, welche Wortformen usw. nach bestimmten Gesichtspunkten sammeln.

Das relativ-zeitliche Verhältnis dieser beiden Arten zueinander lässt sich mit exakten Beweisen nicht bestimmen. Mit grosser

Wahrscheinlichkeit ist anzunehmen, dass die Massora b e m e r - k u n g e n die Grundlage zu den Massoralisten bildeten und demnach ein höheres Alter als letztere besitzen. Als bestimmt kann nur hingestellt werden, dass — mit Ausnahme der frühesten Zeiten — in keiner Epoche nur e i n e Art a u s - s c h l i e s s l i c h herrschte, dass im Gegenteil, vor allem in der Zeit der Schaffung der Massoralisten, vielfach noch „Bemerkungen" gemacht wurden, welche zu Listen zusammengefasst werden sollten, ein Bestreben, das aber nicht immer Verwirklichung fand. So zeigt sich, dass die in den uns vorliegenden Sammlungen enthaltenen Massorabemerkungen nicht immer als Ueberbleibsel frühester Zeit angesehen werden dürfen.

Die weitaus meisten Massora b e m e,r k u n g e n haben entweder eine nur sehr kurze oder überhaupt keine eigene Geschichte; denn sie verbleiben entweder bei ihrem ersten Stadium oder gehen, wie wir vermuteten, in den L i s t e n auf. Die § 5 erwähnte Massoraangabe zu נָקָר Jer 2,19 findet sich z. B. wieder in P 21 [בוקסא] א״ב מן חד חד חד קמץ „Alphabetisches Verzeichnis von Wörtern, welche beim Zakefakzent die Pausalform mit Kames zeigen."

D i e  V e r z e i c h n i s s e  a b e r  z e i g e n  e i n e  s t ä n - d i g e  W e i t e r e n t w i c k l u n g.  Diese Frage soll uns nunmehr beschäftigen.

§ 8. In den frühesten Zeiten waren die Listen denkbar k u r z [1]), weil am Rande der Bibelkodices nicht immer genügend

---

[1]) Wie die Kürze zu Ungenauigkeit und Fehlern führen kann, zeigen unter andern die Listen P 4, P 7, P 58 in sehr charakteristischer Weise. P 4 trägt als Ueberschrift: א״ב מן חד וחד חד כ״ף וחד בי״ת דלוג ולית דכותהון וסימניהון. „Ein unvollständiges alphabetisches Verzeichnis von Wörtern (und Wortpaaren) die je nur einmal mit כ׳ und einmal mit ב׳ am Anfang vorkommen". Unter diesen Hapaxlegomena bringt H auch das Wortpaar: Jud 5, 8 בארבעים || (Jos 4, 13) בארבעים. Dies ist sehr auffällig; denn בארבעים ist kein Hapaxlegomenon, sondern kommt Dt 1, 3 auch vor. In der Rabbinischen Bibel (Venedig 1517) ist in der Tat dieses Wortpaar ausgelassen. Dies ist jedoch eine Verschlimmbesserung; denn in dieser Liste ist nicht das Wort בארבעים, sondern die W o r t v e r b i n d u n g

Platz war und die Massoreten trotz der Kürze der Zitate ihnen das richtige Verständnis entgegenzubringen vermochten. Als die ursprünglichste Form darf wohl die angesehen werden, dass die Wortformen (man nennt sie „Schlagwörter"), welche die zu konstatierende Eigentümlichkeit zeigen, ohne jede weitere Stellenbezeichnung zu einer Liste zusammengefasst wurden[1]). Diese Entwicklungsstufe hat sich noch im Traktat Soferim erhalten. So fehlt z. B. in dem wichtigen Verzeichnis VII 3 jeder Stellennachweis. Es heisst dort nur: אלו כותבין דבר אחד וקוראין שנים: בא גד. איש דת. מאש תם. מה לכם ...., während die analogen Listen P 99, 100 wie immer die genauen Stellennachweise angeben.

Solche Verzeichnisse aber mussten sehr bald zu Irrtümern führen; denn auch für die Massoreten, denen der Bibel-

בְּאַרְבָּעִים אֶלֶף gemeint, welche nur einmal (Jud 5, 8) — ebenso wie בְּאַרְבָּעִים אֶלֶף (Jos 4, 13) — in der Bibel vorkommt. Während P bereits die verbesserte Lesart mit אלף zeigt, hat H wie fast immer die ältere, ursprüngliche ohne אלף erhalten, die wegen ihrer Kürze zu dem Missverständnis Anlass gibt. Ganz analog liegen in P 7 die Verhältnisse mit der Wortverbindung בְּהַרְרֵי קֹדֶשׁ; בְּהַרְרֵי קֹדֶשׁ in P 58 mit der Wortverbindung טָמֵא שְׂפָתַיִם. Frensdorff's Frage dort findet durch unsere Erklärung ihre Lösung.

[1]) Dass es eine Zeit gegeben haben muss, wo nur die Schlagwörter ohne jede Stellenbezeichnung in den Listen aufgeführt wurden, wird durch die Existenz von Listen bewiesen, welche Schlagwörter bringen, ohne dass sich die betreffenden Bibelstellen dazu finden lassen. Spätere Hinzufügungen können sie wohl schwerlich sein; denn wären diese Beispiele in die Listen erst in einer Zeit aufgenommen worden, wo bei den Massoreten bereits die Methode Eingang gefunden hatte, zu den Schlagwörtern die betreffenden Bibelstellen in kurzer Form beizuschreiben, so hätten sie sich niemals durchsetzen können, weil die Bibelstellen eben unauffindbar waren. Die Fehlerhaftigkeit solcher Angaben erklärt sich aus Ueberlieferungs-(Abschreib-)fehlern, die deshalb leicht eindringen konnten, weil die Angaben zu kurz und daher missverständlich waren. So ist (in P 2) das fehlerhafte עַל אָחִיו — אֶל אָחִיו zu korrigieren in (Lev. 13, 2) אֶל אַחַד und (Gn 22, 3) עַל אַחַד. Aehnliche Verwechslungen mögen bei עַל אָסָף in P 2, עַל הַמְּצוּדָה und אֶל קוֹלֵךְ in H 2; ferner bei גֵיא הַגִּבּוֹל in H 3 vorgekommen sein.

text in staunenswerter Weise vertraut war, bestand die Gefahr, dass die kurzen Schlagwörter, welche einen ganzen Bibelvers vertreten sollten, falsch aufgefasst, abgeschrieben und erklärt wurden. Und in der Tat stellt diese Art der Verzeichnisse nur einen vorübergehenden Zustand dar. Man entschloss sich bald auch die zu den Schlagwörtern gehörenden V e r s e zu bezeichnen. Grösste Kürze war aber auch hier für die Massoreten geboten; denn einerseits war nicht genügend Raum am Rande der Bibelhandschriften vorhanden, andererseits erleichterte die kurze Form der Massoraangaben deren m ü n d l i c h e U e b e r l i e f e r u n g, auf die wie auf allen Gebieten der jüdischen Wissenschaft trotz der schriftlichen Fixierung nach wie vor grosser Wert gelegt wurde.[1]

Die Bezeichnungsweise, die zu diesem Ende ausgebildet wurde, war die durch סימנים. M a n w ä h l t e a u s d e n a n z u f ü h r e n d e n V e r s e n j e e i n b e s o n d e r s c h a r a k t e r i s t i s c h e s W o r t (bisweilen auch mehrere) s o a u s, d a s s d i e s e, m i t e i n a n d e r v e r b u n d e n, e i n e n (a r a m ä i s c h e n) M e r k v e r s m i t e i n e m m e h r o d e r w e n i g e r g e i s t v o l l e n I n h a l t e r g a b e n [2].

---

[1]) Eine Uebergangsstufe bilden Listen, in welchen unmittelbar nach den Schlagwörtern die Verse in Form von סימנים (siehe im Text!) angedeutet sind. G i n s b u r g in The Massora IV S. 172b § 12 erwähnt ein solches Beispiel. — Die Entstehung dieser Listen hat man sich in folgender Weise vorzustellen. Ursprünglich stand am Rande des Bibelkodex die Liste in Form von Schlagwörtern. Als sich allmählich die neue Art, nämlich die der סימנים, durchsetzte, fügte ein Massoret diesem Verzeichnis סימנים bei. Ein Späterer nun, der dieses aus dem Bibelkodex abschrieb, veränderte in seiner Gewissenhaftigkeit die Form der Liste nicht, trotzdem die Schlagwörter durch סימנים überflüssig geworden waren.

[2]) Solche סימנים finden sich auch häufig im Talmud. Sie sind unseren Ausgaben (an den betreffenden Stellen) meist in Klammern beigefügt z. B. Chulin 4a מכני״ס איומ״ל בוכרי״ם. Es ist entweder zu übersetzen: „er g e b r a u c h t das Beschneidungsmesser bei den Knaben" oder „er v e r h ü l l t das Messer wegen der Knaben" als Reminiszenz an Sabbat 130a, wonach zur Zeit der Religionsverfolgungen das Beschneidungsmesser verhüllt getragen wurde. Dies ist der S i n n des

Damit nun die betreffenden Wörter sich in dieser Weise vereinigten, war es manchmal notwendig, ihre Reihenfolge zu ändern. Daraus erklärt sich die Tatsache, dass manche Verzeichnisse den Eindruck erwecken, wie wenn jede sinnvolle Ordnung bewusst gemieden, ja absichtlich gestört worden wäre. Auch wenn, wie nicht selten, dieser Kennvers **verloren** ging (z. B. P 250), blieb die alte Ordnung der Beispiele, und man wundert sich dann umsonst über die bunte Reihenfolge in der uns vorliegenden Rezension, welche keinem inneren Prinzip zu folgen scheint.[1]

§ 7. Die weitere Entwicklung aber geht in gewisser Beziehung wieder zum Ausgangspunkt zurück. Spätere Massoreten, so vor allem der Redaktor von P, haben nämlich aufs peinlichste dafür Sorge getragen, dass die Beispiele **der Ordnung der biblischen Bücher entsprechend** aneinander gereiht sind. Nun stimmen wieder die סימנים mit der Reihenfolge der Verszitate **nicht** überein. So bringt P 222 folgendes סימן:

אהרן במחתיתא, כהנא בנגעא, תלתין ביריעתא, משה בידא, רברבני בחוטרא

„Ahron mit der Räucherpfanne, der Priester mit der Plage des Aussatzes, die Dreissig mit den Teppichen, Moses mit der Hand, die Fürsten mit dem Stabe". **Die Reihenfolge der Beispiele, wie sie in diesem** סימן **angedeutet**

---

Merkverschens. Sein **Zweck** ist auszudrücken, dass Rab Menasche im dortigen Traktat drei Aussprüche getan hat. Der Inhalt des ersten ist: „er **verbirgt** (מכניס) dasselbe" unter seinen Rockzipfeln..."
des zweiten: „ein **Messer** (איזמל), welches oben keine Spitzen hat..."
und des dritten: „**Widder** (דיכרי = וכרים), die von Dieben gestohlen wurden...". Neben dieser סימנים-Art, welche dem talmudisch Gelehrten bekannt ist, findet sich in Ketubot 50a eine Stelle, wo ein סימן in der talmudischen **Diskussion selbst** besprochen wird. Es ist Rab Schime bar Asche, einer der allerletzten Talmudlehrer, der die von den Weisen in Uscha getroffenen drei Bestimmungen in die Worte fasst: קטנים כתבו ובזבזו „die Kleinen unterschreiben und vergeuden". Wie in dem vorher behandelten סימן, wurde auch hier aus den drei Halachot je ein Wort ausgewählt.

[1]) Dasselbe gilt auch von grösseren Listen die zumeist aus kleineren, bereits fertiggestellten zusammengesetzt wurden.

ist, widerspricht der tatsächlichen in P[1]). Nach dem סימן müsste die Reihenfolge nämlich so sein:

Nu 16, 17 u. 18 (וְאַהֲרֹן ... מַחְתָּתוֹ)
Lev 13, 21, 26 (הַכֹּהֵן)
Lev 13, 53 (הַנֶּגַע)
Ex 26, 2; 36, 9 (הַיְרִיעָה)
Ex 26, 8; 36, 15 (יְרִיעֹת ... שְׁלֹשִׁים)
Ex 14, 21 u. 27 (מֹשֶׁה .. יָדוֹ).

P hat jedoch folgende Reihenfolge: Ex 14,21. Ex 14,27. || Ex 26, 2; 8. Ex 36, 9; 15 || Lev 13, 21; 26. Lev 13, 53 || Nu 16, 17. Nu 16, 18 || ; ferner bringt P ein Beispielpaar mehr als das סימן angibt, welches sich auf den Pentateuch beschränkt: Jos 8, 18. Jos 11, 6.

Im Traktat Joma 52b wird ein (nicht rein) massoretisches Verzeichnis gebracht, welches mit P 194 identisch ist[2]). Tosafot z. St. s. v. משוקדים שאת werfen (unter תימה) die Frage auf, weshalb die Reihenfolge der Stichwörter שאת משוקדים מחר ארור וקם nicht der Ordnung der biblischen Bücher entspricht.[3]) Die Talmuderklärer gehen über diese von Tosafot gestellte, aber nicht gelöste Frage mit Stillschweigen hinweg, trotzdem die Antwort nicht allzu schwierig ist. Sie muss lauten: Die Wörter sind deshalb so geordnet, weil sie in dieser Reihenfolge einen sehr ansprechenden Sinn ergeben. Wir können ihn ungefähr in folgende Worte fassen: „Der Erhebung der Ueber-

---

[1]) Dem (letzten?) Redaktor von P, der viel Subjektives in die Massora hineingetragen hat, war offenbar der Sinn für das סימן schon verloren gegangen und er ordnete die Beispiele der Reihenfolge der biblischen Bücher entsprechend.

[2]) Cf. Frensdorff OWO Nachweise (= Na) S. 43a Anm.

[3]) Wenn in Mechilta, Midrasch Tanchuma und Jalkut Schimeoni (Parscha Beschalach Ex 17, 9), die Reihenfolge der biblischen Bücher folgt, so ist dies wahrscheinlich auf eine spätere Zurechtstutzung zurückzuführen.

eifrigen¹) folgt morgen der Fluch und er wird dauern"²).

Mit welchem Geschick die Massoreten solche סימנים gebildet haben, welche Bedeutung sie deshalb als Merkverse für die Massora besitzen, sei durch die Uebersetzung der bei Frensdorff OWO, S. 173—176 aufgeführten סימנים dargetan. Es handelt sich hier durchweg um Listen, welche angeben, wie oft und an welchen Stellen eine bestimmte Wortform vorkommt. Das erste Verzeichnis z. B. sagt, dass das Wort וְלָבֵן an fünf Stellen in der Bibel steht. Aus jedem dieser Verse ist nun ein charakteristisches Wort ausgewählt: aus I Sam 3, 14 עֵלִי (Eli); aus Jes 8, 7 וְעָלָה (und er steigt); aus II Reg 1, 4 הַמִּטָּה (das Bett); aus Jes 30, 18 יְחַכֶּה (er harrt); aus Jes 30, 18 לְרַחֶמְכֶם. Diese Worte ins Aramäische übersetzt und zu einem Merkvers verbunden, ergeben den Satz: עלי סליק לערסא מחכי רחמין „Eli bestieg das Bett und hoffte auf Erbarmen"³). Genau in derselben Weise sind die anderen סימנים zu erklären. Sie lauten mit Uebersetzung⁴) folgendermassen:

---

¹) Zum Worte משוקדים vgl. Jes, 29, 20, (שֹׁקְדֵי אָוֶן „die auf Unheil bedacht sind"), wo das Wort שקר in Beziehung auf Frevler gebraucht wird.

²) Der Sinn dieses Merkverses ist sicherlich eine Reminiszenz an Prv 20, 21: נחלה מבהלת בראשנה ואחריתה לא תברך „Ein Besitztum ereilt im Anfang, sein Ende wird nicht gesegnet sein".

³) Wie glücklich und feinsinnig die Massoreten, die sich eben durch eine restlose Durchdringung des Bibeltextes auszeichneten, die Worte gewählt haben, sei noch durch folgende Hinweise gezeigt. Der Merkvers ist deshalb so gut geeignet, weil sein Sinn dem des Verses II Reg 1, 4 recht ähnlich ist; hier wie dort findet sich der Gedanke, dass der Mensch das Bett besteigt (מטה — עליה; סליק — לערסא), aber es vielleicht nicht mehr verlässt, weil er dort stirbt". Man darf diese Bemerkungen nicht in dem Sinne auffassen, wie wenn die Massoreten bei der Auswahl des Merkwortes nach allen diesen Feinheiten gesucht hätten. Ihre feine Einfühlung und ihr lebendiges Verständnis für die Gedankenwelt der Bibel hat sie unbewusst diesen Vers finden lassen, der aus verschiedenen Gründen zum Merkvers sich ganz besonders gut eignet.

⁴) Es liegt im Wesen der סימנים, dass sie in verschiedener Weise ausgelegt werden können. Wir machen uns nicht anheischig, hier die einzig mögliche, einzig richtige Uebersetzung zu geben. Es soll hier

Nr. 3: אדם מית במשריתא, Ein Mensch starb im Lager.

Nr. 4: חילא דמלתא רוחא, Die Kraft einer Sache ist der Geist.

Nr. 5: חרבא דמשה אישתא, Das Schwert von Moses ist das Feuer.

Nr. 6: מתקלי דאלישע שלים, Die Gewichte von Elischa sind vollkommen. [Reminiszenz an ... אבן שלמה (Dt 25, 15)].

Nr. 7: שתא ודמך וקם וערק, Er trank, schlief ein, stand auf und entfloh.

Nr. 8: פלח יעקב תלתא דאשתמרו[1]) בחילא, Jakob diente drei (Leuten), die beim Heere zurückgeblieben waren.

Nr. 9: יעקב אשתבע לאמנון, Jakob schwur dem Amnon.

Nr. 10: יברוחי דיוסף לבושי דרעוא, Die Alraunen (Veilchen) von Josef sind liebliche Gewänder.

Nr. 11: מסכינא גרמא ועפרא, Der Arme ist Gebein und Staub.

Nr. 12: נחתו לחשוכא רדופיא, Es sanken hinab in die Finsternis die Verfolger.

Nr. 13a: נחליא יבשין, Die Bäche sind ausgetrocknet.

Nr. 13b: נורא דניהנם במדברא, Das Feuer des גיהנם ist in der Wüste.

Nr. 14: עבראה בחוטרא לא תמחי עממין מחי, Die Hebräer schlage nicht mit dem Stock, die Heiden magst du schlagen.

Nr. 15: לבא דידע עקא אמר בפומא, Wenn das Herz die Leiden kennt, spricht sie der Mund aus. (Vgl. unser Sprichwort: Wes das Herz voll ist, geht der Mund über!)

Nr. 16: שמואל בחירא רהט ואשכח חוכמתא, Samuel, der Erwählte, lief und fand die Weisheit.

Nr. 17: מיא דגברא פרזלא, Mächtige Wasser sind Eisen.

Nr. 18: עבר גברא ואשתבע, Der Mann tat eine Sünde und schwur.

---

nur nachgewiesen werden, dass die סימנים, wenn ihre Sprache auch manchmal sehr schwer ist, oft einen ansprechenden und schönen Sinn in sich bergen.

[1]) דאשתמרו ist ein Fehler. Es soll das Wort נותר andeuten und muss deshalb דאשתיירו oder דאשתארו heissen. Bei Frensdorff Na S. 62a und MM (= die Massora Magna, Hannover u. Leipzig 1876) S. 241 ist er übersehen. Ueberhaupt fehlt hier jeder Hinweis auf Ochla w'Ochla.

Nr. 19: אזל נבח למיבנא ביתא דבעז, Nobach ging um das Haus des Boas aufzubauen[1]).

Nr. 20: כספא מחכים לשטיא, Geld macht den Toren klug.

Nr. 21: מלכא דמיך בשמשא, Der König schläft in der Sonne.

Nr. 22: נדרא דארמלתא שלים עברא ולא אתקבל, Das Gelübde der Witwe hat der Knecht erfüllt, aber es wurde nicht angenommen.

Nr. 23: איניש חד איתי בעירא מסאבא, Mancher Mensch ist wie ein unreines Tier.

Nr. 24: אברם אברהם נטר קרתא דבריא בוכרא, Abram, Abraham schützte die Stadt seines erstgeborenen Sohnes.

## Hoffmann-Beiträge.

Von Rabb. Dr. S. Klein in Nové Zámky (Slov.)

כי ממך הכל ומידך נתנו לך
I. Chron 29, 14.

Der Herr Herausgeber verlangt Beiträge, die mit den Forschungen unseres unvergesslichen Meisters Prof. Dr. David Hoffmann's זצ״ל in Zusammenhang stehen. Gern will ich der ehrenvollen Aufforderung nachkommen, und gebe hier zunächst zwei kleinere Abhandlungen, die sich auf einzelne Stellen der von Hoffmann herausgegebenen כמילתא דר׳ שמעון בן יוחאי (Frankfurt am Main 1905) beziehen. Andere Beiträge sollen אי״ה später im hebräischen Teil dieser Zeitschrift folgen.

### I.

Eine Halacha der בני בתירה.

Hoffmann hat uns an einer das Sabbatgesetz betreffenden Stelle der Mechilta gezeigt, wie man eine Halacha historisch, d. h. aus den Zeitverhältnissen heraus, zu begreifen hat[2]). Seinem Beispiele folgend, sei hier eine dem gleichen Abschnitte der Mechilta entnommene Stelle historisch beleuchtet.

---

[1]) Die ersten zwei Verse dieser Massoraangabe sind im סימן durch je zwei Wörter vertreten, nämlich Nu 32, 42 ... נבח וַיִּלְכֹּד וַיֵּלֶךְ נֹבַח; Zach 5, 11 בַיִת לָהּ לִבְנוֹת אֵלַי וַיֹּאמֶר und (הלך =) אזל durch בְּשֵׁם, (ביתא =) בית und (לבנות =) למיבנא durch בְּאֶרֶץ שִׁנְעָר ...

[2]) Israel. Monatsschrift (Beilage zur „Jüd. Presse") 1894, Nr. 6.

In der Mech. und Mech. d' R. Simon (ed. Hoffmann 161, 2 ff.) zu Ex. 31, 14 liest man folgendes:

ר' יהודה בן בתירה אומר הרי גוים שבאו לעיר¹) וחללו ישראל את השבת, יכול יהא ישראל אומרין הואיל וחללנו מקצתה תהא שבת כולה מחוללת, ת״ל מחלליה מות יומת, אפילו כהרף עין מחלליה מות יומת.

D. h.: „R. Jehuda b. בתירה sagt: Wenn etwa Heiden gegen eine Stadt ziehen und die Israeliten (deshalb) den Sabbat entweihten; da könnte es sein, dass die Israeliten sagten: da wir den Sabbat schon zum Teil entweiht, so möge er gänzlich entweiht werden, — deshalb sagt die Thora: „wer ihn entweiht der muss getötet werden," — selbst wenn er ihn einen Augenblick (über die erlaubte Zeit hinaus) entweiht, muss getötet werden."

Unmittelbar vorher wird durch einen anderen Tanna aus denselben Worten מחלליה מות יומת gefolgert, dass die Verletzung der Sabbatruhe sich ebenso auf die Nacht, wie auf den Tag bezieht (עונש ואזהרה למלאכת לילה מנין, ת״ל מחלליה מות יומת), dass demnach der ganze Sabbattag eine Einheit bildet. Diesen Worten schliesst sich der obige Satz R. Jehuda b. בתירה's gut an, indem er an einem Beispiele demonstriert, dass die zeitweilige, notgedrungene Verletzung der Sabbatruhe uns keinesfalls von der weiteren Heilighaltung desselben Tages befreie. Doch muss gefragt werden, warum R. Jehuda gerade diesen Fall der notgedrungenen Sabbatverletzung, dass nämlich Juden infolge Ueberfalls ihrer Stadt durch Heiden, den Sabbat verletzen mussten, annimmt? Wäre es nicht viel näher liegend gewesen, irgend einen Fall, wo die Sabbatverletzung gestattet ist, z. B. bei einem Kranken, zur Illustrierung seiner halachischen These anzuführen als gerade dieses scheinbar von so weit hergeholtes Beispiel?

---

¹) In der Mech. (bei Malbim): הרי הגוים שהקיפו את ארץ ישראל. Zum Ausdruck und zur Sache vgl. M. Taanit III 7, אלו מתריעין בשבת: על עיר שהקיפוה גוים וכו', in b. 14a wird diese Halacha als Barajtah (דתניא) angeführt und statt גוים — wohl richtig: גייס („Räuberschar") genannt; b. 22b: נכרים; ebenso Tos. II, 11. S. ferner Tos. Erubin III, 5 (Wilna); b. 45a, jer. IV, 3 Orach Chajim 329, §§ 6, 7, 9.

Da kommen uns aber alte historische Berichte zur Hilfe. Josephus erzählt in seinen Altertümern XVII, 2, 1—3, wie der König Herodes in den letzten Jahren seiner Regierung jüdische Kolonisten, die aus Babylonien, jenseits des Euphrat kamen und sich zunächst in Syrien niederliessen, unter Führung eines gewissen Zamaris[1]) in Batanaea (im Ostjordanlande) angesiedelt habe, um jene Gegend vor den räuberischen Einfällen der dort hausenden (arabischen) Stämme zu schützen. Durch verschiedene Versprechungen liessen sich diese babylonischen Juden bewegen, den genannten Landstrich in Besitz zu nehmen, sie erbauten dort einige Kastelle, sowie einen Flecken, dem der Anführer der Kolonisten (sie waren etwa 500 an Zahl) den Namen Bathyra gab. „Wirklich diente auch dieser Mann — fährt Josephus fort — sowohl den Einwohnern des Landes zum Schutz, als den Juden, die aus Babylonien nach Jerusalem behufs Darbringung von Opfern kamen, zur Sicherung gegen räuberische Ueberfälle der Trachoniter. Da nun in der Folge sich viele an ihn anschlossen und namentlich solche, die treu am jüdischen Gesetz hingen, wurde die Gegend bald sehr bevölkert." ...

Es ist schon längst erkannt worden, dass der Anführer jener babylonischen Juden, der die neugegründete Stadt Bathyra benannte, der Familie der בני בתירה angehörte[2]), die nach anderen Zeugnissen der talmudischen Literatur ihre Heimat in der Stadt נציבין (Nisibis) jenseits des Euphrat hatte[3]). Diese berühmte

[1]) Der Name dürfte aramäisch זמרא gelautet haben, vgl. den Namen des R. Jose b. Z. (Bacher, Ag. p. Am. I, 109 ff.). Es ist aber kaum denkbar, dass man Einen nach dem verrufenen Zimri זמרי benannt hätte, wie Jawitz V, 65; Schlatter, Die hebr. Namen bei Josephus, Seite 44 annehmen. Bei Jawitz a. a. O. Zeile 5 ist auch der Ortsname, wo sich Z. in Syrien niederliess, unrichtig. Statt בעלת muss es heissen (של) חולתא אנטוביא. Denn Ουλαθα bei Jos. entspricht einem חולתא (Schlatter S. 46). Der volle Ortsname wird genannt: Wajikra r. 5 § 4; Debarim r. 4 § 8; j. Horajot III, 6. Aus dem dort Erzählten ist zu ersehen, dass noch zur Zeit R. Josuas und R. Akibas Juden dort wohnten. S. ferner j. Demaj II, 1: חולת אנטובכיא.

[2]) Grätz III, 5, 198. Jawitz a. a. O.

[3]) Pesachim 8 b und s. meinen Aufsatz in „Jeschurun" VII, 460.

Familie hatte aber, wie wir aus Josephus Bericht erfahren, nicht nur tüchtige Geister für den „Kampf der Thora", sondern auch wackere Kämpfer für den Waffendienst hervorgebracht — eine Erscheinung die im Altertume nicht ganz vereinzelt dasteht[1] — die trotz ihres militärischen Dienstes treu am jüdischen Gesetz hingen.

Ihre erste Gründung B a t h y r a, d. h. בתירה, die sie nach ihrem Ahn nannten, wie etwa in biblischer Zeit die Daniten ihre Stadt bei den Jordanquellen nach ihrem Vater דָּן hiessen[2]), lässt sich noch heute nachweisen und zwar in dem heutigen B ē t E r i am nördlichen Ufer des Jarmuk, östlich vom N a h r e r R u ḳ ḳ a d[3]) Sie hatten aber auch, wie wir hörten, andere Kastelle, und später, da ihre Zahl sich vergrösserte, auch Ortschaften, errichtet. Zu diesen gehörte sicherlich ein Ort E k b a t a n a, das Josephus in Vita c. 11 nannt, und ebenso das nordöstlich von בתירה gelegene נוה N i n i v e, welches wir aus talmudischen und nichtjüdischen Quellen ziemlich genau kennen, allerdings mehr mit dem verkürzten Namen נוה (Neve, Nave), wie es auch heute N a w a heisst. An den Trümmern des alten Ortes findet man noch heute das altjüdische Symbol, den siebenarmigen Leuchter. Im Mittelalter gab es dort noch eine sehr alte Synagoge mit einer hebräischen Inschrift[4]). All dies bestätigt die Angaben der alten jüdischen Quellen, wonach in der Zeit der Mischna und des Talmuds, hier eine sehr bedeutende jüdische Gemeinde existierte, wie denn auch Eusebius und Hieronymus über N i n i v e, als über eine jüdische Stadt sprechen. Die Quellen enthalten wohl keine Angaben über den Ursprung der Stadt, aber der Name נוה macht es zweifellos, dass sie von unseren babylonischen Kolonisten

---

[1]) Man denke nur an die Militärkolonie in Südägypten: ferner an die Soldaten, die im Heere Alexanders des Grossen dienten.

[2]) Richter 18, 29.

[3]) S c h ü r e r II, 4, 17 Anm. 48; mein neues Lehrbuch ארץ ישראל (Wien תרס״ב) S. 77.

[4]) Ebendort; s. ferner meine Abhandlung in JQR n. s. II, 550 ff. und über die Inschrift mein „Jüd. Pal. Corp. Inscr." S. 88 ff. Eine auf diese Militärkolonie bezügliche griechische Inschrift s. bei S c h ü r e r I 4, 596 Anm. 37.

gegründet wurde, die diesen Namen, gleich dem anderen, Ekbatana, aus ihrer alten Heimat mitgebracht haben[1]).

Wie bereits oben bemerkt, waren diese Kolonisten gesetzestreue Juden. Aus unseren Quellen wissen wir aber, dass sie auch **gesetzeskundig** waren. Hatten doch die בני בתירה oder זקני בתירה eine hohe Stellung im Synhedrium zu Jerusalem und später im Bet-din zu Jabne inne[2]). Dieser hervorragenden Familie entstammten auch mehrere Tannaiten der .Tempel- wie auch der späteren Zeit[3]), unter denen R. Jehuda b. בתירה — ein Zeitgenosse R. Akiba's — eine hervorragende Stelle einnimmt. Sein Lehrhaus in נציבין wurde auch von Palästinensern aufgesucht[4]), und in diesem Lehrhause wurde ohne Zweifel den in der Familie der בני בתירה tradierten Halachas besondere Aufmerksamkeit zugewandt.[5])

Nach all dem, was vorher gesagt worden ist, dürfen wir sicher mit Recht annehmen, dass in der am Beginn unserer Ausführungen mitgeteilten Halacha des R. Jehuda b. בתירה eine alte Halacha der im heiligen Lande Kriegsdienst leistenden Ahnen des R. Jehuda uns erhalten geblieben ist. Wer weiss, wie oft diese die jüdischen Städte in jenen unwirtlichen Gegenden des Ostjordanlandes gegen räuberische Anfälle der Heiden zu verteidigen hatten. Und was war natürlicher, als dass diese Heiden, wie einst in der Zeit der Makkabäer-Kämpfe, den Sabbattag dazu benützten die jüdischen Siedlungen zu überfallen, da sie an diesem Tage auf keinen Widerstand von Seiten der frommen jüdischen Soldaten rechneten. Ihre Annahme war falsch, da das Gesetz die Verteidigung am Sabbat gestattet. Doch musste da eine genaue Bestimmung über die Grenzen dieser Sabbat-

---

[1]) Aehnliche Erscheinungen habe ich in MGWJ 1917, S. 148 f. nachgewiesen.

[2]) Tos. Sanh. VII, 5; Pesachim 70 a; b. Rh. 29 b. S. noch meine Notiz MGWJ 1915, 161.

[3]) Jawitz V, 65; VI, 22; Bacher, Ag. Tan. I 2, 874 ff. Bacher .Tradition S. 17 und sehr weitläufig Halevy, דורות הראשונים I e, 190 ff., 681 ff.

[4]) Sanh. 32 b und s. die Erzählung Sifre Deut § 80.

[5]) Vgl. den Schluss dieser Abhandlung.

verletzung getroffen werden. Es musste der möglichen Annahme entgegengetreten werden: הואיל וחללנו מקצתה תהא שבת כלה מחוללת, dass, nachdem ein Teil des Sabbattages schon verletzt wurde, auch der Rest nicht gehörig gefeiert werden müsse. Die בני בתירה trafen daher die Bestimmung, für die sie auch eine Stütze im Texte der Thora fanden: אפילו כהרף עין es dürfe der Sabbattag über die Zeit der wirklichen Verteidigung hinaus nicht einen Augenblick entweiht werden.

So erscheint vor uns diese Halacha in der historischen Betrachtung in einem ganz neuen Lichte, wie denn auch eine andere von R. Jehuda b. בתירה tradierte Halacha auf jene Heeresdienst leistenden Ahnen dieses Meisters zurückzuführen sein dürfte. Eine Halacha besagt nämlich, dass die in Krieg ziehenden Soldaten wo immer einquartiert und die im Kriege Gefallenen an der Stelle des Todes beerdigt werden dürfen [1]).

Möglicherweise stammt auch der folgende Ausspruch R. Jehuda b. בתירה's von seinen Vätern: „Wer keine besondere Arbeit zu verrichten hat, der möge hingehen und sich mit der Wiederherstellung eines etwa ihm gehörenden wüsten Gehöftes oder mit der Kultivierung eines ihm gehörenden wüsten Feldes beschäftigen, denn so befiehlt uns die Thora: „verrichte alle deine Arbeit." [2]) Wie gut passt doch dieser Ausspruch in den Mund jener Männer, die einst in wüster, vernachlässigter Gegend durch die kolonisatorische Arbeit den Grund für den Wohlstand so vieler ihrer Brüder im heiligen Lande legten.

\* \*

---

[1]) Tos. Erub. II, 4: ר' יהודה בן בתירא אומר שורין [חונין] בכל מקום ומקום שנהרגין שם נקברין. R. Jehuda b. בתירא wird als Tradent in der Handschrift der Tos. genannt; die gew. Ausgaben, ferner b. 17b, j. Ende (wo noch der Zusatz: . . כהרוגי פולמסיות שם נהרגין שלא תאמר יעשו) haben R. J. b. תימא zum Tradenten; aber בתירא scheint hier ursprünglich und תימא aus ב(ן)תירא entstanden zu sein. Die Varianten von ד"ס sind mir nicht zugänglich.

[2]) Abot d' R. N. c. 11 (vgl. Bacher a. a. O. 378): ר' יהודה בן בתירה אומר מי שאין לו מלאכה לעשות, מה יעשה? אם יש לו חצר חרבה או שדה חרבה ילך ויתעסק בה שני ששת ימים תעבוד ועשית כל מלאכתך להביא את מי שיש, לו חצרות או שדות חרבות ילך ויתעסק בהן.

## II.
### Zur Geschichte des שמונה עשרה-Gebetes.

In verschiedenen Abhandlungen und kürzeren Notizen hat Hoffmann einzelne Fragen und Stellen der Liturgie und besonders das שמונה עשרה-Gebet behandelt.[1]) Die Forschungen auf diesem Gebiete sind seitdem auch fortgeführt worden und sie hatten manch neues Resultat an den Tag gefördert; sie sind aber noch immer nicht abgeschlossen, namentlich ist es noch nicht genügend geklärt, welche Umstände den Präsidenten des בית-דין in Jabne, Rabban Gamliel II. veranlassten, das Hauptgebet der Gemeinde, die י"ח ברכות. neu redigieren zu lassen. Eine Stelle der von Hoffmann rekonstruierten Mechilta d. R. Simon b. Jochaj zu Ex. 22, 23 (S. 151 ff.) dürfte neues Licht auf diese Frage werfen. Sie lautet wie folgt:

אבא יודן איש צידו(ן) אומר משום רבן גמליאל: מניין שלא יאמר אדם איני כדאי שאתפלל[2]) על בית המקדש ועל ארץ ישראל, ת"ל שמוע אשמע צעקתו ... דין הוא שהיחיד מתפלל והמקום שומע תפלתו. Es wird also an dieser Stelle im Namen R. Gamliels tradiert: „Woher wissen wir, dass der Mensch nicht sagen darf: ich bin nicht würdig, zu beten für das Heiligtum und für das Land Israels; deshalb heisst es: „Ich werde anhören sein Gebet" ...; es ist daher recht, wenn der Einzelne betet, Gott aber wird sein Gebet erhören."

Man muss doch fragen, wie könnte es jemand in den Sinn kommen, für das Heiligtum und für das Land Israels nicht zu beten? Ist doch die auf das Heiligtum bezügliche Benediktion unserer תפלה, wie uns der hebräische Ben Sira lehrt, seit jeher gesprochen worden.[3]) Das Gleiche ist aus einer der Tempelzeit angehörenden Mischna zu ersehen,[4]) und sicher hatte man schon

---

[1]) S. die Bibliographie in der Hoffmann-Festschrift. Hinzugekommen sind seit 1914 mehrere literarische Notizen im „Jeschurun".

[2]) Bei Hoffmann שיתפלל, aber in der Handschrift des Midraschhagadol im Besitze Epsteins: שאתפלל, was richtiger ist (s. Büchler, der galil. Am haareṣ S. 332, Anm. 2).

[3]) Kap. 51, 12 g: תודו לבונה עירו ומקדשו

[4]) Joma VII, 1, vgl. dazu Jeruschalmi.

zur Zeit des Tempels auch die Benediktion ברך עלינו (ברכת השנים), die den Segen Gottes auf das Land erfleht, im täglichen Gebet rezitiert.[1]) Wie hätte sich da Jemand erlaubt, gegen solche althergebrachte, durch die Uebung der Jahrhunderte geheiligte Einrichtungen zu opponieren und zu sagen איני כדאי שאתפלל על בית המקדש?!

Allerdings konnte dies zur Zeit des Tempelbestandes nicht vorkommen, wohl aber nach der Zerstörung des Heiligtums und der Verwüstung des Landes durch die Römer. Durch andere Berichte sind wir über die Stimmung jener Zeit unterrichtet; wir wissen, dass es Leute gab, die kein Fleisch mehr essen wollten, weil die Opfer aufgehört; die keinen Wein mehr trinken wollten, weil kein Trankopfer mehr auf den Altar gegossen wird; ja, es tauchte sogar der Gedanke bei manchem auf, die Institution der Ehe aufzuheben, damit das unglückliche Israel nicht neue Geschlechter hervorbringe, die einer düsteren, unglückseligen Zeit entgegengehen würden.[2]) Wie leicht ist es da denkbar, dass so mancher, von dem religiösen und nationalen Unglück niedergebeugt, in der schrecklichen Katastrophe das völlige Sichabwenden Gottes von seinem Volke zu erblicken geneigt war. Gott hat sein Heiligtum zerstört, — wie darf ich um dessen Wiederaufrichtung beten; Gott hat sein Land durch die Feinde verwüsten lassen, wie darf ich um dessen Fruchtbarkeit Gebetworte an ihn richten? — so fragten manche, und sicherlich gab es viele, die die Konsequenz dieser Gedankengänge ziehend, die auf das Heiligtum und auf das Land Israels bezüglichen Benediktion fortliessen. Dieser Auffassung und dieser Uebung musste entgegengetreten werden. Es musste zunächst aus einem Satze der Thora der Nachweis geführt werden, dass das Gebet jedes Menschen bei Gott Erhörung findet, sodann aber musste der Text dieser Benediktionen von der autoritativen Versammlung des בית דין festgesetzt und die Benediktionen selbst

---

[1]) S. Mischna Berachot V, 2 (anonym!) und Taanit I, 1-3. Der Zusammenhang lehrt, dass diese Mischna der Tempelzeit angehört (vgl. כדי שיגיע אחרון שבישראל לנהר פרת, was sich auf die Wallfahrer der Tempelzeit bezieht).

[2]) S. Ab. d. R. Natan 4; Baba b. 60b; Tos. Sota Ende.

als integrierender Teil der ברכות י"ח erklärt werden, damit die Gemeinden einen Vorbeter, der die eine oder die andere Benediktion fallen lässt, „zum Schweigen bringen" können.[1])

Für die Richtigkeit unserer Annahme dürfte auch die Einrichtung der Benediktion ברכת המינים angeführt werden, deren Spitze sich bekanntlich gegen die Verläumdungen der zeitgenössischen Judenchristen wendet. Abgesehen von den hierauf bezüglichen talmudischen Berichten, gibt es auch einen weniger bekannten Ausspruch R. Gamliels II., wo auf dieses Treiben der Verleumder deutlich hingewiesen wird. H o f f m a n n a. a. O., Anm. ה' hat die Stellen, wo dieser von אבא גורין איש צידן, der mit unserem אבא יודן identisch ist, tradierter Ausspruch zu finden ist, bezeichnet. Der Spruch entrollt vor uns gleichsam ein Zeitgemälde und lautet: „Seit die Lügen r i c h t e r überhand genommen, nahmen auch die Lügenzeugen überhand; seit die D e l a t o r e n sich mehren, mehrt sich das Vermögen der räuberischen Menschen, seit die Schamlosigkeit zunahm, ist von den Menschen ihre Würde genommen; seit der Geringe zum Grossen sagt: ich bin grösser als du, werden die Jahre des Menschen verringert; seit die geliebten Kinder (Israels) ihren Vater im Himmel erzürnt haben, liess er ihnen einen ruchlosen Kaiser erstehen, um sie zu züchtigen.[2]) Der ruchlose König ist, wie bereits früher richtig erkannt worden, kein anderer, als der König Domitian, unter dessen Herrschaft das jüdische Volk so viel zu leiden hatte. Natürlich beziehen sich die anderen kurzen epigrammatischen Züge in der Schilderung gleichfalls auf die Zeit ihres Urhebers. Die „Delatoren" sind keine anderen als die מינים ומלשינים, die in ברכת המינים genannt sind. Wer die „Lügenrichter" sind, kann ich nicht feststellen; es ist aber als

---

[1]) M. Megilla IV, 9: משתקין אותו. Uebrigens wird des Heiligtums und א"י auch im Tischgebet gedacht, aber die Verordnung des ב"ד hat vor allem das Gemeindgebet zu berücksichtigen gehabt. R. Gamliel will aber im obigen Satz auch dem Einzelnen (יחיד) ans Herz legen, diese Gebete zu verrichten.

[2]) Ester r. Anf. (§ 10) u. Parallelstellen; s. dazu B a c h e r, Agada der Tannaiten I, 2. 91.

sicher anzunehmen, dass gegen jene sich die Benediktion השיבה שופטנו wendet. Und war auch diese oder eine ähnliche Benediktion auch früher schon vorhanden, die Ueberhandnahme solcher unwürdigen Richter mochte den Patriarchen veranlassen, dieselbe von neuem in prägnanter Fassung als Gemeindegebet zu formulieren.

In diesem Zusammenhange sei noch auf eine andere Zeitschilderung Rabban Gamliels hingewiesen, in der dem Gedanken Ausdruck gegeben wird, dass dem Erscheinen des „Davidsohnes", d. h. des Messias eine Zeit der tiefsten Entartung der Sitten vorangehen werde. Unter anderem heisst es dort[1]): פני הדור כפני הכלב. Die Talmuderklärer (רש"י Sanhedrin 97 a und מהרש"א z. St.) fassen, wie es scheint den Ausdruck פני הדור wörtlich als das „Gesicht des Zeitalters", das heisst: das Gesicht der Menschen jener Zeit. Der Bearbeiter der Agada, W. Bacher wiedergibt jene Worte mit: „hündische Schamlosigkeit herrscht". Aber פני הדור scheint etwas mehr sagen zu wollen. Es hätte überhaupt heissen müssen: פני אנשי הדור. Der Zusammenhang, in dem der Ausdruck פני הדור erscheint, fordert auch einen anderen Sinn als „Gesicht des Zeitalters". Denn unmittelbar vorher werden genannt: אנשי הגליל ...., סופרים ... יראי חטא also gewisse Klassen von Menschen, Repräsentanten ihrer Zeit; und solche müssen wir auch in den פני הדור suchen.

Eine Stelle der Mechilta d'R. Simon b. J. wird uns den Sinn dieser Worte zu erschliessen helfen. Ex. 21, 1 (117, 15) wird nämlich folgendermassen gedeutet: ... אשר תשים לפניהם לפני בני ישראל לא נאמר כן [= כאן] אלא לפניהם, לפנים שבהן מלמד שאין שונין בדיני ממונות לעם הארץ.

Hoffmann bemerkt zu לפנים שבהן in knappen Worten, wie es seine Art in seinen Midrascheditionen ist: לגדולים וחשובים שבהן. An der bezeichneten Stelle des ב"ר [סי' ה'] ע' ב"ר פ' צ"א.

---

[1]) Sota Ende u. Parallelst. Betreffs des Urhebers des Satzes und der Lesarten s. Bacher a. a. O. S. 92 Anm. Bemerkt sei, dass גבלן nicht „Hochland" bedeutet, sondern ein bestimmtes Gebiet des Ostjordanlandes, die Gegend der Stadt גולן bezeichnet; s. mein „ארץ ישראל", S. 77.

werden nämlich die Worte "פני הארץ" mit עשירים erklärt. Diese Ausdrucksweise findet sich aber, und zwar ganz so' wie in der Schilderung R. Gamliels noch in dem von Grünhut herausgegebenen מדרש שה"ש 41b: אלו פני הדור לחייו כערוגת הבושם: שרוח מעשיהם הטוב נודף למרחוק.

Man sieht klar, dass die פני הדור keine anderen sind als diejenigen, die anderswo als גדולי הדור bezeichnet zu werden pflegen;[1]) also die Reichen, die Vornehmen, die in ihrem Benehmen Anstand an den Tag zu legen gewohnt sind, nun aber inmitten der allgemeinen Sittenlosigkeit und Verderbtheit selbst diese tief gesunken sind.

Bemerkt sei noch, dass der obige Satz der מכדר"שבי, wenn auch nicht wörtlich, in jer. Ab. z. II, 7 (Ende) als תני ר' שמעון בן יוחאי angeführt wird,[2]) ein Beweis dafür, dass unser Satz wirklich der Mechilta des רש"בי angehört.

## Die Schriftherleitung von עדים זוממים.

In aller Kürze sei hier ein talmudischer Drasch behandelt, dessen Schriftexegese aber dunkel erscheint. Er betrifft das Thema עדים זוממים und wird angewendet Mischna Makkot 5 a: „Die Zeugen werden nur dann als der Lüge überführt betrachtet, wenn man sie in Bezug auf sie selbst überführt (עד שייזמו את עצמן)". Ueber diese Stelle ist ausserordentlich viel geschrieben worden. Insbesondere hat Geiger (Urschrift S. 95) daran seine vielbehandelte Hypothese geknüpft, dass der Ausdruck der Mischna עד שיוזמו את עצמן das Ueberbleibsel einer älteren, von der im Talmud angeblich enthaltenen jüngern Halacha abweichenden Bestimmung sei und bedeute: „Wenn sie sich selbst d. h. einander widersprechen". Geiger bezieht sich ferner auf Sifre zu Deut. 19, 18, wo es heisst עד שיכחיש עצמו, sowie auf die Baraitha R. Ismaels Makkot 5 a עד שתסרה גופה של עדות. Aus diesen Stellen folgert er, dass die ältere Halacha den Begriff der הזמה anders aufgefasst habe als der Talmud, nach welchem ein zweites Zeugenpaar aussagen muss עמנו הייתם.

---

[1]) S. Büchler: Sepporis S. 7 ff., bes. 9; ferner Ruth r. 5 § 10, 15; 6 § 4, 5.

[2]) . . . תני ר' שמעון בן יוחאי ואלה המשפטים אשר תשים לפניהם : מה הסימה הזאת אינה נגלית לכל בריה, כך אין לך רשות לשקע את עצכך בדברי תורה אלא לפני בני אדם כשרני. — Die Deutung in מכדרש"בי bezieht sich auf das Wort לפנחם = לפנים שבהן; die in der Barajtha auf das Wort תשים, das hier mit סימה = שימה — Schatz (s. Hoffmanns מדרש הגדול zu שמות p. 4 Anm. 2) in Zusammenhang gebracht wird. Dem Sinne nach entspricht hier כשרין dem Worte פנים in der מכדרשב"י.

Das Willkürliche und Widerspruchsvolle der Geigerschen Hypothese haben u. a. Hoffmann in einem seiner standard works, dem Pentateuchkommentar, dessen überreicher Inhalt efne geradezu unerschöpfliche Fülle von Anregungen bietet, bald in eingehenden Exkursen, bald in kurzen Andeutungen alle exegetischen Probleme berührt und sich mit ihnen auseinandersetzt, zu Deut. S. 372f und J. Horovitz „Untersuchungen über die rabb. Lehre von den falschen Zeugen" in ausführlichen Darlegungen nachgewiesen. Aber auf den zugrunde liegenden talmudischen Drasch selbst ist weder dort, noch, soweit ich sehe, anderweitig näher eingegangen worden, obwohl eine Klarstellung desselben am schlagendsten und bündigsten das völlig Verfehlte der Geigerschen Deutung zeigt.

Der Sinn des Drasch wird nämlich klar aus einer Parallelstelle in Jeruschalmi Makkot I 7, wo es heisst: R. Hoschaja lehrt: Dieser Vers spricht von z w e i Zeugenpaaren: wenn ein Zeuge der Gewalt gegen einen Mann auftritt, ein lügenhafter Zeuge, der gegen einen Mann aussagt, ein Vergehen gegen ihn auszusagen, g e g e n i h n, nicht gegen sein Z e u g n i s (בו לא בעדותו)." Hiernach beruht die Auslegung darauf, dass sich die Aussage des zweiten Zeugenpaares gegen die P e r s o n des ersten Zeugenpaares zu richten hat, nicht gegen den Inhalt ihres Z e u g n i s s e s. In genau derselben Weise ist auch in den drei Parallelsätzen der Mischna, Sifres und der Baraitha als Gegensatz zu denken לא עדותו d. h. die Aussage der Ueberführenden habe sich auf ein Alibi zu beziehen, nicht auf den Tatvorgang. Dies ist der klare Sinn des Drasch an allen drei Stellen. Von einem Widerspruch zwischen einer älteren und einer jüngeren Halacha kann hier keine Rede sein.  Hindenburg O/S. Rabb. Dr. S. K a a t z.

## Bücherbesprechungen.

ספר דרך לתלמוד מאת יחזקאל ליסעראנט חלק א׳, Frankfurt a/M תרס״א, gedruckt bei Weiss.

Es zeigt sich gegenwärtig ein erfreulicher, frischer Zug, die Kinder an die Quellen unserer Thorawissenschaft, zur Gemoro, zu führen. Jedes Bestreben, den Weg dazu zu ebnen, den Zugang zu erleichtern, ist freudig zu begrüssen. Und so erfreut uns auch das Erscheinen des vorliegenden Buches, das nicht aus Theorie, sondern aus der Praxis entstanden ist.

Gegen Chrestomatien, die aus der Gemoro zusammengestellt sind, ist gewiss nichts einzuwenden, zumal nach früherer Weise ausgewählte Partien aus einer מסכתא dem Schüler geboten wurden. Das erzeugte noch den Uebelstand, dass nach Jahresschluss zu Gunsten von etwa 15 oder 20 durchgenommenem Blatt ein Exemplar von 60 oder mehr Blatt entblättert, resp. zerrissen war. Es liess dieses sich früher Verschmerzen. Aber jetzt in dieser Zeit der Bücherteuerung werden wohl nur wenige imstande sein, ihren Kindern vollständige Gemoro-Exemplare zu kaufen. Darum kommt das Erscheinen dieses דרך התלמוד dem Wunsche Vieler Eltern entgegen. Zu empfehlen ist es besonders, weil es in trefflich methodischer Weise Stufe für Stufe die Kinder in das Gebiet des Talmud einführt.

Der Verf. fügt dem Text die betreffenden Urschriften hinzu und dann noch in Fussbemerkungen eigene erklärende Notizen. Einiges aus den Pirke Aboth bildet den Anfang, gleichsam eine Einführung des kindlichen Gemüts in die Denk- und Anschauungsweise unserer Weisen. Wahrlich die beste Morallehre, die ihren Eindruck auf des Kindes Herz nicht verfehlen wird. Dann beginnt der eigentliche Gemoro-Unterricht mit einigen Mischnahs und Berochoth und als Hauptteil folgt nun eine Auslese aus den drei Babas, und zwar zuerst eine Reihe Mischnas, dann diese im Einzelnen wiederholt mit der dazu gehörigen Gemoro, bis alle bisherigen Mischnas erledigt sind. Es ist die Methode der konzentrischen Kreise angewandt, die er in zwei folgenden Büchern fortsetzen will, sodass nach drei Jahren, etwa im 12. Lebensjahre das Kind einen so reichen gründlich durchgearbeiten Stoff in sich aufgenommen hat, dass es für ein grössere Aufgaben stellendes Gemorolernen befähigt ist.

Wir sind Herrn Liverhant für seine treffliche Arbeit vielen Dank schuldig und empfehlen sein Buch weiten Kreisen, besonders denjenigen jüd. Schulen, die schon einen Gemoro-Unterricht eingeführt haben, oder die beabsichtigen, einen solchen einzuführen.  S u l z b a c h.

**S. Schachnowitz:** Im Judenstaat der Chasaren. Verlag des Israelit G. m. b. H Frankfurt a/M. 1920.

Der aus 2 Teilen bestehende Roman beschäftigt sich in dichterischer Gestaltung mit dem Verhältnis Chasariens zum Judentum. In reicher Szenerie, romantisch beleuchtet, ersteht das Reich: wie es sich unter weisen Herrschern zu hoher Lebensauffassung erhebt und schliesslich das Judentum annimmt. Nach einigen Jahrhunderten begegnen wir wieder dem Chasarenreich, als zu ihm durch den Nassi Chasdaia im Kalifat zu Cordova Beziehungen gewonnen werden. — Der Roman erscheint durch erhebliche historische Studien gestützt. Was aber wesentlich ist: lebendige Darstellung des Ganzen, phantastische Ausschmückung, dichterische Erfindung, wertvolle kulturelle und religiöse Tatsächlichkeiten machen den Roman zu einem fesselnden, anregenden und belehrenden Buch, bes. für die Jugend. Nicht aus formalästhetischen oder rein künstlerischen Gründen ist der Roman geschrieben. Er vermittelt kein künstlerisches Programm, seine Erzählungsweise ist althergebracht. Für eine leidenschaftlich nach neuen Ausdrucksmitteln ringende künstlerische Strebung an sich, wie sie von jeder künstlerisch tief bewegten Generation verlangt wird, bietet er nichts. Aber er belehrt und belebt zugleich, verarbeitet viel jüdisches Kulturgut, erläutert jüdische Religion und jüdischen Geist, gibt kluge Menschenschilderung und ist sicher wohl geeignet, erzieherisch und belehrend zu wirken. In Allem: ein Buch, das sympathisch und schön, eine weitere Teilnahme verdient.  Dr. W e y l.

## תקון טעיות.

לענין מה שכתבתי ברשימת "חלופי שמות", בחוברת הישרון שלפני זו, כי מה שהוזכר בברייתא ראשה של גדר (ראש השנה כ"א.) כמעכב עדי הראיה שהלכו לבית דינו של רבן גמליאל ביבנה [ושם נזדקרה לי טעות בפליטת הקולמוס לכתוב "ירושלים" וצ"ל "יבנה"] להעיד על החדש, כונתם בזה להעיר גדר אשר בעבר הירדן והוזכרה הרבה פעמים בספר קדמוניות (ספר י"ז פרק ג', ג' ועוד) — וכן כתב ד"ר ש. קלין בספרו נאונרפיה־שלי"א — העירני ידידי הנכבד ד"ר שלזינגר מנהל בית־הספר של עדת ישראל בברלין, שאי אפשר לפרש כן מפני ששנינו שם (פ"א מ' י"א) כי רק על מהלך לילה ויום מחללין את השבת, וגדר זו שבעבר הירדן הלא היתה רחוקה מאד מיבנה! וכן העירני אחר־כך בזה גם עמיתי הנכבד ד"ר ש. הכהן גרינברג. ואמנם צדקו טמני, ודברים שאמרתי טעות הן בידי. אם לא שנאמר כי הרצים בסוסים או רוכבי הרכש היו מביאים גם ממרחק עדותם במהלך לילה ויום של סום ורוכבו. וכמו ששנינו באותה משנה שאם היה חולה מרכיבו על החמור אולי הרכיבן גם את הבריא כשאין סיפק בידו להגיע לבית־דין עד המועד הראוי.

וידידי הנכבד הרה"ג י. וינברג הראה לי בזה דברי פרופ' ש. קרויס בספר היובל של פרופ' י. לוי (עמוד ט'), ודעתו שם שהיתה משרה מיוחדת לשמירת הגדר בכרם שביבנה שבו נתכנסו חכמי ישראל לישיבה ושוםר ראשה של גדר זו היה, ואין זה שם עיר כלל, ושלא כדברי המפרשים [וצריך לומר לפי זה שנודמן במקרה בלוד ועכב את העדים]. ואמנם הגדר הזאת נזכרה בדברי חז"ל, כגון: כל העם מאחורי הגדר, ועוד. עיין שם בדבריו על גרסת הירושלמי (ר"ה פ"א ה"ו): "ח"ו שנתנגדה ר' עקיבה אלא ראש גדר היה" שהוא מפרש כי רבי עקיבה היה ראש־נדר בכרם ביבנה, וזהי שאמרו כי ח"ו שנתנגדה רבי עקיבה אלא "ששלח רבן גמליאל והעבירו מראשותו", כלומר: הורידו את רבי עקיבא ממשרה זו, וזה מתנגד לדעת הבבלי וגרסתו שלא רבי עקיבא עכבם אלא שזפר עכבם ואותו הוא שהוריד רבן גמליאל ממשרת ראש־נדר. אולם לפרוש זה לא יתישב היטב סגנון הלשון "ושלח רבן גמליאל והעבירו מראשותו (או לגרסת הבבלי: והורידיהו מגדולתו) — להיכן שלח? הלא הנשיא והכרם והגדר והראש כלם היו ביבנה, ולא היה צריך לומר אלא: "והורידו רבן גמליאל וכו'" — אבל שליחות מה זו עושה? הא אין זו אלא טעות שצריכה תקון.

ולענין מה שכתבתי שם בשם הרמב"ם ז"ל בפרוש המשנה שישי לוד בעבר הירדן תמהו על ידידי עד מאד, אך כבר תמה ע"ז גם הגר"א ז"ל בפרושו (שביעית פ"ט). אך מי יתן ויפרנסו לי דברי ר' אליעזר במשנה ראשונה דמם' גטין שאי אפשר בשום אופן לפרשם על לוד שביהודה שהרי טלוד עד הים ארץ ישראל היא לענין הבאת גטין ואפילו הנטין שבים דין א"י להם בזה (עיי"ש ח' ע"א) ועל כרחנו שלוד זו היתה בנבול מורח וכפרוש רש"י שם.

ואיני בא כאן לקבוע מסמרים בהשערתי על חלופי השמות מראשה של גדר לרבי עקיבא, כי ודאי שאין זו אלא השערה בעלמא, ואפשר שהדודה קורם ללבונה. ולבעלי הפרכות אני מרבה בהודאות כי העטידוני על האמת. א. א. ק.

---

מסבה שאינה תלויה בהטערכת נשטט ההמשך מהמאמר "השפה העברית במהלך העתים".

תורה ושמרתם מצותי. המפרשים נתלבטו בזה ולדעתי הכוונה שפרש מצותי לשון רבים היינו תרתי מצוותא בחד דוכתא. וזה שמסים שם: ובאו חכמים וחקרו ועשו סיג לתורה, היינו מצוה על גבי מצוה.

פה עזב רב צעיר את חקירת תולדות ההלכה ונכנס בין המפרשים לבאר את דברי השאלתות — ונכשל גם בזה.

ומוכרח אני להעתיק פה את דברי רב אחאי בשאלתא כ"ו: ומצוה להניחה [לנר חנכה] בטפח הסמוך לפתח. פליגי בה... חד אמר מימין וחד אמר משמאל, מאן דאמר מימין סבר כי היכי דלהוי תרתי מצוואתא בחדא דוכתא, נר חנכה, ומזוזה זמאן דאמר משמאל קאסבר כי היכי דלהוי מזוזה מימין ונר חנכה משמאל ובעל הבית בטלית מצוייצת ביניהן. הלכתא מאי? ת"ש כבר אמרה תורה ושמרתם מצותי ועשיתם אותם ובאו חכמים וחקרו ועשו סיג לתורה. עכ"ל השאלתות.

והנה פלא בעיני על רב צעיר האומר שדרש מצותי לשון רבים למה לו לטילף לשון רבים מהנקוד, מפתח של תיבת מצותי, ולא מהמפורש ועשיתם אותם לשון רבים בהדיא? ומנא לן לדייק מלשון רבים תרתי מצוותא בחדא דוכתא? הלא פשוט שהתורה צותה לשמר ולעשות כל המצות כולן, אבל לא בחדא דוכתא. ואיך מוכח מועשו סיג מצוה על גבי מצוה? ומה זה בעל הבית בטלית מצוייצת? וטהו ביניהם, כשישנהם בחד דוכתא? וביותר תמוה שלא ראה רב צעיר שהמסקנא שלו "בחדא דוכתא" היא ההפך ממה שמפורש בגמרא: והלכתא משמאל כדי שתהא נר חנכה משמאל ומזוזה מימין?

ואולי נשיב ע"ז שהמפרש רב צעיר הולך בשטת החוקר רב צעיר וסבירא ליה נ"כ, שבעל השאלתות חולק לפעמים על הגמרא ומכריע במחלוקת האמוראים עפ"י סברת ההגיון שלו או עפ"י ראיה מן המקרא. אבל גם התירוץ הזה אינו עולה בכוון יפה, כי עדין יש לשאל איך לא שפיל רב צעיר לסיפא של השאלתא הזאת, לראות שרב אחאי הכפיל להביא שם באותו עמוד את הגמרא דשבת עם המסקנא שלה: והלכתא משמאל כדי שיהא מזוזה מימין ונר חנכה משמאל?!

ובבאור השאלה סימן כ"ו הנ"ל נראה לי, שרב אחאי רצה להטעים את מסקנת התלמוד: "מזוזה מימין ונר חנכה משמאל" במליצת ועשו סיג שאדם מישראל צריך להיות "מסויג" במצות, מוקף מהן מכל צדדיו, שתי ציצית מלפניו, ושתים מאחריו, מזוזה מימינו ונר חנכה משמאלו.

ואולי עלו פה במחשבה לפני רב אחאי דברי חז"ל (מנחות מ"ג:) חביבין ישראל שסיבבן הקב"ה במצות, תפילין בראשיהן ותפילין בזרועותיהן וציצית בבגדיהן ומזוזות לפתחיהן; ולפיכך בלילה, ליל חנכה, שאין עליו תפילין יניח את נר חנכה משמאלו, וכדכתיב חנה מלאך ה' סביב ליראיו ויחלצם.

וכבר ראינו שזה דרכו של בעל השאלתות לחפש ולמצוא איזה טעם, סברא או אסמכתא למסקנות התלמוד שנקבעו בגמרא בסתם בלשון והלכתא.

ראסיין, במדינת ליטא.

13) כן אנו מוצאים שהוא מבדיל בין פשט דברי המשנה ובין האוקימתות שבנמר' שלא נאמרו אלא לחידוד ולדרשה בעלמא ואין למדים מהם (ברכות ל"ד).

המעיין בהלכות רב אלפס יראה שהרי"ף לא טרח עצמו עזב את האוקימתא שבנמרא ותפס דברי המשנה כפשטה, אלא מדעתם של רב אסי ורב ששת והוא הכריע כמותם במחלוקתם על רב הונא מפני שאליבא דידיה — דרב הונא — הוכרחה הגמרא להוציא את המשנה מפשטה ולתרצה בדוחק.

בנמרא יש פלוגתא בשי"ע בברכות אמצעיות, רב הונא אומר חוזר לאתה חונן ורב אסי אומר למקום שטעה והקשה דב ששת לרב הונא מהמשנה דתנן מתחיל מתחלת הברכה שטעה ופריק בנמרא מאי מתחלת הברכה מתחלת אתה חונן.... כחדא ברכה דמיין. ויש לנו ספק להלכה אם נפרש המשנה כפשטה כדעת רב אסי וכקשיא דרב ששת, או כרב הונא וכדוחקא של הגמרא בתירוצה אליבא דידיה. וע"ז אומר רב אלפס: קמאי פסקי בה הלכתא כרב אסי ואע"ג שהקושיא שמקשינן מהמשנה נערוך בנמרא, ההוא פירוקא שינויא בעלמא היא ולא סמכינן אשינויא ולא מפקינן משנה מפשטה.

וגם ההכרעה הזאת לא טלנו הוציא רב אלפס, כי הוא אומר בפירוש שכך פסקו קמאי —־ ונאמת הן הן הדברים שנאמרו בהלכות גדולות ברכות פרק ה' (צד 12 הוצאות וואירשוי) ופרקינן אליבא דרב הונא... ואע"נ דקא משנינן הא אמרינן בעלמא [יבמות צ"א. ב"ב קל"ה] דאשינויי' לא סמכינן, וקמו להו רב ששת ורב אסי בחדא שטתא ומתניתא מסייעא להון, הלכך טעה באמצעיות חוזר למקום שטעה. הרי לנו שהכלל הזה שלא לסמוך על שנויי לא המציא בעל השאלתות נגד הגמרא אלא מן הגמרא עצמה הוא בא.

14) ואע"נ דסעיג רבא ההיא לא דוקא היא ולא גמרינן מיניה (שם).

בברכות ל"ד לא נמצא כזאת ויש כאן טעות סופר של רב צעיר במראה מקום.

15) ההיא פירוקא שינוי בעלמא ולא סמכינן (ב"מ ל"ב).

גם בזה לא בא הרי"ף לחלוק על דברי הגמרא — כדעת רב צעיר — אלא ירד למצוא הכרעה לאיזה צד לנטות בפלוגתא דאביי ורבא בטקום הזה, משום שנטצאו כאן שני פסקי הלכות הסותרים זה את זה; קי"ל הלכה כרבא לגבי אביי. וקי"ל הלכתא תחלתו בפשיעה וסופו באונס חייב שהפסק הזה עולה כשיטת אביי. והכריע הרי"ף כיון שרבא ליכא עליה פירכא כלל אבל לאביי הקשה הגמרא ותרצה רק בדוחק, לפיכך אנו אומרים „ההוא פירוקא שינויא בעלמא הוא ולא סמכינן עליה" וחוזרים אנו להכלל כל היכא דפליגי אביי ורבא הלכתא כרבא בר טיע"ל קנ"ם.

16) חשב זה לדבר קטן לדחות סברה זו או אחרת שבגמרא מפני פשטם של הדברים הנראים לו לאמתיים.

פה השכיל רב צעיר לעשות, לכתוב סתם ולא להראות לנו איפה מצא כזאת בהלכות רב אלפס. אבל אנו נוכל לדון מן המפורש שלו על הסתום.

17) בצד 244 כותב רב צעיר בהערה: עין שאלתא כ"ו כבר אמרה

9) ולפעמים מתרץ המחבר קושית הגמרא מסברא, לא כתירוץ הגמרא
(ש' סימן ס"ח).

המעיין בשאילה סימן ס"ח לא ימצא לא קושיא ולא תירוץ כל עיקר אבל ימצא באור כוונת התלמוד.

במסכת ב"ב (דף כ"ג) אמר רבי חנינא, רוב וקרוב הלך אחרי הרוב ואע"ג דרובא מדאורייתא וקרוב דאורייתא אפילו הכי רובא עדיף. וע"ז בא בעל השאילתות ופירש לנו: סברא הוא דרובא שכיח יותר מקרוב. וזה הוא דרכו תמיד לפרש טעם ההלכה במקום שהתלמוד סתם ולא גלה לנו הטעם.

הנה אלה תשעה המקומות שרב צעיר מראה עליהם, שבהם סר בעל השאילתות מאחרי התלמוד, בחנתים כולם ומוצאתים מתאימים בכל פרטיהם לדברי הגמרא. ולא במקום אחד דן רב אחאי מסברתו, להכריע בפלונתא בין התנאים ואמוראים, כי אם הלך בעקבות התלמוד וטרח לפרש דבריו ולהטעימם כראוי לחכמי הדורות שאחרי חתימת הש"ס.

ועתה נראה היעמדו דברי רב צעיר אשר דבר על הרי"ף וגעתיק פה אשר שפט על הלכות רב אלפס:

10) כשיש מחלוקת האמוראים בגרסת המשנה משמיט האלפס כל השקלא־וטריא שבענין זה בסוגיא ותופס הגרסא הנראית לו מדויקת ביותר (עי', למשל, שבת ס"ו על המשנה הקטוע יוצא בקב שלו).

המעין שם בגמרא ימצא שהנירסא במשנה הקטע יוצא בקב שלו ורבי יוסי אוסר נאמרה מפי רב, וגם שמואל ורב הונא שמעיקרא היתה להם גרסא אחרת, חזרו מדבריהם ותפסו גם הם גרסת רב. ואחד מהאמוראים האחרונים, רב נחמן בר יצחק, מוסר לנו סימן שלא תתחלף לנו הגרסא המוסכמת הזאת באחרת סמ"ך סמ"ך (יוסי אוסר). ולפי־זה לא אבין איך נוכל לומר שהרי"ף תפס הגרסא הנראית לו מדויקת ביותר, אחרי שאין לנו כעת גרסא אחרת בגמרא.

11) לפעמים מלאו לבו לסור מדברי התלמוד עצמו ואינו סומך גם על תירוץ הגמרא כשנראה לו שהתירוץ הוא דחוק. (ב"מ ריש הפרק. חדא במציאה וחדא במו"מ).

חפשתי ולא מצאתי שם לא מינה ולא מקצתה. וברור אצלי שגם רב זרחיה הלוי, שבדק את טומי הרי"ף ב"המאור" שלו לא מצא שרב אלפס "מלאו לסור מדברי התלמוד". אילו מצא לא היה עובר על זה בשתיקה אלא היה מקנא קנאת התלמוד והשיג ע"ז ברוב ענין.

12) יש שאינו שם לבו לקושית הגמרא ופוסק הלכה כנגדה (ברכות כ"נ)

אך המעיין שם יראה כי אדרבה דוקא הרי"ף סומך על קושית הגמרא והאוקימתא שלה דכ"ע חוזר לרא"ש, ולא כדעת חכמי צרפת בתוספות שם שמדמים ק"ש לתפלה ופוסקים שלא כסוגית הגמרא דברכות אלא כהגמרא דמגלה שחוזר למקום שפסק.

הנה :המחבר סומך א"ע על הכלל שהוגה בגמרא הלכתא כרב נחמן בדיני (כתובות י"ג) ורב צעיר קורא לזאת סברה הגיונית עצמית!

7) במקום אחד הוא מכריע ואומר כששנה רבי דברי יחיד בלשון חכמים, שמע מינה שרבי מחבר המשנה איסתבר ליה כוותיה והלכתא כוותיה אף־על־פי שבברייתא היא דעת יחיד. (שאילתא ע"ה).

בשאילה סימן ע"ה כתוב: ת"ש דאמר רבי חייא ב"ר אבא אמר רבי יוחנן (חולין פ"ה) ראה רבי דבריו של ר' מאיר באותו ואת בנו ושנאן בלשון חכמים, הכא נמי מדתני לר"מ בלשון חכמים שמע מינה איסתברא ליה כוותיה והוה ליה כסתמא ואע"ג דתניא בברייתא לר' יהודה בלשון חכמים סתמא דמתניתין עדיף.

הלזה נקרא הכרעת בעל השאלתות? הוא מביא כללו של ר' יוחנן וסומך עליו, כמו שהוא הולך תמיד אחרי כללי הפסק שהניחו בעלי התלמוד בגמרא.

8) לפעמים חולק המחבר על כללי ההלכות שבגמרא. כגון דקמר־ להו. ר"מ ור"י בחדא שיטתא (שאילה מ"ז) ובגמרא כלל הוא להפך שאין־ הלכה כשיטה. ואשר שהוא הבין כל זה באופן אחר מכפי שהבינוהו אחרים. והנה אשאל את רב צעיר ולטעמיך איך אנו פוסקים כרבים נגד היחיד, הלא הרבים קיימו בחדא שיטה, וא"כ אין הלכה כמותם? אלא ודאי יש חלוק בין שהגמרא מצרפ־ איזה חכמים לשיטה אחת, לאמר שלכולם יסוד אחר וטעם אחר שאינו כהלכה, ובין הפוסק שאומר שדינו של פלוני הוא כהלכה מפני שעוד תנא או אמורא מסכים עמו במה. ועוד יש להוסיף כי בעניז שלפנינו, בשאלתא סי' מ"ז, אין בעל השאילתות סומך א"ע לפסוק כר' יהודה ור"מ רק מפני שהם רבים נגד ר' שמעון, אלא מפני שרביגא. פסק כוותם. "דקיימא להו ר' מאיר ור' יהודה בחדא שיטתא ורבינא "הוה מסייעו להו'. פסקים כאלה משום דקיימו להו "בחדא שיטתא" מצינו גם ליתר הראשונים. בהלכות גדולות. וקמו להו רב ששת ורב אסי בחדא שיטתא וטתניתא מסייעא להון. (הלכות ברכות פרק ה') וכן כתב בהלכות קדושין (צד 166 דפוס וו‎ארשוי) אתא לקמיה דרבא א"ל לית דחש לה לר"ש דאמר סתם גזילה יאשו בעלים [והוסיף בה"ג] "ורב ור' יוחנן קמו להו בחדא שיטתא דהמקדש בגזל אינה מקודשת". ודברי בה"ג הן הן דברי רב יהודאי גאון בהלכות פסוקות, כמו שנמצאו לפנינו בספר הלכות ראו (הלכות קידושים דף 82) "ורב ור' יוחנן עמדו בשטה שהמקדש בגזל אינה מקודשת".

נחמן דאילו מציאות מפי דייקו ודמיו להא מילתא ואיפסקו כר' אבה קמי תרתין מתיבתא" (תשובת רב האי גאון בתשובות הגאונים הרכבי סיטן קפ"א).

שלמה בן חסדאי זה, שרב אחאי עמד עמו בדין זה בחדא שיטתא נגד חכמי הישיבות. הוא הוא ראש הגולה שהקנים. אח"כ את רב אחאי, כי פסח עליו ובחר בתלמידו ומשרתו רב נטרוי להקימו לראש ישיבת פומבדיתא ומפני עלבון זה עזב רב אחאי את בבל ועלה לא"י.

בעל הלכות גדולות הסכים גם הוא לפסוק כשמואל שדאמר שנים שדנו דיניהם דין; ול'ל בהלכות הדריינים (ת"ג דפוס וו‎ארשוי צד 226): וקי"ל הלכתא 'כרב נחמן אלמא תרין נמי ב־ד מיקרי, למימרא כשמואל. וזה כדברי רב אחאי בעל השאלתות וכלשונו ממש. ובה"ג כבר ידע את הראיה שהביאו חכמי הישיבות בשבתא דריגלא מרב נחמן דדאון מציאות, אבל הוא דחה אותה בהלכות שבועה דף ק"כ: "כי קאמר רב נחמן הכא בעינן שלשה לשומא קאמר".

5) בכלל יש לאמר שלמחבר היתה הסברה שקולה כמקרא עצמו ולפיכך כששיש בגמרא סמך לדבר גם מן הסברה וגם מן המקרא הוא משתדל לבאר שגם הסברה צריכה אף־על־פי שיש ראיה לדבר מן המקרא (שאילה סימן ע׳).

בגמרא (שבועות כ״ב) נאמר שבועה שלא אוכל, ושתה חייב; איבעית אימא קרא שנאמר ואכלת . . . תירוש חמרא וקאמר ואכלת, איבעית אימא סברא דכד בעי איניש למימר לחבריה אייתי וניכל ונשתה, אמר ליה תא ניזל ניכל ואזלין ואכלין ושתין [השאלתות העתיק את הגמרא לא בלשונה ממש אלא בתוספות באור] וע״ז מוסיף בעל השאלתות ופריך ומאחר דקרא, סברה למה לי? [ומתרץ] מהו דתימא בנדרים הלך אחרי לשון בני אדם ולא קרו אנשי הכי, קמ״ל דקרי.

ועתה אשאל את רב צעיר האם מפרכתו של בעל השאלתות יצא לו שהסברה היתה אצלו שקולה כקרא עצמו? אדרבה אם הסברה עומדת אצלו במדרנה נמוכה מהקרא, עוד תגדל התימה שלו ומאחר דיש קרא סברה למה״לי! וכן הוא דרך השאלה תמיד וכי מאחר שיש ראיה גדולה הקטנה למה לי? וע״ז בא בעל השאלתות לישב דברי הגמרא דגם הסברה צריכה, מהו דתימא בנדרים הלך אחרי לשון בני אדם ולא קרו אינשי הכי, קמ״ל דקרו.

ויש עוד לדעת שמה שנקרא כאן "סברה" אינה דומה לסברה במובן הרצוי לרב צעיר, סברת הגיון, אלא היא גלוי מלתא שבלשון בני אדם שתיה בכלל אכילה. ורואים אנו שהתוספות שם בשבועות שואלים ותימה כיון שיש סברה ל״ל קרא? הנה מדבריהם מוכח באמת שהסברה שקולה אצלם כקרא עצמו, אבל לא מדברי השאלתות, שפריך להיפך, וכיון שיש קרא סברה ל״ל?

6) כיוצא בו מכריע המחבר לפעמים בין התנאים והאמוראים לא על־ פי כללי ההלכות שהניחו בגמרא אלא עליפי סברת הגיונו העצמי ופוסק הלכה כמאן דמסתבר טעמיה (שאילתא נ״ח).

בפלוגתא דשמואל ורבי אבוה בשנים שדנו אם דיניהם דין (סנהדרין דף ו׳) מכריע שם בעל השאלתות כשמואל מדרב נחמן בגטין דף ל״ב, שאמר על הבריתא, היה עושה ב״ד במקום אחר ומבטלו בפני כמה מבטלו? רב נחמן אמר בפני שנים, וקמי״ל הלכתא כרב נחמן בדיני אלמא תרי גמי בית דין מתקריא להו, למיטרא דהלכתא כשמואל.(*)

*) לא למותר לחזכיר פה כי בהלכה זאת, שנים שדנו אם דיניהם דין, כבר שקלו וטרו הראשונים בימיו של בעל השאלתות, ועמדו בפלוגתא.

באחת משבתא דריגלא. כשנתאספו אל ריש גלותא שלמה בן חסדאי [מלך ד״א ת״צ עד תק״כ ליצירה בערך] בני הישיבות דסורא ודפומבדיתא עם יתר חכמי בבל ובראשם מר שמואל גאון סורא, נשאלה שאלה זו מלפני ראש הגולה, אם לפסוק כשמואל שאמר שנים שדנו דיניהם דין או כר׳ אבוה ופסק הוא כשמואל מטעם זה עצמו שכתב בעל השאלתות, מדרב נחמן בגיטין שאמר מבטלו לגט בפני שנים, אבל חכמי הישיבות חלקו עליו בזה וחביאו ראיה ממסכת בבא מציעא (דף ל״א) שהוצריך רב נחמן שלשה הדיוטות ,והדרוהו ואמרו ליה דרב

דברי רב צעיר: כנ"ל.

2) דברי השאלתות סי' ס"ב. שתוי יין לא יורה (כריתות י"ג) יכול אפילו משנה, ת"ל ולהורות; ר' יוסי ב"ר יהודה אומר יכול אפילו תלמוד ת"ל ולהורות... ברם צריך, הלכה כר' יוסי ב"ר יהודה או כרבנן, הלכתא כרבנן כרבים הלכה כרבים או דילמא הלכה כר' יוסי ב"ר יהודה דמסתבר טעמיה, דמשנה מאי טעמא כיון דלא דטויי מילתא למילתא היא לא אתי למטעי בה, תלמוד נמי כיון דמינרס גריס לא מיחליף ליה דלא אתי למטעי ביה. ת"ש דאמר רב, הלכה כר' יוסי ב"ר יהודה.

הנה גם בזה המכריע את ההלכה כהיחיד אינו בעל השאלתות, כי אם האמורא רב ובעל השאלתות מבאר רק טעמו וניטוקן של רב.

3) עד כמה רופף אצל מחבר השאלתות הכלל של אחרי רבים להטית נראה מזה, שכשהוא פוסק הלכה כרבים הוא משתדל לחזק את הפסק ע"י סברת ההגיון כאילו הכלל הלכה כרבים אינו די לפסוק הלכה על פיו בלי סיוע מן ההגיון (עי' למשל שאלתא ט"ו).

(שאלתא ט"ו) דתניא (מו"ק כ') קיים כפית המטה שלשה ימים קודם הרגל אינו צריך לכפותה אחר הרגל, דברי ר' אלעזר וחכמים אומרים אפילו יום אחד ואפילו שעה אחת. רבינא איקלע לסורא דפרת, א"ל רב חביבא הלכתא מאי, א"ל אפילו יום אחד ואפילו שעה אחת מאי טעמא? הלכה כדברי המקל באבל, א"כ לא בעל השאלתות מצא שהכלל אחרי רבים להטות רופף במקום זה, כי אם האמורא רב חביבא מסורא דפרת, ולא רק הכלל יחיד ורבים הלכה כרבים רופף בידו בכאן, כי גם הכלל ב"ש לגביה ב"ה אינו משנה לא יכול להכריע את הפסק כדברי בית הלל האומרים אפילו יום אחד ואפילו שעה אחת. והמעין בגמרא יראה דמשום הכי מספקי להו לאחרוני האמוראים הלכתא מאי, משום שרבא פסק להדיא "שלשה ימים" ולפיכך בקש רב חביבא מרבינא את הכרעתו, אם נסמוך על פסקי של רבא או לא, והשיב לו רבינא שההלכתא אפילו יום אחד ואפילו שעה אחת. א"כ גם פה המכריע את הפסק הוא האמורא — רבינא — ובעל השאלתות אמר בה טעמא — לא סברת ההגיון שלו — כדברי המקל באבל.

4) לפעמים מכריע המחבר כיחיד נגד רבים משום שהמקרא מסיע לו להיחיד, אף-על-פי שהגמרא לא הביא ראיה זו מן המקרא (שאלתא ח').

בשאלתא ח' טובא המשנה (ברכות כ"ו) "תפלת השחר עד חצות ר' יהודה אומר עד ארבע שעות .... ברם צריך, הלכתא כרבנן כיחיד ורבים הלכה כרבים או דילמא הלכה כר' יהודה דכתיב ערב ובוקר וצהרים אשיחה ואהמה?... ת"ש דאמר רב כהנא הלכה כר' יהודה הואיל ותנן בחידתא כותיה".

א"כ רב כהנא הכריע כהיחיד, ורק בעל השאלתות הטעים בהבעיא שלו את דברי ר' יהודה בהפסוק המובא שם בגמרא (דף ל"א) — בלשונו כבר מפורש ע"י דוד — ערב ובוקר וצהרים אשיחה ואהמה.

על שאלתות דרב אחאי ועל הלכות הרי"ף, נסה רב צעיר לעמוד קצת על אפים של המחברים האלה בחקר ההלכה ומה שחדשו בהכרעת פסקי הדינים.

ותמצית דברי רב צעיר הוא שבעל השאלתות הלך לפעמים חפשי בדרכי לבו, ולא פנה בפסקיו אל כללי האמוראים שמצא לפניו בגמרא, אלא סמך על סברתו הוא להכריע בה את פסק ההלכה ופוסק גם כיחיד נגד הרבים כשמסתבר ליה טעמיה של היחיד; ואפילו במקום שהוא פוסק כהרבים הוא מחזק את הפסק על־ידי סברת ההגיון, כאילו הכלל הלכה כרבים בעצמו אינו די לפסוק הלכה על פיו בלי סיוע מן ההגיון. לפעמים הוא מכריע גם בין התנאים על פי סברת הגיונו העצמי ופוסק כמאן דמסתבר טעמיה; וגם מתרץ קושית הגמרא מעצמו מסברתו הוא ולא כתירוץ הגמרא.

אלה תוצאות חקירתו בספר השאלתות, הספר הראשון בין ספרי הפוסקים שאחר התלמוד.

ועל רב אלפס הוא אומר:

כשיש מחלוקת אמוראים בגירסת המשנה הוא תופס הגרסא הנראית לו מדויקת ביותר ולפעמים הוא־סר גם מדברי התלמוד ואינו סומך על תירוץ הגמרא. חשב לדבר קטן לדחות סברה זו או אחרת שבגמרא וכו'.

ואני. בבואי לבקר אחרי דברי רב צעיר, ראיתי כי הדרך הטוב והנאות הוא להעתיק את דבריו פסקי פסקי, ולהציג לעומתם דברי השאלתות ודברי רב אלפס שמהם הוציא רב צעיר את מסקנותיו שהמחברים האלה חלקו לפעמים על התלמוד, ובטוח אני כי באופן זה תתברר האמת לעיני כל מבקשיה באמת.

דברי רב צעיר:

1) בענין הכרעה במחלוקת יחיד ורבים נטה בעל השאלתות להכריע לפעמים כיחיד נגד רבים, ביחוד במקום שהסברה נטה לדעת יחיד ....

מחבר השאלתות נותן ערך רב לסברה, ולא לסברת הגמרא בלבד, אלא אף־ לסברת עצמו, וכן דרכו להציע השאלה הלכה כרבנן, דיחיד ורבים הלכה כרבים כדכתיב אחרי רבים להטות או דלמא הלכה כר"י דמסתבר טעמיה כהא. (שאילה ל"ח) (שאילה פ"ב)

דברי השאלתות שרב צעיר מראה עליהם:

(סימן ל"ח) "דתגן (שבת קכ"ח) קושרין את הטבור בשבת, ר' יוסי אומר אף־ חותכין, ר' יוסי חייש לאינתוחי ורבנן לא חייש לאינתוחי הלכתא כמאן? הלכה כרבנן דהא יחיד ורבים הלכה כרבים כדכתיב אחרי רבים להטות או דלמא הלכה כר' יוסי דמסתבר טעמיה דהא זמנין דמינתח והוה סכנת נפשות, וספק נפשות להקל והלכה כר"י? ת"ש דאמר (שם קכ"ט) רב' נחמן אמר רבה בר אבוה אמר רב הלכה כרב יוסי".

א"כ לא בעל השאלתות הכריע הדין כר' יוסי — כדברי רב צעיר — אלא האמורא רב, ובעל השאלתות מפרש רק טעמו של רב כמו שנמצא נ"כ שם בגמרא. ולא נתן בזה ערך לסברת עצמו, כדברי רב צעיר, אלא שהטעים סברתו של רב שפסק כאן כיחיד במקום רבים.

לזה דברי ר' יוחנן בכתובות ע"ב: אמר ר' יוחנן קלתא אין בה משום פרוע ראש ואז יתברר כי קלתא הוא דבר שמכסין בו הראש, יהי' צניף או צעיף או מטפחת*). ולפי זה שתי המשניות, ברפ"ב דכתובות [יוצאת בהינומא וראשה פרוע] ובפ"ז דכתובות [יוצאת וראשה פרוע] מתאימות זל"ז לא רק בכטויי הלשון אלא גם בהלכה. ומתוך שתהיו יוצא כי מדרך הנשים ואפילו הבתולות לכסות את ראשן עכ"ם בקלתא, אלא שזהו אינו כסוי כדבעי ונקרא בלשון החכמים "ראש פרוע" ולכן החמירו על הנשואות שתהי' מכסות את ראשן בדדיד. ובכן נתברר לנו דעת חז"ל בבאור מלת ופרע שמשמעותה היא נלוי, כלומר שהכהן יגלה את ראשה. ומה שכתב רש"י על הפסוק ופרע הכהן סותר שערה, לא בא לפרש מלת ופרע, כי אם הביא את ההלכה המבוארת במשנה סוטה ובםפרי שהכהן צריך גם לסתור את שערה, אבל סתירה זו אינה נלמדת ממלת ופרע, כי אם ע"י דרשא מיתורא דקרא וכמבואר בבמס' סוטה ת"ר ופרע את ראש האשה, אין לי אלא ראשה, גופה מניין, ת"ל האשה, א"כ מה ת"ל ופרע את ראש, מלמד שהכהן סותר את שערה [מרבה בגלוי' שסותר את קליעתה]. רש"י ומבואר שרק מיתורא דקרא הוא דורש לסתירת שערה. אבל מלת פרע בלבד אין משמעותו אלא נלוי הראש.

פישל בר.

## רב צעיר. לתולדות ההלכה.

בהתקופה ספרי חמישי (ווארשא תר"ם) נדפס מאמר מרב צעיר בשם פסק הלכותיהם של הגאונים (לתולדות ההלכה) בששה סימנים: א) השאלתות, ב) מדרש תנהזיר, ג) הלכות גדולות והלכות פסיקית, ד) הלכות פסוקות או הלכות ראו, ה) ההלכות של רב האי נאון, ו) ספר הלכות לרב אלפס.

בסימן ב. ג. ד. ה. לא חדר הכותב אל תכנם של הספרים אלא הסתפק לנגוע בחיצוניות שלהם בסדורי הלכותיהם וחלוקי פרשיותיהם, בסגנון לשונם ואופן הצעות הדינים, ובסימן ד' התעניו ביחוד בסגננו של בעל הלכות ראו ובפרט איך תרגם הסופר הזה עברית את הטרמינלוגיה התלמודית שהיתה לפניו ארמית בספר הלכות פסוקות, אבל את העיקר, השתלשלות ההלכה עצמה והתפתחותה מדור לדור, לא חקר ולא דרש בארבעה סימנים אלה, ורק בשתי קצוות המאמר, בסימן א' וסימן ו', בסקירתו

לדרושים. ואולי הי' גירסת תר"ח כפי הנוסח שתקנתי בפנים, ואז יהי' פרושו כדעת רבי יוחנן שזו היא קלתא וסלת הינומא טרמז שהוא כחוק הבתולות ללכת בראש מכוסה.
י) ראה ספרו של קרענגעל Hausgeräte in der Mischna, בהערה 7 ובספרו של קדוס Lehnwörter צד 560 בתוספתיו של לעו שמניהים מלת קלתא שבבבלי למלח קאלתא (בתוספת פ') שבירושלמי והוא מן הכשים הראש. וכבר רמזתי ע"ז מעצמי בגוף מאמרי לעיל.

## הערות ורמיזות

הנ"ל הוברר ־לנו שהרמב"ם איט מחלק בין נשואה או פנוי' או בתולה עפ"י דברי הספרי· הנ"ל. ואולם זהו רק כשהיא הולכת בשוקי) א במבוי, אבל בבית מותרת גם בגלוי שער ראשה. (ועיין תום' כתובות ע"ב: ועיין ב"ש וח"מ שו"ע אבהע"ז קט"ו) זהו· מדינא. אבל מדרך צניעות החמירו בנות ישראל לכסות שער ראשן אף בבית ומשום מעשה דקמחית שזכתה לראות בני' כהנים גדולים (עיין בד"מ סימן הנ"ל) ואולם בתומרא זו נהגו רק הנשואות, אבל הבתולות דרכן לגלות ראשן בבית. ובשו"ע או"ח סע"ה הסדבר מק"ש שהוא בבית שפיר כתב „אבל בתולות שדרכן לילך פרועות ראש מותר". והדברים מבוררים ומלובנים. ובאמת כבר הרגיש הב"ח בישוב זה, אלא שהקשה ע"ז מפ"ב דכתובות יוצאת בהינומא וראשה פרועה דמשמע דגם בשוק מותרת. ובשבות יעקב סימן קנ"ג כתב לתרץ דבכלה הנכנסת לחופה התירו. ולולא דמסתפינא הייתי מציע ישוב פשוט, אשר בשביל חדושו אולי' כדאי להציע בקהל: במשנה רפ"ב דכתובות כתוב יוצאת בהינומא וראשה פרוע. תיבת הינומא נתנה מקום לחוקרי־הלשון לענות בו ונאמרו השערות שונות. (עיין בערוך השלם לקאהום) ובתלמוד בבלי שאלו מאי הינומא? סורחב בר פפא משמי' דזעירי אמר תנורא דאסא (כמין חופה של הדס עגולה. רש"י) רבי יוחנן אמר קריתא דמטמנטה בה כלתא [צעיף על ראשה ומשורבב על עיני' כמו שעושין במקומותינו ופעמים שמטמטת בתוכו ־מתוך שאין עיני' מגולות ולכך נקרא הינומא ע"ש תנומה. רש"י] ביאור רש"י ־'ז'ל נראה לחוקרי' הלשון ־לדוחק .גדול, מלבד הטעמים הפילולוגיים קשה להניח שהצעיף המשורבב על עיני' נקרא בשביל כך הינומא בשביל שהכלה מתנמנמת בו לפעמים. ואולם בערוך) מביא פירוש בשם 'גאון ־ו"ל: ־פירש גאון קובה מן אסא דמטמנטא בה כלתא. ונראה מזה שגירסת הגאון היתה סורחב בר פפא משמי' דזעירי אמר ־תנורא דאסא דמטנטמא בה כלתא. ר' יוחנן אמר קריתאח). ועיין בירושלמי־ כתובות: תמן נטמטא, רבנן דהכא אטרי פוריוטא. לפי ביאור רוב המבארים זהו כסא או ־עגלה של כבוד שהיו נושאים בו את הכלה. וזה מתאים יותר ל„תנורא" דאסא ולא ל„קריתא". ואולם מלת קריתא עטומה היא ונתחבטו עלי' המבארים. ובאמת הרשב"א במס'· בבא בתרא דף צ"ב: ד"ה בהינומא גורס: „קלתא דמטמטא בי' כלתא" ע"ש. ואם נצרף נירסת הרשב"ם אל נירסת הגאון הנ"ל יצא לנו הנוסח: סורחב בר פפא וכי תנורא דאסא דמטנטמא בי' כלתא. ר' יוחנן אמר קלתאפ). השנה

---

ו) וכן הוא לשון הרמב"ם והשו"ע לא תלכנה וכו' פרועות ראש בשוק.
ז) עיין בערוך השלם של קטום.
ח) עפ"י הפירושים שנאמרו במלת קרייתא [עיין עריך השלם ובמלונו של לעוו] א"א להתאימה עם פוריוטא שבירושלמי, וטלשון הירושלמי משמע שנטטנטא ופוריוטא הם· שני שמות לדבר ־אחד. ואם נדחוק ונאמר שהם שני פירושים שונים של רבנן דתמן ורבנן דהכא, א"כ יקשה סאד שרבי יוחנן ־יפרש כרבנן דתטן ולא כרבנן' דהכא! ובע"כ שרעת רבי יוחנן היא אחרת ־מאותן שנזכרו ־בירושלמי. ודו"ק.
פ) כידוע ־מפרש ־חר"ח [הובא בערוך] הינוטא עפ"י לשון יוני בטובן חוק .הבתולות, והגרי"ב בהגהותיו אל ־הערך ־משתדל לתתאים פרוש חר"ח עם דעות האמוראים בבבלי' ונכבס

ורטב"ם. וקודם כל אציר שעצם הדין לאסור גלוי שער ראש כאשה יוצא ברור ומפורש מדברי הספרי פ' נשא על הפסוק ופרע את וכו' וז"ל כהן נפנה לאחורי' ופודעה כדי לקיים בה סריעה דברי ר' ישמעאל. ד"א לומד על בנות ישראל שיהי' מכסות ראשן, ואעפ"י שאין ראי' לדבר זכר לדבר, שנאמר ותקח תמר אפר [סודר. מלכים א', כ', ל"ח] על ראשה וכו' וכשאנו משווים נוסח הספרי¹) עם לשון הגמ' בכתובות ע"ב. אנו רואים שהם הם הדברים שהוזכא' שם בשם התנא דבי ר' ישמעאל ובאמת כבר הניה הגר"א בלשון הספרי ונרס: אמר רבי ישמעאל לימד על בנות ישראל וכו'. ועכ"פ הדבר מפורש שהאיסור הוא בגלוי שער ולא בסתירת קליעת השער. וכמה"נ הוציא הרמב"ם שאסור גם לפנוי' לילך בגלוי ראש וכנ"ל את מקור הדין מדברי הספרי, דהרי הספרי הוכיח מתמר שנתנה סודר בראשה, ותמר הלא פנוי' היתה.

אבל גם בלעדי הנ"ל אי אפשר לפרש דברי הגמ' בכתובות כפי דעת השבו"י. דהנה גמרא זו הובאה גם בירושלמי כתובות והלשון בירושלמי אינו נותן מקום בשו"א לביאור השבו"י, וז"ל הירושלמי: ר' חייא בשם ר' יוחנן היוצאה בקפלטון שלה אין בה משום ראשה פרוע. הוא דתימר לחצר אבל למבוי, וכו' ובבבלי מובאה ג"כ מימרא זו בשם ר' יוחנן "אמר ר' אסי אמר ר' יוחנן קלתה אין בה משום פרוע ראש". ומוכח דקלתה וקפלטון היינו הך. (והערוך גורס קפליטין ומבאר "פרוש בלשון רומי שער ותלתלים ופיאה נכרית" ועיין גם מה שכתב על מלת קפליטא ועיין במלון העברי-ארמי של לעווי הקריאה הנכונה של מלות אלו ותרגומם הלועזי) ובראש הנירסא "אמר ר"י א"ש דאורייתא בקלתה שפיר דמי, ד"א אפילו בקלתה וכו' ובתוס' הרייד גורס "אמר ר"י א"ש דאורייתא קלתה על ראשה שפיר דמי, ודת יהודית בקלתה נמי אסור". מכל זה יוצא, כי מלת קלתה איננה שם הפעל לקליעה אלא שם לדבר המכסה את הראש, יהי' מה שהי' סל או צעיף או מטפחת או קפלטון. ועי"פ השואת המקורות וברור הנוסחאות יש כידנו להתיר את הסבך שנאחזו בו האחרונים ולישב עם זה את הסתירה שבין דברי השו"ע אה"ע אן"ח ע"ה ושו"ע אבהע"ז ר"א. מתוך

---

ח) עיין ספרי הוצאת רח"ש הארואוויטץ פסקא י"א—י"ב. והטבא"ים עמלו לבאר לשון הספרי "כהן נפנה וכו'" עיין תו"ה למלכים ד"ל ועיין ביאור מו"ל הספרי רח"ש הארואוויץ. ולפ"ד הוא קטע שנשמט ממקומו ונשתרבב לכאן. ומקומו הוא לחלן בתוך דברי ר"י בן ברוקא ע"ש וכפה"נ גם דעת הגר"א כן. ותמוה בעיני שנעלמו דברי הספרי מהרב"ח ומהגר"א ז"ל עד שהוכרחו לדקדק מלשון ל"בנות ישראל" על מקור דין הרמב"ם. אמנם יש לדחות ולומר דתמר כסתה את ראשה לאחר שנאנסה; ועכ"פ מוכח מזה שאנוסה צריכה לכסות את ראשה וזהו דבר זר וכמו שתמה בצדק הרב בעל שבו"י בתשובתו הנ"ל דהרי "מכיון דעדיין רגילה היא בגלוי למה נבישה בחנם",י' שאין לך בושת וצער. גדול מזה לחייב את האנוסה לתת קו קלון על מצחה. וראיית השבו"י מפירכת הגמ' כתובות ט"ו: אמאי נעברי קמי בתולה וכו' זימנין דתפסה וכו' וחזינין דחשו אף לטענה דלא שכיחא וא"כ אי נימא דאנוסה אין לכסות את ראשה א"כ מה הועילו חכמים בתקנת הינומא- דעדיין יש לחשוש שמא אנוסה היא, ומעי"ז צריך בירושלמי שכא אלכנה מן האירוסין הוא יש לדחות בקל דאנוסה יש לה קול ועיין כתובות מ. בתוספות.

הוכיחו מפסוק זה את האיסור לילך בגלוי הראש והתירו עפ"י דין התורה רק במקום שהאשה שטה סל [קלתה לרש"י] או מטפחת [עפ"י פירוש המשניות לרמב"ם ועיין תוי"ט] על ראשה אבל ללכת בשערות מקולעות ומגולות אסור, לכן חזר בו הרב בעל מנ"א מדבריו הנ"ל והעלה שאמנם האיסור לילך בגלוי־הראש הוא רק בנשואה, ד"קרא לא איירי בפנוי'", ולכן מותר לקרות קר"ש נגד שער בתולה מגולה, ומה"ּשכתב הרמב"ם זהשו"ע לאסור גלוי הראש בין בנשואה ובין בפנוי' [= בתולה לפי דעת המג"א] הוא רק מטעם מדת צניעות. יעו"ש ד).

ואולם הרב בעל שבות יעקב (חלק אבהע"ז סיטן ק"נ) הרחיק ללכת יותר. גם הוא מפרש את המקרא „ופרע את ראש האשה" במובנן של סתירת קליעת שער, ומתו"ז מתיר גם הוא (עפ"י ד"ח) לאשה נשואה ללכת בגלוי הראש אם רק שערותי' מקולעות, ואת הגמ' כתובות הנ"ל העומדת נגד הביאור הזה הוא מבאר באופן שונה מפירש"י והרמב"ם וזה לשונו: „ואי לאו דמסתפינא מרש"י שבש"ס ורמב"ם בפירוש המשניות הייתי מפרש גם סוגית הש"ס בכתובות על דרך זה, דהא דקאמרה המשנה יוצאת וראשה פרועה היינו שסותרת קליעת שערה, (לפי ההו"א שבגמ') ומקשה פריעת ראש דאורייתא הוא אם סותר שערה, לזה שפיר משני הש"ס דאורייתא קלתה שפיר דמי, פירוש מדאורייתא שאסור לבנות ישראל לילך בפריעת ראש בשוק היינו ששערותיה סתורות, אבל קלתה פירוש מלשון קליעת שער שפיר דמי, אבל דת ומנהג יהודית אפילו קלועין שערה נ"כ אסור לילך בגלוי וכו' והרמב"ם שלא כתב וכו' דהיינו אם שערותי' סתורות ולא קלועות דאסור אפילו בבתולה לילך כך בשוק" יעו"ש. ומתוך ביאור זה, אנו למדים שני דברים: א) דאיסור התורה של פריעת ראש אשה אינו אלא בשערות סתורות ומפוזרות, משא"כ בשערות מקולעות ומגולות דמותר, עפ"י התורה. ב) דעכ"פ האיסור של פריעת ראש בטובן הנ"ל חל גם על בתולה והרמב"ם וכן השו"ע שלא חילקו בין נשואה לפנוי' לא הוציאו את הבתולה מכלל זה, ולא כמו שכתבו הח"ט והב"ש הנ"ל.

ולכאורה פירושו מתקבל על־הלב. ביאור מלת ו„פרע" בטובן של סתירת קליעת השער נזכר ברש"י הטובא לעיל והוא מלשון המשנה בסוטה ז' „עד שהוא מגלה לבה וסותר את שערה וכו' אם הי' שערה נאה לא היה סותר ובברייתא הטובאה שם דף ט': היא קלעה לו את שערה, לסיכך כהן סותר את שערה. ועיין גם בספרי על פרשה זו. וגם הרווחנו בפירושו זה ליישב לשון המשנה בכתובות שם „יוצאת וראשה פרועה" דלפי תירוץ הגמ' טיברת המשנה באשה שיצאה ידי חובתה נגד אזהרת התורה והתנהגה כמצותה, אלא שעברה על דת יהודית ויצאה כשראשה פרוע, ולפי פירוש"י ורמב"ם ששטה סל או מטפחת בראשה, הרי ראשה מכוסה ואינו פרוע עוד! ואולם לפי פירוש השבות יעקב זה הלשון וראשה פרוע מתישב כהוגן, אולם אחר העיון יש ׁלברר שפירוש השבו"י אינו מכוון אל האמת וצדקו בזה פירושי רש"י

ד) בדברי המג"א יש ערבוב קצת בלשון ונדחקו מפרשי' בבאורו. ולפ"ז שכתבתי הדברים מתאימים.

אריח ע"ה, ה"ב: שער של אשה שדרכה לכסות אסור לקרות כנגדו, אבל בתולות שדרכן לילך פרועות ראש מותר וכו' עי"ש. בדין זה יש מבוכה גדולה בין הפוסקים, הללו מתירים גלוי ראש בבתולה ואוסרים בפנויה שאינה בתולה, והללו אוסרים גם בבתולה (יעיין במג"א שם ובמחה"ש שם ועיין בשו"ע אבה"ע כ"א כח"מ ובב"ש). ולפי שראיתי שמחלוקת זו תלויה בעיקרה בחלוקי-דעות שבין הפוסקים בבאור לשון הגמרא ובנוסחתה הנכונה, ומצד השני ברור הדברים נוגע בבאור מלה עמוקה שבאה בתורה, שעליה נתלבטו הרבה המבארים והמתרגמים השונים שלא מבני עמנו, אמרתי לבאר את הדבר מכל צדדיו. ומראש אקדים שאין בדעתי להכניס ראשי בין ההרים ולהכריע בין רבותינו אחרוני הפוסקים ב). רוצה אני להגביל א"ע בתחום המצומצם של ברור הנוסחות והבאור הלשוני.

מקור האסור של גלוי שער ראש הוא בגמ' כתובות ע"ב. וזו לשונה. "ואיזוהי דת יהודית יוצאת וראשה פרועה". [משנה] "ראשה פרועה" — דאורייתא הוא! דכתיב ופרע את ראש האשה ותנא דבי רבי ישמעאל אזהרה לבנות ישראל שלא יצאו בפרוע ראש. — דאורייתא קלתה שפיר דמי. [קלתה = סל. רש"י וערוך] דת יהודית אפילו קלתה נמי אסורג).

והרמב"ם בהל' אסורי ביאה ה' כ"א וכן בשו"ע אבהע"ז כ"א הביאו להלכה: "לא תלכנה בנות ישראל פרועות ראש בשוק, אחד פנוי' ואחד אשת איש". וכבר שאלו הב"ח והגר"א ז"ל: מנין לו להרמב"ם להוסיף איסור גם בפנוי'? וביארו דהרמב"ם הוכיח זה מלשונו של תנא דבי ר' ישמעאל, מדקאמר ל"בנות ישראל" ולא קאמר "לאשה". ומבארי השו"ע הח"מ והב"ש נתקשו על מחבר השו"ע שהביא לשונו של הרמב"ם האוסר גם בפנוי', וזהו סותר את הדין המובא בשו"ע או"ח, ע"ה, הנ"ל, להתיר לבתולות לילך פרועות ראש. ולפיכך כתבו שכוונת הרמב"ם והשו"ע לאסור רק בפנוי' שהיא אלמנה או גרושה, אבל בתולה באמת מותרת לילך פרוע-ראש וכמו שמוכח מדברי המשנה "יוצאת בהינומא וראשה פרוע" [פ"ב דכתובות]. והרב בעל מג"א באו"ח הנ"ל כתב שדוחק הוא לפרש ד"פנויה" היינו אלמנה. ולפיכך יצא לחדש ד"פרועת-ראש" היינו שסותרת קליעת שערה והולכת בשוק. זהו אסור אף בפנוי'. משא"כ גלוי השער אסור רק בנשואה. ונראה כי הרב בעל מג"א מפרש את הכתוב "ופרע את ראש האשה" (במדבר, ה') שהכהן יסתור את שערותי' המקולעות. ורמז לעיין בפירוש רש"י על הפסוק ופרע. — "סותר את קליעת שערה כדי לבזתה. מכאן לבנות ישראל שגלוי הראש גנאי להם".

ולפי שבארנו זה בלשון המקרא הוא נגד הגמ' בכתובות ע"ב הנ"ל דהרי הגמ'

ב) הרה"ג מהרי"ש קרלבך ז"ל אסף את כל החמר המפוזר בש"ס ופוסקים הנוגע להלכה זו. והרצה לעמוד על עיקרי ההלכה יעיין במאמרו של הג"ל בספר "לדוד צבי" שי"ל ליובל השבעים של הרה"ג מהר"ד הופמן זצ"ל.

ג) ע"ד הגירסות השונות ראה במאמרי להלן. בכ"י סינכן הוצאת שפוראק מלת קלתה הראשונה באלף והשני' בהא.

הק' יששכר בן כ"ה בנימין וואלף ספ"ק ספונגשטאדט במדינת העסטען, נ"י.

יהודה בן הרב מוה' קאפיל לעווינשטיין מק"ק בערבישאסהיים. במדינת באדען, נ"ש.

משה בן כ"ה זאלצבערנער סמדינת אונגארן, נש"ל.

נתנאל בן מורנו הרב ר' שמואל דייטשלענדער.

נחום בן מו"ה ר' מיכאל עהרענפעלד.

יצחק בן החבר ר' יעקב משה שטיינעפסט.

יוסף בן החבר ר' משה פריעדמאן.

אברהם מאיר בן החבר ר' אהרן בריללן.

דניאל מרדכי, בן מו"ה משה אריה האפמאן.

אברהם ליב בן ירמי' נרין, — כלם ממדינת אונגארן.

כל הנ"ל מאושר ומקומי מצדי ותפלתי לאלקים חיים שיזכני בזכות אבותי הצדיקים נ"ע להרחיב גבולי בתלמידים הגונים עוסקים בתורה ובמצות לשמה. פה קק א"ש ביום הנ"ל.                                      הק' עזריאל הילדסהיימער.

שני המכתבים שהעתקתי למעלה אינם דברי תורה, ובכל זאת צריכים הם למוד והם מלמדים אותנו להכיר את אישיותו של ר"ע ה"ה בתור אוהב־התורה ולומדיה ובתור תובב"ציון יחיד ומיוחד בדורו. מי יתן שדבריו יעשו רושם גם היום, כי לא רק לדורו נכתבו הם!

יום תענית אסתר תרפ"ב פה נייהייזל תע"א.

י. וינברג.

## הערות ורמיזות.

ע"ד גלוי שער ראש אשה וע"ד מלת „פרע" שבאה בתורה.

### א.

בחוברת האחרונה של הישורון האשכנזי (שנה VIII חוברת 11/12) הביא החכם מהר"י גיטביער במאמרו "Neue babylonisch-assyrische Rechtsdenkmäler und die Bibel" כי האסור לנשים נשואות לגלות שער ראשן הוא מנהג ישן־נושן שנם עמי־הקדם העתיקים נהגו בו[א]. וכי בספר החוקים של אשור העתיקה מבואר, כי כסוי הראש הוא סימן מובהק לנשים כשרות ונשואות, שרק הן היו רגילות לכסות ראשן, משא"כ הגשים הבתולות והפרוצות יעו"ש. וזה מתאים לדיינו, שרק אשה נשואה מחויבת לכסות ראשה ולא בתולה וכמו שמבואר בשו"ע

כמדומה לי הרב ע. ז"ל בפראג. — דניאל מרדכי האפמאן הוא — כנראה — אחיו של מורנו רד"צ האפמאן זצ"ל.

[א) עיין בסנהדרין נ"ח: מאימת התרתה אמר ר"ח משפרעה ראשה בשוק. ופירש"י שהיו רגילות אף הנכריות הנשואות שלא לצאת בראש פרוע.

שאינן קצובים ובשם ישראל יכנה בני בכורי ישראל נוטל פי שנים וזוכה לשני עולמות בסרם אם יניח קרן קיימת לבחורי חמד לתקון נשמתו כאשר כבר עלו בגורלנו וביום פקודת האנשים היקרים האלה נזכרים ונעשים בכל שנה ושנה תיקונים בלמוד משניות ואמירת קדיש וימים האלו לא יעברו מתוך חברתנו וזכרם לא יסוף מתוכה. — לא אוסיף בדבר שפתים להבטיח, כי ראוים הבחורים לרחמי אחיהם הנגידים וכי תקותי חזקה כי יגדלו ויהיו לאנשים עומדים בפרץ יוצאים חלוצים בכל מכסיסי המלחמה הנצרכים לעת עתה לקדש ש״ש ברבים כי ב״ה כבר יצא טוניטן לישיבתנו בעולם ושנה בשנה מתגוררים פה בחורים מכל חלקי אשכנו וגם כבר מדינת האללאנד ודענעמארק והי' זה לאות ולמופת כי גם למדינות האלו לא דבר רק הוא. גם לא אביא על הספר כי עיני פקוחות בכל האפשר שלא יקבל הטובה מי שאינו ראוי לה, כי זה מובן מעצמו.

ע״כ אחי ורעי תקותי חזקה שלא תאמרו נואש לדברי ותזכו להיות מסיעין שיש בהן ממש להרבות גבולנו בתלמידים הגונים וישרים בלבותם, אשר הוכרחתי עד עתה לסגור להם דלתים מחסרון מחיה וכלכלה, ותפלתי לאל חי שיפתח לב אחינו באשכנז ובמדינותינו שיראו הנחוץ הגדול להקים הישיבות בכל מדינה ומדינה ובכל פלך ופלך תרבה קנאת סופרים תלמידים המקשיבים לקול רבותם גדולי ישראל וכל הנשמעים בשפע ברכה והצלחה ישמעו במדה. גם ונם שאר אחינו בגולה יתנו לבם למה שהורו לנו חז״ל בירושלמי פרק ואלו נאמרים רבי ירמי' בשם ר' חיי' בר אבא אמר לא למד ולא למד וכו' ולא הי' סיפק בידו להחזיק והחזיק הרי זה בכלל ברוך ויתברכו ממקור הברכות עד עת בא דבר ה' וטלאה הארץ דעה את ה' כמים לים מכסים, בבי״א — פה ק״ק אייגנשטאדט א' פ' בהעלותך תרכ״ו לפ״ק.

הק' עזריאל הילדעסהיימער.

המתנדבים היקרים ייטיבו לשלח מנתם או לידי או לגבאי החבר' אשר שמותם נכתבים מעבר לדף.

*

אלה הם דברי הרב ובעמודים 1 עד 8 תבאנה "תקנות חברת בחורים דק״ק א״ש", אשר גם הן מעניינות מאד מאד, אבל אין בדעתי להעתיק אותן פה, רק אביא פה את שמות "הגבאים ושאר הממונים של החברה" אשר חתמו את שמותם בערב ראש שנת תרכ״ז לפ״ק.*)

---

*) במאמרי הגרמני ב״ישרון" צד 258 כתבתי, כי נחוץ היה לעשות רשימה מתלמידי' הישיבה שבא״ש. פה אנו רואים שמות איזה תלמידים הכי חשובים שבבית מדרשו של רבנו ואחרים מהם מכיר אני עפ״י שמותיהם. חג״ש (גבאי־שני) יהודה לעווינשטיין הוא הרב דר' ל. במאסבאך — שכתב ב״ישרון" חג״ל צד 490 "זכרונות" מזמן למודו אצל הרב בא״ש — ג' דייטשלענגרער חי' בברלין והיה מנהל בית־ספר הדתי של הי׳ת. — נתום עהרענפעלד הוא

פנֵיהם קדימה קדמת אשור ההולכים על דרך אישור. וקראתי למאהבי לבא לעזרת ה' בגבורים ואיזהו גבור הכובש את יצרו להקריב על המזבח הזה בכל יכלתו מברכתו אשר ברכו ה' וליסד בכל מקום חברות גדולות ולחבר כל החברות אחת אל אחת בקרסים והי' המשכן אחד, כל ישראל חברים, איש את רעהו יעזרו ולאחיו יאמר חזק, ואני בצפיתי אצפה כי לא לריק יגעתי וכי כל אח ישר הולך על משכבו בלילות ישאל לנפשו מי נתן למשיסה יעקב וישראל לבוזזים, הלא מה' היתה זאת על כי אבדה חכמת חכמים ובינת נבונים תסתתר. — והנה המתחיל במצוה אומרין לו גמור, ואפנה עתה לאחב"י מקום לדבר הגדול הלזה ישקיף ד' זירא עמו ויחום על יתר הפליטה להקים בכל מקום ישיבות רמות ונשגבות עד אשר כבימי חזקי' מלך יהודה תרבה הדעת דעת התורה ומנמות סני בזה ישיבתנו פה ק"ק א"ש. כי הנה פה בקהלתנו הוקמה על ישיבה רמה ונשאה כבר לערך מאה וחמשים שנה מימות רבן שכבה"ג הגאון בעל פנים מאירות ואחריו הרבנים המופלגים עד האחרון שבנאונים הנ"ל ה"ה הרב הגאון החרוץ עמוק עמוק מי ימצאנו מעמיד תלמידים מופלגים למאות אשר עודנה בחיים חיתם להעיד על יקר תפארת רבם ה"ה הגאון מוי"ה משה פערלס זצוקל.*) והנה זה שש עשרה שנה מעת באתי לשבת פה על כסא הרבנות ינעתי ללכת כפי קט שכלי בדרך שנגבלו קדמונינו הגאונים נשמתם עדן וחפץ ה' בידי יצלח ובחסד חנם זכני להחזיר לישנה הישיבה אשר נאספה בין עת הפרד הרב הנ"ל מפה ובואי לכאן להרחיב אותה אחת לאחת עד כי בה"י נדלה ונתעלתה כערך הישיבות הגדולות במדינתנו והש"י ברכני בכמה וכמה תלמידים הענים וכבר איזהו מאות מהם בנו בית ועמדים על המסחר וקובעים עתים לתורה ומדקדקים במצות, ולא מעט ב"ה יושבים על כס הרבנות לממשלת התורה והיראה ומפליאים לעשות לתורה ולתעודה ויום ויום ירבה מספר התלמידים החוסים עמי בצל התורה.

אכן אהה, אין הקומץ משביע, ופה עיר קטנה ואנשים בה מעט ואין ידם משגת להכין לבחורים די מחסורם אשר יחסר להם, ומה גם עתה אשר ירדו פלאים על ידי הצי' הזמן והלחץ זה הדחק אשר קושי' מזונותירם של אדם לוחץ אותם ובחורי חמד נתונים לרעב ולערום ולחוסר כל, באין משען ומשענה כל משען לחם וכל משען מים. — על כן נא אחב"י רחמנים בני רחמנים תעוררו חמלה וחנינה לפתוח איש ידו ולרחם על העניים ואביונים להחזיקם ולהקימם איש כמתנת ידו עד כי השיגה ידם ומצאו כדי גאולתם.

ע"כ אחב"י אוהבי התורה והעוסקים בה בואו ברוכי ה' זה יאמר לה' ולתורתו אני וזה יקרא בשם יעקב וחלקו עם התופסים במדת יעקב איש תם יושב אוהל זה יכתוב ידו לה' להחזיק לבחורי חמד מדי שנה בשנה בדבר קצוב או לזמנים

---

*) על הרבנים שהיו לפני ר"ע ה"ה בא"ש ע"י ב"ישרון" העברי א' צד ס"ג ובהערות זע"ז בפרט בספר תחדש „אבני א"ש" (עברית וגרמנית) שיצא לאור לפני איזה שבועות ע"י הגדוב מר ש. וואלף מא"ר ובעריכת ד"ר מאכשטיין (ויטה).

אחינו ב"י האומללים והעשוקים בירושלים עיר הקודש, סק"ק אייזענשטאדט ד' פ' שמות שאלו שלום ירושלים ישלוו אוהביך לפ"ק.

הק' עזריאל בן לאאמ"ו מהו' יהודה נליא זוק"ל המכונה הילדעסהיימר.

המכתב השני אשר' אני מעתיק פה נמצא בחוברת "תקנות חברת בחורים דק"ק אייזענשטאדט, הובאו לבית הדפוס ע"י מנהלי החברה (Halberstadt, 1886)". החוברת שנדפסה בצורת °4 מכילה IV+8 עמודים ובעמוד III מIV נמצאו דברי הרב אלה:

ב"ה
שלום רב לאהבי התורה ואין למו מכשול.

זאת לפנים בישראל על הגאלה ועל התמורה אשר עמוסי בטן הינעים רק להחיות את נפשם אשר תורת ה' רק חפצם אבל לא זכו להגות בה ימירו חיוב שקידתם בתורה בהחזקת למדי תורה כזבלון ושמעון אחי עזרי' ונזה דבוקים בה' אלקינו כמדרש חז"ל בפ' שני דייני גזירות. — אכן אהה זה כמה שנים אהבת התורה ולמדי' בפלנים אין מספר ירדה עשר(ה) מעלות אחורנית, התורה מונחת בקרן זוית אין דורש ואין מבקש ודלתות בהמ"ד סגרות ומסוגרות אין יוצא ואין בא, ועוד הוה על הוה שבר נה"י כי במקום אשר בימים הראשונים הטובלים מאלה. קול ברמה נשמע יום ולילה לא ישבתו בחדוד התלמידים קולן של סופרים העשושים להתלמד לוחמים במלחמתן של תורה, כחשכה כאורה, להוציא בשלמות אורה, עתה בוקה ומבוקה ומבולקה וחלחלה בכל מתניים שבת עובר ארח התורה שבתו גדיים ותיישים, וסוגר ואין פותח. ואם כי ידעתי כי בה"י עוד לא אלמן ישראל ועוד ישמע בכמה קהלות בחוצות יהודה קול ענות גבורה עצה ותושי' חכמה וגבורה, אכן מה נענה על המדינות, עליהם יאמר עתידה התורה שתשתכח מישראל חלילה.

לכן המשכיל בעת הזאת לא ידום ולא יחריש.ולא ישב בדד עד אשר ישאו חלילה ערים מאין יושב ובתים מאין אדם יודע עד מה ולא יחשה להזכיר את ה' ותורתו הקדשה והטהורה ואל דמי לו ולא יתן דמי לו עד יכונן ועד ישים אהבת התורה וההגיון בה תהלה בארץ. — ואני זה חצי שנה כמעט בכל שבוע ושבוע קראתי בגרון על זה במכתב "ישראלי" וכשופר הרמתי קולי ואקרא בקול גדול לעורר אחב"י על הרעה הגדולה הזאת ולחשוב מה תהי' בסופה והכחתי במוסתים חזקים שאין שום תקוה, רק לפתוח דלתות בהמ"ד ולהקים מעפר הישיבות הרמות והנשגבות לנהל בחורי חמד תחת דגל נדולי ישראל לתורה ולתעודה ולאמונה הרמה' ולכל המדות שמנו חכמים. — ועל ‎כל אלה יש לעשירי עם ומנהיגי קהלות קדושות וחברות קדישות ויקירי העדה וכל הנדיבים נדיבות יעצו אף היושבים בד בבד בכפרים ובשדות לפקוח עיניהם לחמלה על התלמידים שכבר באו למדרגה מובה להיות להם לאחיעזר ואחיסמך לבא אל מחוז חפצם ומנמת

והנני נותן פה את העתקת מכתבו של הרב בראש העמוד הראשון:
בעזה"י.

קול קורא ממדבר הרים מהר ציון ששמם להקשיב קשב רב אחינו בני ישראל! ויתננו אלינו לראות בצרת נפשם ולהושיעם מרב ענים. יום יום גבר האויב והנוגשים אצים לנקש את כל אשר לנו וללמוד נחלת אבות היא האמונה אשר השאירו לנו שריד מאז חדלנו כל כמוס בחדרי לב איש ואיש. חמדו רשעים לצוד ריעים ושרש עניים יתן על כן יבנו בתים ויערכו שולחנם ושפת חלקות ידברו: למי יחסר לחמו ועוני יציקהו. יסור הנה יכרות ברית אתנו ויסתר מעושק צר רעה וינון. ובעוה"ר גם פרצו פרץ ויצמדו למשחית לרדת בעמקי שאול ולאכול זבחי מסית*) כי תמיד ינדל ענים ולא ימצאו מנוחה מרוב אנחה ונפשם ברעה תתמונג כלו עיניו ודאבה נפשינו להביט צר מעון*) מתעורר בנחלת ד' אשר ייטיב את ישראל. וגם צפור מצאה בית ודרור קן לה ואחינו בחוץ יבכו מבלתי מצוא מחסה מורם וממטר! —

והנה קמנו ונתעודד רבים וכן שלמים במדינת עסטרייך והאללאנד ודייטשלאנד באגדה אחת לקבץ ולאסוף לבנות בתי מחסה בירושלים עיר הקודש תוב"ב למען יחלצו ידידי ד' — אשר יבאו להשתחוות לפניו שמה — מעוצר רעה וינון, ובעזה"י כי דברינו מצאו בכל מקום אוזן שומעת — ואני הורשתי בחסד עליון ע"י השרים היושבים ראשונה במלכותינו יר"ה לקבץ על יד לתכלית גדולה זו בכל מקום ממדינת עסטרייך — וע"ז כבר נדרו ונדבו אחב"י. בארצות הנ"ל הקרובים והרחוקים ועשו כלם אגודה אחת בלי שום חילוק ופירוד הלבבות ועי"כ בעזה"י מצאנו און לקנות מקום רחב ידים בטוב העיר הקדוש' ולשלם בכסף מלא, אבל עוד קצר המצע מהשתרע על צרכי הבנין ומה נעשה בנחלה אם אפס תהי' באחרונה ותוחלת עניים אבדה והם תמיד לא יחשו להשמיע קול דמעה אל רמי לכם! כי באו בנים עד משבר וכח אין ללדה! והנה מוביל ספר זה הרבני המופלג והמפלא מהר' יעקב מייזעלס נדרש לשאלתי לעורר לב אחינו בני ישראל רחמנים בני רחמנים על הענין הגדול הרם והנשא הלזה ישלם ד' פעלו ותהי משכורתו שלמה. —

לכן את אחי אנכי מבקש התאוששו ותדעו מכאוב הכלל ועשו צדקה וחסד איש את אחיו יעזרו ומברכת ד' שחדו בעדו. איש כמתנת ידו יתן ברכה ביד איש עתי שוחר טוב משמיע צדקה ויכתוב ידו לד' בספר זה וכל אשר ידבנו לבו לתת תרום' ד' יהי' חזון בתוך עלי היום ווינער צייטונג ובמכתבי העתים של אחב"י "ישורון" וגם במכתב שבועי "איזראעליט" ונא אל יקל בעיניכם הצורך הגדול אשר אין להגיד נדלו. והי' כי יבצע ד' את מעשינו ישמח לבנו ותגל נפשנו לראות במוב עמנו כן נראה בבנין עירנו במהר' בימינו אמן. כ"ד המדבר לכבוד

*) כן הוא בכ"י משרפט!

הדירות, כי חברת המסיתים („מיססיאנסגעזעללשאפט") פתחה במוכה, כדרכה באלה להביא לה תועלת מעניינות אחרים — שבעים דירות בשביל אחינו, אבל ב"ה לחנם! קבוץ־הכסף בעסטרייך־אונגריא, בארץ אשכנז והוללאנד נתן בידינו היכולת לקנות שטח־קרקע של יותר מט"ג אלף אמות מרובעות בחלק היותר יפה של העיר מול הר הזיתים ושם נבנו ארבע ושבעים דירות ובכל דירה ודירה אחד א שני חדרים, מטבח ומרתף... ערך גדול יש בפרט לשני בורות־המים הגדולים שבמושבה הזאת. האחד נמצא תחת ערמת־עפר ונתקן על ידינו... לטושבה יש בית־המדרש ובית הכנסת... וסביב סביב לכל המושבה יש צנור לנקות את כל הבתים, דבר שכמעט אי־אאפשר לשער את ערכו הגדול בנוגע לבריאות. הדירות נשכרות משלש לשלש שנים וכל המוסר שוה יותר משלש מאות אלף מרק בערך".

ר' יעקב מייזעלס אשר בידו נתן־הספר לאסוף את הכסף הלך עם כתב ־ההמלצה של ר"ע ה"ה אל הרב ר' יהודה ליב קעניגסבערגער ראב"ד בעיר שטיין־אסד־אנגנער וגם הוא כתב איזה שורות תחת שורות ר"ע ה"ה ראשיתן בכתב הנהוג אצלינו ואח"כ בכתב טרובע „לחלות את פני הספרדים הנכבדים" (יום ב' ג' שבט). בשולי הדף הראשון כתב עוד ר' איצק באדאנצקיא ראב"ד דקערטמענד איזה שורות ובצד. השני של דף הראשון כתב בארימות הרב אב"ד דקאמארו ר' פנחס ליב פריעדען. אחר שציּיר בראש מכתבו את המצב הרע בירושלים, כתב: „אך עתה מקרוב קם נואל ועזר לציון אשר התאמץ א"ע ה"ה ידידי ידיד העליון וידיד נפש כל חי ה"ה הרב הגאון הגדול סני ועוקר הרים המפורסם לשבח ולתהלה צדיק ונשגב כש"ת מו' עזריאל נ"י הילדעסהיימער אב"ד בק"ק א"יש אשר זה נתן עיניו ולבבו לחשוב מחשבות למצוא מקום ופדות לאחב"י הנ"ל השרוי[ס] בצער ובכחו הרב עשה השתדלות וגם זכה לקבל רשיון מאת אדוננו החסיד המלך והקיסר יר"ה למען לבנות בתים לאחב"י הנ"ל" וכו'. בסוף העמוד הוסיף איזה שורות על דברי הרב הזה ר' ש מ ע ו ן ו ו י ע נ ע ר הראב"ד ב ל א ו ו א ש ־ ב ע ר מ א ן והגליל.

מטרתו של ר"ע ה"ה היתה שילך המשלח גם אל הקהלות הספרדיות אשר בסביבת העיר טריעסט אשר עמדו בעת ההיא תחת ממשלת עסטרייך וע"כ כתב המשלה בצד נ' ובצד ח' קול־קורא בלשון איטלקי ובסוף המכתב חתם את שמו „י ע ק ב ב ן ה ר ב ה ג ד ו ל מ ה ר"ש מ י י ז ע ל י ס ד י י ן ו מ ו ר ה ל ע ד ת ו ב ק"ק א ל ב א*) י ע א".

על תוצאת קבוץ־הכסף שמענו כבר; מכ"י אשר לפני נראה שהמשלח היה בקהלות ראאב וצענגלעד והקבוץ עלה יפה בשתי הקהלות (בראשונה קבצו 155 פלארין 251 צ"ל ובשנית 336 פ' 10 צ"ל) ואין ספק שכן היה הדבר נם בקהלות אחרות אשר התנדבו מקופת הקהל וגם ע"י אסיפת יחידים, כאשר נראה מהחתימות בספר הזה, כי גדול היה שמו של ר"ע ה"ה בכל הקהלות.

*) אלבא הוא שמה העתיק של שטהלוויסענבורג באונגריא.

# ישרון

## ירחון לתורה ולעניני היהדות

חוברת ב.   אדר—ניסן תרפ"ב   שנה שלישית.

שמואל קליין.

## שני כתבים מר' עזריאל הילדסהיימר זצ"ל.

כל שורה ושורה שפלטה קולמוסו של רבי עזריאל הילדסהיימר ז"ל לטובת כלל ישראל ולהרמת קרן התורה ראויה להתפרסם בקהל ומכל שכן אם דבריו נכתבים לטובת ארץ ישראל ולטובת הישיבה — משאת נפשו וסגולת מלאכתו של הרב. ע"כ שמח אני להוציא לאור בזה בתור השלמה למאמרי בחוברת־ההחגינה של ה"ישרון" תר"ס שני מכתבים כאלה, האחד מנוף כתב־ידו של הרב והשני מתוך עלים בלים של חוברת מדפסת, יקרת־המציאות.

המכתב הראשון בא אלי ע"י נסי' הבחור המשכיל סטוד.־הרפואה יוסף הרשקאוויטש נ"י, אשר מצא אותו בין ספרי המנוח ר' מאיר הירשלר ז"ל בפרסבורג (ואינו יודע איך בא שמה) ובסרו לי להודיע טיבו בקהל.

הכ"י מכיל ארבעה דפים וחם הדפים הראשונים של סנר־קובץ, אשר הכין הרב ר"ע. ה"ה ונתן ביד ר' יעקב מייזעלס לאסוף כספים לתועלת בנין בתי־מחסה בירושלים בשנת תרכ"א. כדי להבין את הענין הנני מתרגם פה את דברי הרב מהרצאתו הגרמנית על "שאלת א"י וקורותיה" ממ"ע "איזר. מאנאטסשריפט" שנת 1904 צד 19:

"בשנת תרי"ח נוסדו מדורי העניים והעגולים לא"י. בהקמת המוסד הזה חנן ה' את מורי הבלתי אשר לא יסוף מזכרוני ר' יעקב עטלינגער באלטאנא, את נסי ר' יוסף הירש יועץ־מסחרי בהאלבערשטאדט ואותי. מה שהביא אותנו ליסד בתים אלה. הוא החוסר הגדול בבתי־דירה, אשר נתהוה ע"י ההגירה הגדולה וע"י הפקעת השער של שכירות הבתים בירושלים. בעת ההיא נשקפה רעה גדולה מחוסר

# Jeschurun

9. Jahrgang — סיון — תמוז 5682 / Mai—Juni 1922 — Heft 5/6

## Die Erwählung Israels*).

Wir haben anlässlich des vorigen Schowuausfestes das Problem der Erwählung Israels behandelt und zwar nach den beiden Gesichtspunkten: Wie verträgt sich der universalistische monotheistische Gedanke von dem Gott der gesamten Menschheit mit der Erwählung eines einzigen Volkes von besonderen ja einzigartigen Rechten und Pflichten. Und wie können wir das exceptionelle Leiden Israels in Einklang bringen mit der Vorstellung einer Auserwähltheit, mit der wir uns doch eine Art Bevorzugung verknüpft denken.

Wir haben die Antwort näher beleuchtet, die uns der einzige der jüdischen Religionsphilosophen des Mittelalters, der sich mit diesem Problem eingehend beschäftigt hat, Jehuda Halevi, gegeben, und sie als eine befriedigende erkannt. Sie lautete für die eine Seite des Problems: Israel kann nicht im eigentlichen Sinne des Wortes als auserwählt gelten, als wäre es willkürlich aus der Reihe der Völker gewählt; die Aufgaben, die Israel erfüllen sollte, wurden der Gesamtmenschheit gestellt. Erst als die Menschheit als Ganzes an dieser Aufgabe scheiterte, musste eine kleinere Gruppe, ein besonderes Volk dafür gewonnen werden. Auch diese Gruppe ist nicht zu einem bestimmten Zeitpunkt willkürlich herausgegriffen worden, sondern bot sich gewissermassen durch eine Auslese der Gottheit gegenüber als Träger dar. Nach dem Naturgesetz, an das auch Gott durch die Schöpfung gebunden ist, dass im Wechsel der Geschlechter bestimmte Eigenschaften

---

*) Vgl. Jeschurun VIII, S. 89—98

sich nur auf einzelne Glieder vererben. Diese Glieder sind von Adam bis Jakob die uns aus der Vorzeit bekannten biblischen Heroen. In den Nachkommen Jakobs war eine Reihe erlesener Menschen gegeben, die zu einem ganzen Volke heranwuchsen, dem die Offenbarung und damit die Erlösung der Menschheit anvertraut werden konnte. Diesem Ziel der Erlösung strebt mit Hilfe dieses Volkes die Entwicklung der Gesamtmenschheit zu, und so wird am Ende der Tage der Ausgangspunkt wieder erreicht, wird das Ganze der Völkerfamilien die Aufgabe lösen, um derentwillen der erste Mensch geschaffen wurde.

Und für die andere Seite: Israel leidet, aber es leidet eben an seiner Aufgabe. Auch hier ein Naturgesetz waltend, das nicht nur rein äusserlich an das Licht den Schatten knüpft, sondern Schmerz und Leid letzten Enden zu schöpferischen, lebenserhaltenden Kräften ersten Ranges bestimmt. Sie sind es, die dafür sorgen, dass der Organismus stets wach bleibt und alles Schädliche rechtzeitig abstösst, bevor dies sich so gehäuft, dass Körper und Seele an ihm zu Grunde gehen. Israels Leiden ist so nicht ein Zeichen der Krankheit, vielmehr höchster, lebendiger Aktivität. Es verbürgt ihm sein alle anderen Völker überdauerndes Dasein und gibt ihm die Hoffnung, dass es auch den grossen Organismus, den die Gesamtmenschheit darstellt, zur Gesundung führen wird, nachdem es das Leid der gesamten Welt auf sich genommen.

Wir wollen den Nachweis führen, dass diese Lösung sich mit dem Gedankengängen der früheren Zeiten in mancher Beziehung deckt, sodass sie als eine Grundauffassung des Judentums angesprochen werden kann.

Bei den christlichen Theologen herrscht die Neigung vor, allen Aeusserungen über die Erwählung Israels in Talmud und Midrasch einen partikularistischen Gedanken unterzulegen. Hebt sich doch gegen diese Folie der paulinische Universalismus um so leuchtender ab. Es lässt sich nicht leugnen, dass Talmud und Midrasch durch zahlreiche Aeusserungen über den Gegensatz zwischen Israel und den Völkern, die Verwerflichkeit des Götzentums und die sittliche Verwahrlosuug der Heiden, es den

Beurteilern leicht macht, dies Allgemeinurteil zu fällen. Weber hätte in seinem grossen Werke: „Jüdische Theologie auf Grund des Talmud und verwandter Schriften" es gar nicht nötig gehabt, auf 30 Seiten all die Aussprüche zu zitieren. Und wir halten es für eine verfehlte Apologetik, den noch viel reichhaltiger für den Partikularismus anzuführenden Aussprüchen gegenüber die für den Universalismus des Judentums zeugenden aufzuzählen. die sicher in der Minderheit sind. Doch diese wollen eben gewogen und nicht gezählt werden. Dann wird man eher erstaunt sein, dass einer heidnischen Welt gegenüber, die so unsägliches Leid über das geknechtete, getretene, verjagte kleine Volk gebracht, die sich in Hass und Verachtung nicht genug tun konnte, wie das die uns erhaltenen Aeusserungen der alten Schriftsteller bezeugen, sich das Judentum noch soviel Objektivität bewahrt hat. Und nicht nur das erfahrene Leid schärfte die Feder der Talmudisten. Verfochten sie doch zugleich das Lebensrecht der geistigen und sittlichen Mächte gegenüber einer in Zuchtlosigkeit und Sittenverderbnis verkommenen Welt. Es ist schon hervorgehoben worden, dass es doch Vorkämpfern der Religion, die als die vollkommenste, absolute gelten will, nicht ansteht, Israel, den Streiter für die Reinheit von Religion und Sitte, herabzusetzen und die zur Zeit der Entstehung jener talmudisch-midraschischen Abwehrliteratur dahin faulende Heidenwelt so liebevoll zu streicheln. Und wohin wäre das Christentum in seiner Entwickelung geraten, wenn das Judentum nicht durch Zaun über Zaun, durch ein ganzes System engmaschiger Gittergesetze sich von dieser heidnischen Welt abgesondert und sein eigenes Leben geführt und sich so die Unberührtheit und Ursprünglichkeit gewahrt, an der die christliche Welt, wenn sie sich allzusehr im Heidentum verstrickte, immer wieder sich orientieren und zurückfinden konnte. Und dazu kam noch, dass in einer Zeit der ununterbrochenen Verfolgungen das Jesajanische Wort: „Tröstet mein Volk, denn es hat für seine Sünden das Doppelte empfangen" Richtschnur für die Führer sein musste, sollte der Wille zum Leben nicht völlig erstickt werden. Darum der stete Hinweis auf die ungewöhnlichen Vorzüge Israels, auf seine gesonderte

Stellung zur Gottheit, auf das innige Band, das Gott und sein Volk ebenso verbindet wie Vater und Lieblingssohn, wie den Liebenden und die geliebte Braut, wie Gatte und treue Gattin, wie Sohn und Mutter. Und noch eins wird vergessen, dass das alles ja auch in den Prophetenbüchern zu lesen, und wer die Bibel will, auch Talmud und Midrasch das Recht wird zugestehen müssen, das Lob des erwählten Volkes zu künden, überschwänglicher als das Bibelwort, wie die Agadaprediger dithyrambischer sind als die Propheten und mit stärkerem Ausschluss der Straf- und Mahnrede aus den Gründen, die angeführt.

Aber die Versuche, die uns in Talmud und Midrasch trotz alldem begegnen, die Erwählung Israels zu begründen, zeigen, dass diese auch hier als Problem empfunden wurde.

In Kürze vorausgenommen lautet die Lösung: Israel ist erwählt um seines ihm eigentümlichen Volkscharakters willen. Nach der Art unserer Weisen in Talmud und Midrasch wird das freilich nicht in philosophischer Deduktion begründet. Aber ein gut Stück Völkerpsychologie steckt doch in den Aussprüchen, Schilderungen, vor allem in den Gleichnissen des Talmud und Midrasch. Sie alle laufen nun darauf hinaus, dass der Volkscharakter Israels eine seltene und glückliche Verbindung des Zarten und Starken, des Weichen und Harten aufweist, die das Volk dafür befähigte, einerseits die schwere Aufgabe, die Gott mit der Erwählung verknüpfte, auf sich zu nehmen, andererseits sie trotz aller Hemmungen und Gefahren durchzuführen. Diese Eigenschaften werden einerseits a posteriori aus seiner Geschichte erschlossen, andererseits a priori als ererbte Anlagen erkannt.

Im Namen R. Meirs wird überliefert[1]): Weshalb ward die Thora gerade Israel gegeben, weil sie עזים sind. עזים bedeutet hier dreist, wie das nachher durch den Ausspruch Resch Lakisch's illustriert wird: Drei עזים gibt es: Israel unter den Völkern, den Hund unter den Vierfüsslern und den Hahn unter den Vögeln. Aber es liegt in dem Wort eine ganze Fülle von Nebenbedeutungen: stark, mutig, widerstandsfähig, unbeugsam, Charaktereigenschaften, die sich freilich äusserlich oft unsympathisch geben: „Im Lehr-

---

[1]) Beza 25 b.

haus des R. Ismael wurde vorgetragen: „Ein Feuergesetz ihnen": Gott sprach: „Sie (sc. Israel) sind die Rechten, denen ein Feuergesetz gegeben werden muss"; Andere meinen: „Das Gesetz dieser ist das Feuer"; wäre ihnen nicht die Thora gegeben worden, hätte keine Nation vor ihnen bestehen können. Die eine Gruppe deutet das Wort der Bibel אש דת למו: Ein Gesetz aus Feuer musste es sein, sollten die Schlacken, die diesem Volkscharakter anhaften, ausgebrannt werden. Die andere: Das Volk selbst ist ein Feuer, das nur gebändigt und in seine Schranken gehalten werden könnte, sodass es nicht seine ganze Umgebung verzehrte, durch das göttliche Gesetz דתיהם של אלו אש ihre Art, das Gesetz der Natur, das in ihnen waltet, ist ein solches Feuer.

Und zur Kennzeichnung Israels durch Gott als ein hartnäckiges Volk[2]) bemerkt der Midrasch, obwohl diese Deutung doch ganz dem Zusammenhang widerspricht: Meinst du, das soll ein Tadel sein, das ist ein Lob: או יהודי או צלוב [3]), wenn sie später vor die Alternative gestellt wurden, Juden zu bleiben oder am Kreuz zu enden, dann verdanken wir es eben diesem Charakterzug, dass sie allen Qualen gegenüber unbeugsam blieben und von ihrem Gotte nicht liessen.

Das biblische Bild von dem harten mit Schlacken durchsetzten Metall klingt durch, wenn es heisst: „Israel bessert sich nur, wenn es Leiden erfährt"[4]). Diese Härte, Sprödigkeit und das sozusagen von Natur Ungeniessbare ist freilich sehr unbequem. Es gibt eine Bohne, die nach siebenmaligem Kochen den entsprechenden angenehmen Geschmack bekommt. Aber nicht einmal so, sagt Gott, sind meine Kinder mit mir verfahren. Siebenmal habe ich sie für ihren Götzendienst gestraft und noch immer sind sie nicht weich zu bekommen[5]).

Und doch ist mit dem Spröden das Zarte, mit dem Harten das Weiche in ihrem Charakter vereint. „Wer sich seiner Mitmenschen erbarmt, entstammt sicher unserem Erzvater Abraham"[6]). „Wer sich nicht schämen kann, dessen Väter standen sicher nicht am Sinai"[7]). „Drei charakteristische Merkmale hat diese Nation:

---

[2]) Ex. 32, 9.   [3]) Ex. R. 42, 9.   [4]) Menachoth 53a.   [5]) Beza 25b.
[6]) Sabb. 156a; Beza 32b.   [7]) Ned. 20a.

sie sind barmherzig, schamhaft und von werktätiger Liebe"[8]). Die angeborene Demut zeigt sich bei allen markanten Persönlichkeiten der jüdischen Geschichte: Zu dem Verse[9]): „Nicht deshalb, weil ihr zahlreicher seid als alle Völker, trug der Ewige Verlangen nach euch und hat auch erwählt, denn ihr seid das kleinste unter allen Völkern" heisst es[10]): „Gott spricht zu Israel: Ich habe solches Verlangen nach euch, weil dort, wo ich euch erhöhe, ihr euch immer erniedrigt. Ich habe Abraham erhöht, und er sprach: „ich bin Staub und Asche", Mosche und Ahron, und sie sagten: „Was sind w i r denn"? David, und er sprach: „Ich bin ja ein Wurm". Während bei den anderen Völkern ihre ragenden Grössen: Nimrod, Pharao, Sanherib, Nebukadnezar die Erhöhung mit himmelstürmender Empörung und Gottesleugnung lohnten.

Ein anderer bekannter Midrasch zeigt[11]), dass Gott Israel deshalb erwählt hat, weil es in seinen Ahnen und seinen ragenden Vertretern zu den Verfolgten zählte. Nachdem an der Geschichte dieser Nachweis geführt, schliesst er mit den Worten: „Israel wird verfolgt von den Völkern, darum hat Gott Israel erwählt, wie es heisst: und dich hat der Ewige, dein Gott von allen Völkern erwählt, dass du ihm als Volk ein Kleinod seist"[12]). Es ist das offenbar nicht in dem Sinne gemeint, dass Gott sich aus Mitleid der Verfolgten annahm, die Erwählung dieser Heroen fand ja vor ihrer Verfolgung statt. Vielmehr ist es der demütige, edle Charakter, dass sie lieber Unrecht leiden als Unrecht tun, der sie vor Gott der Erwählung würdig macht.

Diese eigenartige Verbindung des Starken und des Schwachen, die zugleich für die ganze Zukunft Israels entscheidend war, weil sie ihm die seltene Zähigkeit gab allen Verfolgungen zum Trotz weiterzubestehen, hat der jüdische Prophet besser erkannt als der heidnische Seher: „Die Verwünschung, die Achija aussprach, enthielt mehr des Guten als der Segen Bileams. Achija sprach: „Und Gott wird Isral schlagen gleichwie das Schilfrohr

---

[8]) Jeb. 79 a.    [9]) Dt. 7, 7.    [10]) Chullin 89 a.    [11]) Lev. R. 27, 5.
[12]) Dt. 7, 6.

im Wasser schwankt". Das Schilfrohr steht im Wasser ... Die stärksten Winde können es nicht von der Stelle bewegen, denn es folgt all ihren Bewegungen und sind die Stürme vorüber, dann steht es wie früher da. Bileam verglich Israel mit der Ceder ... kommt der rechte Sturm, dann ist sie entwurzelt"[13]).

Die zarte Seite zeigen sie Gott, die spröde den Heiden gegenüber: „M i r sind sie wie die leicht zu beredende Taube, was ich ihnen nur gebiete, das führen sie aus, was ich über sie verhänge, dem folgen sie, aber den Heiden gegenüber, wenn sie ihnen sagen: was wollt ihr vom Sabbath, was wollt ihr von der Milah, da werden sie wie die wilden Tiere: Juda ein junger Löwe, Benjamin ein reissender Wolf, Dan eine lauernde Schlange"[14]). Die biblischen Vergleiche Israels mit dem Staube und den Sternen im Pentateuch, mancherlei Tieren bei den Propheten und vor allem die so mannigfach symbolisch abgewandelte Bilderreihe im Hohen Liede wird vom Midrasch zwar zumeist für die Schilderung des Dulder-Schicksals Israels erweitert, recht häufig aber zur Darstellung der erwähnten Charakterzüge [15]).

Den eigenartigen C h a r a k t e r Israels hebt der Talmud selbst mit diesem Terminus hervor: אין אדם יכול לעמוד על אופיה של אומה זו. Aus dem Charakter dieses Volkes kann man nicht recht klug werden; sie geben für das goldene Kalb ihre Spende und nicht minder für das Stiftszelt [16]).

Der Talmud scheidet auch, wie bekannt, die verschiedenen Stämme Israels nach Charakteren [17]). Ebenso ist ihm der Gedanke der Vererbung nicht fremd, nach der sich die Eigenschaften der Eltern physisch und psychisch auf die Nachkommen vererben. Die Eigenschaften zweier gleichgestaltiger Eltern potenzieren sich. Mann und Frau von gleich kleiner Statur, von gleich dunkler Hautfarbe sollen darum nicht einander heiraten [18]). Wenn auch der Vorsehung für den Anteil an der physischen und psychischen Bildung des Menschen im Mutterleib immer noch ein

---

[13]) Taanith 20 a. [14]) Ex. R. 21, 9. [15]) Vgl. Gen. R. 41, 9; Schirhasch. zu 2, 2 zu 4, 1 u. o. [16]) Schekalim 2 b. [17]) Gen. R. 98. [18]) Bechoroth 45 b.

gewisser Spielraum gelassen wird[19]). Sittsamkeit und Frechheit der Vorfahren wirken bestimmend ein auf die folgenden Generationen[20]). Und wenn den Sklaven und Heiden bestimmte Eigenschaften ohne weiteres zugeschrieben werden[21]), so ist natürlich die Umgebung und das von Pflichten unbeschwerte[22]) Leben wie auch die Art ihrer Ernährung daran schuld, nicht minder aber ihre Anlage.

So ist die Vollkommenheit Israels, die Fähigkeit und die Bereitschaft für seine Erwählung eine ererbte Anlage. Das Streben herrscht daher, alles, was Zeichen dieser Vollkommenheit ist, auch den Ahnen zuzuschreiben und nicht nur bis zu dem eigentlichen Ahnherrn Abraham, sondern darüber hinaus, bis auf den ersten Menschen, der als ausschliesslich aus Gottes Hand hervorgegangen, an sich das vollkommenste Wesen war[23]), dessen Vollkommenheit sich freilich nur in bestimmten Gliedern seiner Nachkommen erhalten hat. Von Adam bis Serubabel geht die Liste einer ganzen Ahnenreihe, die ohne Vorhaut geboren wurden, den Stempel der Vollkommenheit so bereits bei der Geburt tragend[24]). Die Kontinuität aller Geschlechter wird zugleich dadurch erwiesen, dass der Stab Mosches bereits in der Hand Adams, Noachs, Abrahams usw. war[25]). Das Bethdin Sems[26]), die Bethäuser von Sem und Eber[27]), die Erfüllung der Mizwoth durch Abraham[28]), Isak[29]), Jakob[30]), Joseph[31]), sind ein anderes Beispiel. Das bekannte Streben, nicht nur die Befolgung der Gebote der Thora bis ins Einzelne, sondern selbst das Thorastudium in die älteste Zeit zurückzuverlegen, findet nicht minder in der Auffassung die Erwählung Israels als eine natürliche Fortsetzung der geschichtlichen Entwickelung anzusehen, seine Begründung.

In dieser Betonung, dass die Erwählung nicht ein will-

---

[19]) Niddah 16b.   [20]) Megillah 10b; Kidd. 70b.   [21]) Gittin 13a.
[22]) Kethub. 11a; Baba b. 45a.   [23]) Das ist doch die allgemeine Annahme, wogegen das grosse Sündenregister Adams Sanhedrin 88b als vereinzelte Meinung zurücktreten muss.   [24]) Sabb. 145b.   [25]) Aboth de R. N. II.   [26]) Pirke de R. E. VIII.   [27]) Makk. 23a.   [28]) Gen. R. 84, 8.
[29]) Kidd. IV, 14.   [30]) Pes. de R. K. 98c.   [31]) Gen. R. 11, 7.

kürlicher Akt ist, sondern sich von selbst durch die ererbte Eignung darbot, liegt schon an sich ein Protest gegen den Partikularismus; zumal wenn berücksichtigt wird, dass Adam und Noach, den Ahnherren der ganzen Völkerfamilie oft die gleiche Stellung, wie dem besonderen Ahnherrn Israels, Abraham eingeräumt wird. Das könnte noch unterstrichen werden, durch den Hinweis auf die mannigfachen Stellen, die es aussprechen, dass an sich die ganze Menschheit für das Gottesgesetz bestimmt war. Da sie allgemein bekannt sind, nur einiges: Mosche fragt verwundert: Hast du denn von allen 70 Völkern nur an Israel den Auftrag für mich?'[32]). Und die grosse Gerichtsscene, in der alle Völker vor Gott erscheinen, um ihren Lohn zu empfangen und nur darum von Gott zurückgewiesen werden, weil sie die Thora nicht gehalten oder nicht annehmen wollten oder die ihnen aus reiner Gnade im letzten Augenblick gewährte Probe nicht bestehen[34]), die Schilderung dieser Gerichtsscene ist nur scheinbar partikularistisch, in Wahrheit ist sie mit den Problemen, die sie aufweist, mit den selbst als schwierig empfundenen Lösungen der stärkste Ausdruck für das Gefühl, dass das Gottesgesetz nicht an ein einziges Volk geknüpft sein durfte. Es wird nie darauf hingewiesen, dass R. Simlai, der Tradent dieser im Zusammenhang wohl umfassendsten Schilderung „der Ausnahmestellung Israels", einer Schilderung, wie sie in solcher Ausführlichkeit uns nirgends in Talmud und Midrasch begegnet, dass unser R. Simlai zugleich der Autor jener berühmten und viel zitierten Darstellung ist, wie die 613 Gebote Mosches von den Führern und Propheten Israels allmählich auf ein einziges zurückgeführt werden[35]), einer Agada, die an universalistischem Ideengehalt ebenso wenig von irgend einer übertroffen wird.

Ja, trotzdem die Thora von den Völkern, denen sie angeboten worden war, abgelehnt wurde[36]), wird es ausgesprochen: „Wie aus dem einen Hammerschlag zahlreiche Funken stieben, so teilte sich jedes der Zehnworte am Sinai in 70 Sprachen"[37]).

---

[32]) Pes. de R. K. 86a.  [33]) ebds. 16a.  [34]) Ab. Sara 2a ff.
[35]) Makkoth 24a.  [36]) Ab. s. 2b.  [37]) Sabb. 88b.

Bestimmt war das Gottesgesetz für die gesamte Menschheit, aber erfasst nun einmal allein von Israel. Diese Berufung gab seiner Wesensart und seinem Schicksal für alle Zeit den Stempel. Damit war dies Volk für alle folgende Zeit an Grösse der Aufgabe und des Leids herausgehoben aus anderen Völkern und wenn Weber[38]) und mit ihm alle, die ihm nachgeschrieben, nun sich der völlig überflüssigen Aufgabe unterziehen, alle Stellen zusammenzubringen, die in Talmud und Midrasch dieser einzigartigen Stellung gewidmet werden, immer mit dem Streben, den Nachweis zu bringen, wie weit diese Gedanken- und Gefühlswelt von der paulinischen Liebe zur Heidenwelt sich entfernt, so mögen sie sich an die Bibel halten, die das Leitmotiv anschlägt in dem Worte von dem Priesterreich und dem heiligen Volk, ein Leitmotiv, das von den Propheten und heiligen Sängern nur immer variiert wird.

Wir können ihm hier nicht auf seinem Wege folgen und den Nachweis führen, dass er eine grosse Zahl von Stellen nur um des systembildenden Faktors in seinem Buche willen in ein anderes Licht gerückt, das würde ein ganzes Buch geben. Wir wollen ebensowenig die universalistisch geprägten Aussprüche hier anführen, das ist bis zum Ueberdrusse von Vielen geschehen. Und wie schon oben erwähnt, diese ganze Diskussion ist ermüdend und ergebnislos, wenn der prinzipielle Ausgangspunkt ein so verschiedener ist. Das Christentum glaubt für die Weltgeschichte mit seinem Entstehen einen Wendepunkt angebrochen und daher für die Aufgabe, das Reich Gottes auf Erden zu begründen eines besonders dazu bestimmten engeren Kreises der Menschheit entraten zu können. Das Judentum ist anderer Meinung. Für die religionsgeschichtliche Entwickelung bis zu seinem vermeintlichen Wendepunkt ist aber das Christentum über Weg und Ziel — zum mindesten soweit es sich um die Anschauung des positiven Christentums handelt — der gleichen Ansicht. Was der Bibel recht ist, muss aber unseren Weisen billig sein. So war für uns nur das rein religiöse Problem zu erörtern, warum ein einziges Volk erwählt und warum nur dieses. Und die Antwort darauf

---

[38]) a. a. O.

sahen wir nun in Talmud und Midrasch in ähnlicher Weise, wie von Jehuda Halevi gegeben.

In welcher Weise die zweite Seite des Problems, wie ist das Leiden Israels mit dem Begriff der Auserwähltheit in Einklang zu bringen, in Talmud und Midrasch behandelt worden ist, darüber können wir uns kurz fassen. Man könnte sagen: es hat aufgehört ein Problem zu sein. Die Frage nach der Berechtigung der ausserordentlichen Heimsuchungen Israels kann als ein Teilproblem des Problems der Theodicee angesehen werden. Und Talmud und Midrasch haben für dies Problem, das Problem: warum leidet der Gerechte, bekanntlich weniger übrig als unsere biblischen Schriften. Das liegt an zwei Momenten: Zuerst an dem weit mehr als früher gesteigerten Sündenbewusstsein. Der Abstand zwischen dem Menschen und Gott wird so stark empfunden, das Mass der Verpflichtung gegen Ihn so erhöht, die Schwere eines Vergehens so stark genommen, dass die Leiden des Einzelnen, auch des gerechten und frommen Menschen, als verdiente Strafe angesehen werden. Man erinnere sich des Bangens, mit dem einer unserer Grössten seinem Tode und dem Tage des Gerichts entgegen sah, R. Jochanan ben Sakkais [39]). Und da dies Sündenbewusstsein wohl der eigenen Person ansteht, nicht aber ins Feld geführt werden darf, wenn man das schier unerreichbare Vorbild leiden sieht, wird der Begriff der יסורין של אהבה [40]) geprägt. Leiden zur Prüfung, Läuterung und immer mehr gesteigerten Vollendung oder Leiden, die den letzten Rest der Strafwürdigkeit hinieden tilgen, damit des Verklärten im Jenseits die reine, ungetrübte Freude harre. Denn das ist das Zweite: Der Blick ist ganz anders wie früher auf das Jenseits gerichtet. Diese Welt ist die Welt des Schaffens aber auch Duldens, die zukünftige die des zu empfangenden Lohnes. Nur so erklärt es sich, dass in der fast unübersehbaren Ueberlieferung von Talmud und Midrasch das Problem der Theodicee, in der Bibel ein Centrum religiöser Vertiefung, bis auf wenige Stellen [41]) unberücksichtigt bleibt.

---

[39]) Berachoth 28b.   [40]) ebds. 5b u. o.   [41]) Berachoth 7a.

Und das gleiche gilt für das Volksganze. Weniger hinsichtlichtlich des Sündenbewusstseins. Die furchtbaren und geradezu übernatürlichen Leiden konnten nicht als gerechte Strafe für begangene Verbrechen angesehen werden. Zu tief hatte das Wort Jesajahs[42]) Wurzel geschlagen, dass Israel das Doppelte für seine Sünden erfahren. Obwohl es auch hier nicht an mannigfachen Versuchen fehlt, Sünden der Vergangenheit heranzuziehen und bis auf die des goldenen Kalbes als Ursache für die Leiden der Gegenwart zurückzugehen. Umsomehr ist alles auf die Hoffnung gebaut, auf die unvergleichlich herrliche Zukunft. ימות המשיח תחית המתים עולם הבא sind die Etappen des wirklich gewordenen Gottesreiches, in dem alle Diskrepanzen sich lösen, die Leiden hienieden nur eine Folie sind für ein Glück, das kein Auge, selbst das der Propheten geschaut[43].) Sicherlich ist es falsch, wie das von den neueren christlichen Gelehrten geschieht, die Entstehung des Unsterblichkeitsglaubens in Israel auf dem Wege über die nationalen Hoffnungen zu erklären, die Lehre von der Auferstehung der Toten ausschliesslich davon abzuleiten, der Wunsch für die Leiden der vergangenen Geschlechter diesen ein Aequivalent zu geben, sei der Vater des Gedankens gewesen, dass diese in der Tat aus ihren Gräbern erstehen werden, um an dem dereinstigen Glücke teilzunehmen. Aber leugnen lässt sich nicht, dass auch die anderen Epochen, die der messianischen Zeit folgen: die Auferstehung der Toten und die künftige Welt vorwiegend unter Berücksichtigung des V o l k s g a n z e n gedacht werden und die Fortdauer des I n d i v i d u u m s und die Schilderung des Einzelschicksals in jener künftigen Welt mehr zurücktritt. So sehr, dass es manchmal zweifelhaft bleibt: Ist עולם הבא die Welt, in der ein jeder nach seinem leiblichen Tode eintritt, oder jene andere Welt, in der das Volksganze nach Vollendung der messianischen Zeit und der Auferstehung der Toten den höchsten Lohn erhält?

Es ist klar, dass bei einer solchen Einstellung recht wenig dafür übrig bleibt, das Leiden Israels innerlich mit seiner Auf-

---

[42]) 40,2. [43]) Berachoth 34b.

gabe in Verbindung zu bringen. Wir müssen ehrlich genug sein, es zuzugestehen, dass die erhabene Darstellung des Jesajanischen Gottesknechts als eine Verkörperung des Volkes Israels unter den anderen Völkern in Talmud und Midrasch zurücktritt. Nichts bezeichnender als dass das 53. Kapitel Jesajahs, dies Hohelied des leidenden Gottesknechtes, im Gegensatz zu unseren grossen Exegeten des Mittelalters von Raschi bis Abarbanel in Midraschdeutungen auf einzelne Persönlichkeiten und nicht auf das jüdische Volk bezogen wird. Aber es ist ebenso eine Forderung der Gerechtigkeit, die Gründe anzuerkennen, die jene Auffassung von dem vor den Augen der Völker und durch die Völker sich vollziehenden Leiden Israels in Vergessenheit geraten liess. Neben den eben erwähnten vor allem der: Das ungeheuerliche Ausmass des Leidens, und die grosse Schuld der Völker an diesem Leid, liess den Gedanken, dass das alles geschehen müsse um der Vollendung der anderen Völker willen, gewissermasen als ein Liebesakt, den Israel seinen Peinigern leistet, nicht durchdringen. Betont muss werden, dass jener erhabene Gedanke darum nicht völlig in Vergessenheit geriet. Die Gestalt des Maschiach ben Josef, des leidenden und sterbenden Messias [44]) verkörpert das Volk in seiner Spitze. Die ganze Aufgabe und Leidensgeschichte Israels wird uns in einem Gipfelpunkt vorgeführt. Maschiach ben Josef muss im Kampf gegen Gog und Magog fallen, damit Maschiach ben David die Erfüllung zu bringen vermag.

Und zuletzt: In Wahrheit ist der Grundgedanke, den die Gestalt des Jesajanischen Gottesknechts darbietet, auch für Talmud und Midrasch herrschend, nur noch kühner und erhabener gefasst in jener so vielfach abgewandelten Vorstellung עמו אנכי בצרה, die aus Talmud und Midrasch — ein Zeichen besonderer Lebendigkeit wie bei der Akeda — in unsere Liturgie übergegangen ist (in den Hoschanoth am Sukkothfeste). Gott selbst כביכל leidet mit Israel! Absolut genommen bedeutet dieser Gedanke für den jüdischen Gottesbegriff eine Gotteslästerung,

---

[44]) Sukka 52a u. s.

dieser hat sich doch wahrlich von irgend einer Abirrung in die Trinitätslehre des Christentums besonders in Talmud und Midrasch zu schützen gewusst. Noch weniger lassen wir es uns aufreden, der Gottesbegriff sei so „judaisiert", wie die beliebte Formel lautet, dass der jüdische Gott als Nationalgott das Schicksal seines Volkes nach dieser Anschauung teile. Die beliebte Annahme von der Existenz eines jüdischen Götzen, denn nichts anderes ist jene Substituierung der Existenz eines Nationalgottes vor der Entdeckung des universalistischen Gottes durch die nachexilischen Propheten, steht schon sonst auf schwachen Füssen, für die nachbiblische Zeit bedeutet sie den Gipfel des Absurden. Das Leiden Gottes כביכל im Exil Israels ist vielmehr das kühne Bild für den Gedanken, dass jene Leiden Israels nicht nationale sind, eben nur dies kleine Völkchen, den winzigen Bruchteil der Völkergesamtheit berühren, sondern dass sie ein Leiden der ganzen Menschheit sind. Die Welt und die Menschheit sind ja der Körper, die nur das wahre Leben gewinnen durch ihren Anteil an der Allseele, der Gottheit, und diese Allseele ist כביכל krank, wenn ihr Geist, ihre Vernunft, der subtilste Teil des Seelischen in der Gottheit, die Thora und ihr Träger unterdrückt, verachtet, an ihrer Entwicklung gehindert werden. So tritt die höchste Einheitlichwerdung Israels mit Gott gerade in seinem Schmerzensgang durch die Geschichte zu Tage, wie das der Midrasch[45]) an der Klimax der Koseworte, die Gott zur Gemeinschaft Israels im Hohen Liede spricht, in ergreifender Weise ausmalt: אחותי שהרי נתאחו לי בב׳ מצות רעיתי שנתרעו לי בים יונתי במרה תמתי בסיני תיומתי לא אני גדול ממנו ולא היא גדולה ממני מה התאומים הללו אם אחד מהם חשש את ראשו חברו מרגיש כך עמו אנכי בצרה:

Du Schwester in Aegypten, du Traute am Meere, du Täubchen in Mara, du Reine, Vollkommene am Sinai! Aber das Höchste, dass wir in Reinheit und Vollkommenheit so gleich, wie nur Zwillinge sich gleichen können, ich bin nicht grösser als du, wie du nicht grösser als ich. Ja wie Zwillinge, die einen Leib gemeinsam haben: der Schmerz des Einen ist der Schmerz des Anderen.

[45]) Pes. deR. K. 47a.

Und nannte Jehuda Halevi Israel das Herz der Menschheit, so meint der Midrasch, wenn man tiefer schürft, das Gleiche, wenn er sagt: die Gottheit ist als das Herz Israels zu bezeichnen [46]).

Ueber die Stellung der **Bibel** zu unserem Problem in einem dritten Aufsatz. J. W.

# Die Religionsphilosophie Herm. Cohens.
### Von **Harry Levy**, Berlin.
#### (Fortsetzung).
### Das Judentum als Religion der Vernunft.
#### I.
#### Die Wertung der Quellen.

Kernbegriff der Religion ist für Cohen — wie wir schon sahen — das **Individuum**, seine Entdeckung, Realisierung, Sicherung, die spezifisch-religiöse Leistung, zugleich der bedeutsamste Anteil der Religion am Problem der Erkenntnis. Denn das „absolute Ich" ist für die Philosophie der archimedische Punkt, der feste Ort ausserhalb des objektivierten Weltenbildes. Es ist nicht **eine** Idee von besonderer schöpferischer Kraft oder theoretischer Tiefe, es ist ein völlig **neuer Aspekt**, unter den alle Erscheinungen des Lebens treten. So gewinnen von hier aus alle religiösen Probleme Form und Gestaltung, von hier aus lässt sich auch die überraschende und einzigartige Tatsache erklären, dass der starrste Rationalist unter allen Denkern der Gegenwart doch zu fast allen überlieferten Werten der Religion eine positive Stellung findet. Allerdings vollbringt das Individuum diese theoretische Leistung erst in Verbindung mit zwei anderen Gedankenmotiven, die schon von Anfang an das Cohen'sche Denken beherrschen und den Charakter seiner Philosophie bestimmen: Dem **monotheistischen Gottesbegriff** und der **messianischen Menschheitsidee**. Wir haben das erste Motiv nur

---
[46]) ebds. 46b.

vorweg genommen und auszeichnend behandelt, weil es für die geistige Entwicklung Cohens entscheidend und grundlegend ist für die gesamte religionsphilosophische Arbeit des Autors, — alles andere aber wollen wir der systematischen Darstellung vorbehalten, wie sie der Meister selbst in seinem gewaltigen religiösen B e k e n n t n i s b u c h e gab. Bekenntnisbuch, — denn s o allein dürfen wir Cohens letztes Werk verstehen, s o allein erklären, warum er sich mühte, aus den „Quellen des Judentums" abzuleiten, was er deduktiv bereits entwickelt hatte. Das Werk soll eine p h i l o s o p h i s c h e A p o l o g i e des Judentums eine Apotheose auf das Judentum sein. Das Judentum „soll als Religion der Vernunft nachgewiesen werden" und dadurch die philosophische Bestätigung seiner Wahrheit erlangen.

Das Judentum ist für Cohen ein einheitlicher Begriff. Ueber alle Differenzen, über alle Gegensätzlichkeiten der geistigen und kulturellen Strömungen hinweg begründet ihm das Glaubensbekenntnis des שמע allein schon die Einheit, es ist der Sammelbegriff, unter dem alle Brüder sich finden, es „verbürgt die Einheit des religiösen Bewusstseins."

„Man mag noch so buchstabengläubig über die Opfer und über das ganze Zeremonialgesetz denken, die Einheit Gottes erhebt den Glauben zu einer spekulativen Höhe, vor der alle anderen Fragen zu Nebenfragen werden . . . und wer andererseits an dem vielen Beiwerk, dass auch den Kern der jüdischen Religion umlagert hat, Anstoss nimmt, sobald der Weckruf „Höre Israel" in ihm lebendig wird, schweigt alsbald aller Skeptizismus und die Einheit Gottes befestigt die Einheit des religiösen Bewusstseins". (Die Schwäche dieser Argumentation ist so augenfällig, dass sie auch die schwungvolle Predigergeste nicht verdecken kann).

Diese Idee des einzigen Gottes ist auch das Kriterium für die literarischen Quellen des Judentums. Ihr gemeinsamer Ursprung ist der N a t i o n a l g e i s t des jüdischen Volkes, dessen einziger legitimer Gegenstand, dessen Urgrund die Idee des einzigen Gottes ist. „Der Geist Israels ist bedingt durch den Gedanken des einzigen Gottes". Die jüdische Religion, auch wenn sie sich in philosophischer Vertiefung zur Weltreligion weitet, ist doch immer das Erzeugnis des jüdischen Volksgeistes geblieben, — und dadurch auch Zeugnis für diesen Geist. Dadurch hat die nationale Literatur der Juden einen Wertmasstab erhalten, sie kann gemessen werden am Geist des Judentums. Die Frage beirrt nicht, woher wir eine Kenntnis vom Geiste des Judentums nehmen, wenn nicht aus ebendiesen literarischen Quellen. Für Cohen ist dieser Geist längst bestimmt, als der Geist der reinen Vernunft, das Judentum als die Religion der Vernunft. Daher ist es auch nicht verwunderlich, wenn die Ergebnisse seiner systematischen Philosophie (die doch zunächst zum Jüdischen keinerlei Beziehungen aufweist), haarscharf mit den Quellen des Judentums zusammentreffen, denn er selbst hat ja unter den Quellen die Auswahl getroffen, eine Rangordnung bestimmt nach dem Prinzip, das ihm die Ergebnisse seines philosophischen Denkens lieferten. Ueberall wo z. B. mythologische Anspielungen, mystische Anklänge und Forderungen in der Bibel oder in den Heiligen Schriften sich finden, kann die Quellenkritik einspringen, und die unbequemen Aeusserungen einem noch unentwickelten Stadium des monotheistischen Gedankens oder einem Rückfall in die Schuhe schieben.

Wollte man sich mit der philologisch-historischen Methodik Cohens auseinandersetzen, so müsste man zunächst einen objektiven Masstab für die Bewertung dieser Quellen finden. Das erscheint aber für uns, die wir ja nicht das Ergebnis schon im Masstab antizipieren können, aussichtslos. Darum ist es im Rahmen dieses Aufsatzes unzweckmässig und undankbar, auf die weitläufigen, teils philologischen, teils religionsgeschitlichen Exkurse einzugehen, die einen grossen Teil des Cohenschen Werkes bilden. — Beinahe auch unlohnend: Denn philologisches und historisch-psychologisches Verständnis ist sicher die schwächste Seite Hermann Cohens. Die Eigenwilligkeit und Impulsivität seines Temperaments, das Künstlerische seiner Persönlichkeit — das ist hier: das Ganz-Erfülltsein von der eigenen Gedankenwelt, dem riesenhaften Geisteswerk der eigenen Arbeit, — macht ihn ungerecht gegen Andere, lässt ihn in jedem Text seine eigenen Worte, in jeder Rede seine eigenen Gedanken, in jeder Quelle seiner eigenen Motive finden und entdecken und der kaum fassbare Scharfsinn seines Geistes, die Kunst spitzer Dialektik und bohrender Kommentatorik, bringt es ihm selbst nicht zum Bewusstsein, wie er zuerst kaum merklich, dann aber immer stärker den Gedankengängen des Autors, von dem er spricht, seine eigenen unterlegt. Mag er über Plato, über Kant, über Plotin oder über die Bibel sprechen, es ist immer Cohens Gedankenwelt, die sich in den Werken der anderen wiederspiegelt (wer nur seinen Kommentar zu Kants Vernunftskritik durchgearbeitet hat, kann die Richtigkeit dieses Urteils bestätigen). Wenn er trotzdem auch bei philologisch unzulänglicher Beweisführung oft zu dem Kern des Gedankens dringt, so verdankt er das dem scharfen philosophischen Instinkt, der ihn immer bis zu den letzten Tiefen aller Motive führt.

Aber wollen wir diese Arbeit nicht mit philologischem Kleinwerk beladen, wollen wir die Ufer- und Aussichtslosigkeit einer solchen Diskussion vermeiden und doch die Möglichkeit einer fruchtbaren Auseinandersetzung finden, so müssen wir zunächst von der Frage der Genesis, von der Bewertung und Kritik der Quellen völlig abstrahieren. Und das ist denkbar.

Denn unser Judentum ist ja zum Glück nicht nur Literatur, nicht nur ein Zeugnis der Vergangenheit, ist im Grunde warmes pulsierendes Leben, ist im Erleben, im Handeln von Tausenden, **Wirklichkeit und Gegenwart**, die keine Quellenkritik zerschneiden, kein philologischer Scharfsinn ertöten kann. **Die gelebte Religion als Gegebenes gilt es zu werten** und dem philosophischen Nachbild gegenüberzustellen. Wir wollen für unseren speziellen Fall gleich die Frage dahin formulieren, die Frage, mit der wir an eine fruchtbare Kritik der Cohenschen Arbeit herangehen können: **Wie weit wird diese Religion der Vernunft den religiösen, ethischen und kulturellen Werten gerecht, die im gelebten Judentum in Erscheinung treten.** Erst später soll dann auch die

Frage nach der rechtmässigen Auslegung dieser Quellen gestreift werden. Nur eine Bemerkung sei hier vorweg genommen:
Hermann Cohen lehnt mit der überwiegenden Mehrzahl der modernen christlichen und jüdisch-liberalen Theologen die Offenbarungsgrundlage der Religion im offenen Sinne des Wortes ab. Der Rationalisismus „hat ein Interesse an der Auflösung aller Wunder und alles Wunderbaren". Zwar bleibt die Genesis des monotheistischen Gedankens, sein plötzliches Auftauchen, auch ihm ein Geheimnis. Der Monotheismus „enthält das unlösbare Rätsel seiner Entstehung in sich". Aber nicht mehr der Offenbarungsbegriff, nicht Gott, sondern der N a t i o n a l g e i s t soll dieses Rätsel nun lösen. Offen gestanden, wir sehen nicht, welchen grossen gedanklichen Gewinn dieser neue Begriff, der an Unbestimmtheit nichts zu wünschen übrig lässt, uns geben soll. Hat man nicht nur eine Unbekannte mit einer andernn vertauscht, ein Rätsel mit einem neuen zu lösen versucht? Aber welche gewaltigen ethischen und religiösen Werte hat die Offenbarungsreligion' vor der Religion des Nationalgeistes voraus. Alle ethischen Bedenken die gegen den Begriff der Erwählung insbesondere der religiösen Erwählung eines Volkes vorgebrach' werden wachsen ins Unermessliche, wenn diese Erwählung nich: als Geschenk aus Gottes Hand genommen, sondern nur zu eine Funktion des Nationalgeistes wird. Ueberhebung und Willkür wird Tür und Tor geöffnet. Die Gefahr lässt sich nicht bannen, dass dieser Begriff eher zu einer Vergottung des Volkes als zu einer Verherrlichung Gottes durch das Volk gewandelt wird. Demut ist die spezifisch religiöse Tugend, die nicht nur für den Einzelnen, die viel stärker noch für jede Gemeinschaft besteht und mit besonderer Kraft für das Problem der religiösen Erwählung gelten muss. Mit Demut, Hingebung und Liebe kann Israel seine Menschenkraft fast übersteigende Aufgabe, sein unsagbar bitteres und doch erhabenes Leidensschicksal, seine geschichtliche Mission aus der Hand Gottes entgegennehmen. Ob der Nationalgeist das vollbringen kann? Wenn tausend Märtyrer für ihren Gott, für die jüdische Lehre starben, traut man dem Nationalgeist eine solche Leistung zu? Und wenn er es täte,

wenn er für sich Menschen in den Tod senden würde, es wäre ein sittliches Verbrechen. Doch wir werden im Schlusskapitel auf diese Zusammenhänge noch eingehen müssen. Für jetzt wollen wir, nachdem wir unter Uebergehung all der Fragen nach den Quellen und ihrem Werte doch einen Boden zur Auseinandersetzung gefunden haben, rein referierend uns verhalten.

Wir wollen dem gewaltigen Systembau Cohens folgen, auf dem wir zur besseren Uebersicht die drei wesentlichen Gedankenkomplexe herauskristallisieren können.

1. Die Idee des Monotheismus
2. Der Messianismus und
3. Das absolute Individum der Religion.

Nach den drei wesentlichsten Objekten der Religion: Gott, Menschheit und Individum.

## II.
### Gott und Welt.

a) Gott: Das Wesen des jüdischen Gottesbegriffes liegt für Cohen nicht so sehr in seiner Einheit, die ja nur ein negatives, ein numerisches Merkmal wäre, als vielmehr in seiner Einzigkeit. Diese Einzigkeit hat positive Bedeutung. Gott wird im Judentum gedacht als der Begriff des Seienden. „Ich bin, der ich bin" oder besser: „Ich werde sein, der ich sein werde" mit diesen Worten offenbart sich Gott dem Mose. Der Stamm des „Seins" liegt dem heiligsten Gottesnamen zugrunde. Dieses Sein ist aber ein einzigartiges. Es ist das Sein, das einzige Sein, demgegenüber nichts anderes Anspruch auf Sein erheben darf, demgegenüber Welt und Menschen versinken.

Schon die griechische Philosophie kennt jene Wechselwirkung von Sein, Einheit und Gott. Aber hier wird der Kosmos als Einheit gedacht (Xenophanes, Parmenides, Eleaten) und Gott und Sein mit dem Kosmos identifiziert. Das ist der Ursprung des Pantheismus, zu dem es keinen schärferen Gegensatz und Widerspruch gibt, als den monotheistischen Gottesbegriff mit seiner absoluten Transzendenz, mit seinem absoluten Einzigsein, dass alles andere verschlingt und verzehrt. Aber

Pantheismus ist für Cohen nicht Religion, ist der Todfeind der wahren Religion, weil er Todfeind jeder systematischen Ethik. „Nur Gott hat Sein, nur Gott ist Sein, die Welt ist Schein". Es gibt nur ein einziges Sein und dieses Sein ist Gott und er ist nicht d a s Sein und nicht d a s Eine, sondern d e r Einzigseiende. Schon die Verneinung aller Zusammengesetztheit, die in der Einzigkeit zum Ausdruck kommt, will die Identifizierung von Gott und Welt ausschliessen.

Diese Einzigkeit bedeutet auch Unterscheidung zwischen S e i n und D a s e i n. Das Dasein wird von den Sinnen bezeugt, von der Wahrnehmung. „Hier schon bewährt sich der Anteil der Vernunft am Monotheismus, denn die Vernunft ist es, die gegen den Sinnenschein, der dem Dasein Wirklichkeit verleiht, das unsinnliche Sein entdeckt, das Unsinnliche zum Sein erhebt, als das Sein auszeichnet." Raum und Zeit sind keine Schranken für das göttliche Sein. Er ist der Ort der Welt, er ist die Schechina, das ewig Ruhende, das Unveränderliche, er ist der Ewige, der ewig Beharrende und ewig Seiende.

Die Bedeutung dieser Einzigkeit, dieser absoluten Transzendenz Gottes liegt auf dem Gebiet der Ethik. Seine Einzigkeit ist nichts anderes als die Einzigartigkeit der ethischen Erkenntnis, nichts anderes als die Einzigartigkeit des Geistes, seine Unterschiedlichkeit von aller Materie, G o t t i s t e i n z i g, das bedeutet G o t t i s t G e i s t. Dieser Geist ist es, der zum Grundbegriffe der Religion, zum Vermittlungsbegriffe zwischen Mensch und Gott wird, dieser Geist ist es, der die Korrelation zwischen Gott und Mensch vollziehen kann, denn der Mensch ist ja im Ebenbilde Gottes geschaffen, Gott hat seinen Geist, nach dem Worte des Jecheskels, in das Innere des Menschen gelegt. Der Geist des Menschen kann freilich mit dem Geist Gottes nicht verglichen werden. I s t G o t t d e r G e i s t a l s S e i e n d e s, so ist im Menschen der Geist als Werdendes, als Aufgabe, die ihren Sinn und ihre Bedeutung auch erst in den sittlichen Forderungen findet. Dieser Geist ist aber nichts anderes im Grunde als der Geist der Heiligung, der Geist der Heiligkeit, durch die Gott Vorbild, Urbild wird für die sittliche, für die religiöse Aufgabe des Menschen. Unter den dreizehn Eigenschaften Gottes findet sich nicht die Eigenschaft des Sein, es sind nach dem Wort des Maimonides nur „Attribute der Handlung". Was aber kann die Handlung bei Gott bedeuten oder vielmehr welchen anderen Zweck kann sie haben, als Musterbild, Urbild zu sein für die Handlung des Menschen? Es sind nach Cohen vorzüglich zwei Begriffe, durch welche die sittlichen Eigenschaften Gottes zusammengefasst werden: Heiligkeit und Güte. In dieser Heiligkeit wird Gott der Gesetzgeber des Menschen, der ihm Aufgaben stellt. „Und nur als Heiliger kann er diese Aufgaben stellen; denn die Heiligkeit schon nach ihrer ursprünglichen Bedeutung entrückt Gott von aller Sinnlichkeit und diese Erhebung über die Sinnlichkeit ist es, die auch dem Menschen aufgegeben wird" und diese Heiligkeit, die auch nur mit Rücksicht auf den Menschen aus dem Sein Gottes sich scheidet, ist keine einzelne Eigenschaft, sondern eine Einheit, für alle Eigenschaften der Handlung. Für den Menschen ist sie sein Anteil an Gott, sein Anteil am Sein. Ohne den Zweck der Heiligkeit wird das Wesen des Menschen nichtig, die Heiligkeit ist sein Zweck, den ihm Gott als Aufgabe stellt. Von hier aus auch wird es klar und verständlich, wie aus der Einzigkeit Gottes selbst die Hingabe des Menschen an Gott und die ausschliessliche Hingabe an Gott gefordert werden kann und gefordert werden muss.

„Wäre Gott nur ein Gegenstand der Erkenntnis, dann könnte er nicht der einzige Gott sein", denn die Erkenntnis hat noch ganz andere Objekte und Probleme. Der einzige Gott muss daher ein anderes Verhalten des menschlichen Geistes zu ihm bedingen. „So wird die Liebe eine Erfordernis dieses Verhaltens zum Einzigen. So wird das B e k e n n t n i s zu einer neuen Tat des Bewusstseins, zu einer Handlung, zu einem Urakt des sittlichen Bewusstseins, des Willens in seiner Eigentümlichkeit, in seinem Unterschiede von der erkennenden Vernunft." Diese Liebe zu Gott entwurzelt allen Quietismus, der überall dort entstehen kann, wo der Schwerpunkt in der Erkenntnissphäre ruht. Diese Hingabe an Gott schliesst auch die Anerkennung anderer Mächte aus. Wenn der Mensch sein ganzes Wesen, wie es die Liebe fordert, einem anderen Wesen hingeben soll, so muss dieses Wesen das einzige sein. Es kann kein anderes Sein geben ausser dem einzigen Sein Gottes. So liegt in dem Begriff der Einzigkeit Gottes wiederum schon die Kampfstellung zu allen polytheistischen Gedanken. Das אנכי schliesst von selbst das לא יהיה ein. Mit vollem Rechte sagt Hermann Cohen: „Man hat kein Verständnis für den wahren Monotheismus, der Theorie und Praxis vereinigt, wenn man die Ausrottung des Götzendienstes nicht in ihrer unerlässlichen Notwendigkeit begreift, wenn man auch nur eine Spur von Intoleranz, von Fanatismus und Menschenhass in diesem heiligen Eifer gegen die falschen Götter erkennen zu dürfen glaubt. . . . Man verrät mit solchem Verdacht nur, dass das eigene Herz nicht durchaus erfüllt ist von dem einzigen Gotte und von der Notwendigkeit seines einzigen Seins. . . . Der einzige Gottesdienst fordert unabweisbar die Ausrottung des falschen Götterdienstes. . . . Es gibt keinen Ausweg in der Geschichte des Gottesgeistes". Der Gegensatz zwischen dem einzigen Gott und den Göttern prägt sich auch aus in dem Unterschied zwischen der unsichtbaren Idee und dem wahrnehmbaren Bilde. Von Gott kann es kein Abbild geben, er ist schlechthin nur Urbild für den Geist, aber nicht Gegenstand für die Nachbildung. Der Götterdienst ist seinem Wesen nach Bilderdienst und die Gefahr des Polytheismus wird nicht so sehr an der unmittelbaren Vergöttlichung der Naturerscheinung erkannt, als an der Anbetung des Abbildes, das Künstlerhand zum Gotte erhob. Die Kunst erst ist es, die die Sinnenwelt zum verführerischen Urbilde macht. Der Kampf für Gott ist aber der Kampf des Seins gegen den Schein, der Kampf des Urseins gegen die Abbilder. „Die Lüge im Götzendienst gilt es zu erkennen, die Selbsttäuschung". — „Es ist die Probe des wahren Gottes, dass es kein Bild von ihm geben kann".

b) Schöpfung: Der Begriff der Schöpfung bildet für Cohen eine besondere Schwierigkeit, nicht nur weil der Widerstreit zwischen der Logik der Begriffe und den Quellen der

Religion hier scharf zu Tage tritt, sondern auch, weil die Einzigkeit Gottes von sich aus keine Brücke findet zur Welt des Daseins, zum Kosmos. Bei der absoluten Geschiedenheit zwischen Welt und Gott kann es für Cohen nicht bleiben, denn was wäre Gott, der ein negatives Verhältnis zur Welt hätte." Der überlieferte Begriff der Schöpfung aber ist seinem Rationalismus nicht annehmbar.

Hier greift er zurück auf die ältesten Probleme der griechischen Philosophie. Auch dort wird zuerst der Begriff des Seienden gedacht, aber das Seiende wird nur gedacht für das Problem des Werdens. Das Schauspiel des ewigen Kommens und Vergehens, Blühens und Welkens lässt den griechischen Geist nicht ruhen, bis er den Begriff des Seienden stabilisierte und seit der Zeit ist der Substanzbegriff aller Philosophie immanent geworden. Die moderne Kritik hat diesen Begriff aller Materialität und aller Scholastik entkleidet, indem sie seine Genesis erkannte und verstand, und Kant ist es, der die Substanz zur Voraussetzung der Relationsbegriffe erhebt. Sie hat so keine Absolutheit, keine Selbständigkeit mehr, sie ist nur die Vorbedingung für die Kausalität, sie ist nur eine Kategorie, die die Kausalität möglich macht, weil diese ohne sie nicht gedacht werden kann. So ist das einzige Sein Voraussetzung für das Werden und so ist auch der Gottesbegriff Vorbedingung für den Begriff der Welt. Seine Einigkeit ist immanent die Beziehung auf das Werden. Die Einzigkeit wird Cohen zur einzigen Ursächlichkeit. Sehr glücklich und treffend nimmt er hier aus der jüdischen Religionsphilosophie die Lehre von den negativen Attributen zu Hilfe. Maimonides legt diese Lehre dahin aus, dass nicht die positiven Attribute negiert werden können, denn sie sind ja noch garnicht vorhanden, sondern die privativen. Die Privation ist nach unserer Ausdrucksweise nichts anderes, als das unendliche Urteil. Trägheit z. B. hat privative Bedeutung, sodass es eine besondere privative Wortform garnicht braucht, wenn wir daher sagen können, dass Gott nicht träge ist, so bedeutet das, dass eine neue Positivität begründet, die Negation völlig entwurzelt wird. Auch Cohen in seiner Logik der reinen Erkenntnis kennt diese Kategorie des Urteils, es ist für ihn das Urteil des Ursprungs. Wenn also gesagt wird, Gott ist nicht träge, so heisst das, Gott ist **der Ursprung der Aktivität**. Er ist der **Urgrund aller Tätigkeit**, die Schöpfung ist somit das Urattribut Gottes, sie ist nicht nur die Konsequenz aus der Einzigkeit des göttlichen Seins, sondern letzthin mit ihr identisch. Die Einzigkeit des Seins vollzieht sich in der Schöpfung. So wird das Rätsel der Schöpfung in die Definition Gottes gelegt und durch die Definition gelöst. Nicht um ein materielles Hervorgehen handelt es sich, sondern nur um logische Beziehung. Nicht dadurch wird das Werden aus dem Sein erklärbar, dass das Werden vorher in dem Sein enthalten war, sondern die Differenz zwischen Werden und Sein kann lediglich logisch gedacht sein, entsprechend der Differenz zwischen Bejahung und Verneinung. So gelingt es Cohen, den Begriff der Schöpfung in Einklang zu bringen mit den Forderungen seiner Philosophie. Ueber die Bedeutung dieser Definition soll noch gesprochen werden. Von hier aus aber gewinnt auch der Gottesgedanke eine neue Wendung, er wird nur Beziehung zum Werden, zur Kausalität der Welt.

(Fortsetzung folgt.)

## Untersuchungen über die Entwicklung und den Geist der Massora.*)

**Von Schuldirektor Dr. Ernst Ehrentreu-München.**

(Fortsetzung.)

Der zweite Teil des Artikels im Heft 3/4 behandelte die Entwicklung in der Form der Massoraangaben und wir waren bis zur Zeit gelangt, wo die Stellennachweise durch Merksätze (סימנים) angedeutet wurden. Hier fahren wir fort.

§ 10. Je grösser der Umfang der Listen wurde, desto geringere Bedeutung kam den Merksätzen zu; denn bei längeren Verzeichnissen hören diese auf, eine Gedächtnisstütze[1]) zu sein und ausserdem war es schwer, ja unmöglich, geeignete ausfindig zu machen. Daher hat sich sehr bald eine neue Art der Bezeichnung herausgebildet[2]). Statt der Merkworte werden **die Verse selbst zitiert**.

Beispiele:

P 147: ו' כתבן מדונים וקרין מְדִינִים וכלהון במשלי

„Sechsmal kommt das Wort מדונים (mit Wau nach Dalet) vor, das aber מְדִינִים (mit Jod nach Dalet) gelesen wird. Alle diese stehen in Prv".

---

\*) Vgl. Jeschurun VIII 11/12 u. IX 3/4. Es sei darauf hingewiesen, dass für unsere Untersuchungen — wie es bei der Darstellung einer Entwicklungsgeschichte selbstverständlich ist — nur dann volles Verständnis möglich ist, wenn sie im Zusammenhang mit den vorhergehenden und folgenden betrachtet werden. Dies gilt vor allem von dem Artikel dieses Heftes, der einen kleinen Ausschnitt aus dem zweiten Kapitel darstellt.

[1]) In P 25, wo die Kennwörter, wie es scheint, nur die einzelnen Paare zusammenhalten sollen, ist ihr Nutzen bereits in der Tat illusorisch geworden.

[2]) Eine Uebergangsstufe bilden diejenigen Verzeichnisse, in welchen unmittelbar nach der Ueberschrift oder auch am Ende der Liste noch Merksätze angegeben sind, trotzdem die betreffenden Bibelverse selbst (im Auszug) zitiert werden, z. B. P 222, 228, 250, wohl auch die Anmerkungen in P (cf. OWO S. 173—175).

Prv 18, 19 וּמְדָנִים: את נשבע מקרית עז
Prv 21, 9 מְדָנִים: טוב לשבת על פנת גג קדמא דספר
Prv 21, 19 מְדָנִים: טוב שבת בארץ מדבר
Prv 23, 29 מְדָנִים: למי אוי למי אבוי
Prv 26, 21 מְדָנִים: פחם לגחלים ועצים לאש
Prv 27, 15 מְדָנִים: דלף טורד ביום סגריר

Oder P 268: ג׳ פסוקים מתחלפין בתיבתא וסימניהון

„Drei Verse, in denen dieselbe Redensart unter verschiedener Form vorkommt."

Gn 13, 15 כי את כל הארץ. וּלְזַרְעֲךָ עַד עוֹלָם
Dt 28, 46 והיו בך לאות. וּבְזַרְעֲךָ עַד עוֹלָם
2 R 5, 27 וצרעת נעמן. וּבְזַרְעֲךָ לְעוֹלָם

Die Art der Zitierung der Verse war in den verschiedenen Massoretenschulen verschieden. Entweder wurden — wie fast immer in P — die Anfangsworte des Verses oder die den betreffenden Schlagwörtern vorhergehenden oder folgenden Worte zitiert. Während die soeben zitierten Angaben der ersten Art folgen, zeigt z. B. die Liste Mf ע 25 die zweite. Sie lautet: עיני כ״ט וסימניהון.

„Das Wort עֵינֵי kommt 29 mal in der Bibel vor:"

וְאָשִׂימָה. עיני עליו (Gn 44, 21)
וְדָמְעָה. תדמע ותרד עיני (Jer 13, 17)
וְשַׂמְתִּי. עיני עליהם (Am 9, 4)

Da an der Schaffung wohl aller grösserer Verzeichnisse mehrere Massoreten mitgewirkt haben, so finden sich auch häufig in einer Liste die beiden Arten der Zitierung. So bringen bei dem Verzeichnis P 1 die Quellen H u. Mf zu dem Beispiel בְּדַבְּרִי (Ex 19, 9) den Anfang des Verses ויאמר . . . ., während sonst in dieser Liste stets Worte aus der Mitte des Verses zitiert werden.[1]

Die Reihenfolge der Beispiele war nun nicht mehr von dem Merksatz abhängig, sondern sie behielten im

---

[1] P hat hier wieder seinem Prinzip getreu vereinheitlicht und zitiert auch bei diesem Beispiel Worte aus der Mitte des Verses.

allgemeinen die Ordnung bei, welche sich von selbst — beim Zusammensuchen der Beispiele — ergab, nämlich die nach der Reihenfolge der biblischen Bücher. Da aber diese nicht in allen Bibelkodizes gleich ist[1]), werden bisweilen die Beispiele der s e l b e n Liste in verschiedenen Hss in verschiedener Reihenfolge aufgeführt. Aber auch in e i n e m Codex zeigen nicht alle Listen dieselbe Ordnung innerhalb der Beispiele, weil die Verzeichnisse bisweilen unverändert von einer Hs in die andere übernommen wurden. Es ist auch nicht selten, dass der erste Teil von massoretischen Verzeichnissen eine bestimmte Reihenfolge einhält, während die letzten Beispiele ohne jede Ordnung angefügt sind. Diese sind dann zumeist als Zusätze zu erkennen, welche d i e Reihenfolge erhalten haben, in der sie von den Massoreten ausfindig gemacht worden waren. Markante Beispiele hierfür sind H 151 und Mf, 12 (mit P 128 verglichen).

§ 11. Mit der Vermehrung der Beispiele einer Liste steigerte sich auch die Notwendigkeit dieselben zu z ä h l e n und ihre Zahl in der Ueberschrift anzugeben. Eine solche Zahlangabe konnte aber nur den Zweck haben, den jeweiligen Stand der Forschung festzulegen, damit dadurch der Verlust eines einmal gefundenen Beispieles verhütet würde; nicht aber konnte sie ausschliessende Bedeutung haben, also besagen, dass es n u r

---

[1]) Der Talmud kennt eine Reihenfolge, die von der bei uns gebräuchlichen verschieden ist. So lesen wir Baba Batra 14 b : שנו רבותינו סדרן של נביאים יהושע שופטים שמואל מלכים ירמיה יחזקאל,ישעיה תרי עשר. שנו רבותינו סדרן של כתובין רות ספר תהלים איוב משלי קהלת שיר השירים קינות דניאל מגלת אסתר עזרא דברי הימים (Nach Sanhedrin 93 b wird dem Buch Nehemia der Name Ezra beigelegt.)

Diese Reihenfolge ist auch noch im Jalkut Schimeoni eingehalten. In unseren Ausgaben ist diese Ordnung allerdings aufgehoben, aber die noch unverändert gebliebenen Paragraphenbezeichnungen lassen sie noch erkennen. Der Vulgata hat wieder eine andere Ordnung (Ruth kommt hier unmittelbar nach den Büchern der Richter, der c h r o n o - l o g i s c h e n Reihenfolge entsprechend, usw.). Das (wegen seiner Unübersichtlichkeit schwer benutzbare) Werk מסורת; התורה הנביאים von P. Finfer, Wilna bringt S. 72 eine Aufstellung von neun verschiedenen, in Handschriften vertretenen Ordnungen der Hagiographen.

so und so viel Beispiele gäbe; denn das würde einen Verzicht auf weitere Sammeltätigkeit, einen Abschluss der massoretischen Arbeit bei diesem Verzeichnis bedeutet haben. Es ist nicht wahrscheinlich, dass die Urheber der Zahlangaben dieses Bewusstsein, am Ende der Entwicklung zu stehen, gehabt hatten, vielmehr ist anzunehmen, dass sie in ihrer Gewissenhaftigkeit ihre Kraft nicht überschätzten und wussten, dass, bei der Fülle des Stoffes nur zu erklärlich, ihnen bei der Zusammenstellung der Listen das eine oder andere Beispiel entgangen sein konnte.[1] [2]).

Bei vielen Listen und Rezensionen von Listen lässt sich direkt nachweisen, dass sie von Vollständigkeit sehr weit entfernt sind, trotzdem in der Ueberschrift eine bestimmte Zahl angegeben ist. So bringt z. B. P 85 als Zahlangabe in der Ueberschrift 45 und führt ebensoviele Beispiele an. **In Wirklichkeit gibt es deren im ganzen 148.**[3]) Einen

---

[1]) Diese ganze Auffassung widerspricht der von R. Jakob Tam, welcher in seinem Werke הכרעה nur sagt, dass die massoretischen Listen, **wenn sie keine bestimmte Zahl der Beispiele angeben**, nicht als vollständig angesehen werden dürfen. Dort S. 11 heisst es nämlich:

ולפי דרכי אפרש שלא תמעה במסרה הגדולה כשתמצא לית דכותהון ללמד
מתוט ולומר אחרי אשר לא כתב בעל המסרה את אלו תרין דלית דכותהון עם תרין
לישנין מכלל דחד לישן הוא ואל יעלה על לבך שהרי לא כתב בעל המסרה גם
תרין דלית דכותהון שמשמעותם בחד לישן ולא כתב הרבה מהן דלית דכותהון לא
עם תרין לישנין ולא עם חד לישן וכו' וכן מצאתי בהרבה כללות שלא נתן בהם
חשבן שכתב ושיירי. (Ueber die Bedeutungen von דלית דכותהון wird in § 13, Ende gehandelt.)

Welch wichtige Gründe uns zwingen, gegen R. Jakob Tam Stellung zu nehmen, ist aus den im Text unmittelbar folgenden Untersuchungen ersichtlich.

[2]) Es ist nicht verwunderlich, dass die meisten der uns vorliegenden Massoralisten tatsächlich Vollständigkeit aufweisen; denn sie repräsentieren fast immer die späteste Entwicklungsstufe. Daher hat sich auch in der Wissenschaft über die Massora die — uns unrichtig scheinende — Anschauung durchgesetzt, dass Vollständigkeit ein notwendiges Charakteristikum jeder Massoraangabe (mit Ausnahme der Alef-Bet-Listen) sei.

[3]) Cf. Ginsburg M IV S. 78b § 617a—d.

weiteren Beleg bietet Mf 'ה 4. Dort wird als die Zahl der Beispiele 14 angegeben, die analoge Liste P 371 zählt dagegen 29. Beide Angaben sind aber nicht vollständig; denn es fehlen viele Beispiele.[1]) Ein sehr klares Beispiel bietet auch P 357. Von diesem Verzeichnis sind uns Rezensionen erhalten, wo 11, 12, 13 oder 14 Beispiele in der Ueberschrift angegeben sind.

Von unserer Auffassung aus, dass die Angabe einer Zahl in der Ueberschrift nicht immer eine ausschliessende Bedeutung haben muss, stellen sich viele massoretischen Probleme anders dar, als man bisher annahm. Hierfür einige Beispiele:

In Frensdorffs Nachweisen (Na S. 1—63) macht sich an vielen Stellen das Bestreben bemerkbar, zwischen falschen und richtigen Massoraangaben zu unterscheiden (wobei diejenigen als „richtig" angesehen werden, welche Vollständigkeit zeigen), ferner nach Gründen zu fragen, weshalb eine Liste nicht vollständig ist, weshalb das eine oder andere Beispiel dort fehlt.

Na S. 2b (Buchst. Jod) lesen wir z. B., alle genannten Angaben (= Rezensionen einer Massoraliste), nämlich י"ח זוגין, כ"ו זוגין א"ב seien nicht vollständig. Das Richtigere habe nur P, weil es den Terminus א"ב wähle, welcher Zusätze zulasse. Aehnliches sagt Frensdorff auf derselben Seite weiter unten.

Ferner: in P 75 lautet die Ueberschrift . . . מ"ח חד. Trotzdem P, vor allem auch nach Frensdorffs eigener Meinung, fast immer die bessere Lesart bringt, glaubt er hier diese bestimmte Zahl in das unbestimmte אלין מלין korrigieren zu müssen. Dies ist umso auffallender, als er keine einzige Quelle zu bringen imstande ist, welche diese Lesart stützen würde.

Na S. 23a Anm. ist zu lesen: „Wenn wir auch augenblicklich das Prinzip dieser beschränkenden Angabe von 20 nicht finden konnten . . . . . ."

---

[1]) Cf. Frensdorff Na S. 61a.

Diese wenigen Beispiele¹) illustrieren deutlich Frensdorffs Methode. Sie ist jedoch als falsch zu bezeichnen. In allen diesen Fällen darf man nicht zwischen richtigen und unrichtigen Lesarten unterscheiden, sondern nur zwischen **älteren und jüngeren**.

§ 12. In diesem Zusammenhang soll auch die bemerkenswerte Tatsache ihre Aufklärung finden, dass die **Zahlangaben in den Ueberschriften häufig der tatsächlichen Anzahl der zitierten Beispiele widersprechen**.

Frensdorff nennt solche Zahlangaben „falsch". Wenn wir auch zugeben, dass dieselben wegen ihrer Kürze einer fehlerhaften Abschrift leicht ausgesetzt waren, so ist doch auffällig, dass die Massoreten, welche sonst mit Korrekturen nicht sparten, diese Zahlangaben, deren Unrichtigkeit auf der Hand lag, unverbessert abschrieben, während sie sonst tieferliegende Fehler entdeckten und berichtigten. Ferner: **warum ist die — nach der gewöhnlichen Auffassung — „falsch" abgeschriebene Zahl in den meisten Fällen niedriger als die tatsächliche Zahl der Beispiele?** Wenn es nur Abschreibfehler wären, könnte diese Auffälligkeit nicht erklärt werden.

Es scheint daher, dass auch hier wieder die Entwicklung der Massoraangaben Berücksichtigung finden muss. Wenn Mm zu 1 S 1,3 ס״א als Zahl angibt und tatsächlich 48 bringt, Mf ז 31 (ed. Bomberg 1525) ס״ב angibt und tatsächlich 65 zählt, Mf קריאה חלום 7 die Zahl ל׳ nennt und tatsächlich 39 Beispiele bringt, so sind dies nicht fehlerhafte Lesarten, sondern die Reste und Spuren einer früheren Entwicklungsstufe der Listen, welche weniger Beispiele hatte als die uns vorliegende. Die späteren Massoreten aber, welche die letzten Zusätze machten, vergassen die Zahlangabe zu ändern, was umso verständicher ist als die neu hinzukommenden Beispiele meist einzeln, nach und nach

---

¹) Sie könnten leicht um sehr viele vermehrt werden.

den Listen beigeschrieben wurden oder sie scheuten sich aus Ueberlieferungstreue[1]) dies zu tun, sodass die Zahlangabe mit der tatsächlichen Zahl der Beispiele nicht mehr übereinstimmt[2]).

Als Beweis, dass gewissenhafte spätere Massoreten ihre eigenen Zusätze als solche erkennen lassen wollten und bestrebt waren, sie von den „überlieferten" Beispielen abzusondern, diene der Hinweis, dass in P (eigentlich in der Vorlage von P = X P am Ende der Listen Zusätze vielfach mit den Worten לבד ממסורתא (z. B. in P 24, 43, 44, 45 und 46), d. h. „ausserhalb der Ueberlieferung", oder durch ולבר ממסורתא דא מצאנו (in P 234), d. h. „ausser der Ueberlieferung haben wir folgendes gefunden" gekennzeichnet sind.

Verschiedenfach wurde **Vollständigkeit der Beispiele nicht einmal angestrebt**, sondern man machte bei einer runden Zahl Halt.[3]) So bringen P 182 u. 183 Listen, welche die im Pentateuch und den anderen biblischen Büchern vorkommenden קל וחומר (siehe oben II § 2 Anm.) aufzählen, nur 10 Beispiele (Dekalog!) trotzdem es noch mehr gibt.

§ 13. Im Vorausgegangenen wurden die verschiedenen Entwicklungsstufen der massoretischen Listen in genetischer

---

[1]) Diese zweite Möglichkeit findet in folgender Erwägung eine besondere Stütze. Es entspricht dem normalen Entwicklungsgang, dass, wenn eine Wissenschaft im Erlöschen ist, die eigene Forschertätigkeit durch gewissenhafte Ueberlieferung älterer Ergebnisse in den Hintergrund gedrängt wird.

[2]) Vgl. auch S. D. Luzattos Bemerkungen zum Pentateuch, המשתדל genannt, (beigedruckt der Pentateuchausgabe Wien 1846), wo er „die Reinheit der Hände der Massoreten" rühmt: זכל מקום הנח זה ראיה על נקיון כפיהם שלא שלחו ידם להגיה מסברה ולהוסיף . . . . .

[3]) Dies Bestreben war auch bei der Ochla-Urschrift vorhanden welche, wie im weiteren Verlauf der Arbeit durch quellenkritische Untersuchungen zwingend bewiesen werden wird, aus 150 Verzeichnissen bestand. Obwohl diese Sammlung leicht um vieles hätte vermehrt werden können, beschränkte sich der Redaktor auf die runde Zahl 150 (Psalmen!).

Weise vorgeführt. In Kürze seien sie nochmals nacheinander an Hand der Ueberschriften der Verzeichnisse dargestellt[1]).

I מנדון לית
II טלין כתבן ז' בסוף תיבותא באורייתא וכל חד לית
III טלין כתבן ז' בסוף תיבותא באנ"ך וכל חד לית
IV חד מן טלין כתבן . . . וכל חד לית
V חד מן טלין כתבן . . . וכל חד לית וסימן
VI (חד מן) כ' טלין כתבן . . . וכל חד לית וסיט'
VII א"ב מן כ' טלין כתבן . . . וכל חד לית וסימניהון
VIII א"ב מן כ"ה מלין כתבן . . . וכל חד לית וסימניהון
IX א"ב מן חד .וחד כתבן ז' בסוף תיבותא וכל חד לית דלוג ולית דכותהון וסימניהון.

Erklärung:

I bedeutet: „Das Wort מִנְדּוֹן kommt nur einmal in der Bibel vor", nämlich Zach 12, 11. Hapaxlegomena wurden in den Bibelkodizes dadurch angemerkt, dass am Rande das Wörtchen לית beigeschrieben wurde.

II. Man sammelte nun alle Hapaxlegomena (= וכל חד לית), welche Nun finale haben wie מנדון und vereinigte sie in einer Liste. Zunächst beschränkte sie sich auf den Pentateuch (vorher vielleicht auf einzelne Bücher oder sogar nur Buchabschnitte[2]) desselben).

III. Die Liste wird jetzt auf die ganze Bibel ausgedehnt. Die Abbreviatur באנ"ך bedeutet: בא־ייתא נביאים כתובים. Diese

---

[1]) Diese Gelegenheit sei gleichzeitig wahrgenommen, um einige Entwicklungsformen einzufügen, welche in vielen Verzeichnissen vorliegen, jedoch weder als Hauptstufen angesehen, noch in die Entwicklungsreihe in genetischer Weise eingefügt werden können, da sie in den Verzeichnissen bald vor der einen Entwicklungs-Hauptstufe, bald vor einer früheren oder späteren in Erscheinung treten.

[2]) H 160 (ähnlich H 161 u. 162) bringt 14 Massoraangaben, deren Geltungsbereich jeweils nur einen kleinen Teil der Bibel (mehrere Kapitel) umfasst. Diese Form der Listen stellt naturgemäss eine sehr frühe Entwicklungsstufe dar. In H (I am Ende und H II) finden sich solche Verzeichnisse sehr häufig, während die Ochla-Urschrift und wohl auch die ursprüngliche Rezension von P diese Verzeichnisse völlig meidet.

Bezeichnung in der Ueberschrift hat sich wohl im Gegensatz zu Form II herausgebildet und besitzt ihre eigentliche Bedeutung nur in einer Liste, welche sich u r s p r ü n g l i c h lediglich auf einen T e i l der Bibel bezog. In den weitaus meisten Verzeichnissen ist sie überflüssig und fehlt auch wirklich.

IV. Der Terminus חד מן verdient besondere Beachtung. Trotzdem er in den Ueberschriften der Verzeichnisse häufig vorkommt[1]), ohne dass ihm auch nur irgend eine Bedeutung beigelegt werden kann, hat er meines Wissens noch keine Erklärung gefunden. A. G e i g e r, dem die Schwierigkeit dieses Terminus bei dem Verzeichnis P 25 schon aufgestossen ist, schreibt in der „Jüdischen Zeitschrift für Wissenschaft und Leben"[2]) 1864/65 S. 116: „Zu Nr. 25 ist zu bemerken, dass die Worte חד מן in der Ueberschrift sehr ungenau sind, da nicht von einem einzelnen Beispiele die Rede ist, vielmehr alle aufgezählt werden". Eine Erklärung sind Geigers Worte überhaupt nicht. Wir versuchen eine solche im Folgenden zu geben.

Der Terminus חד מן hat primär eine sehr einfache und klare Bedeutung. Wie bereits Kap. II § 5 ausführlich erwähnt wurde, sind die massoretischen Listen aus Einzelbemerkungen zusammengestellt worden, welche am Rande der Bibelkodizes niedergeschrieben waren und sich jeweils nur auf e i n e bestimmte Stelle bezogen. Diese Hinweise wurden nun u. E. mit den Worten . . . חד מן eingeleitet. Sie bedeuten: „Dies ist

---

[1]) Dies gilt vor allem von den älteren Massorasammlungen. In H steht חד מן fast bei allen Listen, soweit sie nicht Alef-Bet sind und daher einer jüngeren Entwicklungsstufe angehören.

[2]) Vgl. M. S t e i n s c h n e i d e r „Schlachtregeln in hebräischer Sprache" (Jüdische Zeitschrift für Wissenschaft und Leben, Abkürzung hierfür = JZWL. 1862 S. 317), wo es heisst:

וקאל אלמסנוף אשר לו כרעים כקולה אשר לא כרעים תחתה כאירה
נלילה וללך אנה . . . דאכל אלמסתחור במעני אלנבי דיכתב כלאם ואו מן כארנ
במעני אלאהבאת ואלתשריץ והו ואחד מן כ"א חרסא יכתבון עלי הדה
אלמתל תצמנתהם אלמסורת ואלדקדוק פי כתאב אכלה ואכלה.

Es ist hier die Liste P 105 gemeint.

eine von den Bibelstellen, welche diese oder jene massoretische Besonderheit aufweisen".

Dass der Terminus genau diese Bedeutung besitzt, lässt sich leicht nachweisen. Zu Koh 4, 8 finden wir folgende Massora: ... ואח חד מן ב׳ זוגין חד טלרע. Zu 1 R 8, 35 ist zu lesen: בהעצר שמים לית וחד בהעצר השמים ומשמש א״ב והוא חד מן ו׳ זוגין. Ferner Massora zu לְחַטָּת (Nu 15, 24): לשון חסר אלף והוא חד מן נ״ח מלין חסרים אלף. Auch H bringt den Terminus חד מן noch sehr deutlich in seiner ursprünglichen, richtigen Bedeutung, z. B. H. 98 ... זה חד. מן oder H 101 ... כלה חד מן usw. usw. Aehnliches finden wir auch in P 130, welches die Ueberschrift trägt דבריך ... = חד מן י״ג „Dieses דבריך ist eines von den 13 דבריך, welche ..." Diese Ueberschrift ist als solche unverständlich, wenn man nicht annimmt, dass sie ursprünglich Stellenhinweis war, welcher unverändert von einem Bibelkodex übernommen wurde.

Wir sehen also, wie berechtigt die Terminus חד מן ist, wenn er sich auf eine einzelne Stelle bezieht. **Als die Massoreten nun die an den Bibelkodizes stehenden kurzen Massoraangaben sammelten und zu Listen, welche ebenfalls am Rande der Texte niedergeschrieben wurden, vereinigten, behielten sie auch die Worte חד מן in den Ueberschriften bei. Der Terminus חד מן in den uns vorliegenden Rezensionen ist also als ein Rest der früheren Formen der Hinweise zu betrachten.** Die neuere Massorasammlung P hat die Sinnlosigkeit, vielleicht auch die Entstehung dieses Terminus erkannt und streicht ihn fast überall[1]).

V. Mit dieser Entwicklungsstufe beginnt die Zeit der Merkverse. (Siehe oben II § 8 ff.). Das Wort וסימן, welches am Ende der Ueberschrift steht, bedeutet ursprünglich: „und der Merksatz für die Beispiele ist folgender ..." Dieser Terminus hat sich

---

[1]) Wieso er sich doch im P 25 erhalten hat, wird in unserem Kommentar an Ort und Stelle erklärt werden.

jedoch auch noch in einer Zeit erhalten, als die Merkworte bereits durch die Verszitate ersetzt worden waren. So lautet z. B. die Ueberschrift von P 91: ס״ב מלין דכתבן מוקדם מאוחר וסימן, obwohl ein Merksatz nicht angegeben ist. Der Terminus וסימן hat sich ebenso wie חד מן als die Spur einer früheren Entwicklungsstufe in der Terminologie der späteren behauptet. Dies wurde noch dadurch begünstigt, dass dem Worte וסימן unter Zwang eine übertragene Bedeutung beigelegt werden kann. Es wurde nämlich meist וסי׳ abgekürzt (z. B. P 89) und konnte dann וסימניהון gelesen werden, was man in folgender Weise erklären kann: „und die einzelnen Stellen mit ihren Verszitaten sind . . ." In den uns vorliegenden Rezensionen der Listen steht in der Tat am Ende der Ueberschriften fast immer וסימניהון.

VI stellt eine Hauptentwicklungsstufe dar insofern, als die Beispiele gezählt werden. In den meisten Listen sind dieselben noch völlig ungeordnet, doch setzt sich nach und nach die übliche Ordnung der biblischen Bücher durch.

VII. Innerhalb dieser Ordnung oder unabhängig davon werden jetzt die Beispiele nach dem Alef-Bet geordnet.

VIII. Die Zahl der Beispiele hat sich nunmehr auf 25 erhöht, wie die Ueberschrift auch deutlich angibt.

IX. Endgültige Form der Liste! Ein alphabetisches Verzeichnis, welches nicht für alle Buchstaben des Alef-Bet ein Beispiel bringt, nennt man דלוג (von דלג springen, überspringen[1])). Trotzdem in VII und VIII auch das Alef-Bet nicht vollständig war, fehlt dort mit Recht דלוג, da ja das Verzeichnis den Massoreten selbst als noch nicht abgeschlossen galt. Wenn daher Frensdorff Na S. 6b (zu Liste P8) sagt: „Unser Buch — nämlich P — hat hier wieder das Richtigere, wenn es דלוג hinzufügt, da die Buchstaben Waw, Sain, Teth, Jod, Lamed, Ain und Resch fehlen . . .", so ist das insoferne zu berichtigen, als (H und) Mf die ältere Lesart zeigen, während P die von

---

[1]) Vgl. Megilla 24 a: מדלגין בנביא ואין מדלגין בתורה „man darf bei der Vorlesung aus den Propheten eine Stelle überspringen, was beim Vorlesen aus dem Pentateuch nicht erlaubt ist."

ihm als **abgeschlossen** angesehenen Listen mit דלוג kennzeichnete. Denn die Unvollständigkeit des Alef-Bet wäre in dieser Liste auch einem ungenauen Massoreten nicht entgangen, da ja nicht weniger als sieben Buchstaben fehlen. Auch die Liste P 9 lässt sich als Beweis anführen. Die Rezension in P bringt hier wieder דלוג, während alle anderen, uns erhaltenen Rezensionen und Quellen dieses Verzeichnisses, fünf an Zahl, es auslassen. Sollten wir wirklich alle anderen Quellen als „unrichtig" bezeichnen?

Erst in IX, in dem Stadium, welches von den Massoreten als das endgültige angesehen wurde, passt der Ausdruck דלוג, um anzudeuten, dass wirklich für manche Buchstaben des Alef-Bet sich kein Beispiel finden liess.

Auch der Terminus ולית דכותהון (= „ausser den angeführten Beispielen gibt es keines mehr") ist erst bei einem vollzählig angesehenen Verzeichnis am Platze. Was daher R. Jakob Tam sagt (siehe oben § 11 Anmerkung), dass man auch in denjenigen Listen, welche mit ולית דכותהון bezeichnet sind, Vollständigkeit nicht voraussetzen darf, erfordert eine Ergänzung. Die Massoreten haben diesen Terminus geschaffen, um die von ihnen als abgeschlossen angesehenen Listen als solche zu kennzeichnen zum Unterschiede von denen, welche sie noch nicht für abgeschlossen hielten. Die massoretischen Schreiber[1] aber, denen vielfach die für ihre Tätigkeit notwendige Genauigkeit abging und das Verständnis für die Feinheit der massoretischen Terminologie fehlte, suchten die Form der Ueberschriften möglichst einheitlich zu gestalten und nahmen die Worte ולית דכותהון auch dort in sie auf, wo sie ganz und gar nicht am Platze waren.

---

[1] Die Scheidung zwischen massoretischen Schreibern und wissenschaftlichen Massoreten muss unbedingt anerkannt werden, neben anderen Gründen schon deshalb, weil in dem ganzen Gebiet der Massora Genauigkeit mit Nachlässigkeit in auffälligster Weise wechseln. Auch sei auf unsere Hss-Beschreibungen im Kap. IV hingewiesen, wo ebenfalls zwischen der Tätigkeit eines Schreibers (Kalligraphen) und eines Korrektors (Massoreten) unterschieden werden muss.

§ 14. Wie die Listen eine Entwicklung durchmachten, die wir soeben an der Hand der Ueberschriften verfolgt haben, so haben auch die Ueberschriften selbst, unabhängig von den Listen, ihre Entwicklung. Wenn sie in der ältesten Zeit so kurz waren, dass man aus ihnen niemals auf den Inhalt der Liste selbst hätte schliessen können, sondern dass sie sogar zu Irrtümern Veranlassung gegeben hätten, so bemühten sich die Späteren sie immer ausführlicher und exakter zu fassen. So lassen sich z. B. aus den Quellenangaben bei Ginsburg, The Massorah S. 10b § 20 für ein und dieselbe Liste folgende Variationen der Ueberschriften — wir können sie Erweiterungsformen nennen — feststellen.

1. חד מן י״ב נסבין א׳ בסוף תיבותא
2. י״ב יתיר א׳ בסוף תיבותא
3. י״ב מלין כתיבן א׳ בסוף תיבותא יתירא
4. י״ב מלין דכתיבן א׳ בסוף תיבותא ולא קרין.

Nach der Ueberschrift 1., kann, ja muss man annehmen, dass die Liste alle Wörter bringt, welche auf **A l e f  e n d i g e n**. Form. 2., sagt uns bereits, dass nur solche Wortformen gemeint sind, die auf ein solches Alef endigen, welches **ü b e r f l ü s s i g  z u  s e i n  s c h e i n t**. 3., spricht davon, dass dieses **A l e f  g e s c h r i e b e n** wird und 4., dass es wohl geschrieben, aber **n i c h t  g e l e s e n** wird, mit anderen Worten: ein Kere Ketib ist.

§ 15. Wir sind nunmehr am Ende der Geschichte über die Entwicklung der **e i n z e l n e n** Massoraangaben angelangt. Ihre letzte endgültige Form ist durch folgende Momente gekennzeichnet: Die zu den einzelnen Beispielen gehörenden Bibelstellen werden durch die (teilweise) Zitierung der Verse selbst angedeutet. Die Reihenfolge der Beispiele folgt der Ordnung der biblischen Bücher oder dem Alef-Bet oder der Ordnung beider. Die Form der Ueberschrift ist dergestalt, dass aus ihr möglichst klar der Inhalt der Liste, die Zahl der Beispiele und der Grad der Vollständigkeit ersehen werden kann. Manche Termini in der Ueberschrift sind die Spuren früherer Entwicklungsstufen.

Es wäre ein Irrtum anzunehmen, dass von allen Verzeichnissen uns all die Entwicklungsstufen e r h a l t e n sind, die wir soeben dargestellt haben. Aber ebenso falsch ist es, wenn man glaubt, dass alle Verzeichnisse jemals alle diese Entwicklungsstufen d u r c h g e m a c h t haben müssen. Unsere Darstellung soll nur die verschiedenen Möglichkeiten von Entwicklungsformen derselben illustrieren in der Weise, wie sie aufeinanderfolgen und sich aus der Fülle der verschiedenen Formen der uns erhaltenen Massoraangaben rekonstruieren lassen. Während die vier Beispiele der E r w e i t e r u n g s f o r m e n der Ueberschriften bei dieser Liste tatsächlich vorhanden sind, lassen sich von E n t w i c k l u n g s s t u f e n bei dem dort angeführten Verzeichnis nur folgende als wirklich vorhanden nachweisen:

I. מגידון לית (Massora zu Zach 12, 11)
II. .... מלין (Dan 7, 12)
III. .... כ׳ מלין (Prv 31, 3)
IV. (Erweiterte Ueberschrift!) א״ב נון ארוכה בסוף תיבותא ולית דכוותהון וסימניהון (Mf נ׳ 2)
V. (P 75) א״ב טן חד וחד כתבין ן׳ בסוף תיבותא וכל חד לית וסימניהון
(bringt 48 Beispiele, während Form 3., nur 20 zählt. Die Zahl hat eben keine ausschliessende Bedeutung!)

Im allgemeinen gilt der Satz, dass die ältesten Angaben auch die meisten Entwicklungsstufen durchschritten haben, dass die erste Rezension einer Angabe eine umso ausgeprägtere, fortgeschrittenere Entwicklungsstufe zeigt, je jüngeren Datums ihre Schöpfung ist. Aber die Ausnahmen sind sehr zahlreich. Sie beruhen meist auf Zufälligkeiten des Interesses, welches die Massoreten den einzelnen Listen widmeten. Manche alte Listen verbleiben bei ihrem ersten Stadium, manche in der jüngeren oder jüngsten Zeit entstandenen Listen zeigen ebenfalls eine der ältesten Zeit angehörende Entwicklungsform, sodass aus der jeweiligen Stufe der Entwicklung niemals auf das Alter einer Massoraangabe geschlossen werden kann. Nicht alle Verzeichnisse haben zur selben Zeit das selbe Entwicklungsstadium durchgemacht, sondern auch in dieser Beziehung gilt, dass jede Massoraangabe ihre eigene Geschichte hat. Viele der uns vorliegenden Listen zeigen nicht eine **bestimmte**, exakt durchgeführte Entwicklungsstufe, sondern gleichzeitig auch die Spuren einer vergangenen oder erst im Entstehen begriffenen.

Als Abschluss des zweiten Hauptteiles, der uns die Methode der massoretischen Tätigkeit und die Geschichte der Form der Massoraangaben nähergebracht hat, sei festgestellt:

**Die Entwicklung und der Geist der Massora wird uns umso verständlicher, je weniger wir Einheitlichkeit und Geschlossenheit voraussetzen.** Die Wissenschaft der Massora war zu wenig konzentriert und diszipliniert, zu vielen Schulen anvertraut und Zufälligkeiten ausgesetzt, als dass sie ein einheitliches Bild bieten könnte.

(Fortsetzung folgt).

### Nachtrag zum Artikel im vorigen Heft (3/4).

Auf S. 141 bis 143 sind zwischen den nach Nathans Schrift aufgeführten Belegstellen noch folgende — der Reihenfolge der biblischen Bücher entsprechend — einzuschalten, welche ebenfalls sehr deutlich die Tatsache illustrieren, dass die Akzentuation der einfachen, grammatisch-sprachlich berechtigten Texterklärung widerspricht, um die traditionelle, midraschartige Auslegung zu stützen.

Ex 13,8 steht: וְהִגַּדְתָּ לְבִנְךָ בַּיּוֹם הַהוּא לֵאמֹר בַּעֲבוּר זֶה עָשָׂה...
Die Mechilta z. St. sagt: בעבור זה לא אמרתי אלא בשעה שמצה ומרור מונחים לפניך על שולחנך. Der Stelle ist zu entnehmen, der Vater soll seinem Kinde Belehrung über den Auszug aus Aegypten zu teil werden lassen zu einer Stunde, wo ungesäuertes Brot und Bitterkraut vor ihm auf dem Tische liegen d. h. in der Passanacht. Er soll seinem Kinde sagen: „Wegen dieses (= בעבור זה), d. h. wegen dieser Vorschriften, welche wir bei מצה und מרור erfüllen sollen, hat Gott mir beim Auszug aus Aegypten Wunder getan. Dieser Auslegung wird die Akzentuation voll

gerecht, während die bereits von Nachmanides[1]) vertretene wissenschaftliche Erklärung („wegen dessen, was Gtt mir beim Auszug ... getan hat") nur schwer mit den Tonzeichen in Einklang gebracht werden kann.

Nu 9, 10 lesen wir דַּבֵּר אֶל־בְּנֵי יִשְׂרָאֵל לֵאמֹר אִישׁ אִישׁ כִּי־ יִהְיֶה טָמֵא ׀ לָנֶפֶשׁ אוֹ בְדֶרֶךְ רְחֹקָה לָכֶם אוֹ לְדֹרֹתֵיכֶם ....

Alle Gründe für die Setzung eines Legarmeh wie sie auch bei I. M. Japhet, Die Akzente der heiligen Schrift (Frankfurt a. M. 1896) S. 115 ff. in ausführlicher Weise erörtert werden, versagen hier. Das Wort טמא, welches in engster Verbindung mit לנפש steht („unrein geworden an einer Person"), trägt Legarmeh, welches ein Trennungsakzent ist[2]). Die einzig mögliche Erklärung ist, dass es eine traditionelle Auslegung geben muss, nach welcher die beiden Wörter als von einander getrennt zu betrachten sind. Und in der Tat findet sich eine solche Deutung in Pesachim 67 a.

Dt 26, 5 lautet: אֲרַמִּי אֹבֵד אָבִי וַיֵּרֶד מִצְרַיְמָה ... Der Sifra z. St. lautet: מלמד שלא ירד יעקב לארם אלא להאבד ומעלה על לבן הארמי כאלו אבדו. Die traditionelle Auslegung lautet also: „Der Aramäer wollte meinen Vater vernichten". Demgegenüber steht die in der Neueren[3]): „Ein umherirrender Aramäer war mein Vater".

---
[1]) Cf. D. K. Marti, Kurzer Handkommentar zum Alten Testament (Tübingen 1900), wo zu lesen ist: בַּעֲבוּר זֶה עָשָׂה: entweder steht זֶה als Relativum oder ist עָשָׂה...לִי ein an das Demonstrativum זֶה angehängter Relativsatz ohne Pronomen. Ersteres ist poetischer Gebrauch von זֶה, letzteres hat keine Analogien, auch wäre statt זֶה eher זֹאת zu erwarten. Vgl. auch E. Kautzsch, Die Heilige Schrift des Alten Testaments .... (2. Aufl. Freiburg 1896).

[2]) Cf. Samuel Arquevolti in ערוגת הבושם (Venedig 1602) S. 85a: ואין הלגרטיה טעם אלא סימן בעלמא שאותו הטונח הקודם לו הוא לבדו מלך (Trennungsakzent) בין יתר הטונחים.

[3]) So Marti und Kautzsch. — S. R. Hirsch, der in seinem Pentateuchkommentar (6. Aufl. Frankfurt a/M. 1920) übersetzt: „Ein Aramäer, dem Untergang nahe, war mein Vater," nimmt Stellung gegen die traditionelle Auslegung. Es ist dies umso auffälliger, als er sonst stets die traditionelle Auslegung bevorzugt, welche hier, wie Heidenheim nachweist, auch vom sprachlich-grammatischen Standpunkt aus voll gerechtfertigt ist.

Die Tradition konnte so nicht übersetzen, weil, wie schon W. Heidenheim z. St. bemerkt, nach letzterer Erklärung ארמי ein Mahpach und אוּבד ein Paschta tragen müsste.

Jes 29, 16 ist zu lesen הָפְכְּכֶם אִם־כְּחֹמֶר הַיֹּצֵר יֵחָשֵׁב. Ohne Beachtung der Tonzeichen übersetzt man: „O, über eure Verkehrtheit! Wird denn der Töpfer dem Ton gleichgeachtet?" Die Tradition aber (siehe Raschi, Ibn Ezra, D. Kimchi z. St.) sieht sich gezwungen gegen diese einfache, einleuchtende Erklärung Stellung zu nehmen, weil Mercha Tifcha eine engste gedankliche Verbindung der beiden Wörter כחמר היצר verlangt. Nach ihrer Meinung ist zu übersetzen: „Eure Verkehrtheit, fürwahr sie ist dem Ton des Töpfers gleichgeachtet."

# Noten zu Hoffmann's „Mar Samuel"[1])
## Note A.

Da es für das Verständnis der Lehre Samuel's von Wichtigkeit ist, dessen Lehrer zu kennen und gerade über diesen Punkt, wer die Lehrer Samuel's gewesen sind, Unklarheit und Meinungsverschiedenheit angetroffen werden, so halte ich es für nötig, auf diesen Punkt näher einzugehen.

I. Seine ersten Lehrer in seiner Kindheit können wir übergehen, da sie keine Männer von Bedeutung gewesen sind, wie wir dies aus dem Urteile, das Samuel's Vater über einen Lehrer fällt (דלא גמר) (Cholin 107 b) deutlich ersehen. Der erste bedeutendere Lehrer Samuel's war unstreitig dessen Vater Abba b. Abba. Dieser war ein hervorragender Gesetzeslehrer, da ihm selbst Rab seine Hochachtung beweist. Als letzterer einst eine Frage an jenen richtete und keine Antwort auf dieselbe erhielt, rief er verwundert aus: (nach Job 29, 9) Fürsten halten in der Rede ein und legen die Hand auf ihren Mund (Ketuboth

---

[1]) Wir verweisen inbezug auf die beiden ersten Noten, die hier nicht zum Abdruck kommen, weil sie durch neuere Forschungen überholt sind, auf die erste Buchausgabe des Mar Samuel. D. Herausgeb.

51 b). Wir können den Unterricht, den Abba seinem Sohne gibt, in einer Stelle sehen, wo Abba dem Samuel verschiedene Fragen zur Beantwortung vorlegt und so oft dieser eine unrichtige Antwort gibt, ihm zuruft: אישתבשת (du hast geirrt). Allein Abba mochte bald sich diesem Lehramte nicht gewachsen fühlen und er übergab dies seinem Freunde.

II. L e v i b. S i s i. Dass dieser Samuel's Lehrer war, beweist schon R. Abraham b. David (Haszagoth zu Maimonid. Praefatio ad Jad ha-Chasakah) aus Sabbat 108 b, dem sich noch mehrere andere Beweise hinzufügen lassen (cf. Heilprin, Seder ha-Doroth v. Samuel). Dennoch aber behaupten Raschi und R. Samuel b. Meïr, dass Levi der Genosse (חבר) Samuel's war. (cf. Heilprin l. c.) Es hat auch diese Ansicht eine starke Stütze in Berachoth 18 b, wo Samuel Levi mit seinem Namen nennt, was bei einem Lehrer streng verboten war, (cf. Sanhedrin 100 a), und ausserdem ist noch aus vielen Stellen ersichtlich, dass Rab, Samuel und Levi Genossen (חברים) waren. Es ist daher anzunehmen, dass Levi Samuel's Jugendlehrer gewesen, und dass letzterer später als Jüngergenosse (תלמיד חבר) Levis betrachtet wurde. (cf. Tosephoth Jebamoth 57 b s. v. אמר). Dass Levi während der Jugendzeit Samuel's in Babylonien war, ist schon oben bewiesen worden.

III. Maimonides (Praefatio ad Jad ha-Chasakah) behauptet, dass R. Chanina b. Chama, welcher als Nachfolger R. Jehuda ha-Nasi's der Schule zu Sepphoris vorstand, der Lehrer Samuel's gewesen sei. R. Abraham b. David meint, die Behauptung Maimonides' wäre aus der Luft gegriffen und selbst die Verteidiger Maimonides' wissen nur schwache Gründe zu dessen Rechtfertigung anzugeben. Ich meine, dass Maimonides' Ansicht wohl begründet ist. Schon der Umstand, dass die beiden Gesetzeslehrer, Samuel und R. Chanina, zu ihrer Zeit berühmte Aerzte waren (cf. Cholin 7 b), lässt schliessen, dass sie zueinander in Beziehung standen. Noch mehr werden wir hiervon überzeugt, wenn wir betrachten, dass Beide in Bezug auf den Ursprung der meisten Krankheiten ein und derselben Theorie huldigen. Beide behaupten nämlich: Die meisten Krankheiten entstehen durch den schädlichen Einfluss der kalten Luft (Baba mezia 107 b, Jerusch. Sabbat XIV, 3; Levit. Rabba cab. 16); beide sprechen den Zaubereien in dieser Beziehung ihre Bedeutung ab (1. c. und Cholin 7 b.). Was aber ebenfalls auffallend ist, dass ist der Umstand, dass, wie in Gittin (87 b) berichtet wird, R. Chanina einen Palmzweig als seine Unterschrift zeichnete und eben dasselbe Zeichen auch Samuel zu seiner Unterschrift gebrauchte (Jerusch. Gittin IX, 14). Mit Recht bemerkt Rapoport (Bikkure ha-Ittim, VIII), dass die Aerzte damals deswegen die Zeichen gebrauchten, weil sie die Datteln für ein Universalmittel hielten, was aus vielen Stellen des Talmud hervorgeht (cf. Rapoport 1. c. p. 17). Es geht daraus mit Gewissheit hervor, dass Samuel in der Arzneikunde R. Chanina zum Lehrer gehabt. Wie leicht lässt sich nun schliessen, dass Samuel von demselben Lehrer auch in der Traditionslehre unterrichtet worden, da dieser einer der ausgezeichnetsten Schüler des R. Juda war und von ihm sogar zu seinem Nachfolger ernannt wurde. Allerdings kann man fragen: Wie kommt es, dass Samuel gar keine Lehre im Namen seines Lehrers R. Chanina tradiert? Allein diese Frage kann obige Ansicht nicht widerlegen, selbst wenn wir nicht mit Gedalja ibn Jachja (Schalschelet ha-Kabbalah) Bechoroth 11 b חנינא א"ר שמואל רבי אמר in אמר שמואל, א"ר חנינא emendieren. Denn angenommen, Samuel hätte Levi allein zum Lehrer gehabt; so bleibt ebenfalls die Frage offen: Von wem hat Samuel alle die Traditionslehren, die er uns überliefert und die offenbar aus sehr alter Zeit stammen, gehört, da er im Namen Levi's nur wenige (meines Wissens nur 5, von denen 4 bei Heilprin v. Samuel zu finden und ausserdem noch Gittin 13 b tradiert. Von Samuel sind aber nun im babylonischen Talmud mehr als 1500 Lehren verzeichnet, von denen ein grosser, vielleicht der grössere Teil seinen Lehrern angehört, die er aber nicht mit Namen nennt, wahrscheinlich weil diese selbst wieder sie nicht als ihre eigenen Lehren, sondern als Traditionen älterer Tanaïm vortrugen, in deren Namen auch wirklich sehr oft von Samuel tradiert wird (man vergleiche z. B. Berachot 27 a, 40 a, Sabbat 15 a, 17 b, 40 b, Erubin 13 a, 13 b, Jebamoth 14 a, 80 a, 100 b, Ketuboth 26 a, 44 a, 57 a, 87 a,

Gittin 58 a, 80 a, Baba kama 83 a, Sanhedrin 83 a, Sebachim 97 a, Cholin 53 b, Nidda 5 a. 22 a, 52 b und viele a.). Fügt man noch hinzu, dass Samuel auch oft Lehren ausspricht, die der Meinung R. Chanina's entsprechen, so ist es garnicht mehr zweifelhaft, dass Maimonides' Ansicht die richtige ist (cf. Jerusch. Berachot I, 1 und VIII. 1).

IV. Hierdurch ist auch eine andere Frage entschieden, die nämlich, ob Samuel in Palästina war oder nicht. Rapoport (Erech Millin p. 10 u. 222) bezweifelt dies, indem er die Stelle, die dies ausdrücklich berichtet, (Baba mezia 85 b שמואל ירחינאה אסיה דרבי) הוה für einen späteren Zusatz erklärt. Ihm folgt Frankel (Introductio in Hierosol. p. 124 b); nur will er annehmen, Samuel habe dem Patriarchen brieflich ärztliche Vorschriften erteilt. Allein nicht nur in Bezug auf das oben gewonnene Resultat, dass Samuel die Arzneikunde bei R. Chanina gelernt, sondern auch einstweilen davon abgesehen, wird es sich uns ergeben, dass Samuel in Palästina war. Dass Abba b. Abba der Vater Samuel's in Palästina war, ist aus den Zitaten oben Anm. 42 ersichtlich. Man kann dies auch daraus schliessen, dass man ihn in Palästina gewöhnlich nur unter dem Namen Abba b. Ba (= Abba) kennt, während er im babylonischen Talmud stets Abuha di Schemuel genannt wird, wovon der Grund nur der sein kann, dass die Palästinenser mit ihm nur zu der Zeit verkehrten, als sein Sohn Samuel noch jung und noch nicht so berühmt war, dass der Vater nach ihm genannt wurde, während die Babylonier ihn nur nach seinem ausgezeichneten Sohn nennen. Wäre nun Abba nicht in Palästina gewesen und den Palästinensern nur durch andere Babylonier bekannt geworden, so müsste er ihnen ebenso, wie den Babyloniern unter dem Namen Abuha di-Schemuel bekannt sein. Es bestätigt sich also auch hierdurch, dass Abba der Vater Samuel's in der Schule des Patriarchen R. Juda gewesen ist. Ist nun der Vater Samuel's nach Palästina gezogen, so ist es schon sehr wahrscheinlich, dass auch sein Sohn ihm dahin gefolgt ist, um so mehr als auch sein Lehrer Levi dahin ausgewandert war, was doch wohl unbestritten ist. Wäre Samuel zur damaligen Zeit, seinem Jünglingsalter unter der Leitung rgend eines babylonischen Lehrers gestanden, so wäre uns gewiss dessen Name bekannt geworden. Ziehen wir noch den Umstand in Betracht, das Samuel viele Lehren von R. Juda und R. Chija tradiert, bei denen wir oft zur Annahme genötigt sind, dass er sie unmittelbar von ihm gehört habe (man vgl. z. B. Sabbat 51 b, 138 a , Moëd katan 18 a, Gittin 66 b, Aboda sara 16 a, Sukka 11 a, Jebamoth 59 b, Baba kama 114 b, 115 b, Cholin 113 a), so werden wir dem Berichte, (Baba mezia 85 b), dass Samuel den Patriarchen R. Juda vor einem Augenübel befreit hat, selbst dann nicht jede Glaubwürdigkeit absprechen, wenn er, wie Rapoport annimmt, ursprünglich nicht in den Talmud aufgenommen, sondern erst später eingeschoben worden war. Wir werden den Bericht als aus alter Quelle geschöpft betrachten, an dem nichts Unwahrscheinliches ist ausser dem Schlusse, dass R. Juda Samuel damals die Semicha erteilen wollte, was bei einem so jungen Alter zu sehr auffällt, da gesetzlich hierzu ein Alter von mehr als 40 Jahren nötig war (cf. Sota 22 b und Tosephoth das.).

V. Es bleibt uns noch übrig, den Irrtum nachzuweisen, den diejenigen begehen, welche Samuel zum Schüler des Exilarchen Rab Huna, der bei Lebzeiten R. Juda's gestorben ist (Jerusch. Kilaïm IX, 4; Genesis rabba cap. 32), machen wollen. Dies behauptete zuerst A. Krochmal (Chaluz I. p. 69) und Jost (Geschichte des Judentums und seiner Sekten) folgte ihm. Als Beweis sollen die beiden Stellen Gittin 5 a und Chollin 13 a dienen, wo Samuel an einen Rab Huna eine Anfrage richtet (בעא מינה שמואל מרב הונא) welcher der Exilarch Rab Huna gewesen sein soll. Dies ist aber falsch; denn dieser Rab Huna ist kein anderer als der Schüler und Nachfolger Rab's. Schon aus der Replik Samuel's (Cholin 13 a) זו בידנו הוא ersehen wir, dass er damals nicht als Schüler den Lehrer, sondern als Kollege fragte; unzweideutig aber ist dies angegeben im Jeruschalmi (Kiduschin I, 5) wo Samuel dieselbe Frage wie im Babli, und noch eine andere an Rab Huna richtet und von ihm durch seinen Schüler R. Abba auf die zweite Frage eine Antwort erhält, die er nicht als richtig anerkennen will (אמרה רבה ולא קיבלה שמואל). Wenn der Schüler Samuel's R. Abba (vgl. über ihn die Chronographen) die Antwort überbringt, so kann es doch gewiss nur Rab Huna, der Schüler und Nachfolger Rab's gewesen sein, an den die Frage gerichtet war und nicht der Exilarch, da doch dieser noch beim Leben R. Juda ha-Nasi's, also in der Jugendzeit Samuels gestorben ist, als letzterer noch keine Schüler hatte. Es hätte auch Samuel eine aus dem Munde seines Lehrers kommende Antwort nicht verworfen. Es war also Rab Huna, der Nachfolger Rab's, an den Samuel die Anfrage gerichtet. Dass aber Samuel, der grösser als Rab Huna war, an diesen eine Anfrage richtet, darf uns nicht Wunder nehmen, denn Solches findet sich im Talmud sehr oft. Vgl. z. B. Horojoth 11 b בעא מיניה רבי מר חייא; in Jerusch. Pesachim I, 4 richtet R. Chija eine Anfrage an seinen Schüler Abba Aricha (Rab).

In denselben Irrtum, die beiden Rab Huna miteinander zu verwechseln ist auch Fürst (Kultur- und Literaturgeschichte der Juden in Asien I, S. 92) verfallen. In der Stelle, die er in der Anmerkung zitiert, um zu beweisen, dass Abba der Vater Samuel's mit dem Exilarchen Rab Huna in gelehrter Verbindung gestanden, ist, wie es jedem, der einige Zeilen vorher liest, sogleich klar wird, nur von Rab Huna, dem Schüler Rab's die Rede. Fürst liess sich hier von Heilprin (Seder ha-Doroth, Th. 2, Anfang) zu diesem Irrtum verleiten.

## Note B.

Grätz (Geschichte d. J. IV, 2. Auflage S. 488) bestreitet die Annahme Scherira's, dass Mar Ukba Exilarch gewesen wäre, und bekräftigt dies durch folgende Gründe: a) Das Chronicon Seder Olam Zutta kennt in dieser Zeit keinen Resch-Galutha Mar-Ukba, sondern nennt nach Huna einen Anan und als seinen Nachfolger Nathan.

b) Wollte man die Glaubwürdigkeit des Seder Olam bestreiten, so bemerken beide Talmude ausdrücklich, dass Mar-Ukba nich Resch-Galutha gewesen, vielmehr dem Resch-Galutha seiner Zeit Vorwürfe machte wegen dessen musikalischen Unterhaltungen (Jerusch. Megilla III. 74 a Babli, Gittin 7 a) מר עוקבא משלח כתב לריש גלותא דהוה דמיך וכו׳.

c) Aus der Stelle, woraus Scherira seine Angabe zu erhärten sucht (Sabbath 55 a), geht nur hervor, dass Mar-Ukba Oberrichter gewesen: הא יתיב מר עוקבא אב בית דין.

Es soll hier die Authentizität der Angabe Scherira's aufrecht erhalten werden.

I. Vor Allem ist die Annahme Gr.'s nicht richtig, dass diese Angabe Scherira's nicht aus Tradition stammt. Denn, wenn auch Scher. seine Angabe durch eine Talmudstelle zu erhärten sucht, so ist jene nichtsdestoweniger aus Tradition stammend, was wir deutlich bei andern Angaben sehen können. So z. B. gibt Scher. (Épist. Scher. p. 15) an, dass während der Ankunft Rab's nach Babylonien R. Schela Resch Sidra war und erhärtet dies durch eine Talmudstelle, die aber keineswegs die Quelle zu dieser Angabe sein kann. Es ist also auch hier nicht die Talmudstelle, sondern eine zuverlässige Tradition die Quelle Scherira's.

II. Aber auch diese Talmudstelle, die, wie Gr. meint, nur berichten soll, dass Mar Ukba Oberrichter gewesen, sagt nach der richtigen Lesart Scherira's, dass er Exilarch gewesen. Nach Scher. (l. c.) heisst es nämlich das.: הא מר עוקבא ובית דינו קיים, welche Redensart nur bei einem Nasi oder Resch-Galutha angewendet wird. Diese Leseart wird bestätigt durch die Stelle (Kiduschin 44 b): הא מר עוקבא ובי דיניה בכפר (cf. oben Anm. 12). Diese Leseart hatte auch Tosaphot (Sanhedrin 31 b) und R. Gerschom Maor ha-Golah (cf. Raschi Moëd katan 16 b, das bekanntlich R. G.'s Kommentar ist). Die andere Lesart אב בית דין ist auch gar nicht verständlich. Ist doch die Würde des אב בית דין nur in Palästina gebräuchlich gewesen, wo neben dem Nasi ein Oberrichter fungierte (cf. Rapoport d. Art. und Frankel, Monatsschrift Jhrg. 1852. S. 343), und erst später zur Zeit der Gaonen war der Titel אב בית דין auch in Babylonien angewendet worden. Mar Ukba konnte also nicht Oberrichter, sondern nur Exilarch gewesen sein.

III. Was nun den Beweis von dem Stillschweigen des Seder Olam Zutta betrifft, so kann die von Corruptionen, Interpolationen und Verschiebungen wimmelnde Chronik, deren Glaubwürdigkeit noch in Frage steht, gegen die allerzuverlässigten Angaben Scherira's gar nichts beweisen. Sagt doch Gr. selbst. (l. c. S. 496), dass man gerade an dieser Stelle des S. O. Z. zwischen Huna und Anan einen Exilarchen hineinschieben muss und wer weiss, ob nicht Anan ענן eine Corruption aus Ukban עוכבן ist, was oft für Ukba vorkommt. Mar Ukba kann allerdings nicht gleich nach Huna Exilarch geworden sein, weil er dann mit Samuel gleiches Alter gehabt hätte, was schwer anzunehmen ist. Scher. sagt auch nicht, dass M. U. unmittelbar nach Huna fungiert hätte, er behauptet nur, dass nach Huna ein Exilarch M. U. gewesen sei. Der Exilarch zwischen Huna und M. U. war Scher. nicht bekannt, da ihm nur die berühmtesten Exilarchen bekannt waren.

IV. Gr. selbst scheint auf den Beweis a kein so grosses Gewicht zu legen, das Hauptgewicht der Beweiskraft soll nach ihm der Beweis b aus den beiden Talmuden tragen. Doch bei näherer Betrachtung wird auch dieser Beweis sich als nichtig erweisen. Schon der Ausdruck כתב משלח müsste einiges Bedenken erregen, da dieser Ausdruck gewöhnlich nur bei einem aus Palästina kommenden Gutachten gebraucht wird. Und in der Tat ist der Vorwurf, den Gr. Scherira macht, dass er sich durch die Namenähnlichkeit zu einem Irrtum verleiten lassen habe, ein solcher, der am meisten Gr. selbst treffen muss. **Der Mar Ukba, der dem Exilarchen Vorwürfe wegen seiner musikalischen Unterhaltung macht, ist nicht der Babylonier Mar Ukba, der ja selbst Exilarch war, sondern ein späterer palästinensischer Gesetzeslehrer.** Im Talmud Babli kommt ein Mar Ukba vor, der ein Schüler R. Josua b. Levi's war. (Berachoth 10 a) מסדר אגדתא. קטיה דרבי יהושע בן לוי). Dieser muss natürlich ein Palästinenser gewesen sein, da R. Josua b. Levi ein palästinensischer Gesetzeslehrer war. Unumstösslich ist dies erwiesen dadurch, dass dieser Schüler R. Josua's im Jerusch. nicht מר (das bekanntlich ein babylonischer Titel ist), sondern רבי עוקבא genannt wird (Jerusch. Chagiga II, 4 רבי עוקבא בשם רבי יהושע בן לוי.) Es ist also im Babli durch eine

Corruption מר עוקבא für רבי עוקבא gesetzt worden. Diese Corruption findet sich aber auch an manchen Stellen im Jeruschalmi (cf. Jerusch. Megilla IV, 11 מר עוקבן בשם רבנן דתמן und Frankel, Introd. in Hieros. p. 120 b). Jerusch. Sota IV, 3 werden sogar beide Titel zusammengenommen רבי מר עוקבא. Vielleicht ist dies ein aus Babylonien nach Palästina gewanderter Gesetzeslehrer, der früher in seiner Heimat מר und in Palästina רבי genannt wurde. Jedenfalls darf dieser nicht verwechselt werden mit Samuel's Zeitgenossen Mar Ukba, der Exilarch war. Jener Mar oder Rabbi Ukba war es also, der von Palästina aus ein Schreiben an den Resch Galutha sandte, um ihm wegen musikalischer Unterhaltnng Vorwürfe zu machen.

V. Es hindert uns also garnichts mehr, die Angabe Scherira's für richtig zu halten. Nur dadurch begreift man, warum Samuel, der doch Mar Ukba's Lehrer war, jenem den Vorsitz einräumte, wenn sie zusammen zu Gericht sassen (Moëd katan 16 b). Ausserdem finden wir auch andere Gesetzeslehrer zu Mar Ukba gehen, um von ihm als die höchste Instanz über Streitigkeiten entscheiden zu lassen (cf. Kethuboth 69 a) woraus zu ersehen ist, dass er Exilarch gewesen.

## Note C.

Fürst (Kultur- und Literaturgeschichte der Juden in Asien I. S. 165 Anm. 492) behauptet, dass die Hawajoth, die scharfsinnigen Disputationen, erst zur Zeit Raba's (gest. 352) entstanden seien, und erst Raba habe diesen Ausdruck auf frühere Zeiten übertragen und von Hawajoth de Rab und Schemuel gesprochen. Dies beruht aber auf einem doppelten Irrtum. 1. In Ta'anith 24 a ist es nicht Raba (רבא), sondern Rabbah (רבה), der Lehrer Raba's der הויות דרב ושמואל braucht. Eine Corruption רבה für רבא kann an dieser Stelle nicht angenommen werden, da gleich darauf (24 b) von רבא ein änlicher Vorfall erzählt wird, woraus wir ersehen können, dass früher nicht von ihm die Rede war. Es ist daher in Sanhedrin 106 b, wo in unsern Talmud-Ausgaben für denselben Spruch diese Leseart רבה vorliegt, eine Emendation vorzunehmen. Scherira, der diese Stelle zitiert, (Epist. Scher.

p. 13), hat auch die richtige Leseart רבה. 2. Wird der Ausdruck הויות דרב ושמואל an allen Stellen (Berachot 20 a gebraucht Rab Papa den Ausdruck) im Namen Rab Judas', des Schülers von Rab und Samuel mitgeteilt, ein Beweis, dass Rab und Samuel schon diese Dialektik geübt haben, was wir auch aus ihren Aussprüchen fast auf jeder Seite des Talmud ersehen.

Es mag hier noch die Bemerkung Platz finden, dass die eigentliche Bedeutung des Wortes הויה „Frage" ist, wie aus dem unzählige Mal vorkommenden והוינן בה hervorgeht. Auch Seder Tanaïm (Kerem Chemed IV. p. 200) erklärt וכל הויה קשיא היא. Es ist also dies Wort gleichbedeutend mit תברא (cf. die richtige Erklärung Raschi's zu diesem Worte Jebamoth 13 a u. a.). Ezech. 7, 26: הוה על הוה übersetzt der Chaldäer mit תבר על תבר. Es bedeutet also „zerbrechen, widerlegen", nach den Worten des Seder Tanaïm l. c. p. 197): כמו חכם ששובר דברי חברו (cf. die Anm. Luzzato's das.).

## Note D.

Die Stelle im Sabbath 75 a, wo von einer Controverse zwischen Rab und Samuel über אמגושא (= magus) berichtet wird, ist, wie ich glaube, von vielen Kommentatoren missverstanden worden. Ich will hier die Stelle, die gewöhnliche Erklärung der Kommentatoren, dann meine Erklärung und ihre Begründung angeben, wodurch meine Angabe im Texte vollständig gerechtfertigt erscheinen wird.

Die Stelle lautet: אמגושא רב ושמואל חד אמר חרשי וחד אמר דופי תסתיים דרב דאמר גדופי דאמר . . . . . רב הלומד דבר אחד מן אמגוש חייב מיתה דאי ס״ד חרשי הכתיב לא תלמד לעשות אבל אתה למד להבין ולהורות „Ueber Magus streiten Rab und Samuel; der Eine sagt er sei ein Zauberer; der Andere meint, er sei ein Gotteslästerer. Es lässt sich nachweisen, dass Rab der letzteren Meinung ist. Rab behauptet nämlich: Wer auch nur eine einzige Sache von einem Magus lernt, hat den Tod verdient. Wäre dieser nur ein Zauberer, so würde ja nach den Worten der Schrift (Deuteron. 18, 9) blos das Lernen, um es praktisch anzuwenden, nicht aber das blosse theoretische Lernen von dem Magus verboten sein."

Nach der gewöhnlichen Erklärung ist hier die Controverse über die Bedeutung des Wortes אמגושא, das zwar in keiner uns vorliegenden älteren Quelle vorkommt, aber vielleicht in verloren gegangenen ältern Mischna's und Baraïtha's oder Agada's vorgekommen sein mag (vgl. Rapoport Erech Millin Art. אמגוש). Durch diese falsche Auffassung der vorliegenden Controverse wurde Sachs (Beiträge zur Sprach- und Altertumsforschung II, S. 114) verleitet, dem Resultate des Talmud, dass Rab „Magus" für Gotteslästerer hält, sein eigenes, das gerade Gegenteil behauptende Resultat entgegenzustellen, dass mämlich Samuel, der mit dem persischen Wesen vertraut war, das Wort „Magus" in der ursprünglichen Bedeutung als „Priester des Feuerkultus", daher als „Gotteslästerer" fasst, während Rab nur die Bedeutung des Wortes kennt, die es im römischen Reiche hatte, wo es für „Zauberer", „Charlatan" u. dgl. gebraucht wurde. Jedoch hat Sachs den Beweis, aus dem der Talmud sein Resultat zieht, nicht einmal zu widerlegen versucht. Wie konnte Rab auf das Lernen einer Theorie von einem Zauberer die Todesstrafe setzen, da ja dies eine überall als Axiom hingestellten Lehre widerspricht, nach welcher dies garnicht verboten ist?

Nach meiner Auffassung der Stelle handelt es sich hier garnicht um die Erklärung eines Wortes, sondern um eine religionsgesetzliche Vorschrift, wie sich die Juden zu den damals so mächtig und einflussreich gewordenen Magiern zu verhalten hätten. Nach Samuel sollten sie nur als Zauberer betrachtet werden und sollte der Umgang mit ihnen gestattet sein, während sie nach Rab in jeder Beziehung wie Gotteslästerer zu beurteilen wären. Für diese Erklärung sprechen ausser dem Beweise des Talmud noch folgende Gründe: 1. Ist das Wort אמגושא, wie schon oben erwähnt, in gar keiner ältern Quelle zu finden; Rab gebrauchte zum ersten Mal diesen Ausdruck. Wie konnte also über dessen Erklärung zwischen ihm und Samuel eine Controverse entstehen? Die Annahme, dass sich dieser Ausdruck in älteren uns verloren gegangenen Quellen vorgefunden habe, ist ein Notbehelf, dessen man sich nur bei gänzlicher Ratlosigkeit bedienen darf. 2. Wenn der Ausdruck אמגושא nicht zur Bezeichnung für damals bestimmte und bekannte Persönlichkeiten gedient hätte, sondern nur als ein in älteren Werken vorkommendes Fremdwort bekannt gewesen wäre, über dessen Bedeutung noch Zweifel herrschte, wie kommt es, dass Rab über אמגושא halachische und agadische Lehren erteilt, wie z. B.: Wer von einem אמגושא etwas lernt, verdient den Tod, und ferner Parao, der König von Aegypten zur Zeit Moses, war ein אמגושא, weil von ihm (Exod. 7, 15) erzählt wird: „Er gehet hinaus an's Wasser." (Wahrscheinlich wird hier auf einen Gebrauch der Magier angespielt) [1]). 3. Es ist nicht denkbar, dass Rab, der im persischen Reiche geboren und später dort Rektor einer Hochschule war, von den Magiern, den Priestern der Perser, garnichts gewusst haben sollte. Ja im Gegenteil mehrere Aussprüche von Rab zeigen, dass ihm persische Sprache und persische Anschauungen bekannt waren. Es muss daher die Talmudstelle Sabbath 75 a in dem von mir angegebenen Sinne genommen werden,

## Jüdische Friedhöfe einst und jetzt.
### Von Erich Toeplitz, z. Zt. Berlin.

Die gräberreiche Kriegszeit hat uns zahlreiche Arbeiten über die Friedhofskunst beschert, in denen fast immer die jüd. Begräbnisplätze rühmend hervorgehoben, und nicht selten jüdische Grabsteine unter den Musterbeispielen abgebildet werden. Vielleicht ist dem eifrigen Leser dieser Literatur schon aufgefallen, dass es sich dann um jüdische Arbeiten lediglich aus der Zeit vor 100 Jahren handelt, während doch vorbildliche, nichtjüdische aus jüngster Zeit angeführt werden. Sollten die modernen jüdischen Grabzeichen nicht des Erwähnens wert sein? Dass diese Vermutung leider zutrifft, wird jeder nach einem Gang über die neueren jüdischen Friedhöfe zugeben müssen!

---

[1]) Moed katan 18 a.

Vergleichen wir nun, um uns den Unterschied klar zu machen, moderne jüdische Friedhöfe mit denen vergangener Zeiten: Der alte Judenfriedhof fällt durch sein malerisches Gesamtbild auf, das die Natur immer herrlicher gestaltet, wenn es ihr allzu eifrige Gärtner nicht unmöglich machen; der moderne Judenfriedhof gleicht einem wirren Steinbaukasten, der durch schreiende Farben der Blumenbeete und Kränze unangenehm aus der Landschaft hervorsticht. Das Bunte stört nicht nur die Harmonie, sondern es ist auch eine Unwahrhaftigkeit, den wirklichen Zweck des Leichenfeldes durch bunte Gartenpflanzen zu vertuschen. Ein Brauch, der dem alten Judentum fremd war, und aus dem christlichen Totenkult für die jüdischen Grabstätten übernommen wurde. Wer die bunten Blumen und Kränze vermisst, mag daran erinnert werden, dass auf den geschlossenen Friedhöfen, die längst nicht mehr gepflegt werden, hie und da zwar ein paar verwilderte Blumen von vergangener Pracht zeugen, im übrigen aber die kahlen Grabstätten einen trostloseren Eindruck machen, als die von Efeu und wildem Wein umrankten. Die Natur tut schon das Ihre, um nach und nach alles in einen wild wuchernden Garten zu verwandeln; man pflanze also von vornherein nur etwas, was nicht dauernder Pflege von Menschenhand bedarf.

Besonders hart empfinden wir heute den Mangel eines ausreichenden Baumbestandes, der den eigentlichen Reiz jenes dämmrigen, grünen Halbdunkels eines alten Judenfriedhofes im Frühling und Sommer ausmacht und ihm jenes grossartige und zugleich traurige Bild bei Sturm und Schnee im Herbst und Winter gibt. Ganz vermögen auch die Bäume dem grossen Totenacker nicht die Oede zu nehmen, nur hügeliges Gelände kann sie mildern, das man früher besonders im Osten bevorzugte. An Stelle dieser künstlerischen Momente sind heute akademische Weisheiten getreten, die so arg preussisch wirken; Ordnung mag eine schöne Tugend sein, die Kunst bereichert sie sicher nicht. Es geht genau so gut, wenn die Wege nicht so hübsch gerade und rechtwinklig angelegt werden, oder die gewundenen Wege nicht recht ordentlich hier einen Kringel und dort einen zeigen, damit es nur ja ein gleichmässiges Muster gibt. Meist hat das Leben die Pfade schon vorgezeichnet, d. h. ausgetreten, auch ergeben sie sich aus der natürlichen Beschaffenheit des Geländes von selber. Muss es nun einmal eine schnurgerade Strasse sein, so mag am Ende ein Abschluss geschaffen werden, dort ist übrigens der geeignete Platz für Erinnerungszeichen und Baumgruppen, für eine schöne Bank, einen Brunnen oder etwas Aehnliches.

Der alte Juden-Friedhof zog die Einfachheit vor, bescheiden sind die Abmessungen der Steine, auch dort, wo keine eifersüchtige Behörde darüber wachte, bescheiden das Material, obgleich es sich viele der vorangegangenen Generationen ebenso gut hätten leisten können, teure Monumente zu bestellen. Was im Leben nicht zu erreichen war, im „Guten Ort"[1]) ist es Wirklichkeit geworden: „Gleichheit". Diese Gleichheit wird nur bei den Ruhestätten der Rabbinen durchbrochen, um denen, die auf Erden sich der Gelehrsamkeit gewidmet, die gebührende Ehrerbietung auch im Tode zu erweisen, ein grundjüdischer Gedanke! Leider hat er in unserem Zeitalter der Achtung vor der Grösse der Geldbeutel weichen müssen; man unterscheidet jetzt zwischen den teuren Gräbern „mit" Gittern und den billigen, „ohne" diese Errungenschaft. Nichts trennte früher die Toten von einander und verwehrte den Anblick der Grabhügel, die wir heute meist durch schwarze oder verrostete Gitterstäbe in schmale Längsstreifen zerlegt wahrnehmen. Die Einheitlichkeit des Gesamteindruckes ist jetzt vernichtet!

Beschauen wir nun die alten Steine näher, so fällt uns die tüchtige Steinmetzarbeit auf, die besonders bei der Schrift zum Ausdruck kommt. Wir brauchen die hässlichen, kalten Goldbuchstaben so wenig, wie die harten Granite, die sich mit ihrer glänzenden Schwärze so vorteilhaft auf dem Leichenfelde ausnehmen, wie in den gedruckten Fabrikkatalogen und anderen Anpreisungen der Händler. Fort mit dem Protzentum aus dem jüdischen Friedhof, der einst „Haus des Lebens" genannt, jetzt

---

[1]) So nennt der jüdische Volksmund den Friedhof.

nur an den zersetzenden Einfluss der Spekulationswut unserer Tage mahnt, die alles Leben zu Grunde richtet.

Beachteten wir bereits die Abmessungen und das Material der Grabsteine, so müssen wir auch die Inschriften erwähnen. Aus einem innig empfundenen Judentum herausgeboren, sind sie kulturgeschichtliche Dokumente, deren sich die jüdische Gemeinschaft nicht zu schämen braucht, sie sprechen in beredten Worten von ihrer inneren Festigkeit, die allen äusseren Anfeindungen zum Trotz ihr eigenes und oft die Zeitkultur überragendes Gepräge bewahrte. Heute enthalten die hebräischen Texte neben zahlreichen grammatikalischen Fehlern auch recht oft grosse Geschmacklosigkeiten, und die in der Landessprache verfassten sind meist sehr unerfreuliche Gemeinplätze. Zahlreiche jüdische Katakombeninschriften, z. B. in Rom, Venosa und Brintisio beweisen, dass man auch ohne die hebräische Sprache, doch mindestens im jüdischen Geiste, Grabinschriften verfassen kann, was sich von den modernen keineswegs sagen lässt. Hebräische Texte sind natürlich in hebräischer Quadratschrift eingemeisselt oder weisen sie in erhabener Arbeit auf. Diese ästhetisch ausserordentlich befriedigenden Zeichen gewähren einen besonderen „jüdischen" Reiz, den man doch nicht gar zu leichtfertig aufgeben sollte. Man braucht kein fanatischer Hebraist zu sein, oder aus falsch verstandenem Glaubenseifer heraus jede deutsche Inschrift zu verdammen, wird aber doch zugeben müssen, dass Sprache und Buchstaben das Gepräge des Leichensteines beeinflussen. Glaubt man wirklich die landessprachigen Inschriften nicht missen zu können, so sollten sie doch nicht zur Vorherrschaft gelangen, wie es leider heute im Westen der Fall ist. Eine Wandlung, die seinerzeit als ein bedeutender Fortschritt gegen die Stimmen der am überlieferten Judentum Festhaltenden, oft sogar mit Gewalt durchgesetzt worden ist.

Es haben sich ziemlich grosse Unterschiede zwischen den alten, jüdischen Begräbnisplätzen und denen der Gegenwart feststellen lassen, ohne dass wir dabei an religiöse Symbole oder Darstellungen denken. Die meisten Leser werden glauben, gerade am Hexagram (Davidschild) erkennen wir die Zugehörigkeit zur jüdischen Gemeinschaft, überschätzen jedoch auf jeden Fall dies Zeichen. Das Hexagram findet sich zuerst mit anderen Bandverschlingungen als Wanddekoration einer galiläischen Synagoge etwa aus dem 3. Jahrhundert und ist ohne Zweifel gnostischen Ursprunges. Seine Wiedererstehung hatte es einer verwandten, geistigen Strömung zu verdanken, der Kabalah. Gänzlich unverständlich bleibt es, wie die rationalistische Zeit der Jahrhundertwende an diesem geheimnisvollen Zeichen einen so übergrossen Gefallen finden konnte? Auf Grabsteinen erscheint es um 900 in Italien, jedoch im Zusammenhang mit dem Namen David; ein Brauch, der selten nachgeahmt worden ist. Finden wir die sefardischen gleich den nichtjüdischen oft mit Grabmälern [2]) bildlichen Darstellungen religiöser, biblischer oder auf den Tod bezüglicher Szenen geschmückt, so müssen wir das als eine, durch das erzwungene Marannentum übernommene Gewohnheit ansehen. Auf jüdischen Grabsteinen werden sonst gemäss der spirituellen Geistesrichtung der Juden keine der naturalistischen Wiedergaben der Umgebung, Vergangenheit, oder Einbildung angebracht, sondern mehr oder minder stark abstrahierte, symbolische Zeichen. Zwei segnende Priesterhände bezeichnen den „Cohen", ein Waschgerät den „Leviten", die Krone bedeutet Gelehrsamkeit, Wohltun oder Macht, es kommen also auch zwei oder drei Kronen vereint vor. Eine geknickte Rose erinnert an ein im zarten Jungfrauenalter beendetes Leben, ein zerbrochenes Licht an eine verstorbene Frau, ein gefällter Baum an einen Mann, der in den besten Jahren von hinnen schied u. s. f. Zahlreich sind die Andeutungen auf die Namen, besonders die der Tiere, auch auf die Hausmarken, die die Namen oft erst hervorriefen (Rothschild). Zuerst erscheint es einem etwas sonderbar, wenn man Adam und Eva völlig nackt unter dem Apfelbaum in unverfälschter Renaissanceauffassung oder einen Affen, ein Kamel oder Aehnliches auf dem oberen Zwickel eines jüdischen Grabsteines steht. Nicht die Darstellung der biblischen Szene oder des fremdländischen Tieres ist beabsichtigt, vielmehr

---

[2]) In Altona bei Hamburg und in Ondekerg in Holland.

dient diese nur zur symbolischen Andeutung von Haus oder Namen. Da es sich zumeist um kleine Medaillons oder Schilder handelt, schliesst der zur Verfügung stehende Raum eigentlich jede erzählende Wiedergabe von selber aus. Dass dieser Schmuck nicht aus Palästina mitgebracht ist, dürfte ohne weiteres einleuchten. Im Altertum sind im eigenen Lande und auch in den exterritorialen Judensiedlungen auf den Steinen und den Wänden der Grabanlagen und auf den Beigaben ganz abstrakt wiedergegebene Zeichnungen angebracht, so z. B. der Thoraschrank, Lulaw und Esrog, das Schofar, Oelkrüge, Palmbäume, Löwen, Vögel, Fische und siebenarmige Leuchter [3]. Symbole, die dem überaus naturalistischen Schmuck der heidnischen Antike unähnlich waren und sich zur selben Zeit nur noch bei jüdisch beeinflussten Christengemeinden finden und als etwas speziell jüdisches angesehen werden dürfen. Wie schon die alten Inschriften, so müssen auch die alten Symbole als die unserer Zeit überlegenen bezeichnet werden, sticht doch allein der Reichtum der alten Symbolik gegen unsere armseligen Davidschilder gewaltig ab.

Auf jeden Fall können wir feststellen, dass die jüdischen Friedhöfe unter Berücksichtigung von Zeit, Ort, Material und Entwicklungsmöglichkeiten vom grauen Altertum bis auf die Zeit vor etwa 100 Jahren künstlerisch gut, gelegentlich sogar besser als die der Umgebung zu nennen sind. Im letzten Jahrhundert ist trotz bürgerlicher Freiheit, gesicherter Rechtslage und stets wachsenden Wohlstands, die eigentlich die Entfaltung einer jeden Kunst fördern, nur ein grosser Rückschritt zu verzeichnen. Aus diesem Zustand ist die jüdische Gemeinschaft noch nicht herausgekommen, obgleich die Umwelt bereits vor dem Weltkriege begonnen hat, aus der Kenntnis der Werke der Vergangenheit Neues, Eigenartiges und ästetisch Befriedigendes zu schaffen. Der Aufschwung wurde nicht etwa durch blosse Nachahmung der wiedergefundenen Motive erreicht, sondern durch ein Eindringen in den die Formen schaffenden Geist. Mögen sich die Juden

---

[3] Damals scheinbar das Abzeichen der jüdischen Gemeinschaft.

daran ein Beispiel nehmen und sich wieder bemühen den Geist des Judentums zu erfassen, dann werden auch ihre Friedhöfe wieder jüdische Eigenart und Kunstwert aufweisen.

# Ricarda Huch und Wir.
### Eine Kritik.[1)]
von
**Dr. Hermann Weyl** (Frankfurt a. Main).

Erfolgreiche Auseinandersetzung mit der Dichterin wäre tatsächlich nur in weiterem Rahmen möglich. Hier lieferte sie ein Weltanschauungsbuch, das eigentlich keine Einsichten, Erkenntnisse, haltbare Thesen usw., mehr Deutungen, temperamentvolle Schauungen voll Leidenschaft und Einseitigkeit vermittelt. Philosophisch ist alles vollständig unhaltbar. Künstlerisch bietet sie eine Weltansicht, die der ursprünglichen Tendenz nach wohl einen zugleich monotheistischen und pantheistischen Kosmos meint; bald aber muss die christliche Trinität doch auch miteinbezogen werden, und es ergeben sich Gewaltsamkeiten, vollständig unhaltbare Symbolismen, die Gott als Vater, als Sohn und als heiligen Geist genug tun sollen. —

Was ist das Wertvolle? Ein zur Einheit drängender Geist verficht die innere Göttlichkeit des Weltalls und beklagt die Entpersönlichung des Zeitalters, ja ganzer Epochen als den eigentlich sündhaften Trieb. Was aber ist hier Entpersönlichung? Dass jedes Ideal persönlicher Vervollkommnung, dass jedes Persönlichkeitsmotiv im Individuellen, im Staatlichen, im Politischen, in Geschichte und Erkenntnis durch die „moderne wissenschaftliche Weltanschauung" aufgehoben sei. Der denkende Mensch (hier merke man auf) sei „beziehungslos". Ueberhaupt ist das Denken, der Verstand (wie wir wohl in ihrem Sinn ergänzen dürfen), das Verhängnisvollste, was dem Homo sapiens als ein Danaergeschenk je gereicht werden konnte. Was aber sei das Wertvollste? Eine Art persönlichster Selbsteinbeziehung.

---

[1)] Ricarda Huch: Entpersönlichung. Insel-Verlag, Leipzig 1921.

des nur schauenden Menschen in allen Kosmos. Daher habe auch die moderne Wissenschaft so verheerend gewirkt. Ueberhaupt wird vor dem menschlichen „Verstand" (im Gegensatz zu seiner „Vernunft") empfindlich gewarnt. Eine Art mystische Medizin wird gelegentlich empfohlen, und wir denken mit Grauen an alle Krankheiten der Seele und des Leibes, die nun statt nach den Gesetzen der Erfahrung in einer mystischen Naturbeeinflussung geheilt werden sollen. — Und als Hauptkronzeuge für alles figuriert G o e t h e.—

Nun wäre aber der Verf. eine Neuorientierung in dem weiten Kosmos menschlichen Denkens von frühesten Anfängen bis zum heutigen Tage innig anzuraten. Erst wenn man diese ungeheure, anscheinend zunächst so verwirrende, nur dem Reiferen immer deutlicher und geordneter werdende Doppelnatur des menschlichen Bewusstseins erkennt: wie sie K a n t einzigartig formuliert hat (worauf gerade seine ewige Bedeutung beruht), eine Doppelnatur, die auch allen früheren ernsten Spekulationen über das menschliche Denken bewusst war, erst dann ordnet sich aller Kosmos menschlichen Gedankentum's und zeigt zwei Haupttendenzen: A n s c h a u u n g (im weitesten Sinn) und E r k e n n e n (im weitesten Sinn). Jetzt begreift man —, und man kann ruhig bei den primitivsten Völkern anfangen, Indien, Griechenland, Judentum, christliches Mittelalter, philosophische Neuzeit und Gegenwart eilendst durchmessen —, dass es eine Weltansicht wie die R i c a r d a H u c h 's billigerweise nicht geben kann, weil sie zwei innerlich getrennte Betrachtungsarten einfach vermengt und hier in einer Naturphantastik endet (übrigens rein dichterisch sehr reizvoll), während sie nach der anderen Seite ebenso unreif in einem Naturmechanismus enden könnte. G o e t h e hier als Kronzeugen anrufen, heisst: ein G e n i e, das alle eben kurz charakterisierte Vielfalt des menschlichen Denkens intuitiv geschaut und unaufhörlich formuliert hat, auf einen (übrigens etwas verworrenen) Standpunkt festzubahnen. Denn die Welt für uns Menschen ist „Kunst" und „Natur". Die höhere Einheit zwischen Beiden ist nur e r a h n e n d zu erschauen und als irrationale Schau zu „begreifen". —

Als Zeitkritik hat das Buch seine Verdienste, wenn es auch längst nicht tief genug schürft. —

Noch ein grundlegendes Wort vom Standpunkt des Judentums. Heute ist es allen Gebildeten leicht gemacht, die Vielfalt jüdischen Geistes- und Geschichtslebens auch in deutscher Sprache zu erfahren. Hat sich Ricarda Huch darum bemüht? Da sie über das Judentum ganz prinzipiell urteilt, sollte man es vermuten dürfen. Anscheinend aber hat sie es doch nicht getan. Was sie über das Judentum weiss und berichtet, — es steht an markantester Stelle schon zu Anfang des Buchs — zeugt von beklagenswerter Ignoranz. Sie erhebt sich zur grotesken Verkündigung: Jüdisch-sein und Erstarrt-sein seien etwa als die beiden Seiten einer identischen Gleichung hinzustellen. Dagegen allerdings können wir nur ein kleines collegium historicum anraten, auch einen wenn auch nur bescheidenen Einblick in die tiefen religiösen, künstlerischen, philosophischen Strömungen der mehrtausendjährigen Geschichte des Judentums.

## Bücherbesprechungen.

**Gabe.** Herrn Rabb. Dr. N o b e l zum 50. Geburtstag dargebracht. J. Kauffmann, Verlag, Frankfurt a. M. 5682.

Dem verehrten, nun allzufrüh dahingeschiedenen Lehrer haben Freunde, Schüler und Verehrer eine Gabe dargebracht. Die verschiedenartigsten Gedankengänge sind hier in der Liebe zum Lehrer vereinigt, als Ausdruck des Selbst und eigensten Innern, für ihn objektiviert oder veröffentlicht. Dieser „Gelegenheitscharakter" verbirgt sich auch nicht, und die Seelenäusserungen sind als Geschenk betrachtet schön, als geistige Gestaltungen aber z. Teil nicht restlos ausgereift; als Gabe der Verehrung nur dankend zu empfangen, als Gabe für die Ewigkeit z. Teil nicht vollendet. So schicken auch wir als Erstes den Dank für diese Verehrungszeichen voraus, um uns nun in einzelner Besprechung zu vertiefen.

Sonett und Widmung gehen voran, 3 Briefe Hermann Cohen's über Gottfried Keller und eine Widmung Nobel's an den den 70jährigen Cohen. Was jetzt folgt, ist Versuch denkerischer Weltbewältigung. — E d u a r d S t r a u s s (Mystik, freier Geist und Offenbarung) erörtert 3 hauptsächliche Geisteshaltungen, nur nicht ganz mit scharfer gedanklicher Strenge, mehr in einer apostrophal-pathetischen Anrede, daher auch einem „Buch in Briefen" entnommen. Kurz gesagt: die mystische Haltung kenne nur das Ich; der freie Geist, die erfahrungsmässige Weltbetrachtung nur das Allgemeine; erst in dem Offenbaren, im Ruf der Höhe würden die Menschen als „Wir" geeint Nun ist allerdings für meine Begriffe alles noch viel zu aphoristisch ausgeführt; und es bleibt sehr notwendig, die bisher mehr formal, auch etwas schematisch gefassten Begriffe: „Mystik", „freier Geist", „Offenbarung" noch mit dem ganzen flutenden Leben zu füllen. Dann erst mag man restlos inhaltlich Stellung nehmen. Was bisher vorhanden, zeigt unter einer oft krausen ja barocken Hülle das Ringen eines ehrlichen doch fast verkrampft-gewaltsamen Geistes. —

Siegfried Krakauer (Gedanken der Freundschaft) entwickelt in liebenswürdiger Weise analystisch und phänomenologisch Typen der Freundschaft, ohne sie allerdings hier aus dem umfassenden persönlichkeitlichen Bewusstsein abzuleiten, zu beleben und zu einander in Beziehung zu setzen, sodass hier nur eine Statik, keine Dynamik gegeben worden ist. Vielleicht findet sie sich im ersten vor Jahren im „Logos" erschienenen Teil, der mir bisher unzugänglich blieb. —

In einer kleinen Betrachtung (Figur und Idee) weist Rudolf Halle den „figuralen" Wesenszug der griechischen Raumgestaltung an dem Pantheonfries auf. —

Ernst Simon (Platon und die Tragödie) untersucht gedankenreich des späteren Platon ablehnendes Verhältnis zur Tragödie und Kunst und fügt zur bekannten Deutung Nitezsche's ein neues schönes Motiv. Die „Gesetze" sollten den Staat ermöglichen, in dem auch Sokrates (dieser Revolutionär, aber noch nicht zur neuen Polis Gelangte) hätte leben können. Ueberlegt man genauer und fasst Nitezsche's Auslegung weit genug, wird man Simon's Motiv auch bei Nietzsche mindestens stark angedeutet, wenn nicht gar auch ausgesprochen finden. Denn schliesslich liegt es in der gleichen Systematik des Gedankens, Platon's „Kunstauffassung als starre Konsequenz des sokratischen Urteils über die Kunst" zu nehmen und den utopischen Staat der Gesetze als Verwirklichung für dieses sokratische Denkertum hinzustellen. Jedenfalls ist das Simon'sche Motiv durchaus beachtenswert und die ganze kleine Arbeit schön und gedankenvoll. —

In einem religionsphilosophischen Entwurf (Das Dämonische) möchte Leo Löwenthal das Verzerrte, ja Krause und Verworrene im heutigen und wohl auch allzeitlichen Seelentum gestalten. Die Arbeit ist selbst noch so uneinheitlich, dass gar keine eigentliche Darstellungsmethode vorhanden ist: phänomenologische, analysierende, psychologische, ja sogar erkenntniskritische Tendenzen vermengen sich zu einer eigentümlich bizarren Darstellungsart, die aus einer Methode sofort in eine andere verfällt und noch unfähig ist, die oft bedeutenden überschäumenden Gefühle auch nur annähernd zu formen. Philosophisches Pathos und lebendige Rätselhaftigkeit des Bewusstsein leuchten entgegen, in dunkles Gewand verhüllt. Manche Denkfehler finden sich; z. B. gar keine klare Abgrenzung im weiten seelischen

Gebiet des Dämonischen, das durchaus nicht immer das Negative, das gradezu sinnlich-groteske Hindernis für die seelische Entfaltung ist, sondern ein ganz positives und bejahungswertes seelisches Phänomen sein kann und bei allen wahrhaft Grossen auch war. — Einige Ungenauigkeiten über philosophische Denksysteme finden sich leider auch. — Viel persönlich Bekenntnishaftes scheint vorhanden zu sein, also seelische Wahrheit, Tatsächlichkeit und grosse religiöse Schau. Aber der Wirbel der Gefühle wurde in einem Wirbel der Gestaltung allzu fühlbar, und so wertvoll auch der eigentliche Sinn, das persönliche Pathos, die ganze Problematik sind, wir müssen diesen Formungsversuch gerechterweise als unzulänglich und vorläufig bezeichnen. — —

Dem Prediger gelten 2 kurze von E. M. mitgeteilten Predigten, 3 aus der chassidischen Gedankenwelt entnommene Predigten von Martin Buber, ein kleiner Aufsatz von Joseph Prager „Vom Predigen-Hören" und eine inhaltsreiche geschichtliche Skizze von Max Michael „Von der Kanzelpredigt."

Uebersetzungen jüdischer Gebete sind noch vorhanden; von Eugen Mayer („Räumet räumt, macht Bahn!") eine pathetische Paraphrase über mancherorts vorhandenes lebloses Judentum, sinnentstelltes ja sinnloses religiöses Dasein, ohne dass allerdings die religiös-schöpferischen Kräfte gesehen werden; das Ganze etwas unerquicklich und platt. — „Lebendiges Gesetz und Schönheit der jüdischen Welt" vermittelt allerdings in gewisser Unsicherheit und Verschwommenheit manch tiefere Deutung jüdischen Gedankentums. Robert Weiss (Jüdischer Sozialismus) beschwört (wie es schon öfter geschah) für den Wiederaufbau von Erez Israel alle religiösen und sittlichen Schöpferkräfte unseres Bewusstseins. Nur im Bewusstsein einer wahrhaft innerlichen Wiedergeburt ist das Werk gerechtfertigt. Der Schlussabsatz des schönen Aufsatzes lautet:

„Der Neubau in Erez Israel wird kein politisches oder wirtschaftliches Werk sein. Er wird zur religiösen Tat werden. Die Erkenntnis reift, dass wir uns aus den Verstrickungen der europäischen Katastrophe nur dann lösen dürfen, wenn wir gewillt sind, unsere nationale Wiedergeburt in einen grösseren Zusammenhang einzuordnen, der mit dem Entstehen einer jüdischen Gesellschaft erlöster, arbeitender Menschen beginnt und mit der Heiligung der Welt endet. Gegeben sind uns die Lebensformen unserer Väter. Sie behüten uns in dunkler Zeit, in der die neuen Früchte in uns reifen."— —

Dr. Weyl.

---

J. Zangwill: Auserwählte Völker. Das altjüdische Ideal im Gegensatz zum Germanischen. Mit Geleitwort von F. Perles, Berlin 1922, Verlag Siegfried Cronbach.

Mit viel historischer Verbrämung, weniger übersichtlich, wird die altjüdische Lebensauffassung aus den Quellen dargelegt, in einem Vortrag Zangwill's in der Jewish Historical Society of England am 31. III. 1918. Die universalistische Tendenz des Judentums, seine Erwähltheit als Aufgabe und Verpflichtung werden richtig dargelegt, manche klugen Parallelen zur Weltgeschichte, bes. zur englischen Geschichte gezeigt. Allerdings weisen wir eine Anzahl rethorischer Superlative entschieden zurück, so z. B. wenn Maximilian Harden als erster Vertreter jüdischer Kultur in Deutschland bezeichnet, wenn den Juden die einzige Kultur in Deutschland zugeschrieben, wenn Judentum und Christentum (nicht der Idee, sondern auch der Erscheinung nach) als kaum von einander unterschieden hingestellt wird usw. usw. Ueberhaupt lehnen wir einige historische und weltanschauliche Ungerechtigkeiten ab, bes. seine erhebliche Missdeutung mancher deutscher Geisteserscheinungen, wie z. B. Nietzsche's. Dennoch ist an geschichtlichen Anregungen, in Verarbeitung jüdischer Kenntnisse und wegen Vermittlung mancher wissenswerten englischen Literatur der Aufsatz wertvoll. Dr. Weyl.

Heinrich Rickert: Die Philosophie des Lebens. Darstellung und Kritik der philosophischen Modeströmungen unserer Zeit. Tübingen, I. C. B. Mohr, 1920.

Der grösste Teil der zeitgenössischen Philosophien hat einen mehr oder minder klaren, jedenfalls aber leidenschaftlich erfassten Lebensbegriff in den Mittelpunkt des Denkens gestellt. Nicht das eigentlich tief Schürfende, mehr das Modische soll von Rickert dargetan werden, was ja schon eine immanente Kritik bedeutet. Jedenfalls ist eine grundlegende Komponente aller der zur Beurteilung stehenden Denkrichtungen ein gewisser Irrationalismus, wie er im Lebensbegriff selbst schon enthalten ist. — Es ergeben sich weitere Zusammenhänge zu früheren philosophischen Systemen: zu Hamann, Herder, F. H. Jacobi, Goethe, Fichte, Schelling, zu Friedr. Schlegel, Novalis u. a. Der Neuzeit zugehörig doch gleichwohl schon historisch sind Schopenhauer, Nietzsche, Bergson; dann: Simmel, Dilthey, Husserl, Scheler, Eucken, Vaihinger, Steppuhn, Spengler usw. Deren anscheinend so disparaten Gedankengänge klären sich bez. ihrer inneren Zusammengehörigkeit in einem niemals gleichartig gefassten, aber nach der Erlebnisseite hin ausserordentlich ähnlichen Lebensgefühl, das sich je nach Denkrichtung als erkenntnistheoretisches, metaphysisches, biologisches, Kultur- und geschichtsphilosophisches Philosophem entwickelt und abwandelt. Auf das geistreiche und lebendige kleine Werk, das allerdings nach eigenem Vorsatz nicht die letzten systematischen Tiefen, vielmehr bes. die vom populären Denken lebaft erfassten auch allgemeinverständlichen Zusammenhänge kritisch darlegt und so einen wertvollen Ueberblick auch über manche religiöse Grundrichtungen unseres Zeitalters gibt, kann mit Nachdruck und Sympathie verwiesen werden.

Dr. Weyl.

ולענין מ"ש לעיל בהערה ד' דהא דתני עולא (נזיר סה.) מת שחסר אין לו תבוסה אולי אין זה אלא בנקבר חסר מתחלתו אבל לא בנחסר אחר כך והובאה שם ראי' לזה מהא דמשמע דבחדא מחתא מחתינהו עם דין רקב במס' נזיר נ"א ע"ב ובתוס' שם, אינו מוכרח לע"ד דהא על כרחך לאו בחדא מחתא נגהו דהא חסרון לדין תבוסה אינו אלא במה שינטל מן החי ויחות כמ"ש בירושלמי וכמ"ש הרמב"ם בפ"ט מה' טומאת. מת ואילו לענין רקב גם אם. חסר כל שהו אין לו דין זה כמבואר למעיין ברמב"ם שם וכ"כ להדיא בס' סדרי טהרות ואכמ"ל.

ולענין מש"כ לעיל שדין הרקב תלוי בעצמות ע' נזיר נ"א ע"א ובתדי"ה אמר וכו' וע' ירושלמי נזיר פ"ז ה"ב אין רקב לבשר יש רקב לעצמות כהדא דתני בר קפרא ורקב עצמות קנאה וע' לחם משנה פ"ז מה' נזירות. ולענין פלוגתא דרש"י ותוס' בעפר קברות (נדה כ"ז) ע' ראיה ברורה לרש"י ז"ל מן התוספתא בגרסתה הנכונה שהביא הגר"א ז"ל בפט"ז ממס' אהלות, וזה נוגע לנדון דידן אלא שאין כאן מקום להאריך יותר. והמלמד תורה לעמו ישראל יאיר עינינו בתורתו.

ושוב שמעתי כי בשו"ת אבן השהם מדובר הרבה על ענין פנוי הקברות ואולי נגע שם גם' בהלכה עטוטה זו אך לא ראיתיו.

י) ועל דבר שיטת הרמב"ם ז"ל שמת עכו"ם יש לו תבוסה [וכן הבין שיטתו הגאון בעל אורח מישור ז"ל] מצאתי מפורש כדבריו בתוספתא דאהלות פי"ז ראשו של זה בצד מרגלותיו של זה יש לו תפוסה ואין לו שכונת קברות, וטעם הדבר משום שהוחזקו עכו"ם ואעפ"כ יש להן תבוסה. וכן גרסינן בהאי ברייתא בירושלמי נזיר פ"ט עיי"ש. אבל בבבלי (סה.) גרסינן אין להם תפוסה. והכריע' הרמב"ם ז"ל כגרסת התוספתא וירושלמי שהוא עיקר משום דקי"ל סמי חדא מקמי תרתי. ולענין סתירת דבריו ז"ל אולי יש לומר שלא הצריך תבוסה אלא כשאין ידוע בודאי שהוא עכו"ם רק שאנו דנין כן מאופן משכנו, ובנמרא (סה.) אמרו ע"ו דלמא עכו"ם הוא"ח). ש"מ שאין זה ודאי, רק לענין שכונת קברות הקלו כדאמר ריש לקיש (שם:) עילה מצאו. ואולי לזה נתכון הגאון ר"ד אוסנהיים ז"ל בתשובתו (חוות יאיר ד' למברג קל"ו ע"ד בסופו) וזה לשונו: מכל מקום בנדון דידן אמרינן כיון שכל הקברות המה בעומק וכו' ובפרטות שרגלים לדבר שקברות עכו"ם היא וכו' אף אם מוצא בבית הכנסת ממנה מקומן (עם התפוסה מספק) ונשאר מקום בית הכנסת מהור עכ"ל. ואלו הן שלש המלים הקצרות שהאציל לדין התבוסה בתוך חצאי ענולים בכל אסי תשובתו הארוכה, וכונתו ז"ל באמרו "מספק" משום שמא לאו עכו"ם הוא ויצא לו כן משיטת הרמב"ם ז"ל שאעפ"י שיש רגלים לדבר שהוא עכו"ם צריך לימול תבוסתו. אמם כי מלשון הרמב"ם ז"ל בפרוש המשנה למס' נזיר ואהלות משמע דנמילת התבוסה משום טהרת המקום הוא (וע' לעיל הערה א'). או אולי יש לפרש בענין אחר: שלעולם דין התבוסה משום טהרת המקום הוא, ומה שאמרו בירושלמי ששעור התבוסה הוא עד מקום שהמוהל יונד אין פרושו משום שהטוהל המעורב בעפר טמא (שהרי כ' הרמב"ם ז"ל שהוא מהור), אלא שכל מקום שיש לחשוש בו למוהל יש לנו לחשוש גם לרקב המת, וזהו מקורן של דברי הרמב"ם ז"ל שטלא' תרווד ועוד מעפר קברות אין ידוע אם הוא רקב או מוהל, כטש"כ לעיל, ואילו לא היה ספק מוהל לא היה גם ספק רקב, ולפי זה נתונים גם דברי הרשב"ם ז"ל שדין התבוסה משום ספק רקב הוא ואינם סותרין לד' הירושלמי. ודוק הימב. ולפי זה יתבאר לנו שדין עפר קברות שהוזכר בפ"ב דאהלות מ"ב שהוא טמא הוא עצמו הוא דין התבוסה שהוזכר במשנתנו זו, וכן משמע בלשון התוספתא שהביא הרמב"ם ז"ל בפרושו שם וכ"כ בתפארת ישראל בשיטת הרע"ב ז"ל. עיי"ש. ופרוש זה היה מחוור ביותר. אילו לא הוקשה לי עליו טובא מרבי שמעון שהזכיר דין תבוסה בפסט"ז דאהלות ואיהו לא ס"ל כלל שעפר קברות טמא הוא, ע' פ"ב מ"ב: ורבי שמעון מטהר. ואולי משום זה לא גרסו רבותינו הראשונים ז"ל שם רבי שמעון באותה משנה, ע' לעיל אות ו'.

---

ח) מיהו בכתי"י סינגן (הוצאת שפיראק) ל"ג דלמא.

קרקע נוטל עמו דכמת עצמו דמי וחופר עוד בבתולת קרקע עם התפוסה ג' אצבעות דהיינו תפוסתו כדאמר להו יעקב לבניו בשעת פטירתו וכו' מקרקע מצרים טול נמי דהיינו נמי תפוסתו עכ"ל והרי זה כדברי הירושלמי שמשום הליחה והמוח [נ"ל שצ"ל מוחל שהוא כמו מוהל כמה מקומות] נגעו בה ולא משום הרקב. ובשיטה מקובצת שם הובא בשם הראב"ד ז"ל שכתב: והתפוסה שנוטל מן הקרקע עמו ג' אצבעות מפני המוחל שלו ולא ידעתי אם הלכה למשה מסיני הוא מפני שאם לא מצאו כן שמא עכו"ם הוא ואין לו תפוסה עכ"ל ונ"ל שנפלה ט"ס בדברים אלו שהרי אי אפשר לומר שהלכה למשה מסיני באה משום ספק שמא עכו"ם הוא, אבל כך צ"ל: „ולא ידעתי אם הלכה למשה מסיני הוא או מפני שאם לא מצאו כן שמא עכו"ם הוא ואין לו תפוסה". והמדפיסים החסירו מלת „או". הרי שגם הראב"ד ז"ל נסתפק בדבר אם נטילת התפוסה משום מצות קבורה היא ולפיכך כשמצאו שלא כדרך ישראל אמרינן שמא עכנים הוא ואין לו תפוסה או נטילת התפוסה משום טהרת המקום הוא ולפי זה אין לחלק בין ישראל לעכו"ם רק שהיא הלכה למשה מסיני שאם הוא מושכב שלא כדרכו אין תפוסתו מטמאת, ויש להטעים הדבר, שאם נקבר שלא כדרכו אין זו קבורה אלא גניזה בעלמא ועד כאן לא נאמרה ההלכה שעפר הקבר מתבטל למת להצטרך קבורה כיוצא בו אלא כשבא לכלל קבורת ישראל שאם כן אמרינן כי באקראי נקבר שם כמ"ש בתוס' ולא בטל העפר אליו וכמו ששיגנו שאין דין תפוסה נוהג במי שנקבר על דעת לפנותו וכבר נתבאר זה היטב לעיל. אבל בתוס' נזיר אמרו שגם מה שהרוג אין לו דין תפוסה משום הלכה למשה מסיני הוא והרא"ש כ' משום מת שחסר הוא וכן דעת הכלבו ופסק הרמ"א שנכון להחמיר כמותו (ביו"ד שע"ג ס"ט) משמע דלדינא לא ס"ל כותי' וכן משמע כש"ך שם ת"ג סק"א ודוק היטב. וכבר כתבתי לעיל שדברי הרא"ש ז"ל קשין להולמן. ואחר החפוש בספרי האחרונים מצאתי כעת בספר ערך שי מאת הרה"ג שלמה יהודה מסיגעט שנדפס בשנת תרנ"ו בחדושיו ליו"ד סי' שס"ד שנשאל כבר על תימה זו למה זה השמיטו טור וש"ע הא דתנן שתי פעמים במשנתנו במס' נזיר ובמס' אהלות. ודחק ליישב שאין זה נוהג אלא בארץ ישראל בשעה שהיתה טהורה אבל לא עכשיו בהוץ לארץ ועוד כתב שאין זה טמא אלא לגבי עושי טהרות אבל לא לכהנים. אך בכל התרוצים הדחוקים האלה לא העלה ארוכה אלא לדעת האומרים שאין דין תנוסה אלא משום טומאה אבל לדעת הרי"ש ז"ל וכן הראב"ד ז"ל שנסתפק בדבר ובדמשמע נמי מן הירושלמי כמש"כ לעיל וכמו שכתבנו בפשיטות בתפארת ישראל ובמס' סדרי טהרות וכדמשמע להדיא בפרוש המפרש למס' נזיר ובתוס' שם שאין זה נוהג בעכו"ם בדעת כולם ז"ל נראה שאין דין זה אלא משום סלוק המת במצות קבורה שצריך עפרו להקבר עמו ועדיין התימה בקושיה עומדת אם לא שנפרש ככל מ"ש לעיל. ויותר לא מצאתי על זאת בתשובות האחרונים מלבד אותו רמז מועט בתשובת הגאון ר"ד אפנהיים ז"ל (חות יאיר ד' למברג קל"ו ע"ד בחצאי עגולים) בלי שום באור על השמטת הפוסקים.

שבמקום שיטת הרמב"ם ז"ל המקילה לענין הפנוי באה כאן שיטת הר"ש ז"ל המקל לענין הטומאה כמו שהוכיח ממשנתנו דאוכל בדמעו תנן. והרמב"ם ז"ל מפרש שממשנה זו דאוכל בדמעו לא איירי בעפר התבוסה אלא בעפר עשרים אמה של שכונת קברות, שכן למדתי מדבריו ז"ל בפ"ט מהלכות טומאת מת ה"ז וכו' עיי"ש. ולענין באור. מלת דמע במשנה זו ע"י מ"ש מרן פרופסר הופמן ז"ל בישורון תר"ף חוברת א' ודברי פי חכם חן.

ט) והנה יש להוכיח שמה שאמרנו בירושלמי כי דין התבוסה הוא משום שמוהל המת יורד בו אין לפרשו משום טומאה אלא משום שהוא שייך למת ובטל לו וצריך קבורה עמו, שהרי כתב הרמב"ם ז"ל בפ"ג מה' טומאת מת ה"ח מלא חפנים ועוד מעפר הנמצא תחת המת או מעפר הנמצא בקבר ואין ידוע מה טיבו אם הוא רקב שמטמא באהל או ז) אינו אלא עפר שנתלכלך בנצל המת ודמו הרי זה מטמא וכו' ויראה לי שאף זו טומאה מדברי סופרים עכ"ל ומבואר מדבריו, שאין טומאה זו אלא משום ספק שמא יש בעפר זה רקב אבל אם ודאי אין בו רקב אלא שבלע מדם המת אינו טמא, וכן מבואר בכס"מ שם, נמצא שאי אפשר לפרש בדברי הירושלמי שני אצבעות של תבוסה טמאים משום מוהל המת שנכלע בהם. שאם כן יסתרו דברי הרמב"ם ז"ל אשר אמר כי עפר הבלוע מנצל המת ודמו טהור הוא. ובמס' בבא בתרא (ק"א ע"ב) פרש רשב"ם ז"ל נוטל עפר תחוח וחופר שלשה טפחים [צ"ל שלש אצבעות עיי"ש בהגהות הב"ח] בקרקע בתולה ונוטל הכל דחשיבי כרקב המת ונפקא לן מדכתיב ונשאתני ממצרים וכו' עכ"ל משמע שדין נטילת התבוסה משום חשש רקב. הוא ולפרושו אתי שפיר שנטילתו משום טהרת המקום הוא שהרי רקב מטמא באהל, אבל זה לא כדברי הירושלמי אשר אמר כי נטילת התבוסה משום המוהל הוא ולא משום הרקב, ומוהל המת שנבלע בעפר הא אינו מטמא כלל כמ"ש הרמב"ם ז"ל ועל כרחך נטילתו משום קבורת המת הוא כשיטת הר"ש ז"ל ולא משום טומאה. ועוד קשה לפרשב"ם שאם משום טומאת הרקב הוא היאך הסטיכוהו חכמים להתיא דנשאתני ממצרים הרי שם לא היה רקב. אולם גם שיטת הרמב"ם ז"ל קשה שהרי נראין דבריו כסותרין זה את זה, שבפרוש המשנה למס' נזיר כתב "ואז יטהר זה המקום" ש"מ שאם לא נוטל את התבוסה טמא הוא ולא· משום קבורה נגעו בה, וכן משמע ממה שכתב בחבורו שדין תבוסה נוהג גם בעכו"ם ש"מ שלא מדין מצות קבורה הוא אלא מדין טומאה ואילו בפ"ג מאותן הלכות כתב הוא עצמו ז"ל שאין מוהל המת הבלוע בעפר מטמא כלל אלא במקום שיש לחשוש לרקב וא"כ צריך לפרש גם לשיטתו כפירוש רשב"ם שנטילת תבוסה משום חשש רקב הוא וזה שלא כדברי הירושלמי שפירש דין תבוסה משום מוהל. ובפירוש רבנו גרשום מאור הגולה ז"ל למס' ב"ב שם כתוב אותו קרקע שסביבו שהליחה והמוח של מת שם כל אותו

---

ז) לשון הרמב"ם ז"ל זה הוא גם בפרושו לאהלות פ"ב מ"א ושם חסרה מלת "או". ובהוצאת דירנבורג ישנה.

והרי דבריו סובבים על דברי הרישא דאיירי בלקוט עצמות בלבד במקום שאין בשר ואמאי יש לו תבוסה הא מת חסר הוא לדעת הרא"ש ז"ל וצע"ג. ומתוך דברי הרמב"ם ז"ל בפ"ט מה' טומאת מת למדתי שאין דעתו כדעת הרא"ש ומה שאמרו בגמ' מת פרט להרוג לא משום דהרוג מת שחסר הוא אלא משום שלא נתיחד לו עפר זה שהרי לא קברוהו שם אלא הרגוהו במקום זה [ואין להקשות שיהא מת מצוה דקנה מקומו שכבר הטיב לתרץ זה בתפארת ישראל פט"ז ממס' אהלות מ"ה עיי"ש]. ולפי זה בקברי קלן לענין אותם נפטרים שמוציאן אותן כששלדן קיימת ולא חסר מעצמותיהם כלום ודאי יש להן דין תבוסה. זולתי לדעת הרא"ש ז"ל שצריכה עיון גדול וזולתי לדעת הרמב"ם ז"ל מצד אחר שכל דין תבוסה אינו אלא לענין טומאה ולא לענין סלוק המת כמו שמבואר בראשית הענין.

ח) נמצא סוף של דברים לענין קברי קלן יש לנו שלש עילות כדי לחשוך מהם דין התבוסה. ואלו הן: שמא הלכה כרבי אלעזר כרבי צדוק שאין תבוסה אלא ברקב משום שעשה מעשה כהלכתו עפ"י דעת משנה אחרונה והרג"ה ז"ל ואפילו אם תמצא לומר שאין הוכחה מאותו מעשה כמו שבארתי ולא עוד אלא שהרמב"ם ז"ל פסק בפרוש כבן עזאי עדיין יש לומר כי להרמב"ם לשטתו אין דין תבוסה משום קבורת המת אלא משום טומאה שהרי פסק בפ"ט מה' טומאת מת הלכה כ"ב שדין תבוסה נוהג גם במתי עכו"ם וחבריו חלוקין עליו בזה [עי' בסוגיא דנזיר ס"ה ע"א ועי' פרשב"ם ז"ל בבא בתרא ק"א ע"ב ועי' דברי הראב"ד ז"ל בשט"מ שם] ואפי' אם תמצא לומר כדעת הר"ש ז"ל שדין תבוסה משום קבורת המת הוא עדיין יש לומר כדעת הרא"ש ז"ל שמכיון שחסר הדם וכו"ש כשנתעכל הבשר דין מת שחסר יש להם ואין להם תבוסה), ואעפ"י שתמהתי על הרא"ש ז"ל מתוך סוגיא הירושלמי ופשוטה של משנה שבכ"י לגדול שכמותו דאיהו דחיק ומוקי אנפשי' ואפשר דאנא שנאי חדא ואחריני ישנו חדא*). נוסף לזה השמטת הפוסקים דין תבוסה לגמרי ש"מ שאינו נוהג אצלנו ואולי כמו שכתבתי למעלה שלא היה דין זה נוהג אלא בנקבר ערום אבל בנקבר בתכריכים לא היה העפר ראוי כלל לקבל מוהל מן המת משום שסופו להבלע בבגדיו. ומשום זה לא שייך העפר אליו כלל, אעפ"י שאין זה אלא דוחק גדול וחלילה לנו לחדש סברא כזאת מדעתנו ולא הזכרתיה אלא לסניף בעלמא. ועיקר הדבר הוא כי בהלכה רופפת כזו עלינו ללכת אחרי מנהגן של גדולי הדורות הראשונים ז"ל שלא הזכירו דין תבוסה בפוני הקברות. וכבר כתב רש"י ז"ל באחת מתשובותיו: "אלה שמוסיפים וגורעים ממנהגי ישראל מה שלא קבלו כסבורים הם שקנו מקום להתנגדר בו, ואינו אלא להתנגדר בו" (פרדס קע"ה).

ולענין אם מותר לכהנים ללכת באותו המקום שהיה שם בית הקברות הקדמון בקלן לאחר פנוי העצמות בלי נטילת התבוסה יש לנו ג"כ שלש עילות לקולא אלא

---

ו) ע' לעיל הערה ד' להחמיר בספק זה דשמא לא מקרי מת חסר לענין זה.

*) ואסכנם כבר נמצא לו גואל, כי ע' לעיל הערה ד' וישוב נכון לשיטת הרא"ש ז"ל.

תבוסה משום מת שחסר הוא. ונתבאר זה יותר בפרוש הרא"ש ז"ל בפט"ז ממס' אהלות מ"ה שהרוג אין לו תבוסה מפני שנשפך דמו, וכ"ש בנדון דידן שגם בשרם נתעכל. והנה לדעת התוס' והרא"ש ודאי צריך לפרש ששמא במשנה המפנה קברו מתוך. שדהו מלקט עצם עצם והכל טהור ואין שם דין תבוסה שהוא גם כן משום מת שחסר, דכיון דאיירי כמו שפירש הרא"ש ז"ל שקברו אדעתא לפנותו כמו שהיה מנהגם אז, ובאופן זה הן היו מחכים עד שיתעכל הבשר והוי מת חסר, ואין צריך כלל לאותו טעם שאמרתי. וגם לפי פרוש זה בטלה תמיהת האחרונים ז"ל שהמשנה הראשונה המוצא מת וכו' איירי במת שלא נתעכל בשרו עדיין וכלו שלם ולפיכך תני נוטלו ולא מלקט עצם עצם ולפיכך יש לו תבוסה משא"כ משנה זו דתני בה מלקט עצם עצם. אלא שלפי זה יקשו דברי הירושלמי, שהרי ר' מנא לא תירץ כן לר' יצחק בר גופתא, אלא טעם אחר אמר לו, ש"מ דס"ל לר' מנא שכיון שכל העצמות שלמין אף אם חסר הבשר לאו מת חסר הוא. וכן מצאנו לענין טומאת כהנים שאינם מטמאים לקרוביהם אם היו חסרים שאין זה תלוי אלא בחסרון עצמות בלבד שהרי ראב"צ הכהן נטמא לאביו אחרי עכול הבשר. [ועי' כ"י יו"ד שע"ג שלא הסכים לדעת הכלבו שאין כהן מטמא להרוג, אלא שהרמ"א ז"ל הביאו שם בסעיף ט' וכתב שנכון להחמיר כן, וזוהי כשיטת הרא"ש ז"ל שאזכיר להלן, וכבר כתבתי לעיל דגם בש"ך בשם או"ז לא משמע כן]. ובאמת נ"ל שדין טומאת כהן ודין התבוסה ממקור אחד יהלכו. שמת חסר אין בו מצות קבורה מן התורה ולפיכך אין כהן מטמא לו. ולפיכך דרשינן לאביו שלם ולא חסר (נזיר מד). וטוב טעם ודעת לוה משמע לי מתוך ספרי הקדמונים ז"ל(ה) כי התורה העידה על מצות הקבורה שהיא באה לנו כדי שלא תהא קללת אלדים. כלומר שאין זה כבוד של מעלה אם לא ינגז מפני שהאדם נברא בצלם אלדים. ומכיון שחסר צלמו אין כאן עיקר טעם הקבורה [ובחתם סופר יו"ד שנ"ג לא כ"כ]. אבל מדרבנן מיהא איכא משום כפרה או משום בזיוני וע' לחם משנה פי"ב מה' אבל ה"א שאין טעמים הללו אלא מדרבנן ודוק היטב. ומשום שאין מצות קבורה מן התורה למת שחסר [מ"ט אם חסר מחיים אין זה חסרון בצלמו ואין כאן מקומו להאריך בטעם זה] אין גם דין תבוסה נוהג בו, דמשום יבזיונו או כפרה ליכא בהוספת עפר זה אלא שהיא הלכה למשה מסיני (ע' נזיר ס"ה. תד"ה סרח וכו' שהרמב"ם אומר בה שהיא מדברי סופרים כשיטתו/הידועה) ולא נאמרה הלכה זו אלא בעיקר מצות הקבורה.

סוף דבר שדברי התוס' והרא"ש ז"ל קשים טובא מתוך דברי הירושלמי ועוד קשה עליהם מדברי רבי שמעון במשנתנו שאם הותקן לקבר מתחלה יש לו דין תבוסה.

---

לא מחוורת כלל. מיהו לענין טומאת כהן במת שחסר לא משמע כן בש"ך בשם או"ז יו"ד סי' ת"ג ס"ק א'. ויש לחלק בדבר, וצ"ע. כי אפשר שגם התוס' לא אמרו כן אלא בדין רקב, עיי"ש היטב. וע' להלן בסוף הדברים באות י'. ועל פי דברי ההערה הזאת תתישב מה שתמה על פי' הרא"ש ז"ל, ע' להלן באות זו.

ה) ע' בספר מאורי אור לרבי אהרן בן אברלי ז"ל חלק בן־נון בבאוריו למס' סנהדרין מ"ח.

ליטול תבוסתן והשיב לו ר' מנא אימא סיפא ואם הותקן לקבר מתחלה יש לו תבוסה ולפיכך גם בטוצא מת אחד או שנים כיון שלא שב הקובר להוציא משם אלא נתיאש הימנו כי שכח ואדם אחר הוא שמצא הרי זה דומה כהותקן כבר לקבר שהרי טמילא נעשה זה קברו. זהו לע"ד הפרוש האמתי בדברי הירושלמי, וכל המפרשים עם הרנ"ה ז"ל בכללם העלו בהן דחוקים שעיקרם חסר מן הספר. ואפילו לגרסת הרמב"ם ז"ל בפה"מ ר' שמעון אומר וכו' יש לישב דברי הירושלמי בדרך זה דמדרבי שמעון נשמע לרבנן, שהרי עד כאן לא נחלק עם ת"ק אלא בנפלים עיי"ש אבל לענין שאר קברים גם ת"ק מודה לו שיש לחלק בין הותקן לקבר או לא הותקן, ולא כמפרשי הירושלמי שכתבו דברי תימה שגם בזה יש מחלוקת.

ונראה לי שמי שנתיאש קוברו מטנו מחמת שכחה ולא נתכון ליחד לו קבר זה אלא שהסיח את דעתו ממנו לגמרי והוא נשאר קבור כאן אז יש לו דין מת שנקבר שלא ברשות, שהרי אין כאן שום יחוד לקבר כמו בנקבר שלא ברשות שאין יחודו של קובר מועיל בו מפני שאין לו רשות לכך. וכבר פסק הרמב"ם ז"ל בפ"ט מה' טומאת מת ה"ה שהנקבר שלא ברשות יש לו תבוסה ומותר לפנותו כרשב"ג בתוספתא. ובאור הדבר הוא שאין המקום נקנה לנקבר עולמית כדי שיהא אסור לפנותו אלא ביחודו של בעל המקום אבל בנקבר סתם, כגון שקברוהו שם רוצחיו או שנפל מעצמו לבור ונערם עליו גל עפר [אם אינו מת מצוה כמו שנתבאר בתפארת ישראל ספט"ז דאהלות עיי"ש] אז אינו קנוה מקומו לענין איסור פנוי אבל דין תבוסה יש לו שהרי מכל מקום קברו הוא. וכן המוצא מת קבור אדעתא לפנותו שקברו שכחו ולא פנהו יש בו דין תבוסה שהרי קברו הוא מטילא. ובהכי איירי מתני' דמצא מת מושכב וכו'. אבל כשבא הקובר עצמו לקיים מחשבתו ולפנותו משם אז דינו כאלו לא נקבר עדיין כלל מעולם ומה שהיה מוטל בקרקע לא היה זה אלא לעכל הבשר וכך היה יכול לשימו בעפר באיזו תיבה או לטוח עליו סיד כדאיתא ביו"ד שם כדי לעכלו, ולא היתה זו קבורה כלל כיון שלא נתיאש ממנו טלטלו משם ולפיכך אין לו דין תבוסה שכל שאין זה עפר קברו לא נתבטל אליו כלל. ובמוצא קבר כזה אין חוששין שמא החלים הקובר שישאר כאן בתורת קבר רזה לא שכיח דהא כל יחיד מוביל מתו לבית הקברות ואינו מגיחו בשדה לבדו אלא ודאי תולין שקברו אדעתא לפנותו ושכח וזהו כונת הראשונים ז"ל למדקדק היטב בלשונם ולפיכך מותר לפנותו אבל דין תבוסה יש לו. ובזה תתישב קושית כס"מ על הרמב"ם שפסק כרשב"ג נגד רבים משום שכן מוכח מסתם משנה דאל"כ קשיין אהדדי כמו שהקשה בירושלמי.

ז) והנה עד שלא נתבאר לי כל הנ"ל הייתי סבור לומר לענין קברי קלן שאין להם דין תבוסה משום דתני עולא בר חנינא מת שחסר אין לו תבוסה ואין לו שכונת קברות (נזיר ס"ה.) ומכיון שאין לפנינו אלא עצמות וכל הבשר נתעכל הרי מת שחסר הואד). וגדולה מזו כתבו שם בתוס' (ד"ה פרט וכו') שמה שאמרו בגמ' שהרונ בנמ' אין לו

---

ד) אמנם ידידי הד"ר גיטלסון נ"י העיר שאין זה אלא בנקבר חסר אבל אם נקבר שלם ונחסר בקברו אולי יש לו דין תבוסה, עי' נזיר נ"א: חד"ה מת שחסר וכו'. וההגהה בשולי הדף

## ברורי הלכות

נתקיים בו עדיין דין קבורה כלל ובאופן זה אין לו דין תבוסה כמפורש במשנתנו על פי פירוש הראשונים ז"ל.

אבל הקובר את אביו על דעת לפנותו ואח"כ שכח ולא פנהו אלא שאחר זמן מצאהו איש אחר באותו הקבר והרי הוא רוצה לפנותו מכאן, מפני שהוא צריך למקומו הקנוי לו כעת, אז ודאי בדין הוא שנאמר כי כבר נתיחד למת זה שעור העפר שתחתיו מחמת עצמו, מפני ששכח קונבנרו לפנותו, והרי זה ממילא הקבר שלו, שהרי מכיון שאין לו קונבנרין כמת מצוה הוא וכל מקום שהוא שם זהו קבורתו. אמנם אין לו דין מת מצוה גמור לגבי זה שנאמר עליו כי קנה מקומו ואסור לפנותו משם שהרי לא נפל חלל באותו המקום רק הביאוהו להקבר בכאן ממקום אחר שמת שם [ולא חיישינן שמא כאן וקנה מקום שכבר הקשו בירושלמי כן ותרצו אין מתי מצוה מצויינין], אבל לענין דין תבוסה ודאי יש לו כמו לשאר מתים, שהרי מאחר ששכח קוברו לפנותו מכאן נעשה זה המקום קברו ומכיון שהוא קברו הרי עפרו שתחתיו בטל לו וסעון קבורה כמו הוא עצמו. ולפיכך שנינו במשנתנו שהמוצא קבר שנכון לומר עליו [בלשון התוס'] שנקבר בו אדם אדעתא לפנותו אלא שנשכח, ועכשו מצאו המוצא הזה, אז נוטלו מכאן ונוטל תבוסתו עמו אעפ"י שנקבר מתחלה אדעתא לפנותו. נמצינו למדים שדברי הראשונים ז"ל פשוטים וברורים ותמיהת האחרונים ז"ל נדחה.

ו) עתה בוא וארך כי תמיהת האחרונים ז"ל ותרוצי אליהם שניהם בדבור אחד נאמרו בירושלמי נזיר (פ"ט ה"ג) ר' יצחק בר גופתא בעא קומי ר' מנא תמן את אמר [המפנה קברו מתוך שדהו] מלקט עצם עצם והכל טהור וכא את אמר הכין [שנוטלו ואת תבוסתו] ? אמר לו אמור דבתרה אם התקינו לקבר מתחלה יש לו תבוסה. עכ"ל. והנה במשנתנו גרסינן רבי שמעון אומר אם התקינו וכו' ולפיכך תמה בשיירי קרבן מה תירץ לו ר' מנא לר' יצחק הא מ"מ קשיא לת"ק שלא חילק בין התקינו לקבר או לא התקינו, עיי"ש שנדחק מאד וכן בפני משה. ושניהם לא ראו מה שהעיד בס' מלאכת שלמה מאת רבי שלמה העדני ז"ל כי מצא שנמחקו מלות רבי שמעון אומר והגיהו "ואם התקינו וכו'" וכן הגיה הרב רבי יהוסף [הלוי ז' מינש?] ז"ל וכתב כן מצאתי עכ"ל. וברור לענ"ד שיסוד הגהה נכונה זו הם דברי הירושלמי הללו. וראיה ברורה אביא שגם הר"ש ז"ל בפרושו לא גרס ר' שמעון אומר וכו' שהרי הוצרך להביא שם ראיה לדבריו שאין עפר התבוסה טמא מן המשנה הקודמת ולא אמר כלל שלדברי רבי שמעון א"א כלל להיות שיהא העפר התחוח וג' אצבעות שתחתיו ממאים שהרי אפילו בעפר קברות עצמו שהם הקסטין והצרורות שהרקב מעורב בו [וגם מוהל המת מעורב בו כדברי הרמב"ם ז"ל בפ"ג מה' טומאת מת הי"ח] מטהר רבי שמעון בפ"ג ממס' אהלות מ"ב, אלא ודאי הר"ש לא גרס רבי שמעון ולפיכך לא פירש גם טעם מחלוקתן. וכך היא השקלא וטריא בירושלמי: ר' יצחק בר גופתא הקשה דתמן תנינן שהמפנה מת שנקבר אדעתיה לפנותו אין לו דין תבוסה והכא תנינן שאם מצא מת אחד או שנים תלינן שלפי שעה הונחו שם ואעפ"כ צריך

הרנ"ה ז"ל. אולם עד כאן לא אמרנו שהעפר הזה בטל אליו אלא כשיחדוהו לכך ברצון אבל מת שהושכב בקבר אדעתא לפנותו משם הרי זה כמו שלא נקבר עדיין והעפר שתחתיו אינו מיוחד לו כלל ולפיכך שנינו במשנתנו שכשמפנין אותו משם אין צריך ליטול עפרו עמו, כלומר: אין לו דין תבוסה. וראיה לדבר שהקבור בקבר אדעתא לפנותו כמו שלא נקבר עדיין כלל דמי הוא מה שמותר לו לכהן להטמאות לפנות עצמות אביו מן הבקעה, כמו שעשה רבי אלעזר ברבי צדוק לאביו אעפ"י שהיה כהן. ואעפ"י שאטרו שאסור לו לכהן להטמאות לאביו אחרי סתימת הגולל מפני שנתקיימה כבר מצות קבורה מ"מ סתימת גולל ראשון לאו קבורה היא עדיין עד שיסתם הגולל השני באותו קבר שיעבירוהו לשם. וכל הדברים האלה נאמרו מפי רבנו הגדול הרשב"א ז"ל (בתשובותיו סי' רצ"ב) והובאו להלכה פסוקה בהגהת הרמ"א ז"ל בקצרה ביו"ד שע"נ סעיף ו'. והרב רבי אברהם זכות ז"ל בספר יוחסין (הוצאת פיליפאווסקי־לונדון עמוד כ"ח) הוכיח ממעשה דראב"צ שלא היה כהן וייש בדוחק כל מקומות הש"ס שמשמע מהם שרבי צדוק כהן היה מפני שהוקשה לו כיצד נטמא לאביו אחרי סתימת הגולל ולא ראה תשובת הרשב"א ז"ל. ובאה לו טעות זו מפני שהיתה גם לו במס' נזיר (מ"ד). אותה גרסא משובשת שיש לנו בספרי הדפוס דתניא מעשה ומת אביו של רבי יצחק בגנזק[ג]) תחת הגרסא הנכונה (המונחת בשולי הדף כמו נ"א) שהביאו כל הראשונים ז"ל בלי יוצא מן הכלל שעורסין רבי צדוק (ע' בתשובת הרשב"א שם וע' פ"ב מה' אבל הט"ו בכסף משנה שם) הרי שהיה כהן.

אולם במס' שמחות איתא בסיפא דהך ברייתא: וכשם שעשה לאבי כך עשיתי לו. וצריך לפרש שעשה כן ליוחנן חברו ע"י אחרים ולא הוא עצמו שהרי כהן היה ואסור לו להטמאות ליוחנן שלא היה קרובו. אפס כי לשטת הראב"ד ז"ל בס"ה מה' נזירות הי"ז שאמר כי כהן ממא מותר לטפל במת מפני שאין שאין טומאה חלה על טומאה יש לפרש בפשיטות שכיון שנטמא כבר לאביו היה יכול להטמאות גם ליוחנן חברו אחר כך מפני שלא הין לו מי חמאת להטהר בהם, אך לפי זה בטלה ראייתי שכהן טמא לעצמות אביו אעפ"י שהבשר נתעכל דהא מכיון שכבר נטמא לאביו כשהניחו שלם בבקעה היה אפשר לו להטמאות גם עכשו מאחר שלא טהר בינתים. אלא שכבר החליט הגאון בעל נודע ביהודה ז"ל בהגהותיו הדגולות מרבבה ליו"ד שע"ב ס"ב שאין לסמוך על פרוש זה בשיטת הראב"ד ז"ל. ומחוורתא כדשנינן מעיקרא שעשה רבי אלעזר ליוחנן חברו ע"י אחרים ככל המנהג שנהג בעצמות רבי צדוק אביו. ובש"ך יו"ד סי' ת"ג ס"ק א' בשם או"ז משמע להדיא שכהן מטמא לעצמות אביו אם לא חסר מהם כלום אעפ"י שבשרו נתעכל כבר (ועי' לקמן בסוף הדברים לענין שיטת הרא"ש ז"ל בזה). ואין אפוא ספק בדבר שרבי צדוק היה כהן ונטמא לאביו משום שלא

---

ג) ונשתבש כבר גם בגמרות של כתבי־יד, ובכת"י מינכן (הוצאת שפראק) כתוב: אביו של רבי ייב"א וכו' זה ודאי ט"ס שלא מצאנו רבי ייבא בימי ר' יהושע וזקנים או לגרסת אורח מישור אלישע בן אבויה וזקנים, אלא תלמיד של רב היה. ע' סדר הדורות.

## ברורי הלכות סה

לפנותו קברו קודם בבקעה ולא נהג בו דין תבוסה אפילו לבן עזאי. ואפילו אם נאמר שגם לאחר זמן מועט אפשר שיהא שם רקב מן העצמות [שהרי דין רקב על הבא מן העצמות ע' פה"מ לחרמב"ם ז"ל ס"ב דאהלות מ"ב] מ"מ הא תנן שאם נקבר אדעתא לפנותו אין לו דין תבוסה, וודאי גם לענין שעורו של בן עזאי כן, דהא אין לנו שום סברא להקים בה סלונתא חדשה ולומר דמתני' כראב"צ [וגם כי יקשה ארבי אלעזר ורב יהודה דהא הלכה כסתם משנה ואמאי לא סברי כראב"צ] ולדחוק ולומר שרק לשטתו אין דין תבוסה בנקבר אדעתא לפנותו אבל בן עזאי סבר שגם אז יש דין תבוסה, דהא לא מסתבר כן כלל. נמצא שאין לנו הוכחה ממעשה דראב"צ שעשה מעשה דלא כבן עזאי.

אולם ראיתי בס' משנה אחרונה וכן גם הרג"ה בס' סדרי טהרות שתמהו מאד על הרא"ש ז"ל שפי' דמתני' איירי כשקבר אדעתא לפנותו שהרי ממשנה ג' באותו הפרק [והיא אותה משנה שבנזיר ס"ד:] משמע להדיא שאם נקבר אדעתא לפנותו יש לו דין תבוסה, דהא תנן התם המוצא מת בתחילה מושכב כדרכו נוטלו ואת תבוסתו שנים נוטלן ואת תבוסתן מצא שלשה וכו' הרי זה שכונת קברות. ופי' הרע"ב ז"ל ואסור לפנותם דקנו מקומם, ואפילו מת אחד אם נכר שלשם קבורה נתנוהו שם אסור לפנותו, אלא שבאחד או בשנים אנו תולים שלא נקברו שם אלא לפי שעה והיה בדעתם לפנותם עכ"ל הרי לנו שאפי' במת שנקבר אדעתא לפנותו נוהג דין תבוסה. וכן פי' הר"ש ז"ל דאמרינן לפי שעה נקבר וכן משמע להדיא מפי' הרא"ש ז"ל עצמו לאותה משנה, וזו תמיה עצומה. וע' בתוס' נזיר [סד: ד"ה נטלו וכו'] שכתבו דאמרינן כי לאקראי נקבר שם עכ"ל ואולי יש לחלק בין קובר לאקראי שיש לו דין תבוסה בשעת פנוי ובין קובר אדעתא לפנותו שאז אין לו דין תבוסה, אבל זה מלתא בלא טעמא, ומתוך כך יצאו הרג"ה ובעל משנה אחרונה ז"ל לחלוק על פי' רבותינו הראשונים ז"ל במשנה זו [וישנינה לדוחק אחד נתכונו לחבר המשנה עם ברייתא אחת בתוספתא, אך אין להאריך בכך, כי קשה הוא ביותר ואין כדאי, וגם הרמב"ם ז"ל לא פירש כן] ולדעתם יוצא שמי שנקבר אדעתא לפנותו יש לו דין תבוסה. ולפי"ז קטה גם נצבה ההוכחה שהבאתי מהא דראב"צ שנעשה מעשה דלא כבן עזאי. אך קשה לסמוך ע"ז, כי תורתן של ראשונים ז"ל לדעתי ברורה היא ש א י ן דין תבוסה נוהג במי שנקבר אדעתא לפנותו ותמיהתן של האחרונים ז"ל הנראית כעצומה באמת לק"מ, וכמו שיבואר בס"ד.

ה) יראה לי שדין שעור תבוסה שפירש בן עזאי כדין תכריכי המת הם לענין שייכותם אליו. שכל מה שנתבטל לגבי המת הרי זה נעשה לחלק ממנו וצריך קבורה עמו. ולפיכך אמרו חכמים (סנהדרין מ"ח) שכל הכלים שזורקין על המת נקברין עמו מפני שהם בטלים אליו כתכריכיו. אף העפר התחוח שהוא מושכב עליו וג' אצבעות תחתיו בטלים למת וצריכים להיות עמו בקבורתו תמיד. וטעם בטול העפר לגבי מת מפורש בירושלמי (נזיר פ"ט ה"ג) משום שבהם המוהל נבלע אם הוא יורד מן המת. ואעפ"י שלא ירד כלל בטל הוא אליו, שכך שערו חכמים, וכמו שפרשתי לעיל בשם

בֵּרוּרֵי הֲלָכוֹת

רבתי (ומייתי לה הרמב"ן ז"ל בתורת האדם והרא"ש ז"ל בס"ק דמ"ק ובטור יו"ד סי' ת"ג בקצרה) שרבי אלעזר ברבי צדוק קבר עצמות אביו על פי צוויו בבקעה ולאחר שנתעכל הבשר לקטם ע"י חברו יוחנן ונכנס גם הוא עצמו לשם ופרס את הסדין וקרע וכו' ופרט שם בדקדוק את כל הענין ולא הזכיר שנטל עפר עמו, וודאי משמע שעשה כהלכתו כהלכתו שאין שעור תבוסה אלא ברקב המעורב בצרורות וקסמין, והפוסקים הביאו ברייתא זו להלכה ש"מ דס"ל כותה ואולי משום כך אין הלכה כבן עזאי ולפיכך לא הזכירו שעור תחוח ונ' אצבעות. [ולאידך גיסא הרמב"ם ז"ל שפסק כבן עזאי (בפ"ט מה' טומאת מת) לא הביא ברייתא זו. אבל גם לשטת הרמב"ם ז"ל אין דין תבוסה נוהג אצלנו מפני שלדעתו ז"ל כל עיקרו לא נאמר אלא משום טומאה ולא ס"ל כרבנו שמשון ז"ל שיש בזה משום כבוד של סלוק המת וקרא דמצרים אסמכתא בעלמא כמ"ש בלשונו וסמך לזה וכו' משא"כ הרא"ש שכתב בלשונו דדרשינן התם וכו']. וגדולה מזו מצאנו בשיטת הרי"ף ז"ל שפסק כברייתא אע"ג דאטורא לא סבר כותה אלא כאידך בריתא שנעשה מעשה על פיה אעפ"י שהרמב"ן ז"ל תמה עליו. ע' כל זה בפ"ד מה' הי"ד אבל מה' בכסף משנה שם ובב"י יו"ד שע"ג. ונ"ל בטעם הרי"ף ז"ל שכיון שאמרו בגמ' הוא סבר לי' כהאי תנא ש"מ דאנן לא סבירא לן כותי' ולפי"ז גם בסוגיין כן. ובנדון שלפנינו אולי הכל מודים שיש לפסוק כברייתא שיש בה מעשה אע"ג דאטוראי סברי כאידך, דשמא לא שמיעא להו הא ברייתא ואילו שמיעא להו הוי הדרי בהו משום דמעשה רב. כך היה נ"ל לומר כדי ליישב השמטת הפוסקים. ומה שלא הזכירו בפסקיהם שעור הרקב שאמר ראב"צ במלא תרוד ועור משום שזה וודאי לא נאמר אלא לענין טומאה הא לענין פנוי מלתא דפשיטא הוא שצריך לפנות כל ספק רקב של מת ולא היו צריכין להזכירו.

ד) אסם כי לאחר העיון נ"ל שאין ראיה ממעשה דראב"צ בעצמות אביו וממה שהביאוהו גדולי הפוסקים שאין צריך ליטול עפר, כי כאן גם בן עזאי מודה שאינו צריך לכך. דתנן במס' אהלות (פט"ז מ"ה) המפנה קברו מתוך שדהו [ופירש הרא"ש ב) שקברון שם אדעתא לפנותו] מלקט עצם עצם והכל טהור (כלומר שאין לו דין תבוסה). והנה משנה זו וודאי כבן עזאי היא שענין התבוסה נטילת העפר הוא שאם כראב"צ הלא' אין שם רקב עדיין כיון שקבר אדעתא לפנותו ופינהו בזמן מועט אחר הפטירה כמו שהיו נוהגין אז דתניא (אבל רבתי פי"ג) בראשונה היו קוברין במהמורות (ע' יו"ד שס"ג ד') נתעכל הבשר מלקטין העצמות וקוברין אותן בארונות. ואז וודאי אין רקב. אלא מתני' כבן עזאי ואעפ"כ אמרו' שאם קברו מתחלה אדעתא לפנותו אינו צריך ליטול עפר עמו. ולפי"ז אין ראי' ממעשה דראב"צ בעצמות אביו שהרי אדעתא

א) ושם בדברי הרא"ש ז"ל מעות הדפוס במחסור נקודות, ובס' מלאכת שלמה הגרסא הנכונה וכן הגיה הרג"ה ז"ל בס' סדרי מהרות, וכך צ"ל: "המפנה קברו, שקברו שם אדעתא לפנותו: יש לו תבוסה. ואסור לפנותו" עכ"ל. והדבור השני יש לו תבוסה וכו' קאי אסיפא דמתני' עיי"ש.

## ברורי הלכות

רציתי לישב לי קודם עד שקמתי וראיתי אחד גדול מדבר, ואומר ההסך מסברתנו, שדין התבוסה ל א משום טהרת המקום הוא (דלא כרמב"ם ז"ל) אלא משום ענין המת בלבד. הלא הוא הר"ש ז"ל בפרושו למס' אהלות (פט"ז מ"ה) וז"ל שם: יש לו תבוסה, לאו למימר שאם לא נטל תבוסתו מקוטו טמא דהא אוכל בדמעו תנן כרפרישית לעיל אלא משום דקתני רישא [דאיירי בלא התקינו לקבר מתחלה] מלקט עצם עצם ואינו צריך ליטול יותר, והשתא [פי' סיפא דאיירי בהתקינו לקבר מתחלה] חייב ליטול גם התבוסה כיון דמסלק המת כדדרשינן בסוף נזיר ונשאתני ממצרים ממצרים טול עמי עכ"ל הרי מחלוקת הראשונים ז"ל לענין טהרת המקום אם לא ניטלה התבוסה משם, להרמב"ם טמא ולהר"ש טהור, אולם לענין נטילת התבוסה משום שהיא שייכת למת לא אמר לנו הרמב"ם דבר [זולתי אם נחתום לראיה על דעתו מה שלא הביא דין התבוסה בהלכות אבל]. רק הר"ש השמיענו בדברים מפורשים שדין התבוסה משום סלוק המת הוא, והקושיא חוזרת למקומה מדוע לא הביאו הפוסקים את דעתו ז"ל להלכה במקום שאין לנו עליו חולק מפורש. גם הגאון בעל תפארת ישראל ז"ל כתב בשני מקומות (פ"ב דאהלות ס" כ"ה ופט"ז סי' ל"ד) דלאו משום טומאה צריך לפנות התבוסה אלא משום כבוד המת נגמ' בו, ולא הזכיר יסוד לו. ובם' סדרי טהרות כתב בכמה מקומות שדין התבוסה לא משום טומאה הוא אלא מדיני מצות קבורה והביא ראי' לזה ממה שלמדנהתו מיעקב ושם הן לא היה כל צורך לטהר אדמת מצרים. אמנם בס' משנה אחרונה (שם פט"ז מ"ג) כתב שדין התבוסה משום טומאה הוא והא דילפי מקרא ונשאתני ממצרים אסמכתא בעלמא היא ולא הזכיר גם הוא את דברי הר"ש ז"ל, ועל כולם אני תמה במה שלא הוקשה להם מדוע לא הובא דין זה בפוסקים אם דין הוא מדיני הקבורה.

נ) או כלך לדרך זו: שהרי בגמ' שם (נזיר ס"ה.) אמרו וכמה שעור תפוסה פירש ר' אלעזר נוטל עפר תחוח וחופר בבתולה שלש אצבעות מיתיבי וכמה שעור תפוסה פירש ר' אלעזר ברבי צדוק בורר את הצרורות ואת הקיסמין, נוטל את הודאי ומניח את הספק, וזהו עפר קברות מלא תרוד ועוד [כן היא גרסת הגר"א ז"ל הברורה והמתאמת ללשון התוספתא פ"ב דאהלות] ומשני: הוא דאמר כהאי תנא דתניא וכמה שעור תפוסה א"ר יוחנן משום בן עזאי נוטל עפר תחוח וחופר בבתולה שלש אצבעות עכ"ל הגמ'. נמצא שלדעת רבי אלעזר ברבי צדוק אינו צריך כלל ליטול תחוח וג' אצבעות שתחתיו אלא נוטל את הצרורות והקסמין שיש בהם ספק מרקב עפר המת והם הם שעור תפוסה וגם הם הנקראים עפר קברות ששנינו בפ"ב דאהלות מ"ב מלא תרוד ועוד עפר קברות טמא ורבי שמעון מטהר. וכן פירש דברי ראב"צ הגר"א ז"ל שם באליהו רבא. והנה לפי כללי ההלכות יש לנו לפסוק כבן עזאי נגד ראב"צ משום דר' אלעזר בן פדת האמורא פסק כמותו וגם משמע דרב יהודה פסק כן שהרי לא למד ענין תבוסה ממצרים ושם הן לא היה רקב. מ"מ יש לומר שכאן הלכה כראב"צ מפני שעשה מעשה כדינו וקי"ל דמעשה רב דתניא באבל

כהנים להכנס בו). וטעם שני יש ליתן שאולי אין דין תבוסה נוהג אלא כשיש עפר לח לפנינו כדי הרמב״ם ז״ל, ומפני שהוא מלתא דלא שכיחא שיפסו מת מקברו בעוד עפרו לח מתחתיו לפיכך לא הזכירו הפוסקים דין זה ועד שהרי לבוש תכריכים והמוהל נבלע בהם ואינו מגיע לעפר, ומתני׳ אולי איירי במוצא מת שנקבר ערום שכן היה דרכם לפנים. ע״ב דאהלות שכל דין רקב לא נאמר אלא בנקבר ערום. אבל כל זה נראה דוחק. ולא עוד אלא שמצינו דין תבוסה גם נג'י מת שנתעכל בשרו כבר ואין לפנינו אלא עצמותיו. דתנן במס׳ אהלות (פט״ז מ״ה) המפנה קברו מתוך שדהו מלקט עצם עצם והכל מהור. ובסיפא שם אמר ר״ש שאילו התקינו לקבר מתחלה היה צריך ליטול את התבוסה אעפ״י שאין לפנינו אלא עצמות מפורקים והבשר. נתעכל כבר, שאילו לא היו העצמות מפורקין לא היו מתירין ללקט עצם עצם דתניא במס׳ שמחות פי״ג (ומייתי לה בטור וש״ע י״ד סי׳ ת״ג) אין מפרקין את העצמות ואין מפסיקים את הגידים אלא אם כן נתפרקו העצמות מעצמן ונפסקו הגידים מעצמן. וכן כתב הרמב״ם ז״ל בחבורו (פ״ט מה׳ טומאת מת ה״ה) מתים הנמצאים גלויים על פני השדה אין להם שכונת קברות ולא תבוסה אלא מלקט עצם עצם והכל טהור עכ״ל הרי לנו שאילו לא היו גלוים אלא קבורים היה. צריך ליטול תבוסתן עמהן אעפ״י שאין שם אלא עצמות. ואין לתמוה ע״ז מתוך דברי הירושלמי שאמרו שם (נזיר פ״ט ה״ג) כי תפיסת הקבר היא המקום שהמוהל יורד, והא גבי עצמות אין מוהל ולמה דין תבוסה נוהג בהן, שהרי כבר הטיב לבאר זה הגאון רבי גרשון הניך מרודזין ז״ל בספרו סדרי טהרות (דף ר״א ע״ב) מ״ל שם: והא דקיהיב טעמא למלתא בירושלמי עד מקום שהמוהל יורד, לאו דקיהיב טעמא לדין התבוסה אלא דקיהיב טעמא לשעור התבוסה, דמקרא לא ידעינן אלא דיהבינן למת תבוסה, אבל כמה שעור התבוסה לא מפורש בקרא, ומסר הכתוב הדבר לחכמים, ושערו דעד שלש אצבעות בעומק קרקע בתולה הוי שעור תבוסה [לכל מת שהוא, אפי׳ לא יצא ממנו מוהל לעולם, וכן גבי עצמות יבשות שנתפרקו כבר שאין שם תחתיהם עתה שום מוהל] כיון .דעד שם מוהל יורד מרוב מתים דעלמא [אף אם ממת זה שלפנינו לא ירד שום מוהל], דלא בא הכתוב לסתום אלא לפרש עכ״ל בתוספת באור במוסגרין, ודבריו נכונים מאד.

ב) היוצא לנו מן המבואר לעיל שבין במת שלם ובין בעצמות, בין שיצא מוהל ממנו לעפר בין שלא יצא, בכל אופן שהוא דין תבוסה נוהג. ואין לנו לתרץ השמטת הפוסקים שנמנעו מלהזכיר דין תבוסה רק 'אם נדחוק לומר שאין תבוסה אלא במי שנקבר ערום שראוי מוהל לצאת ואז תבוסתו שייכת לו אפי׳ כשנעשה כבר נל של עצמות אבל אם נקבר בתכריכים אין בו שום דין תבוסה או שנאמר כתרוץ ראשון הנ״ל. שדין התבוסה לא משום כבודו של מת הוא ולא שייך· לענין הקבורה אלא משום טהרת המקום הוא ולפיכך לא הביאו הרמב״ם ז״ל אלא בה׳ טומאת מת אבל לא בהלכות אבל בדברו על דיני הקבורה, ומשום כך לא הובא דין זה בכל הפוסקים שאין תלמודם בידם רק על הלכות הנוהגות בזמן הזה. כן

עתה שדה זרע הוא, אולם הרחוב הסמוך לו נקרא עד היום הזה Zum toten Juden (הרחוב אל היהודי המת) ועוד מבוי אחד הסמוך לשם נקרא Leichenhof (חצר המתים). עכשיו, שייך המקום הזה לבעלי מסלת-הברזל שהתחילו לחפור בו בעמק חמשה מטרים ע״י מכונות של עדור (באנגערמאנישען) שחזקתן מפוצצות כמה מן העצמות לרסיסים ופשוט שיש אסור גדול בדבר. אך בהשתדלותן של בני קלן הי״ו פסקו המכונות מלעבוד והעברת העצמות לבית הקברות חדש הולך ונעשה ע״י לקוט בידים. והרי אני עומד ושואל כשלוקטין את העצמותׂ הללו אם צריך ליטול גם את תבוסתן עמהן כמו ששנינו שתי פעמים במשנתנו או איננו צריך משום שלא אשתמט שום פוסק בפסקיו ושום משיב בתשובותיו להזכיר דין תבוסה בפני הקברות.

תשובה: א) במס׳ נזיר (סה.) היכי דמי תפוסה [גרסת הערוך: מנין לתפוסה]? אמר רב יהודה אמר קרא ונשאתני ממצרים [ממצרים] טול עמי. וכמה שעור תפוסה? פירש ר׳ אלעזר [בן פדת, האמורא. תוס׳] נוטל עפר תחת וחוסר בבתולה ג׳ אצבעות. וכדברי ר׳ אלעזר אלו פסק הרמב״ם ז״ל בפ״ט מה׳ טומאת מת ה״ה. ובפרוש המשניות כתב: ופרוש תבוסה המקום שמתגלגל בו, נגזר מלשון מתבוססת בדמיך, ובארו זה שמאסף עם המת העפר הלח שלו כלו שהוא מתחתיו ויחפור מן העפר התחוח ומקרקע בתולה ג׳ אצבעות ואז יטהר זה המקום. וסמך (ל)זה למה שאמר ונשאתני ממצרים וידוע שהם ישאוהו משם אבל הכונה טול עמי מעפר מצרים שאני שוכב בו לפי שתמצית הלחות והבשר המעופש מעורב בזה העפר עכ״ל. ושמע מינה תרתי: שמע מינה שהתבוסה כלולה משלשת מיני עפר א) זה שהוא לח ב) וזה שחופרין תחת העפר הלח מן התחוח ג) וזה שחופרין גם תחת התחוח בקרקע בתולה ג׳ אצבעות. ושמע מינה שצורך נטילתו של שעור התבוסה ממקום הקבר הוא כדי לטהר את המקום ההוא לעושי טהרות כמו שאמר ׳ו אז יטהר זה המקום׳ משמע שאם לא נטל את התבוסה משם עדיין המקום בטומאתו עומד״). על פי שני הדברים האלה שלמדנו מפרוש הרמב״ם ז״ל יש להוציא לכאורה שני טעמים על מה שלא הוזכר דין תבוסה בדברי הפוסקים. האחד: מפני שאצלנו אין דבר זה נוהג. שהרי אין אנו מזדקקים לטהר המקום אלא לפנות המת כפי כבודו כי דיני פנוי הקברות שהוזכרו בטוש״ע רובם ככולם איירו כשמפנין מב״ק אחד לחברו באונס שאין הׂמקום עומד להטהר כלל, ואפשר לומר שדין נטילת התבוסה לא משום כבודו של מת הוא מפני שהוא שייך לו אלא משום טהרת המקום בלבד (ועיין תשובת הר״ד אופנהיים ז״ל שירד בה גם לענין טהרת המקום כדי לבנות בית הכנסת עליו ושיוכלו

א) אמנם ידידי ועמיתי הד״ר ש. גרינברג נ״י אמר שיש לפרש כי כונת הרמב״ם ז״ל באמרו ״ואז יטהר״ לא על נטילת התבוסה היא אלא על פנוי המת עצמו, אלא שהרמב״ם לא הזכיר כלל בדבריו קודם את פנוי המת, רק הוא מובן מאליו. אולם עיקר הראיה לשיטתו ז״ל הוא מה שפסק בפ״ט מהלכות טומאת מת ה״ב שגם בסתי עכו״ם נוהג דין התבוסה, דלא כשאר הראשונים ז״ל, ש״מ משום טומאה נגעו בה ולא משום מצות קבורה וכבוד המת. וע״י לחלון מה שיש לדחות ראיה זו ועיי״ש ראיה אחרת לדבר.

בלשון צווי, דהרי אי אפשר לפרש שבגדיו יהיו קרועים כלומר שישארו תמיד קרועים, דהלא הוא צריך ומחויב לקרוע תחלה, ואם אין לו בגדים קרועים, הוא מחויב לקרוע אף בגדיו' השלמים. ואתה זקוק לפרש את הצווי של בגדיו יהיו פרומים במובן: בגדיו יהיו = יִתְהֲווּ קרועים, כלומר יִקָּרְעוּ. ומתוך זה אתה למד שגם בפריעת ראש הדבר כן. שהכתוב מכוון למעשה אשר על הצרוע לעשות וזה יתכן רק אם נפרש גדול. ואלה הם דברי ר"ע: מה הויה האמורה בבגדים דברים שהם מחוץ לגופו, כלומר דברים שאינם באים מאליו אלא צריכים הם להעשות עכשיו (ויהיה פירוש חוץ מגופו כמו חוץ מאליו, ובטוי זה שגור לרוב בספרות המדרשית) אף הוי' שנאמרה בבגדים דברים שהם מחוץ לגופו", שהם נעשים ע"י המצורע.

## ברורי הלכות.*)
### דין התבוסה בקברי קֶלֶן.

**שאלה:** בראשית הענין אזכיר דברי הגאון רבי דוד אופנהיים ז"ל בתשובתו ע"ד פני הקברות אשר הדפיס הגאון רבי חיים יאיר בכרך ז"ל בסוף ספרו חוות יאיר. שם כתב: "ראה דין זה דבר חדש ולא נמצא כזה בשו"ת חדשים וגם ישנים וצריך חפוש נרות וילך לאור אבוקה דלוקה דנפיל נהורה בי מדרשא בים התלמוד וחדרי הפוסקים כי הלכות טומאה וטהרה מקרא מועט והלכות מרובות". והנה אחרי הברור והלבון שהביא הגאון ז"ל בתשובתו הארוכה ההיא לא ביאר לנו דין התבוסה, אם צריך לפנותה עם המתים כמו ששנינו בטס' נזיר (סד:) המוצא מת בתחלה מושכב כדרכו נטלו ואת תפוסתו [כן היא הגרסא בגמרא ובספרי המשניות גורסין "תבוסתו" וכן בפסט"ז טטמ' אהלות מ"ג] או אינו צריך. כי בטור ובשלחן ערוך לא הוזכר דין התבוסה. גם הגאון חתם סופר ז"ל בתשובותיו (חי"ד שני"ג) ביאר כיצד לנהוג בענין לקוט עצמות ואת דין התבוסה לא הזכיר. ומקום הניחוה לנו גדולי הדורות הקודמים ז"ל להתעסק בדין חדש זה ולעשות כמו שאמר ר"ד אופנהיים ז"ל לילך לאור אבוקה דלוקה דנפיל נהורה בי מדרשא בים התלמוד למען דעת היטב מה יעשה בישראל לענין לקוט עצמותיו של דור דעה מימי רבותינו בעלי התוספות ז"ל הגנוזים בבית הקברות הקדמון אשר בקלן, כי קהלת ישראל אשר בעיר ההיא אנוסה להעבירם לבית הקברות החדש. בבית הקברות קדמון זה, שהראב"ה ז"ל קבור בו, לא נשתמשו בני קלן לקבורת מתיהם זה יותר משלש מאות שנה. על גביו חרשו חורשים בימי הרבולוציה הצרפתית ומאז ועד

---
*) שאר דברים שהוכנו לדפוס בחוברת זו בחלק זה נדחו, מפני ברור ההלכה הזאת שנשאלה בבית מדרשנו כי הוראת השעה התבוסה היא וקודמת לכל דבר. ומשום שענין התבוסה לא הוזכר בדברי הפוסקים בקשתי שטוחה לפני גדולי הדור שליט"א לחוות דעתם הברורה בהלכת עמוטה זו, גם לבחון ולהעמיד על האמת כל מה שנלע"ד בזה.

פרע והוא פעל יוצא לעצם הבא מתוכו [Transitiv mit innerem Objekt] ומביע את המושג של נתינה לדבר שיעשה מעצמו, הוא מניח לשער שיגדל (wachsen lassen); ובמקום שפעל כזה בא בלשון צווי א אפשר לו אלא בגוף ראשון אבל לא בגוף שני. אפשר לצוות לאדם שיתן לשערו שיגדל, אבל אי אפשר לצוות לאדם שיתן לשער של אחר שיגדל. ולפיכך אפשר לפרש ״את ראשיכם אל תפרעו״ ואת ״ראשו לא יפרע״ בתוך צווי לגדל שער הראש, לפי שבעל השער הוא המצווה. אבל בפסוק ופרע את ראש האשה שהמצווה הוא הכהן, איך אפשר להזהירו שיתן לשער האשה שיגדל? הלא בפעל זה אינו כלול מושג העשיה אלא מושג הנחת העשיה (geschehen lassen) והאבן עזרא שהזכרנו לעיל אמנם נדחק בזה וכתב לפרש ״ולפי דעתי יוציא פרע ראשה שהי׳ מכוסה״. ואולם ברור כי אי אפשר להכניס מושג ההוצאה בפעל של שורש מלת פרע, ומה גם בבנינו הקל.

והמתרגמים הנוצרים החדשים[יא] סוברים גם הם שמלת פרע היא מן השרש השני שזכרנו לעיל במובן של גדול שער ולכן נדחקו בביאור הכתוב ״ופרע את ראש האשה״ ששם אי אפשר לפרש אזהרה לכהן שיגדל את שער האשה ופירשו במובן של סתירת השער. וכונתם בזה, שבשעה שהוא סותר את שערותיה אז הם יכולים לגדל חפשי. אבל גם זה דוחק כמבואר לטעיין. ואולם חז״ל פרשו את הפסוק הזה באופן פשוט ונוח במובן של גלוי השער בחשבם את המלה ״ופרע״ בפסוק זה לילידת השרש הראשון שזכרנו לעיל וכפי משמעותו בשפה הסורית־ארמית וכפי שמושו הרגיל בתלמוד. ובזה לא נחלקו הדעות בין חכמי ישראל ודעות הכל שוות׳ בזה. ואולם בפסוק ״וראשו יהי׳ פרוע״ (ויקרא י״ג, מ״ה) יש מקום ספק ולכן נחלקו רבי אליעזר ורבי עקיבא וכפי המובא בספרא, וז״ל: וראשו יהי׳ פרוע — לגדל פרע, דברי רבי אליעזר. רבי עקיבא אומר נאמר הויה בבגדים (בגדיו יהיו פרומים) ונאמר הויה בראש (ראשו יהיה פרוע) מה הויה האמורה בבגדים דברים שהם חוץ מגופו אף הוי׳ האמורה בראש דברים שהם חוץ מגופו. (פירוש שלא תצניף ראשו במצנפת ויתפאר בכובע כשאר בני אדם. אלא יהי׳ ראשו וכו׳. הראב״ד).

ופירוש הדברים לפמ״ד הוא דהפעל ״היה״ הוא לפמ״ד ר״ע לשון צווי, ומכיון שהוא בא בקשר עם בינוני (Particip) בע״כ שיש לבינוני זה תכונה של פעל ולא של שם, ומזה מוכח כי בשרש פרע כלול מושג של פעולה אקטיבית ולא זה של המשכת מצב (Zuständlichkeit) דהנה יש שני מיני בינונים, בינוני בעל אופי של פעולה (Verbal konstruirtes Particip) ובינוני בעל אופי של שם (.Nominal konstruirtes Part) זהו האחרון מציין מצב מתמיד ונמשך ואין הצווי חל עליו. משא״כ הראשון מציין פעולה שנעשית אם ע״י המתואר בעצמו (Part. activi) או ע״י אחר (Part. Passivi) בזמן מסומן. וכמובן יוכל הוא להאמר בלשון צווי. והנה גבי פרימת הבגדים בע״ג אתה צריך לפרש

---
[יא] מלבד קויטש שתרגם את הפסוק בויקרא י׳, ו׳ במובן של גלוי שער וכנז״ל ולא הרגיש בסתירת דבריו ופירושיו בשאר הפסוקים.

עושים את העם בטל וחפשי ממעשיו וכמו שתרגם אונקלוס: תבטלון ית עמא מעבידתהון. אמנם במקום זה באה המלה בבנין הפעיל, אבל גם בבנין הקל יש לאותה מלה מובן זה כמו בפסוק ותפרעו כל עצתי (משלי א' כ"ה) הכונה לעזוב את העצה להניח אותה עזובה לעצמה ולא להשגיח בה ועיין רש"י ורלב"ג שם, ועל דרך זו מתפרשים כל הפסוקים הרומים. [עיין במלונים של גיזניוס ואדוארד קאניג] ואולם במקום שבאה מלת פרע בקשר עם הראש אז אי אפשר שלא לראות במלה זו את השרש העברי השני הנ"ל במובן של גדול שער. הפסוקים ראשיכם אל תפרעו (ויקרא י', ו'), את ראשו לא יפרע (ויקרא כ"א, י')ח). א"א להם להתפרש אלא במובנו של גדול שער, היינו שהתורה הזהירה שלא לגדל את שער ראשיהם וכן תרגם אונקלוס: רישיכון לא תרבון פירוע, וחז"ל במו"ק י': למדו: מכאן שאבל אסור בתספורת וכו' ויפה אמרו חז"ל בספרא על פסוק זה: "ראשיכם אל תפרעו = אל תגדלו פרע, יכול אל תפרעו מן הכובע (כלומר אל תגלו ראשיכם. ראב"ד) הרי אתה דן: נאמר כאן פריעה ונאמר להלן פריעה, מה פריעה האמורה להלן גדול שער [נדל פרע שער ראשו. ראב"ד;] אף פריעה האמורה כאן גידול שער"ט). ומכאן אנו למדים אגב אורחא דרך חז"ל במדת הגז"ש שהיא באה לדון על יסור מלות שוות וללמוד את הסתום מן המפורש רק במקום שהם דומים זל"ז בענין או בהגיון או בסדר המאורע או בצורתו. והרי במקום זה שאנו עומדים בו הנו יכולים חז"ל ללמוד בג"ש מפסוק ופרע את ראש האשה (במדבר ה') ששם פרשנהו חז"ל במובן גלוי הראש, וכמו שנתעו באמת המפרשים הנוצרים לדרוש סמוכים מפריעת ראש הסוטה לפריעת ראש הכה"ג (ראה בפירושו של בענטש). ואולם חז"ל ידעו את הדרך המסורה והמקובלה לנו בפירוש האמתי של דבורי התורה שהיא מתאימה לגמרי לחכמת הלשון וכמו שיבואר עוד י). הפסוקים המובאים לעיל הנה עומק פשוטם מוכיח שהם מדברים ע"ד גדול השער ולא על גלוי הראש. ואולם בפסוק ופרע את ראש האשה (במדבר ה', ו') אי אפשר לפרש במובן של גדול שער. הפעל פרע בנוי משם העצם

ח) הקראים שנטשכו בדעותיהם אחרי הצדוקים מכחישי הקבלה מפרשים פסוק זה במובן של גלוי הראש. עיין ספר כתר תורה להקראי אהרן האחרון.

ט) עיין ברמב"ן שכתב שם דדרשא זו היא אסמכתא בעלמא וכו' ואין פריעה ופריטת באבלות אלא מדרבנן ע"ש. והנה על דרך זה דרשו חז"ל מפסוק ופרע את ראש האשה שבנות ישראל מכסות את ראשן, ובכ"ז פריך הגמ' בכתובות ע"ב: דאוריתא היא" ע"ש ויש להאריך בזה אלא שאכ"מ.

י) כל הג"ש בחז"ל אפשר לבאר בדרך זה, ולדוגמא אעיר על הג"ש של איסי בן יהודה בפסחים כ"ד: מנין לבשר בחלב שהוא אסור, נאמר כאן כי עם קדוש אתה (דברים י"ד) ונאמר להלן כי אנשי קדש (שמות י"ד) מה שם אסור באכילה וכו'. וג"ש זו נראה לכאורה כרחוקה ללמוד על אסור שלא פורש בתורה ואולם כונת הג"ש היא להוכיח כי אזהרת הקדושה באה רק בדיני שבת וי"ט, טומאה ועריות ומאכלות אסורות שגם הן טבואות טומאה לגוף האדם אבל לא בעבירות שאין מושג הטומאה שייך בהן. ואם נאמר שהתורה אסרה רק את הבישול אז לא שייך אזהרת הקדושה. וזו כונת הג"ש וקצרתי. *

## הערות ורמיזות

אחת — בצורתה שבכתב ושתים — בשרשים שונים זה מזה בהברתן. בשפה העברית אנו פוגשים מלה זו על הרוב במובן החניה ועשית הטוב. בשפה הסורית והארמית באה עפ"י רוב במובן הקלון והרשע. ואולם בשפה הערבית נשתיירו שני השרשים במובניהם המהופכים והשרשים האלה נבדלים זמ"ז לא רק בדבור כי אם גם בכתב [ראה במלון של גיזניוס] ואולם בעברית נמחה ההבדל הקולי והכתבי וזה גרם שמלה אחת בתמונתה משמשת למובנים שונים.

והנה גם המלה פָּרַע באה בתורה במובנים שונים ובהוראות מהופכות זו מזו. המפרשים השתדלו לבאר את ההוראות השונות בתור סעיפי מושג אחד כללי, מושג הפריצה, הבקיעה והפליחה (עיין בקונקורדנציא של פירסט) ומתוך מושג זה נסתעפו המושגים השונים וכו׳ גם במקום שבאה מלת פרע בקשר עם שער הראש עין בקונקורדנציא הנ"ל ואחרים אמרו שהשרש פרע הונח בראשונה למושג הריסת הסדר בין במובן הגשמי (תפריעו את העם ממעשיו. שמות ה׳, ד׳) ובין במובן הרוחני (ותפרעו כל עצתי משלי א׳, כ"ה) ובמקום שבא בקשר עם שער כונתו להריסות תקון השער בין ע"י הריסות קליעות השער ובין ע"י גדול ורבוי נפרז מאדי). וַאֵין קֵץ להשערות שנאמרו בזה. ואולם חוקרי הלשון האחרונים בדקו ומצאו כי מלה זו מוצאה משרשים שונים. השורש האחד הונח למושג הפריקה, פריקת עול או פריקת מועקה וסיג ובמובן זה הוא בא בערבית בפעל פַרַע (בנקודה על העין) או למושג הגלוי והסרת המכסה ובמובן זה הוא בא בסורית וגם בשפת התלמוד [כמו מל ולא פרע או פרע להם בית השחיטה] וגם בכמה מקומות בתורה לפי דעת קצת מפרשים [וירא משה את העם כי פרוע הוא, כי פרעה אהרן (רש"י) שמות ל"ב, כ"ה. פורע מוסר מואס נפשוּ (אבן עזרא) משלי ט"ז, ל"ב]ז) והשורש השני הונח למושג גדול השער. במובן זה הוא בא בערבית בפעל פַרַע (בלא נקודה על העין) ומשמעותו מי שמגדל שער ראשו, או ביתר דיוק מי שמניח לשער ראשו שיגדל, וגם בשם התואר אַפְרַע לאיש שראשו מכוסה בשער; ושורש זה נמצא בעברית בבריתות בפסוק "גדל פרע שער ראשו" (במדבר ו׳, ה). ולפיכך כל מקום שבו באה מלת פרע בתורה אפשר לפרשו רק באחד משני פנים הנ"ל, במובן של פריקה וגלוי או במובן של גדול שער, אבל בשום אופן לא במובן של סתירה ופריצה והריסה והסרה כמו שהורגלו בזה רוב האנשים. ובאמת כל הפסוקים מתישבים על דרך זו באופן נוח ומתקבל. הנה למשל הפסוק למה משה ואהרן תפריעו את העם ממעשיו (שמות ה׳, ד׳) משמעותו = אתם

---

"וחסד לאומים חטאת" [דרשת חז"ל ידועה] במשלי י"ד, ל"ה, במובן חקלון וחרשע = Der Völker Schimpf ist Sünde וכבר קדמחו בזה רבינו חננאל. עיין רמב"ן ויקרא ר׳ חנ"ל.

ו) עיין בביאור הרטבמ"ן לשמות ה׳, ד׳ ול"ב, כ"ה.

ז) עיין באבן עזרא שם שכתב: כי הלומד מוסר יכתירהו ויצפינהו ומסתרחק ממנו כאלו יגלהו ויפרעה, מן "כי פרע הוא", כלומר פורע מוסר וכו׳. וכונתו לפסוק בשמות ל"ב כ"ה ושם מפרש האבן עזרא כמו באין חזון יפרע עם (משלי כ"ט, י"ח) ותפרעו כל עצתי (משלי א׳, כ"ח) וגם שם מפרש האבן עזרא מלשון גלוי ע"ש.

ורד"ק ואבן ג'נאח]. הפעלים שרש, סלק וירש ידועות ואין מן הצורך לבארם. ואולם במקום אשר המשמעיות השונות של מלה אחת רחוקות זו מן זו עד כי אין למצוא ביניהם שום יחס, אז אי אפשר להניח שורש משותף להם. ובע"כ נאמר כי המשמעיות השונות נולדו לכתחילה משרשים שונים, אשר בתחלת בריאתם היו נבדלים זמ"ז גם בהברתם, אלא שבהמשך הזמן נתטשטש ההבדל הדבורי עד שאין רשומו נכר עוד בצורת הכתב. וכבר עמדו חוקרי־הלשון על הופעה לשונית זו וכתבו ספרים רבים שהפיצו אור על כמה מלות עמומות ומסופקות והחכם ד"ר לאנדוי הראה בספרו כי כמה ג) מלות עבריות המטשטשות למשמעיות שונות אפשר לבארן עפ"י הסבה הנ"ל. והדבר מובן ביותר בשפתנו העברית הענייה באותיות הגרוניות ושריקות Guttural und Zischlauten הנה האות העברית ח' מסמנת שני קולות משונים קצת זמ"ז בהברתם, בעוד שהערבי מבדיל בין הקולות האלה גם בסימן שבכתב. חית עם נקודה מלמעלה היא חית חזקה וחית בלא נקודה היא חית רפה. וכן הדבר באות העי"ן שהערבי מבדיל בין ההברות בין בדבור ובין בכתב, והעברי ודאי שהיה מבדיל בהברה בזמן מן הזמנים אבל לא בכתב. והוא הדין באותות הטית והצדי וכו'.

ובמשך הזמן כאשר חדלה העברית להיות שפת דבור ונשארה רק שפת־הכתב נשכח ההבדל הדבורי לגמרי, והטשטוש הקולי גרם לטשטוש ההבנה ולבלבול המושגים. הנה למשל מלת חסד באה בעברית במובן החבה, הרחמים והחנינה וגם במובן הקלון, החרוף והנדוף, כמו בפרשת עריות: "חסד הוא" [ויקרא כ', י"ז: תרגום, רש"י, רמב"ן ואבן עזרא] וכן פֶּן יְחַסֶּדְךָ שׁוֹמֵעַ [משלי כ"ה, י'.] וכבר עמדו רבותינו הראשונים על מלה זו ומשמעותה ההסופכות ד) והשתדלו לבארה באופנים שונים. הרמב"ם במו"נ ח"ג פ' נ"ג מבאר כי מלה זו הונחה בעקרה על מושג נייסראלי־כללי, על מושג ־הפלגת איזה דבר בין לטוב ובין לרע! הרמב"ן ז"ל מבאר את הפעל חסד במשלי הנ"ל בתור בנין בנוי משם העצם ומשמש במובן השלילה! ואולם רש"י ז"ל בפסוק הנ"ל וכמעט כל הראשונים ועמהם החוקרים האחרונים חושבים כי מלה זו היא אחת שהן שתים ה).

ג) עיין בהערה הקודמת. ועיין במלון גיזניוס־בוהל תוצאה ס"ז בראש ערך עין שהאריך בזה והוכיח מהעתקת היונית של שמות עצמיים כמו עזה ועמוסרה בגימל שגם העבריים היו מחלקים בהברתם בין עין פשוטה לעין עם נקודה(ג). ועיין בערך עבר, בערך עדר, בערך עול, בערך עור, בערך עלם, בערך ענה IV, בערך עצב, עצם II, ערב IV ועוד ועוד אשר מכלם יש לראות כי שתי ההברות השונות של העין נכתבו בעברית באות אחת.

ד) עיין סנהדרין נ"ח שדרשו מלה זו כפי משמעותה הרגילה. ודל הרמב"ם: כבר בארנו בפ' אבות שחסד ענינו ההפלגה באיזה דבר שמפליגין בו ושמשו בו בהפלגת הטוב יותר.

ה) עיין רמב"ן לפסוק הנ"ל: ולדעתי פן יחסרך שומע, יסיר מסך כל חסד וכו' כמלת לדשני, תשרש וכיוצא בהן. אמנם החכם נלדקה בספרו: .Neue Beiätrge zur Sem. Sprwiss (Strassburg, 1910) בצד 93 חולק על זה ונ עתו כדעת הסוברים ששני חמושגים נתפתחו משרש משותף אחד. ואולם על ההנחה בכללה שזכרנו בגוף מאמרנו אין מי שיחלוק, ואם הדוגמה ממלת חסד איננה מוסכמת, הנה יש לעומתה דוגמאות רבות כמו מלת עבר במובן עבירות שבמקום למקום שבשרשו הערבי הוא ג"כ בעין פשוט ועבר במובן חרון אף שבערבית הוא בעין עם נקודה. עיין בגיזניוס בשם החכם בארטה ועיין הערה וכן החכם דילישט מפרש את הפסוק

הקורא יראה כי המתרגמים האחרים שמרו תמיד מדה שוה לכל המקומות, כל אחד עפ"י דעתו בהוראת מלה זו, ורק חז"ל שינו את מדתם ויצאו לחלק בין המקומות השונים. והיודע להוקיר את חכמת חז"ל בלשון התורה יתאוה לדעת את שיטתם בזה. ועל מה זה ראו לחלק בין הנראים מדומים?

הנה בשפה העברית אנו רואים אותה ההופעה הלשונית שדוגמתה יש לפגוש בכל השפות בכלל ובשפות השמיות ביחוד, שרש אחד משמש למשמעות שונות ולפעמים גם מהופכות זו מזו. בשפה הערבית כמעט כל שרש מלותי הולך ומסתעף לתמונות־מלה שונות ולמושגים שונים. את החוט המאחד את המלות בעלי המשמעות השונות ומצרפם לשרשם אפשר למצוא רק ע"י נתוח פסיכולוגי בצירוף נפש העם יוצר השפה. ואולם יש כי מלה בעלת צורה אחת יוצאת למשמעות רחוקות זו מזו, אשר אין למצוא שום יחס בניניהן ואף לא יחס ההפוך. במקום שיש בין המשמעות השונות יחס ההיפוך לכל הפחות, כלומר שאותה מלה משמשת למשמעות מהופכות זו מזו אז נקל מאד למצוא את הפתרון. והפתרון הוא על אחד משני פנים: א) כי שורש המלה הונח לכתחילה על מושג נייטראלי־כללי ואח"כ התפתח ויצא לשני סעיפי־מושג שנראים כמתנגדים זה לזה ב). כמו למשל מלת "גמול" הונח לראשונה על המושג הנייטראלי ־ כלל: לשלם לאיש כפעל ידו בין לשבט ובין לחסד. ואולם אח"כ התפצלו משרש זה שני מושגים מתנגדים זל"ז, מושג הנקמה והעונש מצד אחד ומושג הטבה והשכר מצד שני. וכן מלת לחם הונח על מושג מזון בכלל. אצל העברים שהיו עובדי אדמה וחיו מתבואות השדה הצטמצמה מלה זו על מיני מזון שגדולם מן הארץ. ואולם הערבים עם נודד ותועה במדבר שכל מאכלם הי' בשר חיה ועוף, צינו בטלה זו את המזון המיוחד להם, את הבשר. ב) בפעלים שנכנו משם העצם (Verba denominativa) אפשר שישמש למושג החיוב ולמושג השלילה כאחד, לפי שבעיקרם באים להורות את הפעול באותו העצם, שאת שמו הם נושאים. נקח למשל את המלות הידועות: הפעל חָטָא נכנה משם העצם חֵטְא, ולפיכך הוא יכול לשמש למושג עשית חטא ולמושג התטהרות מחטא כידוע לקוראי התנ"ך. פעל חָגַר נכנה משם חגורה ומשמש לבריכת חגורה וגם להסרתה מגופו [שמואל ב, כ"ב, מ"ו — לדעת מנחם בן סרוק במחברתו. ויש פרושים אחרים. ואכמ"ל] הפעל דָשֵׁן ממלת דֶּשֶׁן בא במובן של הרחקת הדשן אבל גם במובן החיובי = לעשות דבר לדשן [תהלים כ, ד' אבן עזרא

המלה כי אם גם בהעתקת הכתוב כולו. והוא מעתיק עפ"י השבעים כאלו הי' כתוב כאן: ויאמר משה אל אהרן ולאלעזר ולאיתמר בניו "הנותרים" כמו שכתוב בפסוק י"ב ופסוק ט"ז. ובעלי הביבליא הוצ' קיטטעל מחפשי שנויי הנוסחאות לא הרגישו בזה. ואולם ברור כי מעות היתה מלפני התרגומים הנ"ל שנמשכו אחרי הפסוקים הבאים אחריהם מבלי שירדו לעומק פשוטו של מקרא. כי במקום זה מלת "הנותרים" מיותרת היא שהרי משה מדבר עמהם על מאורע זה של מיתת אחיהם ומזחירם שלא להתאבל. ומה צורך יש להטעים שדבר רק אל הנותרים ועיין בספרי דרשות חז"ל.

ב) ראה ספרו של הד"ר לאנדוי: Die gegens. Wörter im Hebr. Berlin 1896 שדבר ע"ז בארוכה. וכמה דוגמאות לקחתי מתוך ספר זה.

י. וינברג

## הערות ורמיזות.

ע"ד גלוי שער ראש אשה ׂ וע"ד מלת „פרע" שבאה בתורה.

ב.

בפרק הראשון הוכחנו כי דעת חז"ל שמלת פרע תרגומו הוא גלוי הראש. וגם אונקלוס ששמר בתרגומו את הקבלה המסורה תרגם בפסוק זה „ויפרע ית ׂ רישא דאתתא" וכמו כן תרגמו התרגומים העברים האחרים, וגם התרגומים האחרים כמו תרגום השבעים ותרגום הפשיטא תרגמו מלה זו במובן של גלוי שער ראשה. ואולם המתרגמים הנוצרים החדשים כמו קויטש ובענטש תרגמו מלה זו במובן של סתירת שער ורשמו לעיין במקומות אחרים שבתורה שבאה בהם מלת פרע, ושם א אפשר לפרש במובן של גלוי השער, כי אם להיפוך במובן של גדול שער כמו למשל בפסוק: קדוש יהי' נדל פרע שער ראשו [במדבר ו', ה'.] והראב"ע נ"כ נתקשה בבאור המלה של של ופרע את ראש האשה [במדבר ה' י"ח] וכתב ע"ז: ופרע = ינלה ולפי ׂ דעתי „יוציא פרע ראשה שהי׳ מכוסה". ונראה שהוא חושב אותו לפעל נבנה (Denominativ) מן השם פָּרַע. מאותו טעם עצמו מתרגמים גם המפרשים הנוצרים הנ"ל את מלת „ופרע" במובן של סתירת השער והם מתרגמים „ופרע" — ויסתור את השער באופן שיוכל לגדל פרע. ובמובן זה תרדמו מלה זו בשאר המקומות שבתורה. ואולם לחז"ל היתה שיטה מיוחדת בזה. לא כל המקומות תרגמו באופן שוה. פעם תרגמו מלה זו במובן של גדול השער ופעם תרגמו אותה מלה עצמה במובן של גלוי ולפעמים נחלקו חכמי ישראל בדעותיהם, זה מפרש ככה וזה מפרש באופן אחר. ודבר זה צריך ברור ולבון. ולשם זה צריך אני להקדים ולהביא את המקומות שבהם באה בתורה מלת פרע ביחס אל השער.

א) [נדל פרע שער ראשו [במדבר ו', ה'] במקומות אלה דעות הכל שווה] [ופרע לא ישלחו [יחזקאל מ"ד, כ'] כי המשמעות היא נדול השער

| | חז"ל ואונקלוס | השבעים (והפשיטא א) | המתרגמים החדשים | |
|---|---|---|---|---|
| | | | קויטש | בענטש |
| ב) ראשיכם אל תפרעו [ויקרא י', ו'] | גדול שער | גלוי שער | גלוי שער | גדול שער |
| את ראשו לא יפרע [ויקרא כ"א, י'] | כנ"ל | כנ"ל | גדול שער | כנ"ל |
| ג) ופרע את ראש האשה [במד' ה', י"ח] | גלוי שער | כנ"ל | סתירת שער | גדול שער |
| ד) וראשו יהי' פרוע [ויקרא י"ג, מ"ה] | לר׳ אליעזר: נדול שער לר׳ עקיבא: גלוי שער אונקלוס: גלוי שער | כנ"ל | גדול שער | גדול שער |

א) הפשיטא נמשך תמיד אחרי השבעים וגם במקום זה נמשך אחריו לא רק בתרגום

ר' גבריאל מקראקא, ר' אברהם בן יהודה אב"ד ור"מ דק"ק אשכנזים באמשטרדם וחברו דק"ק ספרדים ר' יעקב איליון שלא רגיל לכתב הסכמות כאשר מעיר הוא בעצמו אבל בכה"נ לא יוכל להמניע את עצמו לשבח הספר לפני בני עדתו וכתב: "ולא נעלם מעיני כל יודעי ספר כי מלאכת הדפוס ההוצאה מרובה וצריך הון עתק ומשא כבד טורטוני וטורטוני דמורטוני (ע' סוטה ל"ד.) ולכן אחלי לפני עדה קדושה ראשי אלפי ישראל וכו' מקום אשר הלך ילך החכם הנ"ל יתנו יקר להספר הנחמד הנ"ל ע"כ. וכנראה לא הפילו מדבריו ארצה כי בשנת תקל"ב נדפס מחדש (בתבנית VIII) מפני שהראשונים הלכו להם.

התפלה הנדפסה הביאה מאלי' כל מה שנדפס בתוכה תחת יד כל וכל מזמור או פיום שהתפלה קולטתו נהיה לדבר קצוב מוסכם ומקוים לעד לעולם. המדפיסים מלאו מקום החזנים שהם הפייטנים בעצמם בימי קדם. הדפוס שם גבול, עשירות הכתבי יד היתה קנין בלי תועלת, ובעבור שהסדורים בפלך אחד שוים אחד אל אחד הלך המנהג אחר הסדור הנדפס (ע' צונץ Die Ritus p. 145).

הספר הראשון שנדפס באמשטרדם הוא סדר תפלות ואיננו בנמצא בשום בית עקד ספרים בעיר הזאת רק באכספארד כאשר העיר הח' היללעסום במאמרו אודות הספר הראשון שנדפס באמשטרדם. ומשם נוכל להשיב השאלה מאימתי נתקבל השיר לכה דודי פה בעיר. ובעבור שהסידור הזה יקר המציאות במאד מאד אביא כאן מה שנמצא בדף הראשון (ע"י במאמר החכם הנ"ל) •

     סדור תפלות כמנהג קהל קדש ספרד
     והוספנו על הראשונים לכה דודי
     ומזמורי המועדים וקדושי ג' רגלים
     וזולתם מלבד שהעמדנו כל דבר ודבר
     על סדר השנה למען יקל על כל איש
     למצא מבוקשו •
     נדפס עתה במצות הגבירים
     אפרים בואינו ואברהם צרפתי
     באמשטילרדם
בבית מנשה בן ישראל שנת וישכן ישראל בטח

הרי לפנינו בהדיא שבשנת 1626 כבר נמצא השיר "לכה דודי" בסידור נדפס אבל א"א להכריע אם נאמר גם בב"ה בערבית של שבת, שבשנת 30 עד 1628 הוציא מנשה בן ישראל לאור עולם ס' אמרי נועם וגם שם נמצא "לכה דודי" בראש פיוטים אחרים שהם "זמירות שבת" כמו מה ידידות וכי"ב.
        (חמשך יבא).

(Catl. Bodl. I Nr. 3098) ואין להתפלאות על הדבר. הלא ראה ראינו שכמה מגדולי ישראל הלכו בעקבות הקבלה. וכאשר נפרצה קבלת האר"י כן נפרץ סידור מנהגיו. ומפני הטעם הזה באו המזמורים צ"ה עד צ"ט ומזמור כ"ט והפיוט לכה דודי ברגליהם מצפון לדרום וממזרח למערב.

זעיר שם זעיר שם נשמע קול דממה דקה של מערער ומתנגד יוצא להלחם עם המנהג החדש כגון ר' שמשון מורפירנו אב"ד באנקונא (1740—1681) שכתב בשו"ת שמש צדקה (ע' ברלינר שם Randbem. I) וז"ל והוא (הגאון המפורסם מהרר"י ב) בעצמו מסר לי פה אל פה שבזמן שהנהיג מהרמ"ז ק"ק מנטובה אשר היה עומד עליהם לראש ולקצין לומר פיוט לכה דודי בליל שבת לא הניח בני הב"כ שלו לאומרו ועור היום כמדומה לי שאינן אומרים אותי. יוסף יוזפא האהן בס' יוסף אומץ המציא פשרה בכתבו (סי' תקפ"ח) סדר קבלת שבת שנוהגין בו פה מחדשים מקרוב באו הוא מנהג יפה ונטוב ומי שיאריך לו הזמן לקבלו בקהל בנעימות שיר הלא יוכל להקדים עצמו זמן קטן ללכת לבה"כ ולומר המזמורים והשיר בב"ה ביחיד. ע"כ הננו רואים שה„קבלת שבת" לא נמנה עוד בסדר התפלה אבל טוב הוא לאמרו בב"ה ביחידות.

שלמה גייגער בדברי קהלת (ד' ס"ב) מביא דברי היוסף אומץ וכתב עוד סדר קבלת שבת הנ"ל לא קבלו זקני פ"פ למנהג הקהלה [וע"כ לא נאמר לכה דודי לפני התיבה בלי עיטוף טלית כמ"ש בח"ב] רק יחידים נהגו לאמרו ומלבד אלו יש לשער שעוד איזה קהלות לא קבלו המנהג החדש מפני שהחזיקו בכל כחם בהתקונים הישנים. הח' אברהם עפשטיין (בתהלה לדוד ד' רפ"ח) מביא במאמרו אודות „ספרי המנהגים בגרמיזא" דברי צונץ שבסדדור התפלה שם לא נמצא אדון עולם (חוץ בליל יה"כ) ולכה דודי ואקדמות והה' ש' רוטשילד בספרו „הטמונים של הק"ק גרמיזא" ד' ל"ה מביא נ"כ ממנהגי העיר הזאת: ואין מקבלין השבת במזמורים ופיוט לכה דודי כמנהג במדינת אשכנז ופולין, אבל האידנא מתחיל שם תפלת ערבית של שבת בהחרוז בואי בשלום. והוא מתקנת מרדכי יאסטרו שהיה שם מו"צ משנת 1864 עד 66, שתקן זאת אחר מעשה שהיה (ע' שם). —

אמנם למיעוטא וכש"כ למיעוטא דמיעוטא לא חייישינין ואנן בתר רובא אזלינן והרוב תקע כף לתיקון האר"י ולא חשש לדברי השו"ת שמש צדקה שפנה עורף לחדושיו מפני „שעושה חדשות בעל מלחמות". ה„כונות" וה„תיקונים" באו לכל עברי מחנה העברים ולב ההמון שאפה להם. ובפרט סידורו השל"ה אשר בשם שער השמים יכונה היה פועל חזק לאשר ולקיים ה„קבלת שבת" בתוך שאר מנהגים המקובלים. הכתב יד של הסידור הזה כבר נגמר מהור"ר ישעיי הורוויץ בחייו אבל נדפס ע"י בן בנו בשנת תע"ז באמשטרדם (בתמונת IV). הסכמות על התפלה הזאת כתבו ר' יואל סירקס (וז"ל: כי אין ספק אצלנו כשיתפשטו בקרב ישראל כל מי שיתפלל בתוכו שאין תפלתו חוזרת ריקם) ור' יום טוב הליר (אחרי רואי שכמה ספרים מחוברים באו בדפוס על כן לא יגרע זה הספר הנותן אמרי שפר) ור' יעקב מלובלין ור' אברהם אשכנזי מלבוב, ר' משה מענדעלי ספזון, ר' יושע מקראקא, נפתלי כ"ץ.

המדפיס כאשר עלה בדעתו להדפים ספר לא הוציא ראשו בספקות ולא נחית בדבר שצריך לעשות שאלה בסופו אבל כל זמן שלא היה ברור לו כשמש שהדבר קרוב לשכר ורחוק להפסד לא הניח מעוותו על קרן הצבי. הח' בלוי בס' כתבי הרב יהודה ארי' ממודינא (בוראאעפסט תרס"ו) כתב אודות מסחר הספרים בהמאה הט"ז וי"ל: הספרים בכלל נמכרו על פי הרוב ע"י שלוחים שחזרו על האתחים ושבחו מסחרם, ספרים שכתבו הם בעצמם או אחרים. באגרות מודינא סי' קמ"ד איתא איך כאן שני מדפיסים מו"ל תורת הבית להרשב"א, מארץ ישראל לקונסטאנטינא, ועברו בארץ אשכנז למדינות רוסיא פולוניא ומשם הלאה ובידם טובם חתימות של החכמים והרבנים מהגלילות ההמה וכו' — וזה בנין אב לכלם. מספר הספרים בהוצאה אחת לא היה גדול כ"כ. לדוגמא אביא כאן אחד מאגרות מודינא סי' צ"ז שמשם נוכל ללמד כי אודות חיבור אחד מר' מנחם עזרי' מפאנו "התפארו (המדפיסים) לעשות מהם אלף בניר טוב וכאורך היריעה (בלוי: folio) בפנים מסבירות ויפות".

אמנם למרות כל זאת נתפשט הספר העברי לכל קצוי תבל ונתפשתה אומנות ההדפסה בתוך מחנה העברים בזמן לא כביר כי היהודים אוהבים מטבעם לרדף אחרי חדשות והטו שכמם לסבל טורח העבודה הבלתי נודעה עד עתה. מהור"ר יוסף קרא בהקדמתו על טור א"ח כתב וז"ל והנה בא לידי קצת תשובות הרשב"א כתובות בעט ברזל ועופרת בדפוס וכתוב בתחלתן שהם תשובות הרמב"ן וכשאני כותב מאותן תשובות אע"פ שאני יודע וכו' תשובות הרשב"א אני כותב בתשובות להרמב"ן לפי שספרי הדפום מצויים ביד כל אדם ומי שירצה לעיין בלשון התשובה עצמה יכול לעמוד עליה ע"כ. הוצאת ש"ע חשן משפט עם ב"י בשנת שט"ו, "עודנו יצאה מתחת מכבש הדפום ובכל מדינה ועיר וכפר נתפשטו ספריו אין בית אשר לא נתמלא כולו מאור תורתו (י"ב דרשות דרוש י'). ר' ישעי' הורוויץ אומר בשל"ה על סדר הלימוד בליל שבועות (ד' קע"ט): "וסדר הלימוד של זו הלילה כבר נתפרסם ונודע לרבים ע"י הקונטריסין שנתפשטו והמנהג הזה נתפשט בכל א"י ובכל מלכות אין נקי'. והראיה היותר ברורה להעיר איך התפשט הספר העברי בזמן מועט לארצות רחוקות הוא הש"ע של ר' יוסף קרא. בעוד שהוא בעצמו עורך את השלחן בצפת כבר הלביש ר' משה איסרלים בקראקא את השלחן הזה ב,,מפה" (ע' הח' פרידלאנדער ז"ל במ"ח ישורון V 690).

קנית סדר תפלות הוא דבר השוה לכל נפש וע"כ נוכל להבין שהדפסת סדורים היתה יותר קלה, מהוצאת ספרים שאינם אלא לצורך הלימוד והמדע. כבר בשנת רע"ג נדפס הסדור הראשון בפראג ועוד הפעם שם בשנת רפ"ז ובשנת ש"ח הופיע הסידור הראשון ע"פ שטת הקבלה במטין (ע' ברלינר .Randbemerkungen I 8ff). הסידורים והחבורים ע"פ שטת הקבלה של האר"י מצאו להם קונים רבים עד כי בכמה מקומות נדפסו כמה פעמים מחדש. ספר הכונות של האר"י נדפס שש פעמים בבמאה הי"ז (כ' פעמים בוניציא ועוד בהנוי, אמשטרדם יעזניץ וקושטאנטינא); תקוני שבת נדפס במאה הזאת י"ד פעמים בוניציא, פראג, ס"ם דמין, אמשטרדם ועוד בקראקא ולובלין — ע'

בשנת שפ"א שם פעמיו לאר"ן ישראל לדבר פה אל פה, עם המקובלים של כת האר"י
ובעיר מעריה כתב את ספרו הנודע בשער בת רבים "שני לוחות הברית" שעשוי להיות
לצוואה לבניו ואחר זמן מה נהיה הפקר ביד כל, עד שנדפס עשר פעמים מלבד
ההוצאות המקוצרות שנמצאו ממנו לפחות י"ד תוצאות (בפיורדא ד'; באמשטרדם ד';
ברלין כ'; אפפנבאך; פ"פ ב'; זאלקאוי ב'; דיהרנפורט ושעדילקוו) ובדף קפ"ב הוא
מדבר אודות חינוך הילדים ומצוה שאחרי שהתעסק התינוק בתנ"ך משנה ותלמוד
יפנה ביראה ופחד ברוח טהורה וקדושה אל חכמת הקבלה כזוהר ושאר הספרים
הקדושים ששאבו מן המקור הזה. מי שלא ידע החכמה הזאת ילך בחשך לעולמים.

ברור הוא כי ספר השל"ה ו"עמק המלך" מבן דורו ר' נפתלי בן יעקב אלחנן
(ר' נפתלי הכהן) מפולין הרביצו הקבלה במזרח אירופא. הח' האראדעצקי בס'
Mystisch-religiöse Strömungen (ד' מ') כתב וז"ל ספר השל"ה היה סבה
גדולה להתפשטות קבלת האר"י בקרב לב עמו בפרט בפולין אשר חי שם המחבר
זמן רב ע"כ. וכדי לציר לציירי הרושם החזק שעשה הספר הזה בנפש אחינו אזכיר שההוצאה
השניה בשנת נח"ת (הראשונה היא משנת תי"ג) נדפסה באמשטרדם ע"י אנשים בעלי
תורה מפולין, ירסלב, פוזן, ופריסלאו עם הסכמות מאת ר' יעקב סאספרמם אב"ד דק"ק
ספרדים שם ומאת ר' יוסף שמואל מקראקא בפ"פ, ר' משה יהודה בן קלונימוס
מאמשטרדם שכתב וז"ל והספר הנ"ל הוא חביב על כל ושוה לכל אדם ודבריו ערבים
עליהם לעשות אזנם כאארכסת לשמע דברי תוכחתו. גם ר' שטעי' בן אברהם יששכר
בער מברלין הסכים עליו וכתב: ורבים מבני ישראל היראים והחרדים יחד עשיר
ואביון מתאוים לקנותו ומהדרים אחר הספר הלז... ומה שהיו נדפסים ביתים
הראשונים היו כבכורה תאנה בראשיתה ובעודה בכפה יבלענה.

אמנם כדי להבין בידיעה ברורה מה פעל הספר הנדפס בזמן ההוא צריכים אנחנו
לחקור על אופני התפשטותו איך היו בהמאה הט"ז שהוא כמעט מאה שנים אחרי
שהיו בקיאין במערכת הדפוס. מענין הוא להזכיר מה שאמר המו"ל של פירוש
הרמב"ן על התורה. (ניאפל שנת ר"נ) בסוף הספר על ההדפסה בכלל וזהו תורף
דבריו: "רבות בנות, עשו חיל ואת עלית על כלנה, לבי לחוקקי ישראל המתנדבים בעם
טושכים בעט סופר. זכות הוא להמדפיסים להרביץ תורה וחכמה בישראל כדי שתמלא
הארץ דעה. הם שדברו כזב על האומנות הזאת ישאו עונם אך אלו שבאו לעזרת
המדפים הטיבו לעשות. חובה היא לשבח ולפאר הספרים הנדפסים" (ע' הילעפסום.
במבחר כ"י ודפוסים ישנים נושנים וגו' ד"ח) מזה נשמע שכמה וכמה תלאות מצאו
המדפיסים בדרכם מפני שהמון העם היה מורגל לקרות בכתבי יד וגם מפני שהוצאות
מרובות עמדו נגד ההדפסה. הלא אין יד החכמים העניים משגת לקנות הספרים הכי
מוכרחים ואין צריך לומר שהתהלמידים אין ביכלתם להזיל כסף מכיסם כי אפס כסף
וכתבו העתקות מהספרים ובדרך זה היו לומדים משנתם, תלמידי חכמים כמהר"י
ומהרי"ק מתאוננים כמה פעמים שהספרים שצריכים להם אינם תחת ידם (ע' Güdemann III 65).

"אם נשים לעינינו נסיעת ה„בחור" — שחי במאה הט"ז כמו במאה הט"ו —
אשר לא שת לבו לתלאות הנסיעה אזי נוכל להעלות על דעתנו איך נתפתחה חכמה
זו בכל הארצות.

בתוך המקובלים שברחו בגירוש מאספמיא לארץ ישראל הופיע בחצי המאה
הט"ז ור' יצחק לוריא שנולד בירושלים. ואחרי שחיה שבע שנים בדר על שפת
הנילוס במצרים נראה לו (כאשר יספר בעצמו) אליהו הנביא בחלום חזיון לילה וגלה
לו סתרי הקבלה והפציר בו ללכת אל עיר צפת כדי לפרסם דרך לימודו. שמה
נקהלו. אליו תלמידים רבים שהביאו שטתו בדרך הקבלה הלאה. בראשם עמדו ר'
חיים וויטל ור' ישראל סרוק שהיו מקנאים לרבם בפיהם ובמאמריהם ור' משה קורדוברו
מושך מהיר בשבט סופר.

סרונק הולך לאיטליא ושם הטה אליו ר' מנחם עזריה די פאנו אוזן קשבת עד
שכתב במבוא לספרו פלח הרמון וז"ל: אלו לא בא ר' ישראל סרוק לארצנו לא
זכינו לאור התורה מעולם, גם ר' אהרן ברכי' די מורינא מסכים עמו. ואם שם החכם
הנ"ל איננו ידוע לכל מ"מ שם ספרו „מעבר יבוק" מעיד עליו, הלא כמה וכמה מנהגים
בטהרה וקבורה שנוהגים עד היום מקורם ממנו.

מאיטליא הלך סרוק לאשכנז והללאנד. שם נמצא תלמיד ותיק והוא אברהם
די הירירא מן האנוסים ובמספריו „שער השמים" ו„בית אלקים" הלביש את הקבלה
של האר"י בבנדי הפלוסופיא, ואע"פ שלא ידע עברית היה כותב בלשון ספרד
ומבקש מר' יצחק אבוהב אב"ד דק"ק ספרדים שיעתיקם ללשון הקודש. וכדי לצייר
לפני הקורא איך התאוה די הירירא שיצאו פירות תנובתו לאור עולם אביא כאן דברי
אבוהב בהקדמת שער השמים וז"ל וביום העלותו אל האלקים לא היתה עינו צרה
בממונו להוציא לאור פרי מעלליו והזיל כל מכמניו (ע' שפ"ר VIII 163).

במזרח אירופא השרישה חכמת הקבלה וגם עשתה פרי כבר במאה הט"ז. זקן
דרך בשנים חכם חרשים ואדם פשוט כלם הקדישו עתם להשטה החדשה, יש מהחכמים
שחרה אפם על המכשלה הזאת שתחת יד ההמון כמו הרמ"א שהתנגד אל התפשטות
הקבלה ביניהם וכותב דברים אלה (תורת העולה ח"ג סי"ד): ורבים מהמון... קופצין
ללמוד קבלה וכל זה גורם להם שהדרור היתום בעוונות נתמעט כל כך שאיסתרא
בלגינא קיש קיש קריא, ע"כ. ועוד בטקום אחר כותב: ובפרט בדברי האחרונים אשר גלו
דבריהם בספריהם בבאור וכל שכן בזמן הזה שנדפסו ספרי הקבלה כגון הזוהר
והרקנ"ט והשערי אורה... אפילו בעלי בתים שאינם יודעים בין ימינם לשמאלם כחשיכה
כאורה הולכים אינו יודעין לפרש סדרה או פרשה בפירוש רש"י קופצין ללמוד קבלה (ע'
הארעדצקי בהגורן I 12). גם המהרש"א מצא מקום בחידושי אגדות על חגיגה
(י"ג.) לכונן חציו השנונים על יתר לירות, „לאותן אנשים שבדור הזה שמבלים כל ימיהם
בחכמת הקבלה גם בילדותם" (Güdemann, Quellenschr. pag. 77). אך בעת
ההיא עמד הרב המפורסם ר' ישעי' הורוויץ (נולד בפראג) אשר מפני ידיעותיו הרבות
בש"ס ופוסקים נבחר לשבת על כס ההוראה בקהלות גדולות פ"פ פוזן וקראקא.

והרואה משתומם מטראה עיניו מפני שלא שת לבו לחטא אחר המקור -- כן נראתה
מחדש חכמת הקבלה במאה הט"ז. אז נתפשטה הקבלה של האר"י מפני שהיה עת
רצון לתורת הסוד ולחכמת הרזים. בשנת ה"א רנ"ב (1492) גורשו היהודים מאספמיא
ופורטוגל והאומללים האלה שמו פעמיהם לארצות שונות ויש מהם שהלכו לארץ
ישראל כמו המקובלים ר' משה קורדובירו, ר' יוסף קארו ור' שלמה אלקבץ. ויש
שהצילו נפשם לארץ תוגרמא והמגורשים מאשכנז ואוסטריך מצאו מחסה בפולין
וליטא אשר שם ישבו בטח תחת ממשלת סיגיסמונד הראשון (1548—1506).

עמנו מינם היותו היה ללמוד יצא ושוב ומה שאירע לאבות שנטעו והעתיקו
ממקום למקום היה סימן לבניהם אחריהם בליל הגלות המר. וא"כ אין להתפלאות
שהלכו מפני הלחץ זו הדחק לארצות רחוקות להציל נפשם בכסם. ועם כל זה יש
לבן דור אחרון מקום להתמהות על ענין תלמיד הישיבה הנוסע רגלי ממזרח למערב
ומצפון לדרום. טימי התלמוד כבר נדע שהלכו בני בבל לקחת לקח מפי מלמדים
בא"י אפילו לאחר שנשאו אשה (ע' הח' האפפמאן בס' מר שמואל במ"ע ישורון
VIII 438) כר' עקיבא שהלך ללמוד תורה שש שנים ועוד שש שנים אחרות
(כתובות, נדרים) לאחר שבת כלבא שבוע היתה לו לאשה. — עד שר' יוחנן מתמי'
ואמר ריחים בצוארו ויעסוק בתורה (קדושין כ"ט:) אבל גם בדורות האחרונים בימי
הבינים היה הדבר הזה למנהג. התלאות שמצאן הולכי הדרכים לא מעטים היו
ומסעות ה„בחורים" לא היו כטיולי עונג כלל וכלל. פעמים רבות התנפלו גזודי לסטים
מזויינים על הנוסעים עד כי הפתגם „סכנת דרכים" נמצא כמעט בכל דף של ספרים
במאה המ"ו (עי' Güdemann, Geschichte des Erziehungswesen III 63).
הח' גידעמאן מביא בספרו הנ"ל תולדות חיי החכם טאמאס פלאטטער שכתב זה
בעצמו ושם מספר אודות מסעיו לאמר: אחרי שלנו הוא וחברינו בכפר סמוך לנומבורג
תמהו אנשי המקום שלא נהרגו כי כמעט כל הכפר נחשד על שפיכות דמים ועוד
מגיד. שכמה פעמים היו בסכנת נפשות מפני „פרשים ורוצחים כמו בטוריערוואלד
בפראנקענלאנד ופאלאנד.

למרות כל זאת צריכים אנחנו להודות כי מהרי"ל הלך למסעיו ממאנענצא
לוויץ (Güdemann III 62) ואפי' לויניציא וורראנע ולא נוכל לבחר כי תלמידו
של ר' ישראל איסרלין הלך מאוכסבורג לווינערניישטאד ומשם עד נהר רייץ
ופדוא קרעמאנא.

מן הדוגמאית המעטות האלה נראה ברור כי דרכים קשים וסכנות רבות לא
יוכלו לכבות אהבת הלימוד ושאיפת המדע. הדרך בין מרבורג לנישטאד שהיא אורך
ה' או ו' שעות אם נוסע אדם במסלת הברזל ילך איסרלין רגלי עם תלמיד ובלילה
או קודם עלות השחר אע"פ שיש בה כמה שיחים הרים ולסטים.

הח' עלבאגן כותב אודות הקבלה של אר"י (Der Jüdische Gottesdienst
u. s. w. p. 389) כי אחריו לא היתה שטה רוחנית אחרת שתקפה ידה כל כך.
בזמן לא כביר והשאירה רושם כל כך חזק בספר התפלה.

עליו לשבות ממלאכה. רק כאשר דבוק שרש „קבל" בבנין הפעיל עם תיבת „פנים" אזי פירושו בל"א begrüssen כגון פני שבת נקבלה והמאמר הידוע חייב אדם להקביל פני רבו ברגל (ר"ה מ"ז: סוכה כ"ז: רמב"ם ה' ת"ת פ' ה' ה"ז)[1] ואולי ע"כ איתא בסידור תימן (הוצא' צוקרמאן ירושלים 1894; ע"ע אידלסאן בס' Gesänge der Jemnnischen Juden pag. 67) פני שבת נקבילה אבל הפיטן כמשפט חופשיות לשון הפיוט כתב נקבלה מפני המשקל.

בכלל קבלת שבת איננו נכלל מזמור שיר כדמוכח ממחזור רומי (1710) תפלות לכל השנה (Venetia) וסדר תפלות לכל השנה (Mantua 1676) ששם נמצא המזמור הנ"ל ולכו נרננו ולכה דודי ליתא. אמירת המזמור היה מנהג ישן כדאי' בשו"ת פאר הדור (סי' קט"ו). הח' ברלינר בס' Randbemerkungen (I 45) מביא Cod. Bodl. 896, ז"ל: מעריב ליל שבת יתחיל מזמור שיר ליום השבת.

בקורתנו זאת אודות „קבלת שבת" כוללת השאלה מתי תקנו ומי הם החכמים שהתקינו או הנהיגו לומר הו' מזמורים ולכה דודי ואיך אפשר שנתפשטה התקנה החדשה הזאת בזמן לא כביר לארצות רחוקות.

הראשון שדבר על המנהג הזה הוא ר' משה בן מכיר ב„סדר היום" שלו. הוא מזכיר היציאה לקראת שבת אל מקום אויר סגוי בשדה כאשר נזכר בש"ע של אר"י (דפ' ווילנא ד' כ"ט סעי"ן) וז"ל קבלת שבת תצא לשדה. שם המחבר מביא אותנו אל עיר צפת בגליל העליון. המקום הזה היה מרכז לחכמי הקבלה בהמאה הט"ז למ"ה וכדי להבין בידיעה ברורה תהלוכות החכמה הזאת והתפתחותה נימא בזה מילתא.

המשל התלמודי שמראה כי ההגדה וההלכה תרווייהו צריכי נוכל לשאת גם על עבודת הבורא בכלל אם נחליף המושגים הנ"ל בהטיית שכם וקבלת עול מצד אחד ורגש פנימי מצד אחר. ההליכה באורח התורה והמצות בלי נטיה ימין ושמאל וגם התפעלות ע"י המצות המעשיות בקירות הלב ובמעמקי הנפש הם המה שני הסדנים של רוח היהודי. חיי הנפש ורגש חם לעשות רצון הבורא הם התנאים הכי מוכרחים לעבודת הלב ואי הא קיימא הא לא קיימא הא, והעיון השכלי בלבד איננו משיג למטרה הזאת. זה מובח מכמה מקומות בתלמוד שנמצאו שם סודות ורמזים בפרט על מה שאחר הטבע כמו מהות ה' ובריאת העולם, דברים שהחוש ושקול הדעת אינם יכולים להבינם. בימי הגאונים מראים לנו ספרים כ„אותיות דר' עקיבא", ו„שיעור קומה" ודומיהם כי עוד לא שקטה החקירה בסתרי החכמה. כמה שאלות נשאלו מהגאונים אודות מקומות זרים ומתמיהים שבתלמוד כמו שהביא הח' יואל בספרו Aberglaube und die Stellung zu demselben (Berlin 83) ועי' גם בלאך במאנאטשריפט 23 p. 1893. גם בתפלה ובפרט בה נמצאו הרמזים הברורים והסמנים המובקים מהתפתחות חכמת הסוד כבר בזמן הקדום הזה כמו שהראה בלאך במאמרו על „יורדי מרכבה".

כנחל הזה שפסק, בפתע פתאם הלכו מימיו להם ואיננו לפי ראות עינינו אנו, אבל באמת שטף עבר נתיב לא ידעו עיט בתחתיות ארץ עד שהוציא ראשו במקום אחר

הצטיינה בתמימות ברכרוכיות ורגשנות, ב„חסידות האשכנזית"... הנה היתה ההשכלה הגליצאית חיה יותר, חריפה יותר, ולמדנית ותורנית יותר... ההשכלה האשכנזית שאפה להתרחק כפי האפשר מן העבר העברי והמסורה העברית, והגליצאית חדשה את נעורי החקירה העברית, ואת החקירה במדע העברי ובעבר העברי[12]). באופן זה הלכה השפה העברית במזרח אירופה הלך והשתכלל. השפה שקטה לתחיה ע"י פעולות הזמן שהרבו קלקולים ופגימות בצדדים אחרים שבחיינו. עוררה כחות נרדמים בין כל שדרות העם, התחילה לנער מעליה אבק הדורות, ולהבהיק את אורה הגנוז. השפה הזאת שאחרים מיודעיה ומטפחיה רצו לעשותה „סרסור לעבירה", לאמצעי טמיעה והתבוללות לאומית, עצרה כחה העברי לפעול נגד רוח מחוללית-מחללית אלה, ותעשה לאמצעי מחבר ומקשר, מאגד ומאחד, מחדש את אברי האומה הטרוסקים, להגין עליהם מן רוח המנפה והכליון שסבב אותם מכל צד, למלאות הריקניות הגדולה שנתהוותה בינינו ובנפשות רבים מבנינו, ובפסיעות גסות הלכה בדרך ההתפתחות שסקלו לה גדולי הסופרים והבלשנים שקמו לנו בדורות האחרונים, שעל חדושיהם ותקנוניתיהם למובן שפתנו נדבר להלן.

יצחק מאהרשען, אמשטרדם.

# קבלת שבת.
(בקורת היסטורית).

כאשר נחקר ונדרש בספרי הקדמונים וגם בפוסקים האחרונים עד ר' יוסף קרא ור' מרדכי יפה איך היתה תפלת ערב שבת סדורה בימיהם לא נמצא שום זכר מהמזמורים צ"ה עד צ"ט וכ"ש עם לכה דודי, בקיצור: מה שנקרא היום בפי ההמון „קבלת שבת", לשוא נחפש בסידורים קדמונים. אך השם „קבלת שבת" נמצא כבר בס' הלכות גדולות (ע' ר"ן בס"י דשבת דפ"ו' וילנא ד"ה ומדאמרינן דנר חנוכה ונר ביתו וכו'). כאשר ידוע יש פלוגתא בין הפוסקים אם השבת ואיסור מלאכה מתחיל בשעה שבעלת הבית מדלקת הנרות או כאשר יאמר הקהל בבה"כ ברכו. ובית יוסף (ש"ע א"ח סי' רס"ג סעי' י"א) כתב ח"ל ולדידן כיון שהתחילו מזמור שיר ליום השבת הוה כברכו לדידהו ע"כ. לפי דבריו נלמד שקבלת איסורי שבת ושביתת מלאכה מתחלת כאשר יאמר הקהל מזמור שיר; אבל המזמורים היודעים אינו מזכיר אע"פ שנשער — כאשר נראה לקמן — שהוא ידעם כבר, מפני שלא היתה אמירתם בערב שבת מפורסמת.

א"כ מובנה של „קבלת שבת" איננו בל"א Begrüssung des S. אלא כי"ב שימוש הלשון בהשם „קבלת תענית" שהיא ההוצאה auf sich nehmen, בשפתיו שמקבל עליו שלא לאכל ולשתות, דונמא „לקבלת שבת" שמקבל

[13]) ת. לחובר. רבי נחמן קרוכמל. הצפירה תרע"ז גליון 6.

לא נמצא אף אחד ביניהם — צריכים אנו להודות, כי סוף כל סוף נתנו דחיפה עצומה
לעבודת אלה שבאו אחריהם עד ימינו ויצרו את הספרות העברית הלאומית החדשה,
שבה נתחדשה השפה העברית ונשתפרה עד שעלתה לגובה נפלא אשר ישתומם כל
יודעה ומכירה. הסופר טביוב הנזכר אומר: לפרי עטם — של ה"מאספים" — אין
כמעט כל ערך ספרותי; אבל ראוים הם לתהלה בגלל עמלם אשר עמלו לברוא
סגנון ספרותי צח וקל, תחת הסגנון הנלעג והמבולבל אשר שרר אז בספרות ישראל".
ע"ד ערך הסגנון החדש הזה, הוא מוסיף ואומר: כי גם הוא לא היה ראוי לצרכי
העת החדשה, סגנון של בני אדם המשתדלים להביע את המושגים החדשים בשפה
מדויקת וברורה; סגנון כזה לא יכלו ה"מאספים" לברוא, מפני שלא היו בעלי כשרון
ספרותי, וגם מפני שנם בספרות האשכנזית (שאותה התאמצו לחקות) שרר בימים
ההם סגנון נפוח, סגנון מליצי לא טבעי" (הידוע בשמו סגנון בית הספר השלישי השני)
ובכן התאמצו ה"מאספים" רק לכתוב על "מהרת הלשון", כלומר בסגנון הנסמך על
מליצת התנ"ך ומינה לא ידוע. ואמנם סגנון כזה בודאי יפה ונעים מהשפה הבלולה
של הספרות הרבנית, וגם מהפטרוה הנחרזה של התקופה הספרדית והאיטלקית, —
אבל "בו אין מרחביה להלך הנפשי", כי אי אפשר להביע" בו בדיוק אותם הרעיונות
שאין דוגמתם בספה"ק, וגם רואים אנחנו כי ה"מאספים" בעצמם בהצטערכם לדבר על
ענין נכבד (אם גם לא "עמוק") על ענין הרם מעט מסיפורי המוסר המשועממטים, שבהם
הצטמטמה "ספרותם", התנהג לשונם בכבדות, ואיש לא יבין לרעם[9]). אבל הדבר
הזה כבר הרגישו גם טובי המשתתפים בהאספים ואחד מן המיוחדים שבהם, יצחק
סטנוב כתב "בהמאסף" [10]) מאמר בשם: "מדרכי הלשון והמליצה" והעיר בו, כי
חכמי ישראל צריכים לתת לב להעיר ולעורר להוסיף פעלים ושמות ומלות, לשרת
בם בקודש כפי דרכי שמושי שפתנו אתנו ולא נשא עוד כלמת הגוים לשאול שפה מהם".

אבל הדרישה הצודקת והנחוצה הזאת לא מלאו משכילי אשכנז, שהלכו הלוך
והתרחק מלאומיות ישראל ונמטילו גם משפתו, עד שנעתקתה התנועה" הזאת לארצות
המזרח: אויסטריא, פולין ורוסיא ששם עתקה וגם נברה חיל, בהמלאה אחת משאלות
ותפקידי הזמן, אם גם שם עצמו פשעיה והרבתה חלליה. שונה לנמרי היה מהלך
הדברים בארצות המזרח הנזכרות. אמנם גם שם היתה השאיפה להשכלה כללית רוח
היה באופני תנועת התחיה של השפה ויצירת ספרות עברית מודרנית, אבל התנאים
החיצוניים והפנימיים היו משונים לגמרי מאלה שבארצות המערב וכאן אירע אותו
פלא, ששפת ההשכלה, שגרמה לתסיסה רוחנית ולמלחמות קשות בישראל, "הלכה
וכבשה את הלבבות, הולידה שאיפה חדשה לתחיה והתקדמות פנימית, אשר
נתנה לספרותה את הזכות לחיות ולהתקדם גם היא בתור מעברה לעולם אחר, כי
אם בתור חלק מעולמנו הפנימי"[11]). יפה אמר סופר אחד: אם ההשכלה האשכנזית

---

[9]) שם, "בהשלח".
[10]) תקמ"ת.
[11]) השלח. חוברת ראשונה. "תעודתנו".

קולמוסים אין מספר כבר נשברו, וצלוחיות של דיו מרובות כבר נשפכו ע"י הסופרים שהרבו להתעסק, לדון ולכתוב על חזיוני התקופה הזאת, סבותיה, וגורמיה, הופעותיה וחזיונותיה, ערכה וחשיבותה, יתרונותיה וחסרונותיה, מנמותיה ונטיותיה, הרוחים וההזקות שהביאה לבית ישראל בכלל ובפרט, אבל לא רבים הם הערכות שנערכו היצירות הספרותיות של התקופה ההיא מנקודת ההשקפה הבקרתית לשם בקרת ספרותית לבד.

כמו שבתקופה הערבית־ספרדית, שגדולת והצלחת העם הערבי והתעסקו בחכמה ומדעים, מליצה ושיר, השפיעה גם על היהודים לעשות כמתוקנים שבהם, כן גם בסוף המאה השמונה עשרה כשנגברה רוח ההומניות בעולם וההשכלה הכללית נתפשטה במערב אירופה ותקף הטמה שבי כל הלבבות, נשפענו גם רבים מאחינו שבדור ההוא מרוח העת שהקיפתם מסביב, ובנהוג אחרי ההשכלה, האמצו לעשות גם הם כמטעמי הספרניות החיות, ספרות עברית חלונית־מודרנית ולחדש את השפה הצחה של כה"ק.

כאשר כבר הזכרתי, נתן הדחיפה הראשונה לתנועה הזאת, רבי משה חיים לוצטו בחזיונו הנזכר. כי בבוא הספר העברי החדש הזה מאיטליה לאשכנז עשה רושם כביר על כל אלה שנחנכו בבית המדרש על ברכי התורה והמסרות התלמודית, אלה שכבר טעמו בקצה המטה מהשכלת הזמן — ותאורנה עיניהם. היו מהם — והם הטובים שבמשכילים הראשונים — ששש לבם בקרבם כי קם גואל גם לשפה העברית אשר נשחת טעמה בספרות הרבנית, ויאמרו, מאהבתם את שפתנו, לשוב לטפח את המליצה העברית הטהורה, שפת התנ"ך ורק שפת התנ"ך. (דבר שהיה אחר כך בעוכריהם, כאשר נראה להלן). וביסוד "המאסף" הראשון בברלין בשנת תקמ"ד היתה מגמתם זו מפורשת עם ההוספה הלועזית בעד הצד השני שבעיניהם, שאמרו להכניס את יפיפותו של יפת באהל שם, אלה האחרונים שנפשם קצה ביהדות מפני האבק הרב שעלה עליה — לפי דעתם — במשך הדורות, ויבוזו ליקהת אם, או מפני שנפשם חשקה בחכמה ודעת עמ"י רוח העמים שהחלו להתיחם אל היהודים באיזה יחס אנושי. וכן אנו רואים סיעה מן המשכילים הראשונים, העובדים בתנועה ספרותית עברית חדשה לשמה, סיעה שמספרה הלך הלוך והתמעט בארצות המערב, באשמתה של הסיעה השניה שמספר חבריה היה יותר גדול ומכריע, סיעה שכל התנועה הזאת לא היה לה, אלא אמצעי מונשך את הלב, המעורר בעם תשוקה ל"אור"[7] — כל מה שנראה אצל העמים היה "אור" וזה שנמצא בישראל רק "חשך"... — ללמוד ולדעת ארחות והשקפות חיים חדשים, עד שנעשית תקופת ההשכלה "לתקופה חטופה של הריסת מקדשים עתיקים, של אנרכיות וניהליות גדולה"[8]), שבשביל זה נקעה נפש העם התמים עם אלקיו וסגולותיו ממנה. כמובן לא יכלה הספרות המנמתית הזאת להתפשת ולהתקיים. וכך אנו רואים כי כעבור רק שנים מספר נאספו ה"מאספים" מן העולם. אבל איך שנתיחס לבעלי המאספים השונים והכותבים שלהם — סופרים — בעלי כשרון

---

[7]) עיין השלח חוברת א' "תעודתנו".

[8]) י. נ. שמחוני. שירתו הלאומית של ביאליק, העגן, קבץ א' תרע"ז.

זרצוץ — שפת עלגים, עכ"ז נמשך גם עי"ז חוט היתה של שפתנו מלבד היתה בבתי התפלה. חוץ לזה נמצאו גם בין הרבנים רבים „מושכי בשבט סופר" שכתבו גם ספרים, פרקים או מאמרים בשפת עברית טהורה וצחה. כל הבקי בספרות ה„שאלות־ותשובות" יודע, כמה מרגליות של סגנון עברי טהור ומצוין נמצא גם בה. וערך מיוחד יש, למשל, גם בזה, שהספר ההלכותי הכי מצוין ה„שלחן־ערוך" ברובו היותר גדול הוא כתוב עברית צחה ובסגנון מדויק, דבר שכבר העיר עליו אחד מבעלי הסגנון ומחדשי הלשון העברית הכי מצוינים שבזמננו, מר נ. סוקולוב[3]). ואם נתבונן בעין פקוחה נמצא, שגם בתקופה דלה ורזה הלזו נתעשר אוצר שפתנו עושר ידוע. כי עוד במאה הי"ג פרחה שפתנו גם בארץ איטליה ושם נשארו חכמי ישראל באמונה למסורת המדע והשירה העברית עד אמצע המאה שעברה. ואם גם פרי חכמי ישראל שבאיטליה לא היה כל כך מקורי כאלה של חכמי ישראל שבספרד הערבית, הנה עכ"ז הרבו לעשות בשביל לטוש הסגנון העברי, וגם בעד ההתעשרות השפה ע"י יצירת והכנסת מלים חדשות, ביחוד במקצוע הפלוסופי[4]).

תחת שמיה המהורים והיסים של ארץ איטליה הדומה במקצת גם לארץ אבותינו, שתחת שמיה הבהירים התהלכו החוזים הגדולים, הנביאים המטיפים, הסופרים המחדשים ומרחיבי שפתנו, באיטליה ארץ התחיה, התעדנה גם שפתנו בשנות המאות האחרונות „השתחררה מכבלי הצורה של ימי הבינים וממעוט המחשבה המסתרית וקטנות ההשגה של התורניים"[5]). עד שבמאה הי"ז קם באיטליה המשורר המקובל רמ"ח לוצטו, שהשאיר אחריו ברכה את המחזה הפיוטי הראשון „לישרים תהלה" כתוב בשפה חיה ונמרצה, שהיה אח"כ למופת למשכילי אשכנז ויצר את התנועה הספרותית המודרנית בשפה העברית החדשה.

בצדק אומר הסופר הידוע נ. סלושץ[6]) כי התקופה הרבנית — ולפי השקפתי גם החסידית — הולכת ונמשכת עד ימינו. כי הרי הספרים ההלכותיים, החדושים בנגלה ו„התורות" בנסתר, נכתבים גם כיום ברובם בשפת התלמוד, למרות שרבים מן הרבנים והתורניים הנם סופרים מצוינים בשפת עבר המתחדשה וההיה, זוהי אולי חוק ה„עצלות" השורר בכל. אבל אצל או בהקבלה עם הספרות הרבנית והחסידות שנתעשרה במאה וחמשים השנים האחרונות באופן מצוין, הנה נולדה ספרות עברית חדשה, ספרות עברית בצורה אירופית ובהרבה חלקים גם ברוח אירופי, שראשית מוצאה בתקופה רבת המאורעות, המהסכות וההוצאות הידועה אצלנו בשם: תקופה ההשכלה.

---

[3]) הצפירה תרס"א, הוספה ספרותית.
[4]) עיין בזה אצל גידעמאן: Geschichte des Erziehungswesens der Juden in Italien. וכן Steinschneider: Monatsschrift f. d. Wissenschaft d. Jud. 1898 p. 116 u. 318 וכן Ellbogen: Ein hebr.-italienischer Glossar philosoph. Ausdrücke in d. Festschrift z. 70 Geburtstage Berliners.
[5]) סלושץ. נאום הפתיחה. הצפירה הספרותית 1901.
[6]) בנאום הנזכר.

הטלטולים והגירושים, הגזירות הרעות והמעיקות רבו עליהם יום ויום, ויבקשו להם אבותינו תנחומים, בהיותם נאמנים לתורתם ועמם ודבקים באלקיהם בתמימות ופשטות, בלמודי הפלפול והדרוש וחקרי ההלכה. הם שבחייהם הפרטים הכרחו ללבוש בגדים צואים עם כתמים משפילים את ערכם — ידעו בלבם, כי לא הלבוש והצורה החיצונית הם העיקר, אלא תכניות נושאיהם, סגלו להם ע"כ את ההשקפה, כי גם בהליכות עולם — אל תקרי הליכות אלא הלכות — בלמודיהם וחקירותיהם, בקינותיהם וסליחותיהם, לא הצורה והשכלול החיצוני הם העיקר אלא — התוך. ספרי ההלכה רובם ככולם נכתבו ונערכו בסגנון רבני — רצוני לומר, מעורב עברית וארמית בלולה, וספרי הקבלה נכתבו רובם ככולם בארמית. ובזה נראה ג"כ הבדל גדול. כי בעת שבעלי תורת הנגלה, הרבנים ותופשי התורה, ערכו את חקרי לבם בהלכה בשפת התלמוד ונשואי כליו, הנה לא כן היה עמם בשעה שבאו לשפוך רגשי נפשם המתרגשת על גלות המרה, על הצרות והיסורים שבאו עליהם, או בשעה שבאו לתנות ענותם לשיר על תקוותם ואמונתם הנצחית בגאולה העתידה, לספר לדור יבוא קורות קהלותיהם והלך רוח זמנם, יצרו את יצירותיהם אם גם בצורה פגומה ולקויה או חסרת שלמות — בשפה העברית. לא כן בעלי חכמת הנסתר, אלה שה"זוהר" היה מאיר נתיבם בחיים, אלה בעלי הסוד והנטיות למסתורין, שהדמיון והרגש היו השולטים בנשמתם ממשלה בלתי מגבלת, הם שרו את שיריהם הליריים בשפה הארמית — בשפה שאין מלאכי השרת נזקקים לה, שפה בלתי מובנת מן העם, כמו להתאים את הלבוש אל המחשבה המערפלת והסודית (די להזכיר רק את שירי האר"י ז"ל) ורק מעטים מהם הביעו מערכי חזיונות לבם בשפתנו הקדושה והפשוטה (כדאי להזכיר השיר הפיוטי מלא הרגש המצוין "ידיד נפש אב הרחמן"). מובן מעצמו כי בתקופה זו, לא היה מקום כלל ובכלל להתעשרות והתרחבות הלשון באותה התמונה שראינוה עד התקופה הזאת, או כמו שרגילים אנו לראות אצל שפה חיה. הימים הרעים הללו היו ימי העמידה לשפה העברית ובמדה ידועה גם לספרות העברית. אלמלי נמצאו אז בין אבותינו מתבוללים לאומים ממטמטמים של בני המאה שעברה או של בני דורנו, כי עתה בודאי שהיו מכריזים על שפתנו, כי תמה לגוע או היו מספידים אותה בהספדים נאמרים בכל הלשונות ומשליכים עליה — זיבולא בתריתא . . . אבל לשמחת לב כל אוהבי שפתנו, שפת תורתנו וחזוננו, היו אז אבותינו מסורים בכל נפשם ובכל רגשותיהם לעמם ודתם כאחד, ולא הפרידו בין הדבקים הללו, ויחבבו את השפה העברית ככל אשר היה לאל ידם. מענין הוא אולי להזכיר את העובדה, כי היהודים היראים והשלמים, החסידים והתמימים, בארו את דרשת חכמינו על הכתוב בישעיה[2]: ממצוא חפציך ודבר דבר, שלא יהא דבורך של שבת כדבורך של חול — מלבד נופ"י הפירוש הידוע, גם פשוטו כמשמעו, היינו שלא לדבר ביום שבת קדש בשפת לועז — אפילו לא השפה היהודית-ז'רגונית — אלא ב"לשון הקודש". ואם גם מעטים היו אלה שקיימו בעצמם דבר זה, ונבקיימם אותו היה דבורם לקוי

[2]) נ"ח י"ג.

# ישרון

## ירחון לתורה ולעניני היהדות

ד"ר שמואל גרינברג.

## השפה העברית במהלך העתים.

### ד.

"התקופה הרביעית אשר פי יקבנה: תקופת ספרות הרבנות והחסידות, היא התקופה היותר חשוכה ואפלה בתולדות שפתנו והשתלשלותה. הרדיפות התכופות אשר אפסו את היהודים מראשית האלף הששי והלאה, הביאו בעקבן אותן התולדות הרוחניות המעציבות שהביא חרבן הבית בזמנו: היהודים נזורו מההשכלה הכללית וישימו כל מעינם בלמוד התורה ובשמירת המצוות, וישובו לבטל את יפי החצוניות, את המליצה והשירה ואת טוב הטעם, ככל אשר עשו אבותינו אחרי גלותם מעל אדמתם. — העיון התלמודי מצד אחד ולמוד הקבלה מצד השני, מנעו את היהודים מהתעסק בדברי מליצה ושיר, וגם השכיחו אותם את הלשון העברית בטהרתה לפי חוקי הדקדוק. רק זעיר שם נמצא במחצית הראשונה של האלף הששי מליץ ומשורר עברי (כמעט רק באיטליה), וגם השבלים הבודדות האלה הן ברובן שבלים צנומות...[1]
כן, יהודי ספרד, שלרגלי מצבם המדיני והכלכלי הפנור, פנו את לבם גם לחקירה פילוסופיה, להתעמקות במדעים שונים וכטוב עליהם לבם נתנו בשיר קולם ויתענגו על הוד המליצה ופרחיה, נהפך עליהם הגלגל פתאום ובשנאת אויביהם בנפש נעקרו משרשם ונתזרו בחזקת היד לארבע רוחות העולם, לחרב לרעב לדבר וליגון, עד כי לא נותרה בהם נשמה והרחבת הדעת הנחוצה לשעשועי הרוח הללו. ובארצות אשכנז וצרפת ובאחרונה גם בפולין שהיו המרובות באוכלסי ישראל, היו אבותינו נענים ונדכאים כל הימים.

---
[1]) י. ח. טביוב, שפת עבר החדשה, השלח כרך י' 212

# Teschurun

9. Jahrgang     אב — אלול 5682     Heft 7/8
Juli—August 1922

## Einiges aus dem Ideenkreis des R. Salman aus Ladi, des Begründers der „Chabad."

Von Dr. Isaak Unna, Rabbiner in Mannheim.

Der mystische Zug, der unsere Zeit kennzeichnet, hat das Interesse für den Chassidismus und seine Erforschung erheblich gesteigert, und verschiedene populäre Darstellungen aus dem chassidischen Leben haben dieses Interesse auch in weitere Kreise getragen. Manche Erzählungen von Perez geben charakteristische Züge aus der chassidischen Welt, und Martin Buber hat sich, oft mit Erfolg, bemüht, den chassidischen Ideenkreis dem westeuropäischen Publikum näherzubringen. Allerdings sind diese Darstellungen häufig sehr einseitig; sie betonen nur die Gefühlswelt der Chassidim und erwecken so den Anschein, als ob der Chassidismus in einem Gegensatz zum überlieferten Judentum stünde. Das ist aber keineswegs der Fall; der Chassidismus ist fest im Boden des Judentums verwurzelt, seine Anhänger vertraten ebenso wie seine Gegner die unbedingte Verpflichtungskraft der schriftlichen und mündlichen Lehre, und ihre Kämpfe sind nur eine Folge der verschiedenen Auffassung und Betrachtungsweise der jüdischen Ideen und des jüdischen Schrifttums. Die Chassidim betonen die Bedeutung des נסתר, der tiefen, verborgenen Gedanken, die in der Thora und in ihren Geboten enthalten sind; sie haben die Kabbala, die nur eine Geheimwissenschaft für Eingeweihte sein sollte, popularisiert, und es entstand dadurch bei vielen ihrer Anhänger eine Geringschätzung des Talmudstudiums, der rationellen Auffassung und

Erforschung des Judentums, wie sie unsere grössten Geisteshelden gepflegt hatten. In dieser Richtung sahen die Gegner des Chassidismus, vor allem der Wilnaer Gaon, eine Gefahr für den Bestand des Judentums, und sie traten deshalb den chassidischen Bestrebungen in der schärfsten Weise entgegen. Es gab aber eine Richtung innerhalb des Chassidismus, welche diese Gefahren zu vermeiden suchte; das waren die sogenannten „Chabad" (חכמה בינה דעת), deren Begründer und hervorragendster Vertreter R. Salman aus Ladi war.[1]) Wie seine Persönlichkeit so bildet auch sein System eine Synthese zwischen rabbinischer und chassidischer Anschauung. Er selbst war ein Talmudgelehrter von überragender Grösse nnd so war er sich der Bedeutung des Talmud für das Judentum vollkommen bewusst; seine Geistesrichtung war aber dennoch den Prinzipien des Chassidismus zugeneigt, und so war er gewissermassen von der Vorsehung dazu berufen, einen Ausgleich der Gegensätze herbeizuführen. In seinen Werken, von denen das bekannteste der „Tanja" ist, hat er ein tiefgründiges System chassidischer Welt- und Lebensanschauung gegeben, aus dem ich hier dasjenige darstellen möchte, was er über Thorastudium und über Wohltätigkeit sagt.

Seine Eigenart offenbart sich schon in der Auffassung der Thora. Die Chassidim räumten der allegorischen Auslegung einen sehr weiten Spielraum ein. Die allegorische Deutung nicht nur der gesetzlichen, sondern auch der historischen Teile der Thora war ja schon in früheren Epochen verbreitet gewesen. Philo der Alexandriner hat bekanntlich ein ganzes System für die Allegorisierung der Thora aufgestellt, und auch zur Zeit des Maimonides hatte diese Richtung viele Anhänger gefunden; ein Moment, das bei dem Kampf gegen die Philosophie eine grosse Rolle spielte. Denn die Anhänger der allegorischen Auffassung zogen vielfach aus ihrer Theorie auch praktische Konsequenzen, indem sie die buchstäbliche Erfüllung der Gesetze für

---

[1]) Ueber sein Leben und seine Lehre s. Teitelbaum הרב מלאדי ומפלגת החב״ד, Verlag Tuschija, Warschau 1913; und meine Skizze in der Festschrift zu Hoffmanns 70. Geburtstag.

unnötig erklärten. Im Chassidismus wird nun die allegorische Deutung auch auf die mündliche Lehre angewendet. Auch hierfür liegen allerdings die Anfänge schon in früherer Zeit; so werden bei dem Kabbalisten R. Isak Lurja und seinen Schülern Mischnastellen allegorisch erklärt. Im Chassidismus aber wurde die allegórische Auslegung der Mischna und des Talmud zu einem ganzen, weitverzweigten System ausgebaut. Alles, was uns die Thora bezüglich des Erlaubten und Verbotenen, des Tauglichen oder Untauglichen, des Reinen und Unreinen gebietet, ist nur ein Bild der Auslese (בירור), des Strebens, das Geniessbare aus dem Ungeniessbaren, das Gute aus dem Bösen, das Reine aus dem Unreinen zu befreien und es zur Stufe der Heiligkeit zu führen. Diese Art der Auslegung und Umdeutung drohte aber mit der Zeit zu einer ernsten Gefahr für das Judentum zu werden. Wie in der Epoche der Philosophie, so führte sie auch hier allmählich zu einer Geringschätzung des einfachen und natürlichen Sinnes. Wer die Thora wörtlich auffasste, galt als unverständig und geistig zurückgeblieben, als ein Tor, der nur die Aussenseite der Thora wahrnehme, aber für ihre Seele keine Empfindung habe. R. Senior Salman schlug auch hier einen Mittelweg ein. Er, der grosse Gelehrte und Talmudkenner, konnte die Bedeutung des hergebrachten Talmudstudiums für das Judentum unmöglich gering achten; dennoch sieht er als Chassid in den halachischen Bestimmungen, ja, auch in den agadischen Erzählungen des Talmud Hinweise auf tiefe, göttliche Geheimnisse.

Die Beschäftigung mit der Thora an sich ist über alle Massen wichtig; denn durch sie gelangen wir zu der Vereinigung mit Gott. Wer beispielsweise eine Halacha in der Mischna oder Gemara klar und genau verstanden hat, der hat sie gleichsam mit seinem Geiste ergriffen und umfasst, sein Geist ist mit ihr in innigster Verbindung. Diese Halacha aber ist der Ausdruck der Weisheit und des Willens Gottes; er hat bestimmt, dass bei einem so und so gelagerten Streitfall die Entscheidung so und so sein soll. Und selbst wenn dieser Fall niemals eintreten sollte, so hat doch der Mensch, der jene Entscheidung gemäss der in Mischna und Gemara niedergelegten Halacha mit seinem Geiste umfasst hat, den Willen und die Weisheit Gottes, die an sich unfassbar und unerreichbar sind, geistig umfasst; eine wunderbare Vereinigung, die sonst unmöglich ist. Darin liegt aber der unendliche Vorzug der Erkenntnis und Erforschung der Thora vor allen praktisch zu erfüllenden Geboten. Seit der Zerstörung des Tempels, der die Stätte der Schechina war, hat Gott in seiner Welt nur noch die „vier Ellen der Halacha", in der sein Wille und seine Weisheit zum Ausdruck gelangen. Deshalb muss jeder bestrebt sein, durch die Beschäftigung mit der Thora ihm eine Ruhestätte auf Erden zu bereiten. Und durch das Thorastudium wird gleichsam die Schechina zur Erde herabgerufen.

Neben dem Thorastudium ist es die Wohltätigkeit (צדקה), deren Bedeutung von R. Salman ganz besonders hervorgehoben wird. Von anderen Chassidim wurde der Wert des praktischen Wohltuns weniger geschätzt. Sie versenkten sich ganz in das geistige Leben, in das Gebet und in die Ergründung der göttlichen Geheimnisse, und verbrachten ihre Tage in völliger Zurückgezogenheit von der Welt, so dass sie für die Bedürfnisse des Lebens und für die sozialen Leiden kein Interesse mehr hatten. Im Gegensatz hierzu hatte R. Salman sich stets auch um die Angelegenheiten der Gesamtheit gekümmert; er stand mitten im Leben und kannte die bedrängte Lage und das furchtbare Elend der ärmeren Klassen, und so rückte für ihn das Gebot der Wohltätigkeit in den Mittelpunkt der praktischen Gebote. Er wird deshalb nicht müde, seine Anhänger immer und immer wieder zu ermahnen, sich dieser Mizwa zu widmen, von deren Erfüllung oft das Leben vieler Menschen abhängig ist. Diejenigen, denen das Mitleid nicht angeboren ist, sollen sich bemühen, es zu erwerben, und wenn es eine Eigenschaft des jüdischen Stammes ist, barmherzig zu sein, so ist das Verdienst dessen noch grösser, der, entgegen seiner Natur, sich selbst bezwingt und Wohltätigkeit übt. Die Wohltätigkeit ist die Grundlage der praktischen Gebote; die Offenbarung der Schechina geschieht nicht durch Thorastudium und Gebet, sondern durch Wohltätigkeit. Durch sie entfaltet sich das Göttliche in der Seele des Menschen, sie erleuchtet die Seele, so dass sie fähig wird der Vereinigung mit dem Unendlichen. Jedes Organ, das ihr dient, so die Hand, welche die Gaben verteilt, erhält eine höhere Heiligkeit, und wird gleichsam zum Ruhepunkt für den göttlichen Willen. Die Wohltätigkeit bringt den Segen über die Menschen, sie lässt die Strahlen des göttlichen Lichtes und Geistesstromes in die physische Welt hinabgelangen, und sie schützt die, welche sie ausüben, vor Leiden und Zufällen. In seinen Briefen ermahnt er seine Anhänger immer wieder, dass es unbedingte Pflicht sei, mit vollen Händen zu spenden, und dass man sich in dem eigenen Genusse und in der eigenen Bequemlichkeit Opfer auferlegen müsse, um den Armen das Notwendigste zu verschaffen. Die hohe Stellung der מצות צדקה gegenüber den anderen Geboten begründet R. Salman in eigentümlicher Weise. Der Zweck aller praktischen Gebote ist, die animalische Seele zu Gott emporzuführen, sie zur Vereinigung mit dem unendlichen Urlicht zu befähigen. Dies geschieht aber durch צדקה mehr als durch alle anderen Gebote. Denn die anderen Gebote werden durch einzelne Organe des Körpers ausgeführt, sodass dadurch die entsprechenden Seelenkräfte geheiligt werden. Wer aber von dem, was er mit der Kraft seines ganzen Körpers erarbeitet hat, den Armen gibt, der weiht damit die ganze animalische Seele Gott. Und wenn er auch nicht von seiner Hände Arbeit lebt, so hätte er doch das Geld, das er spendet, zur Erhaltung seiner eigenen Körperkraft verwenden können, sodass auch hier jenes Moment in die Erscheinung tritt. Die Wohltätigkeit bewirkt ferner die Befreiung von den Keliphot, von der „Vorhaut des Herzens", die den Menschen von der Liebe zu Gott zurückhält. Die Barmherzigkeit, die wir durch מצות צדקה betätigen, erweckt auch die מדת הרחמים, die Eigenschaft des göttlichen Erbarmens. In unserer Zeit, in welcher das Thorastudium von seiner früheren Höhe herabgesunken ist, ist עבודה in erster Linie durch צדקה zu bestätigen, und deshalb heisst es, dass die Erlösung Israels nur durch Wohltätigkeit herbeigeführt wird. In den Geboten der Thora kommt die göttliche Weisheit in einer dem Wesen der irdischen Welt entsprechenden Einschränkung (צמצום) zum Ausdruck. Deshalb ist für die meisten Gebote eine Begrenzung, ein bestimmtes Mass gegeben, so für die Grösse der Sukka, des Lulab und des Schophar, für die Anzahl der Opfertiere usw. Auch bezüglich צדקה haben unsere Weisen gesagt, dass man ein Zehntel, und wenn man freigebig ist, ein Fünftel seines Vermögens und seines Erwerbs opfern solle. Dies gilt aber nur für denjenigen, der sich immer streng an die Thora gehalten hat und nicht um Haaresbreite von ihr abgewichen ist. Wer gesündigt hat, der darf und muss, um den göttlichen Gnadenstrom der Vergebung zu sich herabzulenken, auch einen viel grösseren Teil seines Vermögens guten Zwecken widmen. Denn wie der Mensch nicht nach den Kosten fragt, wenn er seinem Körper Heilung bringen will, so darf er auch nicht zurückhalten, wenn es sich um die Genesung der Seele handelt. Von besonderer Wichtigkeit ist es, dass man die Wohltätigkeit fortgesetzt übt; wer mehrmals gibt, hat ein grösseres Verdienst als derjenige, der nur einmal seine Hand öffnet, wenn auch die Summe, die er auf einmal spendet, die gleiche ist. R. Salman erinnert dabei an die Erklärung des Maimonides zu dem Mischnawort הכל לפי רוב המעשה, dass alles nach der grösseren Zahl der guten Taten beurteilt werde. Der wiederholte Entschluss zum Guten bewirkt eine grössere Läuterung der Seele. Mit Nachdruck wird auch auf die hohe Bedeutung der Spenden für Palästina hingewiesen, und R. Salman ermahnt seine Anhänger, jede Woche oder mindestens jeden Monat eine Gabe dafür abzusondern.

Dieser kleine Ausschnitt mag einen Begriff geben von dem Geiste, der das ganze System des R. Salman erfüllt. Es ist zwar alles mit kabbalistischen und chassidischen Gedanken durchflochten, es sind, wenn auch in eigenartiger Färbung, immer wieder die dem Ideenkreis des Chassidismus angehörenden Begriffe, die uns begegnen; aber es ruht doch alles auf dem Grunde der Lehren unserer Weisen, wie sie im Talmud und Midrasch niedergelegt sind.

# Hillel und die Bne Batyra.

Von Rabbiner Dr. S. Kaatz in Hindenburg O/S.

## I.

Der an drei Stellen (Tos. Pes. IV 1, Jer. Pes. VI 1, B. Pes. 66a) im Talmud überlieferte Bericht über das Auftreten Hillels vor den Batyrenischen Aeltesten hat eine überaus grosse Literatur erzeugt. Aber trotz der zahlreichen Versuche, die gemacht worden sind, den Vorgang in einer befriedigenden Weise aufzuhellen, bleibt noch vieles zurück, was dunkel erscheint. Manche von ihnen weisen Willkürlichkeiten auf und werden schon dadurch der Sache nicht gerecht. Es herrscht darin vielfach die irrige Meinung, Hillel habe mit den „sieben Deutungsregeln", die er nach Sifra Anf., Tosefta Sanhedrin VII 11 den Batyrenern gegenüber anwandte, eine ganz neue Methode eingeführt, die vorher unbekannt gewesen und daher als eine unberechtigte abgelehnt worden sei. Aber das behaupten, heisst behaupten, Hillel habe die Schriftauslegung erfunden. In Wirklichkeit hat er altüberlieferte und längst vor ihm angewandte Methoden zwar, wie angenommen werden kann, in einen Kanon gebracht oder einen bereits vorhandenen, aber schwankenden Kanon durch seine überragende Autorität zu einem offiziellen erhoben, er hat vielleicht diesen Deutungsmethoden oder einigen von ihnen ihren prägnanten Namen gegeben, der fortan zu einem obligaten Terminus wurde. Aber diese seine „sieben Regeln" sind ihrem Wesen nach nichts anderes als verstandesmässige Schriftauslegungsmethoden, die als entwicklungsfähige Ansätze ihm überkommen von ihm weiter ausgebildet und in einer umfassenderen Weise angewandt wurden, dergestalt dass sie durch seinen entscheidenden Einfluss zu neuem Leben erweckt und zu neuem Ansehen erhoben wurden und der autorativen Gesetzeserforschung fortschreitend wachsende Schriftauslegungsmöglichkeiten boten. Wir werden eine grössere Klarheit gewinnen über das Wesen der Methode, durch die Hillel den Batyrenern die Wahrheit und Schriftgemässheit einer Halacha bewies, wenn wir tiefer in das Verständnis des talmudischen Berichts eindringen. Von dessen drei Relationen, die sachlich in Uebereinstimmung miteinander sind, ist die ausführlichste und daher, gleichviel ob sie die älteste ist, die deutlichste, die Jeruschalmis. Gerade sie bietet, wenn wir sie recht würdigen, einen lehrreichen Einblick in die Auslegungsart einer besonders wichtigen Epoche. Ich will nun versuchen den Bericht Jeruschalmis aus sich selbst und aus anderen Stellen, die ein Licht auf ihn werfen können, zu erklären, indem ich zuerst darlege, was darin einer Aufhellung bedarf.

## II.

Der Bericht beginnt mit den Worten:

„Diese Halacha verbarg sich den Batyrenischen Aeltesten. Einst fiel der 14. (Nissan) auf einen Sabbat, und sie wussten nicht, ob das Pessachopfer den Sabbat verdränge oder nicht."

Wie war es möglich, dass das höchste Gerichtskollegium über eine Gesetzespraxis im Ungewissen war, die doch aus den Vorjahren bekannt sein musste? Warum stellte es sie, wenn sie seinem Gedächtnis entfallen war, nicht einfach durch eine Umfrage fest? Die Annahme, es sei damals ein Menschenalter hindurch der Fall des Zusammentreffens von Pessachopfer und Sabbat nicht vorgekommen[1]), ist an sich schon eine Verlegenheitserklärung. Ueberdies berichtet der Talmud am Schlusse der Erzählung, dass am folgenden Tage (am Sabbat den 14. Nissan) das Volk mit den Opfertieren spontan zum Tempel zog und sogar darüber Bescheid wusste, wie es sich hinsichtlich des Tragens der mitzuführenden Messer zu verhalten habe, denn

„wer ein Lamm darbrachte, steckte das Messer in die Wolle und wer ein Zicklein darbrachte, zwischen die Hörner".

Das Volk kannte also sogar Nebendinge der Gesetzespraxis, und der Religionsbehörde sollte die ganze Frage unbekannt gewesen sein?

---

[1]) Vgl. Jeruschalmi a. a. O.: „R. Abun sagte: Es ist unmöglich, dass innerhalb von zwei Jahrsiebenten der 14. nicht auf einen Sabbat gefallen sein sollte. Wieso verbarg sich ihnen die Halacha? Um Hillel zur Grösse zu bringen."

Der Bericht fährt weiter fort:

„Da sagte man, hier ist ein Babylonier namens Hillel, der Schemaja und Abtaljon nahe stand. Er weiss, ob Pessach den Sabbat verdrängt oder nicht. **Vielleicht ist von ihm Hoffnung**".

Der gesperrte Satz erscheint unverständlich. Wenn Hillel es unzweifelhaft **weiss**, was heisst da, es sei **möglicherweise etwas von ihm zu hoffen**? Auch wenn der Zusatz einen Ausruf der **Batyrener** darstellt, ist er rätselhaft. Er beweist, dass es ihnen nicht darauf ankam, ob er die Antwort **wusste**, sondern ob er ihre Hoffnung erfüllen werde. Welche Hoffnung?

Es heisst weiter:

„Sie liessen ihn holen und fragten ihn: Hast du jemals gehört wenn der 14. (Nissan) auf einen Sabbat fällt, ob (das Pessachopfer) den Sabbat verdränge oder nicht? Da erwiderte er ihnen: Haben wir denn nur ein einziges Pessach im Jahr, das den Sabbat verdrängt? Wir haben ja sehr viele Pessachopfer im Jahr, die den Sabbat verdrängen. Da sprachen sie: **Wir haben es ja schon gesagt, dass von dir Hoffnung ist**".

Den gesperrten Satz als eine ironische Abweisung zu betrachten, dazu liegt keine Veranlassung vor. Nach seinem schlichten Wortsinn ist er durchaus ernst gemeint und zeigt, dass Hillels Antwort in ihnen eine bestimmte Hoffnung erweckte. Welche?

Der Bericht fährt fort:

„Da begann er es ihnen abzuleiten aus einem Vergleich (היקש) aus einem Kalwachomer und aus einer Gesera schawa. Aus einem Vergleich: Sowohl Tamid- als auch Pessach sind Gemeindeopfer. Da Tamid als Gemeindeopfer den Sabbat verdrängt, so auch das Gemeindeopfer Pessach. Aus einem Kalwachomer: Wenn schon Tamid, das nicht mit Karet belegt ist, den Sabbat verdrängt, dann erst Recht Pessach, das mit Karet belegt ist. Aus einer Gesera schawa: Bei Tamid steht במועדו „zur bestimmten Zeit" und bei Pessach steht במועדו. Wie Tamid verdrängt daher auch Pessach den Sabbat. Sie erwiderten ihm: **Wir haben es ja schon gesagt, es ist keine Hoffnung von dem Babylonier**. Der Vergleich kann widerlegt werden, da bei Tamid eine bestimmte Zahl (von der ganzen Gemeinde jeweilig nur ein einziges) Opfer dargebracht wird, bei Pessach dagegen die Zahl der von den einzelnen Gemeindemitgliedern darzubringenden

Opfer) unbestimmt ist. Der Kalwachomer kann widerlegt werden, denn Tamid ist ein hochheiliges, Pessach dagegen ein leichtheiliges Opfer. Und was die Gesera schawa betrifft, so kann man eine Gesera schawa nicht von selbst bilden[1]".

Was hatte den Batyrenern die Ueberzeugung beigebracht, dass sie von Hillel nichts zu h o f f e n hätten?

Der Bericht schliesst:

„Obwohl er den ganzen Tag vor ihnen mit den Auslegungen fortfuhr, nahmen sie es von ihm nicht an, bis er ihnen sagte: Bei meinem Leben, so habe ich es von Schemaja und Abtaljon gehört. Als sie das hörten, standen sie auf und setzten ihn zum Nassi ein".

---

[1] Hier sind in Jeruschalmi einige die Bildung einer Gesera schawa betreffende Aussprüche des Amora R. Abba bar Memel eingeschaltet, von denen der erste lautet: „Wenn jemand eine Gesera schawa von selbst bilden dürfte, dann könnte er folgern, dass ein Kriechtier טמא באהל und dass ein Leichnam טמא בכעדשה sei, indem er בגד עור (Lev. 11, 82) und בגד עור (Num. 31, 20) als Gesara schawa benützt." Dieser Ausspruch bedarf der Erläuterung. Warum besteht gerade bei einer Gesera schawa die Gefahr einer Gesetzwidrigkeit, so dass die selbständige Bildung dieser Deutungsart verboten ist? In der Regel wird das unter Berufung auf Ramban (Buch der Gesetze, Grundsatz II) damit erklärt, dass bei der grossen Zahl gleichlautender Vokabeln der Tora durch eine schrankenlose Anwendung dieser Norm leicht falsche Folgerungen gezogen werden können. Aber diese Erklärung kann unmöglich genügen, denn dasselbe trifft auch auf den K a l w a c h o m e r zu, dessen selbständige Bildung erlaubt ist, trotzdem vermittels seiner, wie zahlreiche drastische talmudische Exempel (Erubin 13 b, Derech erez r. 1) zeigen, Sinnwidriges gefolgert werden kann. Vielmehr liegt die Sache umgekehrt: Ein falscher Kalwachomer kann durch einen andern widerlegt, also unschädlich gemacht werden. Anders aber eine unrichtige Gesera schawa, die sich ja auf einen Ausdruck beziehen kann, der nur z w e i m a l in der Tora vorkommt, wie das bei dem von R. Abba bar Memel geflissentlich gewählten Beispiel בגד עור der Fall ist, einer Wortanalogie, die sich nur z w e i m a l in der Tora findet. Ebenso findet sich der Ausdruck במועדו nur bei den z w e i in Frage stehenden Gesetzen, bei Pessach und bei Tamid. Es ist daher unmöglich, wenn die aus dieser Gesera schawa gefolgerte Vorschrift falsch ist, die Folgerung durch eine andere Gesera schawa zu widerlegen. So wird uns der Ausspruch R. Abbas b. M. klar. Auch R a m b a n scheint dies anzudeuten, denn er spricht (a. a. O.) von den Ausdrücken, die in der Tora „v e r d o p p e l t" sind (וככלו), was den Hinweis enthalten kann, dass sie nur z w e i m a l vorkommen.

Es wird nichts über die Art dieser ferneren den ganzen Tag währenden Diskussion gemeldet, die schliesslich von Hillel unter Berufung auf eine autoritative Ueberlieferung abgebrochen wurde. Der Streit Hilles und der Bne Batyra dürfte seine Aufhellung finden, wenn wir ihn in das Licht zweier anderer Berichte stellen, und zwar eines aus der Zeit Schemajas und Abtaljons und eines andern aus der Zeit R. Jochanans ben Sakkai, des Schülers Hillels. Wir wollen den zweiten zuerst betrachten. Derselbe knüpft an Mischnäh Roschhaschana IV 1 an, wo es heisst, dass am Roschhaschanah, der auf Sabbat fiel, im Heiligtum, aber nicht in der Provinz Schofar geblasen wurde, und dass nach der Tempelzerstörung R. Jochanan ben Sakkai anordnete, dass auch in Jabne zu blasen sei. Hieran schliesst sich in der Gemara folgende Baraita (Roschhasch. 29 b):

„Die Rabbinen haben gelehrt: Einst fiel Roschhaschana auf Sabbat. Da sagte R. Jochanan b. S. zu den Bne Batyra: Wir wollen blasen. Sie erwiderten: Wir wollen urteilen (נדון). Da sagte er zu ihnen: Erst wollen wir blasen und dann urteilen. Nachdem man geblasen hatte, sagten sie: Wir wollen urteilen. Da erwiderte er: Schon wurde das Horn in Jabne gehört, und man erhebt keinen Einwand, wenn die Sache vorüber ist."

Wie haben wir das zu verstehen? Werden hier Mitglieder des hohen Rates als Narren hingestellt, die sich zu der Verkehrtheit verstehen, ein Urteil, das möglicherweise falsch ist, vollziehen zu lassen und dann erst die Richtigkeit des Urteils zu prüfen? Soll hier das Verhalten der Bne Batyra als sinnlos geschildert werden? Da eine solche Annahme unmöglich ist, so kann diese Stelle meines Erachtens nur folgendermassen erklärt werden: Nach der Ueberzeugung der Bne Batyra war das Schofarblasen, als ein Toragebot, am Sabbat nicht nur in Jabne, sondern überall zu vollziehen. Sie waren der Meinung, dass es überall gelten müsse, wenn es für Jabne galt, und dass es auch in Jabne verboten sein müsse, wenn es überall verboten sei. Die Batyrener waren keine Narren, sondern sie wollten, als R. Jochanan b. S. ihre Zustimmung zum Blasen in Jabne einholte, die **ganze** Frage aufrollen und zur Entscheidung bringen. Da sie das Blasen in Jabne für statthaft hielten, so konnten sie die Entscheidung über die ganze Frage bis nach dem Blasen aufschieben lassen. Sie standen auf dem Standpunkt des Entweder-Oder: entweder überall, oder nirgends. R. Jochanan b. S. liess sich aber mit ihnen, denen die Gesetzesbildung ein rein logisch-synthetisches Urteilen war, in keine Diskussion ein.

### IV.

Dieser Vorgang wirft ein Licht auf den Streit **Hillels** mit den Batyrenern. Auch bei der Frage des sabbatlichen Pessachopfers wollten die Batyrenischen Aeltesten die Sache auf ein Entweder-Oder stellen und nicht nur diese Teilfrage, sondern die ganze sabbatliche Opferfrage aufrollen und zur Entscheidung bringen. Dies wird uns klar aus der Würdigung eines Berichtes aus der Zeit Schemajas und Abtaljons, der Lehrer Hillels, welche im Zusammenhang steht mit einem Gesetz, dass am Sabbat die Darbringung der **Chagiga** verboten sei d. h. des Festopfers, das jeder Israelit an den drei Wallfahrtsfesten „nach der Gabe seiner Hand" (Deut. 16,16) zu spenden verpflichtet war. Der Bericht lautet (Pesachim 70b):

„In einer Baraitha wird gelehrt: Jehuda ben Dorotheos sonderte sich ab (vom Synhedrium), er und sein Sohn Dorotheos. Er wanderte aus und liess sich im Süden nieder, indem er sprach: Wenn Elia kommen und Israel fragen wird: Warum habt ihr die Chagiga nicht am Sabbat dargebracht, werden sie da antworten? Ich wundere mich über die beiden Grossen der Zeit, über Schemaja und Abtaljon, die grosse Weise und grosse Forscher sind und Israel nicht sagen: Die Chagiga hebt den Sabbat auf. Da sagte Rab: Welches ist der Grund des Dorotheos? Weil geschrieben steht (es folgt eine Auslegung von Deut. 16,2) .... Da sagte R. Aschi: Sollen wir etwa die Auslegung der Eigenbrödler uns zu eigen machen? ...."

Aus dieser Erzählung ergibt sich zunächst, dass zur Zeit Schemajas und Abtaljons das Unterlassen der sabbatlichen Chagiga eine aus einer früheren Zeit überkommene Ueberlieferung war, die von Schemaja und Abtaljon anerkannt war, zumindestens geduldet wurde. Es ist ferner daraus ersichtlich, dass der hinsichtlich der Chagiga dissentierende Jehuda ben Dorotheos gegen das Verbot der Darbringung **anderer** Privatopfer z. B. de

Sünd- Schuld- und Gelübdeopfer (Beza 20b) am Sabbat keinen Widerspruch erhoben hat. Er hielt lediglich das Verbot der Chagiga für schriftwidrig, die sich gleich Pessach von den andern nur in besonderen Fällen und zu einer beliebigen Zeit darzubringenden Privatopfern dadurch unterscheidet, dass sie gleichmässig für alle Mitglieder der Gemeinde zu einer bestimmten Zeit vorgeschrieben, und wenn sie auch ein Opfer der Einzelnen und kein eigentliches Gemeindeopfer war, so doch gleich Pessach als Gegensatz zu andern Privatopfern in einem uneigentlichen Sinne als Gemeindeopfer bezeichnet werden kann.

Zwischen den Zeilen dieser kurzen Erzählung ist, wenn sie recht gewürdigt wird, mit aller Deutlichkeit zu lesen, dass die charakteristische talmudische Methode der Gesetzeserforschung, die sogenannte שקלא וטריא, die Auslegungsdialektik, schon der Zeit Schemajas und Abtaljons nicht nur eine vertraute, sondern eine aus einer Vorzeit überlieferte war. Jehuda ben Dorotheos, ein Mitglied des Synhedriums, forderte oder erwartete, dass Schemaja und Abtaljon als „grosse Weise und grosse Forscher" die Unterlassung der sabbatlichen Chagiga durch eine autoritative Schriftauslegung beseitigten und durch einen offiziellen Akt ihres Synhedriums eine neue Praxis einführten, und er sah sich, weil sie dieser Forderung oder Erwartung nicht entsprachen, veranlasst, aus dem Synhedrium zu scheiden, denn er hielt es für unberechtigt, wenn der Opferdienst auch am Sabbat zu verrichten und jedes Werkverbot für Tamid- Mussaf- und Pessachopfer ausgeschaltet war, die Chagiga am Sabbat zu verbieten. Ihm schien eine solche Handhabung des Gesetzes unbegreiflich, wie übrigens auch die Talmuderklärer (vgl. Tos. Jomtob zu M. Chag. II 4) sich nur schwer darin zurechtfinden.

Und nun dürfte uns der Streit Hillels mit den Batyrenern verständlicher werden. Es dürfte nicht zweifelhaft sein, dass die Chagigafrage bei der „den ganzen Tag" währenden Diskussion Hillels mit den Batyrenern eine wesentliche Rolle gespielt habe. Sie war eigentlicher Anlass und verhülltes Objekt des Streites. Sie sollte aufgerollt und zur Entscheidung gebracht werden. Die Batyrener waren der Meinung, es könne hinsichtlich Pessach und Chagiga nur ein Entweder-Oder geben, da beide Einzelopfer seien. Sei Pessach gestattet, dann logischerweise auch Chagiga. Sei Chagiga verboten, dann müsse konsequenterweise auch Pessach verboten sein.

Die Batyrener kannten die Gesetzespraxis des sabbatlichen Pessachopfers, die bis dahin vermutlich eine unbestrittene war. Zwar sagt der Bericht, dass sie nicht gewusst hätten, ob Pessach den Sabbat verdränge oder nicht. Aber das heisst nicht, dass sie die bisherige P r a x i s nicht gekannt hätten. Ja, es dürfte kein Zufall sein, dass der Bericht mit dem Satz beginnt, dass den Batyrenern die Halacha „s i c h  v e r b a r g" (נתעלמה). Da sonst dieser Ausdruck nur dort angewandt wird, wo es sich um ein absichtliches Abwenden handelt, so dürfte hier darin die Andeutung liegen, dass die Batyrener die Halacha nicht hätten kennen w o l l e n.

Nun schwindet das Rätselhafte des Berichtes. Die Batyrener kannten die Gesetzespraxis und brauchten sie nicht erst durch eine Umfrage festzustellen. Ihre „H o f f n u n g" richtete sich nicht darauf zu erfahren, wie das Gesetz bisher gehandhabt worden sei, denn das wussten sie so gut wie das Volk es wusste. Dass es ihnen nicht darum zu tun war, die frühere Gesetzespraxis zu eruieren, ist ja schon daraus ersichtlich, dass sie bereits bei der Festsetzung des N e u m o n d s tages wussten, dass die Pessach-Sabbatfrage akut sei, und dass sie, anstatt sich möglichst früh zu orientieren, erst am 13. Nissan damit herauskamen. Diese Verzögerung zeigt, dass sie nicht sowohl sich orientieren, als vielmehr auf etwas abzielen wollten, dessen Durchführung durch wochenlange Untersuchungen und Verhandlnngen nicht gefördert worden wäre. Dieses Ziel war, die von ihnen für ungesetzlich gehaltene bisherige unterschiedliche Behandlung von Pessach und Chagiga aufzuheben. Darauf richtete sich ihre „Hoffnung". Als nun Hillel herbeigerufen war und seine Beweisführung mit dem Satz begann: „Haben wir denn nur ein einziges Pessach im Jahr, das den Sabbat verdrängt? Wir haben ja sehr viele (כמה) Pessachopfer im Jahr, die den Sabbat verdrängen", da glaubten sie daraus Hoffnung für die Darbringung der Chagiga schöpfen zu können, denn diese seine einleitenden Worte schienen den gesamten Opferdienst als einen einheitlichen und gleichartig zu behandelnden hinzustellen [1]). Als jedoch Hillel nach dieser einleitenden allgemeinen Begründung ins einzelne ging und drei Beweise anführte, die nur Pessach einschlossen, da erkannten sie, dass sie von ihm keine Hoffnung hatten. Denn die drei Auslegungen Hillels, der Vergleich (היקש), der Kalwachomer und die Gesera schawa haben die verhüllte, aber deutliche Tendenz den Unterschied von Pessach und Chagiga nachzuweisen. Wenn sie sich auch nur auf das Verhältnis von Pessach und Tamid zu beziehen und die Chagiga ausser Anlass zu lassen scheinen, so ist das etwas rein formelles. In Wirklichkeit zielen sie auf das Verhältnis von Pessach und Chagiga ab. Nur so werden sie uns recht verständlich, denn losgelöst von der Frage der Chagiga und lediglich auf Pessach und Tamid bezogen, sind sie, wie das auch die Einwendungen der Batyrener beweisen, nicht zwingend, sondern tragen Drasch-Charakter, da nach dem schlichten logischen Denken, dem Pschat 1) Pessach kein eigentliches „Gemeindeopfer" gleich Tamid, sondern ein Opfer der Einzelnen ist, 2) Pessach trotz der Karetstrafe nicht ein „schwereres" Opfer ist als Tamid, 3) der Ausdruck „zur bestimmten Zeit" wohl eine Verschiebung des Pessach auf eine andere als die „bestimmte" Zeit verbietet, aber nicht den Hinweis zu enthalten braucht, dass es gleich Tamid auch den Sabbat verdränge, wie ja die Tora z. B. es als etwas selbstverständliches voraussetzt (Num. 9, 6), dass es der Israelit, der „zur bestimmten Zeit" טמא ist, nicht darbringen könne.

Werden jedoch die drei Auslegungen entsprechend auf Pessach und Chagiga bezogen, um die positive Behauptung, dass diese Opfer hinsichtlich des Sabbats gleich zu behandeln

---

[1]) Durch den Zwischensatz Jeruschalmis: „Nach einigen sprach er von 100, nach anderen von 200, nach anderen von 300 ..." wird die obige Darlegung nicht berührt, denn dieser Zwischensatz will den Ausdruck כמה nicht eliminieren, sondern interpretieren.

seien, zu **entkräften**, dann gewinnen sie einen andern Charakter, denn 1) nur bei Pessach, nicht aber bei Chagiga sagt die Schrift, dass „die ganze **Gemeinde** Israels" (Ex. 12, 3 f) es darzubringen habe, 2) die Karetstrafe macht Pessach zu einem „schwereren" Opfer als Chagiga, 3) nur bei Pessach, nicht aber bei Chagiga wendet die Schrift den Ausdruck „zur bestimmten Zeit" an. Mögen also Pessach und Chagiga als Einzelopfer analoge Opfer sein, dieser Aehnlichkeit stehen Unterschiede gegenüber, welche das apriorische Urteil verhindern, dass die beiden Opfer gleichartig zu behandeln seien hinsichtlich des Sabbat, dessen Verletzung mit der allerschworsten Strafe belegt ist, so dass aus dem Umstande, dass **Pessach** am Sabbat dargebracht wird, nicht ohne weiteres gefolgert werden kann, dass auch **Chagiga** darzubringen sei. Da das gleiche wie dargelegt wurde, auch für die verstandesmässige Ableitung von Pessach aus **Tamid** gilt, so werden wir es nun begreifen, warum die „den ganzen Tag" während Diskussion ergebnislos bleiben musste, und die Frage nur durch die Berufung Hillels auf eine autoritative Ueberlieferung entschieden werden konnte.

Die Bne Batyra waren keine Sadduzäer, ebensowenig wie Jehuda ben Dorotheos ein Sadduzäer war. Sie sprachen nicht etwa grundsätzlich der Ueberlieferung jede Berechtigung ab, sondern sie erkannten im Gegenteil die Autorität der Schriftgelehrten an. Wenn sie die geltende Praxis des **Chagiga-Sabbatopfers** ändern wollten, so dürfte das aus dem Grunde geschehen sein, weil sie dieselbe nicht für eine **autoritative**, von einer Religionsbehörde ausdrücklich sanktionierte und daher nicht für eine unumstössliche hielten. Sie waren der Meinung, sie sei unlogisch und daher, gleichviel ob sie vorher stillschweigend in Geltung war, aufzuheben. Einem einseitigen logischen Dogmatismus zugetan, lebten sie des Glaubens, dass die Erforschung und Feststellung des Gesetzes nach Möglichkeit in die strengen Regeln eines konsequenten wissenschaftlichen Systems einzuspannen sei, das Gegensätzliches nicht dulden kann und Widersprechendes abstossen muss.

Ihre Geistesrichtung war eine andere als die Hillels und

R. Jochanans b. S. Diese waren sich dessen bewusst, dass die Ueberlieferung und Anwendung des lebendigen Gesetzes zwar logischer Funktionen nicht entraten könne, aber dennoch ihre eignen Wahrheitsgesetze habe und, wie alles Leben, ein organisches Gebilde, aber keine rein mathematische Formel sei. Denn das, was bei der Konstruktion eines p h i l o s o p h i s c h e n Systems, das auf verstandesmässiger Dialektik beruht, ein Kennzeichen der S c h w ä c h e wäre, der Mangel an logischer Uebereinstimmung seines Inhalts, kann bei einem überlieferten Religionssystem, welches das Leben mit seinem Zwiespalt und seiner Gegensätzlichkeit zu umfassen hat, ein Element seiner Wirkensmöglichkeit und der Erhaltung seiner K r a f t sein.

## „Dreitausend Fehler im Alten Testament?"
### Von Geh. Regierungsrat Prof. Dr. Eduard König, Bonn.

Vor kurzem tauchte in vielen Blättern ein Artikel mit der Ueberschrift „Dreitausend Fehler im A l t e n T e s t a m e n t" auf. Welch aufsehenerregende Behauptung! Wieviel beunruhigende Gedanken oder wenigstens wissbegierige Fragen hat sie wachgerufen! Da war es sofort die Pflicht der Kenner dieses Gebiets, die Richtigkeit jener Notiz zu untersuchen, aber ich bin wegen anderer dringender Arbeiten doch nicht gleich dazu gekommen, mich der Aufgabe zu unterziehen. Nun aber will ich mich nicht länger der Pflicht entziehen, den fraglichen Tatbestand in einem kurzen Aufsatze zu beleuchten.

Der nächstliegende Ausgangspunkt kann aber nur die Frage sein: Wer darf denn v o l l s t ä n d i g e F e h l e r l o s i g k e i t des alttestamentlichen Textes erwarten? Jeder Leser jener Zeitungsnotiz musste sich doch sagen: Da fehlsame Menschenaugen und Menschenhände bei der Ueberlieferung dieses Schrifttums tätig gewesen sind, hätte die Fernhaltung jedes Versehens und Verschreibens nur durch ein Wunder ermöglicht werden können. Ein solches Wunder haben nun zwar die Mohammedaner in bezug auf den Text der 114 Suren ihres Koräns

2.

(„Lesebuch") manchmal behauptet, aber das war ein ganz willkürliche Meinung, wie in der Zeitschrift der morgenländischen Gesellschaft, Band 42, S. 663 und 675 ausführlich gezeigt worden ist. Ein solches Wunder hat der Herr der Kirche auch nicht beim Neuen Testament eintreten lassen, denn in dessen einzelnen Handschriften gibt es sehr viele verschiedene Lesarten, wie jede Ausgabe desselben zeigt, und wie auch schon aus den Worten des Kirchenvaters Augustin sich ergibt: „Wer die göttlichen Schriften kennen zu lernen wünscht, muss in erster Linie auf die Verbesserung der Kodizes bedacht sein" (De doctrina christiana II, 14). Ein solches Wunder ist nun auch beim Alten Testament nicht geschehen. Auch seine Textquellen zeigen viele Verschiedenheiten. Denn z. B. in der Völkertafel (1. Mos. 10) wird die eine Völkerschaft nach V. 3 Riphath, aber nach der Parallelstelle (1. Chron, 1, 6) Diphath genannt, was in der Lutherbibel gar nicht bemerkt wird. Das kommt daher, dass die hebräischen Buchstaben für R und für D einander ganz ähnlich sind und daher leicht vom Auge verwechselt werden konnten. Uebrigens ist Riphath die richtige Gestalt jenes Völkernamens, weil es einen Fluss Rhebas in der kleinasiatischen Landschaft Paphlagonien gibt, weshalb schon Josephus in seinen jüdischen Altertümern I, 6, 1 in jener Völkerschaft richtig die Paphlagonier gefunden hat.

Weil die Sache so sich verhält, handelt es sich n i c h t um die Frage der vollkommenen Einheitlichkeit des alttestamentlichen Textes. Vielmehr fragt es sich nur, w i e v i e l Verschiedenheiten in den einzelnen Textquellen sich finden und, was die Hauptsache ist, wieviele von diesen Verschiedenheiten (oder „Varianten") als F e h l e r bezeichnet werden dürfen und w e l c h e  B e d e u t u n g diese Fehler für den Wert des Alten Testament besitzen.

Friedrich D e l i t z s c h, der neuerdings überhaupt viel zur Herabdrückung der Autorität des A. T. getan hat, spricht nun in seiner Schrift „Die Lese- und Schreibfehler im A. T." (1920) gar nicht erst von Verschiedenheiten, sondern g l e i c h in seinem Vorwort v o n  F e h l e r n, und zwar von „etwa dreitausend Textfehlern". Dabei zählt er nun erstens auch diejenigen Versehen der Abschreiber mit auf, die schon von den alten jüdischen Schriftgelehrten, die bereits in den Tempelzellen sassen und Handschriften verglichen (Traktat Sopherim VI, 4), am Rande verbessert worden sind. Zweitens wirft Delitzsch gar nicht die Frage auf, ob er mit seiner mechanischen Gleichmachung der Aussprache vieler Sprachformen (§ 142 usw.) im Rechte ist. Die alten Juden werden aber doch wohl besser, als Delitzsch, gewusst haben, wie sich die Aussprache gestaltet hatte. Drittens erklärt er sich gegen die Richtigkeit einer Form z. B. mit den Worten „Ein Plural kommt sonst nicht vor" (§ 134 c usw.). Aber was kann darauf ankommen? Die uns erhaltenen hebräischen Schriften bezeugen selbstverständlich nicht den gesamten Formenbesitz des Hebräischen. Viertens will er den hebräischen Text korrigieren, indem er z. B. zu dem Satz „Der Herr ist deine Zuversicht" (Ps. 91, 9) schreibt: „Lies machsô „du, dessen Zuflucht usw." Aber jeder Primaner im Hebräischen weiss, dass „du, dessen Zuflucht" vielmehr machsekhà verlangt (meine Hebr. Syntax § 344 c). Fünftens operiert er auch selbst oft mit „wohl" oder „vielleicht" oder „könnte man" (§ 136 a usw.), aber bei weitem nicht oft genug.

Während er auf diese Weise „etwa dreitausend Textfehler im A. T." zusammengebracht und zu dessen ungunsten geltend gemacht hat, befolgt er auch wieder in diesem Buche sein sonstiges Verfahren (vgl. mein „Die moderne Babylonisierung der Bibel" 1922, 11 ff.), dass er kein Wort von den Tatsachen sagt, welche für die Zuverlässigkeit des hebräischen Textes sprechen. Ein einziges Beispiel sei aber dieses! Der zweite Beherrscher des neubabylonischen Reiches hiess nach den Keilschriften *Nabu-kudurri-usur*. Im A. T. ist nun das mittlere *r* noch in Jer. 21, 2 usw. (26 mal) sowie in Hos. 26, 7 usw., also bei Autoren bewahrt, die der Zeit jenes Herrschers (605—652) nahestanden! Aber später hat sich die Aussprache jenes Namens erleichtert, indem das mittlere *r* in *n* überging (vgl. dass Barbier im Volksmunde vielfach zu Balbier erleichtert wird), und das so entstandene Nebukadnezar steht in 2. Kön. 24, 1 usw.

Aber was die Hauptsache ist: die spätere Form ist nicht an jenen 26 Stellen des Buches Jeremia eingesetzt worden. Also durch die Jahrhunderte hindurch ist von den Abschreibern die ursprüngliche Form jenes Namens festgehalten worden. Oder um nur noch etwas aus den von mir gesammelten Materialien anzuführen, auch der Aegyptolog Wilh. Spiegelberg bemerkt in „Aegyptologische Randglossen zum A. T." (1904), S. 5: „Vielleicht wird mancher von den „Neuesten" in meiner Behandlung des Textes des A. T. einen gewissen Zug entdecken, der ihm nicht zeitgemäss erscheint. Diese von mir in der Tat durchgeführte „konservative" Textbehandlung gründet sich auf die einfache Beobachtung, dass diejenigen ägyptischen Eigennamen, die sich mit Sicherheit deuten lassen, im massoretischen, d. h. überlieferten hebräischen Texte vortrefflich wiedergegeben sind"

Aber möchte doch die Zahl der wirklichen „Fehler" des alttestamentlichen Textes auch sehr gross sein, welches wäre die Tragweite dieser Tatsache? Welche Bedeutung für die Sicherheit des alttestamentlischen Inhalts würden diese Fehler besitzen? Davon hat Delitzsch nicht gesprochen. Diese selbstverständliche Pflicht der wissenschaftlichen Forschung über den Text des A. T. hat er nicht erfüllt. Ebensowenig hat der es getan, der jenen Artikel mit der Ueberschrift: „Dreitausend Fehler im A. T." in die Zeitungen lanziert hat. Aber vergeblich hat jener Artikelschreiber gemeint, gegen die geschichtliche Bedeutung des A. T. einen tödlichen Streich führen zu können. Die Wunde, die er dem ersten Teile des Bibelbuchs beigebracht hat, war nur ein Ritzen der Haut. Der ganze religiös-sittliche Inhalt jenes Schrifttums wird durch das Vorhandensein sovieler Verschiedenheit des alttestamentlichen Textes, unter denen sich auch manche formale Fehler befinden, nicht verletzt.

Greifen wir als Beispiel doch gleich einmal den Text der zehn Gebote heraus, der bekanntlich in 2. Mos. 20, 2—17 steht, und vergleichen damit die Textgestalt, die in dem aus dem 2. nachchristlichen Jahrhundert stammenden Papyrus Nash geboten wird. Da finden wir folgende Verschiedenheiten: eine andere Schreibweise des Verneinungswortes *lô* usw.; hinter „aus Aegypten" fehlt „im Diensthause"; am siebenten Tage statt der siebente Tag; den Zusatz „es gehe dir wohl" (V. 12); die Reihenfolge „du sollst nicht ehebrechen, du sollst nicht töten"; „Zeuge der Falschheit" statt „Zeuge der Lüge" usw., wie in meiner Schrift „Die moderne Pentateuchkritik und ihre neueste Bekämpfung" (1914), 34 f nachgelesen werden kann.

Aber wird durch alle diese Verschiedenheiten die Grundlage von einer der grossen Lehren erschüttert, die schon im Zehngebot als Grundpfeiler der alttestamentlichen Religion niedergelegt worden sind? Wird durch jene Differenzen das Prinzip von der Alleinverehrung Gottes, das von seiner Unabbildbarkeit und seiner vergeltenden Gerechtigkeit und Liebe zum Wanken gebracht? Werden die sittlichen Grundsätze dieser Religion und die auch sozial überaus bedeutsame Institution des Sabbats in ihrem Rechtsbestande abgeschwächt? Nein, durchaus nicht, alle diese Grundlagen der Religion und Moral des A. T. werden in ihrer Festigkeit durch alle aufgezählten Verschiedenheiten des Textes keineswegs untergraben. Ebenso aber ist es mit allen Weissagungen der Propheten und Liedern der Psalmisten. Der Grundbestand ihres Inhalts erleidet durch die da und dort auftretenden Verschiedenheiten der Lesart keine Einbusse. Man kann eine ganze „Theologie des A. T." schreiben, wie ich bekanntlich eine vor kurzem veröffentlicht habe, und wird durch die hie und da bestehende Fraglichkeit einer Form garnicht gehindert, wie jeder Leser selbst von meinem Buche, wo der Grundtext aufs genaueste beachtet ist, sich bestätigen lassen kann.

Das Schlussurteil über jene „dreitausend Fehler im A. T." kann also nur so lauten: Soweit dieselben nicht nach fraglichen oder einfach falschen Voraussetzungen über Sprachentwicklung oder den Wert der griechischen Uebersetzung aufgestellt sind, besitzen sie fast nur für den Grammatiker und Verfasser eines Wörterbuchs (vgl. die ebenerscheinende neue Auflage des meinigen) Wichtigkeit. Der religiös-sittliche Gehalt des althebräischen Schrifttums aber hängt von den gegenseitigen Abweichungen der Textquellen nicht ab. Also auch durch Zeitungsartikel über „dreitausend Fehler im A. T." kann die religionsgeschichtliche Stellung des Bibelbuches nicht erschüttert werden.

## Israel Zangwill als Dramatiker.
#### Von Dr. Armin Blau, Hamburg.

In unserer letzten Arbeit über die neuere westjüdische Literatur (Jeschurun VIII. Jahrg. Heft 9/10) wurde in grösserem Zusammenhang versucht, die Stellung Zangwills als Romanschriftsteller zu umreissen. Schon da konnten wir das geniale Ausmass, das grosse Wollen und Können des Menschendarstellers beobachten, der mit dramatischer Eindringlichkeit eine Welt von Gestalten in seinen Romanen zum Leben erweckt, grössten Realismus mit echtem Brudermitgefühl vereinend.

Jedoch wenig konnten wir von einer Problematik in seinen Werken wahrnehmen, der Romanschriftsteller wurde nirgends zum Streiter für eine Gegenwartsfrage, er war mehr objektiver Beobachter und Berichterstatter der Wirklichkeit, mehr Kulturschilderer als Reformator oder leidenschaftlicher Kämpfer um die Erkenntnis der Wahrheit.

Erst in seinen dramatischen Werken, von denen wir einige im folgenden einer Besprechung unterziehen, tritt Zangwill aus seiner Reservestellung des Beobachters und Gestalters von Menschentypen als Streiter hervor, um in leidenschaftlicher Parteinahme zeitbrennende Problemfragen auf der Bühne aufzurollen und sie zu einer Lösung, einer selbstgefundenen Lösung zu bringen.

In dem einen Drama geht es um die soziale Frage des jüdischen Volkes, in dem andern um die Ewigkeitsfrage der ganzen Menschheit, um die Form der Religion unserer nächsten Zukunft. Es sind also Kampfdramen, Thesenstücke, die die Nöte unserer Zeit, insbesondere das

Judenproblem, gewissermassen durch ein praktisches Beispiel, ein Argument ad hominem, auf der Bühne einer Klärung und Lösung nahebringen wollen.

Dass die von Zangwill vorgeschlagene Lösung dabei **radikal** bis zum **Paradoxen** ausfällt, selbstherrlich und gedanklich erklügelt, wird niemand wundern, der diesen Widerspruchsvollen, von persönlichstem Erleben Getriebenen kennen gelernt hat.

In England und Amerika haben beide Dramen eine leidenschaftliche Diskussion in der Oeffentlichkeit, Presse, Kanzel („The Next Religion" wurde nach mehreren Aufführungen von der englischen Zensur verboten) hervorgerufen, in Amerika bildeten sich sogar Klubs zur Verbreitung der in den Stücken vertretenen Ideen. Es obliegt daher wohl einer jüdischen Zeitschrift, nicht bloss aus literargeschichtlichem, sondern aus religiösem und zeitgeschichtlichem Interesse, zu den angeregten Problemen Stellung zu nehmen. Es wird sich sehr bald erweisen, dass der Gegenstand weitab von Zeit und Land die grösstmögliche Aufmerksamkeit jüdischerseits beanspruchen kann.

### I. The Melting Pot (Der Schmelztiegel).

(Aufgeführt zum 1. Male im Columbia Theatre in Washington 1908, dann im Court Theatre in London 1914, in Buchform erschienen 1919 bei Heinemann in London, eine deutsche Uebersetzung und Aufführung steht noch aus).

Die **Handlung** des Stückes ist leider nur zu zeitgemäss: Es ist ein **Pogromstück** sozusagen. Es handelt von einer Emigrantenfamilie, die aus dem blutigen Pogrom in Kischineff wie durch ein Wunder sich nach **Amerika** geflüchtet hat. Der Held, **David Quixano**, lebt mit seiner Grossmutter, einer strengfrommen altmodischen Jüdin und einem Onkel Mendel Quixano in einem neuen Viertel in New-York, wo David durch Gelegenheitskonzerte, Geigenstunden, Spielen in Singspielhallen kärglich sein Leben fristet. Sie leben kärglich und glücklich, nur meidet die Umgebung Davids in seiner Gegenwart jedes Wort der Erinnerung an **Russland**, da David sonst in Halluzinationen und krankhafte Angstzustände verfällt. David ist ein musikalisches Genie schon in Russland gewesen, ein Wunderknabe. Schon mit 18 Jahren hat er eine S y m p h o n i a A m e r i c a n a komponiert. Diese Symphonie soll ein Wunderwerk an musikalischer Erfindung sein, es soll ein B e k e n n t n i s z u r F r e i h e i t A m e r i k a s sein, eine Verherrlichung und Tonverkörperung der Ideale Davids, des Komponisten, von Menschenverbrüderung und Völkerfreiheit, von Aufhebung aller nationalen Schranken, ein Hohelied von der weltbeglückenden, alles bindenden und lösenden Mission der göttlichen M u s i k, ein Triumph symphonischer, orchestraler Tonkraft. Eine neue. M e n s c h h e i t s r e l i g i o n soll diese Symphonie künden. Zugleich aber soll sie auch eine H u l d i g u n g für das unabhängige, alle Völker umspannende, über allen Nationen stehende F r e i h e i t s l a n d A m e r i k a werden. Allein — es fehlt der O r t, um dieses einzigartige Werk in würdigem Rahmen herauszubringen, denn woher das O r c h e s t e r nehmen, das einem gänzlich unbekannten Komponisten seine Kräfte zu Gebote stellte? Doch wie durch ein Wunder macht David in einem Wohltätigkeitskonzert die Bekanntschaft einer jungen russischen Emigrantin, der Baronesse Vera Revendahl, selbst Pianistin von grossem Talent und grosser Schönheit. Diese gewinnt Interesse für David, macht ihn mit einem Korn- und Oel-Millionär New-Yorks, Quincey Davenport, bekannt, einem geckenhaften Lebemanne, der seine Millionen mit Anstand für allerlei Liebhaberkünste, auch für Musik ausgibt, der sich ein Privathausorchester mit einem deutschen Kapellmeister hält. Dieser Davenport kommt auf Veranlassung von Vera Revendahl in ihrer und seines Kapellmeisters Begleitung zu David ins Haus, um die Partitur des Wunderwerks im Manuskript zu prüfen. Alle sind nach Anhörung von Einzelheiten aus der Symphonie hingerissen von der Schönheit und Kühnheit des Werks, der deutsche Kapellmeister schäumt vor Begeisterung über. Schon scheint Davids Träumen Erfüllung zu winken. Durch seine Musik soll Amerikas Menschheit aufgerüttelt, an ihre hehre Bestimmung, als Freiheitsstätte allen Elenden und Flüchtigen der Welt seine Pforten zu öffnen, erinnert werden — da geschieht etwas Unerwartetes:

David, dem das Glück greifbar die Hand reicht, David **will nicht**, er weigert sich, die Symphonie aufführen zu lassen als er den **Namen** des Besuchers deutlicher hört. Er soll sein Idealwerk dem bekannten Snob Davenport verkaufen, seine Dichtung einem schwelgerischen Geldmagnaten überlassen, diesem Kapitalisten, der von der Knechtung und Ausbeutung Tausender Arbeitersklaven lebt, nur damit er seinen Gästen eine neue **Sensation** vorführen kann! Ein Befreiungswerk für die Massen der Völker und Aermsten, der Unterdrückten im **Schmelztiegel Amerika**; ein Preislied auf Amerikas Freiheitsstätten sollte dies Werk werden, Erlösung, Versöhnung, Verständigung anbahnen, die **Gleichheit aller Nationen** im Völkergemisch der Vereinigten Staaten künden — nicht aber im Kreise kunstübersättigter Snobs und Europas Scheinkultur nachäffender Multimillionäre zur Schau gestellt werden. David weist das Anerbieten zurück, voll Zorn und Verachtung verlässt Davenport die ärmliche jüdische Wohnung. Doch zwei Herzen hat David mit dieser heroischen Geste gewonnen: Den als Sachverständigen geladenen deutschen Kapellmeister und seine junge Gönnerin, die Baronesse Revendahl, die in Liebe zu ihm entbrennt, in derselben Stunde verspricht ihm die junge Russin, die Seine zu werden. Die jungen Liebenden trennen sich. Vergebens stellt ihm sein Onkel Mendel, dem er sich gleich anvertraut, den Wahnwitz dieser Verbindung einer russischen christlichen Baronesse mit einem russisch-jüdischen Flüchtling vor, ganze Bäche des Blutes und Hasses trennten sie, die Stimme der Traditionen und der Rasse lasse sich nicht übertäuben — vergebens, David, der Prophet der Gegenwart, glaubt zu fest an sein Ideal. Der Schmelztiegel Amerika glühe alles aus, meint David, Rassenunterschiede, Religionsvorurteile, Amerika sei der Schmelzofen, das Land Orglid, wo nur Mensch zum Menschen spräche, hier gelte nicht Rasse, nicht Nationen, hier umfasse ein Gebot alle Menschen, das Gebot der **Liebe**. Nicht rückwärts wie es immer im Judentum geschehen wende sich unser Blick, auf die Jahrhunderte des Hasses, sondern vorwärts in die Zukunft. Amerika, die grosse Völkerrepublik, die Statue der Freiheit im

Hafen New Yorks, rufe die irrenden Kinder aus allen Enden der Welt zu sich. Mendel ruft dem Trunknen zu, er verleugne sein Volk, seine Stammesbrüder, er sehe gaukelnde Fiebergesichter — vergebens, David eilt, die Brust geschwellt voll Liebe und Humanitätsschwarm, aus dem Hause in die Welt. —

Der Rückschlag lässt nicht lange auf sich warten. Die Eltern der Baronesse Revendahl kommen aus Russland zu Besuch nach New York, und werden von der Tochter mit dem jungen jüdischen Geiger David, ihrem zukünftigen Schwiegersohne, bekannt gemacht.

Die Eltern sind natürlich entsetzt über die Wahl ihrer Tochter, doch zu einem dramatischen Zusammenprall kommt es erst, als der Baron Revendahl mit David zum erstenmal wirklich zusammentrifft. Es gibt eine furchtbare Erkennungsszene zwischen den beiden: David erkennt in dem Baron den Bluthenker von Kischineff, denselben Offizier, der das ganze entsetzliche Blutbad damals in Kischineff dirigiert hat. Zuerst glaubt er, eine seiner alten Halluzinationen zu sehen, er wankt auf den Baron zu, um das Wahnbild zu zerstören, wie zur Abwehr zieht der Baron den Revolver — die Tochter wirft sich dazwischen — David bekommt einen Wahnsinnsanfall, wieder erwachen die Furien des Grauens und des Entsetzens von jener Zeit in ihm — nein, die Tochter dieses Vaters, auf dessen Befehl seine Eltern und Geschwister grauenhaft massakriert und verstümmelt wurden, der kaltlächelnd durch Ströme jüdischen Bruderblutes gewatet ist — die Tochter dieses Bluthundes wird er niemals heiraten können, zu viele Schreckensgesichte stehen zwischen beiden. Es folgt eine grosse Auseinandersetzung zwischen Vater und Tochter über die Berechtigung der Pogrome, wobei David stummer Zeuge ist. Der Vater sinkt gebeugt unter den heftigen Anklagen der Tochter, zerknirscht zusammen und reicht selbst David die Pistole hin, damit dieser ihn richte, doch David weicht zurück und lässt die Pistole fallen, er kann nicht morden, nimmt seine Geige auf und mit den bedeutungsvollen Worten: I must get a new string (ich muss eine neue Saite aufziehen) lässt er Vater und Tochter allein. —

Der letzte Akt zeigt David auf der Höhe seines Ruhmes, er ist mit Hilfe Vera Revendahls und des deutschen Kapellmeisters bekannt geworden, seine Symphonia Americana wird mit grossem Orchester-Aufwand öffentlich aufgeführt; gemäss seinem Wunsche zuerst im Settlement House von New York[1]), in der Nähe der Statue der Freiheit, dem bekannten Wahrzeichen der Weltstadt, zuerst als Volkskonzert vor den Aermsten und Niedrigsten, zumeist Eingewanderten aller Länder, diese sind die ersten, deren Herzen seine Musik erschüttert, diese Musik, die ihnen eine bessere Zukunft in Amerika kündet und vorzaubert, ein übernationales Ideal, Amerika als „Neues Jerusalem", wohin alle Völker und Rassen strömen. Kelten, Romanen, Slaven, Germanen, Nord und Süd, Kiefer und Palme, Pol und Aequator, Kreuz und Halbmond — alle Gegensätze schmelzen in ein grosses Volk zusammen, in dem einen gewaltigen Schmelzofen, d. i. Amerika.

* * *

Der erste und tiefte Eindruck dieses effektgesättigten Zweckdramas ist in die Augen fallend: Es ist ein einziger Triumphgesang auf das freiheitschützende Amerika. Dies Land der Freiheit ist nach Zangwill als einziges geeignet, die Judennot aus der Welt zu schaffen, dort gibt es kein Rassenvorurteil, dort gibt es nur ein Mutterland, an dessen Brüsten all die Beladenen und die Europamüden saugen und sich gesund nähren. Dort gilt Mensch und Menschenarbeit, der Einwanderer wird dort bald als Vollbürger angesehen, keinen schwerarbeitenden Stand gibt es dort, sei es in Minenwerken, Fabriken, Handarbeiterbetrieben, wo nicht mindestens die Hälfte und mehr der Arbeiter aus eingewanderten Europäern besteht. Es ist Pflicht der Dankbarkeit und Gerechtigkeit, diese zu stützen. Daher

---

[1]) Ein Haus, auf Ellis Island, wo die Neuankömmlinge im Hafen von New York untergebracht werden.

möge Amerika, so schliesst Z. in einem Nachwort zu seinem Drama, niemals seine **weltumfassende Mission** vergessen, der grosse Schmelztiegel, der Freiheitshafen der Verfolgten, insbesondere ein Hort der europäischen Pogromopfer zu bleiben!

Fragt man nach der **tragenden Idee** und dem vorherrschenden Eindruck des Stückes, so könnte man voll Bewunderung die Grösse der Gedanken und die Grösse der dichterischen Konzeption rühmen, die Schlagfertigkeit und Zwangsläufigkeit der Bilder hervorheben. An einem Einzelmenschen wird das Schicksalhafte eines ganzen Volkes gezeigt. Hier spricht ein Grosser Grosses aus mit hohem Seherblick, ein Richter der Zeit kündet Leid und Erlösung den Bedrücktesten der Menschheit. Ist es nicht schon eine erhabene und originelle Idee, die **Musik**, diese einzige Himmelströsterin, als treibende Kraft eines Stückes zu verwenden! Ist es nicht eine hohe Dichterische Eingebung, von der vielgestaltigsten Art der Tonwerke, der **Symphonie**, die **Erlösung**, die Gnadenbefreiung all der Leidenden und Friedlosen, die aus der alten in die neue Welt wandern, zu erwarten! Wem anders als der Feuerkraft des stummberedten musikalischen Wortes sollte es besser gelingen zu sagen, was diese Leidvollsten aller Menschen, Pogromjuden erlebt und erlitten haben! Auch ist es zweifellos ein grandioser Gegensatz-Effekt von Zangwill, den David, den Helden des Stückes, das **Pogromopfer** von Kischineff, die Tochter des Baron Revendahl, des **Pogromhelden** von Kischineff lieben zu lassen und in der Stunde der Entscheidung diese beiden, den Mörder und sein Opfer einander gegenüberzustellen. Es ist ein raffiniert erdachter Bühnenkonflikt! Und auch die **Erlösungsidee** des Stückes, Amerika als Schmelzofen, als Allheilmittel für die Blutopfer Europas hinzustellen, Amerika, das durch keine blutige Vergangenheit belastete Land zu verherrlichen — auch diese Idee ist grandios und eines grossen Dichters wert.

Eine zweite Frage jedoch ist es, ob die künstlerische
Ausführung dieser Idee befriedigt, ob nicht zu viel In-
tellekt, Raffinement, zu viel erklügelte Effekt-
häufung vorliegt, ob nicht die Tendenz die künstlerische
Wirkung erdrückt. „Romantic claptrap" (Knalleffekt) hat der
Kritiker der „Times" dem Dichter zum Vorwurf gemacht; diese
Rhapsodien über Musik, Schmelztiegel, Statue der Freiheit,
seien unnötige, störende Elemente in diesem realistischen Drama.
Nun, diesen Vorwurf können wir kaum ernst nehmen. Wir
haben hier anders sehen gelernt. Uns stört die Symbolistik in
der Realistik, die Vermischung von Mystischem mit höchster
Tatsachentreue keineswegs. Man denke z. B. an Ekdals „Wild-
ente" in Ibsens gleichnamigen Stücke, oder an Baumeister Solness
und seinen Kirchtumbau! Und vollends die neueste expressio-
nistische Richtung hat uns die Mischung von Vision und Wirklichkeit im Drama vertraut gemacht. Zangwills Dramengestalten
stehen mit beiden Füssen auf dem Boden der Wirklichkeit, nirgends beeinflusst diese leise begleitende Symbolik den Wirk-
lichkeitsgehalt der auftretenden Personen und die unmittelbare
erschütternde Echtheit der Handlung und Schilderung. Wie
schwillt diese Handlung an gleich einer Woge bis zur Brandung!
Gleich im I. Akt das leise Bangen um Davids Seelenzustand,
die Furcht, irgend eine Anspielung könnte Davids Halluzinationen von den Pogromerlebnissen seiner Jugend wachrufen.
Im II. Akt die Steigerung: David als konsequenter Verächter
des Geldes gegenüber dem Multimillionär Davenport, und David
als Verfechter seines Freiheitsideals Amerikas als des Schmelztiegels
der Völker. Im III. Akt der Höhepunkt und Sturmakkord:
David als Ankläger und Vertreter des jüdischen Volkes gegen-
übergestellt dem Baron Revendahl, dem Vertreter des zaristischen
Blutsystems von Kischineff und Homel. Und endlich im IV.
Akt der sanftversöhnliche Ausklang: David als Triumphator,
die Aufführung seiner Symphonia Americana im Settlement-House
auf Ellis Island in New-York vor den Aermsten und Zusammen-
gewürfelten aller Nationen, ein prophetischer Ausklang, eine
Huldigung für Amerika, den Hort aller bedrückten Nationali-

täten, wohin alle Völker strömen, um zu arbeiten und zu hoffen, um nur als Menschen zu leben, befreit von allen nationalistischen Wahnvorstellungen und erlöst von Unduldsamkeit. — —

\* \* \*

Zwei Elemente halten ein Drama in Atem: **Pathos** oder **Ethos**, oder beides.[1]) Bei Zangwill ist beides vereinigt, Sturm der **Leidenschaft** und drängendes **Wollen zum Bessern**, stürmischer Anprall gegen das Bestehende, Einzelschicksal im Widerspruch mit menschlicher Unzulänglichkeit, anklagendes Aufbäumen der von Russland Gezeichneten durch eine mächtigere Berufung an das gerechtere Amerika — das Ganze ein Aufschrei der Geknechteten, eine Sehnsucht der von Europa Entrechteten nach Neuland, nach Gerechtigkeit in Amerika.

\* \* \*

Ganz abseits von der **ästhetischen** und **ethischen** Beurteilung des Dramas liegt die Frage nach der **sozialen** Bewertung und nach der **jüdisch-politischen** Bedeutung des Werkes. Eine neue Lösung der Judenfrage wird zu geben versucht: **Amerika, das Zukunftland der Juden**, das ist die ziemlich einfache Antwort Zangwills. Von jeher war ja Zangwill als sog. **Territorialist** bekannt, d. h. Angehöriger derjenigen politischen Partei, die **jedes Land**, als Heimat für das Judenvolk willkommen heisst, ohne Rücksicht auf die geschichtliche Vergangenheit des Bodens. Wie aber, wenn bei dieser Art der Wahl des Zukunftlandes **das ganze Judentum** sich auflöste. Ist eine **geistige Wiedergeburt** des Judentums **in Amerika** z. B. zu erhoffen, wo nicht historisch Ererbtes, nicht Jüdisch-Nationales die Seele in Schwung setzt, wo nur Zweck und Nützlichkeit die verschiedenen Volkssplitter zusammenhält, und wo das Judenvolk nur den Bruchteil eines Nationalitätengemengsels darstellt? Wird da das jüdische Volk auf Generationen hinaus seine kulturelle

---

[1]) s. B. Diebold, Anarchie im Drama, p. 426 Frankf. a. M. 1921.

und religiöse Eigenart und Geistigkeit behaupten können. Die Nachrichten, die von drüben her zu uns dringen, lassen hierüber keine hoffnungsvollen Schlüsse zu.

Nun ist allerdings Zangwills Theorie gerade das „**Untertauchen**", das Aufhören aller jüdischen Sonderart in dem grossen Völkerkessel Amerika, worin alles versinken soll, Religion, Rasse, geschichtliches Heldentum, alles. Dass wir ihm in dieses Eldorado der Völker nicht folgen, dieses Ideal mit ihm nicht teilen können, das ist jedem Einsichtigen, ja sogar **Zangwill selbst** klar. Er selbst bezweifelt in seinem Nachwort, S. 208/9, ob **der Jude** bei seinem unverwüstlichen **Konservatismus in Religionsdingen** und seiner Abneigung gegen Mischehen so bald ein bequemes Ferment in dem Völkerbabel Amerika werden wird. Auch wolle er, sagt Zangwill, Amerika durchaus nicht als Allheilmittel für alle Juden der Welt und alle ihre Leidenden anempfehlen. Was er wollte, war nur, der Welt anschaulich im Bilde das einzigartige **übernationale** Ideal, wie es Amerika darstellt, vor Augen zu führen. Nun, auch darin werden ihm, so glauben wir, die Amerikaner nicht recht geben, und auch die Praxis der letzten Jahre spricht dagegen. War doch die Politik Amerikas im letzten Weltkrieg und nachher nichts weniger als a-nationalistisch oder von überpersönlichen Völkerbeglückungsgedanken getragen. Wahr ist nur, dass Amerika, wo der Begriff der Staatskirche niemals Fuss gefasst, jedem seiner Bürger ohne Rücksicht auf Konfession oder Rassenzugehörigkeit jedwede Freiheit gewährt. Doch eines müssen wir unverhohlen sagen: Uns Juden schwebt eine andere Völkerfreiheit als Ideal vor als diejenige Amerikas, wo die Nivellierungssucht alle Kulturunterschiede und Sonderarten totzuschlagen droht und wo die Mechanisierung und Utilitarisierung alles Geistigen mit Riesenschritten fortschreitet.

Vollends für das **traditionelle Judentum** ist das Beglückungsideal Zangwills ganz undiskutabel. Amerika und die Amerikaner sind uns noch niemals, es muss leider gesagt werden, das Vorbild und Paradies konsequenter Religiosität gewesen. Wo die Religiosität derart mit den grossen politischen

Parteien, mit Logen, Gewerkvereinen und andere Verbindungen zusammenhängt[1]), wo die Religiosität sich hauptsächlich auf Kirchenbesuch und öffentliche Kultübungen wie in Amerika beschränkt, im übrigen aber im L e b e n keinerlei einschneidende Bedeutung hat — da kann von tiefer, lebensgestaltender Religiosität wohl keine Rede sein.

* *

Dennoch und trotz aller Bedenken — es ist eine edle Geste, ein hohes Verdienst von Zangwill gewesen, durch ein grosses dramatisches Gemälde Amerika und die ganze Welt an ihre Pflicht den russischen Pogromopfern gegenüber zu gemahnen zu einer Zeit (Januar 1914), als noch halb Europa vor dem russischen Zarentum in Ehrfurcht erstarb. Als ein grosses Z e i t b i l d , mit einer bewegten, erschütternden, schicksalkundigen Handlung und Psychologie, wird das Drama zweifellos seine Zuschauer packen. Ob es jedoch eine annehmbare Lösung der Judenfrage für Europa enthält oder auch nur anbahnt, ist mit Fug zu bezweifeln.

(Fortsetzung folgt.)

# „Das jüdische Notrecht"
### von Dr. Heinrich Cohen in Köln.
### § 1.
U e b e r   d a s   N o t r e c h t   i m   a l l g e m e i n e n .

Die Entstehung des Rechts ist in Dunkelheit gehüllt, zahlreiche Theorien bestehen hierüber. Jedenfalls wird man wohl anerkennen müssen, dass die Entwicklung des Rechts eng verbunden ist mit der Entwicklung des wechselseitigen Verhältnisses zwischen Individuum und Gemeinschaft. Mit dem Heraustreten der Individualwirtschaft in die Volks- und endlich aus dieser in die Weltwirtschaft ist die Entstehung und Entwicklung des Rechts unlöslich verknüpft. In der Sphäre der Familie ist der

---

[1]) s. Neubert, Land und Leute in Amerika. Artikel Religiösität, in Langenscheidts Notwörterb.

Familienälteste Lehrer, Sprecher und Vollzieher des Rechts. Von dem Zeitpunkt aber, als der einzelne erkannte, dass auch der Mächtigste schwach ist in der Isolierung und diese Erkenntnis ihn dazu gebracht haben mag, durch die Verbindung mit andern seine Macht zu erhöhen, musste er einen Teil seiner Befugnisse der überindividuellen Gemeinschaft übertragen, musste er seine Selbstherrlichkeit einschränken zum Besten der sich nun bildenden Volksgemeinschaft — und in immer mehr fortschreitendem Masse entäussert sich auch die Volksgemeinschaft wichtiger Rechte zum Besten der Völkergemeinschaft. — Das Faustrecht der Einzelnen gehört der Vergangenheit an, und in absehbarer Zeit wird auch das Faustrecht der Nationen sein Ende erlebt haben; denn der Grundsatz des Faustrechts heisst: „Macht ist Recht". Unsere Sehnsucht dagegen und das innerste Streben unserer zerrütteten Zeit ist das inbrünstige Verlangen nach Gerechtigkeit. Wer aber selbst Partei ist, kann sich nicht selbst Recht sprechen. Es hiesse Uebermenschliches verlangen, forderte man, sein Rechtsspruch sei gerecht. Um der Gerechtigkeit auf Erden zum Siege zu verhelfen, muss der Einzelne, muss die Volksgemeinschaft darauf verzichten, selbst ihren Rechtsstreit zu führen. Der Einzelne und der Staat müssen die übergeordnete Gemeinschaft mit ihrem Recht betrauen, um von dieser ihr Recht wieder zu erhalten. — Nun kann es aber Situationen geben, in denen dieses Verfahren nicht dazu führt, der Gerechtigkeit zum Siege zu verhelfen, sondern Recht zu Unrecht werden lässt. Für diese Zeit der Not muss man den Einzelnen, das Volk, die sich ihres Rechtes, sich selbst Recht zu sprechen, entäussert haben, wieder in den Vollbesitz ihrer Befugnisse zurückversetzen, weil nur sie allein der Gerechtigkeit zum Siege verhelfen können. — Aber dieses Recht ist nur für die Zeiten der Not, ist nur ein Notrecht, das als anormaler, als Ausnahmefall, unerlässlich ist, als Regel aber ein Zurückfallen der Menschheit in die barbarischen Verhältnisse der Vorzeit bedeutet.

In Folgendem wird von allen Formen des jüdischen Notrechts: der Notwehr, dem Notstand, der Selbsthilfe und der Nothilfe die Rede sein. Wir werden erkennen, dass, wenn auch in der Regelung des Notrechts im jüdischen und im modernen Recht sich manche Parallelen zeigen, doch um so grössere Unterschiede bestehen, Unterschiede, die uns befähigen, Schlüsse zu ziehen auf das Wesen des jüdischen Rechts überhaupt.

## § '2.
### Das jüdische Notwehrrecht.

A. 1. In der Mischna im Traktat Sanhedrin 73 a wird ausgeführt, dass derjenige, der einem andern nachstellt (d. h. ihm ans Leben geht) sein Leben verwirkt hat, das will sagen, dass der Verfolgte und jeder Dritte das Recht haben, ihn zu töten. Wenn wir auch schon dieser Stelle entnehmen können, dass es ein Notwehrrecht im jüd. Recht gibt, um sich aus Lebensgefahr zu erretten, so sind doch die Begriffe Verfolger, Verfolgter, Not, usw. zu unklar, um hieraus schon Schlüsse zu ziehen auf das Wesen und die Praktibilität dieses Notwehrrechts. Weiter kommen wir bei Betrachtung des Falles, der in einer Mischna im selben Traktat 72 b dargestellt wird. Diese Mischna bezieht sich auf Exodus XXII, 1 und 2. Es heisst dort: „Wenn beim Einbruch der Dieb betroffen und geschlagen wird, sodass er stirbt, ist seinetwegen keine Blutschuld. Wenn aber die Sonne aufgegangen ist über ihm, so ist seinetwegen Blutschuld". Hier ist also die Rede von einem Einbruch. Jemand begibt sich in den verschlossenen Raum eines andern, um dort zu stehlen. Es folgt die Entscheidung, dass ihn (scil. den Einbrecher) der Hauseigentümer töten darf. — Man könnte hieraus folgern, dass das jüd. Recht ein Notwehrrecht in solchem Umfange gewährt, wie es die modernen Rechte z. B. das deutsche Recht, in praxi längst nicht mehr haben. Es gewinnt den Anschein, als ob das jüdische Recht ein unbegrenztes Notwehrrecht auch gegen blosse Vermögensgefährdung gibt[1]).

Dem ist jedoch nicht so. In der Gemara zu obenangeführter Mischna wird ausdrücklich festgestellt, dass auch hier nur ein

---

[1]) Dass dies de lege lata im deutschen Recht in bedenklich weitgehenden Masse der Fall ist, veranschaulicht das Beispiel von dem Lahmen und dem Apfeldieb, das Liszt anführt.

Notwehrrecht gegeben ist zur Errettung aus Lebensgefahr. Der Gedankengang ist folgender: Wenn jemand in den verschlossenen Raum eines andern einbricht, sei es auch nur, um ihn an seinem Vermögen zu schädigen, rechnet er damit, dass der Eigentümer sich ihm widersetzen wird, um die Ausführung seines (scil. des Einbrechers) Vorhabens zu verhindern. Weil er damit rechnet und dennoch den Einbruch verübt, ist er also entschlossen, den Widerstand des Eigentümers zu überwinden, sei es auch nötigenfalls mit Gewalt. Dieser braucht aber den Angriff nicht abzuwarten, sondern darf ihm zuvorkommen. Dass die Mischna in diesem Sinn aufgefasst werden muss, also nur von Notwehr gegen Lebensbedrohung spricht, ist die völlig unbestrittene Ansicht aller Erklärer. (besonders ausführlich Raschi a. a. O.)

„Die Lebenserfahrung lehrt, dass niemand widerstandslos sein Eigentum preisgibt, sodass er etwa schweigend zusehen würde, wie ein anderer es nimmt. Folglich weiss der Dieb, dass der Hauseigentümer zur Rettung sich ihm widersetzen wird. Dennoch sagt er sich: wenn ich zu ihm — scil. dem Eigentümer — gehe, wird er sich mir widersetzen, und wenn er dies tut, werde ich ihn töten. Deswegen sagt die Tora: seinetwegen — scil. des Diebes — ist keine Blutschuld. Und sie lehrt hiermit: wenn jemand dich töten will, darfst du ihn zuvorkommen und ihn töten."

Im weiteren Verlauf der Diskussion über die angeführte Mischna wird eine Boraithah angeführt, in der bestimmt wird, dass der Bedrohte dieses Notwehrrecht nicht in allen Fällen hat, sondern nur, wenn es „sonnenklar" ist, dass der Einbrecher sein Leben bedroht. In allen Zweifelsfällen dagegen nicht. Es würde also dann der Zustand statuiert, dass der Bedrohte, bevor man ihm ein Notwehrrecht zugesteht, gezwungen wäre, nach bestem Wissen und Gewissen zu prüfen, ob eine Lebensgefahr für ihn besteht. Eine Untersuchung, zu der in der Mehrzahl der Fälle ihm Musse und klare Vernunft fehlen werden. — Daher ist uns auch eine andere Boraithah verständlicher, die dem Eigentümer das Notwehrrecht nur in d e m Fall versagt, wenn er sicherlich weiss, dass der Einbrecher ihm gegenüber keine

Gewalt anwenden wird. Des weiteren wird dann ausgeführt, dass hier kein Widerspruch vorliegt, sondern dass die zuerst angeführte Boraithah davon spricht, dass der Vater beim Sohne einbricht, die zweite Lesart dagegen den Fall im Auge hat, dass der Sohn oder irgend ein anderer beim Vater einzubrechen versucht. Ein Amora berichtet dann noch, dass er, wenn sein Freund bei ihm einbrechen würde, kein Notwehrrecht habe, weil dieser sicherlich nicht sein Leben bedrohen würde.

Wir stellen also fest, dass jedermann, wennn er sich in der Lage eines der in der Mischna erwähnten Bedrohten befindet, ein Notwehrrecht hat. Wenn es aber unwahrscheinlich ist, dass der Angreifer sein Leben bedroht, sei es, weil ausserordentlich nahe Blutverwandtschaft (Vater gegen Sohn) sei es, weil besonders innige freundschaftliche Beziehungen diesen Fall unmöglich erscheinen lassen, wird das Notwehrrecht ihm versagt. Es sei denn, dass es „sonnenklar" ist, dass der Angreifer ihm ans Leben will. So sagt auch Maimonides Mischne Tora Hil. Geneba IX, 10, 11, 12.

„Wenn dem Eigentümer klar ersichtlich ist, dass der Dieb nicht kommt, um ihn (evtl.) zu töten, sondern nur um zu stehlen, ist es ihm (scil. dem Hauseigentümer) verboten, ihn zu töten. Tut er es dennoch, lädt er Blutschuld auf sich; denn so heisst es „wenn die Sonne über ihn aufgegangen ist" d. h. wenn es dir sonnenklar ist, dass er dir nichts anhaben wird, darfst du ihn töten. Darum ist es verboten, den Vater zu töten, der beim Sohne einbricht; denn sicherlich würde dieser ihn nicht umbringen. Wohl ist aber dem Vater Notwehr gestattet, wenn er seinen Sohn beim Einbruch betrifft. Ebenso ist die Vorschrift, wenn der Dieb nach vollendetem Diebstahl sich entfernt hat, oder wenn er beim Diebstahl betroffen vor Vollendung seiner Tat, sich zu entfernen sucht; denn durch sein Verhalten zeigt er ja, dass er kein „Verfolger" ist und deswegen lädt derjenige, der sich an ihm vergreift, Blutschuld auf sich. Auch der Fall fällt unter die gleiche Vorschrift, wenn den Dieb „Menschen oder Zeugen" stellen, obwohl er noch im fremden Besitztum sich befindet. Selbstverständlich ist es verboten, ihn zu töten, wenn er schon vor den Schranken des Gerichts steht. Auch denjenigen, der in ein Landhaus, in einen Garten oder in eine Hürde einbricht, darf man nicht töten; denn die Vermutung spricht dafür, dass er nur um Geldesgewinn gekommen ist, weil an diesen Stellen meistens die Besitzer nicht angetroffen werden.

Mit klaren Worten gibt Maimonides hier also seiner Meinung Ausdruck, dass das Notwehrrecht in der besprochenen Form nur zulässig ist, zur Errettung aus Lebensgefahr und daher nicht angewandt werden darf, wenn, wie in dem Fall, dass der Dieb mit dem Raube sich entfernt hat, oder dass er entdeckt die Flucht ergreift, Leute ihn an seinem Vorhaben hindern — oder Zeugen, die später gegen ihn Zeugnis ablegen könnten, vermutet wird, dass der Dieb nur um Geldesgewinn gekommen ist. Aus dem gleichen Grunde ist Notwehr auch versagt, wenn der Einbruch an einer Stelle erfolgt, wo Widerstand zu finden der Einbrecher nicht anzunehmen brauchte.

2. Es erscheint fraglich, warum der Schriftvers das Beispiel vom „verschlossenen Raum" gewählt hat. Eine Ansicht geht dahin, dass diese Ausdrucksweise nur darum gebraucht ist, weil dies der Fall sei, der am häufigsten vorkomme. Es wäre aber im übrigen kein Unterschied, ob der Angreifer sich in einen verschlossenen Raum mittels Einbruchs begibt, ob er ein Dach mit Hilfe einer Leiter besteigt, oder einen offenen, d. h. unverschlossenen Hofraum betritt. Immer wäre dem Eigentümer ein Notwehrrecht gegen ihn gegeben. — Die andere Ansicht (vgl. Sanhedrin 73 b), meint, dass darum das Beispiel vom „verschlossenen Raum" gewählt sei, weil in diesem Fall eine Verwarnung des Einbrechers für überflüssig erachtet wird; denn d e r Einbrecher, der ernsthaften Widerstand überwinden muss, sich auch dazu entschliesst ihn zu überwinden, rechnet mit allen Eventualitäten und nimmt alle nachteiligen Begleitumstände, und sei es auch die Tötung desjenigen, der sich ihm widersetzt, mit in den Kauf. Anders der, der sich in den offenen Hof, auf das

unverschlossene Dach eines andern begibt. Er hat vielleicht nur eine günstige Gelegenheit wahrgenommen, vielleicht nur einer verlockenden Regung keinen genügenden Widerstand geleistet. Gegen ihn ein Notwehrrecht zuzugestehen, mit der einen Einschränkung, die wir zu 1 gemacht haben, wenn sicherlich anzunehmen ist, dass der Angreifer dem Eigentümer nicht ans Leben will, scheint zu weitgehend; denn hier ist der normale Fall der, dass der Angreifer nicht die Absicht hat, sich ihm entgegenstellenden Widerstand um jeden Preis zu brechen. Es erscheint daher angemessen, dass in diesem Fall erst eine Verwarnung erfolgt, bevor man hier ein Notwehrrecht gewährt. (Ueber das Wesen dieser „Verwarnung" wird später noch zu reden sein).

3. Maimonides (a. a. O. IX, 8) stellt fest, dass es keinerlei Unterschied macht, ob man sich den in der Mischna angeführten Vorfall bei Tage oder bei Nacht abspielen lässt. In beiden Fällen gewährt er dem Eigentümer ein Notwehrrecht in oben (zu 1) gekennzeichneter Weise. Hiergegen opponiert Maimonides' bedeutenster Gegner R. Abraham Ben David, Rabed gen. (siehe Glossen des Rabed zur angeführten Stelle des Maimonides). Dieser gibt dem Eigentümer tagsüber kein Notwehrrecht, weil seiner Meinung nach bei Tage für diesen keine Lebensgefahr besteht; denn in der Mehrzahl der Fälle wird derjenige, der am hellichten Tage einbricht, es nicht aufs äusserste ankommen lassen. Die Kontroverse entsteht durch die verschiedene Auslegung des zu A. 1 angeführten Bibelverses. Dort finden sich nämlich die Worte: „Wenn aber die Sonne aufgegangen ist über ihm" (scil. dem Eigentümer) . . . dann gibt man ihm kein Notwehrrecht. Daraus will nun Rabed ersehen, dass der Eigentümer beim „Scheinen der Sonne" kein Notwehrrecht hat. Von den meisten Erklärern wird aber darauf hingewiesen, dass bei dieser Interpretation des Verses das Wörtchen „ihm" unverständlich wäre; denn die Sonne scheint doch nicht nur dem Angegriffenen. Sie legen deshalb diese Worte so aus, dass der Eigentümer kein Notrecht hat, wenn i h m die Sonne aufgegangen ist, das will sagen, wenn es ihm „sonnenklar" ist, dass der Einbrecher sein

Leben nicht gefährden will, vgl. Glossen des Rabed zur angeführten Stelle des Maimonides:

„Ich möchte es nicht unterlassen, die mir richtig scheinende Ansicht niederzuschreiben. Es ist allerdings zutreffend, dass unsere Weisen den Bibelvers: „Wenn die Sonne ihm geschienen hat" als ein Gleichnis auffassen, nämlich: „Wenn es sonnenklar ist, dass der Einbrecher nicht in Mordabsicht kommt usw." Trotzdem bleibt aber auch der einfache Wortlaut bemerkenswert. Am Tage darf man ihn nicht töten, denn ein Dieb kommt am Tage nur, wenn er etwas entwenden und dann fliehen kann. Er wird sich dann aber nicht aufhalten, um einen grossen Diebstahl auszuführen und mit dem Eigentümer kämpfen, um ihn zu erschlagen. — Anders ist dies bei einem Dieb, der nachts einbricht; denn dieser weiss, dass der Hausherr im Hause ist und rechnet also damit zu töten oder getötet zu werden. Dagegen rechnet ein Dieb am Tage damit, dass der Eigentümer nicht im Hause ist und beabsichtigt lediglich zu stehlen."

4. Es ist ein Grundsatz des jüdischen Rechts, dass eine Hinrichtung am Sonnabend nicht stattfinden darf. Daher konnte wohl die Frage aufgeworfen werden, ob die Notwehr auch am Sonnabend ausgeübt werden darf. Wie zu erwarten, wird dies aber von der Gemara im bejahenden Sinne beantwortet (Sanhedrin a. a. O. Maim. a. a. O. IX. 7).

Ebenso wird entschieden, dass, obwohl für den Normalfall die Todesarten gesetzlich bestimmt sind, der zur Notwehr berechtigte jede Todesart wählen darf, sodass er also in seiner Notwehr unbehindert ist, sich auf jede denkbare Weise zu verteidigen.

Ausserdem mag noch erwähnt werden, dass jeder dem Gefährdeten zur Hilfe kommen darf. Ueber diese Nothilfe, die im jüdischen Recht sogar gesetzliche Pflicht ist, wird später noch in einem besondern Paragraphen die Rede sein.

5. Wenn auch aus dem vorhin Gesagten ersichtlich ist, dass das jüdische Recht die Ausübung des Notwehrrechts

als eine, wenn auch anormale, so doch völlig gesetzmässige Rechtsausübung betrachtet, so wird dies noch deutlicher bei Betrachtung der Frage, ob derjenige gegen den man Notwehr übt, erst „verwarnt" werden muss. — Wie schon im § 2 ausgeführt, kann im jüdischen Recht im allgemeinen nur der zum Tode verurteilt werden, der vorher rechtmässig verwarnt worden ist (siehe zu Ausnahmefällen die im § 2 angeführten Stellen des Maimonides). Man versteht darunter, dass man dem Uebeltäter die Strafbarkeit seines Vorhabens mit der Kennzeichnung der etwaigen Folgen seiner Tat vorhält und dieser darauf erwidert: „Ich weiss dies alles und stehe dennoch nicht von meinem Vorhaben ab." Nur derjenige kann also zum Tode verurteilt werden, der die Tat mit voller Ueberlegung, im Bewusstsein der Strafbarkeit seines Tuns und der etwaigen Folgen seiner Handlungsweise begeht. — Nun wird in der Gemara die Frage aufgeworfen, ob derjenige, der Notwehr übt, den Angreifer in eben dieser Weise verwarnen, ihn also auf die Strafbarkeit seiner Handlungsweise hinweisen muss und erst dann zur Notwehr übergehen darf, wenn der Angreifer erklärt, von seinem Vorhaben nicht ablassen zu wollen. Die Meinungen hierüber gehen auseinander (siehe Traktat Sanhedrin a. a. O.). Denn, wenn die Gelehrten auch erkannten, dass man in der Mehrzahl der Fälle ein Notwehrrecht illusorisch macht, wenn man eine Verwarnung als Voraussetzung für seine Anwendbarkeit fordert, so mochten sie sich doch nur ungern entschliessen, auf diese Bedingung zu verzichten; denn andrerseits erkannten sie wohl die Gefahr, die in der schrankenlosen Gewährung eines Notwehrrechts liegt. — In dem Fall der oben angeführten Mischna darf nach der Meinung aller Erklärer das Notwehrrecht ohne vorherige Verwarnung geübt werden, weil „der Einbruch seine Verwarnung ist", das will sagen, wer sich in Gefahr begibt, muss damit rechnen, darin umzukommen. In den übrigen Fällen aber bestehen zahlreiche Meinungsverschiedenheiten. Rab Huno z. B. ist der Ansicht, dass der Angreifer niemals verwarnt zu werden braucht, wenn man ein Notwehrrecht gegen ihn hat. Zum Beweis für diese Ansicht führt er an, dass man gegen ein Kind, das das

Leben eines andern bedroht, Notwehr üben darf, obwohl dieses nicht fähig ist, rechtsgültig verwarnt zu werden, weil es den Sinn der Verwarnung garnicht versteht. Von einem andern Erklärer wird ein Unterschied gemacht, ob der Angreifer ein Gesetzeskundiger oder ein Ungelehrter ist. Bei letzterem fordert er einen Hinweis auf die Strafbarkeit des Tuns, bevor man gegen ihn ein Notwehrrecht hat. Eine vollwertige Verwarnung, das will sagen, eine Verwarnung, auf die der Gewarnte sein „und dennoch" erwidern muss, hält er auch bei diesem nicht für erforderlich. Nach R. Josua Walk Hakohen in seinem Kommentar Meirath Enajim in Schulchan Aruch (Choschan Hamischpat) 425 ist die Verwarnung des Angreifers nur im Sinne eines Hinweises auf die Strafbarkeit des Unterfangens gemeint und als eine „Sollvorschrift" bestimmt. Man soll den Angreifer nicht im Unklaren lassen über das Verhängnisvolle seiner Handlungsweise. Man soll durch einen letzten Appell an seine Vernunft versuchen, ihm noch die Augen zu öffnen. Doch kann in Ausnahmefällen, in Fällen dringender Not, oder offensichtlicher Vergeblichkeit jedes Zuredens von diesem letzten Sühneversuch Abstand genommen werden. — Bei der Betrachtung der auf diese Frage bezüglichen Stellen erkennt man, wie ungern sich die Gelehrten zu diesem Kompromiss entschlossen haben (siehe hierzu noch das Werk Aruch Haschulchan des R. J. M. Epstein „Choschen Hamischpat" Petrikow 1906 425. 5).

6., Eine ganz entschiedene Einschränkung erfährt das Notwehrrecht durch die Bestimmung, dass die Abwehr das Mass des Erforderlichen nicht überschreiten darf. In klarer Form wird dieser Grundsatz von R. Jonathan ben Schoul vertreten. Dieser führt nämlich aus (Sanhedrin 74 a) „wer in Notwehr seinen Angreifer tötet, obwohl er ihn durch eine Verletzung oder durch Beraubung eines seiner Glieder hätte unschädlich machen können, lädt Blutschuld auf sich". In derselben Gemara finden wir auch schon vorher (73 b) ausgeführt, dass man denjenigen, der einem verlobten Mädchen nachstellt, um es zu vergewaltigen, nur dann töten darf, wenn man dem Mädchen auf keine andere

Weise zu Hilfe kommen kann. Von diesem Fall wird weiter unten die Rede sein. —

Maimonides (a. a. O. Hil. Rozeach I 13) stellt daher in Uebereinstimmung mit dem bisher Angeführten fest, dass derjenige, der sein Notwehrrecht überschreitet, und seinen Angreifer tötet, obwohl er ihn auch wohl sonst unschädlich machen könnte, sich todesschuldig gemacht. Er fügt aber selbst hinzu, dass jedoch die Todesstrafe an ihm nicht vollzogen werden kann. Der Grund hierfür, den wir wohl auch nach dem Gesagten selbst finden würden, wird von R. Jakob ben Ascher in „Tur Choschen Hamischpat" angegeben. Er ergibt sich einfach daraus, dass ja die formalen Vorbedingungen (z. B. rechtsgültige Verwarnung) die erst dazu berechtigen, ein Todesurteil zu vollziehen, nicht vorliegen und weil ausserdem, wie R. Josef Karo in „Kesef Mischnah" zur Stelle bemerkt, wenn feststeht, dass er sich in Notwehr befand, die Vermutung für ihn spricht, dsss seine Absicht nicht darauf hinausging, seinen Angreifer böswillig zu töten, sondern nur auf berechtigte Notwehr. Wir kommen also zu dem Ergebnis, dass Ueberschreitung der Notwehrbefugnis (Notwehrexcess) mag sie entschuldbar oder unentschuldbar sein, vor dem irdischen Richter straflos bleibt.

7. Das Notwehrrecht wird nur gegeben gegen einen widerrechtlichen Angriff. Auch in der Notwehrdefinition des B. G. B. und St. G. B. ist ausdrücklich bestimmt, dass Notwehr nur die Verteidigung gegen einen „rechtswidrigen" Angriff ist. Eine scharfe Definition des Notwehrbegriffs findet sich nun im jüd. Recht nicht, und es ist auch nicht ausdrücklich gesagt, dass nur gegen den rechtswidrigen Angriff ein Notwehrrecht gegeben ist; jedoch ist dies klar zu ersehen aus dem interessanten Fall, den uns die Gemara Sanhedrin 72a anführt. R. Chisda berichtet dort, dass man das Kind, das das Leben der gebärenden Mutter gefährdet, nicht töten darf. Zwar darf man das Kind im Mutterleibe töten, wenn es das Leben der Mutter gefährdet. Wenn es aber mit dem Kopfe oder dem grössten Teil seines Körpers hervorgetreten ist und dadurch ein selbständiges Lebewesen geworden ist, darf man ihm kein Leid mehr antun. Nun befindet sich aber das Kind

in der Rolle des „Angreifers", und es müsste also ein Notwehrrecht gegeben sein, um die Mutter zu retten. Dieses Notwehrrecht wird aber versagt mit der Begründung, dass der Angriff des Kindes ja nicht widerrechtlich sei, sondern dass man es hier mit einem „natürlichen Vorgang" zu tun habe. (Vgl. Maim. Hil. Rozeach I, 9 und Choschan Hamischpat 425,2). Daraus ist aber zu ersehen, dass es ein Notwehrrecht nur gegen einen rechtswidrigen Angriff gibt. Hieraus ergibt sich aber ebenso, dass z. B. Notwehr gegen Notwehr nicht gestattet ist, weil ja die Notwehr kein rechtswidriger Angriff ist. Ebensowenig darf natürlich dem Beamten oder irgendwelchen andern Personen, die zu ihrem Angriff berechtigt sind, Notwehr entgegengesetzt werden.

8. Dem jüd. Recht ist nur ein Notwehrrecht zur Abwehr **gegenwärtiger Gefahr** bekannt. Eine scharfe Umschreibung dieses Erfordernisses ist freilich nicht möglich. Wohl wird an vielen Stellen ausgeführt, dass nach begangener Tat man kein Notwehrrecht mehr üben darf; denn dieses ist nur bestimmt und zugelassen zur Abwehr von Gefahr. Bestrafung der Untat ist Sache des Gerichts. — Sonst wird aber nur bestimmt, dass man den Angriff nicht abzuwarten braucht, sondern ihm zuvorkommen darf. Daher würden wir die Notwehr zulassen und von gegenwärtiger Gefahr sprechen, wenn z. B. zwei Leute sich bereden einen andern morgen umzubringen und dieser heute wohl in der Lage ist, im Verein mit andern sich zu verteidigen, dagegen morgen den Angriff allein ausgesetzt wäre. Im übrigen spottet der Begriff „gegenwärtige Gefahr" jeder näheren Bestimmung und ist vielleicht nur in der Hinsicht von Bedeutung, dass keine Lynchjustiz geübt werden darf (vgl. Maim. a. a. O. I, 5). Obwohl leicht zu erkennen ist, dass dies aus dem Notwehrrecht herausführt. — Alle übrigen Fälle dürften schon durch die Bestimmung, dass die Abwehr das Mass des „Erforderlichen" nicht überschreiten darf, hinreichend geregelt sein. —

9. Das Notwehrrecht ist gegeben gegen verschuldeten und unverschuldeten Angriff. Auch hierfür können wir aus oben zitierter Gemarah einen Beweis bringen (vgl. Maim. a. a. O. I, 6).

Es wird dort nämlich ausgeführt, dass auch gegen einen Minderjährigen, obwohl wir bei ihm von Verschulden im juristischen Sinne nicht reden können, ein Notwehrrecht gegeben ist. Eine andere Regelung würde auch den praktischen Erfordernissen keineswegs genügen; denn man würde sonst z. B. dem Angriff eines Wahnsinnigen schutzlos preisgegeben sein.

10. Aus dem bisher Gesagten ergibt sich die Regelung des Falles der Notwehr bei Provokation, der im jüd. Recht meines Wissens keine nähere Behandlung gefunden hat. Setzen wir also den Fall, dass A den B durch dauerndes Provozieren zum Angriff reizt. Ebenso wie im geltenden Recht, muss dann auch im jüd. Recht A gegen B ein Notwehrrecht haben; denn man muss hier zwei Handlungen unterscheiden, die Provozierung zum Angriff und den Angriff selbst. Letzterer ist widerrechtlich und deshalb muss unbedingt ein Notwehrrecht gegen ihn zugelassen werden. Freilich ist die Handlungsweise des A jedenfalls zu verurteilen, und wenn sie auch vom vergeltenden Arm des irdischens Richters nicht erfasst werden kann, so wird doch das jüd. Rechtsbewusstsein sich mit der Gewissheit, dass dereinst die Vergeltung kommt, trösten.

Ebenso schwierig ist die Entscheidung dieses Falles, wenn B eine für seine Handlungen nicht verantwortliche Person, z. B. ein Wahnsinniger ist. Nachdem, was wir früher über das Verschulden beim Notwehrrecht gesagt haben, ist es klar, dass auch in diesem Fall ein Notwehrrecht gegeben ist. Was wir aber vorhin über die Verwerflichkeit der Handlungsweise des A gesagt haben, trifft in diesem Falle in erhöhtem Masse zu; denn sie verstösst gegen das Verbot der Thora (Leviticus XIX, 14) „du sollst einem Blinden keinen Fallstrick legen". Wer einen seiner Sinne nicht mächtigen zu einem Verhalten verleitet, das ihn ins Verderben bringt, lässt ihn aber gleich einem Blinden seinem Untergange zusteuern.

Auch die Frage der Putativnotwehr müssen wir aus dem uns bisher bekannten Material zu lösen versuchen. Wie für jede nicht vorsätzliche Tötung kann die Todesstrafe niemals die Vergeltung für Tötung in vermeintlicher

Notwehr sein. Eventuell kann fahrlässige Tötung vorliegen und dann die gleichen strafrechtlichen Folgen wie diese nach sich ziehen. Auf den Begriff der fahrlässigen Tötung und ihre strafrechtlichen Folgen einzugehen, ist in diesem Zusammenhang nicht möglich, da die Regelung im jüd. Recht eine äusserste komplizierte ist. Es mag nur darauf hingewiesen werden, dass im allgemeinen die Strafe für fahrlässige Tötung die Verbannung ist (vgl. hierzu Maim. a. a. O. V). In besonders schweren Fällen, die קרוב לזדון (nahe dem Vorsatz, entspricht ungefähr der „luxuria") sind, genügt aber diese Strafe nicht und die Tat bleibt hinieden ungesühnt. Liegt aber noch nicht einmal Fahrlässigkeit vor, so werden im allgemeinen überhaupt keine strafrechtlichen Folgen eintreten (vgl. Maim. a. a. O. VI, 3, 4).

„In manchen Fällen ist der fahrlässige Totschlag nahe dem Zufall, d. h., wenn der Tod infolge eines ganz aussergewöhnlichen Zusammentreffens eingetreten ist. In diesem Fall ist der Täter frei von der Verbannung . . . . . . In manchen Fällen ist der fahrlässige Totschlag nahe dem Vorsatz, nämlich bei grober Fahrlässigkeit oder bei Unterlassung der dringend gebotenen Sorgfalt. In diesem Fall wird er nicht in die Verbannung geschickt, weil seine Sünde zu schwer ist, als dass die Verbannung sie sühnen könnte."

B. 1. Bisher war nur die Rede von der Notwehr zur Abwendung einer Lebensgefahr. In Folgendem soll nun gezeigt werden, dass das jüdische Recht noch in einigen andern Fällen ein Notwehrrecht gewährt. Diese werden in der Mischna Sanhedrin 73 a aufgeführt. Es handelt sich — entsprechend dem Bibelvers Deuteronomium XXII, 27 — um denjenigen, der einem verlobten [2] Mädchen nachstellt, um es zu vergewaltigen, um eine

---

[2] Das unverlobte Mädchen geniesst den besondern Schutz, den die angeführte Mischna gegen den Verletzer der Geschlechtsehre gibt, nicht, weil ihrer Ehrenkränkung auf andere Weise Genugtuung geschieht, nämlich durch Zahlung einer Busse an den Vater und der Ehelichung der Vergewaltigten, die ja in einem Gemeinwesen, das die Polygamie als rechtlich anerkannte Eheform hatte, in allen Fällen möglich war. — Die Verlobung ist nach biblisch-talmudischen Sprach-

männliche Person, die einer andern männlichen Person nachstellt, um Unzucht mit ihr zu treiben (Päderastie), und um denjenigen, der Blutsverwandte verfolgt, um mit ihnen Blutschande zu begehen. (Die Boraitha bestimmt, dass gegen alle diejenigen, die sich anschicken, ein Sittlichkeitsverbrechen zu begehen, auf das die Karethstrafe steht, Notwehr geübt werden darf.) Wenn die verfolgte Person sich durch den Angriff in Lebensgefahr befindet, gilt das n o r m a l e , bisher gekennzeichnete Notwehrrecht. Hier soll nur die Rede sein von dem Notwehrrecht, das in den obenerwähnten Fällen zwecks Rettung vor Entehrung gewährt wird. Auch hier wird wieder ausdrücklich bestimmt, dass die Tötung des Angreifers nur das letzte Mittel ist, wenn der in ihrer Geschlechtsehre bedrohten Person auf andere Weise nicht geholfen werden kann. Einigkeit herrscht darüber, dass ein Nothilferecht seitens eines Dritten nicht gegeben ist, wenn der oder die Bedrohte kein Schamgefühl mehr hat, also entweder einverstanden ist, oder doch schon durch ihr bisheriges Benehmen gezeigt hat, dass sie auf eine Wahrung der Geschlechtsehre keinen Wert legt (vgl. hierzu Raschi zur Stelle). Denn von ihrem sittlichen Empfinden hängt es ja ab, ob sie das Vorgehen des Vergewaltigers entehrend empfindet. Ist dies nicht der Fall, so kommt auch das n o r m a l e Notwehrrecht für sie nicht in Frage, weil sie sich ja nicht in Lebensgefahr befindet, da sie ja keinesfalls ihr Leben daran setzen wird, um sich vor Schande zu bewahren.

Dagegen ist die Entscheidung zweifelhaft, wenn es sich um die Bedrohung einer Person handelt, die wohl auf Wahrung ihrer Geschlechtsehre achtet, die aber in d i e s e m Fall um Schonung für ihren Angreifer bittet. Rabbi Jehuda ist der Ansicht, dass man in diesem Fall kein Nothilfsrecht hat; denn allein die bedrohte Person hat darüber zu bestimmen, ob sie eine Entehrung unter jeder Bedingung und sei es auch auf Kosten des Lebens ihres Angreifers vermeiden will oder nicht. Die

---

gebrauch nicht ein Versprechen, sondern das erste Stadium der Trauung, sodass es sich um eine Art von Ehebruch handelt.

übrigen Gelehrten aber — und die Halacha ist ebenso — entscheiden, dass man in diesem Fall nicht auf die bedrohte Person hört, sondern trotz ihrem gegenteiligen Wunsch den Angreifer töten darf; denn so sagt die Gemara, wenn sie (scil. die Bedrohte) auf den Schutz ihre Ehre verzichtet und um Schonung für den Angreifer bittet, handelt sie nur so, weil sie nicht will, dass dieser gleichsam durch ihre Hand falle (vgl. auch Maim. a. a. O. I, 12). —

Jedenfalls aber haben ihr Sinn und Verzweiflung den klaren Sinn geraubt, und darum hört man nicht auf sie, sondern darf in Wahrung ihrer Geschlechtsehre den Vergewaltiger nötigenfalls töten.

Nur in den vorerwähnten Fällen wird zum Schutze der Geschlechtsehre ein Notwehrrecht bezw. ein Nothilfrecht gewährt. Die Gemara bestimmt ausdrücklich, dass hiermit die Zahl der Ehrenkränkungen, gegen die ein Notwehrrecht zugebilligt wird, ausschliesslich bestimmt ist. Die grosse Zahl der übrigen noch denkbaren Verletzungen der Ehre geniesst diesen Schutz nicht.

Ein Notwehrrecht gewährt das jüdische Recht also nur in den beiden gezeichneten Fällen, nämlich zur Errettung aus Lebensgefahr und vor schwerer Kränkung der Geschlechtsehre. Sonstige Fälle der Notwehr sind dem jüdischen Recht unbekannt, vor allem wird sie nicht gewährt zum Schutze des Eigentums. Es gibt im jüdischen Recht keinen Fall, in dem man dazu berechtigt wäre, um sein Eigentum zu schützen, jemanden zu töten, obzwar es in praxi infolge der zu A. 1 angeführten Fiktion oft der Fall gewesen sein mag. — Nur Leben und Geschlechtsehre sind wert auf Kosten des höchsten Einsatzes, um jeden Preis erhalten zu bleiben. Nur ihre Gefährdung berechtigt den Bedrohten, sich selbst Recht zu sprechen und sich Recht zu verschaffen, weil es schlechterdings niemanden zugemutet werden kann, untätig zuzuschauen, wenn man ihm oder anderen Leben und Ehre rauben will.

2. Von der Gemara wird die Frage behandelt, ob es ein Notwehrrecht in dem Sinne gibt, dass man jemand töten darf, um ihn von der Begehung einer Sünde abzuhalten. Die Mischna Sanhedrin 73 bestimmt nun, dass man denjenigen, der den Sabbat

entweihen oder Götzendienst treiben will, nicht töten darf, um ihn an der Begehung dieser Sünde zu verhindern. Auch Maimonides (a. a. O. I, 11) bemerkt hierzu, dass man diese Gesetzesverletzer, obwohl sie die Grundlehren des Judentums durch ihre Handlungsweise negieren, nicht töten darf. Es handelt sich hier nur darum, ob gegen den Uebeltäter ein Notwehrrecht geübt werden darf, um ihn an der Sünde zu hindern. N a c h Begehung der Tat kann er selbstverständlich vom ordentlichen Gericht abgeurteilt werden. — Die Halacha ist auch, dass man niemanden töten darf, um ihn an der Begehung einer Sünde, und sei es die schwerste, zu hindern.

Ob man dagegen gegen denjenigen, der im Begriff steht, eine Sünde zu begehen, mit andern weniger schweren Mitteln vorgehen darf, ist weniger klar. Im Traktat Baba Kama 28a führt Rabbi Nachman bar Jizchak aus, dass es erlaubt ist, einen Knecht zu schlagen, um ihn von der Begehung einer Sünde abzuhalten. Die späteren Erklärer scheinen jedoch wenig geneigt zu sein, daraus eine allgemeine Befugnis abzuleiten, dass es erlaubt sei, jemanden zu schlagen, um ihn vor einer Sünde zu bewahren. Es wird ausdrücklich darauf hingewiesen, dass man sich in dieser Beziehung grosse Zurückhaltung auferlegen und lieber ganz darauf verzichten soll, auf diese Weise andere zu erziehen. Jedenfalls muss aber die Person, die sich zu diesem Vorgehen berechtigt glaubt, in ihrer Lebensführung untadelig sein, überhaupt derartige Verdienste haben, dass ihr Benehmen nicht eine ungerechtfertigte Ueberhebung bedeutet (vgl. hierzu Rabbi Salomo Lurja im „Jam schel Schlomo" Baba Kama III, 9).

„Nur ein Mensch, der sich des allerbesten Rufes erfreut, sodass man überzeugt sein darf, dass er nur von sachlichen Gründen sich bestimmen läss, hat hierzu das Recht. Aber im allgemeinen ist man hierzu nicht berechtigt; denn sonst würde das bürgerliche Leben zerstört werden. Es könnte ja sonst jeder leichtfertige Mensch hingehen und einen andern schlagen; denn schiesslich begeht jeder einmal eine Handlung, welche einer Zurechtweisung bedarf. Die Tora hat aber derartige

Rechte nur dem Richter übertragen oder einem Manne, dem man von Rechts wegen sich fügen muss".

## § 3.
### Der Notstand im jüdischen Recht.

Der Unterschied zwischen Notwehr und Notstand wird von Liszt treffend formuliert, wenn er ausführt „in Notwehr wird Recht gegen Unrecht verteidigt, im Notstand Recht auf Kosten eines andern Rechts gewahrt".

Wir haben im vorigen Paragraphen gesehen, dass auch das jüdische Recht die Notwehr als ein Recht begreift, dessen ich mich bedienen darf, um einen widerrechtlichen Angriff abzuwehren. Der Notstand hat es mit einem andern Recht zu tun. Er wird von Liszt formuliert als „ein Zustand gegenwärtiger Gefahr für rechtlich geschützte Interessen, aus denen es keine andere Rettung gibt als die Verletzung von rechtlich geschützten Interessen eines andern". Hier ist von einem rechtswidrigen Angriff auf denjenigen, der dem Notstand ausgesetzt ist, nicht die Rede, und wenn daher der sich im Notstand befindliche für seinen Angriff in die fremde Rechtsphäre keine Strafe erhält, so will das nicht sagen, dass er zu seinem Vorgehen berechtigt gewesen wäre. Treffend bemerkt M. E. Meyer: „dass der Notstand ein Entschuldigungsgrund — nicht aber ein Rechtfertigungsgrund ist".

1. Das jüdische Recht gestattet ausser dem Falle der Notwehr nicht, fremdes Leben zu zerstören, um sich am Leben zu erhalten. Der Grundsatz der Weisen lautet: „Man darf kein Leben opfern, um ein anderes zu erhalten"; denn so sagt die Gemara (Sanhedrin 74a) woher weiss ich, ob mein Blut röter ist als das des andern, woher ist mir die Gewissheit, dass mein Bestehen für die Welt und ihre Zwecke wichtiger ist als das des andern. In dem bekannten Beispiel des griechischen Philosophen von den zwei Schriffbrüchigen, die sich an eine Planke klammern, die nur einen von ihnen tragen kann, wäre also nach jüdischem Notrecht keiner von beiden berechtigt, den andern herabzustossen. Freilich steht auf die Ueberschreitung dieses Verbotes keine Strafe, sondern auch hier müssen wir,

wie schon häufig in unserer Arbeit, annehmen, dass eine gerechte Würdigung dieser Handlungsweise dereinst erfolgen wird. — — Wie weitgehend der obenangeführte Grundsatz ist, erhellt aus einem Beispiel, auf das Raschi (Sanhedrin 72 b s. v. יצא ראשו) aufmerksam macht. In II Samuel Kap. 20 wird uns nämlich von einem Manne, der Scheba ben Bichri hiess, erzählt, dass er sich gegen den König David empörte. Joab, der Heerführer Davids, belagerte ihn darauf in der Stadt Abela, in die er sich geflüchtet hatte. Die Stadt geriet in grosse Not, und um sich vor dem Untergang zu retten, töteten die Bürger auf Geheiss Joabs den Ben Bichri und warfen sein Haupt von der Stadtmauer herab. Daraufhin stand Joab von der Belagerung der Stadt ab. — Raschi fragt nun, ob denn die Bürger von Abela zu ihrem Vorgehen berechtigt waren, ob sie denn ein Leben opfern durften, um ihres zu retten. Er beantwortet die Frage selbst, indem er darauf hinweist, dass im angeführten Fall das Leben des Ben Bichri j e d e n f a l l s nicht mehr zu retten war; denn hätte Joab die Stadt erstürmt — woran ihn niemand mehr hindern konnte — so würde er ihn umgebracht haben. Aus diesem Grund wären die Einwohner von Abela berechtigt gewesen, den Ben Bichri zu opfern, welches Vorgehen g r u n d s ä t z l i c h unzulässig gewesen wäre. (Es wäre falsch, aus dieser Entscheidung folgern zn wollen, dass auch im Plankenfall" jeder berechtigt wäre, den andern herabzustossen. Dem ist nicht so; denn Raschi a. a. O. bemerkt, dass ausserdem noch zu Ungunsten des Ben Bichri in Betracht kommt, dass er die U r s a c h e des Unglücks für die Stadt Abela war.)

2. Dagegen ist ein Eingriff in fremdes E i g e n t u m gestattet, wenn er dazu dient, Leben zu erretten. Wir lesen im Talmud, (Sanhedrin 74 a) dass derjenige, der sich in Notwehr befindet, berechtigt ist, fremde Gegenstände zu zerstören, um sich dadurch zu erretten. Die Achtung vor fremdem Eigentum geht also nicht soweit, dass selbst von dem um sein Leben Kämpfenden verlangt wird, dass er es respektiert. Andererseits kann man dem auf diese Weise Geschädigten billigerweise nicht zumuten, dass er nun den Schaden trägt, und es kann unser

Rechtsbewusstsein nur befriedigen, wenn wir lesen, (a. a. O.) dass der Zerstörer fremden Gutes — und handelt er auch zur Rettung aus Lebensgefahr — verpflichtet ist, den Schaden zu ersetzen (vgl. Maim. Hilchoth Chobel Umasik VIII 13 und zu Baba Kama 60 b, die scheinbar im Widerspruch hierzu steht, Tossafoth das. s. v. וקן).

Diese Regelung entspricht dem Paragraphen 304 B. G. B. und ist im jüdischen Recht umso eher zu verstehen, weil dieses zur Errettung aus Lebensgefahr gegen einen rechtswidrigen Angriff, jede Gesetzesverletzung zulässt, mit Ausnahme des Götzendienstes, der Blutschande und des Vernichtens fremden Lebens. Abgesehen von diesen Ausnahmen treten im Normalfalle alle andern Gebote und Verbote zurück vor dem einen Gebot der Pflicht zur Lebenserhaltung; denn unsere Weisen erklären den Bibelvers: „Lebe durch sie" (scil. die Rechtssatzungen) „Lebe durch sie, nicht aber seien sie dein Tod" (Sanhedrin a. a. O.).

(Es mag noch hinzugefügt werden, dass der Talmud (a. a. O.) ausdrücklich bestimmt, dass die hier angeführte Vorschrift nur für den Normalfall zutrifft. Wenn aber von irgendeinem Juden eine Gesetzesübertretung verlangt wird, um ihn oder andere im Glauben schwankend zu machen, darf er auch nicht die mindeste Konzession zugestehen, um sein Leben zu retten. In diesem Fall darf er nicht einmal von Gebräuchen, denen keinerlei Gesetzeskraft innewohnt, abweichen, selbst bei einer Aenderung, in der Art den Schuhriemen zu knüpfen, wie die Weisen sich ausdrücken.)

3. In der Mischna Traktat Baba Kama 114 a erklären die Gelehrten selbst gegen Schadenersatz für unzulässig, einen Ast abzusägen, auf dem sich ein Bienenschwarm niedergelassen hat, um diesen zu retten. Rabbi Jischmael, der Sohn des Rabbi Jochanan ben Beroka dagegen erklärt dieses Vorgehen für erlaubt und (a. a. O.) 114 b fügt er hinzu, dass es ebenso erlaubt sei, den Wein aus dem eigenen Kruge auszugiessen, wenn ein Krug voll Honig, der einem anderen gehört geplatzt ist, wenn der Honig, der wertvoller ist zu retten und Holz von dem eigenen Esel ab- und Flachs aufzuladen, wenn letzterer von dem Esel eines anderen,

dem er aufgeladen war, nicht mehr getragen werden kann und aus dem Erlös des Honigs bezw. des Flachses sich für den Wein bezw. das Holz schadlos zu halten. — Die Gelehrten dagegen halten ein derartiges Vorgehen für verboten. Uebrigens erklärt selbst Rabbi Jischmael, dass nur aus Billigkeitsgründen dieses Verhalten gestattet sei.

Es handelt sich hier also um das Problem der Güterabwägung, d. h. um die Frage, ob es zulässig ist, höherwertiges Gut auf Kosten eines minderwertigen zu erhalten. Wir sehen dass die Gelehrten dieses Vorgehen für unzulässig erachten, Jedoch ist dieses Problem strittig. Maimonides Hilchoth Gesela VI 14 entscheidet im Sinne der hier angeführten Gelehrten, während Tossafoth Baba Kama 81 b dem Rabbi Jischmael beistimmt. Auch in den späteren Kodifikationen werden beide Ansichten ohne endgültige Entscheidung wiedergegeben, wenn man sich auch mehr der Ansicht Rabbi Jischmaels zuneigt (vgl. „Tur Choschen Hamischpat" 274 am Ende, Schulchan Aruch Choschan Hamischpat 264, 5 und 274 sowie Aruch Haschulchan zur angeführten Stelle. Dagegen Rabbi Salomon Lurja im „Jam schel Schlomo" zu Baba Kama 10, 29).

4. Auch die Gelehrten geben zu (Traktat Baba Kama 114 a), dass man ein fremdes Feld betreten darf, um seinen Bienenschwarm, der sich dort niedergelassen hat, zurückzuholen. Dies ist nun eine Durchbrechung ihres zu 3 ausgeführten Grundsatzes und es scheint, dass dies eine Billigkeitsvorschrift ist, die die Gelehrten aufgestellt haben, um zu grosse Härten, die die konsequente Befolgung ihres obenerwähnten Grundsatzes mit sich bringen könnte, zu vermeiden. Selbstverständlich verpflichtet aber eine etwaige Beschädigung des fremden Feldes zu Schadenersatz. —

Wir haben es hier mit einer Art Schikaneverbot zu tun, das wohl dazu gedient haben mag und auch die Fähigkeit in sich trägt, manch unbilliger Konsequenz, die die unbedingte Achtung fremden Eigentums mit sich bringen kann, die Spitze abzubrechen. Jedermann muss sich eine geringfügige Beschädigung oder Inanspruchnahme seines Eigentums gefallen lassen, wenn im

Verweigerungsfalle seinen Nachbarn ein grosser Schaden treffen würde. Dieser aber ist verpflichtet, für den von ihm angerichteten Schaden vollen Ersatz zu leisten.

## § 4.
### Das jüdische Selbsthilferecht.

1. Ein Selbsthilferecht in gewissem Umfang wird wohl jedes Recht zulassen. Auch das jüdische Recht kennt einige Fälle, in denen unbestrittenermassen Selbsthilfe geübt werden darf. Die Diskussion über die Grenze der Zulässigkeit der Selbsthilfe findet sich im Traktat Baba Kama 27 b, 28 a. Rabbi Jehuda und Rabbi Nachman bringen dort ihre verschiedenen Ansichten über die Zulässigkeit der Selbsthilfe vor. Die Gemara stellt aber ausdrücklich fest, dass die Kontroverse sich nur auf die Fälle erstreckt, wenn dem Selbsthilfeübenden ein wieder gut zu machender Schade droht. Unbestritten ist es, dass eine Selbsthilfe zulässig ist, wenn sonst dem zur Selbsthilfe Berechtigten ein Schade erwachsen würde, der nicht mehr gut zu machen ist. Das Beispiel der Gemara hierfür ist den babylonischen Verhältnissen entlehnt. Wenn nämlich jemand aus einer ihm nicht gehörigen Zisterne unberechtigt Wasser entnimmt, kann der Eigentümer der Zisterne sich ihm mit Gewalt widersetzen. Würde man ihm nämlich dieses Recht verweigern, so würde er einen Schaden erleiden, der ihm nicht zu ersetzen ist; denn selbst für Geld konnte man in diesen wasserarmen Gegenden zu einer besonders trockenen Jahreszeit kein Wasser erhalten. Der „Rosch" (Perek 3 Abschnitt 3) behauptet, dass ausser diesem Fall auch noch unbestrittenermassen Selbsthilfe geübt werden darf, wenn man einen Dieb auf frischer Tat ertappt, oder wenn man seinen eigenen Gegenstand in Händen eines andern findet. — Dass man gegen den auf frischer Tat ertappten Dieb Selbsthilfe üben darf erscheint völlig verständlich und ist auch im deutschen Recht zulässig. Dagegen könnte der zweite Fall zu schweren Unbilligkeiten führen, die aber durch die Bestimmung, dass der Selbsthilfeübende später vor Gericht sein Recht nachweisen können muss, falls er sich nicht schadenersatzpflichtig macht, gemildert

werden. — Uebrigens wird zur Einschränkung und näheren Erläuterung dieses Falles darauf hingewiesen, dass ich nicht berechtigt bin, vermittelst Selbsthilfe, in das Vermögen eines andern einzugreifen, um eine mir zustehende Forderung begleichen zu können.

2. Strittig ist dagegen, ob man ein Selbsthilferecht üben darf, wenn kein uneinbringlicher Schaden zu befürchten ist. Rabbi Jehuda glaubt in diesem Fall kein Selbsthilferecht zubilligen zu dürfen; denn der Geschädigte kann ja zum Richter gehen und sich Recht verschaffen. Rabbi Nachman dagegen ist der Ansicht, dass man von dem Geschädigten nicht verlangen kann, dass er sich Mühen unterziehe. Man kann sich seinem natürlichen Streben, den rechtswidrigen Angriff auf seine Interessen persönlich abzuwehren, nicht entgegenstellen. Es werden von der Gemara verschiedene Stellen aufgeführt, die beweisen sollen, dass man auch Selbsthilfe üben darf, wenn kein uneinbringlicher Schaden zu befürchten ist. Wenn in der Gemara all diese Beweise als nicht zwingend zurückgewiesen werden, so ist jedoch die Halacha ebenso (s. hierzu Choschan Hamischpat 4). Wenn ein Ochs einen andern angreift, darf der Besitzer des angegriffenen Ochsen diesen unter dem Stösser hervorzerren, und wenn letzterer dabei Schaden erleidet, ist der Selbsthilfeübende frei von Schadensersatz. Ferner ist es nach Ansicht der Gelehrten einem Hofbesitzer, dessen Hof man mit Krügen oder andern Gegenständen angefüllt hat, gestattet, ohne Rücksicht hierauf, sich in seinem Hofe frei zu bewegen, und wenn die Gegenstände dabei Schaden nehmen, ist er frei von Schadenersatz. Rabbi Nachman bar Jizchak will ihm nur die allernotwendigsten Gänge, nämlich zum Gericht oder um sich Beweismittel zu verschaffen, gestatten, und nur für den Schaden, den er hierbei anrichtet, ist er nach seiner Ansicht frei von Schadensersatz. — Wenn die Halacha auch nicht ist wie die Ansicht des Rabbi Nachman bar Jizchack, so bemerkt jedoch Maimonides (M. T. Hil. Chobel und Masik VI, 5), dass der Hofbesitzer die fremden Gegenstände nicht mutwillig zerstören darf, widrigenfalls er sich schadensersatzpflichtig mache. — Schliesslich

wird auch darauf hingewiesen, dass man fremde Gegenstände, die auf der Strasse stehen und einem im Wege stehen, aber auch nur dann, zerstören darf, ohne schadenersatzpflichtig zu sein.

Es ist also von weittragender Bedeutung, auf welchem Gebiet die Selbsthilfe geübt wird. In den drei unbestrittenen Fällen, nämlich wenn ein unwiderbringlicher Schaden zu befürchten ist oder wenn man seinen Gegenstand in Händen eines andern findet, oder wenn man einen Dieb auf frischer Tat ertappt, ist es gleichgültig, ob sich der Vorgang im Gebiete des Selbsthilfeübenden oder desjenigen, gegen den sie geübt wird, abspielt. Dagegen macht Maimonides (a. a. O.) darauf aufmerksam, dass auch in dem Fall des stössigen Ochsen, gegen diesen nur Selbsthilfe geübt werden darf ohne eventuelle Verpflichtung zu Schadenersatz, wenn dieser den andern Ochs auf dem Gebiete, das dessen Eigentümer gehört, angreift, wenn dagegen im Gebiete des Eigentümers des stössigen Ochsen der Angriff erfolgt, macht sich der Selbsthilfeübende schadenersatzpflichtig. Die Entscheidung in den angeführten Beispielen ist aber nur die obenerwähnte unter der Voraussetzung, dass der stössige Ochs oder die Krüge in dem fremden Hof ohne Erlaubnis des Eigentümers dieses Hofes. Wie die Entscheidung ist, wenn diese Erlaubnis vorliegt, kann hier nicht näher untersucht werden. Es fragt sich nämlich, ob in der Erteilung dieser Erlaubnis auch die Uebernahme einer Aufbewahrungspflicht zu erblicken ist. Dies ist äusserst strittig und wird an zahlreichen Stellen der Gemara behandelt (s. u. a. Baba Kama 47 a und b, Choschan Hamischpat 398 V. und Glosse des Rabbi Moses Isserles, s. ferner den Kommentar Lechem Mischna zur angeführten Stelle des Maimonides).

3. Auch die erlaubte Selbsthilfe soll nicht das Mass des erforderlichen überschreiten. Doch ist dieser Grundsatz bei der Selbsthilfe nicht mit der Entschiedenheit durchgeführt wie bei der Notwehr. Zwar wird in der Gemara bestimmt (a. a. O.), dass in dem Fall des stössigen Ochsen der Selbsthilfeübende sich schadenersatzpflichtig macht, wenn er den stössigen Ochsen herunter s t ö s s t, obwohl er den gleichen Erfolg auch erzielen

konnte, falls er seinen Ochsen unter dem stössigen hervor z o g. Tossafoth zur Stelle geht noch weiter und bemerkt, dass der Selbsthilfeexzess, selbst wenn er entschuldbar ist, weil er in der Verwirrung, begreiflicher Aufregung usw. geschah, nicht von der Verpflichtung zum Schadenersatz entbindet. Tossafoth selbst aber nimmt seinen eigenen Worten die Wirkung, indem er weiter ausführt, dass der Selbsthilfeübende über sein Selbsthilferecht herausgehen kann, wenn die a n g e m e s s e n e Selbsthilfe ihm übermässige Mühe bereiten würde.

(Zu diesem Problem wird ein kulturhistorisch interessanter Fall in den Glossen zum „Rosch" (a. a. O.) angeführt. Es muss vorausgeschickt werden, dass während des ganzen Mittelalters bis noch tief in die Neuzeit, in manchen Gegenden selbst bis in die neueste Zeit die Juden auch in der Diaspora in Zivilsachen eigene Gerichtsbarkeit ausübten, und dass es den Juden religionsgesetzlich verboten war, Sachen, die zur Zuständigkeit ihrer Gerichte gehörten, vor ein fremdes Gericht zu bringen. In Köln hatte nun ein Jude einem andern einen Gegenstand in Verwahrung gegeben. Als er ihn später zurückverlangte, leugnete dieser, ihn jemals empfangen zu haben. Daraufhin verklagte ihn ersterer vor dem nichtjüdischen Gericht, erhielt Recht und der andere wurde zur Herausgabe und zu den Kosten verurteilt. Daraufhin ging der Verurteilte hin und zeigte seinen Obsieger beim jüdischen Gericht an, weil dieser ihn beim nichtjüdischen Gericht verklagt habe, obwohl die Angelegenheit zur Zuständigkeit der jüdischen Gerichte gehörte. Er wurde vom Beth Din (jüdischer Gerichtshof) abgewiesen mit dem Bemerken, dass sein Gegner berechtigt war, ihn beim nichtjüdischen Gericht anzuzeigen wenn er nicht erhoffen durfte, auf a n d e r e Weise zu seinem Rechte zu gelangen.)

4. In a l l e n Fällen macht sich der Selbsthilfeübende schadenersatzpflichtig, wenn es ihm nicht gelingt, vor Gericht zu beweisen, dass er zu seinem Vorgehen berechtigt war. Diese notwendige Sicherung für den Angegriffenen ist um so wichtiger, weil, wie wir gesehen haben, die Selbsthilfe in reichlichem Masse

zugelassen ist. Oben (§ 4) haben wir ausgeführt, dass es keine Notwehr gibt gegen Vermögungsgefährdung. Eine weitherzige Auslegung des Selbsthilfsrechts mag hier manchmal ausgeholfen haben. (Es bleibt selbstverständlich dabei, dass um Vermögen zu retten, grundsätzlich niemals jemand töten darf.)

Endlich sei noch erwähnt, dass in der Gemara (a. a. O.) Ben Bagbag hinweist, dass man das Selbsthilferecht nicht heimlich ausüben soll, damit man nicht als Dieb erscheine.

§ 5.
Die Nothilfe im jüdischen Recht.

„Stehe nicht (untätig) beim Blute deines Bruders" sagt die Thora (Leviticus XIX, 16). Die Weisen entnehmen diesem Thorasatze die Verpflichtung jedes Juden einem andern Nothilfe zu leisten. Dieselbe Verpflichtung wird übrigens auch dem Thorawort (Deuteronnium XXII, 27) „und niemand konnte ihr helfen" (nämlich dem in seiner Geschlechtsehre bedrohten Mädchen) entnommen. Die Gemara Tr. Sanhedrin 73 b führt aus, dass man verpflichtet ist, andere aus Lebensgefahr zu erretten, ganz gleichgültig, ob die Gefahr von Menschenhand oder durch ein Naturereignis droht, und dass man verpflichtet ist, wenn man davon hört, dass jemandem Gefahr droht, ihn zu verwarnen. Dieselbe Gemara weist ferner daraufhin, dass man sich, um dieser Pflicht zu genügen, sogar gegebenenfalls Mühen unterziehen muss. Maimonides (M. T. Hil. Rozeach I, 14 und 15) bemerkt, dass der Hilfeleistende auch eventuell verpflichtet ist, sein Vermögen hinzugeben, um den in seinem Leben Bedrohten zu retten. Der Verfasser des Kesef Mischna zur Stelle führt aus, dass der Hilfeleistende verpflichtet ist, sich sogar, wenn es nötig sein sollte, einer Lebensgefahr auszusetzen, um den andern zu retten, weil letzterem ja unfraglich Lebensgefahr droht, während es bei ihm zum wenigsten zweifelhaft ist.

Auf die Uebertretung dieses Gebotes steht freilich keine Strafe — es ist eine lex imperfecta —, es wird aber darum von den Weisen nicht für minder wichtig gehalten als jede andere Rechtspflicht.

Der „Rosch" zur angeführten Gemarastelle bemerkt, dass der Gerettete verpflichtet ist, seinem Retter die Auslagen zu ersetzen, aber — so fügt er hinzu — er sei dazu nur verpflichtet, wenn er Geld hat. Zwangsmassnahmen, wie z. B. die Schuldknechtschaft dürfen gegen ihn nicht angewandt werden.

In der Gemara (a. a. O. 74 a) führt „Raba" aus, dass der Hilfeleistende, wenn er zum Zwecke der Hilfeleistung das Vermögen eines Unbeteiligten in Anspruch nimmt, nicht verpflichtet ist, Schadenersatz zu leisten, weil sich sonst niemand mehr zur Hilfeleistung bereit finden würde. Man sollte nun annehmen, dass der Gerettete verpflichtet wäre, diesen Schaden zu ersetzen. Jedoch wird man diese Verpflichtung des Geretteten verneinen müssen, weil er nur mittelbarer Verursacher des Schadens ist und als solcher nach jüdischer Rechtsauffassung von der Verpflichtung zum Schadenersatz frei ist. (Vgl. Choschan Hamischpat 388.)

§ 6.
Schlussbetrachtung.

Wir hatten uns zum Zweck dieser Arbeit die Darstellung des jüdischen Notrechts gesetzt. Eine in einzelne gehende Gegenüberstellung des deutschen Rechts ist wohl unnötig; denn der Kundige wird bald erkennen, dass in vielen Punkten zwischen den beiden Rechten, die Erzeugnisse so verschiedener Zeiten und Kulturen sind, weitgehende Uebereinstimmung besteht. — Dagegen bemerken wir einen grundsätzlichen Unterschied in der Regelung der Notwehr in beiden Rechten. Wir haben gesehen, dass das jüdische Recht Notwehr nur gewährt, gegen Lebensbedrohung und Gefährdung der Geschlechtsehre. De lege lata dagegen ist im deutschen Recht Notwehr zugelassen gegen die Bedrohung jedweden Rechtsgutes. Diese Regelung der Notwehr im deutschen Recht wird nun zwar von zahlreichen Rechtslehrern als zu weitgehend empfunden und viele empfehlen statt dessen eine Güterabwägung, d. h. die Notwehr dürfe nicht dazu führen, dass ein hochwertiges Gut zur Rettung eines minderwertigen geopfert würde. Wir möchten uns der Meinung derjenigen, die eine solche Güterabwägung als praktisch undurchführbar ablehnen, anschliessen, ohne uns damit mit der jetzigen Regelung einverstanden zu erklären. Wir glauben, dass es notwendig ist, die Zahl der Rechtsgüter, gegen die Notwehr geübt werden darf, gesetzlich festzulegen und möchten nur wünschen, dass ein neues deutsches Strafgesetzbuch bestimmt, dass niemand das Recht habe, einen andern zu töten, es sei denn zur Lebenserrettung oder zur Wahrung der bedrohten Geschlechtsehre. Jedenfalls aber — und damit wollen wir diese kurze Betrachtung schliessen — legt es Zeugnis ab für die unverwüstliche Kraft und gesunde Denkart des jüdischen Rechts, dass auch der moderne Rechtsbeflissene ihm noch mancherlei Anregung entnehmen kann, dass es uns Nachgeborene anmutet, als sei es geschrieben für unsere Zeit.

## Monistische Märchen[1])

besprochen von **Wilhelm Freyhan**, Breslau.

Es ist ein verdienstvolles Unternehmen Dr. Max Grunwalds, dem von jeher besonders von unserer akademischen Jugend mit grosser Skepsis aufgenommenen Gedanken der Synthese von Judentum und Naturwissenschaft ein Büchlein gewidmet zu haben, welches unserer Jugend eine Anleitung bieten soll, „sich mit allen wissenschaftlichen Tagesfragen auch vom Standpunkt des Juden aus, gründlich auseinanderzusetzen". „Unsern Intelligenzlern gilt es zu zeigen, dass das Judentum keinerlei Grund hat, einem Waffengang mit den Rittern vom Geiste Häckels auszuweichen," sagt Grunwald in seinem ersten, „der Urmensch" betitelten Briefe (Die einzelnen Kapitel sind in Briefform gehalten). Damit wirft der Verfasser gleich demjenigen Vorkämpfer der Entwicklungstheorie den Fehdehandschuh hin, der mit seinen „volkstümlich gehaltenen" Welträtseln der wahren Wissenschaft einen schlechten Dienst erwiesen und mehr Hypothesen aufgestellt als Ergebnisse erzielt hat. Hypo-

---

[1]) Dr. Max Grunwald, Monistische Märchen. Aus einem Briefwechsel, 1921. Benjamin Harz-Verlag, Berlin-Wien.

thesen sind gerade das Gegenteil von Ergebnissen. Eine Hypothese schliesst stets einen Zweifel ein, lässt immer noch die Möglichkeit einer anderen Entscheidung offen, während die naturwissenschaftlichen Ergebnisse so gehalten sein müssen, dass sie eben bestimmte Tatsachen „geben", aufgrund welcher die Forschung fortgesetzt werden kann. Wenn daher einer der bedeutendsten Vertreter der Entwicklungstheorie, Ernst Haeckel, von der exakten Forschung abweicht und, wie er selbst zugegeben hat,[2] oftmals, um seiner Lieblingstheorie, das biogenetische Grundgesetz in ein helleres Licht zu rücken, sich solch subjektiver Darstellungen bediente, die als Fälschungen angesprochen wurden, dann darf man wohl füglich mit einigen Zweifeln an sogenannte Ergebnisse der Wissenschaft herantreten, wenn sie geeignet sind, Weltbilder zu zerstören, auf denen unsere gesamte sittliche Kultur immer noch fusst.

Man braucht nur jenen Streit um die Häckelschen Embryonenbilder in Erinnerung zu rufen, um sich von der Tragweite selbst kleinster Abweichungen von den wissenschaftlichen Tatsachen einen Begriff zu machen. „Nun würde ich nach diesem belastenden Eingeständnis der Fälschungen mich für gerichtet und vernichtet halten müssen, wenn ich nicht den Trost hätte, neben mir auf der Anklagebank hunderte von Mitschuldigen zu sehen, darunter viele der zuverlässigsten Beobachter und der angesehensten Biologen. Die grosse Mehrzahl nämlich von allen morphologischen, anatomischen, histologischen und embryologischen Figuren, welche in den besten Lehrbüchern und Handbüchern, in biologischen Abhandlungen und in Zeitschriften allgemein verbreitet und geschätzt sind, verdienen den Vorwurf der Fälschung in gleichem Mass. Sie alle sind nicht exakt, sondern mehr oder weniger zurechtgestutzt, schematisch oder konstruiert." Gerade die Jugend ist schnell bereit, mit überlieferten Anschauungen[3] zu brechen, um sich angeblich auf Grund wissenschaftlicher Forschungen einer neuen

---

[2] Berliner Volkszeitung vom 29. 12. 08.
[3] a. a. O. zitiert nach Teudt, „Im Interesse der Wissenschaft", Bonn 1908, S. 86.

Lehre anzuschliessen. Da sie aber meist nicht in der Lage ist, die sogenannten Ergebnisse ausreichend zu prüfen, um sich ein eigenes Urteil bilden zu können, so nimmt sie — mehr dem Klange des gelehrten Namens, als ihrer eigenen Ueberzeugung folgend kritiklos hin, was noch mancher Korrektur bedarf, bis es als wissenschaftliches, feststehendes herausgestellt werden könnte. Wenn sie doch mit der gleichen Selbstverständlichkeit und Kritiklosigkeit das göttliche Gesetz hinnehmen möchte, anstatt an jedes Gebot und Verbot die kritische Sonde zu legen, und diejenigen מצות, die vor ihrem gestrengen Richterblick nicht bestehen, einfach über Bord zu werfen! Sehr gut zeigt Grunwald, dass gerade die Wissenschaft häufig genug der „Glaubensgesetze" bedarf, um Theorien überhaupt aufstellen zu können. In solchen Fällen stellt das wissenschaftliche Dogma den menschlichen Verstand auf weit härtere Proben, als etwa der Glaube an einen persönlichen Weltschöpfer, der einzig ist. Waren nicht die Wellentheorien des Lichtes, die Atom-, die Zellentheorie, die Vererbungstheorie in gewissem Sinne Dogmen, bis man sie als Tatsachen erfahrungsgemäss erkannte? Grunwald macht aber mit Recht einen Unterschied zwischen solchen naturwissenschaftlichen Problemen, und zwischen den naturphilosophischen Problemen, zu denen er die Hypothesen der Häckelschen Urzeugung und die Deszendenztheorie in erster Reihe rechnet. Damit begibt sich Häckel auf das Gebiet der Philosophie, auf dem er nebenbei bemerkt nach Urteilen der sachverständigsten Männer (wir erinnern nur Paulsens vernichtende Kritik) durchaus nicht in seinem Element ist.

Die Grundbegriffe naturphilosophischen Denkens sind nicht neu. Sie gehen auf Aristoteles zurück. Er bezeichnet als Prinzip des Lebens die Seele und unterscheidet mit tiefem Naturverständnis zwei Naturreiche: das der lebenden und beseelten Wesen und der leblosen, unbeseelten Körper, eine Einteilung, die die Naturwissenschaft der Gegenwart über die inzwischen von Linné eingeführte Dreiteilung (Stein- Pflanzen- und Tierreich) hinausgehend wieder angenommen hat[4]). Gerade ihre

---

[4]) Cohn. Pflanzen I. S. 67.

Beseelung steht aber dem jüdischen Denken und Empfinden näher als irgend eine andere Naturphilosophie. Und nicht nur dem glaubenstreuen Juden widerstrebt die rein mechanische Weltanschauung, die den Menschen zu nichts Anderem als zu einer automatischen Maschine machen will, auch der religiös empfindende Deutsche lehnt diese Seite der Naturphilosophie ab. Er weiss, dass mit dem rein mechanischen Weltbilde, das in der Substanz die höchsten Werte erblickt, alle poetische Schönheit in ein Nichts zerfliesst, das mit dem Ausscheiden des gttlichen Funkens aus der Welt, diese ihres herrlichsten Zaubers beraubt würde. Das hat schon der „grosse Heide" Goethe, der bei all seinem Heidentum immer noch religiöser empfunden hat, als die Gemeinde der Monisten, ausgesprochen mit den Worten, mit dem er Holbachs Système de la Nature charakterisiert und das er so grau, so kimmerisch, so totenhaft findet, dass man Mühe habe, seine Gegenwart auszuhalten, und davor, wie vor einem Gespenst schaudere. — Das ist die Welt, die sich uns auftut, wenn wir der Materie eine Bedeutung einräumen, die ihr im Rahmen einer Befriedigung bietenden Weltanschauung niemals zugestanden werden kann. Sehr treffend zeigt Grunwald auf, dass der sittlich handelnde Mensch über dem Naturgesetz steht, das bei aller Wertung der Materie nur „relative Geltung" besitzt: Denn, fragt er mit Recht: „Stösst eine Entdeckung wie die der Röntgenstrahlung oder des Radiums nicht um, was bis dahin felsenfest dazustehen schien? Und hat man nicht sogar die Relativität der mathematischen Wahrheit erkannt? Hier greift das Judentum vermittelnd ein, sich von Einseitigkeit freiwissend. Sein sittliches Ideal vermeidet ebensowohl die Nüchternheit des strengen Verstandescharakters, als auch die Vorherrschaft des Gefühlsmässigen. Darin liegt das Wesen „der Erkenntnis Gttes", „des Erkennens mit dem Herzen". In der Synthese des sittlichen und Gemütslebens (und ich möchte hinzufügen: des Verstandesmässigen, das wie ein Gradmesser über diesen beiden Exponenten des Sinnenlebens wacht, אתה הראת לדעת) liegt das geschichtliche Wunder Israels.

In der Art dieses Erkennens Gttes und seiner Weltschöpfung

liegt der Schlüssel zur Quelle der Wahrheit. Wenn man die Existenz eines persönlichen Gttes einfach deshalb leugnet, weil man ihn nicht sehen kann, so ist dieser Beweis für das Nichtvorhandensein Gttes ebensowenig stichhaltig und überzeugend, wie etwa die Wegleugnung des menschlichen Geistes, den man weder in Reagenzgläsern fassen, noch in Reinkulturen züchten kann. Der alte Erfahrungssatz des Philosophen auf dem Königsthron „Gttesfurcht ist der Anfang der Weisheit" bleibt trotz aller Theorien des Materialismus immer noch wahr.

Worin offenbart sich aber die rechte Gttesfurcht? In nichts anderem als in der Tat. „Gtt dienen durch die Tat"! fordert Grunwald von seinem jungen Freunde, an den er seine Aufklärungsbriefe richtet und lehnt jede Ketzerrichterei als eine dem prophetischen und dem rabbinischen Judentum fremde, ja sogar widersprechende Erscheinung ab. Jona tadelt nicht die religiöse Gesinnung oder den Unglauben der Bewohner Ninives, sondern „ihren bösen Wandel", und R. Chija lässt Gtt jenen berühmten Ausspruch tun, der auch dem Ungläubigen die Möglichkeit geben will, sein Bausteinchen zur Erhaltung des Judentums beizutragen: „Zugestanden, sie verlassen mich — wenn sie nur meine Gebote halten würden"! Das Judentum ist eine Manifestation der Tat. Gerade für diejenigen jungen Juden, die, von Zweifeln befallen, sich dem überlieferten Judentum entfremdet fühlen und, erst einmal aus der religiösen Gemeinschaft entfernt und auf die abschüssige Bahn dazu gelangen, ihre Zweifel in der Tat umzusetzen und den Positivismus des Gttesgesetzes zu vernachlässigen — sie alle werden sich von diesen und ähnlichen Ausführungen Grunwalds angezogen fühlen, werden in ihnen bei ihrer religiösen Vereinsamung Trost finden und angespornt sein, auch ohne innere Ueberzeugung den Forderungen des Gttesgesetzes zu genügen; sie werden die Verbindung mit dem alten Judentum wenigstens durch die äussere Tat aufrecht zu erhalten suchen, bis auch ihnen unserer aller Lehrmeister, das Leben, den Weg zur wahren אמונה erschlossen haben wird. Das „Tatkapitel", welches Grunwald „Die religiöse Lüge" überschreibt, wirkt „in der Tat" überzeugend. Einfacher und treffender ist die Bedeutung des „Zeremonialgesetzes" noch nicht charakterisiert worden, das jeden unserer Schritte regeln, jede Tat, auch die kleinste, zu einem Gttesdienste erheben will.

Sehr wahr ist dieser Gttesdienst in dem kurzen Kapitel „Sozialismus im Tierreich" geschildert. Das Tier, das die Wissenschaft sich immer mehr zum Vorläufer, zum Stammvater des homo sapiens zu stempeln anschickt, kann wohl mit Artgenossen eine Arbeitsgemeinschaft bilden, und wir stehen staunend und des Schöpfers Allmacht bewundernd vor dem Zweckverband eines Ameisenhaufens oder eines Bienenstaates. Aber jedes Mitglied dieser Genossenschaften ist nur mit einem Teil seines Wesens, und zwar genau soviel, als sein Anteil an der gemeinsamen Arbeit beträgt, beteiligt. Da ist nichts von Persönlichkeit, nichts von Individuum zu spüren. Eine Lebensgemeinschaft, die auf Treu und Glauben beruht, die Sittlichkeit und Rechtsgefühl als Voraussetzung des gemeinsamen Lebensweges hat, können diese Tiere nicht bilden. Der Dienst dieser Tiere ist — Arbeit, die Lebensgemeinschaft des Menschen, in der alle Herzen in e i n e m Takt schlagen, deren Vereinigung nicht zur eigenen Hilfe, sondern zur selbstlosen Stützung dritter, der Hilfe bedürftiger Geschöpfe, erfolgt — das ist Gottesdienst des höheren Wesens, Mensch, zu dem das Tier aufzusteigen niemals fähig sein wird.

Die angeführten Proben dürften zeigen, dass Grunwalds Versuch, eine Synthese zwischen Judentum und Naturwissenschaft, Glauben und Wissen zu finden, als ein glücklicher bezeichnet werden kann. Bei einer Neuauflage würde ich empfehlen, dem Namenregister noch ein kurzes Sachregister beizufügen. Es würde der Jugend, für welche das Buch in erster Reihe bestimmt ist, erleichtern, es nicht nur „flüchtig durchzulesen", sondern auch „durchzuarbeiten".

על שופר שניקב ונסתם כבר? איך יחקר לפטרע אם שופר זה הי' ראוי לתקוע בו כהוגן קודם הסתימה?

והתוספות בד"ה ניקב וסתמו שקלו וטרו הרבה על פירוש זה ושבו לבסוף לפרש אם הי' מעכב את התקיעה לאחר סתימה, ולפסוק הלכה למעשה בלי לחקר עוד על הקושיות העצומות העולות נגד סוגית הירושלמי.

ואני בראותי מבוכה גדולה כזאת לא נחתי מלחזר כפעם בפעם על סוגית ירושלמי זו, כי נחשתי שיש גם פה איזה שיבוש הספרים כמו במקומות אין מספר בתלמודא דבני מערבא. ובאמת לא מנעני אל דעות בחסרו מלמצא הטעות ומלהסירה לפענ"ד.

אין בלבי שום ספק כי מלות "אם הי' מעכב את התקיעה פסול אם לא כשר" בלישנא קמא בברייתא נוספו בטעות משיטה שלאחר זו, כי שם מקומו בלישנא דר' חייה בשם ר' יוחנן.

ועתה, קוראים נכבדים! ננסה נא לקרות את הברייתא באופן זה: "דתני ניקב וסתמו בין במינו בין שלא במינו פסול ר' נתן אומר במינו כשר שלא במינו פסול, ר' חייה בשם ר' יוחנן כיני מתני' אם הי' מעכב את התקיעה פסול ואם לאו כשר", ודעו וראו איך סר אפילו שמץ של שום קושי' ואיך שבה הסוגיא ברה כשמש. — ההלכות במשנתנו אודות שופר שנסדק ודבקו ואודות דיבק שברי שופרות צריכות באמת רק לר' נתן, כי לחכמים אפילו נקב קטן שנסתם פוסל בכל ענין. וההלכה השלישית בענין שופר שניקב וסתמו דומה ממש רק ללישנא דר' חייה בשם ר' יוחנן בדברי ר' נתן. גם שתי הלשונות בברייתא דירושלמי מכוונות ממש לשתי הברייתות בבבלי בלי שום צורך לחברן להיות אחת.

ואע"פ שקשה לחקר באיזה עת וזמן נפלה טעות זו בסוגית הירושלמי מ"מ ניל כי בה"ג והרי"ף לא ראו הגירסא כמו שהיא לפנינו, כי אינם מזכירים בענין זה הירושלמי לגמרי, גם לא עלה על לבם לפרש אם הי' מעכב את התקיעה קודם סתימה, וכמו כן הרמב"ם בהלכות שופר פ"א הל' ה'. ואם באמת היתה בכ"י של הרמב"ם הגירסא הראוי', אזי אין מקום להשגת הראב"ד ולמה שביקשו נושאי כליו להליץ בעדו.

סוף דבר בענין כשרות שופר שניקב ונסתם נזכרו בדברי חכמינו ז"ל שלשה תנאים:

א) שהסתימה אינה מעכבת את התקיעה (המשנה והתוספתא וברייתא ראשונה בבבלי ולישנא דר' חייה בשם ר' יוחנן בירושלמי).

ב) שנסתם במינו (ר' נתן בברייתא שני' בבבלי וללישנא קמא בברייתא בירושלמי).

ג) שנשתייר רובו שלם. (הוספת ר' יוחנן על ברייתא שני' בבבלי).

ולהלכה למעשה שופר שניקב ונסתם כשר רק אם נתקיימו כל שלשת התנאים ההם. עי' שו"ע או"ח סי' תקפ"ו סעיף ז'.

דפוס ה. איצקובסקי, ברלין.

כשר, ר' נתן אומר במינו כשר שלא במינו פסול, ר' חייה בשם ר' יוחנן כיני מתני' אם הי' מעכב את התקיעה פסול ואם לאו כשר. הנה כי לפי דברי הברייתא הנזכרת פה לל ישנא קמא יתחברו באמת התנאי הנזכר במשנתנו עם תנאי דנסתם במינו, עד שר' נתן מכשיר השופר הנסתם במינו רק אם אינו מעכב את התקיעה.

לכן נחזור ונעיין נא היטב בדברו הירושלמי הנ"ל; ואם נבקש להבין הדברים כפשוטו בלי אונס ודחק, הלא יראו לנו כחידה אחת גדולה אשר אין לה פתרון!

הלא זאת היא מגמת הסוגיא לחקר אחר ההלכות השנויות במשנתנו מאן תני להו, אי ר' נתן או החכמים הנזכרים בברייתא. והנה בנוגע לפסול שופר שנסדק ודבקו ודיבק שברי שופרות גוזרים האמוראים תיכף ומיד כי רק לר' נתן נצרכו, כי לחכמים הלא כבר נקב קטן שנסתם פוסל את השופר ק"ו שיש לפסלו בענינים אלו החמורים יותר. — וכל קורא מתמיה וישאל מה לקיו זה? הלא החכמים בברייתא פוסלים שופר שניקב ונסתם רק אם הי' מעכב את התקיעה? ואם החכמים ההם בעצמם פוסלים שופר שנסדק ודבקו ודיבק שברי שופרות מכל מקום אף אם אינו מעכב את התקיעה, הכי אין צריך להלכות אלו?! ובאמת המפרשים (עי' קרבן העדה ופני משה), אשר לא נעלמה מהם קושי' זו מפרשים כי "למי נצרכה לר' נתן" ו"עוד היא דר' נתן" ר"ל אף דר' נתן.

ויותר קשים דברי הסוגיא "ניקב וסתמו ר' חייה בשם ר' יוחנן דר' נתן היא". לא נאמין למראה עינינו! הלא ההלכה בענין שופר שניקב וסתמו במשנתנו מכוונת ממש לדברי החכמים בברייתא? — וגם פה דחקו המפרשים לבאר כי "דר' נתן היא" ר"ל אף דר' נתן. אך במח"כ האם ראוי והגון להוציא באונס זה הדברים מפשוטם?

ומה נעשה לדברי ר' חייה בשם ר' יוחנן "כיני מתני'" וכו'? הלא ר' חייה בא להורות לנו לישנא אחרינא בדברי ר' נתן (עי' בסוגיא לעיל). ואם באמת לר' נתן פסול השופר שניקב וסתמו תולה באם מעכב את התקיעה, איה איפה החילוק בין ר' נתן לת"ק...

סכח כל הקושיות העצומות האלה דקדקו רבים מהמפרשים הקדמונים והאחרונים בדברי ר' חייה בשם ר' יוחנן וחשבו כי רצונו להתנות במלות "אם הי' מעכב" שהנקב לא עיכב את הקול כבר קודם הסתימה, וללישנא קמא חזר לישנו אחר הסתימה.

ועתה נחזי אנן, אם באמת סרו הקושיות לפי פירוש זה. א) הלא לפירוש זה החילוק בין לישנא קמא ללישנא דר' חייה בשם ר' יוחנן שייך לרעת החכמים, וזה היפך דברי הסוגיא עצמה "ר' חייה בשם ר' יוחנן דר' נתן היא"? ב) האם באמת יש נפקא מינא כ"כ בין "עכב" או "מעכב" או "הי' מעכב"? הלא הזמנים מתחלפים תמיד בלשון עברי כ"ש בדברי חכמינו ז"ל? ג) איך נבין בפועל ובמציאות כי נקב, אפילו נקב קטן, המוציא את האויר, לא יזיק לקול השופר? ולר' יוחנן עצמו ללישנא בתרא בבבלי (איכא דמתני לה אסיפא) יהא אפשר לתקוע בשופר נקוב בלי שום עיכוב אפילו נפחת רובו. ד) מה יעשה המורה שצריך לשפט

ארי׳ ליבוש וואגנה, אמשטרדם.

# ברורי הלכות.
## בענין שופר שניקב ונסתם.

איתא במשנה דר״ה כ״ז ב׳: ניקב וסתמו אם מעכב את התקיעה פסול ואם לאו כשר. והנה לפי פשטות הלכה זו כשרות של שופר ישניקב וסתמו תלויה רק בתנאי אחד, והוא שישוב השופר להיות ראוי לתקוע בו כהוגן. אך אם נעיין בסוגית התלמוד על משנתנו יצטרפו לנו עוד תנאים אחרים אל תנאי זה. נתחיל בדברי הברייתא בדף כ״ז ע״ב: ניקב וסתמו אם מעכב את התקיעה פסול ואם לאו כשר. דברי הברייתא זו, הנשנית גם בתוספתא פ״ב, הם שום מטש לדברי המשנה. אך אחריה ברייתא אחרת וזה לשונה: ניקב וסתמו בין במינו בין שלא במינו פסול, ר׳ נתן אומר· במינו כשר שלא במינו פסול. והנה הלכה זו לפי פשטות הדברים משונה לגמרי· מדברי משנתנו, כי לפי דבריה החכמים האחרים סוסלים כל שופר שניקב ונסתם בכל מקום, ואליביה דר׳ נתן כשרות שופר כזה תלויה בתנאי שנסתם במינו, ולא בתנאי שאינו מעכב את התקיעה. ור׳ יוחנן מוסיף עוד על תנאי זה תנאי אחר: והוא כשנשתייר רובו. ובענין הוספה זו יש שם שתי לשונות. ללישנא קמא באה להחמיר ולהורות כי כשרות השופר תלויה בשני תנאים, וא״כ שופר שניקב ונסתם שלא במינו פסול אף אם נשתייר רובו; וללישנא בתרא פסלות השופר תלויה בשני תנאים, וא״כ שופר שניקב ונסתם במינו כשר אע״ם שנפחת רובו. ובנוגע להלכה למעשה הסכמת הפוסקים לפסק לחומרא כלישנא קמא. (עי׳ ב״י על טור או״ח סי׳ תקפ״ח ד״ה ניקב וסתמו).

ועתה אם נשוב ונעיין בסוגיתנו ובדברי המפרשים תעלה לנו חמי׳ גדולה, איך באו המפרשים לזה לחבר שתי ברייתות כאחת הרחוקות זו מזו ריחוק סקום וריחוק ענין כרחק מזרח מטערב; כי כן מפרש רש״י ז״ל דברי ר׳ נתן במינו כשר "אם אינו מעכב את התקיעה", וכן הר״ן על דברי ר׳ יוחנן ללישנא קמא .הילכך להא לישנא ניקב וסתמו לא מתכשר אלא היכא דאיכא תלתא למעליותא נשתייר רובו וסתמו במינו ואינו מעכב את התקיעה". — אמנם לא על גדולי הפוסקים התלונה בזה; הלא ודאי זה דבר ברוך כי הבא לקיים מצוה! רבה ונשגבה כתקיעת שופר יש לו לצאת ידי כל התנאים הנזכרים בדברי חכמינו ז״ל בענין הכשרות. אך המפרש הבא לבאר דברים כפשטן אין לו לחבר הלכות הרחוקות זו מזו לעיני כל קורא בצדק.

אך הטעיין בדברי התוספות והרא״ש בד״ה ניקב וסתמו יתבאר לו כי חבור שתי ההלכות הנ״ל הוציאו המפרשים מסוגית הירושלמי. על משנתנו, כי שם איתא וז״ל: "שופר שנסדק ודבקו פסול למי נצרכה לר׳ נתן, דינכ שברי שופרות פסול עוד היא דר׳ נתן, ניקב וסתמו ר׳ חייה בשם ר׳ יוחנן דר׳ נתן היא, דתני ניקב וסתמו בין במינו בין שלא במינו אם הי׳ מעכב את התקיעה פסול אם לא

פסוקים ומליצות" אבל אלקביץ הוא משורר אמתי שהוציא דבריו מעמקי הלב
וכל הגה מפיו היא רגש ‏פנימי, השתפכה רוחו עת זכר ירושלם החרבה עלתה על
לבו וציון השוממה נראתה לפני עינו אך ה"נשמה יתרה' נושאה אותו על כנפי
הנשר אל בניאים אל ‏ עתידות צחים ובהירים כאור שבעת הימים, זכרון השבת של
עתה מקיטו משבת עוד בעמק הבכא בא יבא יום שכלו שבת וכבר רואה הוא
בעיניו ירושלים הבנוי, רוח ישראל־סבא, תחת חיים בריאים, בתולת ישראל
לא ‏ עתה פניה יחורו, והחליפה בגדי אלמנותה במחלצות... צללים עבים וערפלי
ליל חשבו להחשיך נפש המשורר הלאוטי אך תקותו ומשאת־נפשו מביאים אור
באפלה ובשמחת הנפש קורא באימוץ הלב „בואי בשלום עטרת בעלה".

לכה דודי הוא הזמר של שבת במלא מובן המלה ומשנים קדמוניות הקפידו
עליו לנננו בנינון יפה ואיך העריכו ערכו 'בערך השיר נגלה מרמז במנהג ספרד
עתיק לננגו בנינון הפיוט. שובי נפשי למנוחיכי של ר' יהודה הלוי. ‏ השיר לכה
דודי יצא טבעו בכל העולם — יאמר ברלינר — (שם I 45) והיהודי הבינוני
מרגיש בחדרי לבו עמוק עמוק ביאת המלכה ושלזה הנפש עת מנגן החזן או
להקת משוררים בנסומי קלא ונעימה השיר ה"לכה דודי" ואינו חש לכוון דעתו
באמירה ויכולו אע"פ שהגמרא שהגמרא משבחת ואומרת שכל מי שאומרו בכוונה נעשה
שותף להקב"ה במעשי בראשית.

לכה דודי עם המזמורים שלפניה שלחו ‏שרשיהם עמוק עמוק בתפלת ערבית
של שבת והיתה לחלק ראשי של התפלה, מקוה טהרה להשיב נפש המדוכאים
ולהרנין לב הנשברים והננענים ע"י דאגות וצרות רבות בימי החול וכמה פעמים
הנינון הזה ששמע התועה בדרכי החיים מדי שבת בשבתו עת בה עודנו נער מורכב
על כתף אביו אל בית"כ מעלה לו זכרונות מימי נעורותו, ימים מקדם, בהלו נר ה'
עלי ראשו; פשפש קטן בשערי לבבו המודבקים, סוגרים ומסוגרים, נפתח מעט
מעט.... ועל כנפי הנינון הקדמון מרחפת נפשו לאט אל בית אבין שעזב
זה ימים ושנים ותחי רוחו, רוח היהודי, טילדי הזמן שהשפיק בהם ולא יכלו לתת
לו די ספוקו הרוחני. לשון הפיטן ודבריו ‏יחדרו ‏יַחדרו אל חדרי לב כל איש בעל
לב מרניש המסקשיב צלצל זהב ממנגן עלי כנור דוד „נעים זמרות ישראל";
המשורר המפואר הערדער ‏ העתיק השיר לאשכנזית והיינע ברומאנצירו חשב שהפיטן
בחסד עליון ר' יהודה הלוי שר את השירה ‏הזאת.

לא נוכל כי אם להודות לר' יצחק לוריא שבחר בשירו של אלקביץ ונתן
לו מהלכים בין פזמוני התפלה ואע"פ שנרחיק רחוק ממאס שירי גבירול ואבן
עזרא מ"מ ‏ מה צדק באמרו „כי רוב דבריו מסכימים אל האמת" כי הוא שיר
משורר אמתי עלי הגיון בכנור מפיץ אור בהיר בחשכת ליל הגלות והצרות עת
קרב לבא היום המיוחד, יום ‏ אורה ושמחה, מבקש מאת הכלה שבת לבא אל
המקרש־טעט ותחת קורות ביתנו, באופן שאי אפשר לה לכלוא ממנו את השלום
והברכה שבאו לרגלי.

נאה ומשובחה אשר חבר ויסד החכם החסיד שלמה הלוי ז"ל אלקביץ ושמו חתום בראשו ואמר הרב כי רוב דבריו מסכימים אל האמת והוא לכה דודי (ע' ח"י דפ' ליוורנו ח"א ד' מ"ח ע"א).

ומדבריו אלה לפי דרכנו למדנו מפני מה נתפרסם ונתפשט השיר הזה בכל הקהלות ונתקבל בכל הסדורים בסבר פנים יפות, הלא שמענו שהאר"י ז"ל בחר בו אמנם לא זו בלבד היתה הסבה שנודע פרי עטו של אלקביץ בשער בת רבים, גם הפייטן הוא בעצמו ושווי הפיוטי של פזמונו הועילו למו ונתנו לה יד ושם טוב מבנות שיר של אחרים.

ר' שלמה אלקביץ נולד בסאלוניקי בשנת רס"ה ונהתחלת המאה הרביעית התיישב בצפת והיה בן גילו של ר' יוסף קרא וגיסו ותלמידו היה החכם המפורסם בנסתר ר' משה קורדוביר. אלקביץ כתב פירושים ע"פ שטת הקבלה על ספרי ותנ"ך ותקן וחבר הרבה תפלות ופיוטים (ע' ר' יוסף קרא מאת ב. פרידברג, דראהאביץ, דף ד' הערה ט"ז). פרי"עבערגן בספרו הנ"ל מביא מעשה שהיה בליל שבועות (משל"ה מס' שבועות) ויהי בשבת רצ"ב שהיתה כבר אהבה עזה בין ר' יוסף קרא אלקביץ ובליל חג השבועות משנתו זאת „נשמע את קול המדבר בפי החסיד נר"ו קול גדול בחיתוך אותיות וכל השכנים היו שומעים ולא מבינים" וה„מגיד" משבח אותם שנדדו שינה מעיניהם ומציר בהם ללכת אל ארץ ישראל לאמר „ואל תפסיקו רגע ועלו לארץ ישראל כי לא כל העתים שוות ואין מעצור להושע ברב או במעט ועיניכם אל תחוס על טוב הארץ העליונה תאכלו" ובלילה השני בא המגיד עוד הפעם ודיבר שיעור שעה ויותר וחזר לשבח הענין הלימוד ההוא.

במעשה נורא ונפלא כזה עלה אלקביץ מעלה בעיני מכיריו ויהיו למוקיריו ומכבדיו עד שהביאוהו בטחיצתו של מלך המשוררים ר' שלמה בן גבירול ספרו אודות מיתתו מה שהוגד על מיתת בן גבירול: ישמעאל אחד ארב עליו והרגו וקברו בגן שלו אצל אילן תאנה והתאנה חנטה פניה קודם זמנה עד שתמהו כל יושבי העיר ובא הדבר באזני המלך ושאל קונהו איך היתה זאת והישמעאלי מרוב הפחד לא יכול להשיב ואחרי שצוה המלך ליסרו ביסורים קשים ומרים הוכרח להודות ונשא את עונו (ע' ר' צבי הירש קאידנאווער בס' קב הישר פרק פ"ו דף קנ"ז ע"א מובא בעמטודי העבודה מלאנדסהוטה ח"ב דף ש"י) וההגדה הזאת בצלמה כדמותה מביא בעל שלשלת הקבלה על ר' שלמה בן גבירול, וזה לנו אות אמת שהמעשה הזה רק הגדה ושיחה. אחד הסימנים הרומזים על השיחה הבדוי' הוא שחזורת כמה פעמים (בערגמן בספרו Legenden der Juden 124). עם כל זה מעיד הסיפור הזה על הגבור שמכובד בו, חוש הפיוטי טעמו לזמר ולשורר עד כי מקנאים בו בני דורו כי גם זאת אחת ממרות ההגדה שמראה הרושם שעשה חיי אנשי שם בלב העם (ע' בערגמן שם 125).

הגה ראינו כי כמה סבות הועילו לפירסום הפזמון של אלקביץ אבל הסבה העקרית לא זכרנו עוד והיא השיר בכבורו ובעצמו שנתן — כאשר יאמר אידילזון — למשוררו מקום נצחי בהיכל השירה. השיר בסדר היום „אינו אלא צרופי

דיציאה לקראת שבת שאין אנו מחכים עד שבאה שבת אלינו אבל אנחנו הולכים אליו בזמן על ידי שנוסיף מחול על הקודש ומסיק ומכלל הדברים הנראה אלי שהיוצא לחוץ לקבל שבת אינו מן החסידים אלא מן המתמיהין ע"כ יהיה איך שיהיה היציאה לקראת שבת אנו נרמש כהליכה בלב ונפש לקראת מנוחת אהבה, מנוחת אמת ואמונה, הכנה נפשית וכוון הדעת אל ביאת השבת. ברלינר (בספרו I. 45 משער שנשאר עוד זכרון להמנהג הקדמון באיזה קהלות והוא כי החזן הקהל באמירת הבית האחרון של לכה דודי פונים פניהם לפתח ביה"כ, ורמה שהוא הפסיעה הראשונה של היציאה אל השדה. (וע' גם אידלזון בהשלח כרך ל"ז א' צד כ"ח הערה ב') וז"ל ואפשר זוהי הסבה שהאשכנזים נוהגים להפנות פניהם למערב בשעה שהם אומרים בואי בשלום וגו', זכר למנהג לצאת החוצה לאויר פני) ולי נראה שאין זאת זכרון למנהג אר"י רק חלק מהמנהג הזה בעצמו הלא כתוב בחמדת ימים שהלכו הלוך ואומר המזמורים ואח"כ יעמדו על רגליהם פניהם למערב לומר שירות ותשבחות ובעבור כי עיקר הקבלת פני שבת הוא אמירת בואי בשלום על כן נהגו בקצת קהלות לפנות אל פתח הביה"כ והוא צד המערב. גם הפניות שאנו פונים לצד ימין ושמאל הן כמין שאילת שלום לשבת המלכה ולפי פירוש השל"ה כנגד שתי ספירות בינה שהיא מימין ומלכות שהיא משמאל אבל יעב"ץ בסידורו כתב כך מנהג אמ"ה ז"ל אומר באי כלה פ"א שוחה סונה לשמאלו כנגד ימין השכינה פ"ב לימינו פ"ג משתחוה לפניו ואומר בלחש בואי כלה שבת המלכה. מה שלא אמר החזן לכה דודי לפני העמור רק עומד על הבימה הוא כדי להראות שהקבלת שבת אינה מן התפלה (כאשר כתב בעל קהלת שלמה שהבאנו לעיל) ואולי על כן משתמשים עד היום בקצת קהלות בלוח של קלף אשר עליו נכתב בדיו לכה דודי ומזמור שיר מפני שבימים קדמונים לא נמצא במחזור הקהלה.

נ) אם נביט בסדר היום של ר' משה בן מכיר שהיה בימי הארי ראש ישיבה בעין־זיתין סמוך לצפת נמצא שם פזמון אחר שהתחיל־נ"כ לכה דודי ויש בז' בתים והבית הראשון ושלפני האחרון שוים אל הראשון והאחרון של אלקביץ רק בבית הראשון החליף זכור ושמור (כסדר הפסוקים ביתרו ובואתחנן) ב״שמור וזכור״ מפני חתימת שמו בראשי הבתים גם שם נמצא החריזה ״לה" בכל בית כמו בלכה דודי הידוע, והחרוז התוחר הוא הוא בשני הפזמונים. על השאלה לאיזה משניהם משפט הבכורה משיב י. ד. אייזענשטיין בספרי אוצר דינים ומנהגים (צד קצ"ג) שאלקביץ תקן הפיוט מנוסחא קודמת בלי נתינת טעם לדבריו ואידלזון (שם צד כ"ז הערה א') סובר שהמחבר של סדר היום ראה את פזמונו של אלקביץ. ולע"ד הוא כוון אל האמת כי בעל חמדת ימים לא הזכיר פיוט של ר' משה בן מכיר בתוך שאר שירים שחוברו כבר קודם אלקביץ וז"ל וכבר יסדו מהר"ש בן גבירול והר"א והר"מ בן עזרא פיוטים להלל לשבח יקר תפארת הדרה של שבת הרב זלה"ה לא בחר בהם כי לא נגה עליהם דרך הקבלה ובזוהר פרשת תרומה אמרו בשירים ותשבחות דאית בהון קבלה אמתית וכו' והוא ז"ל היה אומר פיוט

כרך ל"ז א' דף כ"ח הערה ב'). המנהג הקדמון היה ללכת אל השדה אפילו חוץ לעיר ואח"כ מפני סכות שונות נשאר מזה היציאה לחצר ביה"כ וא"כ לא יתכן כ"כ מה שכתב הח' ברלינר ז"ל בספרו (I. 44) שממשמעות לשונו יש להדמות שהיציאה לחצר ביה"כ הוא העקר. היציאה הזאת בכללה למדו מדא"ר חנינא באו ונצא לקראת כלה מלכתא ואמרי לקראת שבת כלה מלכתא ר' ינאי מתעטף וקאי ואמר בואי כלה בואי כלה¹) (שבת קי"ט וב"ק ל"ב:) והבינו הלשון "ונצא לקראת כלה" כפשוטה כמו שנא' בשה"ש לכה דודי נצא השדה. אבל יש לבד ממה שאמרנו עוד סוד בהליכה אל השדה שהוא חקל בלשון ארמי והוא חקל תפוחין (ע' פירוש המיוחס להרמב"ן על שה"ש בפס' תחת התפוח עוררתיך וז"ל קבלנו כי הוא משל לכבוד השכינה) ותיבת חקל בגימטריא' השם של ד' אותיות וא"כ הוא היציאה לקראת השכינה. גם סך תיבת חלק ותיבת מנחם שוה ומנחם הוא המשיח זכרון ליום שכולו שבת ומנוחה לחיי העולמים. הפיטן של לכה דודי הביא בתחלת השיר ובבית השני הלשונות "לקראת כלה" ו"לקראת שבת לכו ונלכה" וכנראה כוון בהם אל ההליכה ממש כמשמעות הלשון דוקא אע"כ כתב בעל יוסף אומץ (סי' תקפ"ט וע' גם בעבודת ישראל) אין מנהג לומר בקבלת שבת החרוז הראשון דלכה דודי לקראת שבת מפני שאין אנו נוהגין לצאת ממקום לסקום כדי ללכת לקראת שבת כמו שמנהג בא"י לצאת לפחות לחצר ביה"כ וכמו שהאריך בזה הסדר היום ומפני מעם זה אין אני אומר לקראת שבת לכו ונלכה רק אני אומר במקומו לבנתבי שבת מלכה כדי למלאות הל' מחתימת שם המחבר.

אך אין אנו צריכים להבין דברי הגמרא כמשמעם ואין אנו מוכרחים להחליף בעבור זאת הלשונות בהסמזון לכה דודי האמנם נוכל לפרש התלמוד ודברי הפיטן בעקבותי' על דרך השאלה. בתלמוד שבת (קי"ט.) נמנו אופנים שונים שבהם הכינו חכמים נקובים בשם את עצמם בערב שבת. ובתוכם נמנו גם ר' חנינא ור' ינאי שכוונו דעתם על ביאת השבת ע"י הוצאת דברים בשפתים שנרע מהם. ובב"ק (ל"ב:) מסיק שאם שנים רצים זה מצד אחד וזה מצד אחד והזיק האחד את חברו אם הוא ע"ש פטור מפני שמזיקו ברשות כי מפני רוב טרדות להכנת שבת רץ בטהירות²) מכל זה יוצא לנו בהדיא שאין הכרח להעביר הקולמוס על אותם הלשונות של יציאה בפיוט לכה דודי ובר מן דין כבר קדמנו השל"ה (דף קל"ב:) שכתב אחרי שהביא הגמרא דשבת וז"ל ואין צורך לצאת כנגדה כי כבר היא בפנים ע"כ. ועוד הפעם בפירושו על סידורו כתב וז"ל והנה יש רבים שדמו מכאן (הגמרא דשבת) שצריך לצאת החוצה השדה לקבל השבת ותמיהא לי מלתא שהרי השבת אינו בא מדרך השדה אלא מדרך עליון מלמעלה למטה ע"כ והוא מפרש הלשון

---

¹) ומה שכתב ש. שכתב בס' אגדה וקבלה ד' נ"א האות ג' ששלת כלה שם סובנה אסיפת בני בה"ם לא זכיתי להבין ולא ירדתי לסוף דעתו.

²) אבל ע"י בדקדוקי סופרים ור' חננאל שמביאים בגמרא לשון אחר ר' חנינא דתוי סרקד ואזיל סרקד "ואתי לאמר בואי נצא וגו' וא"כ היה היציאה בלשון השאלה בלבד ואולי יש גם כן עיקר ויסוד המנהג המנהג שנהג האר"י ביסו ללכת לקראת שבת.

שכתבו הפוסקים הנ"ל ולע"ד הטעם כדי להודיע ולהראות לעיני כל כי אמירת הקדוש איננה חלק מן התפלה אלא תקנה מאוחרת¹). מפני האורחים כידוע הלא נקבעה ההלכה כשמואל שאין קידוש אלא במקום סעודה. א"כ אמירת המשנה הוא סוף התפלה כי תפלת עלינו לא נהגו לאמרה ביטים קדמונים כי אם בימים נוראים. ובסדורנו נשאר גם א"ר אלעזר אע"פ שאין לו טעם במקוטו שיש לו עתה שארית מימי קדם כאשר אמרו קדיש דרבנן אחריו מפני שאין לומר קדיש אחר משנה אלא אחר מדרש כאשר יאמר הרמב״ם בפירושו לסוף מסי אבות (ע' ס' העתים בפי׳, עתים לבינה ד' קע"ז הער' כ"ח) הרי לפנינו שאמירת ב"מ הוא סוף התפלה כמו שמעינו קדושא דסדרא שהוא אמירת ובא לציון סוף תפלת שחרית כנגד המנהג הזה נמצא במחזור ויטרי ובאבודרהם מנהג אחר וז"ל האבודרהם (דפו' אמשטרדם דנ"ו) ושמעתי שיש סקומות שאומטרים פרק זה בין המנחה לערבית וישר בעיני כי קריאתו אחר ערבית מה תועיל אז אינו עת לתקן פתילותיו ונרותיו ויעשה מלאכה מה שהי' הי׳. גם השל"ה ויעב"ץ בסדורם הדפיסו ב״מ קודם קבלת שבת אבל אין זה מופת חותך. כבר כתב הב"ח שאנחנו אינם משתמשים בפתילות ושמנים כלפנים וא"כ אין להביא ראי' מזה כאשר עשה אבודרהם. הח' ברלינר ז"ל בספרו Randbemerk. I. 64. שאין לנטות ימין או שמאל מהמנהג לוטר ב"מ קודם תפלת ערבית וכתב: אמירת המשנה צריך להיות אחר תפלת מנחה כאשר נתקנה בכל המנהגים אבל אין זה נכון כאשר ראינו למעלה, גם מה*שכתב שאצלנו נתקן לאמרו אחר תפלת ערבית מפני המאחרים לבא לבהכ"נ. כבר מצאנו בסידור דר"ע. אבל הוא ז"ל בחר באמירת ב"מ קודם ערבית מפני שאזי יכולים המאחרים להתפלל תפלת ערבית עם הצבור. ואע"פ שדבר זה תקנה יפה היא לא מצינו באחד מן הראשונים שחשש לזה הרי באמירת מגן אבות וברוך ה' לעולם אמן ואמן בימות החול — לפי שטת אותם החכמים שסברו שקבעום מפני המאחרים — יכולים המאחרים להתפלל ביחיד בעוד שהצבור מאריך בתפלתו ואינם נשארים לבדם והסיחו דעתם מפני יראה ופחד המזיקים.

ב) בימי הארי״י נתקבל המנהג שהבאנו לצאת לשדה ולומר מזמורים ולהקביל פני שבת שם במקום פנוי ומפנים ימה ולעמוד בעינים סגורות עד ה' לארך ימים (ע' ש"ע אר"י וברלינר Randbemerk. I. 44). בעל חמדת ימים (ד' מ"ח) כתב וז"ל וכן רבים פה ירושלם תובב"ב מחזיקים במנהג הקדמונים ויוצאים מחוץ לעיר השדה כרוב ששונים ועושים סדר קבלת שבת שם עכ"ל. ועוד מספר כי כאשר נסע ממקום למקום א"א לו לעשות כן „ונהגתי ללכת החוצה אל עזרת* בית הכנסת למקום אויר פנוי וראוי להקבלה לוטר סדר קבלת שבת... והן עוד היום מחזיקים בכל אותם המקומות במנהג זה לצאת אל העזרה מקום פנוי ומגולה אלא שתטשו הדברים לפי פשטן כי הוא כדרך היוצא לקראת חתן וכלה אל פני חוץ ודי בזה". ועד היום נשאר המנהג הזה להקביל פני שבת בחצר ביה"כ כדמשק וחלב כאשר מעיד הח' א. צ. אידלזון במאמרו „ישראל נגארה ושירתו" (השלח

¹) וע"כ יש מקומות באשכנז שנוהגים שהחזן מחזיר פניו כנגד הקהל כאשר יאמר הקירוש.

א) המזמורים שנהגו לאמרם קודם לכה דודי אינם שוים בכל הסידורים, אבל נהרא ופשטיה! הפירוש עיון תפלה בהסידור החדש "אוצר התפלות" מזכיר המנהג של אמירת מזמור צ״ה עד צ״ט ומזמור לתודה ואחרים נהגו לומר רק מזמור כ״ט ותו לא. אבל יש עוד בה שלשיה והוא מה שנזכר בס' חמדת ימים (ליורנא תקכ״ב) ד' מ״ח. לקרות מזמור נ״ד, קמ״ח, מ״ה, פ״ה, קל״ו, קכ״ב ואחריהם כ״ט. ואולי שיש עוד מנהגים אחרים. הנה נראה שכמעט בכולם יש אמירת מזמור כ״ט. מפני שיש לו סקום מיוחד בתוך האחרים. גם בכוונות אר״י נמנו כמה טעמים וצרופים לאמירת המזמור הנ״ל. ואע״פ שאין לנו עסק בזה מפני שלאו כל מוחא סובל דא (ע' פירוש בשמים ראש באוצר התפלות) הלא נמצאו בתיקוני שבת טעמים אחרים שמדברים גם על לבנו. כגון זה: הוי מזמורים הם כנגד ששת ימי המעשה כדי להסיר קליפות הטומאה כלומר להביאנו ממעלה למעלה וממדרנה למדרנה כדי לכוון דעתנו ולהכין לבנו על אותו יום של מנוחה וקדושה עדות לכל באי עולם על מציאות הבורא. וכגון מה שכתוב בס' אותיות מחכימות (ברעשניץ תקנ״ו?) וז״ל זלמען דעת כל עמי הארץ כי ה' הוא אלקים בשמים ובארץ לכן תקנו בעלי תקוני שבת הששה מזמורים שכולם מספרים שיר ושבח עוז ותפארת של קודשא בריך הוא ודרך ארץ שכל מי שמקבל פני מלך בשר ודם שמספר תחלה שבחו ומעלתו וכו' ק״ו ק״ו ב״ב של ק״ו שאנחנו באים לקבל פני השכינה באמרנו בואו ונצא לקראת כלה וכו'. – כנראה לא נודע ממנהג אר״י המזמורים שהוא היה אומר בקבלת שבת וע״כ רבו בזה המנהגים כאשר זכרתי אמנם מפני שהוי מזמורים הידועים נמצאים בסדר היום ובתקוני שבת וגם סידור השל״ה מביא אותם יד הכל ממשמש בהם, ומפני זה הטעם לא נהגו הספרדים לאמרם לפי שסידורי התפלות הנ״ל על הרוב נתפשטו באשכנז.

במנהג ספרד אומרים קודם לכה דודי הפרק במה מדליקין (בלי אמירת אמר ר' אלעזר) וזה הפרק עם המיתרא אמר ר' אלעזר נאמר לפי מנהג אשכנז קודם קידוש בסוף התפלה.\*) בסידור דר' עמרם כבר נמצא המנהג בזה הלשון (הוצאת פרומטקין ח״ב דף כ״ז) ולאחר שמקדשין בבה״כ אומרים פרק ממס' שבת וזהו פרק במה מדליקין עד וטומנין את החמין אר״א אר״ח וכו' ואומרים קדיש עכ״ל ובסי' י' שם כתב הטעם משום סכנה דבי שמשא דשכיחי מזיקן דלמא דעאל איכא דעאל ולא מצלי, ועד דמטצלי נפיק ציבורא ופייש הוא ומסתכן ותקינו רבנן דמתוותרי ציבורא עד אחר תפלה כי היכא דנגמר צלותא ונפק בהדי צבורא. גם מהסדר בטור (ע' בית יוסף א״ח סי' ר״ע) נראה שכוונתו לאמרו אחר התפלה וכן הוא בסדור רש״י ובס' העתים. והנה אנחנו נוהגים לומר במה מדליקין קודם קדוש ולא לאחריו כמו

---

\*) ונמנהג ליטא עפ״י הגר״א ז״ל הוא לומר במה מדליקין ואח״ר אליעזר אמר ר' חנינא וכו' אחר לכה דודי ומזמור שיר ליום השבת. והנה אמירת האגדה של ר' חנינא הוא משום שאין אומרין קדיש אחר משנה אלא אחר מדרש, ובמקום אגדת רבי חנניא בן עקשיא שאומרין תמיד אחר הלמוד אומרין כאן אגדת רבי חנינא. אולי משום שכל ענין קבלת שבת מוצאו מרבי חנינא (שבת קי״ט) מוכרין דבר מטמו, ומזה נשתרבב גם לשחרית של שבת (א. א. ק.).

שם לא היה קרבן. לא היה איש־בינים אשר במותו נרפא לנו. כי יבקש ישראל אלדיו — ונמצא לו. ה' הוא קדם לחטא, ה' לאחר החטא (מדברי חז"ל). יחיד, אל כל, הרוצה כי לא תסור אהבתו מכל נברא, נוצר בחסדי אבות זרע־ברכה לבני בניהם ומוחה מחיק העתיד פרי כל עון חטא ופשע אשר זרענו בו לקללה — וטהרנו.

אך גם אם לא נחפץ בטהרתו, אם נשתקע ברצון דור אחר דור תוך קברי טומאת התהום ונזרע בעתיד את זרע־המות לדורות דורותינו — אז כבר בדור הרביעי לנו חסד־אל יישת קציר לפרי הרע אשר נמלנו למען לא יוסיף עוד צמח, בעוד אשר על פרי הצדק אשר עשינו פה בארץ יפרוש בלי הרף את סכת שלומו עד כי יגדל לעץ־חיים אשר יסתעף לאלף דור.

וְהָאַחַת לָדַעַת: לא הנוחם לבדו יפיק כפורים, לא דכדוכה של נפש לבדה תעשה זאת לנו — הלוחות חלולות עלינו להביא לפניו, לוחות עדותיו, אשר אותות השמים מדברי חקיהם פרחו בעונינו מן הארץ ואשר באשמתנו נמצו לשברים והושלכו על פני האדמה. אלה לוחות הברית עלינו להביא לפניו. חדשים יהיו הלוחות, לא־ כתובים, למען יכתוב ד' עליהם, יכתוב מחדש הוא לבדו, את הדברים אשר היו על הלוחות הראשונים אשר שברנו, חקי חיים לעתידנו — כי רק אם חקו אלינו ישוב אז גם חסדו לנו אתו.

אך אל נא נתע בשוא! לא לחקים חדשים עלינו לצפות מידי חסדו אשר אתנו. אם חטאנו לו אנחנו ודורנו, ובקלות דעתנו סרנו מדרכיו, ומדי סורנו מהם בדאנו וכתבנו לנו חוקים אחרים — אז לא נקוה נא אפוא כי בעבור זאת ישנה לנו חסדו את נצח־דברו "לפי רוח הזמן" או כי "לכל הפחות" יחן מקום על־ידי תורתו גם לחוקים אשר בראנו.

לוחות חדשים, לא־כתובים, עלינו להביא לפניו, ועל הלוחות החדשים האלה, אשר לברית החדשה הזאת, יכתב רק — את דברו העתיק.

יצחק מאהרשען, אמשטרדם.

## קבלת שבת.

(בקורת היסטורית).

(סוף).

מכל מה שנאמר עד כה ראינו איך נתפשטה השטה החדשה בחכמת הקבלה ע"י "גורי" האר"י ואיך בא הסידור ע"ם מנהגיו בכל תפוצות ישראל למרות ערעור של אחד בעיר ושנים במשפחה. וא"כ. עתה עלינו לדבר עוד אודות ה"קבלת שבת" בפרט דבר דבור על אפניו. בהצעתנו יש שלשה פרקים ואלו הן:

א) המזמורים קודם לכה דודי ומקום השיר הזה בתפלת שבת.

ב) המנהגים שנהגו באמירת לכה דודי.

ג) המשורר אלקביץ ושירו.

אל ימי הסליחות יביאנו השופר.

דמדומי שחר... לפני השמש העתיד לבא עלה לו ירח. ובתכלת ליל־השחקים הנה ירמז אור היום. הוא האור אשר ילך וגדול עד כי יכם בצהרי יומו את אור הככבים מאירי הלילה. גם בלבו של יהודי השחר הנה עלה. שרעפי בקר יעירוהו ואל אהל אור־תורתו הֲבֵא יביאוהו. אל מלך יושב על כסא רחמים יקבל שם את פניו...

מעונה אלדי קדם ומתחת זרועות עולם. הכין בחסד כסאו וברחמים עליו ישב. ארך־אפים אתה ובעל־הרחמים אותך קראת. מחל עוות קרֵבִיו. תעביר ראשון ראשון. מרבה מחילה לחטאי מטרתם וסליחה לפושעי דרכם. עושה צדקות עם כל בשר ורוח. לא כרעתם תגמל פרים.

הורית לנו דרכיך, ולשוב לדרכיך. בהם כָּרַתָּ לנו ברית — זכר לנו אותה היום הזה... כמו שהודעת לענו מקדם.

מקדם... לילה היה אז בישראל. זה האלול הראשון מאז היינו לעם. לוחות הברית שכבו שבורים לרגלי הר סיני. אותיות־שפרירם אשר לחקיהם פרחו ועלו שמימה. לא נאמן ישראל בבריתו עם אל. את מלאכו חפץ אלדים לשלח אז לפניו; ובמרוץ המאורעות יקים דברו אשר צוה. אך לא על כנפי נשרים חפץ אלדים לשאתם הלאה. לא חפץ להתהלך בתוכם עוד. כי אך באשר תשכן תורתו, באשר חקו בקרב חיים — שם גם ישכן הוא. רק על פני חיים בעז־תורתו יפרש למֻגן כנפי כרוביו. ורק במגן־תורה זה תשרה שכינתו עלי אדמות. אולם התורה הזאת, לוחות העדות האלה, הן היו לשברים בישראל. סר ממנו האהל הראוי לגלוי שכינה...

אלא שישראל חש בשקיעתו. התאבל על מפלתו. לא יכל למצא נחומים לנפשו בקומו כעם על פני חוץ. הלא התנצל את עדיו מהר חורב — ומה יתן לו ומה יוסיף לו עֲדִי אחר בעולם?..

זה הכאב וזה האבל קטן בעזרת ישראל. כי הנחומים דמדומי אור ישוב הם, זה יעריד הלילה בלב אשר נפל. הם שליחי האדם החמשי, המתחדש ובא, שלוחים אל הלב אשר שקע. ויתאבל ישראל בנחומיו, כי נחומיו הכאיבוהו.

ואת הנחומים יָרָא האלדים.

אז באו תפלות משה: להוֹדַע מדרכי ה', לדעת במה למצא חן בעיניו, להפלא מכל עם ולהראות את כבודו.

ואז באו דברי האלדים בשלש עשרה מדות: ה', ה', אל, רחמים, חנינה, ארך־אפים, רב־חסד, אמת, נצירת חסד לאלפים, נשיאת עֻון, פשע, וחטאה, ונקה — ואם יש אשר לא ינקה או יפקד עון אבות על בנים על שלשים ועל רבעים.

ומחדש פֹּרתה הברית על פי עשרת הדברים הראשונים. ותשב התורה בקרב ישראל ועמה חסד האלדים. הסליחה נהיתה.

צאו נא ולכו נא, בשרו באהלי האדם! כי לא בישראל לבדו תהי זאת למצבת זכרון הַבַּת גדל לאלדים, כי אם לדור ודור יהיה נא ישראל עצמו מצבת זכרון לאל־כפורים. כי הכפור הוא הבסיס עליו חי עוד עם ישראל.

ב.

כה יחדור קול שופרו של אלול לתוך אהלי יעקב. כל לב יהודי יתעורר, והביט סביבו ופנה למעלה, והביט לפניו ופנה לאחור, ובקש מטרתו ובחן את דרכו, והתחיל מכיר את רבונו, ויחד רצונו להכין מצעדיו, והעביר מעיניו חלום קלות־דעתו, ושאף מכל עָצמה לשוב אל המטרה ושאף מכל פשע לשוב להיות קשוב, ובכל אשר נקל עליו ישוב להכביד ראש. ושמשו לו השבועות האחדים, שעודנו נתן בם עד אחרית השנה, לחתום על ידם את עבודת רוחו אשר עבד בשנה ההיא בחתימת השלמות של קדושת ישראל.

אולם כאן השאלה נצבת: היש לנו שלמות עלי אדמות? היש אשר תושג בקרב האדם? איה אפה האיש, איה בן־ישראל, אשר אמנם השיגה כהלכתה, אשר גם קרב להשיגה? הן גם הטהור והטוב והיקר שבהם מה רחוק הוא מן הישרה, מאותה הישרה אשר גם פעם לא תעוקש, ומה שונה הוא מן המקשיב, מאותו המקשיב אשר גם פעם לא יפשע, ומה קלה בו הדעת, לעומת אותה הדעת אשר גם פעם לא תתשָׁנה הכונה, — מה רחוק כל זה מן ... התולעת, אשר תעשה את דרכה־בחיים.

והנה אם גם זכר האיש ושב כיכלתו אל הדרך הישרה ובלב נכון ובטוח ישים בה פעמיו מן הוא והלאה — מי ירחיק ממנו את זרע־הלענה אשר זרע כבר קודם בשדה עתידו ומי ישמיד ממנו את ציצי המארה אשר ככר צמחו לו מן העבר, מי יצילנו מתוצאות מעשיו, מי יקימנו מבור קברו אשר כרה לו הוא עצמו בכל עון פשע וחטאה?

פה יחובר אל קול השופר קול התורה אשר תדבר: האלדים אשר עשה את המשפט החרוץ, משפט האבות והתולדות, משפט הסבות והמסובבים, ואשר בבריחי המשפט הזה הבריח את כל דבר בארץ, למן התולע ועד הנשר, מגרגר חול ועד גלגל חמה, אשר בכחו הנשגב שם את דרך המשפט הזה לפני כל בריותיו אשר ברא זבלי נפתל ועקש בו וַיָּחָן הלאה — הוא האלדים אשר הקים אותך, האדם, לעבד חפשי לפני רצונו; ויען כי נתנך חפשי, יען כי קרא לך דרור וגם נתן לך היכלת להֶעֱוֵת ולפשוע ולהחטיא את המטרה, על כן כאשר יָצרך שתף בך רחמים אל הדין וחסד אל הגבורה, ויפח בנצוץ נשמתך נפש חיי־אל ויצו לה ישועה לנצח כל זדון אשר יבוא עליה מן ההכרח הטבעי המושל מעצמו בכל אסתי תבל.

רק עונו של אדם, רק פשעו וחטאתו, אלה אשר עזבו את חק דרורם, רק הם נשמעים אל עֶצמת החק הכללי אשר בין בריחי המשפט ההוא. אך דיה דמעת נחומים אחת אשר תטף עין אדם מתחדש המפלל להשיג חרותו, דיו רצון אמתי אחד אשר יעור בלב אדם מתחדש הבא להקשיב קשב, כי יצו אלדים על אלה את הישועה אשר דֻבַּר אל האדם בכדי לנצח זרע לב רע, וכי ימית בעבור אלה את ציצי המארה אשר צמחו. באדם עוד מימים עברו. כי דמעה מהורה תחזק, רצון מהור ינבר — על חקי שמים וארץ.

חסד האלדים נתן חרות לבני־חורין.

המשפחה אשר עלתה מארץ מצרים, הם שכבו כמתים שם על אדמתה, עד אברת אל הרימתם ונתנתם לברית־עם בין הליכות דברי העמים, וזאת בריתו אתם היא משענתם וגבורתם, באמון־דרוחם לאלדים טמון שרש קיומם, — ואיכה יוכל יעזב ישראל אלדיו, איכה יוכל יסור מן הדרך אשר הורהו ואיכה יחדל להביט אל המטרה אשר שת לו?

לא. לא יוכל.

„רק אליכם נגשתי בידיעה קרובה יחידה זו. על כן אפקד עליכם את כל עוות קטן, כל עברה קלה אשר תעברו מעל דרכי". בַּהֲרֵי הנירים והאתים, מרכלת־ ימים וסחר־ארצות, אוצרות־מזון ומבצרי־מגן לכל שאר משפחות האדמה הרי לכם אתם לָכתכם בדרכי. וכאשר יש נקם ושלם לכל שאר משפחות האדמה בעזבם את נירם ואת אתם, את מרפָּלחם ומסחרם, את אוצרם ומבצרם — כן ינקם מאתכם כאשר לא תנירו את ניר מוראי, כאשר לא תפליגו אל נמל בטחוני, כאשר לא תחלצו חושים להקים את כל דברי. רק בדרכי תמצאונני, רק בהם אני עמכם, וכאשר אני איננו עמכם או הכל מנגדכם...

האם את התהלוכה הזאת אשר עליכם להתהלך אתי תחפצו להשאיר בידי המקרה? והלכתם עמי בקרי?

האם גם בשאר ענינכם הביתם גדל למקרה זה? האם הרביתם לעסוק אומדות גם בשעה שחפצתם להוציא לאור את הקטן בקטני עסקיכם? הילכו שנים יחדו בדרך אחד בלתי אם נועדו קודם איש את רעהו להתיעץ ולהבחין ולהחליט על עת צאתם ומהות חפצם על ארחם ועל רבעם? מי גבר ישמע כי ישאג אריה ביער ולא יעיז את מקנהו אל הבתים או כי יתן כפיר קולו ממעונתו ולא יחוש לפקוד את עדריו, או מי יראה צפור כי תפל על פח הארץ ולא יסור לראות מי הוא אשר שם לה מוקש, או כי יעלה פח מן האדמה ולא תהיה לו תקוה כי גם לכד? בשום פעם אינכם מאמינים במקרה כאשר הוא. הרעיון בלב הוגה, היצר בלב חי והחרושת בכל מעשה, וכן כל שלשתם אלה יחד בקרב הטבע הדומם והחיוני אשר משל בם האדם — הלא הֵם בעיניכם תמיד אשר ידם בכל חזיון, אם תחזוהו אם תדמוהו או אם תראוהו לכם מראש, מן הסבה אל הנסב ומן הנסב אל הסבה, הלא תשאלו: בכל מקום: מאין ולמה ולאן? הלא תחפשו בכל דבר: טעם כונה ותכלית — ורק על השלמות הכללית של כל העולמות כלם תאמינו כי אך מקרה בקרבה? עקבות אלדי־דעות בה לא תכירו וביד האָשֶד גורלכם תתֵּנו?... וזה חפצכם אתם, אתם בני ישראל, אשר הוציא אלדים ממצרים, אשר לא רק דברי ימי העולם יעידו לכם על אל־דעה, כי אם אליכם הוא שהופיע ואליכם שלח את עבדיו הנביאים ולעיניכם גלה סוד ממשלתו — הזה חפצכם אתם גם אחרי אשר שמעתם שאנת אריאל אשר באה להזהירכם, גם אחרי אשר דבר אליכם אלדים?

ועוד טרם תגיעו לידי כבד־ראש, עוד טרם תתעלו ברוח־הנבואה? אריה שאג מי לא יירא, ד' אלדים דבר מי לא ינבא?!..

והרק אך האדם לבדו יתמכר אל החטאה, בהחטיאו את מטרת קיומו מפני שדעתו קלה עליו? לא יכיר כל כבד־ראש אשר עליו להרגישו על כל צעד ושעל, ומתוך סמיות שגעונו יורה בלי דעת אל תוך עתידו עשתנותיו רגשותיו והנאותיו, כל מעשיו ודבוריו, בהיותו שוכח לנטרי כי אף מחשבתו החשאית ביותר השוכנת בחדרי רוחו לא תפער ממנו והלאה מבלי להניח בו רושם, מבלי להוציא תוצאות. וקם ועשה מעשי שחוק בכל שני ירחיו ושבועותיו, בכל ימיו ושעותיו, כאלו לא היה כל רגע מרגעיו חלקו של נצח־הנצחים. התהיה ללענ בעיניו הדרישה אשר ידרשו כל אפסי היקום מאת כל פסיעה מפסיעותיו, היוכל החל בעתידו אשר זה צעדו יכין לו? לא.

בנטות השנה אל אחריתה ועל אחריתם הכל יחשובו; בהמשך כל דבר אל אחרית שלמותו ואת אחרית רגעיו יוקיר ויקמץ; בהאזין הכל לקריאת העת — אז יקרא גם ישראל קץ לתרומתי. אז יכריז השופר ואמר, כי עוד מעט וקרא שופר האדון, עוד מעט והועיד לבא לפני כסאו... והיה כי יתקע השופר הזה בכל אהלי יעקב, והוחש פתאם ככד־ראש בכל מקומות משכנותיו.

ותקע השופר וקרא לתכלית, והזכירנו את האדון, והמריצנו לכן דעת בכל עת ובכל רגע.

„שמעו את הדבר הזה" כה קראה פעם אחת תקיעת שופר אשר כזאת —
„שמעו את הדבר הזה אשר דבר ה' עליכם בני ישראל, על כל המשפחה אשר העליתי מארץ מצרים, לאמר: רק אתכם ידעתי מכל משפחות האדמה על כן אפקד עליכם את כל עונתיכם. הילכו שנים יחדו בלתי אם נועדו. הישאג אריה ביער וטרף אין לו. היתן כפיר קולו ממעונתו בלתי אם לכד. התפול צפור על פח הארץ ומוקש אין לה. היעלה פח מן האדמה ולכוד לא ילכוד. אם יתקע שופר בעיר ועם לא יחרדו. אם תהיה רעה בעיר וה' לא עשה. כי לא יעשה ה' א' דבר כי אם גלה סודו אל עבדיו הנביאים. אריה שאג מי לא יירא. ה' אלדים דבר מי לא ינבא".

ראה! גם אם כל העולם כלו יהי לקל־דעת, גם אם כל האדם כלו ישתקע בחיי יומו, גם אם כל הבריאה כלה תעריץ את המקרה והניחה תחת ידו את כל דבריה ומעשיה, כל דרכיה ועסקיה, גם אם ישתטטו כלם כלם מלהרגיש את האחריות המוטלות על כל שאיפותיהם, אנחנו עם בני ישראל, המשפחה אשר עלתה מארץ מצרים, לנו — יאמר השופר — אל להסיר לב, אל להעריץ מקרים, אל לשחק מתוך קלות־דעת בערכם המוסרי של מעשי חיינו.

כי אין לנו בעולמנו אלא הערך המוסרי הזה.

משפט האלהים אשר יחרץ על כל גוי גדול להשמיד גאונו מעל פני האדמה, חלף רשעתו אשר הרשיע, לא יצא על אחת ממשפחות האדם כי אם בעת פרעה חק־לאומים, בחמאה לתורת האדם — ככל אשר פרש בדברי הנביא בפרקים אשר קדמו לזה, — אולם/ עד העת ההיא עוד תוסף משענתם תת כחה להם, עזם ישאם ותקפם יגנם; כי החוק אשר שם האלדים בהתפתחות טבע היצורים הוא אשר הבשיל את גדלם, וגדלם זה אשר בארץ יסודו מחזיקם בין מצוקי ארץ. אולם עם בני ישראל,

בַּכל יש שאיפה למישרים. בכל נמצא, בכל כח, בכל חלק־חיים מצער אשר אונו אתו. עיני כלם תחזינה מישרים מטרה קבועה שומה לפניהם, ואליה הם שואפים, אליה הם מגיעים, בדרכם הישרה ילכו, מתוך החלטה קצובה ועזה, לא יסבו בלכתם, אין נפתל ועקש במסלתם. — והרק אך דרך האדם לבדו יָעֲנֶה והיה לעון? היטוש רק הוא בידיעה וצדיה את המטרה אשר שומה לכחותיו, הנה רק הוא בידיעה וצדיה מן הדרך היחיד המובילו למחוזו, כי יפתה לבנו לסור אל הפרחים אשר מעבר הדרך הזה או כי יִשְׁךָּ אחרי נתיבות אשר לא לו המה, כי יהיו למוקש לו הרכסים אשר ימצא על דרכו הוא או כי יתור אחרי מעדנים הרומזים לו שם מעל דרכים אחרים — הלמען אלה ילך ויעזב את דרכו היחיד הטהור והישר?

קשב שולט בכל. כלם יודעים את קונם. מן הרמש ועד התולע, מן השחל ועד הנשר — הכח אשר ירדם באדמה, החסן אשר יבריק בחזיזים או יצוק פלח בתחתית ארץ, האון אשר יפתח את הנצן והאמץ אשר יך בלב אדם, החיים במלא מרחביה עם החיים על פני היבשה, אשר תרמש תהם רבה במים ואשר צפון בחיק העפר — את היחיד יעבדו כלהם, רצון אחד ישלוט, אל אחד יפקד, חק אחד מושל בכל מקום, לפני כסאו כלם יעמדו, את פרי כל מעשיו כל אחד לו יגיש עד כי יפעל ממנו למען טוב כּל — והרק אך האדם לבדו יבחר לו פשע, רק הוא לא יטה אזן קשבת? לא יאבה לראות את קונו, גם שאל לא ישאל אל חקו, והלך ועזב את היחיד ומיוחד, עד כי יהיה רק הוא האחד אשר לא יעמוד לפני האלהים?

לכּל יש כבד־ראש. אין לך מי שלא יורגש בו כי גורל מנתו ומנת כל העולם תלוי בכל רגע. לא מפות שנזרקו סתם בלי חשבון ודעת לתוך ימו הגדול של הנצח הם רגעי קיומו של כל דבר! כל רגע הממשמש ובא הוא ולדם של רבואי־רבבות הרגעים אשר קדמו לו בעולם. כל רגע העומד בפנינו נוטל חלק בבנין העתים העתידים עוד לבא עד אין חקר. אשר ינמל ברגע הבא צריך לזרע ברגע הזה. העתיד להצמיח פרי־ישועה צריך שיציץ כזרע־ברכה. לא המקרה ידה את גורל העתידות. כי אכן זה הוא רגש־יה אשר ידו בכל מושלת: בחיק כל רגע ישכן נצח, על כן יפּעם נא בכל עז, ובכבד־ראש אשר לנצח תמלאנה ידיו של חולף זה...

לא רבבות דברים שונים העומדים על דעתם וקימים ברשות עצמם ממלאים את חלל העולמות. הקטן שבפרטות זקוק אל הכלל, והכלל כלו אל הקטן ההוא. "נראים כנושאים והם נשואים", בקטן־קטניות תשכן השלמות, מרכז הבריאה בכל הוא, ודפקו של עולם יך בכל מקום.

כל אחד יעבוד לטובת כלם ובה בשעה לטובת עצמו. הבא במחתרת על נפש חברו כורה בה קבר גם לעצמו. אין קטנות, אין אשר אין לו ערך, אין אשר יש לבוז לו, הכל משפיע לחזור ומשפיע בלי הפוגות הלאה. כבד־ראש אשר לנצח נגוז בקטן כל דבר. גם העולמות העצומים ביותר שאתה רואה את ארחות דרכם הולך ונעשה בכוון מסוים אינם עולים במדה זו אפילו על זבוב בן יומו העושה דרכו באשר הוא שם. כי במלא כל אמץ עזו הנתן לו בכחותיו מקיים כל אחד מבני העולם גם את החלק הפעוט ביותר מאת משרתו הזעירה ביותר כאלו תלוי בו עולם מלא.

# ישרון

### ירחון לתורה ולעניני היהדות

חוברת ד.     תמוז—אלול תרפ״ב     שנה שלישית

מכתבי רבי שמשון רפאל הירש ז״ל.
בהעתקת א. א. קפלן.

## אלול

### השופר והסליחות.

### א.

כלה קיץ. החום האחרון בא ארצה ואל השלמות ישאף כל. ובקרני האור האחרונות יבקש כל צמח ויבקש כל חי את תם־הנמלט בשנה הזאת. באחרית ארגמנו יאדם תפוח ואחרית אשו ידליק יין. שרשי גדולים בעבי הקרקע וגרגרי זרע אשר בניר יבאו לידי גמרה. לדבש האחרון תדרוש הדבורה בגביעי פרחים אשר עוד מעט ואינם. את גרעינה האחרון תשא הנמלה אל בית אוצרה אשר לחורף. ואת אחרון קשה תשא הסנונית מדי שובה אל הקן. וכלם יחפזון. הקץ ממשמש ובא. עוד מעט וקרא האדון ...

רצון כלם לקום ולהיות את אשר עמדו להיות. רצון כל אחד לגמור ולעשות את אשר הוטל עליו לעשות. כי אֵין רצונו לבא לפני אדונו בעוד שברים אתו, בדברים שלא נגמרה מלאכתם, בשנת־קיום בה יחסר המזג. הרמה והרמש, החיה והעוף, הגבעול והירק, הגרעין והפרי — כלם ישאפו יחד לעשות רצון קונם ולהצליח אשר שלחם.

והרק אך בקרב האדם לבדו תשכן עצלה חֲציון והפך? עוד יתערה כאזרח חדלון־מחשבה הישן בחלומו עד נכון היום מבלי שום לב כי הנה האחרית, כי הנה וקרא האדון ; מבלי שים עין על עצמו וסביבו, לא לפנים ולא לאחור ; בלי לחשב בכנוסיו את הזמן אשר יעוף למען השתמש ברגעו החולף לצרכי השתלמות בנצח נצחים ?

# Jeschurun

9. Jahrgang — אלול — תשרי 5683 September—Oktober 1922 — Heft 9/10

## Mussarworte
(aus dem „Chofez Chaim".)

חָפֵץ חַיִּים ist der Titel der im Jahre 1873 erschienenen ersten grossen Mussarschrift des nach diesem Werke benannten und weltberühmten Chofez Chajim, dessen wirklicher Name Rabbi Jisroël Mëir Kahan (auch der Raduner Zaddik genannt) wie so oft in der Geschichte der jüdischen Literatur, darüber in Vergessenheit gerät. Der Choféz Chajim gehört trotz seines ehrwürdigen Alters — er ist hoch in den Siebenzigern — zu den Persönlichkeiten des Ostjudentums, die die grössten Wirkungen ausüben. Von der Macht seines Einflusses kann man sich eine Vorstellung machen, wenn man bedenkt, dass er von vielen in Litauen, das bekanntlich fast gar keine Chassidim hat — auch der Chofez Chajim gehört nicht zu den Chassidim — als die bedeutendste Persönlichkeit des Judentums angesehen wird. Und dies wegen der seltenen Vereinigung von theoretischem talmudisch-rabbinischen Wissen und der Betätigung in Mussar, die ihm eigen ist.

Als ich sein oben genanntes Hauptwerk kürzlich wieder zur Hand nahm, wunderte ich mich zuerst, dass dies für unsere schnellebige Zeit alte Buch — es ist schon fünfzig Jahre alt und gehört doch eigentlich nicht wie der Chauwaus Halewowaus, Schaare Teschuwa, Mesillas Jeschorim usw. zu unserer klassischen Mussarliteratur — noch solche Wirkungen auslöst. Ich wunderte mich noch mehr, als ich wie bei allen Mussarbüchern weder in Inhalt noch in Form das Zündende und Fortreissende wahrnahm, das wir bei einem Buche, das seiner Wirkung sicher sein soll, erwarten. Da ist so gar nichts darin weder von der tiefen und schweren Gedankenarbeit, die wir bei unseren jüdischen Religionsphilosophen wahrnehmen, noch von der Gewalt der Rede wie in Herzberg's „Jüdischen Familienpapieren" und Birnbaum's „Gottes Volk", noch viel weniger von der Vereinigung dieser Momente, wie in S. R. Hirsch's „Gesammelten Schriften". Und dennoch! Gerade an der Hand dieses Buches ist mir das Verständnis für die Eigenart und Einzigartigkeit der „Musserniks"[1]) aufgegangen. Sie sind grosse Denker, oft Talmudgelehrte ersten Ranges und haben doch so gar nicht das rein Verstandesmässige an sich, das man mit dem reinen Denker sich verbunden denkt. Sie sind von einem grossen, zehrenden Feuer erfüllt für die Erhaltung des Gottesgesetzes, von einem nicht zu überbietenden התלהבות in der Hingabe an Gott und stehen doch in ihrer Denkweise, in der ganzen Art ihrer Frömmigkeit, dem Chassidismus ausserordentlich fern. Sie machen ernst mit der Forderung: Gott, das Lernen und das Befolgen seiner Lehre in das Zentrum und alle weltlichen Interessen an die Peripherie zu rücken und zeigen auch nicht einen Zug des Bildes, das die Pietisten dem lebenskräftigen und lebenbejahenden Menschen unsympathisch macht. Die harmonische Vereinigung des Denkens, Fühlens und Wollens, wie es uns in den Musserniks entgegentritt, ist an sich der Vorzug erlesener, ausserordentlicher Persönlichkeiten. Eine solche war R. J. Salanter זצוק״ל und ist להבח״ל der Chofez Chajim. Persönlichkeiten machen als Persönlichkeiten keine Schule. Was ist es, das die Lebens- und Weltanschauung dieser Männer doch Schule machen liess und in ihren Schülern bis herab auf den beginnenden Jeschiwobochur eine Welt- und Lebensanschauung reifen lässt, die eben nicht nur Anschauung bleibt, sondern

---

[1]) Vgl. über sie und ihren ersten geistigen Führer die geistvollen und tief eindringenden Aufsätze R. J. Weinberg's „Von den litauischen Moralisten, ihrer Ideenwelt und ihrem ersten Führer" (Jeschurun V, S. 478—484, 505—506; VII, 595—605; VIII, 52—61, 162—168). Vgl. derselbe „Die Jeschiwoth in Russland" (Jesch. III, 52—59, 107—128).

Wirklichkeit wird und das ganze Leben bis in seine feinsten Verästelungen umgestaltet?"

Rabb. J. Weinberg hat in den oben erwähnten Aufsätzen eine Darstellung der Entstehung der Mussarbewegung gegeben, auf die wir noch einmal mit Nachdruck verweisen, weil sie psychologisch schürfend die tiefsten Gründe aufdeckt, aus denen sie, beeinflusst durch den Chassidismus und diesen überwindend, entstanden ist. Dem grossen Kenner dieser Bewegung, der so innig mit ihr verflochten ist und aus den zuverlässigsten Traditionen schöpft, will ich auch nicht mit einer ergänzenden Erklärung gegenübertreten. An den Hand des „Chofez Chajim" glaube ich aber als eines der wirksamsten Motive, vielleicht nicht so sehr für das Ersteheh der Bewegung als für ihre Erhaltung und für die Bedeutung, die sie auch jetzt für den Einzelnen hat, das Folgende annehmen zu dürfen. Der Mussar wird hier als Din erfasst, er wird nicht nur als eigentliche Halacha konzipiert, sondern auch als solche bis in die letzten Einzelheiten durchdacht und festgestellt. Im חפץ חיים stellt sich das rein äusserlich schon dadurch dar, dass er sein Werk in die beiden Teile הלכות אסורי לשון הרע und הלכות אסורי רכילות und diese wieder nach Art der Poskim in סעיפים und כללים gliedert und gewissermassen in seinem באר מים חיים dazu einen Kommentar schreibt, der die Quellen nachweist und sich mit ihnen auseinandersetzt. Aber das ist nur die äusserliche Hülle für den Grundgedanken, besser das Grundgefühl, dass מצות שבין אדם לחברו völlig gleichgeartet sind den מצות שבין אדם למקום dass die Gebote der Nächstenliebe in ihrem ganzen Ernst und ihrer ganzen Strenge genommen werden müssen mit allen ihren Einzelheiten und allen ihren Feinheiten, nicht als ob es sich um Gebote gegen Gott handle — sie sind eben Gebote gegen Gott. Und wenn die Weisen und Rabbinen sie nicht so systematisch ausgebaut, wie das spezifische Ritualgesetzt, so ist es vielleicht nur darum, weil sie sich einer Systematik naturgemäss mehr entziehen. An „Zäunen" haben sie es für den, der die Aussprüche verfolgt, wahrlich nicht fehlen lassen. Die Versenkung in die Einzelbestimmungen und die geistige Arbeit an ihrer Vertiefung führt den Jünger aber immer mehr zu jenem Schauer der Ehrfurcht, jener frommen Scheu, die den thoratreuen Juden erfüllt, wenn es sich um die Uebertretung der Heiligkeitsgesetze handelt. So wird in jedem Einzelnen der Geist des Propheten geweckt, deren eigentliche Aufgabe es ja gewesen, nicht nur gegen die seelenlose Erfüllung der Gebote an sich sondern vor allem gegen die Verletzung der Rechte des Mitmenschen zu kämpfen, die Liebe zu ihnen als religiöse Forderung einzuschärfen. Und es ist verständlich, warum vorzüglich in Jeschiwoth — und auch die, die sich bewusstermassen dem Mussernikgeist entgegenstellen, sind von ihm beeinflusst — jene Arbeit an dem eigenen Selbst blüht, warum hier, wo die Geistesübungen ihren Triumph in der Entwicklung halachischer Fragen feiern, auch jener Mussar, der sich immer wieder vor neue Probleme gestellt sieht, seine Wirkung übt.

Die Proben, die hier als Uebersetzung aus dem חפץ חיים folgen, geben nicht in entferntesten eine Vorstellung davon, welche Kraft aus der Lektüre derartiger Werke den Jüngern zuströmt. Aber die auch in unseren Kreisen herrschende Anschauung von der Banalität der Mussarseforim steht auf derselben Stufe, wie jene andere auf nichtjüdischem Boden gewachsene: „Das Moralische versteht sich von selbst". So darf von Zeit zu Zeit daran erinnert werden, dass es andere Kreise gibt, in denen mit Selbstaufopferung das Ziel erstrebt wird, dass Lehre und Leben sich decken, und für die eben darum das Moralische sich nicht von selbst versteht, die Mussarliteratur noch der eindringendsten Lektüre wert erachtet wird.

### Aus der Vorrede des חפץ חיים.

„Gott hat uns von allen Völkern erwählt, uns seine Lehre gegeben und uns in das heilige Land geführt, damit wir das Glück haben alle seine Gebote erfüllen zu können. Dies alles nur zu unserem Wohle... Aber in der letzten Zeit des zweiten Tempels nahm grundloser Hass und לשון רע so überhand, dass unser Tempel zerstört wurde und wir ins Exil wandern mussten[1]). Und von jenem Augenblick bis auf die heutige Zeit harren wir auf Gott und beten, dass er uns wieder in seine Nähe bringen, wie Er es uns doch in Seiner heiligen Lehre und durch Seine Propheten so oft zugesichert, aber unser Gebet findet keine Erhörung... Die Ursache kann sicher nur in uns liegen. Und wenn wir nun Umschau halten unter den Hauptsünden, die für die lange Dauer des Exils in Anspruch zu nehmen sind, so werden wir wohl viele finden. Doch die Sünde der Zunge überwiegt sie alle. Aus den verschiedensten Gründen. Zuerst: da diese Sünde die Ursache für das Exil war, wie könnte da die Erlösung kommen, ohne dass wir sie abgestellt. Sodann: das Exil wurde bekanntlich über uns schon bei der Begebenheit mit den Kundschaftern (Nu. 13) verhängt. (vgl. Ps. 106, 24ff. und Raschi das. und Ramban zu Nu. 14, 1). Diese Sünde aber war לשון הרע. Wir müssen daher diese Sünde noch vor der Erlösung gut machen. Diese Sünde ist's auch, die schuld daran ist, dass Israel im Exil unter solcher Strenge leidet (vgl. Raschi zu Ex. 2,14 אכן נודע הדבר). „In dieser Welt, heisst es in Midrasch Rabba (פ' כי תצא), habe ich die göttliche Herrlichkeit in eurer Mitte nicht weilen lassen, weil לשון הרע unter euch ist. Und ferner: Wann ist Gott in Jeschurun König, wenn sich versammeln die Häupter des Volkes, vereint die Stämme Israels und nicht, wenn sie in Einzelverbände zerfallen (Sifre und Raschi zu Dt. 33,5). Und bekanntlich ist dieser Zerfall eine Folge von לשון רע. Aber ganz abgesehen davon, wie können die Segnungen Gottes, auf die wir hoffen, uns zu Teil werden, solange wir an diese Sünde gewöhnt sind, nachdem diese Sünde mit einem ausdrücklichen Fluche in der Thora belegt ist: „Verflucht sei, wer seinen Nächsten heimlich schlägt" (Dt. 27, 24), das als לשון הרע aufgefasst wird (Raschi z. St.)..."

In der „Einleitung" und in meinem Buche שמירת הלשון habe ich alle Aussprüche aus Talmud, Midrasch und dem heiligen

---

[1]) Vgl. die Nachweise im Text: dass der Talmud mit dem „grundlosen Hass" auch die Sünde des לשון הרע meint.

Sohar,' die diesen Gegenstand berühren, zusammengestellt. Wer sich in sie vertieft und eingehend darüber nachdenkt, dem sträubt sich das Haar ob der ungeheuerlichen Grösse dieser Schuld. Offenbar hat es die Thora deshalb so streng damit genommen, weil man durch diese Reden dem grossen Ankläger gegen Klal Jisroel die Anregung gibt, wie das im Sohar des Weiteren geschildert wird... Eine andere Stelle im Sohar zeigt, wie die Worte der Thora und des Gebets, die doch nach unserer Ueberzeugung eine besondere Wirkung in den oberen Sphären ausüben, durch die trübe Schicht der לשון הרע-Reden, die vorgelagert ist, daran [gehindert werden, weiter vorzudringen und ihr Ziel zu erreichen.

Wenn wir der Sache weiter auf den Grund gehen, so sehen wir auch, weshalb die Uebertretung dieses Verbots eine solche Verheerung in allen Welten anrichtet und ihr Licht immer mehr verdunkelt. Es beruht, abgesehen von der Schwere der Schuld an sich, darauf, dass so viele Menschen sich an die Uebertretung gewöhnt haben, die nun im Laufe ihres Lebens zu tausenden und abertausenden Malen die Schuld gehäuft. Auch eine kleine Schuld wird, wenn sie sich immer wiederholt, zu einem Wagenseil, wie ja Jesajah (5, 18) in jenem Bild ein Wehe ausruft über die Sünder. Wie dick wird doch ein Seidenfaden, wenn man ihn vielhundertfach dreht. Und nun bei dieser Schuld, die an sich so ausserordentlich schwer ist, die unzählige Menschen viel tausendmal in ihrem Leben begehen, vor der sich zu hüten, sie sich nicht einmal vornehmen, wie grenzenlos muss da die Verheerung sein, die dort oben angerichtet wird.

Woher kommt es wohl, dass sich keiner um das Verbot kümmert? Es sind mannigfache Gründe dafür vorhanden, je nach dem Bildungsstand. Der Durchschnittsmensch weiss gar nicht, dass לשון הרע auch dort gilt, wo es sich um eine durchaus wahre Aussage handelt. Und die Thorawissenden werden vom Jezer hora verführt. Der redet ihnen ein, der, über den du לשון הרע redest, ist ein schlechter Kerl, und es ist nur eine Mizwo, einen solchen Menschen an den Pranger zu stellen. Manchmal kommt er ihm mit der Ausrede, dass es ja gestattet ist, wenn man לשון הרע in Gegenwart von dreien ausspricht, oder wenn es sich um Dinge handelt, die man dem Betreffenden auch ins Gesicht sagen würde. Darüber habe ich ausführlich im 2., 3. und 8. Kapitel gehandelt, dass diese Erleichterungen nur in ganz bestimmten, festumgrenzten Fällen Platz greifen. Oder, dass dieses Reden nicht unter לשון הרע fällt ... Und wenn der Jezer hora sieht, dass er mit solchen Argumenten nicht durchdringt, dann greift er zu einem diametral entgegengesetzten Mittel: er führt einem soviel Erschwerungen vor, zeigt einem, dass eben alles unter לשון הרע fällt, es wäre demnach überhaupt kein Leben möglich, es sei denn, dass man sich von der Welt völlig zurückzöge ...

Aus all diesen Gründen haben wir uns so an לשון הרע gewöhnt, dass das bei den meisten Menschen gar nicht mehr als Sünde gilt, selbst wenn sie Reden führen, die offenkundig לשון הרע und Verläumdung sind. Und wenn man einen fragt: warum tust du das? Dann glaubt er, man wolle ihn zu einem Zaddik oder Chossid machen und nimmt dann die Zurechtweisung nicht an, er sieht ja, dass es ganz allgemein doch nicht gehalten wird.

All diese Ursachen scheinen mir auf eine Hauptursache zurückzugehen, dass das Thema לשון הרע, sein Wesen im allgemeinen und im einzelnen nicht zusammenhängend an einem Orte behandelt sind, sondern die Erörterungen darüber im Talmud und den älteren Decisoren nur an einzelnen Stellen, entlegen und zerstreut vorkommen. Auch Maimonides in seinem halachischen Hauptwerk und Rabbenu Jona in seinem Schaare Teschuwa sind nach Art der Alten sehr kurz und haben sehr vieles nicht gebracht ... Daher habe ich alles gesammelt und den Stoff in einen Text gegliedert, der in Kapitel und Paragraphen zerfällt, מקור חיים von mir genannt, und in die Noten, die ich unter den Text, in den באר מים חיים verwiesen. Hier sind die Quellen genau angegeben. Der Leser wolle wohl beachten, dass ich auch für das selbstverständlichste im Text hier den Ursprung angegeben. So wird es jedem klar, dass das Werk nichts enthält, was Kennzeichen einer besonderen Frömmigkeit (חסידות) ist, sondern nur Forderungen des Religionsgesetzes (דין) ....

Ich weiss wohl, dass es Leute geben wird, die die Bedeutung des Studiums dieser Dinge herabsetzen werden mit Berufung auf das Wort der Weisen: מוטב שיהיו שוגגין ואל יהיו מזידין. Wenn zu befürchten ist, dass Forderungen nicht befolgt werden, solle man die Aufklärung unterlassen, weil ja durch diese das, was früher ein unwissentliches Vergehen war, zu einer bewussten Sünde wird. Doch gilt dieser Satz nicht von Vorschriften, die ausdrücklich in der Thora stehen (Orach Chaj. 608,2). Und ferner: Dann dürften wir die Menge auch nicht über die Vorschriften inbezug auf Mein und Dein aufklären; auch diese sind sehr schwer zu befolgen (vgl. Baba b. 165 a) ebensowenig über die Sabbathgesetze „die wie Berge sind, die an einem Haar hängen" und von denen viele Einzelbestimmungen auch sehr schwer zu befolgen sind ... Und dann können wir es ja aus der Schrift selbst entnehmen: Heisst es doch in der Thora: Denk an das, was der Ewige, dein Gott, der Mirjam getan (Dt. 24, 9, die nach Nu. 12 wegen לשון הרע, mit Aussatz bestraft wurde) und Ramban bringt in seinem Kommentar im Namen des Sifre die Vorschrift, dass man regelmässig in gesprochenen Worten sich die Begebenheit von Mirjam ins Gedächtnis rufen solle, damit man sich dadurch die Schwere jener grossen Schuld recht einschärfe. Nach der erwähnten Anschauung sollte man das aber gerade nicht tun, dann bliebe es doch nur bei einer versehentlichen Sünde. Die Thora muss also doch von der menschlichen Natur annehmen, dass man von dieser Sünde bewahrt bleiben kann.

Der grosse Nutzen einer eindringenden Beschäftigung mit diesen Fragen liegt endlich darin, dass לשון הרע einem dann nicht mehr als gleichgültig erscheint, sodass, wenn man G. b. doch einmal von Zeit zu Zeit hier zu Fall kommt, man nicht mehr zu den gewohnheitsmässigen Uebertretern dieses Gebotes gehört, über die der Talmud sich so scharf ausspricht; dass es nur so gilt, als ob man gegen ein anderes Verbot der Thora verstosse. Vor allem ist man sich dann bewusst, dass man gesündigt, und das schlimmste ist vermieden, wie es in Jirmijahu heisst: Siehe ich rechte mit dir, dass du sagst: ich habe nicht gesündigt.

**Aus dem Werke** שמירת הלשון.

Drei Charakterfehler verursachen לשון רע: Zorn, Spott und Hochmut. Der Jähzorn, der die Vernunft verstummen lässt, sodass der Mensch sich nicht beherrschen kann und alles spricht, was ihm in den Sinn kommt. Unsere Weisen aber sagen: Jeder Jähzornige wird trotz seiner Verdienste gestraft, ja selbst wenn ihm schon Grosses bestimmt. Auch der Spott, der vielen Menschen eigen, gibt ihnen Anlass Uebles über andere zu reden. Gewöhnlich spricht man in einer kleinen Gesellschaft, sodass noch ein zweites Vergehen hinzukommt. Dass man auch einige andere dazu bringt, mitzulachen und mitzuspotten, ja sie in mehreren Fällen bereits daran gewöhnt. Der Spott ist aber nach dem Ausspruch unserer Weisen eins von den vier Dingen, die das Walten der göttlichen Herrlichkeit nicht zulassen. Wenn die Spötter nur wenig danach streben würden, ihren Mund zu schliessen, wenn es sie gelüstet, zu reden, würden sie sich für j e d e n Augenblick ein Strahl des verborgenen Lichtes erwerben, dessen Schönheit und Stärke kein menschliches und kein himmlisches Wesen ermisst. Auch der Hochmut gehört zu diesen Fehlern des Charakters, die den Menschen veranlassen, seinen Nächsten auf jede mögliche Weise — und vornehmlich durch לשון רע — herabzusetzen, um selbst im besseren Lichte zu erscheinen. Was für Gründe hat denn aber der Mensch hochmütig zu sein, wenn er bedenkt, woher er kommt und wohin er geht. Unsere Weisen aber sagen: Jeder, der hochmütig ist, dessen Staub wird nicht bewegt werden, wenn alle Toten auferstehen. Mass für Mass! Denn er dachte ja niemals daran und nahm es sich nicht zu Herzen, dass er zu einem Orte voll Staub und Gewürm wandelt, sondern hielt sich stets hoch und erhaben über alle seine Genossen. Darum hat sein Körper, da er einmal Staub geworden, keine Kraft, sich zu erheben, und wenn alle seine Mitmenschen auferstanden sein werden, so wird er ruhen müssen und die werden über ihn hinwegschreiten, über die er bei Lebzeiten hinwegschritt.

\* \* \* \*

Die „Einleitung" in das Werk „Chofez Chajim" erörtert, wieviel Verbote der übertritt, der לשון הרע spricht. Sie kommt zu dem Resultat, dass im ungünstigsten Falle, wenn noch eine Reihe von Umständen hinzukommen, 17 לאוין und 14 עש"ין also 31 von den 613 Geboten der Thora übertreten werden. Das alles wird nicht so ins Leere hingesprochen, sondern aufs eingehendste in dem beigegebenen Quellennachweise belegt.

\*

**Aus den** הלכות אסורי לשה"ר.
Cap. 2, enthält 13 Paragraphen.

§ 1. Man darf nicht לשון הרע gegen seinen Nächsten reden, selbst wenn es sich um Wahres handelt, auch nicht vor einem Einzelnen, umwieviel weniger vor einer grösseren Anzahl. Je mehr Zuhörer da sind, um so grösser ist die Schuld dessen, der davon spricht, weil der Nächste dadurch noch mehr verunglimpft wird; es wird doch dadurch das Schlechte, das man ihm nachsagt, immer mehr verbreitet. Auch verleitet der Betreffende dadurch ja viele Leute לשון הרע zu hören.

§ 2. Von den Weisen wird dies Reden erlaubt, wenn' es in Gegenwart von dreien gesagt wird. Aber da handelt es sich um einen Fall, wo nichts direkt Schlechtes ausgesagt wird und man die Worte verschieden auffassen kann. Es ist klar, dass es auf das Wie des Redens ankommt. In diesem Falle haben es unsere Weisen gestattet, sie nahmen an, dass der Redende, da er doch die Sache in Gegenwart von dreien erzählt, ganz genau weiss, es werde das Jenem zu Ohren kommen; denn einer ist immer mit dem anderen bekannt und daher nimmt er beim Reden sich schon von selbst in Acht, dass man aus seiner Ausdrucksweise nicht merkt, er meine es schlecht.

(Ein Beispiel für viele: Man fragt jemanden, wo raucht jetzt ein Schornstein? und er sagt darauf: dort! da kocht man immer Fleisch und Fische, da kommt es darauf an, wie er dies sagt, wenn er gefragt wird. Wenn er will, kann er dafür eine Form finden, die gar nichts Böses sagt. Ist doch in der Tat oft gar kein Unrecht dabei. Der Betreffende hat vielleicht eine grosse Familie und ist sehr wohlhabend oder sehr gastfrei.... aber wenn er in Ton und Miene zeigt, dass er damit sagen will: Da geht es immer hoch her, obwohl auch das schliesslich nicht so Schlimmes ist, so haben das die Weisen doch als אבק לשון הרע gegeisselt und dergleichen darf man darum auch nicht in Gegenwart von dreien sagen.)

§ 3. Einige (Decisoren) sind der Meinung: Wenn einer in Gegenwart von dreien etwas Schlechtes über einen anderen gesagt hat, obwohl er sicher das Verbot von לשון הרע übertreten hat, wie oben ausgeführt, übertritt doch keiner von diesen dreien das Verbot, wenn er es weiter erzählt hat. Denn nachdem es drei wissen, ist es allgemein bekannt geworden und für einen solchen Fall hat die Thora das Verbot nicht ausgesprochen. Doch das gilt nur, wenn er es so gelegentlich erzählt, nicht aber, wenn er die Absicht hat, es weiter zu verbreiten.

הג״ה. Andere aber sind der Meinung, dass es auch ohne diese Absicht nur dann erlaubt ist, wenn er so mitten im Reden darauf kommt, nicht aber, wenn er nur diese Sache allein erzählen wollte.

Auch wenn er nicht den Namen dessen erwähnt, der es es ihm erzählt hat, sondern nur allgemein sagt: „Das und das erzählt man sich von jenem, ist er dem Verbot des לשון הרע nicht entgangen.

§ 4. Wenn man es in dem Falle, wo der Betreffende nicht die Absicht hat, das Gehörte zu verbreiten, gestattet, so gilt das nur von dem ersten (C) der selbst gehört hat, was A von B in Gegenwart von dreien erzählt hat. Aber D, der das von diesem (C) gehört, der darf nicht mit Berufung darauf, dass ihm jetzt gesagt worden ist, A hat das ja vor dreien erzählt, hingehen und wieder einem anderen berichten, was man über B sich erzählt, wenn er auch dabei gar nicht A nennt, der das zuerst von B gesagt hat. Es sei denn, dass die Sache in der Tat jetzt ganz allgemein bekannt ist. Und nicht allein, wenn D nichts Näheres von der Sache weiss, ob es wahr ist, dass A das von B erzählt hat, er darf dann sicher nicht annehmen, dass A das Verbot von

לשון הרע übertreten hat, sondern selbst wenn er ganz genau weiss, das A Böses von B geredet hat, er weiss nur nicht, ob das in Gegenwart von dreien geschehen ist und C, der es zuerst gehört hat, ihm das gesagt, es sei in Gegenwart von dreien geschehen, so darf es sich doch nicht auf die Worte von C verlassen. Wir befürchten, es könnte doch nicht vor dreien geschehen sein, wird also möglicherweise nicht bekannt werden und darum darf er es keinen anderen erzählen.

§ 5. Meiner Meinung nach gilt auch das Folgende: Wenn die drei erwähnten, vor denen das erzählt wurde, fromme Leute sind, die sich vor לשה"ר in Acht nehmen, dann bleibt die Sache doch unter ihnen, dann übertritt man ein glattes Verbot der Thora, wenn man es weiter erzählt. Ja, das gilt auch, wenn auch nur einer von den dreien so fromm ist; denn dann ist die Dreizahl (die wir für die Sicherheit der Verbreitung des Geredes annehmen) nicht mehr voll. Das gleiche gilt, wenn nur einer von den dreien mit B verwandt oder befreundet ist, der wird das doch sicher nicht weiter verbreiten, was von seinem Verwandten oder Freunden Schlechtes gesprochen wird. Es sind dann also wieder keine drei da.

§ 6. Nach m. M. kann ferner C, was er mit zweien zusammen gehört, nur in derselben Stadt weiter erzählen, weil da einer immer wieder mit einen anderen bekannt ist. Nicht aber in einer anderen Stadt, selbst wenn zwischen den beiden Städten ein reger Verkehr herrscht (שיירות מצויות).

§ 9. Und all das bisher Gesagte gilt nur, wenn man genau das wieder erzählt, was man gehört; aber auch nur ein Wort G. b. hinzuzufügen, oder das Gehörte dem Andern mundgerecht zu machen: das, was man von B erzählt, ist schon richtig usw. das ist schon in jedem Fall verboten, denn mit seinen Worten macht er ja das viel schlimmer, was man auf Grund des ererwähnten Moments von der Gegenwart der Drei, eventuell von selbst gehört hätte. Und dann beweist er doch damit, dass er das Gehörte als wahr annimmt und das ist nach allen Meinungen in jedem Fall verboten, wie das m. G. H. in Cap. 7, § 1 ausgeführt werden wird. Daher muss man sich ausserordentlich hüten, jemanden verächtlich zu machen, selbst wenn es ganz allgemein bekannt ist, dass er etwas Böses in seiner Jugend begangen hat, oder dass seine Vorfahren sich nicht ordentlich geführt . . . Wer das tut, der fällt unter die Klasse derer, die לשה״ר reden, die das Antlitz der göttlichen Herrlichkeit nicht werden schauen dürfen, wie das im Schaare Teschúba 214 ausgeführt. Darauf findet jene Erleichterung von der Gegenwart der drei durchaus keine Anwendung . . .

§ 10. . . . Und nach allen diesen Ausführungen wirst du, mein Bruder, von selbst sehen, wie sehr man von dieser Erleichterung sich fern halten muss, dass sie beinahe überhaupt keine Anwendung findet. Und selbst wenn wir alle Einzelheiten hinzunehmen, so bedarf es noch sehr der Ueberlegung, ob überhaupt nach dieser Anschauung halachisch zu entscheiden ist, da nach der Meinung vieler Dezisoren im Talmud gar keine Quelle für diese Erleichterung aufzuweisen ist, wie ich das oben im Kommentar באר מים חיים Note 5 ausgeführt habe. Wer seine Seele wahren will, sollte sich also von ihr fernhalten.

\*   \*

Soweit unser Auszug aus einem einzigen Kapitel eines der Werke des Chofez Chajim. Wer von unserer Jugend die Probe aufs Exempel machen will, der gehe auf ein Jahr in die heiligen Winkel Litauens. Es braucht nicht Radun zu sein, es kann auch Kelm, Telsch, Slabotka u. a. sein. Er wird erfahren, dass es jugendfrische, lebenslustige Jünglinge gibt, die nach diesen Vorschriften — nicht wahr für uns sind sie ja fürchterliche — in Wirklichkeit leben. Und er wird neben der glühenden Liebe zur Thora auch des Mussargeistes einen Hauch verspüren. Vielleicht ist er dann für den Salon und für manches andere, was in unseren Kreisen für erstrebenswert gilt, verdorben. Für die Realität des Lebens kann er deshalb dennoch brauchbar bleiben.

J. W.

## Die religiöse Immanenz.

Entwurf einer Religionsphilosophie
von Dr. **Hermann Weyl** (Frankfurt a/M).

Meinen Eltern.

Man muss billigerweise der Meinung sein, dass zur umfassenden Metaphysik des Judentums vorläufig erst Vorarbeiten geliefert sind. Denn auch die systematisch-religiösen Werke, deren noch die Gegenwart einige gezeitigt hat, geben nur einen Aspekt, und Judentum bietet, wie jede einheitliche Kultur, dies allen psychischen Gebilden gemeinsame Phänomen, dass eine Vielheit von Aspekten und Lebensströmungen — geeinigt in einer zentralen Weltansicht, die doch eine Anzahl philosophischer Deutungen möglich sein lassen muss — einen einheitlichen geistigen Organismus lebendig und einzigartig konstituieren. Vielleicht liegt es auch im Wesen des Metaphysischen (einen Augenblick lang als selbständiger Trieb gefasst), dass es letztem Ausdruck sich nie ergibt, dass — um im Bild zu sprechen — das Metaphysische immer auf dem Marsche sein muss, in einer hinreissend-grossen ewigen Dialektik des menschlichen Bewusstseins.

Wo der metaphysische Trieb versagt, vielleicht versagen muss, kann gleichwohl eine neue Beleuchtung der Phänomene aus dem Geiste des gescheiterten metaphysischen Triebs geschehen. Immer wieder begegnen wir im religiösen, künstlerischen und naiv-menschlichen Bewusstsein dieser Antinomie. Man glaubt das „Herz der Welt" zu fühlen, identifiziert sich mit ihm, schreibt seinen Gefühlen und Gestaltungen absolute Bedeutung zu, ganz naiv seinen „Ideen" vertrauend, von irgend einer Fragestellung nach Grenzen kaum berührt: ein philosophisch fragwürdiger wenn auch für den Künstler und überhaupt Fühlenden notwendiger psychischer Tatbestand. Hier ist, kritisch gesehen, das Vergängliche. Das Ewige aber wird die persönlich-gefühlshafte Gestaltung, die aus dem Geiste des philosophisch so fragwürdigen, aber künstlerisch und gefühlshaft so notwendigen metaphysischen Zusammenhangs ganz neu vertieft worden ist, die ohne metaphysische Einstellung wohl gar nicht ermöglicht worden wäre: eine Einsicht, wie mir scheint, die höchst schwierige Verschlungenheiten beim Denkablauf auch im Bereich der individuellen künstlerischen und religiösen Schaffensart aufdeckt. Einfach gesprochen; aus notwendig unzulänglichen Erkenntnissen entstehen W e r t e , die gar nicht unzulänglich, sondern w̃ a h r (im werthaften Sinne) sind. Eine Tatsache, die aus dem heterogenen geistigen Habitus des Erkenntnishaften und Werthaften folgt und hier nicht weiter erörtert werden soll. —

Klassischen Ausdruck hat jene künstlerische und religiöse Denkart bei G o e t h e gefunden.

Wär nicht das Auge sonnenhaft
Die Sonne könnt' es nie erblicken;
Läg' nicht in uns des Gottes eigene Kraft,
Wie könnt uns Göttliches entzücken?

Gewiss, unwiderlegbar ist die erblickte Sonne, Entzücken in uns. Kritisch unzulänglich erschlossen wird das sonnenhafte Auge, in uns liegende Gottes eigene Kraft. — Für G o e t h e aber war diese Denkart innerlichst begründet. Sie vertieft ergreifend sein ganzes künstlerisches Werk — das als solches schon kraft immanenter werthafter Selbstgenügsamkeit „absolut" dasteht — in einer wissenschaftlich unzulänglichen, aber ausserordentlich beglückenden enthusiastischen Weltbetrachtung. Hier hat das künstlerische Genie eine adäquate „Philosophie" geschaffen, ganz aus den Bedürfnissen des Gemüts, von' kritischen Bedenken unberührt, weil doch fast jedem Künstler die „theoretische" Weltbetrachtung im künstlerischen Werk und künstlerischen Leben ergänzt, ja begründet wird, nicht aber (wie kritisch notwendig) theoretische Erkenntnis zunächst von künstlerischem Leben und künstlerischer Tat getrennt ist und erst in einer allgeistigen Lebenshaltung mit ihnen vereinigt werden kann. —

## II.

Doch das religiöse Dasein zeigt gegenüber dem künstlerischen wiederum eine Differenz, obwohl beide jenseits der Erkenntniskriterien sich ausleben. Jedes lebt in eigener Sphäre.

Brod[1]) z. B. nennt sein religiöses Werk ein Bekenntnisbuch. Damit wäre eigentlich die Spitze jedes möglichen philosophischen Angriffs abgebrochen: ein Bekenntnis zum Judentum. Man könnte meinen, gewissermassen ein rein künstlerischer Akt. Aber doch nur zum Teil. Denn religiöse Existenz ist continuierlichstes Erfasstsein, während das immer Continuierliche am künstlerischen Dasein schon in's Religiöse mündet. Immer schafft das künstlerische Leben und Tun doch aus der menschlichen Individualität, die sich durchaus als Wertmasstab fühlt und erst die Welt als künstlerische Totalität aus sich herausgebiert. Das eigentlich religiöse Leben aber schafft primär aus der religiös erlebten Welttotalität; sekundär entsteht die jeweilige Geisteshaltung des Einzelnen. Beidemal ist der Gegensatz Welt-Individuum [2]) vorhanden, doch jedesmal im anderen fast umgekehrten Sinn: beim Künstler Welt als Erweiterung des Selbst, beim Religiösen Selbst als Einschränkung der Welt und ihrer „göttlichen Wesenheit"; ein völlig verschiedener Akzent. (Selbstverständlich ist hier ein Gegensatz zweier Erlebnisinhalte, nicht der Gegensatz zweier Seinsweisen (Entitäten); denn die seelische Immanenz der Erlebnisinhalte wird hier gar nicht erkenntnistheoretisch gesprengt, vielmehr in beiden Bewusstseinsformen besonders ausgesprochen.)

Daher ist religiöses Bekenntnis trotz alles Bekenntnishaften — wenn auch nicht wissenschaftlich — eine Auseinandersetzung mit der Wirklichkeit, während es eigentlich gar kein künstlerisches Bekenntnis zur Wirklichkeit, sondern mehr eine künstlerische Selbsterkenntnis und ein Weltbekenen nur auf dem Wege über das eigene Selbst gibt. Weil aber hier so oft in einem steten Widerspiel der Schwerpunkt sich verschiebt — in der steten inneren Bildsamkeit der ruhelosen menschlichen Seele — begreifen wir auch, warum

---

[1]) Max Brod: Heidentum, Christentum, Judentum. Ein Bekenntnisbuch 2 Bände Kurt Wolff Verlag München.

[2]) Vergl. meine Aufsätze: Josef Israëls (Jeschurun, Jahrg. VIII Heft 7/8) Koheleth (Der Jude, Jahrg. V, Heft 12).

so vieles Künstlertum in's Religiöse, so vieles religiöse Dasein in's Künstlerische sich abwandelt. —

Religionsphilosophisch aber wäre hierzu im Gegensatz eine Denkart, die alle religiösen Inhalte auf subjektiven und objektiven Wahrheitsgehalt prüft, das Werthafte vom Seinshaften scheidet, an bestimmter Stelle mit Nachdruck das Problem nach der „Objektivität" der Religiösen stellt, auch die naturphilosophische Frage aufwirft, überhaupt das eigentümliche erkenntnistheoretische Gebilde „religiöse Wahrheit" mit seinem Januskopf erkennt, die „Gottheit" positiv oder negativ bestimmt und schliesslich die Unmöglichkeit jeder ausserimmanenten Religionsbetrachtung und -übung erkennt, um jetzt das Religiöse als seelische Immanenz zu retten, ganz hart am grossen unausgeschöpften Abgrund, den die Religionspsychologie uns Schauernden enthüllt.

### III.

Unmittelbar folgt aus unserer Vorbereitung, dass alles, was religiöses Erkennen, religiöse Wahrheit, religiöses Dasein usw. heisst, eine nur der „religiösen Funktion" zugehörige Sphäre nicht verlassen darf, sofern es adäquat erkannt sein will. Wir geben hier keine Wissenschaftslehre und auch keine Wertlehre, brauchen daher (was aber aus unseren Voraussetzungen leicht wäre) nicht überflüssigerweise die religiöse Sphäre gegen die anderen geistigen Sphären des menschlichen Bewusstseins' abzugrenzen. Uns genügt hier, dass wir das religiöse Bewusstsein als eine seelische Daseinsart sui generis erkannt haben. Dieses Religiöse lebt und wirkt, ist ein Lebenselement mit eigenen Funktionen und Tendenzen, und kann nur in absoluter Selbstbehauptung seinen ursprünglichen Sinn bewahren. Daher ist die Frage nach der Objektivität meines religiösen Fühlens, nach dem Gegenstand meiner kosmischen Liebe usw. wohl philosophisch und auch notwendig, aber nicht mehr religiös.

Hier sind wir also an einem Punkte angelangt (doch ist es kein Punkt, sondern eigentlich der ganze weite Schauplatz des individuellen Selbstbewusstseins), wo das Religiöse sich zu überwinden droht; wo der menschliche Geist in seinem ewigen dialektischen Trieb die getrennten Sphären miteinander vergleicht und zur höchsten Synthese bringen möchte; wo in philosophischer Seins- und Seelenbetrachtung das Heterogene (das Religiöse z. B. mit dem Erkennerischen) sich mischt und den eigentümlichen Charakter (in unserem Fall den eigentlich religiösen) einbüsst; wo schliesslich in der ruhelosen Selbstentwicklung des menschlichen Bewusstseins das religiöse Leben sich wieder von den anderen Sphären losreisst und ihnen doch wieder verhaftet wird, in einem ewigen Wechselspiel, das in seiner Notwendigkeit der Denker bewundernd erblickt.

Da wir hier das ganze grosse Phänomen nicht mehr als andeutend zu bezeichnen brauchten, kehren wir zum Religiösen zurück. Wir sagen: Religiöses Bewusstsein ist eine geistige in sich abgeschlossene Seinsform, ist in seiner Reinheit nur in sich selbst, nicht in Anderem zu begreifen, verliert unter Miteinbezug anderer Bewusstseinsformen (erkenntnistheoretischer, metaphysischer, ethischer, künstlerischer) seinen ursprünglichen Sinn und wandelt sich völlig ab. So wird mein Erlebnis dieses Baumes mit seinen hängenden Zweigen sofort ertötet, wenn ich es nicht immer mehr künstlerisch, d. h. adäquat in diesem Falle vertiefe. So wird das religiöse Dasein seines unmittelbaren Dranges sofort entkleidet, wenn es in anderen geistigen Funktionen sich enthüllen soll, wie auch die Liebe in der Reflexion über die Liebe schon etwas anderes geworden ist. — Die Philosophen aber haben mit Recht über alles gedacht, denn sie erkennen auch das Irrationale mit den Funktionen ihrer Ratio, trennen kardinal alles Naturhafte vom Bewusstseinshaften, klären, (was uns hier nur wenig betrifft) auch das Naturhafte in seine verschiedenen Momente des „Empirischen" und „Ueberempirischen" und nennen alles, was sich ursprünglich nur im Bewusstsein, sogenannt „realiter" aber auch nur auf dem Wege über das Bewusstsein vorfindet, immanent.

Wie sich so auch das Naturhafte der Immanenz miteinordnet und es doch wiederum „existiert", brauchen wir hier nicht zu untersuchen. Hier interessiert nur das religiöse Bewusstsein. Wir fassen das ganze religiöse Leben als Immanenz; eine Immanenz, die sich übrigens sehr von anderen Immanenzformen trennt, wie jeder sofort für sich erkennen mag, der die bisherigen Untersuchungen mitgedacht hat.

Wir verstehen unter religiöser Immanenz: das ganze religiöse Dasein spielt sich nur im seelischen Bewusstsein ab. Wohl fragt die Philosophie nach gewissen dem religiösen Bewusstsein möglicherweise entsprechenden Objektivitäten, diese Frage aber ist nicht mehr religiös. Das religiöse Dasein ist im Bewusstsein des religiösen Menschen beschlossen. Die im religiösen Bewusstsein erlebte Gottheit kann religiös gar nicht als sogenannte objektive Realität erkannt werden, weil die religiöse Einstellung keine Erkenntnis ist und daher auch nach gar keiner sogenannten objektiven Realität zu fragen und darüber zu urteilen berechtigt ist. Im religiösen Bewusstsein wird z. B. die Gottheit als „religiös wirklich", ganz unverbindlich in der ewigen Tendenz des Einzelnen zu ihr und umgekehrt, erlebt, während die begriffliche und metaphysische Klärung dieses psychischen Tatbestandes Aufgabe der Philosophie ist, die in Selbtbesinnung die unmittelbare Vitalität der religiösen Existenz aufhebt, in die kontemplative (nicht mehr religiös-wirkliche) Sphäre entrückt. Das religiöse Bewusstsein ist unmittelbarstes Erfasstsein, ein unreflektiertes Lebensgefühl. Adäquat fassen wir es nur in der religiösen Existenz, nicht in der Reflektion über die religiöse Existenz; ganz wie auch das künstlerische Bewusstsein nur in der künstlerischen Existenz adäquat erfasst wird. Die Inhalte des religiösen Bewusstseins sind nur als Inhalte im religiösen Bewusstsein adäquat erfasst. Sie ruhen im Fluidum der ganzen religiösen Lebendigkeit. Gottheit, religiös, nicht philosophisch genommen, ist nur als die im religiösen Bewusstsein erlebte Gottheit sinngemäss zu verstehen; ebenso andere „religiöse Inhalte". Das verstehen wir unter religiöser Immanenz.

So scheint auch der Sinn der Verse[3]) zu sein:

כי המצוה הזאת אשר אנכי מצוך היום לא־נפלאת הוא ממך ולא רחוקה הוא ...
כי־קרוב אליך הדבר מאד בפיך ובלבבך לעשתו.

---

[3]) דברים ל׳, י״א—י״ד.

## IV.

Gerade in kritischer Besonnenheit, nicht aus dogmatischen Gründen erkennen wir die Inkongruenz von religiösem Dasein und dessen Erkenntnis. Auf das religiöse Leben angewendet ist es nur eine Besonderung der allgemeinen Inkongruenz von Leben und Erkenntnis. Leben ist das Unmittelbarste, „Existenz". Erkenntnis ist noch in jedem Fall eine Reflexion über das Unmittelbare, Transposition der Vitalität in's Reich der Mentalität. Und wenn ein scharfsinniger Leser vermeinen sollte, auch diese unsere Untersuchung sei eine solche Transposition, wir würden ihm gar nicht widersprechen. Hier wird das eigentlich Religiöse als Immanenz e r k a n n t. Damit wird keine religiöse Tat, aber die Klärung der religiösen Tat vollzogen. Indem wir aber gerade die I m m a n e n z erkennen, handeln wir in höchster Selbstbesinnung des Geistes. Wir kennzeichnen die religiöse Immanenz. Nicht indem wir sie leben, das wäre keine Kennzeichnung, sondern religiöses Dasein selbst. Aber indem wir sie in die Sphäre der Erkenntnis erheben, enthüllen wir mit rein philosophischem Akzent die religiöse Unmittelbarkeit.

Zwar müssten wir weiter ausholen und diese Inkongruenz von Dasein und Erkenntnis auch noch aus der Natur des menschlichen Bewusstseins begreifen. Damit schüfen wir den ganzen Gedankenbau: eine Philosophie des Geistes. Dies soll vielleicht später ausgeführt sein. Hier begnügen wir uns mit der Aufdeckung dieser Inkongruenz. In der Reflexion wird das Unmittelbare in die Erkenntnissphäre verlagert. Das menschliche Bewusstsein bietet das stete Widerspiel von Unmittelbarkeit und Reflexion. Auf der Erkenntnis dieses Widerspiels erst kann eine Klärung aller philosophischen Probleme sich gründen. Eine Einsicht, die gefühlsmässig in's Lebensphilosophische übersetzt, wo das Unmittelbare als Dasein, die Erkenntnis als Einengung der menschlichen Seele symbolisiert ist, wohl auch der Dichter meinte:

Doch in dem Zwerggebild, geheissen Mensch
nie fängt sich Dasein ein, das rollt aufbrausend weiter ...

Du Zwerg-Geist aber greifst mit dürren Händen
Nur Abbild, Traum, zerfliessende Magie . . . .

Den vom Dichter allerdings noch viel weiter und dämonisch gefassten Sinn der ewigen Inkongruenz von kosmischen Weltlauf und individuellen Seelenleben übersehen wir nicht.

## V.

Die Gewissheit unserer philosophischen Einsicht wird durch nichts besser bestätigt als durch die gegensätzliche religiöse Bewusstseinsstruktur, durch einen nicht mehr denkerischen Widerstand. Für die religiös Existierenden gibt es das Absolute, alle religiösen Inhalte in einem für den religiös Daseienden objektiv erlebten Sinn. So nimmt auch der Künstler sein Gefühl und seine Ekstase als eine der „Objektivität" anhaftende Eigenschaft. Die philosophische Romantik jedes Zeitalters bestätigt es; bis, wie es z. B. bei N i e t z s c h e so deutlich wird, nach mancherlei Ekstase und romantischer Weltdeutung Diskrepanz, ja Widerspruch von „Gefühl" und „Objektivität" erkannt, aber nicht mehr restlos geklärt zu werden vermag.

Dies gerade besagt ja die religiöse Immanenz: Das eigentlich Religiöse ist im seelischen Dasein beschlossen, adäquat kann es nur als g e l e b t erfasst sein; das Gedankliche mag in Form des Bekenntnisses die religiöse Unmittelbarkeit mehr oder weniger glücklich abbilden; die Erkenntnis aber der religiösen Inhalte verwandelt ganz notwendig das Unmittelbare ins Reflektierte, die leidenschaftliche „Existenz" in die leidenschaftslose Welt der Begriffe.

Damit ist die Tatsache religiösen Philosophierens in keiner Weise von uns bemakelt. Wie jedes inhaltlich erfüllte Denken ist auch die Religionsphilosophie eine notwendige immer neugestellte geistige Aufgabe. Und ihre Ergebnisse sind ganz philosophisch zu werten, auf Grund der von jeder Religionsphilosophie als I n t u i t i o n (denn es gibt hier keine Voraussetzungslosigkeit) hingenommenen Prämissen. Nur die Unmittelbarkeit des religiösen Daseins ist dann nicht mehr in die Religionsphilosophie eingegangen, so sehr sie gerade auf dieser Unmittelbarkeit sich erbaut.

Im religiösen Bekenntnis aber ist gar keine erkenntnismässiges Moment als Fragestellung enthalten, auch eine Art religiöser Unmittelbarkeit bedeutet es, nur nicht mehr rein gelebt, sondern schon ausgesprochen. Hier soll auch das Wort Leben bedeuten. Wie in den gesprochenen Werken des Dichters sein unmittelbares, nur ihm selbst ganz offenbares Künstlertum noch l e b t, in seinen Gedichten seine ganze himmlische und irdische Liebe, so l e b t im niedergeschriebenen nnd nacherlebten Bekenntnis des Religiösen seine unmittelbare religiöse Vitalität. Wohl auch hier schon eine sehr feine Art von Reflektiertheit, die erkenntnistheoretisch schwierig zu klären ist und von uns auch hier übergangen werden kann, aber immerhin eine Unmittelbarkeit, Spiegel der lebendigen Seele, ganz unphilosophisch und unreflektiert zu nehmen, als Seelenakt, eine geistige Offenbarung des Bekenners, auf die dann manche auch religionsphilosophische Erkenntnis als auf einer Art empirischen Realität errichtet werden kann. —

## VI.

Haben wir nun das Religiöse nur in seiner Gelebtheit echt erfasst und einigermassen philosophisch umschrieben, so haben wir gewissermassen nur die formalpsychische Daseinsart, noch nicht das Inhaltlichpsychische und noch nicht die geschichtliche Objektivierung, die im individuellen und gesellschaftlichen Leben gewissermassen objektivierte Religion genügend berücksichtigt. Dies soll noch kurz angedeutet sein, und wir müssen sofort erkennen, dass wir damit zunächst das Reich der Immanenz anscheinend verlassen, weil doch der Inhalt des religiösen Lebens auch jenseits der religiösen Einstellung ganz sachgemäss, ganz objektiv, gegenstandsmässig dasteht: als die zahlreichen religiösen Lebensformen, die religiösen Vorschriften, die religiösen Pflichten, die religiösen Vorstellungen und Gedankenzusammenhänge, die alle danach drängen, als Sachinhalte geprüft, verglichen, widerlegt oder anerkannt zu werden. Schliessen sich gar diese religiösen Inhalte zu Religionen zusammen, scheint das Reich der Immanenz unvermeidlich gesprengt. Denn Religionen sind doch auch geschichtliche Wirklichkeiten, dem unbefangenen Blick ganz

„objektiv", ganz aussersubjektiv, und es besteht doch einmal die tiefe Beziehung des wahrhaft Religiösen als des Immanenten zum lebendig religiösen Menschen, zur religiösen Existenz. Und hier ganz ahnungslos glaubt man einfach in einen auflösenden Individualismus und Subjektivismus zu treten und sie schon furchtsam oder auch schadenfroh-siegesgewiss das ganze objektive religiöse Leben zerstört. —

Was heisst also, rein philosophisch gesprochen, das Inhaltlich-Religiöse? Das sind, wie jeder nur kurze Einblick in die konkreten Religionen lehrt, Vorstellungen über Leben und Mensch, über Lebensgestaltung, sind Vorschriften und Gesetze, sind Ueberzeugungen, also alle möglichen auch erkenntnismässigen Bewusstseinsinhalte. Was ist an ihnen religiös? Und hier erkennen wir die ganze Fruchtbarkeit unserer bisherigen Untersuchung. Das Religiöse ist wieder auch der Inhalt: die Vorstellungen über Leben und Mensch (wie wir schon sagten), über Lebensgestaltung, auch die Vorschriften und Gesetze, auch die verschiedenartigen Ueberzeugungen, also auch alle möglichen erkenntnismässigen Bewusstseinsinhalte. Aber als rein sachliche Bewusstseinsinhalte, als inhaltliche Gegenstände ins Bewusstsein wären sie noch längst nicht religiös, sondern würden je und je dem naturphilosophischen, dem spekulativen, dem ästhetischen, dem ethischen Bewusstsein usw. angehören. Was alle sie zu religiösen Inhalten macht, ist jenes ganz spezifisch religiöse Licht, das über sie verstrahlt, die ganz innerliche Beziehung, ein eigentümlich religiöser Lebensaffekt, der sie alle in eine neue Ebene erhebt. Dies ist phänomenologisch so wichtig einzusehen. Jeder Lebensinhalt kann religiös sein, und dem religiösen Menschen ist jeder Lebensinhalt religiös. Aber dies ist er tatsächlich nur, weil die innige, untrennbare Verschmelzung zwischen den Inhalten und dem religiösen Seelentum, zwischen „Materie" und „Form" geschehen ist. Dies wird der Grund, warum auf einer bestimmten Stufe der religiösen Entwicklung (wo schon die Gottheit erkannt ist) der Religiöse in Allem die Gottheit sieht. Denn die Gottheit ist jetzt der ewige und unerschöpfliche Lebensinhalt des unmittelbaren religiösen Bewusstseins, das ewige Objekt, phänomenologisch gesprochen: die Objektivierung des Immanenten, und indem so die Gottheit in Welt und Menschen erschaut wird, ist jene innige Verschmelzung eingetreten, die alles konkrete Dasein genügend erklärt. —

Religionsgeschichtliche Tatsachen machen es allerdings notwendig, darauf hinzuweisen, dass der immanent religiöse Trieb nicht immer zur Objektivierung und Selbsterkenntnis in der Gottheit aufzusteigen vermag. Immer aber wird nach einer Objektivierung gestrebt, und es wäre lehrreich genug (was wir uns hier leider versagen müssen) diese verschiedenen Stufen der religiösen Objektivierung in ihrer innerlichen Weiter- und Höherstrebung, diese Dialektik des religiösen Bewusstseins an der unerschöpflichen und immer neu-schöpferischen Fülle religiösen Geistes- und Seelenlebens aufzudecken. — Später soll dies Gegenstand einer eigenen Untersuchung werden. —

Wir müssen sagen: Alle religiösen Inhalte (und alle menschlichen Lebensinhalte im weitesten Sinn werden dem Religiösen religiös), alle Inhaltlichkeiten des religiösen Lebens saugen ihre eigentümliche Kraft aus der Wurzel des spezifisch religiösen Lebensgefühls. (Welche Einsicht einfach nur eine Variante unserer Ansicht von der religiösen Immanenz bedeutet.) Das als Immanenz Erkannte: der eigenschöpferische religiöse Gestaltungsprozess leuchtet immer empor: uns E r k e n n e n d e n, indem wir diese Ur-Tätigkeit auch als das Urphänomen in allem religiösen Dasein schauend beschreiben, als ein phänomenologisch Letztes bezeichnen müssen; uns L e b e n d e n, indem wir diese Ur-Tätigkeit immer auf's Neue verwirklichen, (1) ganz spontan, schöpferisch-naiv als N a i v - F r o m m e, oder (2) in der bei fortschreitender seelischer „Differenzierung" immer aufzuzeigenden D o p p e l e i n s t e l l u n g (die anfangs quälend ist, erst bei Erkenntnis ihrer inneren Notwendigkeit als unvermeidliche Antinomie im menschlichen Bewusstseinsleben ertragen werden kann): dass wir schöpferisch-religiös leben oder danach streben und dass wir zugleich dieses schöpferisch-religiöse Leben oder Lebensstreben in seiner inneren Struktur immer tiefer auch zu begreifen suchen müssen. —

Die Möglichkeit und Notwendigkeit des Inhaltlich-Religiösen ist jetzt genügend klargestellt, und es dürfte jetzt jedem verständlich sein, wie die konkrete Inhaltfülle (ja der Forderung nach sogar alle nur denk- und erfindbaren konkreten Inhalte des menschlichen Daseins überhaupt) zugleich wirklich und religiös, konkret und doch nur als Gestaltung der religiösen Immanenz ganz notwendig auftreten müssen. — Dies dürfte ganz erklären, was Manchem an einer früheren Stelle dieser Untersuchung vielleicht noch schwierig war: die religiösen Inhalte seien nur als Inhalte im religiösen Bewusstsein adäquat erfasst. Warum? Weil im religiösen Bewusstsein die ganze religiöse Inhaltswelt erst möglich wird! Jetzt erscheint es Manchem vielleicht schon selbstverständlich.

Leicht ist es nun, das nur in der religiösen Immanenz ermöglichte Dasein der Religionen zu erweisen; das geschichtswirkliche Dasein der Religionen aus unserem Geiste der Immanenz zu verstehen.

Man muss nur erst einmal die philosophische Problematik sehen. Dem philosophisch-naiven Menschen ist die Tatsache der Geschichte durchaus ebensowenig fragwürdig wie die Tatsache der Aussenwelt und aller der mit ihr verbundenen Vorstellungen. Für ihn ist geschichtliche Religion überhaupt nichts, was ein Rätsel aufgibt. Aber hier ist eine schier unlösbare Problematik enthalten. Ein Zusammengehören von vielen, vielen Menschen, ein Geeinigtsein innerlich und äusserlich, sehr wirksam real sich zeigend, auch in Politik und Kultur. Wie kommt es zu einer geschichtlichen Religion? Ganz gewiss doch nur auf Grund eines einigenden inneren Bands. Und dieses einigende innere Band kann nur sein: gemeinsame Lebensinhalte, die von gleichartiger Affektbetontheit begleitet sind. Nur ein Inneres kann binden, und zunächst äusserliche Bande müssen entweder innerlich werden oder notwendig zerreissen. Religiöse Gemeinschaft konstituiert sich auf Grund dieser durchaus irrationalen Innerlichkeit, die sich gleichwohl auch in allen möglichen rationalen Beziehungen weiter entfalten kann. Das immanent Gemeinsame setzt auch die geschichtliche Religion, und dem religiös mit einer Gemeinschaft

Verbundenen ist seine Lebensexistenz (ebenso wie dem national sich verbunden Fühlenden) durchaus immanent wirklich und gar nicht rational diskutierbar und zu bezweifeln. Nicht auf metaphysisch-erkennerischem Gebiete bewegt man sich hier, sondern in einem irrationalen Lebensgefühl, in einer innerlich überzeugenden Verbundenheits-Existenz. —

Wir haben die religiöse Immanenz nach verschiedenen Richtungen beleuchtet. Zunächst legten wir die Spezifität des religiösen Bewusstseins dar und durften unsere Ansicht dahin präzisieren, dass nur aus der Gelebtheit, ja fast in der Gelebtheit nur die religiösen Inhalte adäquat erfasst sind. Dann verfolgten wir kurz die Objektivierungstendenz des religiösen Lebensgefühls und machten es begreiflich, wie Vorstellungen, Tathandlungen, Spekulationen, seelische Realitäten, geschichtliche Wirklichkeiten trotz ihres Hineinreichens in ausserreligiöse Sphären zugleich r e l i g i ö s e Vorstellungen und Tathandlungen, religiöse Spekulationen, religiöse seelische Realitäten, religiöse geschichtliche Wirklichkeiten sein können. Nur aus der religiösen Immanenz löst sich das prinzipielle und jedesmalig-eigentümliche-konkrete religiöse Problem. —

Das religiöse Problem adäquat erfassen, heisst: die Immanenz der Religiösen zunächst anerkennen und dann aus dieser Immanenz die weiteren Schlüsse ziehen.

(Fortsetzung folgt.)

# Untersuchungen über die Entwicklung und den Geist der Massora.[*]

### Von Schuldirektor Dr. Ernst Ehrentreu-München.

(Fortsetzung.)

Wie die Form der massoretischen Angaben, so war auch ihr Inhalt vielfachen Entwicklungen unterworfen. Tiefes Verständnis für die durch sie bedingte Kompliziertheit der Listen ist Voraussetzung für das Eindringen in den Geist der Massora,

---

[*] Vgl. meine Ausführungen Jeschuruns VIII 11/12 (S. 465—480). IX 8/4 (S. 137—164) und IX 5/6 (S. 202—218).

der infolge mangelhafter Berücksichtigung dieser Verhältnisse häufig missdeutet und verkannt worden ist.

Die uns vorliegende Rezension der meisten Listen ist nicht die Urrezension, sondern **die Arbeit späterer Massoreten, welche den von den Schöpfern der Verzeichnisse ihnen beigelegten Sinn missverstanden und sich auf Grund dessen Eingriffe in den Text erlaubten.** Infolgedessen haben bereits den Redaktoren der Ochla-Sammlungen die Listen vielfach in sekundärer Gestalt vorgelegen. Allerdings scheint ihnen diese Tatsache nicht zum Bewusstsein gekommen zu sein; denn sie übernehmen kritiklos die Listen, ja, sie fälschen sie ihrerseits wieder, ebenfalls aus demselben Mangel an Verständnis.

Infolge dieser Umstände geben die Listen in der vorliegenden Gestalt selten Aufschluss über die Anschauungen und Absichten der ältesten Massoreten, wenn sie auch anscheinend „korrekter" und „richtiger" sind als die Urrezensionen; kommen doch in den Umgestaltungen, die sie erlitten haben, die Fortschritte der hebräischen Sprachwissenschaft und auch spätere massoretische Auffassungen von wissenschaftlicher Methode zur Geltung.

Von diesen wenigen Gesichtspunkten aus sind wir im Stande, die — vielfach unüberwindlichen — Hindernisse zu würdigen, welche sich dem tieferen Eindringen in den Sinn der Verzeichnisse entgegenstellen, und die ausserordentliche Wichtigkeit der Aufgabe zu ermessen, die darin besteht, Mittel zur Ueberwindung dieser Hindernisse zu suchen.

Die Problemstellung für den dritten und letzten Hauptteil dieses Kapitels lautet daher:

**Auf welche allgemeinen Gründe lässt sich die Tatsache zurückführen, dass die Urrezension mancher Listen entstellt wurde**[1]?

---

[1] Es ist für die Massora ausserordentlich bezeichnend, dass dem Problem ihrer Fehlerhaftigkeit, deren Ursachen und Wirkungen ein eigener Abschnitt in der Entwicklungsgeschichte der Massora gewidmet werden muss.

Lassen sich einheitliche Gesichtspunkte aufstellen für die Art und Weise, wie solche (unbeabsichtigte) Fälschungen sich vollzogen?

§ 16. Je umfangreicher das Interessengebiet wurde, dem die Massoreten ihre Studien widmeten, für desto notweniger hielten sie es, einen Teil ihrer Arbeit den Schreibern (Kalligraphen) zu überlassen. Diese haben dann nicht allein in Verfolgung kalligraphischer Zwecke (cf. K. II § 5 Anm. 14) die genaue Ueberlieferung der Massoraangaben gefährdet, sondern liessen sich neben diesen Schreibfehlern auch Verständnisfehler zu Schulden kommen. Und deren Wirkung war besonders verhängnisvoll; denn während es sich bei der ersteren Art um mehr oder weniger zufällige Versehen handelt, bestanden die Verständnisfehler darin, dass die Schreiber — einem gewissen Schema, System folgend — die Listen solange änderten, bis sie ihrem mangelnden Verständnis entsprachen.

Aber es wäre nicht richtig, wollte man nur die Schreiber für diese Entstellung der Listen verantwortlich machen. Die (wissenschaftlichen) Massoreten selbst tragen dieselbe Schuld. Trotz ihrer Genauigkeit und Exaktheit im Arbeiten, die u. E. im allgemeinen höher geschätzt werden muss, als es bisher zu geschehen pflegte, versagten sie hier. Man wird sich darüber nicht wundern, wenn man erfährt, dass auch jüngere Bearbeiter der Massora, denen doch das Rüstzeug der modernen Wissenschaft zu Gebote stand, dieselben falsche Wege gehen.

Der Umstand, dass auch die eigentlichen Massoreten an den Entstellungen Anteil haben, legt uns den Gedanken nahe, dass die Missverständnisse in der Erklärung und Auslegung der Massoraangaben nicht so sehr auf Nachlässigkeit und Oberflächlichkeit als auf tiefliegende Ursachen diffiziler Natur zurückzuführen sind. Und zwar werden sie uns klar werden, wenn wir uns zuvor eine kleine Abschweifung über die Sprache der Massora im allgemeinen gestatten.

§ 17. Die wenigen massoretischen und grammatischen Termini technici, deren sich die Massora zu Beginn ihrer

Tätigkeit bediente, wurden in der Folgezeit fast nicht vermehrt, obwohl sich das Interessengebiet der Massoreten erweiterte und ihre Aufmerksamkeit auf neue massoretische Merkwürdigkeiten gelenkt wurde. Daher erhielten manche Termini technici zwei, drei oder noch mehr verschiedene Bedeutungen. Die Termini מלעיל מלרע z. B.[2]) dienen 1. zur Angabe des Worttons (so P 32), 2. zur Bezeichnung eines mehr geschlossenen, dumpfen Vokals im Vergleich zu einem verhältnissmässig mehr offenen, helleren (so P 5: Cholem gegen Kames, Patach und Sere usw.), 3. eines Vollvokals im Vergleich zu Schwa und Halbvokalen (so P 5, P 45, P 46), 4. zur Bezeichnung eines trennenden Akzents im Gegensatz zu einem verbindenden (so Massora zu Gn 23, 3: Paschta gegen Darga).

Mit der Behauptung, dass viele massoretische Ausdrücke in verschiedenen Bedeutungen gebraucht werden, ist nicht gesagt, dass — auch abgesehen vom Inhalt der Liste — diese Termini in allen Listen alle diese Bedeutungen haben könnten. Die jeweilige Bedeutung eines Terminus ist auch zu beurteilen nach Zeit und Ort der Entstehung der betreffenden Liste oder Rezension.

Die Termini מלעיל מלרע konnten in einer Liste oder Rezension, die nachweislich vor der Schaffung der Vokalisationssysteme gebildet wurde, wohl nur in der erstgenannten, schwerlich in den drei anderen Bedeutungen gebraucht sein, ebenso wie die letztgenannte Bedeutung nur in einer Liste möglich ist, welche nach der Schaffung der Akzentuationssysteme oder wenigstens zu einer Zeit gebildet worden war, wo bereits Interesse und Verständnis für die Akzentuation bestand.

---

[2]) Es kann hier nicht unsere Aufgabe sein, im einzelnen den Bedeutungswandel und die Bedeutungsfülle der massoretischen Termini klar zu legen. Wir müssen uns auf wenige beschränken und können dies Thema nur insoweit behandeln, als es für die Entwicklungsgeschichte der Massora von Bedeutung ist. Im übrigen verweisen wir auf die gute Zusammenstellung und Erklärung der „Eigentümlichen Ausdrücke und Abkürzungen, deren sich die Massora bedient" in MM S. 1*-20*, ohne jedoch allen dort vertretenen Anschauungen zustimmen zu wollen, so der Erklärung von מלעיל. Siehe auch K. II § 4.

Wir können ferner wohl auch mit Recht annehmen, dass zwischen mehreren Schulen — so vor allem zwischen der palästinischen und babylonischen Massora\*) — wie inbezug auf manche Termini, so auch inbezug auf diesen Bedeutungswechsel Verschiedenheiten bestanden haben, man bedenke doch nur, dass auch die Forschungen auf dem Gebiete der Vokalisation, Akzentuation und der übrigen Grammatik, von welchen doch der Bedeutungswechsel vielfach abhängig ist, in den verschiedenen Gegenden eine in vielfacher Beziehung verschiedene Entwicklung genommen haben.

§ 18. Dies sind die Gesichtspunkte, nach welchen eine Bedeutungsgeschichte der massoretischen Termini\*\*) aufzubauen wäre. Aber zu einer solchen Arbeit fehlen die nötigen Grundlagen. Es wären zu diesem Zwecke vor ihrer Inangriffnahme alle Rezensionen und Formen aller Listen, wie sie sich in der alten und ältesten Massoraliteratur finden, aufs Genaueste zu kollationieren, jede auch scheinbar geringfügige Aenderung festzustellen, die eine Quelle vorgenommen hat, und die dann manchmal, wenn uns die Originalhandschrift vorliegt, schon rein äusserlich als Eingriff in den Text zu erkennen ist. Es wäre im besonderen zu untersuchen, ob sich feststellen lässt, welche massoretischen Termini technici einer bestimmten Zeit, einer bestimmten Schule oder vielleicht sogar einem bestimmten Codex angehören, wie und unter welchen Einflüssen verschiedene Termini sich ablösen in ihrer Bedeutung für ein und dieselbe Merkwürdigkeit. Aber selbst wenn man daran ginge, diese Vorarbeiten zu leisten, so sind doch deren Erfolge zweifelhaft in Anbetracht der geringen Zahl solcher Massorahandschriften, welche eine eigene Ueberlieferung darstellen.

Unter diesen Umständen ist an eine umfassende, allen wissenschaftlichen Anforderungen genügende Erforschung der

---

\) Vgl. hierzu **Kahle** HG § 6—9 an vielen Stellen, so z. B. § 6 p.
\*\) Eine Bedeutungsgeschichte der hebräisch-aramäischen Sprache, so vor allem der des Talmuds, zu schaffen, ist dringend geboten. Ueber den Bedeutungswechsel einiger talmudischer Ausdrücke handelt in vorbildlicher Weise E. **Biberfeld** in Hoffmanns Festschrift (Berlin 1914) S. 167—174.

Massorasprache vorläufig nicht zu denken. Aber eine solche ist auch augenblicklich gar nicht so sehr vonnöten, denn, so wichtig sie auch für die restlose Erfassung aller massoretischen Probleme, vor allem der vielen Missverständnisse, welche die tiefliegenden Ursachen der Entstellungen der Massoralisten waren, sein mag, so liegt doch gegenwärtig die wissenschaftliche Bearbeitung der Massora noch so sehr im argen, dass andere Forderungen als dringender gelten müssen. Aber eine Mindestforderung muss unter allen Umständen erfüllt werden, nämlich b e i d e r E r k l ä r u n g d e r Listen die M ö g l i c h k e i t des B e d e u t u n g s w e c h s e l s d e r T e r m i n i s t e t s i m A u g e z u b e h a l t e n und alle möglichen Bedeutungen der Termini sich zu vergegenwärtigen. Dann wird man nicht der Gefahr von Verschlimmbesserungen erliegen, wie sie neuere Massoraforscher sich haben zu Schulden kommen lassen. Nur so wird es gelingen, die kompliziertesten, schwierigsten der Massoralisten einer einfachen, ansprechenden Erklärung zuzuführen, sie zu verstehen als Entstellungen seitens der Massoreten und Kalligraphen, die, weil ihn jedes Verständnis für die Geschichte der Terminologie fehlte, den Bedeutungswechsel der Termini nicht beachteten, den Sinn der Liste deshalb missdeuteten und auf Grund dessen deren Text so lange änderten, bis er ihrem mangelnden Verständnis entsprach.

Das Vorstehende soll jetzt durch das Beispiel einiger Listen erörtert werden.[3]) Dabei werden wir nebenbei auch zu der Erkenntnis kommen, dass wie die äussere Entwicklung der Verzeichnisse, die im zweiten Hauptteil dieses Kapitels klargelegt worden war (so z. B. die Form der Ueberschriften), so auch die innere eine grosse Unsicherheit, Unbestimmtheit und Zweideutigkeit ihres Sinnes im Gefolge gehabt hat.

§ 19. Die Ueberschrift des Verzeichnisses P 70 lautet: א"ב מן תרין תרין ב ח ד ל י ש ן כתיב׳ וסימניהון. Frensdorff übersetzt: „Ein

[3]) Wir greifen nur solche Listen heraus, deren Verständnis möglich ist, ohne dass wir den für den Kommentar vorzubehaltenden Spezialuntersuchungen vorgreifen müssen. Und auch die angeführten Listen können nur soweit behandelt werden, als es in diesem Zusammenhang unbedingt notwendig ist. Zum Zwecke weiterer Orientierung verweisen wir auf den Kommentar.

alphabetisches Verzeichnis von zweimal vorkommenden Wörtern
in derselben Bedeutung." In M M S. 331 Anm. 4
streicht er fünf Beispiele aus dieser Liste, weil sie in anderen
Verzeichnissen unter der Bezeichnung בתרי לישני genannt sind,
was doch P 70 offenbar völlig widerspricht. (Die Beispiele
זָקֵן יָחֳרַשׁ, חֲרַשְׁתֶּם, רְעָה kommen P 59 u. Mf. א 22 unter בתרי לישני vor;
betreff des fünften Beispieles אָן, siehe Na S. 17 b).

Es lässt sich nicht leugnen, dass es eine kühne Tat ist,
diese fünf Beispiele ohne weiteres als unrichtig zu bezeichnen,
obwohl sie in allen Ochla-Quellen vorhanden sind. Uns scheint
daher, die Erklärung dieser Liste müsse von der Erkenntnis
ausgehen, dass לישן in den Massoraangaben in verschiedener
Bedeutung gebraucht wird. Der Schöpfer der Verzeichnisse
P 59 und Mf א 22 setzte die Bezeichnung בתרי לישני gleich „mit zwei
verschiedenen exegetisch-lexikalischen Bedeutungen",
während der Massoret der Liste P 70 den Terminus חד לישן im
Sinne von: „mit einem (konsonantischen und vokalischen)
Wortbild" auffasste.

Ein Beweis für diese Verschiedenheit ergibt sich aus einem bisher unbeachtet gebliebenen Ausdruck in der Ueberschrift P 70,
nämlich בחד לישן כתיבי (=כתיבא). Dieser Zusatz stammt wahrscheinlich von Xp oder P selbst und wurde von den Massoreten
beigefügt, um die seltene, soeben von uns dargelegte Bedeutung,
welche hier dem Worte לישן zukommt, zu kennzeichnen, wie wir
überhaupt in P öfters erklärende Zusätze finden. Aus dieser
Erklärung von לישן כתיבא folgt aber keineswegs, dass לישן immer
diesen Zusatz haben müsse, wenn es die Bedeutung „Schriftbild" besitzen soll. Im Gegenteil, die Massora liebt es, sich der
prägnantesten Kürze zu befleissigen, selbst wenn sie zu Undeutlichkeit führen kann.

§ 20. Das Verzeichnis P 33 führt die Ueberschrift: א״ב מן
חד וחד ו' בסוף תיבותא ולית וסימניהון: „Ein alphabetisches Verzeichnis
von einmal vorkommenden Wörtern, die auf den Vokal Cholem
(mit ו oder ה —) ausgehen." So nach Frensdorff.

Diese Liste zählt zu den nicht allzu häufigen der Ochla-Urschrift angehörenden Verzeichnissen, welche grosse Differenzen zwischen den drei Ochla-Quellen aufweisen. Während eine Reihe der umfangreichsten Listen\*), welche drei- oder viermal mehr Beispiele bringen als P 33, nur ganz geringe Unterschiede in der Ueberlieferung der drei Ochlasammlungen zeigen, bringt die kleine Liste P 33 sieben Beispiele mehr als die analogen Listen in H und Mf, eine Tatsache, die wert ist Beachtung und Aufklärung zu finden.

Dazu kommen andere Besonderheiten oder Auffälligkeiten; nur noch auf folgendes sei hingewiesen: Mit P 33 beginnt eine ganze Gruppe von Listen, in welchen auffallend viele Beispiele fehlen. Wenn wir auch K. II § 11 und 12 Vollständigkeit als ein Charakteristikum der massoretischen Listen ausdrücklich ablehnten, so ist doch in diesen Verzeichnissen die Zahl der ausgelassenen Beispiele ganz aussergewöhnlich gross im Vergleich zu den anderen Massoraangaben, vor allem den Ochla-Listen, die sehr häufig Vollständigkeit der Beispiele aufweisen.

Ginsburg in M IV 1 167 sucht der verschiedenen Schwierigkeiten — auch mittels Korrekturen — einzeln Herr zu werden, doch ohne durchgreifenden Erfolg. In Wirklichkeit lösen sich alle Fragen auf einmal, wenn wir von dem Standpunkt ausgehen, dass die Liste in der uns vorliegenden Form nicht als ein einheitliches Gebilde, das aus der Hand eines Schöpfers hervorgegangen ist, betrachtet werden darf, sondern als das **Produkt verschiedener innerer Entwicklungen.**

Die meisten Listen in den Ochla-Sammlungen sind nach dem Alef-Bet geordnet. Dementsprechend beginnen die Ueberschriften mit א״ב מן חד וחד. In manchen Verzeichnissen jedoch — und dies ist u. E. der Schlüssel zur Lösung — hat א״ב eine ganz prägnante, eigenartige Bedeutung. Man versteht darunter nicht eine **alphabetisch geordnete** Sammlung **aller Beispiele**, denen eine bestimmte massoretische Eigentümlichkeit gemeinsam ist, sondern eine alphabetische Zusammenstellung, welche **von jedem Buchstaben des Alef-Bet nur ein Beispiel bringt.** Welches Beispiel gewählt wird, ist

---

\*) So die Liste P 15, welche ungefähr 180 Beispiele bringt gegen 89 Beispiele in P 33; ferner P 2, P 3, P 4. . . .

im allgemeinen Zufall, doch scheinen die Massoreten besonders charakteristische Beispiele oder solche, welche neben der in der betreffenden Liste behandelten massoretischen Merkwürdigkeit noch eine andere besitzen, bevorzugt zu haben.⁴)

§ 21. Diese Unterscheidung zwischen den alphabetisch geordneten Listen und den Alef-Bet-Listen — so wollen wir der Kürze halber in Zukunft die Verzeichnisse mit einem einmaligen Alef-Bet nennen — scheint auch in der Terminologie der Massora in feinster Weise angedeutet zu sein. Zum Unterschied von א"ב מן חד וחד (mit Wau vor dem zweiten חד) nannte man diese Listen א"ב מן חד חד (ohne Wau vor dem zweiten חד) = ein alphabetisches Verzeichnis von „je einem" Beispiel für jeden Buchstaben des Alef-Bet. (חד heisst ja nach dem gewöhnlichen Sprachgebrauch: „je eines"). Die alten, unverfälschten Quellen H und Mf haben in der Tat bei den von uns zu den Alef-Bet-Listen gezählten Verzeichnissen fast immer diese Lesart, während P in seiner Schematisierungssucht חד חד in חד וחד, welches natürlich der weit häufigere Terminus ist, korrigiert hat.

Dass dieses Wau inmitten der unübersichtlichen Fülle des massoretischen Stoffes, der zumeist in schlechtester Weise niedergeschrieben war, manchmal aus Versehen weggelassen oder gesetzt wurde, kann nicht wundernehmen.

Solche Alef-Bet-Listen finden sich in der auf uns gekommenen Massoraliteratur in geringer Zahl, und meist nicht mehr in ihrer ursprünglichen Form. Spätere Massoreten haben den speziellen Charakter dieser Verzeichnisse nicht mehr erkannt und daher aus eigener Kenntnis neue Beispiele zu den über-

---

⁴) Dies ist sehr leicht verständlich, wenn man sich vergegenwärtigt: Wie in § 6 nachgewiesen, wurden zur Zusammenstellung der Massoraverzeichnisse die am Rande des Bibeltextes stehenden Einzelbemerkungen zusammengesucht. Es ist natürlich, dass am zahlreichsten solche Wortformen angemerkt waren, welche besondere oder mehrere massoretische Merkwürdigkeiten zeigen, und solche sind daher auch in erster Linie in den Verzeichnissen vertreten.

lieferten hinzugefügt, weil sie glaubten, dass diese aus Versehen weggelassen worden seien. So kommt es, dass vor uns Verzeichnisse liegen, die von manchen Buchstaben des Alef-Bet nur ein Beispiel, von manchen wieder mehrere Beispiele bringen, während in Wirklichkeit viele andere — in einem Fall weit über 1100 — fehlen oder überhaupt das Thema der Liste derart ist, dass es wegen der Fülle der Beispiele gar nicht behandelt worden wäre, wenn man nicht von vorneherein die Beschränkung der Beispiele auf eines für jeden Buchstaben des Alef-Bet im Auge gehabt hätte.

Bei den meisten Verzeichnissen dieser Art ist uns die Urrezension, welche den Charakter der Alef-Bet-Listen trägt, nicht erhalten. Wenn wir jedoch an Hand der uns überlieferten Rezensionen wahrnehmen, wie die in den jüngeren Sammlungen immer mehr und mehr Beispiele bringen, die nicht hineingehören, und wie die ältesten Listen sich immer mehr und mehr der von uns vorausgesetzten Urrezension nähern, so ist damit auch ein Beweis ihrer ehemaligen Existenz geliefert.

§ 22. Kehren wir jetzt wieder zur Betrachtung unserer Liste P 33 zurück. Sie gehört zu den Alef-Bet-Listen. Die älteste uns erhaltene Rezension, welche Ginsburg M IV S. 1167 (3167) bringt, steht dieser Form schon sehr nahe.[5] Die Ochla-Urschrift enthielt eine Rezension, die sich von der Alef-Bet-Form bereits bedeutend entfernt hat. Sie lässt sich aus den Rezensionen der Ochla-Sammlungen rekonstruieren; sie besteht nämlich aus den allen diesen gemeinsamen Beispielen, 32 an Zahl. Die nächstältere Quelle H hat wieder ein Beispiel mehr: חתו (Dt. 2, 30); Mf, welche jünger als H ist, fügt wieder eines hinzu, nämlich (Job 20, 29) אמרו; P, die jüngste Rezension, bringt sogar sieben neue Beispiele[6].

Dass P 33 wirklich eine alphabetische Liste besonderer Art darstellt, wird dadurch noch wahrscheinlicher, dass die

---

[5] Sie geht aber nicht auf die bei Ginsburg angeführte Rezension zurück.
[6] Das von Mf hinzugefügte Beispiel fehlt in P.

folgenden Listen⁷), mit denen P 33 die auffällig grosse Unvollständigkeit teilt (cf § 20), derselben Klasse⁸) angehören.

P 34 bringt tatsächlich von jedem Buchstaben des Alef-Bet nur ein Beispiel, trotzdem — oder vielleicht: weil⁹) — in ihr alle Beispiele der Liste Mf ל17 gebracht werden müssten, da sie ihrem Charakter nach in unsere Liste gehören.

In P 35 könnte die Zahl der Beispiele auf 1137\*) vermehrt werden, wenn in Wirklichkeit alle ihrer massoretischen Eigentümlichkeit nach zu dieser Liste gehörenden aufgezählt werden sollten. Auf welche Art die Alef-Bet-Listen entstellt werden, zeigt bei dieser Angabe die Handschrift von P sehr deutlich. Während die entsprechende Liste in H und Mf den Alef-Bet-Charakter ohne jede Unregelmässigkeit hat, bringt P beim Buchstaben Pe ein Beispiel mehr als „Zusatz von anderer Hand". Wenn nun ein Schreiber diese Liste von P abgeschrieben hätte, hätte er — wenn er nicht ganz besonders gewissenhaft und kundig war — dieses von unbefugter Hand hinzugefügte Beispiel ohne Zusatz in den Text aufgenommen, und die späteren Massoreten hätten sich dann umsonst bemüht, den Sinn der Liste nach der ihnen vorliegenden Form zu ergründen.

§ 23. Ganz besonders instruktiv ist P 36. Hier stören zwei Beispiele den Alef-Bet-Charakter der Liste, nämlich בישמע und בתכניתם. Beide Wörter fehlen tatsächlich in H und Mf. (Mf hat ein anderes Wort mehr.) Die Ochla-Urschrift hatte demnach

---

⁷) Siehe auch Frensdorffs Bemerkungen zu diesen Listen in Na S. 13 a-14 a.

⁸) Die Ochlasammlungen bestehen ja auch sonst aus grossen Gruppen von Listen, welche nach bestimmten Gesichtspunkten geordnet sind. Diese Ordnung geht im allgemeinen auf die Ochla-Urschrift zurück, soweit ihr diese Listen angehören.

⁹) Wir sagen „vielleicht: weil"; denn es ist denkbar, dass die Massoreten gerade dort Alef-Bet-Listen bildeten, wo aus irgend einem Grunde es sich nicht empfahl, vollständige Verzeichnisse anzustreben. Wie bereits erwähnt, kann der Grund in der grossen Zahl der Beispiele liegen oder, wie es hier scheint, in der Erwägung, dass die Liste eine gewisse Ergänzung in einer anderen (bereits gebildeten) Liste fand.

\*) Cf. Ginsburg M IV א 11.

eine genaue Rezension der Alef-Bet-Form. Alle Rezensionen der Liste könnten noch um Beispiele vermehrt werden.

P 37 ist in allen Quellen eine reine Alef-Bet-Liste.

In P 38 lassen sich aus quellenkritischen Gründen Zusätze nicht feststellen. Sie liegen eben vor der Zeit der Ochla-Redaktion. Heidenheim bemerkt, auch in der P-Rezension fehlten Beispiele. Daraus ergibt sich mit ziemlicher Sicherheit, dass die Urrezension dieser Liste ebenfalls Alef-Bet-Form hatte, da die Zahl der Beispiele die der Buchstaben des Alef-Bet nicht allzusehr übertrifft.

P 39 ist ein einmaliges Alef-Bet. Der Buchstabe Wau ist nicht vertreten, weil es kein Beispiel dafür gibt. Mf (ed. Bomberg) bringt das fehlerhafte ו״ןם, welches ja nicht wie die anderen Beispiele der Liste, der Ueberschrift entsprechend, am Anfang des Verses steht.

Die Liste P 40 zeigt viele Differenzen zwischen den alten Quellen (H und Mf einerseits und P andererseits). Und die drei Ochla-Quellen wieder enthalten a c h t Beispiele mehr als die anderen (bei Ginsburg M IV א 231) aufgeführten Quellen. Wenn wir nun behaupten wollen, dass auch diese Liste ursprünglich Alef-Bet-Charakter hatte, muss sich nachweisen lassen, dass alle Rezensionen ein einmaliges Alef-Bet gemeinsam haben, was eine Kollation ohne weiteres bestätigt.

P 41 ist eine einwandfreie Alef-Bet-Liste in allen Quellen. Es fehlen viele Beispiele; daraus ist zu entnehmen, dass sie auf die Zahl der Buchstaben des Alef-Bet beschränkt sein sollte und Vollständigkeit nicht beabsichtigt war.[10]

Die Rezensionen der Liste P 42 zeigen mehrere Zusätze. Wie in allen ursprünglichen Alef-Bet-Listen sich nachweisen lässt (siehe unsere Bemerkung zu P 40) und nachweisen lassen muss, so ergibt sich auch hier, dass ohne die Beispiele, welche nicht in allen Ochla-Listen stehen, sich in allen Rezensionen e i n vollständiges, und zwar d a s s e l b e Alef-Bet zusammenstellen lässt.

---

[10] Vgl. M M S. 331 Anm. 7.

Abschliessend lässt sich über die Listengruppe P 33—42 folgendes sagen: Die zu Beginn dieser Erörterung (§ 20) aufgedeckten Besonderheiten der Liste P 33 sind allen Verzeichnissen dieser Gruppe mutatis mutandis gemeinsam, soweit sie nicht an und für sich schon den ausgesprochenen Charakter der Alef-Bet-Listen zeigen. Diese Besonderheiten finden ihre Erklärung restlos und einfach durch die Annahme, dass die späteren Massoreten die Bedeutung der Ueberschrift der Liste, wahrscheinlich den Terminus חד חד (im Gegensatz zu חד וחד) und damit den besonderen Charakter der Alef-Bet-Listen nicht erkannt und daher ihren Text entstellt haben, sodass die uns vorliegende Form ein ganz anderes Bild als die Urrezension zeigt.

§ 24. Wie die spezifisch massoretischen Fachausdrücke, so wurden auch die mehr grammatischen Termini (vor allem die Vokal- und Akzentbezeichnungen), welche die alten Massoreten in den verschiedensten Bedeutungen gebrauchten, von den späteren vielfach missverstanden.

Dass die Zweideutigkeit eines solchen Terminus einer Massoraliste ein völlig neues Gepräge zu geben imstande ist, wird eine eingehende Betrachtung des Verzeichnisses P 21 lehren. Seine Ueberschrift lautet in P: א"ב מן חד וחד קמץ ולית וסימניהון Frensdorff übersetzt: „Ein alphabetisches Verzeichnis von Wörtern, die nur einmal mit Kames (sonst mit dem entsprechenden kurzen Vokal) vorkommen."

Während bei der Liste P 33 schon die Differenz von sieben Beispielen als eine Auffälligkeit zu bezeichnen war (cf. § 20), bringt P 21, welches nicht zu den umfangreichsten Listen zählt, in der Pariser Handschrift mehr als 60 Beispiele, welche in den beiden Ochla-Quellen fehlen. Diese Auffälligkeit fordert dringend eine Erklärung.

Sie hat u. E. von einer alten Lesart auszugehen, welche H und Mf in der Ueberschrift dieses Verzeichnisses haben. Sie lesen nicht wie P: מן חד וחד קמץ, sondern מן חד וחד קמץ בוקמא Frensdorff hält diese Lesart für falsch und erklärt die Liste wie folgt (Na S. 10 b): „Die Stelle will also nur angeben:

welche Wörter, die ausnahmsweise Kamez haben, nur **ein** Mal so vorkommen, wie das auch der folgende Artikel beweist, der nur als Gegensatz zum vorigen, die **ein** Mal ausnahmsweise mit Pathach vorkommenden angibt ohne Rücksicht auf die Akzente. In der Mf ist dieser freilich nicht als Gegensatz aufgefasst, da er ganz getrennt vom Vorigen, an einer anderen Stelle (Mf פס 16) angeführt wird, was aber unrichtig ist."

Uns scheint diese Erklärung bei weitem nicht ausreichend, ihre Methode nicht richtig. Zwei widersprechende, den Sinn der Liste völlig ändernde Lesarten, welche beide sich auf Autoritäten stützen, die eine auf die alten Quellen H und Mf, die andere auf P, dessen Redaktor sich wohl viele Eingriffe in den Text erlaubt hat, aber von Massora doch recht viel verstanden haben muss, kann man so einfach nicht abtun, wie es Frensdorff tut. Wir müssen daher neue Wege zu einer Erklärung suchen.

§ 25. Nach der Ueberschrift in H und Mf bezweckte die Liste diejenigen Hapaxlegomena zu sammeln, welche **nach Sakef die Pausalform mit Kames** zeigen. P fasste jedoch die Liste in dem Sinne auf, wie wenn **alle** Hapaxlegomena hier genannt sein sollten, welche Kames statt Patach haben. Nach dieser (unrichtigen) Auffassung fehlen naturgemäss in der Liste sehr viele Beispiele und diese bilden nun die erwähnten überaus zahlreichen Zusätze in P[11]).

Auf die Frage, wieso es möglich war, dass P diese Liste so gründlich missverstanden hat, lässt sich antworten, dass die Ueberschrift א"ב מן חד וחד קמץ בוקפא den Redaktor der P-Rezension irregeführt hat.

Wie dies geschehen konnte, wird man verstehen, wenn

---

[11]) Wenn die in P stehende Liste inbezug auf einzelne Beispiele oder ihre ganze Rezension Unterschiede von der entsprechenden in H und Mf aufweist, so **müssen** diese nicht von P selbst und auch nicht von Xp stammen. (Die Handschrift P scheint eine ziemlich getreue Abschrift von einem Xp zu sein, bei dem sich bereits die zwischen P und H Mf bestehenden Unterschiede vorfanden). Näheres bei der genaueren Behandlung von P im IV. Kapitel!) Sie gehen wahrscheinlich zum Teil auf noch ältere Quellen zurück. Dies trifft wohl auch auf die P-Rezension dieser Liste zu.

man sich drei Tatsachen aus der Geschichte der hebräischen Vokalisation und Akzentuation vergegenwärtigt. 1. **Der Kameslaut wurde in der frühesten Zeit im Hebräischen זקף genannt.** Vgl. hierzu die Massoraangaben zu Hos 5, 10 פסוק סוף וכולהון דוקפין יחדיין י"ג : צו und zu Jes 48, 7 זוגין לית ו' ת' דמטטשין דוקפין יחדיין י"א : שמעתם, welche die mit Kames versehenen Wörter זקף statt, wie sonst üblich, קמץ nennen. Dies ist sehr leicht erklärlich, da die Vokalisation des Hebräischen höchstwahrscheinlich nach dem Vorbild der nestorianischen Vokalisation des Syrischen geschaffen wurde (cf. Bergsträsser H G § 9 c), welche den Kameslaut zqāfā (= זקפא) nennt[12]). 2. Zur Zeit der Entstehung der hebräischen Vokalisation hatte die Bezeichnung קמץ eine ganz allgemeine Bedeutung, indem darunter verschiedene Vokale verstanden werden konnten (cf. K. II § 4 Anm. 1). 3. die Akzentzeichen und -namen sind nach der Vokalisation geschaffen worden.

§ 26. Stellen wir uns nun einmal vor: Ein Massoret zur Zeit der Entstehung der hebräischen Vokalisation stösst in seinen Studien auf dieses Verzeichnis. Von Akzentnamen ist ihm nichts oder nicht viel bekannt. Jedenfalls hat er in der Massoraliteratur noch niemals einen solchen gefunden. (In keiner Liste der Ochla-Urschrift wird ein Akzent erwähnt ausser in unserer Liste P 21 nach der Lesart in H und Mf.) Jetzt findet er in dieser Liste die Bezeichnung קמץ בזקפא. Ist es zu fernliegend, wenn man annimmt, dass dieser Massoret die Bezeichnung זקפא, welche ihm in der Bedeutung des O-Lautes bekannt war, als einen erklärenden Zusatz zu der allgemeinen Bezeichnung קמץ betrachtete und die Ueberschrift dieser Liste fälschlicherweise in folgender Weise übersetzte: „Ein alphabetisches

---

[12]) Beachte die Gleichheit der Vokal- und Akzentbezeichnungen: זקף bedeutet Kames und einen Akzent; פשטין bedeutet Patach (cf. K II § 4), פשטא ist ein Akzent; סגול ist die Bezeichnung eines Vokals, סגולתא die eines Akzents.
Siehe auch Kahle HG Vorwort IX Anm. 1, wo gesagt wird, dass die Vokalzeichen fürs Hebräische, Syrische und Arabische eng zusammenhängen. פתח, pᵉtāḥā, fatḥa sind identisch, ḍamma=קמץ kasra=חרק.

Verzeichnis von Hapaxlegomena mit קמץ (und zwar in der Bedeutung des bekannten syrischen זקפא)"?

P, der die auf Grund der falschen Auffassung erweiterte Liste in seine Sammlung aufnahm, korrigierte die nach seiner Meinung veraltete Bezeichnung קמץ בוקמא in קמץ, eine Bezeichnung, die dem jetzt der Liste beigelegten Sinn voll entsprach. H und Mf aber haben die ursprüngliche Form der Liste mit der ursprünglichen Lesart in der Ueberschrift erhalten.

Es scheint uns durch diese Beispiele hinreichend bewiesen, wie die massoretischen Verzeichnisse neben ihrer äusseren auch eine innere Entwicklung durchmachten, die erst klargelegt sein muss, wenn der Sinn verstanden werden soll.

Die Schwierigkeit besteht nur darin, dass sich nicht immer die Frage entscheiden lässt, ob überhaupt eine innere Entwicklung stattgefunden hat, sodass zwecks Verständnisses der Liste erst die Urrezension rekonstruiert werden muss, oder ob die uns vorliegende Form eines Verzeichnisses die Urrezension selbst ist, sodass mit allen Mitteln[13]) zu versuchen ist, aus ihr direkt den Sinn der Liste zu erschliessen.

---

13) Diese Mittel sind bei den verschiedenen Verzeichnissen verschieden. Vielfach bestehen sie in der Annahme, dass die alten Massoreten über vielerlei Probleme anders gedacht haben als wir, sodass die Schwierigkeiten, welche w i r sehen, für s i e nicht bestanden haben. Sie hatten über grammatische Dinge ganz andere Anschauungen als die heutige Wissenschaft. Aber dies gilt auch von rein massoretischen Fragen. Betrachten wir einmal in Kürze die Liste P 13! Sie ist ein alphabetisches Verzeichnis von Wörtern, die nur z w e i m a l ohne, e i n m a l mit vorgesetztem Wau vorkommen. Beim Buchstaben Wau bringt die Liste je z w e i Beispiele mit Wau consecutivum und je eines mit Wau copulativum. Bär in Z L T K 1865 S. 585 bemerkt, d a s s sämtliche Stellen des Buchstaben Wau eigentlich garnicht zu diesem Verzeichnis gehören, vielmehr zu einer Liste, die er selbst erfindet(!). Dies ist natürlich wissenschaftlich unhaltbar. U n s e r e Aufgabe ist es nicht, den alten Massoreten vorzuschreiben, wie sie es hätten machen sollen, sondern zu verstehen, weshalb sie es anders gemacht haben, als wir es erwarten würden. Und diese Frage lässt sich hier sehr leicht beantworten in demselben Sinne, wie es Frensdorff beim Verzeichnis P 14 gezeigt hat. Da es nur ganz wenige hebräische Wörter

Wir sind nunmehr am Ende eines wichtigen Abschnittes unserer Untersuchungen angelangt. Wir haben die Geschichte der Massora a n g a b e n , ihre Entwicklung zu zeichnen versucht von den ersten bescheidenen Anfängen bis zu den umfangreichsten Listen, welche eine Fülle von mehr oder weniger wichtigen massoretischen Merkwürdigkeiten behandeln, deren Sinn allerdings nicht immer klar zu Tage liegt, da die Massoraangaben auf ihrem langen Wege durch die Jahrhunderte vielfachen verderblichen Einflüssen ausgesetzt waren.

Es ist nunmehr die Geschichte der Massora s a m m l u n g e n darzustellen, welche sich zeitlich an den soeben behandelten Abschnitt anschliesst[14]).

(Ende des zweiten Kapitels.)

---

gibt, welche mit Wau beginnen, würde in dieser Liste bei diesem Buchstaben vielleicht kein einziges Beispiel stehen, während alle anderen Buchstaben durch zum Teil sehr viele Beispiele vertreten sind. Da die Massoreten auf eine äussere schöne Form Wert legten und nicht wünschten, dass ein Buchstabe gänzlich ausfalle, ferner das Bestreben hatten, auch diese Sammlung von Beispielen des Buchstaben Wau, welche eine abgeschlossene Angabe ist, in einem grösseren Verzeichnis unterzubringen, trugen sie keine Bedenken, diese Beispiele in der Liste P 18 aufzunehmen. Wenn wir nun an dieses Verzeichnis wissenschaftlich herantreten, so ist es unsere Aufgabe diese Gründe zu würdigen und sie in das Bild, welches wir uns von den alten Massoreten und ihrer Tätigkeit entwerfen, als ein wichtiges Charakteristikum harmonisch einzufügen und die Erkenntnis daraus zu schöpfen, dass die Massoralisten auch in dieser Beziehung aus dem Geiste der Massoreten heraus verstanden werden müssen, wie wir es inbezug auf das exegetisch-lexikalische Gebiet K. II § 1 nachzuweisen versucht haben.

Dabei noch folgende Bemerkung: Dass die Massoreten beim Buchstaben Wau der alphabetischen Verzeichnisse häufig ins Gedränge kommen und dass dadurch vielfach Ungenauigkeiten und Fehler sich einschleichen, beweist auch das Beispiel דוֹם (Cf K. II § 23).

[14]) Diese Behauptung ist natürlich nur in allgemeiner Form gültig. Wie in diesen Jahrhunderten neue Massoraangaben geschaffen wurden, welche die Form der ersten Entwicklungsstufen zeigen, so haben wieder andererseits viele ältere Verzeichnisse erst in dieser Zeitepoche ihre letzten Entwicklungsstufen durchgemacht. Vor allem gilt dies von der zuletzt behandelten inneren Entwicklung, die bei einigen Beispielen — wie wir vermuteten — erst in diese späte Zeit fallen kann.

# Die Bedeutung David Hoffmanns für die Bibelwissenschaft, dargestellt an Hand seiner wichtigsten Forschungsergebnisse.

Von Dr. **Jakob Neubauer,** Herrmannsberg, Post W i e s e n t (Oberpfalz).

Wenn D a v i d H o f f m a n n auch, wie sonst selten einer, in den verschiedensten Disziplinen der jüdischen Wissenschaft zuhause war, wenn seine Forschungen, die immer jene dem Eingeweihten vertraute persönliche Note an sich trugen, auch andere Zweige derselben bereicherten, so ist doch wohl der Hauptteil seiner wissenschaftlichen Lebensarbeit den biblischen Studien zugute gekommen. Ihnen hat Hoffmann denn auch den Stempel seines Schaffens in ganz besonderem Masse aufgedrückt, und die Eigenschaften, welche auch sonst den jüdischen Forscher Hoffmann auszeichnen, sind da zu ihrer vollen Entfaltung gelangt. Der Bibelforschung bedeutet Hoffmanns Name einen weithin sichtbaren Markstein, ja, mag sich die nichtjüdische Gelehrtenwelt dieser Erkenntnis heute noch verschliessen, die Inaugurierung einer neuen Epoche der Wissenschaftsgeschichte. Diesen Fortschritt der Wissenschaft, den Hoffmann repräsentiert, von verschiedenen Gesichtspunkten aus zu beleuchten und dabei zugleich den Ertrag seiner Lebensarbeit, die, wie dargetan werden soll, um ihrer fundamentalen Bedeutung für Schrift und Tradition willen, es wohl verdient, gleich den klassischen Exegeten des Mittelalters geistiger Besitz der jüdischen Allgemeinheit zu werden, auch weiteren Kreisen nahezubringen, ist Zweck der folgenden Ausführungen.[1]

---

[1] Im Hinblick darauf soll den zahlreichen Einzeluntersuchungen Hoffmanns (unter Zurückdrängung des Details) vor allem die allgemeine, methodisch grundsätzliche Seite abgewonnen werden, und darum gehen diese Ausführungen unter Verwertung der neuesten Forschung bei Herausstellung mancher Gesichtspunkte auch über die Ergebnisse Hoffmanns hinaus. Ebenso lassen sie sich im einzelnen verschiedentlich eine Vertiefung und gegebenenfalls eine Berichtigung derselben angelegen sein.

Zur Ergänzung dieser Darstellung ist von vornherein auf meinen Aufsatz, „Wellhausen und der heutige Stand der Bibelwissenschaft" (diese

# I

Noch heute fusst die Pentateuchkritik[2]) bekanntlich auf einer „Entdeckung" Jean Astrucs, des Leibarztes Ludwig XIV., der glaubte, in dem abwechselnden Gebrauche der Gottesnamen den Schlüssel für die Quellenscheidung gefunden zu haben. Schliesslich setzte sich innerhalb der Kritik allgemein die Anschauung durch, der Pentateuch sei aus **vier** Quellenschriften zusammengesetzt: J, der den vierbuchstabigen Gottesnamen, E, der Elokim verwende, dem Deuteronomium (D) und der priesterlichen Grundschrift P (dieser wies man die übrigen Teile zu, also Leviticus ganz, sowie vorzüglich die gesetzlichen und chronologischen Partien aus den anderen Büchern), die allesamt ein späterer Redaktor (R) ineinander verarbeitet habe. Ueber die gegenseitige Abgrenzung der Quellen und deren zeitliche Ansetzung herrscht im Lager der Kritik zwar heute wie vormals nichts weniger als Uebereinstimmung. Doch bestand bis über die Mitte des vorigen Jahrhunderts hinaus in der Hauptsache darüber Einigkeit, dass die Quellenschriften nacheinander in der Reihenfolge P, J, E, D entstanden seien und mithin die den anderen gegenüber weit ältere Priesterschrift am ehesten mosaische Traditionen enthalte. Wie wenig eine solche Anschauung auch mit der jüdischen Ueberlieferung über das Fünfbuch in Einklang zu bringen war, so folgte aus dieser „gemässigten" Literarkritik noch nicht ein vom althergebrachten grundverschiedenes Bild der alttestamentlichen Religion. Auch dieser Kritik galt das Gesetz als Kern und Ausgangspunkt, war mithin die Religion Israels von Anfang an, gleichermassen wie das historische Judentum, Gesetzesreligion.

Eine entscheidende Wendung, die, an ihrem Radikalismus gemessen, als Höhepunkt der Bibelkritik zu bezeichnen ist, ist

---

Zeitschrift Jahrg. V, 1918, S. 2C3—233), zu verweisen; insbesondere ist die gesamte Literatur, vor allem die bibelkritische, ausschliesslich dort verzeichnet, wie überhaupt Wiederholungen, soweit es nicht der Zusammenhang erheischt, vermieden werden sollten.

[2]) Die Literatur zum Folgenden in den Einleitungswerken, etwa bei Steuernagel, Einleitung in das Alte Testament, S. 123 ff.

hier, wie in den weitesten Kreisen bekannt, mit dem Namen Julius W e l l h a u s e n s verknüpft. Wellhausen nahm eine ältere Hypothese G r a f s , deren Urheber bereits R e u s s und V a t k e sind, wieder auf und verhalf ihr durch seine bestechende, ungemein geistreiche Argumentation nicht minder wie durch die unbeugsame Folgerichtigkeit, mit der er sie auf Grund einer vor keinen Bedenken zurückschreckenden Quellenkritik durchführte, zum Siege und, für eine unserer Erinnerung noch nicht ferne Generation, zur Alleinherrschaft. Nach Graf und Wellhausen[3]) ist die priesterliche Grundschrift nicht, wie bis dahin angenommen wurde, die älteste, sondern die j ü n g s t e Schicht des Pentateuchs, ihre Vorschriften nicht uralt, mosaisch, sondern eine nachexilische Fälschung von Priestern, im ganzen nicht das „Fundament" sondern das „Dach"[4]) des israelitischen Religionsgebäudes. Das Werk Wellhausens musste also einen völligen Umschwung der herkömmlichen Auffassung über die israelitische Religionsgeschichte herbeiführen, deren Verlauf er eben gerade umgekehrt zeichnet, als ihn biblische Ueberlieferung und, bis dahin, selbst bibelkritische Wissenschaft zu denken vermochten. Die grundstürzenden Folgerungen dieser Lehre des einzelnen vorzuführen, ist hier nicht beabsichtigt (zumal sie dem Leserkreis dieser Zeitschrift bereits einmal in anderem Zusammenhange[5]) berichtet wurden). Nach dem Vorstehenden wird kaum ein Wort darüber notwendig sein, dass für Wellhausen ein Moses, der den Glauben an einen alleineinzigen Gott lehrt, nicht existieren kann. Der Beginn einer wirklich monotheistischen Religion datiere erst von den Propheten her, die jene transzendentalen Eigenschaften Gottes, die „neue" Religion, allmählich entdeckten. Hingegen sei das Gesetz überhaupt kein organischer Bestandteil des Israelitismus, es ist vielmehr ein „heidnisches"

---

[3]) Von Wellhausens Schriften kommen hier in Betracht vor allem „Prolegomena zur Geschichte Israels" (im Folgenden abgekürzt Pr. — ich zitiere die 6. Auflage); ferner auch „Komposition des Hexateuchs", Israelitische und jüdische Geschichte.

[4]) Pr. 8.

[5]) In meinen S. 847 A. 1 angeführten Aufsatze.

Element, der prophetischen Religion erst aufgepfropft, das die Einmündung dieser prophetischen Religion in ihren „rechtmässigen" Nachfolger, das Christentum, wenc nicht zu verhindern, so doch aufzuhalten imstande war. Die jüdische Religion sei Gesetzesreligion erst g e w o r d e n , und das bloss zufolge einer Art aberratio ictus, deren Etappen Priesterkodex (Thora) = Esra, Schriftgelehrtentum, Pharisäismus und Talmud bezeichnen, und zu deren Korrektur, jener Berichtigung der Geschichte, das Christentum berufen ward. Ja, des weiteren — das muss offen herausgesagt werden—, jene rüden antisemitischen Beschimpfungen von Judentum und heiliger Schrift aus der jüngsten Gegenwart — so sehr man die Schuld abzuwälzen sucht [5a] — wären doch nicht möglich gewesen, hätten nicht bibelkritische Hypothesen, die eine unreife Menge aufgriff, da sie doch in alle Welt als gesicherte Ergebnisse der Wissenschaft hinausposaunt wurden, Vorschub geleistet. Darüber haben jenes so grosse Bewegung auslösende Kittel'sche Obergutachten [6]) und neuestens Friedrich D e l i t z s c h ' s sattsam bekannte „grosse Täuschung" [7]) Klarheit gebracht, so sehr dies selbstredend auch jene gelehrten Urheber der Hypothese, denen man zwar den Offenbarungsglauben, aber gleichwohl nicht inniges religiöses Empfinden absprechen darf, bedauert haben würden.

Von hieraus mag man das nicht zu überschätzende Ver-

[5a]) Vgl. K ö n i g (übernächste Anmkg.).

[6]) Erschienen unter dem Titel „Judenfeindschaft oder Gotteslästerung?" (1914); das im gleichen Prozess erstattete Gutachten Hoffmanns (inzwischen in dieser Zeitschrift III 20—35 veröffentlicht) ist darin Gegenstand scharfer Angriffe.

Diesem Obergutachten Kittels treten entgegen meine „Bibelwissenschaftschaftliche Irrungen" (1917); des weiteren vgl. neben den daselbst S. 241 A. 201. Zitierten besonders die Bemerkungen Hoffmann's gegen das Obergutachten (diese Zeitschrift ibidem; K ö n i g , Das Obergutachten im Gotteslästerungsprozess Fritsch (1918), und die Aufsatzreihe „Professor Kittels Obergutachten. Besprochen von einem Christen" (Jahrg. IV dieser Zeitschrift).

[7]) I (1920), II (1921) Hiergegen u. a. K ö n i g , Moderne Vergewaltigung des A. T. (1921) Wie weit hat Delitzsch Recht? (1921); Peters, Theologie und Glaube 1920, S. 188 ff. „Delitzschs Buch ist eine Schmach für die Universität Berlin und eine Schande für die deutsche Wissenschaft". (149)

dienst David Hoffmanns (und zugleich jene dem deutschen gesetzestreuen Judentum dadurch bereitete Genugtuung, dass eine solche Leistung aus seinen Reihen hervorgehen durfte) ermessen, der die erste Bresche in die Beweisführung Wellhausens gelegt[8]) und — in dieser Art als lange Zeit hindurch vereinsamt gebliebener Erster — ihre Grundlagen erschüttert hat. Wenn man sich des oben gekennzeichneten Abstandes zwischen der älteren Schule und der Wellhausens bewusst ist (eine Kluft, die in ihren religionsgeschichtlichen Auswirkungen noch weiter ist wie die zwischen ersterer und Tradition), so wird man es begreifen, warum Hoffmanns Angriffe an der Sonderhypothese Wellhausens einsetzten, freilich mit dem weiter gesteckten Ziele, von hier aus die gesamte Quellenscheidung aus den Angeln zu heben. Jene pentateuchische Literarkritik, der Ausgangspunkt und die Grundlage der religionsentwicklungsgeschichtlichen Thesen der Schule, ist der eigentliche Kampfplatz zwischen Hoffmann und Wellhausen. Wie Hoffmann hier Position für Position, Argument für Argument Wellhausens entkräftet, dabei in anspruchsloser beinahe sysiphusartiger Kleinarbeit einen Gegner, der jeden unbequemen Vers willkürlich als Einschub oder Interpolation abtut, gleichwohl mit Erfolg in Widersprüche verstrickt und von dessen eigenem Standpunkt widerlegt,[9]) das

---

[8]) Im Magazin für die Wissenschaft des Judentums 1879 ff. Ueber die anderen Gegner der Wellhausen'schen Hypothese s. meinen (ob. S. 347 A. 1 angeführten) Aufsatz S. 208.

Hier sei ausserdem daran erinnert, dass auch Graetz (vgl. schon Geschichte der Juden II 1 N. 6, S. 452 ff., besonders aber in einem Aufsatze „Die allerneueste Bibelkritik", Monatsschrift für Geschichte und Wissenschaft des Judentums 1886, S. 193—204, 233—251) gegen verschiedene Aufstellungen Wellhausens und der Pentateuchkritik scharf zu Felde zieht, sowie ferner auf jene kurze, allgemein gehaltene und doch so treffende Auseinandersetzung Wolf Jawitzs, Toldoth Israel I (1905), N. 28, S. 169, hingewiesen.

[9]) Von Hoffmanns Schriften dienen diesem Zwecke vor allem „Die wichtigsten Instanzen gegen die Graf-Wellhausensche Hypothese" I (1904), II (1916) [hier abgekürzt WJ — wo ohne Heftangabe zitiert, ist in diesem Teile des Aufsatzes H. I gemeint]; ferner, wenn auch wie WJ II bisweilen vorwiegend der Bekämpfung der Quellenscheidung überhaupt, sein Kommentar zu Leviticus („Das Buch Leviticus übersetzt und erklärt") I (1905), II (1906)

soll hier in den wichtigsten Ergebnissen zuerst ins Auge gefasst werden.

Eine Reihe von gottesdienstlichen Institutionen und Religionsanschauungen des alten Israel ist es, in deren geschichtlichem Verlaufe Wellhausen die Bestätigung seiner Quellenhypothese erblickt. In ältester Zeit — so lehrt er[10]) — habe man überall wahllos opfern können. Jede Schlachtung sei ja ohnehin Opfer gewesen; schlachten und opfern waren in Altisrael geradezu identisch. Und so habe auch der Tempelbau Salomons nicht beabsichtigt, die Existenz der lokalen Kultstätten anzutasten. Einem solchen Entwicklungsstadium entspräche die pentateuchische Schicht JE, sowohl die Patriarchengeschichte als die Gesetzgebung, welche letztere die Vielheit der Altäre ausdrücklich anordne (Exod. 20f.). „Erst zur Zeit Josias' fiel der erste Schlag gegen die lokalen Opferstätten"[11]), und dieser Standpunkt der josianischen Reformpartei sei eben im Deuteronomium niedergelegt, dem hierdurch sein geschichtlicher Platz angewiesen sei. Aber auch die Reformation Josias' wäre im Volke schwerlich durchgedrungen, hätte nicht das Exil die Fäden mit der Vergangenheit zerrissen. Den Heimkehrenden waren die Bamoth völlig gleichgültig. Ihnen stand es fest, dass „der eine Gott auch nur eine Anbetungsstätte habe und seitdem galt das als eine selbstverständliche Sache"[12]). Während das Deuteronomium noch mitten im Kampfe stehe und die Kultuszentralisation erst **fordere**, wird dieselbe im Priesterkodex vorausgesetzt und mittels der Fiktion von der Stiftshütte in die Urzeit zurückdatiert, mithin der ganzen israelitischen Geschichte zugrunde gelegt. Darum habe der Priesterkodex seine Stelle hinter dem Deuteronomium. So weit Wellhausen.

---

[Lev.] und Deuteronomium („Das Buch Deuteromomium usw.") I (1913) [Dt.], sowie „Probleme der Pentateuchexegese" (diese Zeitschrift Jahrg. I—VI)

Eine bis 1914 reichende Bibliographie sämtlicher Schriften Hoffmanns hat L. Fischer in der Festschrift zu Hoffmanns 70. Geburtstage zusammengestellt.

[10]) Pr. 17 ff.
[11]) L. c. 27.
[12]) Pr. 28.

Nun soll in der Tat nicht abgestritten werden, dass vor dem Exil lange Zeit hindurch neben dem Zentralheiligtum noch Opferstätten bestanden, aber, wirklich kritisch betrachtet, nehmen sie sich doch ganz anders aus wie nach Wellhausen. Zunächst führt es irre, wenn Wellhausen in den Altären der Patriarchen einen gewichtigen Baustein seiner Hypothese erblickt. Auch das Deuteronomium (c. 12) macht ja das Verbot der Privataltäre erst von der Erwählung des heiligen Ortes abhängig, setzt also bis zur Bestimmung eines Zentralheiligtums deren Existenz voraus.[13]) Wenn weiter behauptet wird, aus dem gleichen Grunde bestreite P die Legitimität der Patriarchenopfer und wolle sie nicht kennen, so ist dem entgegenzuhalten, dass einem Schweigen von P hier keine Bedeutung beizumessen ist. Einmal, bemerkt Hoffmann, fehlen ja bei P auch viele andere Patriarchengeschichten, die schon nichts mit dem Kultus zu tun haben. Noch mehr fällt aber der Umstand (auf den später ausführlicher einzugehen sein wird) ins Gewicht, dass P sich nicht scheut, ganz unbefangen so manches aus dem Leben der Patriarchen zu berichten, was mit seiner Gesetzgebung in schroffem Widerspruch steht[14]). **P überträgt keineswegs die Geltung des mosaischen Gesetzes auf die Vorzeit** und hatte darum auch keinen Anlass, an den Altären der Patriarchen Anstoss zu nehmen.

Bedenklicher ist schon Exod. 20, 24f.: in welcher Vorschrift Wellhausen[15]) die gesetzliche Sanktionierung jener Kultusstufe (der wahllosen Opferstätte) sieht, deren Praxis ihm die historischen Bücher illustrieren, und deren Abrogation das 12. Kapitel des Deuteronomium enthalten soll. (Exodus: „Einen Altar aus der Erde sollst du mir errichten und darauf opfern...; an jedem Ort, an dem ich meinen Namen in Erinnerung bringe, werde ich zu dir kommen und dich segnen.") Allein, wie wenig man sich die Folgerung Wellhausens so ohne weiteres

---

[13]) Hoffmann, WJ 86.
[14]) Belege bei Hoffmann l. c. 16².
[15]) Pr. 28 f.

zu eigen machen darf, erhellt aus der Beobachtung Hoffmanns[16]), dass das Deuteronomium Exod. 20, 24 kennt und (27, 5, 6) zitiert, sein Verfasser darin also keinen Widerspruch zu der daselbst verordneten Kultuszentralisation sah. Näher betrachtet, geht denn auch die Toleranz von Exod. 20, 24 garnicht so weit wie gewöhnlich angenommen wird. Die willkürliche Wahl der Opferstätte wird vielmehr schon ganz wesentlich eingeengt durch den Zusatz, der richtig übersetzt lautet (nicht wie Wellhausen angibt: „wo ich meinen Namen ehren lasse," sondern): „An jedem Orte, wo ich **meinen Namen in Erinnerung bringe**," d. h. wo Gott seine Herrlichkeit bezeugen lässt. (Ein Passus, der begreiflicherweise Wellhausen trotz der unrichtigen und tendenziösen Wiedergabe Schwierigkeiten bereitet, weshalb er „weiter nichts zu bedeuten" haben darf.[17]) Hierunter versteht die biblische Terminologie vor allem den Sitz der Bundeslade, der ja während des Wüstenzuges (da die Bundeslade von Ort zu Ort wanderte) veränderlich war; ebenso gut begreift dieser Ausdruck freilich auch die Stätte, wo Gott durch eine besondere Erscheinung, eine Theophanie, die Gegenwart seiner Herrlichkeit bezeugt. Gleichermassen tritt das Deuteronomium auch bloss einer **schrankenlosen** Freiheit des Opferns entgegen. „Hüte dich, deine Opfer darzubringen überall, wo es **dir gut dünkt**" (12, 13). Damit verträgt es sich jedoch durchaus, wenn ausnahmsweise ein Opfer auf einer vermittels Theophanie gottgeweihten (oder durch spezielle prophetische Eingebung bestimmten) Stätte dargebracht wird, wie auch die talmudische Schrifterklärung lehrt.[18]) Wenn Dt. 16, 21[19]) („Pflanze dir nicht eine Aschera, überhaupt keinen Baum, neben dem Altar des Ewigen, deines Gottes, den du dir errichten wirst") im Zu-

---

[16]) Die Einzelbelege zum Ganzen bei Hoffmann, WJ 85 f. (a Lev. I 264); s. a. H. M. Wiener. Origin of the Pentateuch ² 1912, S. 63 ff. (von diesem Buche liegt auch seit 1913 eine deutsche Ausgabe von Dahse vor, betitelt „Wie stehts um den Pentateuch?").

[17]) Pr. 29.

[18]) Sifré z. St.

[19]) Auf diese Stelle weist Wiener l. c. 65 hin.

sammenhang[20]) ohne Zwang verstanden werden darf, hat es vielleicht, ebenfalls übereinstimmend mit der tannaitischen Schriftauslegung,[21]) gerade diese Möglichkeit von Opfern und Altären ausserhalb des Zentralheiligtums im Auge. Wiederum setzt Exodus (34, 24) auch die Kultuseinheit voraus[22]) und verordnet jährlich eine dreimalige Wallfahrt zur Festfeier an jenem Zentralheiligtum. (Hier mit der Kritik an einen Spaziergang zu einem der vielen primitiven lokalen Opfersteine zu denken, wie sie jeder Israelit in nächster Nähe wissen soll, wäre absurd, wie schon aus dem Vordersatz hervorgeht: „Niemand wird dein Land begehren, wenn du hinaufziehst, zu erscheinen vor dem Ewigen, deinem Gott, dreimal im Jahre.") Dieses wird deutlich genug als „Haus des Ewigen" bezeichnet (Exod. 23, 19; 34, 26), eine Benennung, die für einen einfachen Malstein oder Erdhaufen (entsprechend Exod. 20, 24, 25) doch recht unpassend wäre.[23]) Mithin laufen die Bücher Exodus (JE) und Deuteronomium inhaltlich völlig parallel: Beide bekennen sich bestimmt zur Kultuseinheit, rechnen aber gleichwohl noch mit anderen Kultstätten.[24]) Die Frage hat also, richtig gestellt,

---

[20]) Mit dem folgenden v. 22 und (wie schon Hoffmann, Dt. 278 A.) dem vorhergehenden v. 18.

[21]) Sifré z. St.

[22]) Ebenso Exod. 21, 13, 14 (Hoffmann, WJ 84).

[23]) Wiener l. c. 66. Recht drastisch giesst hier Wiener die volle Schale seines Spottes über die kritische Forschung aus, die beides durcheinander wirft: „A modern professor can call a stone a„ „sanctuary" "and then mistake it for a house served by priests, but no contemporary could have done so" (S. 63 i V. mit 66). „How can any man who cannot distinguish between a stone and a house, because he has first fuddled himself by calling both„ „sanctuaries" ‛claim to speak with authority on complicated questions of historical development, or pretend to posses any insight into the meaning and working of institutions?" (64). Wie sehr sich Wieners beharrliche Unterscheidung zwischen lay altars und house of God mit der Anschauung des Textes berührt, liegt auf der Hand.

[24]) Erfreulicherweise hat Wiener l. c. gleich Hoffmann, ja bisweilen fast noch mehr, auf diese Feststellungen besonderes Gewicht gelegt, wie sich Beider Argumente auch glücklich ergänzen; demzufolge greifen die Ausführungen des Textes mitunter über die Formulierungen dieser Forscher hinaus.

garnicht gelautet, hie Exodus (JE), hie Deuteronomium (D), sondern von Anfang an nur, hie Exod 20, 24 (sowie Dt. 27, 56; 16, 21) einerseits, hie Dt. c. 12, Exod. 34, 24, 26; 23, 19 andererseits. Wie soeben gezeigt wurde, lassen sich aber die beiderseits markantesten Stellen gegenständlich recht befriedigend zueinander abgrenzen. Was verschieden, ist eigentlich bloss ihr Ton. Exodus akzentuiert, was gestattet, Deuteronomium, was verboten wird. Die Vorschrift Exodus 20, 24 f. rechnet noch mit einer grösseren Zeitspanne bis zur Konsolidierung des Volkes im heiligen Lande. Ebenso wie die Wüstenwanderung Stiftszelt und Bundeslade vorsah, war auch im Lande das Opfern (selbst nach den eigenen Worten des Deuteronomium) den Zeiten nicht verwehrt, für welche mangels äusserer und innerer Sicherheit die Errichtung eines Zentralheiligtums nicht zu erwarten war (weshalb es sich beiläufig erübrigt, auf diejenigen Opfer einzugehen, welche aus der Zeit zwischen der Zerstörung Silos und dem salomonischen Tempelbau gemeldet werden). Hingegen trifft das Deuteronomium seine Anordnungen ausdrücklich für den Zeitabschnitt nach Erwählung des einen Ortes. Dann aber liegen zwischen Exodus und Deuteronomium auch schwerwiegende geschichtliche Erfahrungen über den götzendienerischen Hang Israels beim goldenen Kalb, seine Opfer an die Wüstendämonen, Lev. 17, 7; Ereignisse, die schon einschneidende Massnahmen für den Kultus zur Folge hatten [25]) (das Schlachtverbot Lev. c. 17, die Entsetzung der erstgeborenen Hauspriester und Erwählung des levitischen Stammes). Was Wunder da, wenn jetzt beim Herannahen der Gefahr, als der Einzug der Israeliten in ein Land bevorstand, wo sie zahlreiche Kultstätten vorfinden mussten (andererseits das Wüstengesetz Lev. c. 17 aufgehoben wurde [26]), ein Opfer-

---

[25]) Selbst wenn sich inbezug auf die Kultusörtlichkeit wirklich eine sachliche Differenz zwischen Exodus und Deuteronomium ergäbe (Hoffmann scheint bisweilen, WJ S. 85 f., S, 86 A. 1., einer solchen Annahme zuzuneigen; vgl. jedoch S. 85 A. 6), wäre dies keine Ueberraschung und durch die Umstände gerechtfertigt. Allein die Ausführungen des Textes sollen, wie auch Wiener meint, die volle Kongruenz beider Gesetzgebungen dartun.

[26]) Vgl. weiter S. 365.

verbot — wenn auch sein Inkrafttreten zunächst hinausgeschoben werden musste — mit der grössten Eindringlichkeit ans Herz gelegt und vor allem die negative Seite der Kultuszentralisation eingeschärft wird. Und wenn solchenfalls eine Rede an das Volk Ausnahmen (wie die Theophanie — dabei sind sie schon an anderer Stelle berücksichtigt[27]) nicht namentlich anführt, sondern nur andeutet, ist das wirklich so schwer zu fassen? Müsste nicht die blosse Möglichkeit einer solchen Eximierung (wäre sie umgekehrt nur nicht schlechterdings ausgeschlossen) schon hinreichen, um jenen Höhenaltären, welche man in den geschichtlichen Büchern antrifft (soweit sie nach der Einschränkung oben S. 355 überhaupt noch in Betracht kommen), das Gewicht zu nehmen, das ihnen Wellhausen verleiht?

Wenn wir gleichwohl bei dieser Aufstellung Wellhausens noch länger verweilen (und selbst von der ihr bisher widerfahrenen, im wesentlichen auf Hoffmann fussenden Erschütterung gänzlich absehen wollen), so darum, weil dieselbe ferner Veranlassung zu einer weiteren über den Einzelfall herausgreifenden methodisch-grundsätzlichen Besinnung Veranlassung gibt. Die Kritik geht ja immer von der historischen Interpretation des pentateuchischen Gesetzes aus; d. h. sie sucht unter Zuhilfenahme des gesamten ihr zur Verfügung stehenden modernen Apparats aus den Quellen zu ermitteln, was der Gesetzgeber gewollt hat. Vergleicht die Kritik nachher dieses Resultat mit dem Bild, das sie aus der späteren Praxis gewinnt, — bei der Natur dieser Studien ist mitunter keine beider Grössen eindeutig bestimmt, sondern wieder petitio principii, — so glaubt sie oftmals, Differenzen zu konstatieren. Aber selbst letzteres zugegeben, Abweichungen liegen vor, braucht doch noch nicht jene Konklusion zu stimmen, mit der man heute so rasch bei der Hand ist, jenen späteren Zeiten müsse daher das Gesetz unbekannt und noch nicht vorhanden gewesen sein, seine Schöpfung sei erst notwendig das Werk eines jüngeren Zeitalters. Soweit

---

[27]) Nicht bloss Exodus, sondern indirekt auch im Deuteronomium die angeführten Stellen.

ich sehe, ist es bisher das Verdienst Harold M. Wieners[28], der durch seine originelle und scharfsinnige Untergrabung der Pentateuchkritik den wissenschaftlichen Fortschritt schon seit längerem ansehnlich gefördert hat[29], auch diesen schwachen Punkt der herrschenden Meinung berührt zu haben, dessen Tragweite nicht leicht überschätzt werden kann: Wenn die Literarkritik ein Kriterium sucht, darf sie nicht nach dem Ursinn des Gesetzes fragen, sondern hat zu untersuchen, ob nicht unter dem Zwang der Zeitverhältnisse „any other interpretation was possible"[30]. Und erst wenn sie diese Frage mit gutem Gewissen zu verneinen vermag, baute sie auf solidem Grunde. Schliesst denn sonst etwa die Herrschaft der gleichen Rechtsquelle für diesen Zeitraum jede Rechtsgeschichte aus? (Wer mit den einschlägigen Disziplinen in Berührung kam, wird hier um die Antwort nicht verlegen sein[31]).

[28] A. a. O. 58.

[29] In Anbetracht dessen, dass die Arbeiten Wieners innerhalb Deutschlands nur geringe Verbreitung geniessen und selbst von den Fachkreisen noch nicht in dem Masse genutzt werden, wie sie es wohl verdienen, sei an die äusserst rege literarische Produktion Wieners besonders erinnert. Hier soll neben dem oben S. 354 A. 16 Zitierten noch auf seine Pentateuchal Studies, 1913, sowie zahlreiche fortlaufende Aufsätze in den Jahrgängen der Bibliotheca Sacra (Oberlin, Ohio, U. S. A.) hingewiesen werden, von denen „The main problem of Deuteronomy" (1920, S. 46—82), „The Law of Change in the Bible" (1921, 75—102) des hiesigen Zusammenhangs wegen, „Date of the Exodus" (1916, 454—480), „Religion of Moses" (1919, 828—858) die Leser dieser Zeitschrift allgemein interessieren dürften, selbst wenn dieselben (und ganz besonders letzterer) starken Widerspruch hervorrufen werden, wie dies vielfach auch von den sonstigen Ergebnissen Wieners gelten muss. So schlägt seine textkritische Argumentation natürlich nur relativ durch, gegenüber dem Standpunkt der Quellenscheidung, die ohnehin von dieser Arbeitsweise reichlichen Gebrauch macht.

Von der antipentateuchkritischen Literatur englischer Zunge (über dieselbe referiert Baumgärtel, Theol. Literaturbl. 1921 Sp. 15) seien hier genannt Kyle, Moses and the monuments 1920, The problem of the Pentateuch, 1921.

[30] Vgl. weiter S. 359 A. 31.

[31] Von welchem Nutzen übrigens eine ernste rechtsgeschichtliche Behandlung des Stoffes, wie sie bislang allerdings beinahe gänzlich fehlt, für

·Kehren wir zur Prüfung jenes Arguments zurück, ob aus den späteren Höhenopfern der Israeliten wirklich notwendig folgt, dass diese nur den Exodus kannten, nicht jedoch das Deuteronomium, so müssen wir zuvor noch einen kurzen Blick auf die politischen, religiösen und kulturellen Zustände Israels in Palästina werfen. Wenn das Volk dem kanaanäischen Einfluss mannigfach erlag und dieser die Grundlagen der israelitischen Religion erschütterte, war die Wiederbelebung der kanaanäischen Kultstätten, an die sich mitunter noch Stammeserinnerungen aus der Väterzeit knüpften, im Rahmen solcher Tendenzen doch ganz natürlich. Auch später war die Reise zum salomonischen Heiligtum beschwerlich genug und die Wege bei den vielfachen Wirren unsicher. Vor allem aber, -wo war lange Zeit hindurch eine geistliche Behörde, die, gestützt auf eine zum Durchgreifen fähige staatliche Zentralgewalt, den Kampf um die Entwurzelung des Volkskultus hätte aufnehmen können? Also waren doch sämtliche Bedingungen für ein Florieren des Höhenkultus gegeben, an einer nennenswerten Gegenwirkung fehlte es. Der Höhenkultus war mithin für die Israeliten Kanaans, man kann sagen, eine psychologische und historische Notwendigkeit. Und da ist doch, die obigen Erwägungen hier angewandt, die Gegenfrage zu stellen: Wären denn die Israeliten unter solchen Umständen zu einem anderen Resultat gekommen, wenn ihnen b e i d e Schriftstellen (besser beide Bücher), Exodus und Deute-

---

die Lösung der literarkritischen Probleme wäre und wie diese sich da als Prüfstein der Quellenscheidungshypothese bewähren könnte, habe ich schon in meinen Bibelw. Irrungen (ob. S. 350 A. 6), S. 176, betont, (vgl. auch das Zitat daselbst A. 138). Wie wenig, an diesem spezifisch rechtsgeschichtlichen Mass gemessen, manche Behauptungen der Literarkritik standhalten können, mochte von W i e n e r und mir mehrfach schon bei bloss gelegentlicher Berührung dargetan werden (W i e n e r, Origin of the Pentateuch 134 ff.; N e u b a u e r, Bibelw. Irrgn. 177 f.; Beiträge zur Gesch. des bibl. talmud. Eherechts [Mitteilungen der Vorderasiatischen Gesellschaft, 24. u. 25. Jahrgg.] 1920, S. 75; so glaube ich u. a. an zwei Punkten die glatte Unmöglichkeit von Wellhausens Datierung des Priesterkodex (B. Irrgn. l. c.; Eherecht S. 109 A. 2, vgl. schon meinen Aufsatz [ob. S. 347. A. 1] S. 229, bei einem weiteren die einer bis dahin unbestrittenen Scheidung von J und E (Eherecht, S. 74 A. 2) nachgewiesen zu haben.

ronomium, vorgelegen hätten und in der Tat (wie Wellhausen meint) ein Widerspruch besteht? Hätte sich denn das Volk nicht gerade darum für die liberale Bestimmung von Exodus entscheiden müssen?[32]) (Die Kritik selbst mag von i h r e m Standpunkte auf diese Frage Antwort geben, denn der gerügte Gegensatz tritt ja, wie oben bewiesen wurde, auch innerhalb der e i n e n Quelle, Exodus, diese für sich genommen, ganz offenkundig zutage). Wenn übrigens die obige Exegese Hoffmanns auch den Anspruch erhebt, sinngemäss zu sein, schliesst dies nicht aus, dass die damalige Zeitströmung Ex. 20, 24 in i h r e m Sinne, wie ihre Zwecke es erheischten, hat verstehen wollen. (Dass eine solche Auslegung möglich, bezeugt doch Wellhausen selbst dadurch, dass er sich dieselbe zu eigen macht). Ohnehin ist allein der Begriff der Theophanie, den das Gesetz Ex. 20, 24 verwertet, schon sehr dehnbar und lässt verschiedenerlei Möglichkeiten zu: Verleiht schon eine einmalige Theophanie (die gar aus der Väterzeit überliefert ist) den Charakter einer dauernden Opferstätte? Soll ein Ereignis, in welchem ein wunderbares Eingreifen der Gottheit erblickt wird (etwa der Sieg Sauls bei Michmas) dem gleichzustellen sein? Wir wiederholen aber, nicht darauf kommt es an, ob die Exegese sinngemäss ist; es genügt, wenn damals (um mit Wellhausen[33]) zu reden) „Volk und Richter oder Könige, Priester und Propheten" die Satzung des Exodus extensiv interpretieren konnten[34]). (Der Geschichts-

---

[32]) Vgl. die ähnlichen Einwendungen Hoffmanns gegen Kuenen inbezug auf eine Differenz zwischen Leviticus und Deuteronomium WJ 66.

[33]) Pr. 22.

[34]) Wieso auch von unserem Standpunkte aus — gegenüber der Pentateuchkritik kommt dieses Moment natürlich überhaupt nicht in Frage — die „mündliche Ueberlieferung" einen solchen Dissens im Einzelfalle denkbar erscheinen liesse, soll bei anderer Gelegenheit näher dargetan werden. Uebrigens fehlt es bekanntlich nicht an Beispielen dafür, wie wenig das Verhalten weltlicher und geistlicher Behörden oftmals mit den Anschauungen der wahren Traditionsträger in Einklang stand. (Insofern das Verfahren von Propheten zur Diskussion stände, wäre nach talmudischer Auffassung ja nicht bloss bei den gesetzlich vorgesehenen Ausnahmetatbeständen dieser Kultusvorschriften ein Dispens möglich; statt einzelner Belege (s. M a i m u n i , Einleitung zum Mischnakommentar.)

verlauf bestätigt übrigens die Interpretation Hoffmanns insofern, als, solange das Heiligtum zu Silo bestand, kein Opfer ausserhalb nachzuweisen ist, es sei denn in Gegenwart der Bundeslade oder aus Anlass einer Theophanie[35]). Ein Umstand, der bisher von der herrschenden Meinung nicht gewürdigt wurde). Gehen wir freilich selbst das deuteronomische Gesetz durch, das doch als absolutes Opferverbot ausgegeben wird, so stossen wir auch dort auf eine Reihe von Vorbedingungen, angesichts welcher die Verstosse nicht allzu arg erscheinen. Volle Sicherheit, Ruhe, (und da wohl auch) Eintracht sollen im Lande herrschen (12, 9, 10); wie selten war dem aber wirklich so? Mit der faktischen Durchbrechung der Kultuseinheit durch Jerobeam und die Teilung des Reiches mag sicherlich die Meinung aufgekommen sein, nunmehr, wo die Wallfahrten unterbunden, sei das Gesetz von der Kultuszentralisation überhaupt bis zur Wiederkehr besserer Zeiten, der allgemeinen Anerkennung des jerusalemischen Tempels, ausser Kraft gesetzt[36]).

Können also aus dem Verlauf der späteren israelitischen Geschichte keine Instanzen gegen das Deuteronomium hergeleitet werden, und sind auch die Einwürfe gegen eine reale Existenz der Stiftshütte leicht zurückzuweisen[37]), so vermag Hoffmann auch die reine Willkür und Tendenz anderer Aufstellungen Wellhausens aufzuzeigen. Dies gilt besonders für jene Konstruktion, die allenthalben grösste Aufmerksamkeit auf sich zog, P stelle notwendigerweise ein späteres Entwicklungsstadium dar als D, denn (wie über Wellhausen oben S. 349 näher zu lesen) „die Idee (der Kultuseinheit) als Idee ist doch älter wie die Idee als Geschichte. Rücke doch der Priesterkodex (vermittels der Erzählung von der Stiftshütte) ihr (dieser Kultuseinheit) tatsächliches Vorhandensein bis in den Anfang der Theokratie hinauf"[38]). Aber, wendet hier Hoffmann ein[39]), setzt denn die

---

[35]) Hoffmann, WJ 82.
[36]) WJ 87 A. 1.
[37]) WJ 80 f. Hier wäre Hoffmanns Argumentation freilich einer Erweiterung fähig.
[38]) Pr. 86.   [39]) Zum Ganzen s. WJ 79 f., 81.

Stiftshütte wirklich die Einheit des Kultus für die Dauer fest? Solange das Volk auf der Wanderung zusammen lebt, versteht sich die Einheit des Heiligtums ja eigentlich von selbst. Wie es nach der Ansiedlung im Lande zu halten sei, dafür jedoch ist diese Stiftshütte, welche ihrer ganzen Natur nach nicht für eine Zeit der Sesshaftigkeit berechnet ist, kein Präjudiz. (Beispielsweise läge es viel näher, wenn das Deuteronomium jener ambulanten Hütte nicht einmal als „Hütte der Offenbarung" Erwähnung tut[40]) [vgl. jedoch die Anmerkung] auf die Absicht zu schliessen, D finde, die Hütte mit der Veränderlichkeit ihres Standortes passe nicht zum festen, unverrückbaren Ort der Erwählung im Deuteronomium[41]). Aus ersterem etwa eine Unbekanntschaft D's mit dem Offenbarungszelt zu folgern, geht gewisslich nicht an, da letzteres schon bei JE vorkommt). An und für sich stände nichts der Annahme im Wege, P bringe der Frage der Kultuslokalität kein sonderliches Interesse entgegen, zwänge nicht, hält man sich in allem an die Kritik, eine Massnahme dieses nachexilischen P dazu, ihn zu einem Reformator zu stempeln, der dem Zentralismus des P e n t - g e g e n arbeitet und eine Wiederherstellung der längst zerstörten und vergessenen Kultstätten mit grösstem Eifer betreibt[42]). Wie unglaublich es scheinen muss, einem Wellhausen eine solche Ungeschicklichkeit zuzutrauen, liegt nämlich nichts Geringeres vor, wenn Ex. 12, 7 glatt auffordert, das Passah regelmässig als Hausopfer darzubringen. Dem tut es für Wellhausen keinen Abbruch, dass, wie w i r es verstehen, eigentlich nur das damalige Verfahren der Israeliten beim Auszug beschrieben wird. Wie lehrt doch Wellhausen dagegen: „Alle Historie in P ist zugleich Gesetz"[43]). Die geschichtliche Einkleidung ist Wellhausen bloss eine Stilform des P für die Promulgierung ewig gültiger Gesetze. Mithin muss es für Wellhausen dabei bleiben, P habe nach dem

---

[40]) **Streng** genommen, freilich bloss der kritischen Analyse nach, die 31, 14 nicht zu D rechnet.
[41]) **Hoffmann** l. c. 81; vgl. a. RSbM zu Deut. 12,8 (weiter S. 365 A. 49).
[42]) **Hoffmann** WJ 5 ff., 79.
[43]) Pr. 34.

Exil die josianische Reform, zu Fleiss beim Passah[44]), gänzlich **aufgehoben.** P ist derselbe Schriftsteller, der sonst die Kultuseinheit in das graueste Altertum hinaufrücken und selbst an den Altären der Patriarchen Anstoss genommen haben soll. Solcher Art sind die inneren Widersprüche und Unmöglichkeiten, zu denen die herrschende Lehre führt, ohne sich darüber Rechenschaft zu geben. Es braucht wohl nicht eigens gesagt zu werden, wie widersinnig die Annahme ist, ein nachexilischer Autor habe ein lokales Pessachopfer verordnet; damit ist aber zugleich die kritische Datierung von P gerichtet.

Eine ähnliche Schwierigkeit liegt Lev. c. 17 vor, das jede Schlachtung ausserhalb des Stiftszeltes verbietet, d. i. für Wellhausen[45]) jede Profanschlachtung in ganz Palästina ausserhalb des jerusalemischen Tempels. Man merke auf, „um die Alleinberechtigung der einzig legitimen Opferstätte sicher zu stellen"[45]), bestimmt das Gesetz, wir wiederholen, in ganz Palästina darf kein Stück Vieh ausserhalb des Tempels geschlachtet werden. Wen die Lust anwandelte, ein wenig Fleisch zu geniessen, der müsste erst einige Tagereisen Weges zum Tempel zurücklegen. Die Sinnwidrigkeit eines solchen Gesetzes, auf dessen Uebertretung gleich die Ausrottungsstrafe steht, ist wiederum evident[46]); und es fällt wirklich schwer, in der Verurteilung eines derartigen Verfahrens von Kuenen[47]) und Wellhausen (letzterer glaubt, hier mit der Redensart von einer „unpraktischen Weise" der Regelung vorbei zu kommen) Mass zu halten. Beide Stellen beleuchten grell, wie weit die Tendenz angesehenen Forschern den Blick zu trüben vermag, und wie die „Lösung" die Kritik oftmals vor grössere Schwierigkeiten stellt als (etwa anderwärts)

---

[44]) Vgl. II Kö. 23, 22 ff.

[44a]) So gelangt zum gleichen Resultat wie Hoffmann neuestens auch Cannon, Passover and Priests' Code Expositor 1920, S. 226—235 (ich zitiere nach dem Referate Baumgärtels, ob. S. 353 A. 29, dass das Passah in Exodus nur erklärbar ist, wenn man in letzterem ein altes Dokument sieht.

[45]) Pr. 51.

[46]) Zum Ganzen s. Hoffmann, WJ 9 ff., bes. 14 f.

[47]) Histor.-krit. Einl. i. d. A. T. übs. von Weber, 1887, S. 87.

die Tradition. Hierorts braucht man bloss die komplizierenden Prämissen der höheren Kritik fahren zu lassen, so fallen die Probleme in sich zusammen. Einmalige Geschichtsfakta und für die Dauer geschaffene Gesetze sind nur nicht bloss für den naiven Leser zweierlei. So feierten auch die Israeliten beim Auszug aus Aegypten das Passah als häusliches Opfer. Als später die Kultuszentralisation verordnet wurde, musste jedoch naturgemäss auch die Darbringung des Passah eine entsprechende Modifizierung erfahren. Ebendeshalb, weil das historische Passah Hausopfer war, musste dieser Vorstellung mit besonderem Nachdruck entgegengetreten werden. Dt. 16, 5 f. („Du darfst nicht das Passah opfern in einem deiner Tore, die dir der Ewige, dein Gott, gibt, sondern an dem Orte, den der Ewige, dein Gott, erwählen wird, Seinen Namen thronen zu lassen, dort sollst du das Passah opfern, abends, bei Sonnenuntergang, zur Zeit deines Auszugs aus Aegypten" [48]) liest sich darum wie eine ausdrückliche Zurück-

---

[48]) Der letztere Passus („die Zeit deines Auszugs aus Aegypten") bedarf an und für sich (wie dies schon die tannaitische Schriftauslegung, Sifre z. St. Mechilta ad 12, 6, bemerkte) noch einiger Erläuterungen, die hier im Anschluss an die Ausführungen H o f f m a n n s geboten werden sollen. Keineswegs kann derselbe als Apposition zu den unmittelbar vorhergehenden Worten „abends bei Sonnenuntergang" gefasst werden, da der eigentliche Auszug doch erst am nächstfolgenden T a g e stattfand (Nu. 33,3). Wiederum (in Anlehnung an R. Josua im Sifré), mit N a c h m a n i und Hoffmann (z. St., sowie Lev. II 141) unter „opfern" das Abhalten des Opfermahls zu verstehen, dahin, „alle Opferhandlungen sollen dauern vom ersten Abend b i s zum anderen Morgen, der Zeit des Auszugs", ist gezwungen, da gerade jenes „b i s" im Schrifttexte fehlt. Noch weniger ist es trotz v. 1 aus dem schon genannten Grunde möglich, letzterem Resultat zuliebe mit dem „Termin des Auszugs" die Passahn a c h t im Gegensatz zum Passah(feier)t a g zu meinen (so der Biurist der M e n d e l s s o h n'schen Pentateuchausgabe).

Eher dürfte der Hinweis darauf von Nutzen sein, dass doch das Deuteronomium die Feste bekanntlich nur nach Sonnenmonaten anordnet, eines genauen kalendarischen Datums nach Mondmonaten hingegen keine Erwähnung tut (dies darum, weil, wie Hoffmann in lichtvoller, aufschlussreicher Weise, WJ 102 f., Lev. II 128 f., ausgeführt hat, die deuteronomischen Festgesetze als Bestandteile einer Rede an das V o l k nur die „ökonomischen" Monate des bürgerlichen Sonnenjahres nennen, da ein agrarisches Volk im täglichen Leben allein nach dem S o n n e n jahr rechnet; während Kenntnis und Handweisung von Ex. c. 12. Aehnlich ist Lev. 17 in der Wüste und, wie sein Wortlaut besagt, für die Wüste offenbart, wo alle Israeliten noch in unmittelbarer Nähe des Stiftszeltes weilten. Wenn Israel einst im heiligen Lande wohnen wird und gleichwohl der Opferdienst sich auf ein Heiligtum beschränken soll, so muss dafür das Verbot der Profanschlachtung aufgehoben werden. Diese durch den Wandel der Verhältnisse notwendig gewordene Abänderung von Lev. 17 enthält Deut. 12. Ein Zweifel darüber kann von Rechts wegen garnicht aufkommen, dass dem Deuteronomium Lev. 17 vorschwebt und so auch hier D auf den nach Wellhausen Jahrhunderte jüngeren P Bezug nimmt[49]. Selbstredend würde dieser Umstand allein ausreichen,

habung eines auf dem komplizierten System von Mondmonaten und Interkalation aufgebauten Kalenders nur auf einen kleinen Kreis, Priester und geistliche Behörden, beschränkt blieb). Jene Zeitbestimmung Ende v. 6 ist nun nicht auf die vielleicht bloss parenthetisch angeführte Opfer(=Schlacht)Stunde des Passah („bei Sonnenuntergang") zu beziehen (wie schon Ibn Esra erkannt hat), sondern dient der Bestimmung des (einem kleineren Kreise bekannten) präzisen kalendarischen Tagesdatums der Passahopferfeier. „Dort sollst du das Passah opfern am Abend (=Vorabend) — bei Sonnenuntergang —, zur Zeit deines Auszugs aus Aegypten", d. h. am Abend, zum kalendarisch feststehenden Auszugsdatum; u. d. i. wiederum der Vorabend zum 15. Nissan, der, dem biblischen Sprachgebrauch entsprechend, mit umso grösserem Rechte „Zeit des Auszugs" heissen mochte, als nicht nur der 15. Tag des Nissan, sondern schon die Nacht vom 14. zum 15. (in v. 1) ausdrücklich so bezeichnet wird (vgl. a. Ehrlich, Randglossen z. hebr. Bibel, z. St.).

Während nun inbezug auf die Opferlokalität spätere Passahfeier (im Lande) und historisches Passah (beim Auszug) voneinander abweichen müssen (vgl. schon Abravanel — und, dies mit allem Nachdruck zu lehren, vv. 5, 6a da sind), muss umso mehr (beim Passah mehr wie bei den anderen Wallfahrtsfesten) betont werden, dass sie zeitlich beide genau zusammenfallen. Ganz wie seinerzeit in Aegypten soll auch im heiligen Lande das Passah am Vorabend jenes kalendermässig bestimmten Tages des Exodus dargebracht werden. Dieses gleiche Datum des Passahopfers soll dessen historischen Charakter trotz jener zufolge der Kultusvereinheitlichung notwendigen Modifikation des Opferritus klar zum Ausdruck bringen.

[49] Hoffmann, die oben (S. 356 A. 25) angeführten Stellen, sowie WJ 55, Dt. 138. Dieser Auffassung tritt neuestens im Anschluss an Wiener, Main Problem (ob S. 858 A. 29), S. 20, auch Lippl bei (Theologische Revue 1921, Sp. 296).

die ganze Theorie Wellhausens und Grafs zu erschüttern. Hier hat jedoch Wellhausen die Gefahr erkannt und entwickelt einen geradezu fabelhaften Scharfsinn, um jenen so klaren Zusammen-

Die bei Hoffmann (WJ 15, 55; Dt. 165) nachgewiesenen literarischen Berührungen zwischen Lev. 17 und Dt. 12, welche diese Abhängigkeit dartun, sollen noch um eine weitere vermehrt werden. Lev. 17, 1—8 verbietet ausserhalb der Stiftshütte a u c h die Profanschlachtung (I); vv. 8, 9 greifen aus dem Inhalt dieser Vorschrift nochmals eigens das Verbot heraus, ausserhalb der Stiftshütte zu o p f e r n (II). Diese Dublette braucht hier nur konstatiert, nicht erklärt zu werden. (Vergegenwärtigt man sich übrigens, welche Bedeutung diesem Gesetze einerseits für die religiöse Erziehung des Volkes zukommt, andererseits wie stark es in die bisherigen Lebensgewohnheiten eingriff, so versteht man leicht, warum dieses Verbot nach jeder Seite genau umrissen wurde, und weshalb, um von vornherein jedes Hinterpförtchen zu verschliessen, vgl. a. Hoffmann z. St., neben der weiteren Fassung von I auch die Wiederholung in II nicht vermieden wurde.) Bedeutsam ist nämlich, dass auch Dt. 12 die entsprechende charakteristische Wiederholung aufweist (inbezug auf die dortige Disposition folgen wir Hoffmann WJ, Dt. l. c.) Dt. 12, 8—18 ist Parallelvorschrift zu Lev. II, welche letztere für die spätere Zukunft aufrecht erhalten wird: Verbot jeglichen Opferns ausserhalb des Zentralheiligtums (nur ganz beiläufig in e i n e m Verse, 15, wird auf die nunmehrige Schlachterlaubnis hingewiesen). VV. 20—27 sind wiederum das Gegenstück zu Lev. I. Lev. I., das den Opfercharakter jeder Schlachtung festlegt, wird eigens durch Dt. vv. 20—28 aufgehoben, welcher Abschnitt ex professo der Erlaubnis der Profanschlachtung im ganzen Lande gewidmet ist. (Hier ist wieder von der Kultuszentralisation nur ganz flüchtig die Rede, v. 26.)

Für die ziemlich umfangreichen Streichungen W i e n e r s l. c. in Lev. 17 fehlt hingegen jede Veranlassung; auch erreichen sie ihr Ziel nicht, da auch die Terminologie der übrigen Verse (ebenso wie der notwendige Gegensatz zu v. 7) den Opfercharakter der Schlachtungen von v. 3 über jeden Zweifel stellt.

In diesem Zusammenhange ist von Dt. c. 12 des weiteren noch v. 8 kurz zu streifen: „Tuet nicht alles so, wie wir es heute hier zu tun pflegen, jeder, was irgendwie in seinen Augen recht ist". Zwar ist die Auffassung, als ob v. 8 die allgemeine Uebertretung des Gesetzes Lev. 17 eingestehe (IbnEsra) schon durch N a c h m a n i und (besonders in deren Variierung seitens K u e n e n s, a. a. O. 255, dem Deuteronomium müsse Lev. 17 unbekannt gewesen sein) H o f f m a n n (Dt. 149, 164 f.) zwingend widerlegt. (Wie subjektiv letztere Folgerung ist, erhellt daraus, dass R. S[amuel] b[en] M[eïr] umgekehrt unter v. 8 die wandernde und so ihren Standort nach Belieben wechselnde

hang zwischen Dt. 12 und Lev. 17 zu verschleiern. Um die eine Hypothese zu retten, muss er zu einer neuen von nicht geringer Tragweite seine Zuflucht nehmen. I Sam. 14, 32, seines einfachen Sinns entkleidet, bietet den Ausgangspunkt für die Behauptung, die alten Israeliten hätten garnicht zwischen Schlachten und Opfern

Opferstätte der Stiftshütte versteht [jeder mochte überall, an dem Standorte der Stiftshütte opfern, wo es „in seinen Augen recht war"] im Gegensatz zum unverrückbaren Orte der Erwählung. Allein auch die positive Erklärung Hoffmanns (WJ 56, Dt. 150; die Unterscheidung zwischen Wüstenzug und Aufenthalt im Ostjordanlande, wo Lev. 17 nicht mehr beobachtet wurde) vermag trotz ihrer ausführlichen Motivierung, wie leicht einzusehen, nicht recht zu befriedigen. (Anstatt anderer Einwände hier nur die Feststellung, weder in den biblischen Quellen, noch in der talmudischen Ueberlieferung findet sich ein Anhalt für einen Höhendienst der Israeliten im Ostjordanlande unter Moses; ferner hätte dann v. 8 neben v. 4 gehört, u. a. m.)

Eher dürfte darum doch jene von Hoffmann kurzerhand zurückgewiesene Ansicht Nachmanis (so auch Abravanel) wieder aufzunehmen sein. Hiernach spielt v. 8 garnicht auf Kultstätten an. Vielmehr liegt dem Gesetze Dt. 12 neben der Kultuszentralisation ferner am Herzen, dass die zahlreichen pflichtigen und freiwilligen Opfergaben restlos (dem Zentralheiligtum natürlich) abgeführt werden; es zählt dieselben darum namentlich auf, vv. 6, 7: „Und bringet dahin eure Ganzopfer und eure Mahlopfer, eure Zehnte und die Hebe eurer Hände, eure Gelübde und eure freiwilligen Gaben, die Erstgeborenen eurer Rinder und eurer Schafe. Und ihr sollt es dort verzehren vor dem Ewigen, eurem Gott. . . ." Hier fährt v. 8 fort: „Tuet nicht alles so, wie wir es heute hier zu tun pflegen, jeder, was irgendwie in seinen Augen recht ist". Gerade wenn jede Schlachtung Opfer war (man stets opfern musste, wenn man schlachten wollte), verlor doch jene Pflicht, freiwillige oder obligatorische Mahlopfergaben darzubringen, ihren ganzen Sinn und musste sich überhaupt die Unterscheidung zwischen profanem und Opfertier verflüchtigen. So mag auch die Abstellung von Opfertieren nachlässig und willkürlich gehandhabt worden sein („ein jeder tat, was irgendwie in seinen Augen recht war"). Dies ist jedoch zu entschuldigen, zumal die ganze Abgabenordnung ohnehin erst für die Zeit der Sesshaftigkeit berechnet ist („bis nun" aber „ihr noch nicht zur Ruhe und Sesshaftigkeit [Erbbesitz] gekommen seid"; v. 9 passt hierzu weit besser wie nach Hoffmann: in der Wüste war doch sicherlich weit weniger „Ruhe und Sesshaftigkeit" als im Ostjordanlande und gleichwohl herrschte Kultuseinheit). Die Rüge Moses' für die Vergangenheit klingt daher äusserst gelinde, aber für die Zukunft wird die Einhaltung nachdrücklich gefordert (vv. 6 f., 11 f.).

unterschieden, jede Schlachtung sei zugleich Opfer gewesen.[50] Wie bestechend auch diese Hypothese gleich vielem aus der Feder Wellhausens zuerst anmutet, so wenig lässt sie sich mit den Quellen in Uebereinstimmung bringen, die mehrfach ganz unbefangen Schlachtungen und Fleischmahlzeiten bezeugen, ohne irgendwelcher Opferriten zu gedenken[51], und so auch diese Annahme zum Scheitern bringen.

Aehnlich erklärt die Ueberlieferung auch eine weitere Merkwürdigkeit, der die herrschende Meinung ratlos gegenüber steht, völlig ungezwungen. Während das Deuteronomium noch eine gewisse („prophetische") Milde zur Schau trägt, soll P die Kulmination jenes gesetzlichen Geistes des späteren Judentums darstellen, das in Erschwerungen und Verboten sich nie genug weiss. Wenn so, warum aber verbietet dann das „milde" Deut. den Genuss von Gefallenem und Zerrissenem schlechtweg (14, 21), während P dieses Verbot nur für Priester kennt; Laien dürfen es essen und müssen sich bloss einer Reinigung unterziehen (Lev. 11, 40; 17, 15). Lev. 7, 24 hat es notwendig, das Verbot vom F e t t gefallener und zerrissener Tiere einzuschärfen; mithin muss der Genuss des F l e i s c h e s doch erlaubt sein. Die Harmonisierungsversuche der Neueren, welche, wenn es sein muss, es wohl verstehen, die von ihnen sonst so verspottete Apologetik auch darin in den Schatten zu stellen[52], lassen wir hier auf sich beruhen. Wie allein Hoffmann[53] fein herausgefühlt

---

[50] Pr. 18.

[51] Die Belege bei H o f f m a n n, WJ 12 f. = Dt. 163; ebenso W i e n e r, Origin of the Pentatench, 62. Mit Recht ruft Hoffmann aus: „Für die Regel weiss S m e n d nur e i n e (nichts beweisende) Stelle I Sam. ibid., für die Ausnahmen weiss Smend f ü n f Stellen beizubringen, und wir haben oben noch mehr angeführt" (WJ 13). „Welch' schwerwiegende Behauptung hat die eine Stelle des Buches Samuel zu tragen, die, bei Licht besehen, für diese These kaum die Stärke eines Spinngewebes besitzt!" (l. c. A. 1).
Die richtige Erklärung der Stelle gibt Hoffmann WJ 10 ff. = Dt. 161 f.

[52] Deren Anführung und Widerlegung bei H o f f m a n n n, WJ 28. Merkwürdigerweise ist W i e n e r, Main Problem 16, hier gegen seine Gewohnheit der Kritik kritiklos gefolgt und glaubt daher die Differenzen, um deren Ausgleich er sich bemüht, in anderer Richtung.

[53] WJ l. c., Lev. I 467, Dt 202.

hat, liegt der Schlüssel für die Verschiedenheit der Regelung im Profanschlachtverbot: Mit, dessen Erlass musste für die Dauer seiner Geltung den Laien, die doch nicht immer in der Lage waren, ein Opfer darzubringen oder sich an dem allein gestatteten Fleischgenuss beim Opfermahl zu beteiligen (vollends bei levitischer Unreinheit[54]), der Genuss von Gefallenem (nebela) und Zerrissenem vorübergehend nachgesehen werden, weshalb wohl Exod. 22, 30 v o r dem Profanschlachtverbot und vorsorglich für den Zeitpunkt seiner Aufhebung, Deut. 14, 21, nicht aber Lev. ein solches Speiseverbot enthalten dürfen.

Waren wir im Vorstehenden bestrebt, den beiderseitigen Standpunkt und den ganzen Gang jener Kontroverse über den Ort des Gottesdienstes recht anschaulich zu zeichnen, denn auf Grund der gleichen Methode versucht Wellhausen den Nachweis etappenmässiger Entwicklung auch für andere Anschauungen und Einrichtungen des israelitischen Kultus, und dürfte so der Leser hier eine nähere Vorstellung von Arbeitsgegenstand und Arbeitsweise Hoffmanns zu gewinnen vermögen, so müssen wir uns weiterhin auf die blosse Gegenüberstellung der Resultate Hoffmanns beschränken. So beruft sich Wellhausen[55] ferner, unter dem Eindruck jener Stellungnahme christlicher Dogmatik, auf die Schriftpropheten als Gegner von Opfer und Kultus. Die Propheten würden leugnen, dass Gott auf Opfer Wert lege und sie befohlen habe. Die Opfer seien nach ihrer Meinung nicht Gegenstand der Thora, der göttlichen Weissagung. Und „das genügt" freilich, „um ihre Unbekanntschaft mit dem Priesterkodex und seinen Vorstellungen zu erweisen."[56] Aber, fragt Hoffmann,[57] bloss mit dem Priesterkodex? Warum dann nicht gleichermassen mit J und E? Berichten doch beide Quellen über Opfer und Altäre, die die Patriarchen auf ausdrücklichen Befehl Gottes bauen, was ihnen zum besonderen Verdienst angerechnet wird. Kultus,

---

[54] Eine Schwierigkeit, die schon Tosafoth Jebamoth 71 b Ende (vgl. Hoffmann, Dt. 160 A. 2) wahrnahmen.

[55] Pr. 56 ff.

[56] L. c. 58.

[57] Zum Ganzen s. WJ 91 f.

Feste, Festopfer, Erstlinge erscheinen im Bundesgesetz des Exodus beinahe als Kern des Gottesdienstes und ihre pünktliche Einhaltung wird besonders eingeprägt. Wie reimt sich das zu der Anschauung, dass Gott auf Opfer keinen Wert lege und ähnlichem mehr? Wellhausen (behauptet es wohl,) unternimmt aber noch nicht einmal den Versuch darzutun, wieso jene prophetische Polemik Opfergesetzgebung und Opferbewertung eines J oder E, von D (c. 12—16) zu schweigen, weniger treffen soll als die des P. Eine Unterscheidung, die allerdings jedes Haltes entbehren würde. Aber lauten denn gelegentliche Aeusserungen der Propheten über Sabbath, Festtagsfeier, ja über das Gebet, weniger abfällig, und doch, wer möchte hieraus die gleichen Schlüsse ziehen? Selbstredend denken die Propheten aber garnicht daran, gegen Opfer und Kultus, Sabbath und Gebet als solche ins Feld zu ziehen, sondern gegen ihre Veräusserlichung; jene gedankenlose Art, wie sie das Volk übt, ohne die rechte Gesinnung, d i e erniedrigt allerdings gottgebotene Pflichten zur angewöhnten Menschensatzung. Das geht jeweils aus dem Zusammenhang hervor, wie es einzeln bei Hoffmann nachzulesen ist.

Beachtliche Schwierigkeiten, d i e aber für jede exegetische Richtung, bietet nur Jer. 7, 22: „Ich habe nicht mit euren Vätern gesprochen und ihnen nicht befohlen, am Tage, da ich sie aus Aegypten herausgeführt habe, wegen Ganz- und Schlachtopfer, sondern dies habe ich ihnen befohlen: Gehorchet meiner Stimme, so will ich euer Gott und ihr sollt mein Volk sein". Auch hier, wo andere sich eine wirklich befriedigende Erklärung versagen müssen, leitet Hoffmann jenes typische exegetische Feingefühl auf die richtige Fährte[58]): Nicht damit befasst sich hier Jeremias, was überhaupt Gegenstand göttlicher Offenbarung war, vielmehr hat er einen bestimmten Offenbarungsakt im Auge. Als nämlich Israel sich zum Auszug aus Aegypten anschickte und durch Moses den Befehl vernahm, Gott am Berge Sinai zu dienen, hegten die Israeliten die Meinung, den Höhepunkt der bevorstehenden

---

[58]) Der Text ist bestrebt, die verstreuten Ausführungen H o f f m a n n s (WJ 93, diese Zeitschrift III 317 f, Lev. II 237, I 265), die sich gegenseitig ergänzen, zu einem einheitlichen Bilde zu vereinen.

Ehrung Gottes werde die Darbringung zahlreicher Tieropfer bilden. (Ex. 10, 25, 26: „Auch du wirst uns **Schlacht- und Ganzopfer**[59]) geben müssen, denn wir wissen nicht, womit wir dem Ewigen dienen, bis wir dorthin kommen".) Aber weit gefehlt! Die göttliche Proklamation am Sinai, jene magna charta, die den Gottesvolkscharakter Israels festlegt, tut der Opfer keine Erwähnung. Was (Ex. 19, 5) gefordert wird, ist, dass Israel **der Stimme Gottes gehorche**. Noch in jener den Israeliten in Aegypten gewordenen Vorverkündigung, am „Tage der Auserwählung"[60]), da zur Botschaft von der Befreiung aus der Aegypter Hand jene vom nationalen Beruf Israels hinzutrat, sind Opferpflichten nicht angedeutet. (Ex. 6, 7: „**Ich habe euch mir zum Volke genommen und werde euch zum Gott sein**".) Diese beiden Offenbarungen (zumindest deren eine[61]) schweben dem Propheten hier vor, er zitiert sie zum Teile ja wörtlich[59]): „Ich habe nicht mit euren Vätern gesprochen und ihnen nicht befohlen, am Tage, **da ich sie aus Aegypten herausgeführt habe**, wegen **Ganz- und Schlachtopfer**, sondern dies habe ich ihnen befohlen: **Gehorchet meiner Stimme, so will ich euer Gott und ihr sollt mein Volk sein, und ihr** sollt den ganzen Weg einschlagen, den ich euch befohlen habe", M. a. W: Der Stimme Gottes zu gehorchen, das Volk Gottes zu sein, das ist sozusagen die Summe des göttlichen Gesetzes. Die Opfergesetzgebung ist gewisslich auch gottgeoffenbart, aber sie kann nicht zu den „Grundlehren" der Religion gerechnet werden. Wenn das Volk nur allein die Opfervorschriften beobachtet,

---

[59]) Die stilistischen Entsprechungen und Zitierungen sind durch Sperrdrück hervorgehoben.

[60]) So bezeichnet Ezechiel 20, 5 den Tag jener Offenbarung Ex. 6, 2 ff. (zu beiden Stellen s. Hoffmann, diese Zeitschrift ibidem 316).

[61]) Hoffmann (ob. S. 370 A. 58) behauptet zwar nur eine Beziehung zu Ex. 19, 5. Doch erscheint es mir, wie aus dem Texte erhellt (nicht zumindest auf Grund der Beleuchtung, die Ex. 6, 2 durch Hoffmann, vorige Anmkg., erfährt), gewiss, dass die prophetische Rede im Hinblick auf den verwandten Charakter beider Offenbarungen als Staatsgrundgesetze des israelitischen Volkes dieselben kombiniert im Auge hat.

ausschliesslich in ihnen das Wesen des Gesetzes erblickt und darum glaubt, mit einer dazu noch rein mechanischen Opferdarbringung, die der inneren Teilnahme ermangelt, das Gewissen zu beschwichtigen, hingegen die Grundlage des Gesetzes, dessen g a n z e n Weg einzuschlagen Gott befohlen hat, vernachlässigt oder gar verleugnet, macht es sich einer Sinnwidrigkeit schuldig, die Jeremias nicht scharf genug zu geisseln vermag [62]).

Ebenso wie Wellhausens Versuch, den Propheten zu suggerieren, sie hätten den Offenbarungscharakter der Opferthora geleugnet, fehlgeschlagen ist, geht seine Annahme [63]) irre, JE und P würden den Ursprung des Opferdienstes verschieden darstellen; u. z. seien erstere der „naturgemässen" Anschauung, der Opferkultus sei so alt wie die Welt, P dagegen hege den „wunderlichen Gedanken" [64]), Gott oder Moses habe plötzlich das Opferritual erfunden und eingeführt, während die vormosaische Zeit, die Patriarchen eingeschlossen, noch keine Opfer gekannt hätte. Weshalb hier ein Schweigen von P völlig belanglos wäre, ist schon oben [65]) betont worden. Darüber hinaus weiss aber Hoffmann [66]) noch andere stichhaltige Indizien dafür beizubringen, dass P einen älteren Opferkultus voraussetzt. Während Lev. c. 1—5 beim Sühn- und Schuldopfer die Veranlassung nennt, offenbar weil dieselben eine Neuschöpfung sind, fehlt eine solche Angabe beim Brand-, Speise- und Friedensopfer; doch wohl darum, weil diese letzteren schon vorher bei den Israeliten in Uebung standen, also damals bereits vorgefunden wurden. Die Priesteranteile der gleichen Opfergattung werden als „Anteile von den Feuerungen des Ewigen" bezeichnet, welche Benennung sich am besten daraus erklärt [67]), dass in vormosaischer Zeit (ebenso wie später noch bei den Privataltären) diese Anteile für das Altarfeuer bestimmt waren und erst durch die

---

[62]) Zu Amos 5, 25 s. H o f f m a n n, WJ 92 = Lev. I 266.
[63]) Pr. 53 ff.
[64]) L. c. 55.
[65]) S. 353.
[66]) Hierüber H o f f m a n n, WJ 90 f.
[67]) Zu diesem Punkte s. ausserdem noch „Lev." 49 f.

mosaische Gesetzgebung den Priestern zugewiesen wurden. Konsequent f e h l t diese Bezeichnung bei den mosaischen Sühn- und Schuldopfern, denn da werden doch zugleich mit der Einführung der Opferarten die Teile den Priestern zugeeignet. Zum Ueberfluss berichtet noch Lev. 17, 5 ausdrücklich, dass die Israeliten von jeher gewohnt waren, auf freiem Felde zu opfern.

Blieben also nur noch jene von Wellhausen[68]) behaupteten Differenzen zwischen Opferberichten der historischen Bücher und den Vorschriften von P, die eine Klassifizierung in vor- und nachexilische Praxis erheischen sollen. Aber selbst wenn schon ersteres zutreffen sollte, weiss Hoffmann[69]) (in Uebereinstimmung mit der talmudischen Tradition) dafür eine ungekünstelte, einleuchtende Erklärung, die Wellhausen den Boden unter den Füssen fortzieht. Das minutiöse Opferritual von P kann seinem ganzen Charakter nach bloss auf ein Haupt- oder Zentralheiligtum mit zahlreicher straff organisierter Priesterschaft zugeschnitten sein; nur dort ist eine sorgfältige Beobachtung möglich. Auf den Höhen aber fehlte jener ganze Apparat; da mochte jedermann opfern, inbezug auf das Wie und Was war weitgehende Freiheit zugestanden. Die einfachen Förmlichkeiten lehnten sich sicherlich an das vormosaische Herkommen an; aber selbst ein Eindringen heidnischer Bräuche war nicht unmöglich, sodass die Berufung Wellhausens auf Abweichungen bei Höhenopfern völlig entfallen muss. Im übrigen schenken die historischen Bücher ihrer ganzen Anlage nach den Einzelheiten der Kultuspraxis keine besondere Aufmerksamkeit, und aus den spärlichen Notizen lässt sich gewiss keine Geschichte des Opferrituals (am allerwenigsten für das Zentralheiligtum) konstruieren, wie es Wellhausen so leichthin unternimmt.[70]) (Gleichwohl gelingt es Hoffmann,[71]) die Befolgung mancher Vorschriften von P bis auf charakteristische Einzelheiten nachzuweisen und die oftmalige

---

[68]) Pr. 62 ff.
[69]) WJ 87 ff.
[70]) So Hoffmann, WJ 89.
[71]) WJ 93 ff.

Ueberschätzung des argumentum ex silentio von seiten Wellhausens auf das richtige Mass zurückzuführen).

Am meisten von Gewicht wäre hier noch der Versuch Wellhausens[72]), aus II Kön. 16, 15 („das Ganzopfer des Morgens und das Speiseopfer des Abends") herzuleiten, in vorexilischer Zeit sei täglich im ganzen e i n e Ola, nämlich bloss morgens, und e i n e Mincha, nur abends, dargebracht worden (im Widerspruch zu der Vorschrift des P über das zweimalige tägliche Opfer; Nu. 28, 1 ff.; Ex. 29, 38 ff.). Eine Stelle, die an und für sich gewiss der Aufklärung bedarf, aber so verstanden auch einem Wellhausen zuviel bewiese[73]). Allein eine nachexilische Abfassung des P zu Esras Zeiten würde nämlich hier nicht mehr ausreichen, da auch Esra 9, 4, 5; Dan. 9, 2 nur von einer Mincha des Abends sprechen. Wiederum anzunehmen, jenes für den Kultus grundlegende Opfergesetz sei erst nach Esra dem Pentateuch (doppelt!) einverleibt worden, muss der Kritik doch selbst von deren Standpunkt indiskutabel erscheinen, auch wenn Wellhausen den Mut zu dieser sehr bezeichnenden Folgerichtigkeit besitzt. Bleibt also nur der Ausdruck jener feinsinnigen, ungezwungenen Exegese Hoffmanns:[74]) Wenn beim täglichen Opfer morgens und abends (entsprechend der pentateuchischen Vorschrift und dem Berichte der historischen Bücher) neben der Ola eine Mincha dargebracht wurde, so beginnt der tägliche Opferdienst mit der Olah und endet mit der Mincha. Der Ausdruck „die Olah des Morgens und die Mincha des Abends" bezeichnet also Anfang und Schluss des täglichen Opfergottesdienstes[75]).

Eine ausgesprochene Tendenzkonstruktion ist die weitere Aufstellung Wellhausens[76]), in älterer Zeit käme das Ganzopfer äusserst selten vor, die meisten Opfer seien Schelamim gewesen; bei P hingegen sei das Verhältnis umgekehrt. Bis dahin habe

---

[72]) Pr. 77. [73]) Hoffmann, WJ 88 f. [74]) S. vorige Anmerkung.
[75]) Im Kommentar (Lev. 1 38) neigt H o f f m a n n jedoch der Meinung zu, in der „Mincha des Abends" die Hohepriestermincha (Lev. 6, 12—16) zu sehen, welche (nach dem Talmud) täglich als letztes Opfer auf dem Altar aufdampfte.
[76]) Pr. 68 ff.

es ferner bloss Geldbussen für die Priester gegeben, Schuld- und Sühnopfer dagegen erst seit Ezechiel.[77] Dieses anscheinend nur archäologische Detail ist für Wellhausen jedoch Rückgrat seines so weittragenden, imposanten Geschichtsaufbaus. Mit den Friedensopfern[78], den „fröhlichen Gastmählern mit der Gottheit", schwinde nämlich unwiederbringlich der Geist naturhafter Fröhlichkeit, das Verwachsensein von Opfer und Leben. An seine Stelle tritt mit dem Ganzopfer der abstrakte gottesdienstliche Charakter. „Der Atem des Lebens zog nicht mehr hindurch. Der Kultus, der ehedem spontan, wird jetzt Statut"[79]. Nur schade, dass gleich den anderen frappierenden „Entdeckungen" Wellhausens auch diese Charakteristik jedes Anhalts in den Quellen entbehren muss. Umgekehrt, Hoffmann überzeugt nahezu, dass das Opferwesen der Israeliten eher von der Ola seinen Ausgang nahm. Um nur einiges aus Hoffmanns Beweisführung dazu[80] herauszugreifen: Noah; Abraham und Isaak wissen nur vom Ganzopfer (wie auch die einfache Gabe von Kain und Abel im ganzen Gott geweiht wurde). Wenn Isaak auf dem Weg zum Berge Moriah seinen Vater fragt: „Siehe, da ist Feuer und Holz, wo ist aber das Lamm zum G a n z o p f e r?" (Gen. 22, 7), so klingt diese Frage, als ob es gar keine anderen Opfer gäbe (oder beweist zumindest, dass das Ganzopfer vorherrschte). Als Gemeindeopfer hat das Ganzopfer wohl jederzeit dominiert, und so mag der Altar mit Recht die Bezeichnung „Ganzopferaltar" tragen. Unter den Privatopfern dagegen hat sicherlich immer das Friedensopfer überwogen (letzteres bezeugt auch P deutlich genug: Nu. c. 7 u. a. m.); kein Wunder da, wenn diese einfachen Mahlopfer auf den Höhen besonders häufig waren. Des weiteren tut Hoffmann dar[81], dass Schriftstellen von unbestritten vorexilischem Alter im Sündopfer bereits eine allgemein bekannte Einrichtung sehen (Ps. 40, 7; Jer. 17, 1; Hos. 4, 8). Hinzu kommt noch, dass Olah im Sprachgebrauch mancher biblischen Bücher auch das Sündopfer meint (bes. Esra 8, 35). Hiernach wurde Olah also zu der allen hochheiligen Opfern gemeinsamen Bezeichnung

---

[77] 71 ff.  [78] Pr. 69 f., besonders 74 ff.  [79] Pr. 76.
[80] (Das Ganze) WJ 95.  [81] WJ 96 ff. (auch zum Weiteren).

(denen ja, die Olah einbegriffen, der Sühne z w e c k schon von jeher gemeinsam war), neben der die Unterart des Sühne- und Schuldopfers eigens zu nennen, überflüssig erscheinen mag. Hat Hoffmann hiermit die tatbeständliche Grundlage Wellhausens erschüttert, so wankt wiederum das ganze Gebäude. Wenn nämlich, was schliesslich noch allein übrig bleibt, die historischen Bücher den Kultus im Zusammenhang mit dem Leben zeigen, der Gesetzestext (P) hingegen bloss Vorschriften enthält, so ist diese Verschiedenheit doch im Charakter des zur Verfügung stehenden Quellenmaterials begründet[82]) (daher, dass Geschichtsquellen, die speziell die Technik des Kultus registrieren, nun einmal nicht auf uns gekommen sind). Wenn einem Wellhausen die Widersinnigkeit einer Schematisierung, die hier Gegensätze „herausarbeitet", nicht zum Bewusstsein kommt, so kann das nur aus einer blinden, jedes Mass übersteigenden Voreingenommenheit erklärt werden, die in den (schon vielfach von anderer Seite gekennzeichneten) aprioristischen starr revolutionistischen geschichtsphilosophischen Voraussetzungen der Schule wurzelt.

Blicken wir also auf das zunächst behandelte Gebiet des israelitischen Kultus (die Frage seines Lokals und Rituals) zurück, so ist festzustellen, dass Hoffmann die Angriffe Wellhausens gegen die biblische Ueberlieferung nicht nur abgewehrt, sondern geradezu in ihr Gegenteil verkehrt hat. Wie Hoffmann die Brüchigkeit der Graf Wellhausen'schen Lehre auch bei den anderen Religionsinstituten Israels aufdeckt und Beweis auf Beweis für die unverbrüchliche, uneingeschränkte Wahrheit der Ueberlieferung häuft, soll Gegenstand der nächsten Ausführungen sein.

---

[82]) Hoffmann, WJ 97.

Mit Recht urteilt Hoffmann: „Wellhausen hat durch verschieden gefärbte Brillengläser gesehen. Man mache einmal die Probe und stelle sich die Geschichte (d. h. die geschichtlichen T a t s a c h e n) des Kultus zur Zeit des zweiten Tempels aus Josephus' Geschichtswerken zusammen — ob man wohl dasselbe Bild erhalten wird, wie es das Gesetzbuch darbietet! Ob nicht der Oniastempel, der samaritanische Tempel und anderes zu Zweifeln an der Geltung der Kultuseinheitsgesetze [Anlass] geben könnten, oder ob das Treiben der Hellenisten, der späteren Makkabäer und der Herodianer der theokratischen Gesetzgebung des Pentateuchs entspricht!"

## Gertrud Marx, Gedichte. Neue Folge.[1]
besprochen von Dr. Armin Blau, Hamburg.

Ein seltsames Gefühl beschleicht den Leser, der die nachgelassenen Werke eines Verstorbenen, der ein bedeutendes Leben gelebt, zur Hand nimmt, ein Gefühl von Wehmut und von verlorener Glücksmöglichkeit. Wie aus vergilbten Blättern weht es uns entgegen, und erschauernd ahnen wir den Flügelschlag unsichtbarer Geister. Umso eigener und tiefer erfasst uns dieses Verbundensein mit dem Abgeschiedenen, je besser wir den Toten gekannt zu haben glauben und je näher er unserem Empfinden durch das dichterische Vermächtnis rückt.

Gertrud Marx, die jüdische Dichterin und bedeutende Frau, deren erstem Gedichtbande wir schon eine eingehende Würdigung gewidmet haben, (s. Jeschurun Band VI S. 608—613) schenkt uns aus Grabesferne in einer neuen Folge von Gedichten ein zweites Vermächtnis ihrer dichterischen Persönlichkeit und vervollkommnet damit das Bild, das wir an jener Stelle von ihr zu entwerfen versucht haben.

In jener Besprechung trat uns G. Marx als eine Eigene entgegen im jüdischen Dichterkreise, als eine kraftvolle, eigenwertige Persönlichkeit, in ihrer Vereinigung von starker, tieffrommer Religiosität mit allgemein menschlicher, dichterisch gültiger Formengestaltung. Dort sprach ein weiser, in Stürmen des Lebens gestählter Geist Bekenntnisse starken Glaubens und freudiger Lebensbejahung. Keine trübe Lebenserfahrung, kein weibliches Verzagen vermochte ihren Optimismus zu beugen, keine Zweifelsqualen ihren Lebensmut und ihren Glauben an eine göttliche Ordnung im Weltenweben zu mindern. Jüdisches Leben und jüdische Festesfreude und Fastentrauer, wie sie alljährlich wiederkehren, zogen dort vielgestaltig an uns vorüber, ein jedes Ereignis von der Verfasserin gedanklich liebevoll, sinnigweise mit einem dichterischen Kranze umrahmt. Keine tieferschütternden Heilsweisheiten, keine kunstvoll geballten Offenbarungen orphisch-orakelnder „Neutöner" wurden von der

[1] Verlag Gräfe & Unzer, Königsberg i. Pr. 1922.

Dichterin verkündet, nur Einblicke in ein tiefes, herrliches Frauengemüt, das mit dem Herzen denkt, Einblicke in die Erlebniswelt einer aussergewöhnlich reichveranlagten jüdischen Frau in schlichtem Tone zu geben versucht.

Die „Neue Folge" der Gedichte derselben Verfasserin reiht manche Vorzüge an die alten. Doch ein Wesensunterschied zwischen der alten und der neuen Ernte: Nicht mehr religiöse Bekenntnisse, jüdisch-dogmatische Fragestellungen und Probleme beschäftigen die Verfasserin, sondern überall ist Reinmenschliches, Allgemeingültiges, wenn auch aus jüdisch-frommer, gottgläubiger Seele Entsprossenes gegeben. Ein Zug der Resignation durchweht diese Blätter, eine Milde des Weltverstehens, wie es nur höchster Reife eigen ist. Wie goldne Herbsternte nach sommerlicher Reifeglut, wie ruhiges Atmen nach Fieberschauern. Vorübergehend Gewitterdrohen, doch meist andachtvolles Schauen und Einsammeln alterserprobter Weisheit in edlen Schalen.

Sechs Abschnitte bringt das Büchlein, betitelt: Selbstbekenntnisse, Naturbilder, Lebenslehren, Frauenschicksal, Den Toten, Im Kriege, und als Anhang eine Reihe Sprüche, deren schönes Motto hier seinen Platz finden soll: Mache Dir die Beobachtung der Gesetze zur Gewohnheit, aber hüte Dich, Deine eigenen Gewohnheiten Dir zu Gesetzen zu machen.

Die Titel dieser sechs Abschnitte kennzeichnen nur andeutend den Inhalt der Gedichte, deren Stärke hauptsächlich im Gedanklichen zu suchen ist. Weniges nur, dies muss gesagt werden, ist durchtränkt von lyrisch-zarter Natursymbolik und von innigem Naturverstehen. Ueberall wiegt das Gedankliche vor, selbst in den „Naturbilder" betitelten Stücken. Dies ist die Stärke der Gedichte und ihre Begrenzung. Das Gedankenhafte verhindert oft das ahnungsbange Schauen, das naive Schweben und Schwelgen im Natureindruck. Es behindert den Genuss und die voraussetzungslose Hingabe an das Naturhafte, wenn immer wieder, bei jedem und jedem Naturbilde zum Schlusse der Gedanke, gleichsam die Lehre der Fabel, mathematisch deutlich, fast lehrhaft ausgesprochen wird. Kurz, es fehlt das Leichtbeschwingte, die „Stimmung" in den „Naturbildern".

Dafür entschädigen uns die „Selbstbekenntnisse", die „Lebenslehren", auch „Frauenschicksal", durch edle Gedanken und durch reinste Blüten.

Welche L e i t g e d a n k e n das Buch durchziehen? Wieder werden die alten lieben Töne angeschlagen von der hohen Priesterinnen-Mission der j ü d i s c h e n M u t t e r, („Und eine schwache Hand, die mühsam bucht, Was Mutterseelen durch die Zeiten tragen" heisst es gleich im Widmungsstücke), von den K i n d e r n als Unterpfänder höchsten Lebensglücks („Die Kinder machen erst das Leben wert . . . Und unsern Kindern heisst es Vorbild sein"), von süsser Tyrannei der Enkelkinder, von dem unbesiegbaren Glauben an Licht und Liebe im Menschen, der sich nur dem Mutterblicke erschliesst . . .

Doch auch n e u e, starke T ö n e werden angeschlagen, besonders in den „L e b e n s l e h r e n", die die besten Stücke enthalten. Zweifel, Skepsis, Auflehnung, Todesnacht erhebt für Augenblicke das Haupt, des Menschentums arme Blösse enthüllt sich der Dichterin, sie verlangt nach Erkenntnis der so ungleichen Gesetze des Weltgeschehens. Hier gelingen der Verfasserin auch starke, sprachgewaltige Akzente. Doch bald (vielleicht etwas zu bald!) löst sich das Gewölk der Zweifel in Harmonien: Selbstbescheidung, Begrenzung der menschlichen Erkenntnis auf die Gesetze der Liebe zu Haus und Nebenmenschen, Verweisen auf Gott als letzten Wahrheitsquell, Werden, Uebergang und Entschwinden in jedem Seienden, die Einheit in der Vielheit des Alls, das Relative von Glück und Schönheit, die Freude in der Erinnerung an vergangene Seligkeiten, die zuinnerst zu erringende Festigkeit bei entschwindendem Glücke („Oft erbaut sich noch aus Trümmern ein bescheidenes Altersglück") — — — so ungefähr liessen sich die angeschlagenen Themen umschreiben.

Doch über allem schwebt als Oberton die wehmütige R e s i g n a t i o n d e s A l t e r s und das mutige Teilnehmen an den Bestrebungen der e m p o r s t r e b e n d e n J u g e n d.

In dem „Frauenschicksal" benannten Teile wird derselbe Faden fortgesponnen. Hier liegt das Originelle in der dichterischen und gedanklich und seelisch tiefen Verherrlichung der Schmerzen der Mutterschaft, diesem grössten Schöpfungswunder der Natur. Sie, die Mutterschaft, lehrt denkende Frauen das Dulden, Verzichtleisten, das selige Glücksempfinden im Heranreifen des Kindes, das Sichopfern im Dienste anderer, sie lehrt, (sagt das Dichterwort) „Wie die reinste Freude quillt aus tiefstem Schmerz".

Die „Den Toten" geweihten Gedichte sprechen wieder vom Entsagen, von schwervernarbten Wunden, von schwererkämpfter Seelenruhe, von liebezärtlichem Gedenken an Frühdahingeschiedene und vom Trost in dem Bewusstsein von der Seele unsterblichem Bestehen. Und Gelegenheitsdichtungen im besten Sinne bringen schliesslich die „Im Kriege" betitelten Poesien. Nirgends erzklirrende Drommetentöne einer Heldenmutter, sondern schlichte, schmerzdiktierte Abschiedsworte und Trostgedanken von Gottes schützender Huld und dem harten Druck der Kriegsnotwendigkeit.

\* \* \*

Bleibt die Frage nach dem Gesamteindruck dieses Büchleins Poesie. Ist es wirklich reinste, dem Urborn der Schönheit entquollene Poesie? Dazu überwiegt, wie die vorstehende, nur leidenschaftslose Wahrheit erstrebende Skizze zeigt, das Stoffliche und Gedankenhafte zu sehr das Gefühlsmässige, Stimmungsreine. Auch haftet für unser Empfinden diesen Dichtungen zu viel Formales, Formelhaftes, Reimschmiedhaftes an. (Man lechzt manchmal förmlich nach einer kleinen Lässigkeit im Gereimten!) Durch diese Formvollendung um jeden Preis leidet oft der lyrische Schmelz, und es tritt etwas Gewolltes anstelle des seelisch Beschwingten. Jedoch als Erbauungslyrik, als Gedanken- und Gesinnungsbuch für jüdische Frauen und Töchter, als ein mutiges Bekenntnisbuch einer gedankenhohen, vornehm fühlenden Frauenseele ist das Buch hoch zu bewerten. Es ragt an Talent und Können mindestens an die Poesien einer Anna Ritter, in manchen

Stücken sogar an die Droste-Hülshoff heran, überragt an inneren und äusseren Vorzügen aber auf jeden Fall unsere landesüblichen jüdischen Gelegenheits- und Andachtspoesien eines Sachs, Salomon Kleys und anderer, oder die Albumverse der Fanny Neuda und ähnliche Reimereien ohne poetischen Duft und Gehalt, die in den Anhängen der goldstrotzenden Gebetbücher unserer jüdischen Töchter und Frauen leider noch viel zu viel Platz einnehmen.

Ein besonderes Wort der Anerkennung verdient die Herausgeberin der Gedichte, deren feines Verständnis in der Anordnung und Einteilung der zusammengehörigen Stücke man uneingeschränkt loben muss.

## Hermann L. Strack.

„Das rein wissenschaftliche Interesse an der Literatur des jüdischen Volkes und das geistliche an dessen Bekehrung haben lange um meine Seele gestritten". Dies Motto aus einer Schrift Franz Delitzsch' setzt David Kaufmann an die Spitze seines gedankentiefen und sprachgewaltigen Nekrologs, den er jenem grossen alttestamentlichen Exegeten und bedeutenden Kenner und Förderer jüdisch-wissenschaftlicher Literatur widmet[1]). Das gleiche Wort gilt auch von dem jetzt dahingegangenen Gelehrten und es dürfte fraglich erscheinen, ob diese Zeitschrift, die mit Nachrufen so überaus sparsam ist, ihm einem Manne gewähren soll, der als ein Schüler Franz Delitzsch', Gründer und jahrzehnte lange Leiter des Berliner Institutum Judaicum, der Pflanz- und Lehrstätte für die Judenmission gewesen.

Aber die natürliche Abneigung gegen diesen Zweig der Tätigkeit der christlichen Kirche darf uns nicht daran hindern, öffentlich zu erklären, dass es wohl keinen Einzigen unter den christlichen Gelehrten des letzten Menschenalters gibt (Franz Delitzsch ist 1890 gestorben), dem das Judentum zu solchem Danke verpflichtet ist. Und wer da weiss, welche lächerlich geringen praktischen Erfolge die Judenmission aufzuweisen hat (und dazu kommt, dass die Gelehrten des Institutum Judaicum ja mit der eigentlichen Missionärtätigkeit überaus wenig zu tun haben) der wird gestehen müssen, dass das für uns Unsympathische

---

[1]) Franz Delitzsch: Ein Palmzweig aus Juda auf sein frisches Grab von Professor Dr. David Kaufmann. Jüdische Presse 1890, No. 28—30, zugleich englisch erschienen in Jewish Quarterly Review.

an der Wirksamkeit Hermann Stracks völlig in den Hintergrund tritt gegenüber den ausserordentlichen Verdiensten, die er sich um das Judentum erworben.

Diese sind um ein Beträchtliches bedeutender als die Franz Delitzsch'. Das erscheint auf den ersten Blick paradox. Ist doch Delitzsch' der schöpferische Exeget, der unsere Bibel mit einer Treue zum Urtext, mit einer genialen Konzeption und einer dichterischen Glut kommentiert hat, dass wir ihm aus unseren Reihen aus der jetzigen Zeit keinen zu Seite stellen können. Demgegenüber nehmen sich die Beiträge, die Strack in dem Strack-Zöckler'schen Kommentar zur Bibel geliefert hat, nur trocken aus. Und hat doch Delitzsch sich in der jüdischen Wissenschaft so schöpferisch betätigt, dass er neben den ersten Grössen zu den Bahnbrechern zu zählen ist. Strack hat eigentlich immer nur Bausteine geliefert und mit freilich unermüdlichem Fleisse Materialien zusammengetragen. Auch in der Kenntnis der rabbinischen Literatur übertrifft ihn zweifellos Delitzsch. Aber das eine hat er vor Delitzsch voraus, dass er unermüdlich und immer und immer wieder für das Judentum eingetreten ist, wenn die Verläumdung sich gegen seine Literatur, seine Lehren und seine Bräuche erhob. Der kleine, unscheinbare Mann, dessen von manchem Leid und mancher Not erfülltes Leben nur die ununterbrochene Gelehrtentätigkeit verklärte, er besass die Tapferkeit sich immer und immer wieder den Schmähungen und Verunglimpfungen zu stellen, mit denen die antisemitische Hetzmeute jeden begeifert, der für das Judentum einzutreten wagt. In dieser zähen nimmer ermüdenden und in der Wiederholung doch so unerquicklichen Arbeit lag seine Grösse.

Hermann L. Strack wurde, wie er selbst berichtet[1]) in den sechziger Jahren durch seine Lehrer Biesenthal und Delitzsch für die jüdische Literatur gewonnen. Ein dreijähriger Aufenthalt in Russland 1873—76 bot ihm Gelegenheit, mit den dortigen Juden und dem Judentum überhaupt näher bekannt zu werden. Er eignete sich eine für einen christlichen Gelehrten gediegene Kenntnis des rabbinischen Schrifttums an. Wenn er es wohl kaum zu der Fähigkeit brachte, in die halachischen Partieen des Talmuds in gleicher Weise wie ein jüdischer Talmudgelehrter einzudringen, so war ihm doch die Haggada völlig geläufig und Mischnajoth verstand er durchaus zu „lernen". Es liefen ihm jedenfalls nie die Fehler unter, die wir sonst an den Produkten christlicher Gelehrsamkeit zu geisseln haben und die Aptowitzer in seinem bekannten Aufsatz an den Pranger gestellt. Ein

---

[1]) Herr Adolf Stöcker u. s w., S. 1.

Zeugnis gediegener jüdisch-wissenschaftlicher Gelehrsamkeit legt er schon früh ab in seiner Schrift „A. Firkowitsch und seine Entdeckungen: ein Grabstein den hebräischen Grabschriften der Krim." Er behauptete da tapfer selbst gegen einen Chwolson das Feld. Stracks umfassende Arbeiten für die hebräische Grammatik, die alttestamentliche Exegese, seine ganze Tätigkeit als Vertreter dieses Lehrfachs an der Universität Berlin können wir und brauchen wir auch in diesem Zusammenhange nicht zu schildern. Nur nebenbei sei bemerkt, dass er auch hier, seinem Lehrer Delitzsch gleich, manches zur Kenntnis der Bibelhandschriften und der Massora beigetragen. Schon 1875 gab er mit A. Harkavy zusammen den Katalog der hebräischen Bibelhandschriften der kaiserlichen öffentlichen Bibliothek in St. Petersburg heraus. Auf das Lehrbuch der neuhebräischen Sprache und Literatur, von ihm gemeinsam mit Karl Siegfried verfasst, sei nur kurz verwiesen. Verdienstlich sind seine Textausgaben mit beigegebener Uebersetzung einer Reihe von Mischnatraktaten, die für die christlichen Kreise die gleiche Bedeutung gewannen, wie die von Samter, Hoffmann, Baneth, Petuchowski, Cohn herausgegebene Mischnaübersetzung für die Unsrigen. Bis jetzt unübertroffen und auch für uns unentbehrlich ist seine „Einleitung in den Talmud", die mit seltener Exaktheit gearbeitet, eine Reihe von Auflagen erlebt und auch ins Hebräische übertragen ist. Mit welcher Gewissenhaftigkeit diese Einleitung gearbeitet ist, mag ein kleiner Zug illustrieren. Um eine kleine Notiz in der jüngsten Auflage richtig zu ergänzen, scheute er — damals schon schwach und krank — nicht den Weg in unser Rabbinerseminar, um in einer Konferenz mit uns Dozenten das festzustellen. Wehmütige Erinnerungen steigen in uns auf, wenn wir an das schöne Verhältnis denken, in dem er zu dem jetzt dahin gegangenen alten Geschlecht unserer Dozenten stand, wie dankbar er für die Förderung war, die er von Barth, Berliner, Hoffmann erfahren und wie tapfer er wieder Hirsch Hildesheimer in seinem Abwehrkampf gegen den Antisemitismus beistand. Aber es gab wohl kaum irgend einen jüdischen Gelehrten von Bedeutung, mit dem er nicht in Verbindung stand. Das Literarische Zentralblatt, vor allem aber die Theologische Literaturzeitung bringt fast ein halbes Jahrhundert in jedem Jahrgang eine Reihe von Besprechungen aus seiner Feder, vorzüglich über Erscheinungen auf dem Gebiet der jüdischen Wissenschaft. Bei aller Objektivität und den sachlichen Ausstellungen ist es ihm stets — das erkennt man fast aus jeder Besprechung — Bedürfnis, zu loben. Es fehlt ihm, gerade weil er sachverständig ist, an jener Ueberheblichkeit, die so manchen christlichen Gelehrten eigen ist, wenn sie über talmudisch-rabbinische Dinge und über die jüdische Wissenschaft reden. Die gediegene Grundlage seines umfassenden Wissens auf diesem Gebiete setzte ihn nun auch in den Stand, der anerkannteste christliche Gutachter zu werden, dort wo es sich um Angriffe gegen das Judentum handelte. Als Gutachter berufen zu werden ist eine Ehre und darum kein besonderes menschliches Verdienst. Unvergessen soll ihm aber sein, dass er ungerufen, nur aus dem Streben, der Wahrheit zum Siege zu verhelfen, so oft auf den Kampfplatz trat. Von der Tiszla-Eszlar-Affaire an erschallte sein Ruf nach Gerechtigkeit gegen die Blutlüge durch alle Etappen, die diese zur Schande Europas seitdem genommen. Seine Ausführungen verarbeitete er zu Werken von dauerndem wissenschaftlichen Wert. So kämpfte er gegen Rohling, gegen den „Judenspiegel" bis herab auf unsere Zeit gegen die Behauptung der „jüdischen Geheimgesetze" — „die Weisen von Zion" usw., gegen Arthur Dinter und die Pamphlete von Friedrich Delitzsch, dem so anders gearteten Sohne seines grossen Vaters. Er hat dafür von einer grossen Anzahl seiner Glaubensgenossen nicht nur Hass, sondern auch Hohn und Spott geerntet. Er ist in der schändlichsten Weise verdächtigt worden, denn für diese niederen Seelen, die für den Wahrheitsforscher und Wahrheitskämpfer kein Verständnis haben, gab es nur eine Erklärung: der klingende Lohn, den der „Judensöldling" dafür eingeheimst. Er ist arm gestorben und hat ärmlich gelebt, er musste schon in Friedenszeiten manche von seinen ihm so teuren Büchern verkaufen, und er hat oft auch dem Schreiber dieser Zeilen gegenüber geklagt, wie keine seiner Veröffentlichungen ihm soviel gebracht, dass er sich genügend Bücher, sein Handwerkszeug, dafür kaufen konnte. Und vor allem: er kannte freilich viele Juden und konnte daher nicht in den Chor der Hassenden und Verachtenden einstimmen, aber er liebte nicht das Judentum, dem er, wie nur einer der einseitigsten christlichen Theologen, eine sehr untergeordnete Rolle dem Christentum gegenüber zuwies. Er ging auch, wie er das selbst in der oben erwähnten Broschüre schildert, durchaus mit Stöcker eine Strecke Weges zusammen. Er verliess ihn erst, als dieser der Demagogie zuliebe der Lüge verfiel. Um so mehr des Ruhmes wert ist es, dass er um der Wahrheit willen für uns gestritten und wir dürfen auch sagen gelitten. Einer dauernden, dankbaren Erinnerung ist dieser Mann, den wir zu den חסידי אומות העולם zählen, in unseren Reihen sicher. J. W.

Verantwortlicher Redakteur Dr. J. Wohlgemuth, Berlin.
Druck von H. Itzkowski, Berlin N 24, Auguststr. 69.

גם הגבור נושא המסכת אינו בעל קומה, נפשו אינה שלמה ואינה קרועה — איש טלאים. מעט ירחפו' כאן צללי מעשי אבות ירשו בנים, אבל אין בזה כדי למלאות מקום אפי אנשים. מקוצק יש כאן קרעי צבעונין ותו לא. זהו זיוף שצריך להתריע עליו, זוהי מין עלילת דם חדשה על החסידות. אין כאן חדירה מתחת לשטח, אל מהות המעשים ואל נפש העושים. וגם אמנות ויצירה אין כאן.

אלא מה יש כאן? שכניקא מעולה וגדולה יש כאן בלתי שכיחה בספרותנו. זהו ספר שהמחבר מזמינו אצל עצמו לזמנים מזומנים, וסממנים יש כאן במדה ובמשקל: תשעה קבים יערות וחופים, תשעה קבים דינים ובנות עממים, וקב מסתורין נוצריים וקבים חסידות, ומכחול רחב על בד מבריק — שלט של תערוכה — ספר כתוב לנכרים או ליהודים שהתנכרו.

וקשה לומר וקשה שלא לומר מפני שאין עצה ואין תבונה במקום חובה. והוצאת ספרים גדולה וכבודה פרסמה את הספר ואין להבין מה ראתה על ככה.

העם העברי חי, הלאומיות העברית התעוררה לחיים חדשים, ועמהם גם השפה והספרות העברים חיים ומתחדשים, ועל הרי ציון ובחוצות ירושלים כבר נשמע קולות הילדים העברים המדברים עברית, ולא יארכו הימים שהשפה העברית המחודשה תאחד את כל העם העברי, כן בארצות הגולה וכן בארץ אבותיו הנעורה גם היא לתחיה, שבקרוב יקוים בה מקרא שכתוב: עוד ישמע בערי יהודה ובחוצות ירושלים קול ששון וקול שמחה, קול מצהלות חתנים מחמם ונערים משתחה מנגנתם — והקול קול יעקב, עברית חיה ופונדחת, עברית בצורתה וגם ב ת ו כ נ ה!

---

מ. מ. ליפשיץ.

## אפאטושו: ביערות פוליז.

יש שישא אדם את נפשו לבית דין יושב באיזו לשכת גנזי ודן על פשעי ספרות. הרי מעניישים כל אדם שנכשל בזיוף, שהלבין פני חברו ברבים. ואדם כי יזיף חיים, כי ילעיב בעם, כי יחטא לאמונת: אין דין ואין דיין.

זיוף חיים ואמת אמנותית: קשה לתחם תחום, ובכל זאת יש אבן שעליה כתוב: עד כאן תחום חיים ואמת, ומכאן ואילך תהו ולא נתיב. יכול אדם לציר מעשים כהויתם ולזיף עם זה מראש ועד סוף. האמת לא במעשים אלא בחזון. ובכל זאת יש שקר במקום שנזדיף רוח החיים, במקום שנסתרסו סדרי עולם.

כאן קם סופר וזיף תולדות עם, סרם פרקי עבר והוה. חסידות כזאת לא היתה בעולם, פרקים שלמים של תעלולי פרנק כתב על דפי החסידות. הספר יהיה לתעודה הסטורית. להבא יתאמנו פרחי חכמים ויכתבו דיסרטציות על יסוד פרשיות קוצק שבכפר. והלא ברור שכל זה לא היה ולא נברא. בקוצק הן לא היו אורגיות ותעלולי נשים. בסביבת אדם גדול לא קרו מעשים כאלה, לא היתה שליטה לנשות חן רמות עצבים ורבות הזמה. (אנכ: בשם מתנגדי קוצק מוסרים אמרה כזאת: מכיון שנתפשש במינות, הרפה מהם יצר של עברה. ויש אמת בזה: קנאים לרעיון אין יצר הרע של עברה שולט בהם).

לכאורה נראה כאלו הציב לו כאן המחבר מטרה גדולה, לתאר דמות אדם גאוני. סוד האישיות הגדולה אינו מתגלה אלא לגדולים. לא על נקלה ימצא אדם את הגדול האורגני של גאון. ולכן נעשה הגאון לאבן נגף למספרים, ורבים נסו כחם ולא יכלו. הצדיק מקוצק, המיסד, היה כאין ספק אדם גאוני, אבל כאן לא נתגלתה אישיותו יותר מאשר באנדה החסידית, צל אדם מבעד לקרעי סמורי עם. בספרות העברית עוד לא נצטיר הטפוס של גדול בתורה, אף על פי שבחיים הונדר יפה ונקבעה מהות "הגדול". והנה בעל "חדושי הרי"ם" לפנינו, ועין הבעת פני גדול, ואין גם המנהיג התקיף המסולל דרך. אף החסיד המשכיל ובת זוגו אינם מעולם הזה שבקוצק

המשמשת בהם, צריכה להיות הוראה קבועה ומחלטת? סה אי־אפשר כלל וכלל להתעקל ולהסתפק בעקימת הכתובים ולישובים בדוחק. ביחוד הרגישו צורך בהרחבה כשצעדה הספרות העברית צעדים רבים קדימה. מספרות זמנית, כעין אמצעי להפיץ השכלה, נהיתה לקנין לאומי מחויב מצד עצמו, ל,,חלק עצמי מעולמנו הפנימי". דבר זה גרם כי בספרות הספורים נתרבה ערך הציור המדויק והיפה, בספרות העתית נתרבה ערך הטרמינולוגיה המדינית וכן בכל מקצוע ומקצוע, והסופרים החלו להרגיש לחץ ודחק בכתיבתם והכירו, כמה עלובה היא שפה מצומצמת ומקוטעת, ובאו לידי מסקנא, כי השפה העברית מוכרחת להתחדשות כדי שתהיה חיה בפיהם, ורק ע"י הדבור העברי יבאו ליצור החידושים הנחוצים, הן מחפוש באוצרי ומבטני השפה משכבר הימים, וכמו"כ מיצירות המתחדשות בלא יודעים, בתור הופעה פתאומית. וכן היה הדבר גם בארץ ישראל כשהתחיל בן יהודה להנהיג בביתו את הדבור העברי, שצריך היה לסמן כל דבר, כל כלי, כל מושג בשם עברי מתאים פחות או יותר ומבלי לחשוב הרבה; ובאופן זה נתרבו החדושים הרבים, שרבים מהם היו כקיקיון דיונה, בן לילה היו ובין לילה נאבדו מן החיים. ורק אלה שהיו באמת יונקים משרוש השפה העברית ורוחה המקורי, נשארו קימים ונתפשטו בחיים ובספרות. והפרוטם בנדון זה עוד טרם כלה.

להביא מלים מחודשות לדוגמא, אין כל צורך, כי לפי רבוי המושגים החדשים, שמות ההמצאות החדשות, של כלים, עצים, פרחים, חיות וכיוצא בהן, כמו"כ פעלים מדויקים, כן רבו החדושים וההרחבה, ועדינה הולכת מלאכת ההרחבה ונמשכת. אין כל ספק כי נתערבו גם יסודות זרים שקשה מאוד לעכלם, אבל בשביל זה אין אנו צריכים להביט בתמהון ונאוה כאחד, על התקדמות שפתנו וספרותנו העברית ועל הגובה שהתנשאו אליו מנקודת המבט הבקרתי אמתי? רק אלה שישענו שינת חוני המעגל, ולא קראו ולא שנו מכל מה שנתחדש, נכתב ונתרגם בשפתנו במשך שמונים שנה האחרונות, רק מי שאינו יודע כלום מיצירותיהם של טובי סופרינו ומספרינו הגדולים, רק מי שלא טעם טעם השירה העברית החדשה, שבחלקים ידועים עלתה לנוכה השירה תנכי"ת במקומותיה היותר נעלות, רק מי שלא התענין עם העתונות העברית היומית, השבועית והחדשית, רק מי שלא התענג עדין על שיחה נאה בעברית, ואזנינו השע משמוע צלצלי שפתנו מעל שפתי ילדים וילדות, רק מי שנשאר טחון למחנה העברים הבונים בהיכל הספרות העברית בהתמכרות שאין דגמתה, רק מי שחושב, שאם אין הוא כאן אין כלום כאן, רק איש כזה יוכל לטעות ולומר כי השפה העברית שבפינו, אינה באמת המשך השפה העברית, שפת התורה, הנביאים, המשנה, והספרות העברית עד האידנא, ולבטל את כל הכתוב ונאמר בה, כל החדוש הנפלא שנתחדש עד עתה כאילו אינם. סוף כל סוף e pur si muove, אם רוצים הם או אינם רוצים. פרוצס ההתחדשות וההשתלמות הולך ונעשה יום יום, ומידים הרוצות וסופרים וחכמים הבקיאים ומומחים למלאכת־חכמה זו. ואלה הנחשלים ישארו בחוץ עם התמרמרותם ומחאתם האי צורקים להפסדם ונזקם הם.

(חוב=חייב; קום=קיים; בוש=בייש), וכל זה לא שבש את התקדמות השפה (עי״ש שהאריך עוד במשלים על נל״ה ונל״א), וכי בדברים כאלה הלכה כבתראי. וכדבר הזה כותב גם ספיר (במקום הנזכר: שאם נמצא בדברי המשנה שנויים וחדושים שלא לפי חוקי הלשון, אין זה סימן כי לא ידעום ולא כוונו להם, כי אם סימן של התפתחות טבעית וחיה. ומי יוכל לגלות את השנויים שנעשו ל פ נ י ם בשפתנו, שלא היו גם.אז לפי חוקי הלשון הדקים והמדויקים".

אלא שצריכים אנו להזהר זהירות רבה, בטעם והרגשה, אצל כל החדושים שאנחנו עושים בעל כרחנו, שלא יחטאו ביותר נגד הדקדוק הקבוע וגם שלא תהיה המלה או הסגנון המחודש זר לרוחנו ביותר.

הסופר הידוע ד״ר י. קלויזנר עורך "השלח", כתב מאמר אחד חשוב בשאלת הרחבת השפה העברית בזמננו והשיב תשובה נצחת לכל המפספקים והמערערים, ואתן כאן מהם רק תוצאה קצרה, תמצית דבריו. (השלח חוברת ו').

אחרי הראותו, כי יחד עם התפתחות האדם בחומר וברוח, מתרבים גם הענינים החמריים והרוחניים הדורשים להם בטויים בלשון. גם אם השפה חיה היא ומדוברת בפיות רבבות אלפי איש, גם אז אין ש פ ת ה ע ם המדוברת, מספקת לכל צרכי החיים, של כל המפלגות העליונות. והחכמים והסופרים אנוסים להרחיב את השפה-מ ת ו כ ה ו ת ג ב ה. ככה הרחיבו למשל הפלוסופים האשכנזים את המלה Wesen שהיתה מקובלת ומצויה מכבר, ע״י תוספות קטנות, ותצאנה להם המלים המחודשות והשונות ברקות מובנן: Wesenheit, Wesentlichkeit.

לפעמים מוכרחים בני עם ידוע לחדש מלים ושמות, מפני שראו המון חפצים וכלים אצל בני עם אחר ששמעו מהם שמות חדשים שלא נודעו אצלם, או שקראו בספרים לועזים המון מושגים ובטויים, שלא עלו עוד על דעת בני אותו העת. והבדל גדול יש בזה בדבור החי ובין מושגים הדרושים בספרות. הדבור החי אינו מחכה כלל. הוא ניחן תיכף בלי חשבונות רבים לאיזו מלה ישנה הוראה חדשה, כמו שעשו האיטלקים, ואחריהם שאר העמים במלת "באנק", שהוראתה הראשונה "ספסל" ואח״כ להוראת שלחן החלפנים. או הוא משנה קצת ב ל י ־ מ ש י ם מלה זרה ומשתמש בה לצרכו, כמו המלה. הצרפתית והאנגלית umbrella שנתרחבה מן umbra = צל, ברומית.

וכלל גדול הוא בתורת הלשונות, כי טרם תהיה שפה לשפה ספרותית, היא משתנה ומתרחבה שלא מדעת ומבלי משים, ומשהגיעה למדרגה של התפתחות ספרותית השתנות והתרחבות זו באה גם בהכרה ברורה ע״י הסופרים.

ומה שאפשר, מותר ונהוג אצל כל השאות, בהכרח שהוא גם לנבי שפתנו. כל זמן שאנו דורשים וכותבים על עניני מחקר ועיון בדרך כלל או כותבים מליצות נשואות, יכולים אנו להסתפק באוצר המלים שיש לנו בתוך התלמוד והמדרשים וכו'. אבל מה יעשה הסופר הבא לכתוב ענינים מדעיים ברורים ומדויקים, שלכל מלה

בשפת עבר, אך תמיד אינן משנות את ההוריה העברית של השם המקורי. השמות עליון, אביון, פדיון, רצון, פקדון, כשלון וכו' יש להם ממש אותה ההוראה של המלים שמהן נגזרו, רק בשנוי פעל לשם או במשמעות צדדיות לחזק או להחליש את המושג הכלול בהם, ואעפ"כ נכון להשתמש במלת שעון להוראת "שעה קטנה" או להוראת הפנית הלב לאיזה ענין.

כן הוא. מתאמץ להוכיח כי כפל חצי המלה לסימן הקטנה או חבה, כמו כלבלב וכו' אינו נכון. על הפעל החדש: "מעניַן" מן השם: עניָן, הוא אומר: מה תמוהה הבריאה הזו! השם: עניָן, שרשו "ענה" והנון נוספת להוראת השם כמו: בניָן, קניָן; והאם לא לשחוק יהיה האוטר: מבניָן, מקניָן? אם קדמוננו אמרו: ממשכן, והכניסו אל הפעל את המ"ם הנוספת בראש, הנה הם, לא עסקו בחקר השפה ובהלכות הדקדוק והננו מקבלים את השבוש הזה. וכן הלאה הוא מתרעם על הסגנון הזר והמשונה — בשביל שהוא בטוי המחשבה בצורתה האירופית (דבר שנמצא גם בתקופות הקודמות, וביחוד נכר הוא בתקופת הערבית, בהעתקות התיבונים, שמלבד המלים החדשות גם הסגנון נקל יותר להבינו, למי שלו יד וידיעה בשפה הערבית שממנה הכניסוהו) — שלא נשמע מעולם כמוהו.

ואנחנו עדים איך התאזרחו המלים הללו בשפתנו, ואיש מאתנו אינו מרגיש חלילה, כי השמות: עתון, ירחון או הפעל "מעניָן" אינם נכונים עפ"י בניָני השפה וחוקיה. ואם לחשך אדם לאמר: אם כן, אפשר הוא, ומותר לעשות בשפה ככל העולה על רוחו של כל מחדש, ולקלקל עי"ז את כל השפה!

אבל באמת אין הדבר כן. מפני שעצם הדבר, שלא כל החדושים מתקבלים ונשארים קיימים בלשון, מראה, כי לכל לשון יש מעין חוק פנימי המקרב או מרחק את היצירות החדשות או הזרות הנדחקים ונכנסים באוצרה. חוק שאין אנחנו יכולים למצוא את שרשו האמתי. כי כמראה הזה אנחנו רואים אצל כל לשון חיה, שקצת מלים מחודשות או חדשות מתאכלות מן השפה ונבלעים בדמה, עד שאין להפרידן עוד. וישנן אחרות שהן נדחות החוצה ע"י איזה כח טמיר ונעלם. והשנית, כי שפתנו העברית אך שארית שפה היא (כמו שאמר הסופר א. ספיר, השלח. כרך ד', ב') אשר נשארה לנו בכתבי הקודש חסרה ומקוטעת, ושעל כן גם השארית הנמצאה איננה מבוררת היטב, ומלבד הצורך והנחיצות הרבה לחדש ולהוסיף, יש לנו עוד צורך גדול להבין ולבאר, לחפש ולמצוא ולדעת תכונת שפתנו ועקריה, שאינם מבוררים או שאינם ידועים לנו. וכבר כתב חכם וסופר גדול, הד"ר ש. ברנפלד, כי "עלינו להשתחרר ממשפט קדום, שמנהגי הלשון הביבלית הם רק הם "חקי הלשון", וכל מה שיתנגד לזה הוא יוצא מן הכלל ונמנה במספר ה"זריות". ולפי דעתו, משפטי לשון המשנה הם על צד האמת כללי השפה העברית, והשאר הם שרידים מתקופה קדומה שכבר חלפה ועברה (השלח, כרך י', חוב' ג'). והוא מוסיף להראות כי בשרשי נע"ו אנו רואים, שנתרחבו בימים מאוחרים ל"שלמים", כי במקום אות ו' השרשית העמידו אות י' ואותה בטאו במלוא

היתה בזה על התחתונה. הללו שכחו דבר אחד במשנתם, כי כל שפה אינה מתרחבת ע"י אקדמיה אלא על ידי העם והסופרים היום־יומיים. אמת לא כל החדושים המתחדשים בנגוד לרוח השפה מתקיימים, וכדבר הזה רואים אנו גם בחדושי השפה. העברית שבדורנו, שרבים מן החדושים היו כנפל אשת בל חזה שמש, וכלעמת שנוצרו כן חלפו עברו ואיש איננו משתמש בהם שנית. אבל המרובים שבהם, גם אם לפעמים הם בנגוד לכללי הדקדוק הישן, פרצו להם דרך והתאזרחו מבלי יכולת כל איש לשרשן עוד משפתנו.

לומר בזמן הזה כי אין שפתנו צריכה להרחבה, שנאה ויפה היא כמו שהיא ודיה ומספקת לכל צרכינו — דבר זה אפשר להאמר רק, או מבטלן שמטיו לא ראה ולא שמע דבר חוץ מד' אמותיה של ההלכה — מפוס ההולך וכלה גם בתחום המושב היותר צר, או ממי, שהלאומיות העברית שלו סגומה ומצד השפה הוא מתבולל גמור. העברי השלם הדבק בעמו ושפתו והיודע את צרכי השעה, מוכרח הוא להודות, כי אם באנו לכתוב ולדבר עברית — כנאות לעברים נאמנים — אז אין שפתנו מספקת ודורשת התרחבות, הוסעה, שכפי שהוכחנו, כבר גראתה בכל התקופות של הסמוריותנו. דבר שלא רק רשאים אנחנו, אלא גם מחוייבים לעשותו.

אבל על מה שאפשר לדון? זהוא רק על אופן הרחבת השפה, שרבים הם הטועגים, כי כל שפה לא תתרחב כי אם בהתפתחות טבעית והשתלמות מודרגת ומסודרת, ולא, באופן מלאכותי שבא בקפיצת הדרך ודחיקת הזמן, כי השפה אינה גבראת בכונה וברצון ובהסכמה, כי אם נולדת וגדלה היא מאליה.

בטרם אביא את תשובת המחזקים בשיטת ההרחבה כפי שהוא נהוגה אצלנו, אציין פה אילוסטרציא אחת, כדי להראות מראש טעות אלה החושבים שהחדושים אפשריים בשפה רק בהתאם אל משקלים ובנינים קבועים מימים קדמונים.

הסופר הגדול מ. ל. לילינבלום, כתב ב"ג מאמר גדול בשם "להרחבת השפה" שבו הוא דן בפרוטרוט על שאלה זו, ואם גם הוא מן המסכימים לנחיצת ה"הרחבה" — בתור סופר שכל שבילי הספרות והחיים נהירין ליה לא היה גם אפשר אחרת — בכל זאת הוא רוצה לקבוע מסמרות ידועים בנידון זה. הוא הולך ומונה שם את החסרונות שנמצא בכמה אופני חדוש ומלים שנתחדשו באוסן המתנגד לחקי הלשון העברית המסורה — לפי דעתו.

בראשונה הוא מתנגד לקחת מלים מן הלשון הערבית שבמקורן ושרשן הן, משותפות לשתי הלשונות האחיות, עברית וערבית, כמו שדרש המשורר יל"ג, וכל איש שיש לו איזה ידיעה בלשנית יכול רק להסכים לה. הוא מחזיק בדעת שד"ל (פניני שד"ל אגרת מ"ח) שכתב "כי העסק בספרי הערביים יוכל להפסיד הרגשתנו העברית".

ואח"כ הוא מתאמץ להוכיח כי המלות החדשות: שעון, עתון, ירחון שנבנו מן השמות: שעה, עת, ירח, אינן נכונות, כי הוספות אותיות כאלה אמנם מצויות

וכולם כאחד שמו את לבבם לחקור ולדרוש אחרי דרכי לה"ק (המאסף תקט"ד)
וכל מגמתם וחפצם היה להרחיב דעת לשוננו הקדושה ולתקנה מכל הפגימות
והקלקולים, שהסבו לה הרבנים, הנה היתה כל פעולתם מאפע. מי שאינו עובד
בעד תקון האומה — אינו יכול לעבור גם בשביל תקון לשונה. פרץ סמולנסקין,
זה הסופר הלאומי הראשון שלנו, שעסק בספרות העברית "לא לשם הלשון והספרות
בעצמה, כ"א לשם האומה שחפץ בתקונה" (עהרענפרייז, שם) פנה דרך חדש בשביל
הספרות העברית ואפשר את קיומה והתפתחותה. תקופת השלילה פנתה מקום
לתקופת הבנין. למרות שראשוני הבונים היו בעלי דו־נשמות, של שאיפה לבנין
וסתירה כאחד. אצל הסופרים הלאומים הראשונים היתה עדיין המלחמה בין
הלב והראש. הלב העברי שאף לתחיה לאומית עם מאויים ותקוות ושאיפות
עבריות מיוחדות, והראש החושב היה אירופי ביותר, מבטל את היהדות וחפץ
בחרבנה. אבל באן מאורעות החיים מסודרים ביד נראית, יד ההשגחה העליונה,
ועזרו לנצחון הלב.

בשעה שבא סמולנסקין ליסד מרכז חדש לכותבים עברית, שאל עדיין:
מה תתן ומה תוסיף לנו שפת עבר? זאת היתה שאלת זמן חלוף משטורות,
שאפילו המצוינים שבסופרים לא יכלו עדיין לתת חשבון לנפשם ממהות הרגש
הלאומי, שהחל לפעם בחזקה גם בקרב בני ישראל המתאירופים. חלום שווי
הזכיות וההתאזרחות לקח עוד שבי את כל החוזים חזיונות וראשי המדברים שבעם,
עד שבאו הימים הרעים והוכיחו לכל, כי החלומות שחלמו רבים ע"ד שווי הזכיות
היו חלומות שוא, וכל התקוות היסוד שקשרו בחסד העמים היו כקצף על פני
המים, ומכלי משים באו לידי ידיעה והרגישו מחדש, כי גם בני ישראל, בני עם
א ח ד הם, עם צרכים צבוריים מיוחדים ותקוות צבוריות מיוחדות, כי כולנו שואפים
— ועלינו לשאוף — למטרה אחת ולגאולה אחת כוללת — לגאולה לאומית, לתחיה
לאומית־יהודית, לשם קיום אומתנו בצביונה המיוחד. "וכל אלה התקוות והשאיפות
החדשות וכל החיים הפנימיים של האומה", שהחלו להתפשט ולהתרחב בימים ההם
לעומק ולרוחב, בקשו להם ממילא בטוי מיוחד בספרות הלאומית ובשפתה — דבר
שאפשר היה להתממש רק ע"י הרחבת הלשון והעשרת סגנונה.

מכיון שהספרות העברית קבלה מצד אחד את הגון הלאומי והתעודה הלאומית,
ומצד השני היו הסופרים השכיחים אצלה, אנשים שנתחנכו כבר גם על ברכי
הספריות האירופיות וטעמו את "יפיפותו של יפת", ממילא שהיצירות הספרותיות
שיצרו מתי־ העם ובשביל העם, דרשו דיקנות מרובה שאפשרה היא רק ע"י התחדשות
השפה, ולא שפה מונבלת ומצומצמת כמו שהיתה זו שער אותה התקופה. וטובן
ג"כ, כי ככל אשר רבו הסופרים שכתבו ורצו לכתוב בכל מקצועות הספרות עפ"י
מדת הספריות האירופיות ומושגיהן, יותר ויותר גדל הצורך לחדושים, עקריים
וטפלים, צורך שמכרח היה להמלא גם נגד דעת הפוריסטים שבנו, שהתנגדו להרחבת
השפה במדה כזו, דבר שהביא לידי וכוחים ופולמוסים ספרותיים רבים ויד הפוריסטים

# ישרון

## ירחון לתורה ולעניני היהדות

חוברת ה.        תשרי—חשון תרפ"ג        שנה שלישית

ד"ר שמואל גרינברג.

## השפה העברית במהלך העתים.

(סוף).

### תקופת ספרות התחיה.

בהשליכנו כעת מבטנו לאחור על תקופת ספרות התחיה העברית נראה כי ראשיתה נעוץ בזמן, בראשית המאה הזאת למספרנו אנו, וכי מאז ועד עתה עשתה ספרות זו. ובראש וראשון השפה העברית, פסיעות גסות של התקדמות והשתלמות שלא נראו אצל שום עם ולשון. מבלי לגזם, יכולים ורשאים אנו לומר כי, למרות פזורנו הנורא, למרות הגזירות הרעות שנגזרו על בני עטנו בזמן האחרון, למרות הגרושים, הטלטולים וכל מיני הפורעניות שבאו על אברי אומתנו הנראים כתולדלים זה מזה, למרות כל אלה לא היו ימים טובים לשפתנו, כימים האלה אשר אנחנו חיים בהם, ומימות הנביאים לא נתרחבה ולא נתעשרה שפתנו בטדה מרובה כזו שבתקופת התחיה של זמננו.

"כל כמה שהספרות העברית של תנועת ההשכלה היתה, כמו שאומר הסופר הידוע הרב ד"ר עהרענפרייז (השלח חוב. ו') עבודה ספרותית של דילטנטים, העובדים, לא לשם איזה קהל או לשם איזו דעה קדושה שאליה הם נושאים את נפשם, כי אם לשם עצמם ולשם שעשועם הפרטי, ספרות שאינה נזונת מהעם, וגם אינה נותנת מזון לעם, שאינה תולדת תנאי החיים השולטים באומה" לא היתה רק ספרות עקרה. מבלי כל תקוה להתפתחות. ולמרות שבעלי ה"מאספים" אספנו אחזת מרעים משכילים. מהם בעלי גמרא, מהם בעלי חכמה, ויודעים בלשננות זרות

# Jeschurun

9. Jahrgang — חשין 5683 — כסלו November—Dezember 1922 — Heft 11/12

## Die Urattribute Gottes
### als Vorbilder des Menschen.

Zu den schwierigsten Problemen der jüdischen Religion gehört das Problem der Attributenlehre, d. h. das Problem, in das uns die Annahme bestimmter Eigenschaften Gottes verstrickt. Wie ist es möglich, von Gott, der doch der Unnennbare, Unfassbare, jedem Massstab des Irdischen Entrückte ist, überhaupt etwas Bestimmtes auszusagen? Das Problem erhebt sich für das Judentum zu ganz besonderer Stärke, da sein absoluter Monotheismus im Gegensatz zu den heidnischen Religionen und dem Christentum die Einzigkeit, Einheit und reine Geistigkeit Gottes zum Angelpunkt seiner Aussagen von Gott macht.

Wie dem philosophisch Geschulten bekannt, ist dies Problem nicht ein spezifisch religiöses, sondern ein allgemein metaphysisches und erkenntnistheoretisches. Nur dass sich die Religion und vor allem die jüdische mit den mehr oder minder gelungenen Versuchen, das Wesen der Substanz und ihre Beziehung zu den Accidentien endgültig festzustellen, nicht zufrieden geben kann. Denn die Religion und hier wiederum vor allem die jüdische braucht den lebendigen Gott, der immerdar wirkt, der nicht nur die Welt ins Dasein gerufen und sie ununterbrochen erhält, sondern der auch die Schicksale der Völker und des Einzelnen bestimmt, der also eine lebendige Persönlichkeit ist, zu dem wir Herz zu Herz und Person zu Person sprechen. Aber andrerseits wird nicht Gott durch die Attribute, die der menschlichen Vorstellungswelt entnommen zu sein scheinen, ins Menschliche herabgezogen und ihm so die Einzigkeit, Geistigkeit, Erhabenheit geraubt, die wir uns mit seinem Wesen untrennbar verknüpft denken?

Und wie die Attributenlehre ein Problem im Allgemeinen darstellt, so enthält sie ein ganzes Bündel von Problemen im Einzelnen. Die Lehre von der Allgegenwart Gottes bringt uns in Schwierigkeiten, wie der transcendentale, der überweltliche Gott abzugrenzen ist von dem immanenten, dem in der Welt wirkenden, die Allmacht und Allwissenheit als Attribute Gottes geraten mit der für das Judentum ebenso wichtigen Lehre der menschlichen Willensfreiheit in Widerspruch, die Gerechtigkeit Gottes gibt uns das Problem der Theodizee auf, wie das Glück der Frevler, das Leiden der Frommen zu erklären sei.

Nur erinnern wollen wir daran, dass die Geistesheroen des Judentums all diesen Problemen mit dem grössten religiösen Ernst nachgegangen sind. Im Rahmen dieses Aufsatzes können und sollen nicht die Versuche sie zu lösen, wiedergegeben werden. Wir wollen nur in gemeinverständlicher Form drei Urattribute Gottes herausheben, sie in ihrem Wesen charakterisieren und zum Zwecke des Mussar zeigen, wie sie in ihrer Verbindung zweier widerstrebender Momente geeignet sind, das Vorbild abzugeben für ein jüdisch-sittliches Leben.

Als diese drei Urattribute nennen wir: Einheit, Gerechtigkeit und Heiligkeit. In diesen sind alle Eigenschaften Gottes gesetzt. In der Einheit: Allgegenwart und Ewigkeit, Allmacht und Allwissenheit. In der Gerechtigkeit: Allliebe, Allgüte und Allgnade. In der Heiligkeit: reine Geistigkeit und sittliche Vollkommenheit.

Vielleicht nimmt auch die Thora diese als Urattribute an. Dreimal spricht sie sich über das Wesen Gottes aus: Höre Israel der Ewige unser Gott, der Ewige ist Einer. Und das zweite Mal zeigt Gott Mosche, auf seine Bitte, Sein Wesen in der Verkündigung der dreizehn normativen Eigenschaften als das der liebenden Gerechtigkeit auf. Und das dritte ist: Heilig bin ich der Ewige, euer Gott! Und der eigentliche Name Gottes der

שם הויה enthält nach allen seinen Bedeutungen angesehen diese drei Urattribute. Ich bin der da ist, der Seiende, der das Sein der Welt ausmacht und wie die Substanz nicht nur das Eine im Gegensatz zum Vielen, sondern auch der Eine als alles Sein in sich befassend; Ich werde sein, der sein wird: der Unveränderliche, der Wahrhaftige und Treue und damit der Urgrund aller Gerechtigkeit; und endlich, der dessen Sein nicht von einem anderen bestimmt wird, in den also kein Moment der Unvollkommenheit eindringen kann, der absolut Heilige.

Und diese Urattribute sind eben dadurch, dass sie gleichsam wie in einem Brennpunkt das Wesen und Wirken Gottes sammeln, mit besonderer Kraft in das jüdische Bewusstsein eingedrungen. Das Einheitsbekenntnis spricht der Jude tagtäglich morgens und abends, es begleitet den Sterbenden bei seinem letzten Atemzuge, und mit ihm auf den Lippen sind die Hunderttausende unserer Märtyrer in den Tod gegangen. שלש עשרה מדות die Entfaltung des Urattributs der liebenden Gerechtigkeit Gottes ist in den Mittelpunkt der Liturgie unserer heiligsten Tage und der Bussgebete gerückt. Und הקדוש ברוך הוא der Heilige, gelobt sei Er, ist in nachbiblischer Zeit bis auf unsere Tage zum eigentlichen Namen Gottes in der Sprache des Volkes geworden.

Psychologisch bedeutsam und für diese Urattribute charakteristisch, dass die Steigerung nach dem Inhalt von dem abstraktesten der Einheit über den von den dreizehn Eigenschaften der Gerechtigkeit erfüllten, zu dem reichsten der Heiligkeit, die ja die Grundlage unserer religiösen Lebensführung in den Heiligkeitsgesetzen abgibt, im populär jüdischen Empfinden die umgekehrte Richtung nimmt. Von dem fast abgeschliffenen „der Heilige gelobt sei er" über den mit grösserer Inbrunst gesprochenen „der dreizehn Eigenschaften" zu dem mit der Empfindung des Erhabensten begleiteten „Einen". Alle drei aber von der Halacha durch Bestimmungen in ihrem besonderen Werte geschützt: שלש עשרה מדות und קדשה durch die Forderung der Zehnzahl der Beter, das Sch'ma durch die der besonderen Andacht.

## I.

Die Einheit Gottes ist nicht die Einheit der Zahl, dass Er ein Gott wäre, wie es auch von anderen Dingen eine Eins geben kann, Er ist der Einzige, ein völlig anderes als der Höchste der Götter, wie ihn andere Religionen verkündet haben. Er ist der allein Seiende, dem gegenüber die Welt im wesenlosem Scheine verschwindet. Von der Bibel über die Targumim, Talmud und Midrasch, die jüdischen Religionsphilosophen bis auf die neueste Zeit gehen die Versuche, an dieser Einheit den Charakter der Einzigkeit hervorzuheben. Das scheinbar äusserliche Eins des אחד wird im jüdischen Sprachgebrauch erweitert zum יחוד und die Einzigkeit noch schärfer gefasst als innere Einheit, dass in Gott keinerlei Spaltung, keinerlei Zusammensetzung gedacht werden könne, ja bei Maimonides, der wie in vielen einen Gipfelpunkt der jüdisch-gedanklichen Entwicklung bedeutet, wird sie dahin gesteigert, dass man im eigentlichen Sinne Gott keinerlei Attribut beilegen dürfe. So ist die Einheitslehre des Judentums ein durch die ganze Menschheitsgeschichte ertönender Protest nicht nur gegen den Polytheismus des Heidentums, den ethisch hochstehenden Dualismus der persischen Religion, sondern auch gegen die Dreieinheitslehre des Christenstums in all ihren Formen, auch den hochstehendsten, wie sie von einem Harnack und Tröltsch ihre verfeinerte Prägung erhalten.

Freilich dieser Vorzug des Judentums wird von nichtjüdischer Seite ihm als Fehler angerechnet. Die Schroffheit dieser Lehre habe das Judentum in einen Gegensatz verstrickt, der ihm die Annahme eines lebendigen und doch in seiner Erhabenheit reinen Gottesbegriffes unmöglich gemacht. Unsere eigene Literatur zur Zeit der Erstehung des Christentums wird dafür als Zeuge angerufen. Die Targumim steigern die Ueberweltlichkeit Gottes ins Grenzenlose, sodass sie aus Scheu, Gott als Urheber einer Handlung, ja nur eines Redens ins Menschliche herabzuziehen, überall Mittelwesen einschieben, den jüdischen Gottesbegriff zu einem völlig leeren, abstrakt monistischen machen. Und als Reaktion folgt dann in Talmud und Midrasch eine ebenso über alle Grenzen gehende Vermenschlichung, ja Judaisierung des Gottesbegriffes: Gott in der Thora lernend, als Vorbeter, die Gebote im Einzelnen befolgend, Sein Sanhedrin, Seine פמליא um Rat befragend, sich ihr in der Entscheidung unterordnend. Wie sollte anders, so meinen die Gegner, der rein abstrakte Gottesbegriff mit Leben erfüllt werden? So wurde es für das Judentum, das den trinitarischen Gottesbegriff, der einen der Menschheit innewohnenden Gott verkündet und dadurch alle Schwierigkeiten löst, unmöglich, einen zugleich reinen und lebendigen Gottesbegriff sich zu erhalten.

Ich bin an anderer Stelle*) auf dies Schlagwort von der Judaisierung des Gottesbegriffes eingegangen. Nur auf eine merkwürdige Erscheinung sei hingewiesen, dass diese Darsteller der jüdischen Theologie nie an den naheliegenden Einwand denken, dass uns doch bei den Propheten, denen die Annahme eines reinen Gottesbegriffes von ihnen am wenigsten abgestritten wird, die stärksten Antropomorphismen begegnen, nicht nur Vergleiche aus dem Menschenleben, sondern aus dem der Tierwelt. Es bedarf ja für uns nicht vieler Worte, dass die Dreieinigkeitslehre in jeder Form auch der vergeistigten, einen Abfall von Monotheismus bedeutet. Aber ebenso wenig wollen und können wir leugnen, dass das Judentum rein gedanklich das Problem nicht zu lösen vermag. Daher ist es gekommen, dass die verschiedenen Zeiten bald mehr die eine bald mehr die andere der gegensätzlichen Formen von Gott zu denken und zu sprechen ausgebildet haben. Haben wir in der Bibel die Anthropomorphismen, so in der ersten nachbiblischen Zeit die strengere Betonung des transcendentalen über alles Menschliche erhabenen Gottes, Talmud und Midrasch mit ihren dem Volksempfinden so nahestehenden Ausmalungen göttlicher Tätigkeit nach dem Muster des jüdisch-menschlichen werden abgelöst durch die immer schärfer abstrahierende Denkarbeit der jüdischen Religionsphilosophie, gegen die sich wiederum eine Reaktion erhebt in der

---

*) Das Religionsgesetz in jüdischer Beleuchtung, Heft 1.

Kabbala, die ihre an sich tief schürfenden Gedanken über Gott in ein stark anthropomorphes Gewand kleidet.

Es bedarf freilich ebensowenig für den Kenner der jüdischen Literatur des Hinweises, dass keine Zeit über den lebendigen in dem Vielerlei der in die Welt ausstrahlenden Wirksamkeiten die Einig-Einzigkeit vergessen ebensowenig wie sich je auch dem kühnsten Denker Gott zu einem wesenlosen Begriff verflüchtigt hätte, dass er nicht alles, was von Gott an lebendiger Betätigung der Persönlichkeit ausgesagt wird, in seinem Glauben bejaht hätte. Zeuge des ist der Maimonides des More Nebuchim und Jad Hachasaka.

Was folgt daraus? Jener Gegensatz der Einheit und Vielheit, eine rechte Antinomie, wurde gedanklich erkannt aber im religiösen Empfinden überbrückt. Und es war letztes Endes die Grundüberzeugung aller: Denke und glaube so, dass von Gott dem Einig-Einzig-Einheitlichen nichts ausgesagt werden darf, das den reinsten Monotheismus trüben könnte! Aber bete und handle so, als ob eine lebendige Persönlichkeit über dir und vor deinen Augen waltet, mit der dich Beziehungen verknüpfen, wie sie das menschliche Vorstellungs- und Empfindungsvermögen nur nach Analogie des Ebenbildes Gottes auf Erden mit der rechten Deutlichkeit und Wärme erfüllen kann.

Wir, die wir nicht mit der vornehmlich auf der Bibelkritik beruhenden Religionsgeschichte der neueren Zeit annehmen, dass der Gottesbegriff von dem Volke Israel selbst geschaffen sei in entwicklungsgeschichtlichen Vorgängen, deren Niederschlag wir in den Literaturdenkmälern von J über E, Propheten, Deuteronomium, Ezechiel, Heiligkeitsgesetz, Deuterojesajah bis auf PC und den letzten Redaktor verfolgen können, wir, die wir nicht den Systematikern der jüdischen Religionsphilosophie unserer Zeit einem Kohler, Neumarck, Cohen, die alle auf diesem Grunde bauen, folgen, wir, die wir der Ueberzeugung sind, dass die Gottheit durch Mosche und seine Thora uns den reinen Gottesbegriff offenbart, werden in dem Umstande, dass die Thora selbst es ist, die nebeneinander die abstrakte Einheit und die konkrete lebendige Persönlichkeit uns kündet, eine Absicht sehen. Sie will auch für dies Gegensatzpaar dem Juden eine Aufgabe stellen, dem Ebenbilde aufgeben, dass es das Vorbild zu erreichen suche und ihm den Gedanken nehmen, dass die Lösung weil unmöglich garnicht versucht' werden könne. Auch für Gott ist es dir unfassbar, wie das אחד zur alles zusammenfassenden Einheit zum יחוד wird. Und doch i s t diese Einheit.

Wie bei der Heiligkeit es heisst קרושים תהיו כי קרוש אני ה' אלוקיכם heilig sollt ihr w e r d e n, wie Gott heilig i s t, bemüht euch, Ihm in Heiligkeit nachzustreben, wenn das Ziel auch für den auf Erden Wallenden unerreichbar ist, so sollt ihr danach trachten eins zu w e r d e n, wie Gott Einer i s t. Zu dem Gotte, den wir in יחוד bekennen, beten wir darum ליחד לבבנו, dass er unserem Herzen, das sich immer in die zwei Herzen, die beiden gegensätzlichen Triebe spaltet, den Trieb zum Guten und zum Bösen, uns angeboren mit der Doppelgestaltung von Leib und Seele, dass er diesem unseren Herzen helfe, die innere Einheit zu erlangen.

Die ganze Erziehungsgeschichte der Menschheit verläuft eigentlich in nichts anderem als den immer wiederholten Versuchen der göttlichen Vorsehung, den Menschen von den Folgen dieses inneren Zwiespalts, wenn er durch das Versinken in das Leibliche und Widergöttliche immer wieder der Entartung verfällt, zu erlösen. Von dem Sündenfall des ersten Menschen über das Geschlecht der Sintflut, des Turmbaus zu Babel, den Abfall der heidnisch gewordenen Völker, den immer wieder sich aufbäumenden Ungehorsam Israels, die unzureichenden Lösungen der Tochterreligionen des Judentums, die das Herannahen des messianischen Heils in der nichtisraelitischen Völkerwelt vorbereiten sollten, bis auf unsere Zeit geht eine einzige Linie der Gebrochenheit, und es scheint, als ob die letztvergangene Zeit und die unsere mehr als je das Kennzeichen der inneren Zerrissenheit an sich trägt. Standen die früheren Zeit doch immer noch zum mindesten unter der theoretischen Forderung, alles auf das Verhältnis zu Gott zu beziehen, ein Reich Gottes auf Erden zu gründen. Aber die Religionen der Menschheit verloren immer mehr von der werbenden, erziehenden alles durchdringenden Kraft, auch die weltbeherrschende Tochterreligion, die in der Geschichte der Kultur durch Jahrhunderte eine grosse Macht geübt; aber der krasse Widerspruch, den sie zwischen Lehre und Leben duldete, liess diese Macht völlig ins Wanken geraten. Das veränderte Weltbild mit dem Anbruch der Neuzeit verstärkte diese die Religion untergrabenden Tendenzen. So wurde die Religion zu einem einzelnen N e b e n zweck im Leben, gerade i h r e Wahrheiten wurden als eine Spaltung der Wirklichkeit in zwei Reiche abgelehnt, eine falsche Lehre vom Eins aufgestellt. Der Monismus, die neue Weltanschauung, hat seinen eigentlichen Ursprung in dieser veränderten Lebensauffassung. Er wollte den Dualismus im Menschen überwinden, er hat ihn in Wahrheit, weil ihm das religiöse an der inneren Einheit Gottes sich orientierende Einheitsbestreben fehlte, nur gesteigert.

Es würde zu weit führen, wollten wir zeigen, wie wenig es irgend einer Form der auf philosophischer Spekulation beruhenden die Einheit des Denkens und Handelns fordernden Welt- und Lebensanschauung gelungen ist, den Menschen auf seinem Wege einer Ueberbrückung der Gegensätze in seinem Inneren zu fördern. Aller fröhliche Stolz, mit dem der Materialismus und Realismus, auf die gewaltigen Erfolge in der Naturforschung und der erfinderischen Technik pochend, auszog, vermochte nicht zu hindern, dass er in seiner Einseitigkeit und völligen Unfähigkeit, die letzten Probleme der Wissenschaft und des Lebens zu lösen, erkannt wurde und sich kläglich bescheiden musste. Aber auch der philosophische Idealismus, der doch wahrlich in erster Reihe darauf ausgeht, das Ganze des All zu verbinden, bewies, so sehr er einzelne hervorragende Geister ethisch gehoben, nicht die Kraft, auch nur dem höheren Durchschnitt der Menschen die Richtung zu weisen. Nicht zum wenigsten durch die Uebertreibung der einen Seite des Gegensatzes.

Und die Judenheit, die seit dem Kälberdienst in der Wüste so oft nach fremden Göttern ausblickend, in die Fusstapfen der führenden Männer ihrer Umgebung getreten, teilt die innere Zerrissenheit des modernen Menschen. Und wenn sie, dem allgemein zu beobachtenden Rückschlag gegen jede Form des Materialismus, Skepticismus, Monismus sich beugend, in Nachahmung, der neuaufgekommenen Strömung des Mysticismus huldigt, so wird hier eine Harmonie des Inneren vorgetäuscht. Diese ganze Hingabe an das Geheimnisvolle stellt in der Verschwommenheit des Denkens, in der exstatischen Ueberreizung des Fühlens, in der Abruptheit des Wollens nur eine erhöhte Zwiespältigkeit dar.

Das macht: Wir wollen über unseren Schatten springen.

Wir suchen jene abstrakte Einheit, die Einheit ohne Vertiefung in Gottes Wesen. In den Leib gebannt und mit der Seele uns emporschwingend, die Füsse fest auf Erden und mit dem Haupte zum Himmel reichend, wie die Offenbarung uns in der von ihr für den Menschen geprägten Sprache lehrt, sollen wir den Gegensatz anerkennen und dem göttlichen Vorbilde nachstrebend, in dem die Einheit Wirklichkeit ist, diesen Gegensatz zu überwinden suchen. Man muss es bei den jüdischen Religionsphilosophen nachlesen, mit welchem Glück sie die Erfassung des jüdischen Einheitsbegriffes beseligt und in unseren klassischen Dichtungen, von den erlesenen Midraschim an bis auf die schönsten Blüten der Liturgik, mit welchem Leben in immer neuen Bildern den Gottesbegriff erfüllt wird, um das rechte Verständnis dafür zu gewinnen, warum unsere Altvorderen so in sich zu einer lebendigen Einheit zusammengeschlossene Persönlichkeiten gewesen und wie wir nur auf diesem Wege aus der Verwirrung zur Klarheit, aus der Spaltung zur inneren Harmonie gelangen können.

## II.

Auch das zweite Urattribut, das der liebenden Gerechtigkeit Gottes, enthält einen inneren Widerspruch, wenn dieses auch nicht wie bei dem Urattribut der Einheit dem Menschen so zum Bewusstsein kommt, weil in letzteren Falle vornehmlich unser Denken, in ersten unser Fühlen beteiligt ist. Gerechtigkeit fusst auf dem Recht, und dies ist unerbittlich, darf sich nicht von Mitleid und Mitgefühl, nicht, von Liebe und Gnade beeinflussen lassen. Wenn der himmlische Richter in seiner Gerechtigkeit das Vorbild des Irdischen sein soll und für diesen gilt:

יקוב הדין את ההר „es durchbohre das Recht den Berg", so darf in jedem Sinne gefragt werden: „Sollte der Richter der ganzen Erde nicht Recht üben?" Die Gerechtigkeit Gottes entspricht ja nicht dem Rechtsverhältnis, das der Staat oder das Volksbewusstsein zwischen Personen und Klassen konstituiert, es ist absolut von ewig-sittlichem Charakter. Kann von ihm niemals gelten, dass es auf die Spitze getrieben, zum höchsten Unrecht wird, weil eben Gott in seiner Gerechtigkeit alle Masse abgemessen, so darf ebensowenig an den von ihm für seine Weltenleitung gesetzten Bestimmungen gedeutelt und gerüttelt werden. Er hat sich und der Welt das Recht gesetzt, wer könnte es ändern?

Und die L i e b e, soll das Wort seinen Sinn behalten, kann sie sich Schranken setzen lassen durch die Gerechtigkeit, muss sie nicht allumfassend sein, auf den Schlechten wie auf den Guten sich erstreckend, von den Fehlern die Augen schliessen, alles hingeben und nichts fordern, in allen Betätigungen und Beziehungen sich so recht in Gegensatz stellen zu dem, was die Gerechtigkeit fordert, die eifersüchtig wacht, ob das Rechtsverhältnis zwischen den beiden Kontrahenten gewahrt wird?

Und doch empfinden wir Gott zugleich als den Allgerechten und Alliebenden. Niemand hat es bezweifelt, dass für das Judentum von Anbeginn auf Gerechtigkeit und Recht der Thron Gottes gegründet ist, niemand, der nicht in Vorurteilen befangen ist, kann bezweifeln, dass nach biblischer Anschauung Gott die Welt auf der Liebe aufgebaut. Gott erwählt Abraham, damit er seine Kinder das göttliche Prinzip der Gerechtigkeit lehre, und Mosche werden auf seine Frage nach den Wegen Gottes die Attribute der göttlichen Liebe verkündet. In erhabenen, von keiner Literatur erreichten Worten, künden die Propheten die waltende Gerechtigkeit Gottes im Leben und Weben der Einzelschicksale und das Auf und Ab des Völkerentstehens und Vergehens. Aus den Herzensworten der Gatten- Kindes- und Freundesliebe werden die zartesten und innigsten Klänge genommen, um die Liebe Gottes zu seinen erwählten Geschöpfen zu schildern.

Wo wir nur ansetzen, begegnen wir in der jüdischen Auffassung der göttlichen Gerechtigkeit als allbeherrschendem Prinzip. Der Mensch wird in den Garten Eden gesetzt, die Liebe Gottes spendet dies Glück, aber die Gerechtigkeit fordert, dass er ihn bebaue, dass er dies Glück durch ein Verdienst sich erwerbe. Eine Welt, in der keine Gerechtigkeit mehr herrscht, ist wert, dass sie durch die Sintflut zu Grunde geht. Nur durch das Verdienst der Väter wird Israel erwählt, denn Israel ist an sich nicht mehr wie die Mohren. Und weil es erwählt ist zu Rechten, hat er noch mehr der Pflichten, daher werden an ihm geahndet alle seine Sünden. Schon in der Bibel, aber mehr noch im Midrasch, wird das „Mass um Mass" bis ins Einzelne durchgeführt, denn jede Schuld rächt sich auf Erden.

Wie Gott die Welt nach unwandelbaren Naturgesetzen erhält, so sein Volk durch ein System von Pflichten, aus dem als Ursachen ein ebenso geschlossenes System von Wirkungen folgt: Glück oder Unglück in diesem oder jenem Leben, denn Gott ist ein Gott der Gerechtigkeit. Und so sehr steht die Gerechtigkeit Gottes im Zentrum jüdischen Denkens, so sehr ist Seine Gerechtigkeit ein Urattribut, dass das einzige religionsphilosophische Problem, das die Bibel eingehend behandelt, das Problem der Theodizee ist. Denn alle Schwierigkeiten mochten hingehen, aber ruhelos schlug das jüdische Herz bei der Frage: Du bist doch der gerechte Gott, warum ist der Lebensweg des Frevlers vom Glück begleitet?

Und auf der anderen Seite die Liebe: Was ist denn Gottes Schöpfung anders als ein Ausfluss der Liebe. שי Er ist in Seiner Allmacht sich selbst genug, nicht aus Mangel schuf der Weltenmeister, aber Gottes Liebe wollte andere Wesen zu Seiner Vollkommenheit erheben und nur darum schuf er Welten und Geister, „sel'ge Spiegel Seiner Seligkeit". So tritt die Liebe Gottes an den Anfang des All als allbeherrschendes Grundprinzip. Sie umfasst alle Wesen, Seine Liebe erstreckt sich auf all Seine Werke auch auf das Lamm, das zur Schlachtbank geführt. Der grosse Rabbi Jehuda muss dreizehn Jahre Leiden erdulden, weil er das Thoralernen höher gestellt als die Barmherzigkeit zu der gequälten Kreatur.

Die Gerechtigkeit Gottes ist lückenlos, und Seine Liebe kennt keine Grenzen, und so müssen die beiden Attribute auf- und gegeneinander stossen, jedes, für sich gesehen, fordert ausschliesslich den Gesamtbereich der göttlichen Tätigkeit. „Konsequenter" und folgerichtiger ist darum das Christentum, wenn es die Liebe Gottes zum Alleinherrscher macht. Aber diese Einseitigkeit hat zu Vorstellungen geführt, die für uns viel weniger vollziehbar sind als die Widersprüche, in die uns das Nebeneinander der Attribute Gerechtigkeit und Liebe in Gott verwickelt. Bei u n s der Anthropomorphismus: Gott b e t e t, wenn Er die Welt richtet: Seine Liebe möge Seine Gerechtigkeit überwinden. D o r t die Menschwerdung Gottes, ein Gott, der stirbt, und in der Bergpredigt Forderungen stellt, die so ideal, dass ihre Ausführung in einer Welt des Diesseits im Zusammenleben der Menschen undenkbar, ja eine völlige Aufhebung alles Rechts und aller Gerechtigkeit bedeutet, auch niemals im Verlauf der unter der Herrschaft des Christentums stehenden Kulturwelt zur Wirklichkeit geworden. Richtig bemerkt Heinemann[*]), dass die völlige Leugnung der Pflichten des Einzelnen zum Schutze des Rechtswesens, wie sie uns im Urchristentum der Bergpredigt entgegentritt, nur verständlich wird durch dessen Einstellung auf das unmittelbar bevorstehend gedachte Weltende.

Ja, voller scheinbarer Widersprüche ist das jüdisch erfasste Urattribut der liebenden Gerechtigkeit Gottes. Furchtbar die Schilderungen Seiner Strafgerichte. Und daneben: Gott will nicht den Tod des Sünders, sondern dass er umkehre und lebe. Gott ist nicht wie der Erdensohn, dass Ihn etwas gereue, und in derselben Thora: Gott bedenkt sich ob des Bösen, das Er Seinem Volke antun wollte. Und in einem und demselben S a t z e : Der Ewige bleibt in Seiner Güte unwandelbar, langmütig und reich an Huld und Treue, bewahrt die Liebe tausenden von Geschlechtern, ahndet aber die Schuld der Väter an Kindern und Kindeskindern. Die Gerechtigkeit wird zum innersten Prinzip der Welt gemacht, aber Gott erkennt, dass die Menschheit nicht

---

[*]) „Der Gott der Rache". Jeschurun V, S. 393.

nach dem Massstab der Gerechtigkeit bestehen könne und verbindet der Gerechtigkeit Seine Liebe bei der Schöpfung. Bei Dir, Gott ist das V e r g e b e n, damit Du g e f ü r c h t e t werdest. Alle, die Gott f ü r c h t e n, sprechen: ewig währt Seine L i e b e. Und das eine Wort צדקה wird zur Gerechtigkeit, liebespendendem Heil, Wohltätigkeit.

Wiederum leben wir der Ueberzeugung, dass diese Attribute Gottes nicht Produkte des jüdischen Volksbewusstseins sind, dass etwa in dem „religiösen Genie" eines Amos wie ein Geistesblitz der Gedanke an die Gerechtigkeit Gottes zum ersten Male erstrahlt, und einem Hosea aus seiner unglücklichen Ehe die Forderung einer alles verzeihenden Liebe Gottes aufgegangen. Für uns sind diese religiösen Urwahrheiten Offenbarungen der Gottheit, wie sie keinem Volke geworden, denn es ist oft betont worden, dass die Gerechtigkeit, die in der Bibel Gott beigelegt wird, nichts zu tun hat mit dem Rechtsbegriff der Römer, nichts auch mit dem in der Ethik der Griechen zur grösstmöglichen Vollendung gelangten. Ebensowenig wie eine der nichtisraelitischen Religionen die Liebe Gottes zu seiner Schöpfung kennt, die aus der Thora, den Propheten, den Gesängen und Weisheitsbüchern der heiligen Schrift uns entgegenleuchtet.

Und was anders soll diese Offenbarung als den Menschen lehren: Wie E r gütig so sei es auch Du! W i e Er! Völlig in eine höhere Einheit kannst du Staubgeborener nicht den Widerspruch, der in deinem irdischen Wesen geblieben ist, auflösen, wie wirs von der Gottheit annehmen, die in vollendeter Harmonie jede Dissonanz, die in der Verbindung von Gerechtigkeit und Liebe erklingen könnte, aufhebt. Aber strebend sollst du dich bemühen! Denn es nicht so schwer immer gerecht, noch weniger schwer immer der Liebe erfüllt zu sein. Es sind die Konflikte erst, Konflikte in der Wahrung zweier Tugenden, die den Menschen vor die ernstesten Aufgaben stellen. Denke daran, um durch Schlagwörter unserer Zeit es zu beleuchten, wie schwer der Ausgleich ist zwischen Individualismus und Sozialismus. Keinerlei Recht verletzen und auch das deine nicht ohne in den Starrsinn und die Lieblosigkeit des allzeit Gerechten zu verfallen, in Alle und Alles beglückender Liebe sich hingeben ohne in dem Verhältnis zur Familie, dem Nächsten, der grösseren Gemeinschaft der erzieherischen Gerechtigkeit etwas zu vergeben. Vor allem aber in den für dein ewiges Heil so grundlegenden Beziehungen zu deinem Gotte! Wieviel Schlingen liegen hier für uns, wenn wir danach trachten, gerecht und voller Liebe zu sein gegen unseren Gott, wie Er es ist gegen uns. Ehrfurcht nennen wir es, wenn wir die Schranke wahren, die das rechte Verhältnis des Menschen zu seinem Gotte fordert, und Liebe, wenn wir Ihm in Selbstentäusserung uns hingeben. Aber wie leicht verwischen sich hier die Grenzen. Wie ist doch die ganze Religionsgeschichte nichts anderes als eine Geschichte der Irrungen und Wirrungen, da immer die rechte Mitte und die wahre Vereinigung verfehlt worden ist. Darum beten wir: ויחד לבבנו לאהבה וליראה את שמך: Hilf uns, dass wir unserem Herzen die Einheit finden zwischen Liebe und Ehrfurcht, wie sie Deinem Wesen gebührt.

### III.

Und das dritte: die Heiligkeit Gottes, sich eng berührend mit den beiden anderen Urattributen. Naturgemäss! Müssen doch in dem einig-einzigen Gotte alle Attribute zusammenfliessen. In einer Besprechung von Rudolf Otto's Buch: „Das Heilige", in dem in diesen Blättern*) erschienenen überaus wertvollen Aufsatz von Heinemann: „Das Ideal der Heiligkeit im hellenistischen und rabbinischen Judentum", auf den wir zur Ergänzung unserer Ausführungen aufs nachdrücklichste verweisen, wird gezeigt, wie in diesem dem Judentum fast ganz allein eigenen Begriff die Empfindungen der Ehrfurcht und Liebe gegen Gott in einander fliessen und dass in der Heiligkeit Gottes recht eigentlich das die spezifische Religiösität Begründende liegt, das diese von dem in der Ethik aufgestellten Ideal der sittlichen Vollkommenheit scheidet. Wie fern selbst ein Philo, dessen Religiosität doch sicher über das Ethische hinausgeht, dem von uns empfundenen Judentum steht und dies nur dadurch,

---

*) Jeschurun VIII, S. 99—120.

dass ihm Wort und Wesen der uns durch die Bibel als Urattribut Gottes gekündeten Heiligkeit Gottes fremd geblieben, ist dort endgültig nachgewiesen. Unter dem vielerlei Gegensätzlichen, das uns die Heiligkeit Gottes aufgibt, möchten wir hier nur das eine hervorheben: die Erhabenheit und Herablassung. Der absolut Heilige ist der vollkommen Abgesonderte, an dem kein Hauch des Irdischen haften kann, keine Beziehung zu der Welt des Diesseits aufzufinden ist. Aber nicht nur dreimal — Rabbi Jochanan bringt ja nur vereinzelte Beispiele — finden wir dort, wo Gottes Erhabenheit geschildert wird, Seine Herablassung. Die ganze Bibel ist erfüllt von Seiner Herrlichkeit und zugleich s. v. v. von Seiner Demut: „Wer ist wie unser Gott, der so hoch thront, der sich herablässt, um Himmel und Erde zu überschauen". „Hoch und heilig throne ich und weile bei dem Zerknirschten und Demütigen". Wie wird in Talmud und Liturgie der biblische Gedanke, dass der Heilige Seine Schechina in die Räume des Heiligtums eingeengt, dass Er mit Israel leidet in seiner Not, vertieft, und beseelt.

Und auch die Heiligkeit Gottes hingestellt als Vorbild für den Juden, der ja durch seinen von Gott ihm vorgeschriebenen Wandel nur Muster und Vorbereiter der allgemein menschlichen Vollkommenheit sein soll. Alle Religion geht auf die zwei Grundgefühle zurück: das der Erhebung und das der Demut. Der Demut, die den Gehorsam gegen Gott nicht aus dem knechtischen Gefühl einer scheuen Angst vor den furchtbaren Schicksalsmächten schöpft, sondern aus dem Bewusstsein der in der Schwäche des Leiblichen gegebenen schlechthinnigen Abhängigkeit von Gott. Und der Erhebung, die die auf Erden geübte Religion als Brücke empfindet zwischen Körper und Geist, zwischen dem Niedersten und Höchsten. In der Ueberzeugung, durch die Ueberwindung des Irdischen über die Geister sich erhoben zu haben, spricht darum der Psalmist: Wer gleichet mir im Himmel, im Bunde mit Dir habe ich ja kein Verlangen auf der Erde.

In diesem Sinne und nur in diesem Sinne ist unser Religionsgesetz ein Heiligkeitsgesetz. Bedingung der Erfüllung ist die

Erde, Ziel und Zweck ist das Streben gen Himmel. Wie Gott die Masze des Himmels und der Erde abgemessen, so auch die Wege, die den Menschen von der Erde zum Himmel führen. Zwischen dem Reinen und Unreinen ist nach einem talmudischen Wort die Grenze nur eine Haaresbreite. Das Wort gilt nicht nur von der Befolgung der Gebote der spezifisch jüdischen Lebensführung, nicht nur von aller Betätigung in Erlangung der sittlichen Vollkommenheit, vor allem ist's das Erfülltsein von der Andacht, die jede Uebung begleite, dass wir uns immer gegenwärtig halten, welch schier übermenschliche Arbeit geleistet werden muss, sollen wir die rechte Mitte einhalten zwischen den durch das Religionsgesetz selbst gegebenen Forderungen des Diesseits und der diesen allein Wert verleihenden Erhebung zum Jenseits, sollen wir Gott in Wahrheit nahe zu kommen versuchen in der Vereinigung, die in Seiner Heiligkeit gegeben. Aber da uns Gott selbst die Mittel verliehen in Seinem heiligen Gesetze, darum sprechen wir im Gebet, das ihn zur Hilfe aufruft, uns zu seiner Einheit zu verhelfen:

Weil wir auf das Wesen Deiner Heiligkeit vertrauen, darum jubeln wir beseligt in Deinem Heile.  J. W.

## Aus R. Akiba Egers Heimat.

Von Dr. **A. Fürst** (Budapest), Prof., am jüd. Gymnasium.

Es gibt wohl wenige Gestalten des neueren jüdischen Geisteslebens, um die so rasch sich die verschlingenden Ranken der Legendenbildung zu winden begannen, an die sich andererseits so reiche Gebilde der positiven Familienforschung ansetzten, wie an den bekannten Oberrabbiner von Posen, Rabbi Akiba Eger, den letzten Gaon Deutschlands, wie man ihn zu nennen pflegt. Hat sich doch vor Jahren ein eigener Familienbund gebildet, dessen zahlreiche Mitglieder, meist bekannte Persönlichkeiten des In- und Auslandes, — nach Art der aristokratischen freiherrlichen Familientage, — zu einem „Familienkongress" zusammentraten, um das Interesse für die Geschichte ihrer Familie wachzuhalten und in weiteren Kreisen zu erwecken. In mehreren Blättern las ich seinerzeit über diese solenne Veranstaltung, die sich aber, — so scheint es mir, — mehr mit der lebenden Deszendenz ihrer grossen Ahnen befasste, als mit der toten Aszendenz dieses Grossen in Israel, der seine Grösse selbst einer Reihe von verdienstvollen, ehrenwerten und tüchtigen, — wenn auch weniger berühmten — Vorfahren verdankte.

Freilich hat sich die genealogische Forschung eben erst in den letzten Jahren eingehend auf diesem Gebiete betätigt: nun aber lückenlos die Abstammung und die nähere Verwandtschaft R. Akiba Egers aufgedeckt. Dem bekannten Bibliothekar der Wiener jüd. Gemeinde, Prof. B. W a c h s t e i n, gehört das Verdienst, sämtliche einschlägigen Daten gesammelt und nunmehr veröffentlicht zu haben. In seinem Monumentalwerke über die „Inschriften des alten Judenfriedhofes in Wien"[*] Band II, Seite 160—171 widmet er dem Stammbaume der Familie Margulies-Jaffa-Schlesinger-Guns, (so viele Namen hatten die Vorfahren R. Akibas), eine eingehende Studie, deren hauptsächlichsten Resultate hier kurz zusammengefasst seien. Demnach wäre der älteste, sicher nachweisbare Urahne der Familie der Vater jenes bekannten Finanzmannes Marx Schlesinger (in

---

[*] Wien und Leipzig 1912 resp. 1917 bei W. Braumüller.

den hebr. Urkunden Mordechai Margulies), der als letzter Vorsteher der alten Wiener Judenstadt im Jahre 1670 den „Gerusch" mitmachen musste, nach Nikolsburg flüchtete und von dort jahrelange, wohl erfolglose Unterhandlungen mit der Regierung zwecks Wiederkehr der Juden führte. Auf einem derartigen Vermittlerwege, wahrscheinlich 1683, ereilte ihn von polnischen Soldaten der gewaltsame Tod: auf den Grabsteinen seiner Söhne wird er mit der Eulogie des Märtyrer „Hakkodausch" — der Heilige — benannt. Wahrlich der würdigste Auftakt für die Ahnenreihe eines R. A. Eger!

Zwei Söhne hatte dieser Brave: der ältere Ascher Antschel, in den deutschen Quellen Israel, der jüngere Benjamin Wolf oder Wolfgang, dessen Nachkommen sich von nun an oft Margulies-Jaffa nennen, vielleicht nach der Familie der zweiten Gattin benannt, deren Zusammenhang mit dem 1612 verstorbenen Posener Oberrabbiner, Mordechai Jafe, dem Verfasser der „Lebuschim", — den K a u f m a n n voraussetzt — aber noch zu beweisen sein wird. Beide Söhne wandten sich, wie die meisten Exulanten, nach Mähren und von dort nach Ungarn, wo sie sich alsbald als Zolleinnehmer und Militärlieferanten Verdienste erwarben. Wie der ihnen 1716 von Karl VI ausgestellte Schutzbrief besagt, „haben sie sich dem königlichen Dienste treu und dem Staate nützlich und erspriesslich bewährt, infolgedessen sie auch die Ausplünderung und Beraubung ihres sämtlichen Vermögens und zwar obengenannter Israel mit offenbarer Lebensgefahr erleiden mussten". Vielleicht eben infolge dieses Vorganges zog nun auch Israel, der bisher in Guns lebte und von dort den Namen seiner Familie erhielt, — nach Eisenstadt, dem Zentrum der damals unter Eszterhazy'schen Schutz stehenden „Siebengemeinden", wo sein Bruder sich schon früher niedergelassen hatte. Wolfgang zog es, sobald die Tore Wiens wieder geöffnet wurden, nach der Hauptstadt zurück, Israel aber blieb seiner neuen Heimat treu, in deren Annalen die Familie Guns, eben bis auf unseren Akiba, eine glänzende, führende Rolle spielte.

Schon in Wachsteins erwähntem Inskriptionenwerke bildet der Eisenstädter Friedhof und das EGB (Eisenstädter Gemeindebuch), — infolge der mannigfachen persönlichen und wirtschaftlichen gegenseitigen Beziehungen zwischen Wien und Eisenstadt, — eine der meistbenutzten Quellen. Nun sollen dieselben aber restlos der allgemeinen Wissenschaft zugänglich gemacht werden. Ein Vollblut-Eisenstädter, Sándor W o l f, ein edler Kunst- und Menschenfreund, in dessen Persönlichkeit sich allgemein jüdisches Interesse mit lokalpatriotischem Ahnenstolz vereinigt, hatte die Ambition, einen eigenen Eisenstädter „Wachstein" zu besitzen und mit mäzenatischer Geste lässt er auf eigene Kosten „Eisenstädter Forschungen" erscheinen, in deren 3 Bänden nicht weniger, als „die lückenlose, kulturgeschichtliche Würdigung eines Ghetto" geboten werden soll. Alte Truhen, vergilbte Vereinsbücher, verschlossene Archive dieser altehrwürdigen Gemeinde öffnen sich nun, die Steine des alten Friedhofes beginnen zu sprechen und in dem jüngst, in herrlicher Ausstattung erschienenen I. Bande*) sehen wir über 1000 Personen des XVIII. und XIX. Jahrhunderts neuerstehen, interessante Typen und Leuchten des Geistes und Charakters, wie sie — in dieser Fülle — blos das vielgeschmähte Ghetto hervorbrachte. Unter ihnen an ersten Stellen die „Guns".

Gleich Nr. 243, ein in edler Form und in edler Sprache gehaltener Grabstein lässt uns eine „edle Perle" (= Margulies) beklagen; es ist der Sohn jenes obenerwähnten Israel Guns: Samuel. Wie Wachstein uns belehrt, bekleidete er alle möglichen Ehrenämter in der Gemeinde und führte als Richter ein strenges Regiment, um Zucht und Sitte herzustellen und in die zerrütteten Finanzen der Gemeinde Ordnung zu bringen. Die Tüchtigkeit und Rechtschaffenheit seines Stammes hatte sich in ihm vererbt, aber auch die Opferfreudigkeit seiner Ahnen. Trotzdem seine Geschäfte, — als Gürtelverkäufer führt ihn die Konskriptionsliste von 1735 an — den Rahmen und Masstab der Kleinstadt überstiegen, „hat er eine Stiftung hinterlassen, die bei den

---

*) „Die Grabschriften des alten Judenfriedhofes in Eisenstadt". Bearbeitet von Dr. Bernhard Wachstein. Mit einer Studie: Die Entwicklung des jüd. Grabsteines und die Denkmäler des Eisenst. Friedhofes; von Sándor Wolf. Wien 1922, Adolf Holzhausen.

Erwerbsverhältnissen und dem Geldwert jener Zeit geradezu als grosszügig bezeichnet werden muss". Der Zinsendienst von zwei Häusern und einem Kapital von 5000 Fl. soll dazu verwendet werden, sechs arme Kinder zu unterrichten, sie zu kleiden und sofern sie aus einem anderen Orte stammen, auch zu ernähren". Also eine Schul-, nicht Gelehrtenstiftung in der Mitte des XVIII. Jahrhundertes, mehr als ein halbes Jahrhundert vor Gründung des Frankfurter Philanthropins und der Talmud-Toraschule in Hamburg! Diesem Eisenstädter Anfang hat blos der Rothschild gefehlt oder die werktätige Mithilfe einer Grossgemeinde, aber auch heute besteht die Stiftung im alten Stiftungsgebäude und fristet als „Isr. Volksschule" ihr dürftiges Dasein!

Das gute Beispiel fand bald Nachahmer. Als Samuels Frau, die Tochter des berühmten Wormser Rabbiners, Moses Broda (oder wie er in hiesigen Akten noch genannt wird: Moses Bamberger), ein Jahr nach ihrem Manne (1757) das Zeitliche segnete, (No. 252), vermachte auch sie, wenn auch einen bescheideneren Betrag zu Zwecken einer Brennholzstiftung. Der einzige Sohn dieses Ehepaares war Moses Guns, der Vater Akibas; ein anscheinend bescheidener Mann, der sich ausschliesslich dem Thorastudium widmete, öffentlich sich blos um die Almosengelder für Palästina betätigte. Mehr praktischen Sinn und Energie scheint seine Frau, Gutl (No. 550) besessen zu haben, die würdige Tochter des frühverstorbenen Rabbinatsvorsitzenden in Pressburg, R. Akiba Eger, dessen Doppelname ja ihr ältester Sohn erben sollte. „Hat Salomo unter tausend Frauen keine gefunden, hier hätte er sie finden können" — lobt die Grabinschrift, die (im Jahre 1811) wohl schon auf R. Akiba anspielend, hervorhebt: „sie pflanzte edle Sprossen, die zu Zedern heranwuchsen". Ihre Rührigkeit und mütterliche Fähigkeit ersehen wir aus einem weitläufigen Gemeindeprotokoll (das schon im Wiener Wachstein, Band II, Anfang, mitgeteilt geworden), in dem sie für die Bewerber ihrer Tochter die Lehrerstelle bei der Guns'schen Stiftung zu erwerben sucht, mit der ein Wochengehalt von 2 Fl verbunden war. Akiba und sein Bruder Bunam, damals schon Rabbiner in Mattersdorf, befürworten das Ansuchen und der

Vorstand — wohl unter Kautelen, — willfährt ihm. Von den Geschwistern Akibas ruhen noch zwei Schwestern in Eisenstädter Erde und ein Bruder, Samuel Schlesinger (so heisst er auch schon in hebr. Quellen!), der zu Vorzugspreisen eine Wohnung im Stiftungshause inne hatte; ausserdem Akibas Grossmutter auch mütterlicherseits, die zweimal verwittwete „Rabbinerin" von Pressburg und Prag, die ihre letzten Jahre hier zubrachte.

Wenden wir noch der Seitenlinie der Guns einen Blick zu, so finden wir die Familientraditionen: Gelehrsamkeit und Grosszügigkeit, in gleichem Masse gewahrt. Ungefähr zur gleichen Zeit, wie der obenerwähnte Samuel Guns, verewigte auch sein Brudersohn, ebenfalls Samuel Guns (No. 445), seinen Namen durch Legate, die bis heute segensreich fortwirken. Am oberen Ende der Judengasse, hart an den Friedhof anstossend, liegt noch heute das „Hekdesch", Armen- und Siechenhaus der Gemeinde, darüber ein Lehrhaus, das sog. Beth-hamidrasch, das der Stifter gleichzeitig mit einer reichen Anzahl von Büchern versorgte. War ja sein Haus selbst, in dem eine ihm ebenbürtige Gattin waltete, eine Sammelstätte für Waisen, wie ein Sohn des eben in Eisenstadt zum Weltruf gelangten Mhram Asch (= Eisen-stadt), des Neubegründers und ersten Rabbiners der Gemeinde, in einem Vorworte uns meldet. Und wie der Vater, so der Sohn. Wolf (No. 762), renovierte und vergrösserte das Lehrhaus und selbst dessen Sohn, Ahron, der kränklich und als Junggeselle starb, bedachte wohltätige Anstalten. —

Wer heute die — am Sabbat noch jetzt mit Tor und Kette abgeschlossene — „Judengasse" besucht, findet freilich keinen „Guns" mehr vor, obwohl näher-ferner fast sämtliche Familien der Gemeinde mit ihnen verschwägert sind. Aber das Andenken an diesen ihren grössten Sohn, den sie ca. 1810 ja auch mit einem Berufungsschreiben an sich knüpfen wollte, lebt in mancherlei verschwommenen Sagen und Erinnerungen hier fort. Im „Sabbatstübchen" des Sándor Wolf'schen Museums, — selbst eine Sehenswürdigkeit dieses Städtchens, — sehen wir, in Gobelin gewebt, das lebensvolle Bildnis R. Akiba Egers; dagegen ist eine persönliche Reliquie von ihm, die Wickelmappe oder Thorawimpel, die von seinen Eltern seinerzeit bei dem ersten Tempelbesuche des Kindes dem Gotteshause gespendet wurde und auf dem der bekannte Spruch der Väter: „Sei stark, wie der Panther, leicht wie der Adler etc." buntfarbig eingestickt gewesen, in der jüd. Abteilung der seinerzeitigen Dresdner hygienischen Ausstellung leider in Verlust geraten\*). Gerade gegenüber der Synagoge erhebt sich aber noch gut erhalten das zweistöckige Stammhaus der Guns, in dem unser Akiba das Licht der Welt erblickt, in dem er später seine Tochter dem berühmten Pressburger Rabbiner, Chacham Szófer gefreit. Hinten liegen die beiden Stiftungshäuser, die ihrem hehren Zwecke gedient, bis das eine, knapp vor dem grossen Kriege, einer Feuersbrunst zum Opfer gefallen ist und seither in Schutt und Trümmer liegt — —

Die Gemeinde, wie heute die meisten Kleingemeinden, kämpft — verarmt, vermindert, — mit den grössten Anstrengungen, um ihre alten, durch Jahrhunderte mustergiltigen Institutionen und Vereinigungen zu erhalten. Wohl stehen diesen, wie selten in solcher Fülle, Stiftungssummen und -sümmchan zur Verfügung, Legate und Hypothekarverschreibungen — in österreicher Währung und in Papier! Die Lasten blieben also, aber die Deckungen fehlen! Und so sehe ich, — selbst Eisenstädter, — betrübten Herzens von Jahr zu Jahr den Verfall teurer Traditionen, den Zusammenbruch eines von alter Kultur reichen und etwa eben jetzt zu neuer Zukunft berufenen Gemeinwesens, da Eisenstadt sozusagen zur Hauptstadt des von Ungarn abgetrennten Burgenlandes geworden ist. Mein jüdischer Schmerz und lokalpatriotischer Stolz drängte mich diesen Mahnruf an die grosse Oeffentlichkeit zu bringen: vielleicht dringt er an hörende Ohren! Nebst anderen, diesem trauten Städtchen entstammten alten und neuen Reichen, wäre es auch z. B. einer Eger'schen Familienvereinigung nicht unwürdig, ihr Zusammen-

---

\*) Angaben über den derzeitigen Befundort dieser Lokalreliquie würde der Eisenstädter Gemeindevorstand oder Herr Sándor Wolf mit grösstem Dank entgegennehmen.

gehörigkeitsgefühl hier hilfsbereit zu betätigen: das Geburtshaus ihrer Ahnen mit einer Gedenktafel zu versehen, die Stiftungen seine Ahnen' dem Leben zu erretten!

\*
\* \*

**Mitglieder des Eger'schen Familienverbandes:** \*)
Rabb. Dr. Bleichrode, Berlin
Dr. Carl Cohn, Sanitätsrat, Charlottenburg
Prof. Dr. Rudolf Cohn, Königsberg
Dr. Jakob Eger, Geh. Sanitätsrat, Berlin
Jaques Eger, Fabrikbesitzer, Paris
Dr. Leo Eger, Rechtsanwalt, Berlin
Adolf Egers, Berlin
Alex. Eigers, Direktor der Kais.-Königl.-Polizeilotterie, Wien
Boleslaus Eiger, Kgl. dänischer Generalkonsul, Warschau
Emil Eiger, Fabrikbesitzer, Chicago
Dr. Josef Eiger, Arzt, Berlin
Julius Eiger, Handelsrichter, Warschau
Salomon Eiger, Direktor der Verkehrsbank, Krakau
Fritz Engel, Redakteur des „Berliner Tageblatt"
Dr. Rich. Otto Frankfurter, Rechtsanwalt, Berlin
Carl Goldberg, Justizrat, Marburg
Hermann Goldberg, Fabrikbesitzer, Charlottenburg
Prof. James Kornfeld, London
Ignatz Landsberg, Rentier, Berlin
Martin Marcus, Pinne, (Schwiegersohn von Rabb. Dr. Eschelbacher)
Alfred Salomon, Justizrat, Berlin
Carl Oettinger, landwirtschaftl. Beirat der ICA, Buenos Ayres
Ulrik Frank (Ulla Wolf) Schriftstellerin, Berlin-Charlottenburg
Prof. Dr. Jakob Rosener, Breslau
Oberlehrer Salom. Birnbaum, Charlottenburg

---

\*) Die Liste ist unvollständig. Der Schriftführer des Familienverbandes, Herr Dr. Leo Eger, hat sich bereit erklärt, in nächsten Heft ergänzende Ausführungen zu bringen. Der Herausgeber.

## Zum Problem der Ethik.
(Eine Besprechung der „Einführung in die Ethik" v. G. Heymans[1])

von Dr. Oskar Wolfsberg, Berlin.

An keinem Gebiet der Philosophie ist das religiöse Denken so interessiert, wie an der Ethik. Weite Kreise können auf die Probleme der theoretischen Psychologie, der Erkenntnistheorie und der Metaphysik leichten Herzens verzichten und haben kein Verhältnis zu diesen Zweigen der Forschung. Die religiösen Systeme selbst bergen viele auf Erkenntnis zielende Lehren, doch hat wohl keines eine lückenlose Darstellung von Welt, Gtt, Schöpfung etc. gegeben oder auch nur geben wollen. Hingegen birgt jede Religion — und ganz besonders die jüdische — eine Fülle ethischer Sätze in sich, und viele glauben, dass eine religionslose Ethik möglich sei. Die Philosophen sind freilich fast durchweg anderer Meinung und wie mir scheint mit Recht. Die Wissenschaft hat gewiss das Recht, jedes Problem als ihr zugehörig zu betrachten, auch wenn sie nicht weiss, zu welchem Ende das Unternehmen führen wird. Ich will in dieser kurzen Abhandlung keine Lösung der Frage geben, welcher Ethik, der autonomen oder der heteronomen, der Vorzug gebührt; weder lässt sich das auf wenigen Seiten erledigen, noch bin ich auf absehbare Zeit dazu imstande. Der Versuch, den ich hier mache, ist nicht der einer umfassenden Vergleichung und Wertung, sondern mehr eine Berichterstattung für interessierte Leser, wie gegenwärtig die wissenschaftliche Ethik orientiert ist. Dabei wird sich im Laufe des Aufsatzes herausstellen, dass es gewisse Seiten ethischer Fragestellungen gibt, die ganz gewiss nur der Wissenschaft zugehörig sind, aber deren Resultate über das System hinaus auch für die Ethik der Religion von Bedeutung werden können.

Während die religiöse Ethik Gott als Gesetzgeber einführt und Normen für alle Lebenslagen gibt, so dass sie den Namen inhaltliche Ethik verdient, hat die wissenschaftliche immer mehr erkannt, dass die formale Ethik ihr besonderes Feld ist. Welch ethischen Theorien auch immer die einzelnen Systembildner zuneigen, in einem sind sie einig: das sittliche Bewusstsein ist die Heimat und der Ursprung alles Besonderen. In ihm finden wir selbstbesinnlich vor, was wir allgemein als Pflichtbewusstsein, Reue etc. bezeichnen. Sucht also die religiöse Ethik den Weg von den Pflichten zum Träger der Pflicht, so geht die wissenschaftliche von dem Subjekt der Moral zu dem Objekt. Es ist kein Wunder, dass diese methodische Verschiedenheit — von anderen abgesehen — grosse Unterschiede der heteronomen und autonomen Ethik bedingt.

G. Heymans, der Groninger Philosoph, dessen im Untertitel genanntes Werk wir besprechen und einigen anschliessenden Erörterungen zugrunde legen wollen, setzt sich im Eingang seiner Schrift mit den ver-

---

[1] Joh. Ambr. Barth, 2. Aufl. Leipzig 1922.

schiedenen Methoden der Ethik auseinander und lehnt u. a. auch die theologische ab, weil sie bewirkt, dass nicht aus rein ethischer Einstellung, sondern weil Gott der Gesetzgeber ist, Gesinnungen und Handlungen das Prädikat gut bezw. böse zugeschrieben, das Sittengesetz befolgt oder verletzt wird. Wir können hier absehen von den Menschen, denen Strafandrohung oder Lohnverheissung ethischer Ansporn ist; auch wer mit dem Aufblick zu Gott als dem Herrn des Worts die Sittlichkeit begründet, hat keine eigentliche Ethik angebahnt; es wäre nämlich die Erkenntnis und Definition dessen, was gut ist, einfach von den Geboten auf den Gesetzgeber zurückverlegt; in der Allmacht Gottes aber sei noch nicht die Güte eo ipso eingeschlossen, so dass man von jener aus zur Begriffsbestimmung gut gelangen könne.

Eben so wenig lässt Heymans die philosophisch-naturwissenschaftlichen Ethiken gelten. Wenn wir nämlich unser ethisches Urteil phaenomenologisch prüfen, dann entdecken wir in ihm einen Wertfaktor, der dem reinen Tatsachenurteil der Naturwissenschaft fehlt. Vom Sein führt kein unmittelbarer Weg zum Sollen. — Diesen von den Sonderwissenschaften ausgehenden Ethiken steht die kritizistische gegenüber, die auf dem Wege reinen Denkens begründet wird, ohne Berücksichtigung der tatsächlich vorliegenden sittlichen Urteile; gegen Windelband, der dergestalt die Ethik fundierte und dabei der formalen apriorischen Charakter gab, die materiale aber dem Historismus preisgab und für das materiale Prinzip nur die allgemeine Fassung fand: „Tu das Deine, damit in der Gesellschaft, der du angehörst, ihr gemeinsamer geistiger Gehalt zum Bewusstsein und zur Herrschaft gelange", verficht Heymans die Zuverlässigkeit der tatsächlich gegebenen sittlichen Urteile, denen Windelband misstraut: der formale Pflichtbegriff sei uns, genau wie der Pflichtinhalt, nur in der Erfahrung des besonderen sittlichen Urteils gegeben. Deshalb sucht er einen Zugang zur Ethik auf empirisch-analytischem Weg. Auch auf ethischem, ebenso wie auf theoretischem Gebiet gibt es keinen festeren Grund als die klare Einsicht.

Die sittliche Beurteilung richtet sich mehr auf die Neigungen und den Charakter, als auf die Handlung, die auch noch von den Motiven und anderen exogenen Faktoren abhängig ist. Neigung ist eine dauernde Veranlagung des Individuums, die bei der Vorstellung bestimmter Seiten einer möglichen Handlung Wünsche, die auf deren Verwirklichung gerichtet sind, im Gefolge hat. Motive hingegen sind die einzelnen, momentan gegebenen Vorstellungen; der Charakter ist die Gesamtheit der Neigungen in ihren gegenseitigen Stärkeverhältnissen. — Der Anschauung des psychologischen Hedonismus, nach dem die Vorstellung jeder Wunschbefriedigung lustbetont und jeder Wunsch auf Lust gerichtet sei, so dass also für die Ethik kein Gegenstand sittlichen Urteils, wie der Charakter vorhanden sei, tritt Heymans für das zweite Behauptung, dass alles Wünschen auf Lust ziele, entgegen. — Dass natürlich das sittliche Urteil gewissen Bedingungen unterliegt, darf nie vergessen werden; so hat man ebenso sicher an äusseren Zwang, wie an gewisse psychische Hemmungen bei der Person, deren Sittlichkeit in Frage steht zu denken; Provokation, übermässige Affekte, Geisteskrankheiten etc. hindern das örtliche Bewusstsein an der ungestörten Reaktion.

Die Erwähnung psychischer Abnormitäten in ihrem Einfluss auf ethische Handlungen führt auf eines der Kernprobleme: die Willensfreiheit. Ohne hier die weitläufigen Erörterungen Heymans wiederzugeben, sei hervorgehoben dass er den Standpunkt des Determinismus einnimmt, wie die meisten Philosophen der Gegenwart und geradezu von einer sittlichen Verantwortung zu sprechen nur bei der eindeutigen Determiniertheit des Wollens und Handelns durch Charakter und Motive für sinnvoll hält. (Aehnlich drückt sich A. Meinong aus: nur deterministisch kann man den Urheber als Täter seiner Taten bezeichnen. Sittlich will und handelt der, welcher nur die sittlichen Neigungen seines Charakters die Tat bestimmen lässt. (Aehnlich schon Spinoza Kant und die meisten Späteren.) Die Abneigung vieler, auch das Ethische als strenger Gesetzlichkeit unterworfen anzusehen, stammt aus der Verwechslung physischer und psychischer Kausalität. Determinismus ist nicht identisch mit Fatalismus, und Kausalität ohne Willen, hat ein anderes Antlitz als Kausalität durch den Willen.

Gegenstand des sittlichen Urteils ist also der Charakter (nicht die Handlung, die vieldeutig ist), Bedingung ist der von Hemmungen etc. freie, im übrigen durch den Charakter determinierte Wille; wo finden wir nun die Kriterien für Tugend und Laster? Das ist ein schwieriges Terrain: viele Eigenschaften deren eine oft eine Tugend, die andere ein Laster ist, gehen ohne scharfe Grenzen in einander über, z. B. Geiz und Sparsamkeit, und es hält schwer generell ihre Breite zu bezeichnen. Dieser Mangel liegt in der fehlenden ethischen Methodik und empirisch-induktiven Kleinarbeit begründet, die die Ethik gegenüber der Naturwissenschaft so sehr rückständig erscheinen lässt. Eine ethische Rangordnung der Neigungen zu geben, ist demnach verfrüht.

Da ein letztes Kriterium des Guten und Bösen zwar von fast allen angenommen wird, aber z. Zt. nicht bestimmt werden kann, hat sich die Hypothese dieser Frage bemächtigt: wir haben teleologische und intuitivistische, deren erste annehmen, dass Neigungen etc. nach den Folgen beurteilt werden (Erfolgsethik); die intuitivistischen (der Name ist irreführend) halten sich an ein in den Handlungen etc. selbst gelegenes Merkmal (Gesinnungsethik). Die teleologischen Hypothesen sehen in dem Streben nach Lust und der Vermeidung von Unlust (also in der Erhöhung des Lustsaldos) das treibende Moment der Handlungen, die wir ethisch nennen. Die primitivere Etappe dieser Gruppe bezeichnet der individualistische Hedonismus, die von den Griechen (Sokrates) bis auf die Gegenwart vertreten wird und zum Lehrinhalt hatte, dass die Tugend glücklich mache; mit Hinblick auf dieses Glück sei es geraten, tugendhaft zu sein. Während die Widerlegung dieser Theorie Heymans mühelos gelingt, weil sie nicht berücksichtigt, dass mancher trotz geringeren Lustwertes unter verschiedenen Zielen das ethische wählt (nach der konsequenten Nützlichkeitslehre müsste das Ziel mit dem grössten Lustwert gewählt werden), weil sie, die den individuellen hedonistischen Masstab anlegt, angesichts der individuell sehr verschiedenen Lustbewertung — sind doch die psychischen Anlagen erblich bestimmt und damit auch die Vorbedingungen für die sittliche Reaktion — überhaupt zu keiner überindividuellen Ethik gelangen könnte, so ist der universalistische Hedonismus (Utilismus) viel beachtenswerter. Er will die Ethik aus dem Streben nach grösstmöglichem Glück für die Gesamtheit ableiten; Handlungen und Neigungen sind sittlich, insofern sie das Lustsaldo der Menschheit erhöhen! Tatsächlich lassen sich manche Tugenden, wie die Menschenliebe, mit dieser Theorie gut vereinbaren. Sidgwik meint auch, dass die Keuschheit sich ihr gut einfügt. Aber zweierlei darf man nicht aus dem Auge verlieren: die sittlichen Gefühle lassen sich phaenomenologisch deutlich von den hedonistischen unterscheiden, und für die Ethik und das sittliche Bewusstsein sind Lohn und Strafe keine allmählich zum Selbstzweck gewordenen Mittel zur Förderung gemeinnützigen Handelns. Da die Neigung im Komplex des Sittlichen im Vordergrund steht, so kann der Grad der Sittlichkeit nicht von der Handlung, die durch Aussicht auf Lohn inauguriert worden ist, abhängig sein. Die sexuelle Reinheit lässt sich von dem Gesichtswinkel des universalistischen Hedonismus nicht zwanglos als sittliche Notwendigkeit begreifen; denn ein relativ grosses Gesamtglück könnte auch sehr wohl bei fehlender Ehe oder mangelnder praematrimonieller Keuschheit bestehen, wenn nur die Moral der Gesellschaft die uneheliche Mutter und das uneheliche Kind nicht ächten würde. Wofür also eine strenge Sexualmoral zu Recht besteht, muss in anderem der zureichende Grund zu solcher Verpflichtung liegen.

Bleiben die intuitivistischen (s. o.) Theorien. Kants herbe Pflichttheorie, die schon zu seiner Zeit z. B. von Schiller satirisch behandelt wurde, findet in Heymans Augen keine Gnade, weil sie doch noch einen Egoismus des Individuums, sei es auch einen sehr geläuterten, darstellt, das immer besorgt ist, die eigenen Hände rein zu halten. Aesthetische Fundierung der Ethik, wie sie Dichtern naheliegt: Sittlichkeit als Harmonie, scheidet schon deshalb aus, weil wir ein und dieselbe Gestalt ästhetisch bewundern, ethisch aber verurteilen können. Gut und Böse auf die Begriffe Wahr und Falsch zurückzuführen, ist der logischen Theorie Bemühen; sie scheitert daran, dass sie nur Motive eines Ehrenmannes voraussetzt. Sie lässt also wiederum das spezifisch Ethische unerklärt.

Gegenüber all diesen Versuchen stellt der Autor nun seine Objektivitätstheorie dar, die der logischen relativ am nächsten steht. Nur greift der Gegensatz von Wissen und Nichtwissen auf den Charakter selbst über, und so ethische Gesinnung sachliche Gesinnung. Nicht Wissen und Nichtwissen überhaupt, sondern Neigung des Charakters zur Objektivität und Sachlichkeit, praktische Weite des Blicks lassen das Urteil der Sittlichkeit zu. Heymans selbst weist darauf hin, dass bereits die altorientalischen Religionen in dem

Abfall des Teils von Gott die Sünde, in dem Streben nach der Vereinigung des Teils mit dem Ganzen das sittliche Verdienst erblicken.

Es gelingt Heymans, die Tugenden diesem Prinzip unterzuordnen. Am leichtesten ist dies für die Wahrhaftigkeit zu erweisen, mit dem Hinblick auf die der Objektivitätstheorie innewohnende Sachlichkeit auch für Liebe und Gerechtigkeit gegen die Mitmenschen. — Die verzeihende Liebe lässt H. nur für den Beurteiler mit weitem Blick gelten, der umfassende Menschenkenntnis hat und auch nur das kleinste Unrecht zu tun sich scheut. Sonst aber hält er es für bedenklich, notorisch böse Neigungen übersehen zu wollen. — Die schon im Zusammenhang mit den anderen ethischen Theorien gestreifte, geschlechtliche Sittlichkeit erhält erst hier ihren gebührenden Platz. Nicht utilitaristische Erwägungen weder im Interesse des einzelnen noch der Gesamtheit machen das Sittliche der Keuschheit etc. aus sondern der Respekt vor dem geschlechtlichen Verhältnis, das Verantwortungsgefühl vor der kommenden Generation — Der kategorische Imperativ Heymans' lautet: Wolle objektiv.

Diesen ethischen Theorien steht, für das Leben ungleich wichtiger, die ethische Praxis gegenüber. Die Beurteilung anderer ist da eine der grössten Schwierigkeiten, die durch Mangel und Lücken im Wissen des Beurteilers, in seinen besonderen Lebenserfahrungen (Misstrauen) begründet werden. Man übersehe auch nicht, dass vieles, was man als Charakterfehler beim Beurteilten anzusehen geneigt ist, nur in Eigenarten des Temperaments seine Ursache hat. Es ist von Bedeutung, dass die Primärfunktionierenden, die affektiv gerichteten, in ihrem Verhalten an sittliche Minderwertigkeit erinnern, während die Sekundärfunktionierenden, deren Vorstellungen nicht so schnell aus dem Unterbewusstsein schwinden, den Eindruck grösserer Reife machen. Die Statistik belegt das: Sexuelle Festigkeit Zuverlässigkeit, Widerstand gegen Alkohol etc. ist bei diesen erheblich stärker als bei jenen. Ebenso haben die aktiven Naturen einen höheren Anteil an den Tugenden als die Nichtaktiven.

Bei der ethischen Wertung e i g e n e n Handelns steht im Vordergrund der Pflichtenkonflikt, wo aus verschiedenen objektiven Gesichtspunkten verschiedene Leistungen gefordert werden. Da eröffnet das G e w i s s e n die best begründete Einsicht. Es hat vor unvollkommener Theorie den Vorzug umfassenderer Betrachtung und grösserer Zielsicherheit. — Die Erziehung der eigenen wie fremder Personen gründet sich, unter Voraussetzung des Determinismus, auf die verkümmerten, schlummernden, guten Anlagen, die durch Mahnung etc. geweckt werden. Es müssen feste Assoziationen ausgebildet werden, die die mangelnde Ueberlegung (Sekundärfunktion) stärken. Gehorsam muss sachlich zu rechtfertigen sein; einen blinden Autoritätsglauben hält Heymans für ethisch bedenklich.

Die Erziehung des Menschengeschlechts ist eine Frage der sittlichen Selektion. Die natürliche Selektion lässt oft die Besten untergehen (Krieg, Konkurrenz). Die künstliche Selektion ist der Erziehung günstiger. Die Kriminaljustiz scheidet manchen Minderwertigen aus, und sie ist ethisch dazu durchaus legitimiert. Die wirksamste Förderung schafft die sexuelle Selektion. Es ist eine der erfreulichsten Tatsachen, dass durch die Gattenwahl die Welt in ihrer Entwicklnug vorwärts gebracht wird. Meist richtet auch der Schlechte bei der Ehewahl seinen Blick auf eine sittlich höherstehende Gestalt. — Wiederum ist es die Statistik, die eine beredte Sprache spricht: durchschnittlich finden sich alle Tugenden in wirklich höherem Prozentsatz bei den Verheirateten, bei allen Lastern sind überwiegend Unverheiratete vertreten.

Selbsterziehung bezeichnet den Entwicklungsgang der Menschheit. Sollte je das Gottesreich sich auf Erden verwirklichen, so wird es das Werk der Menschen sein, schliesst Heymans sein inhaltliches Werk.

## II.

Es kann hier weder meine Aufgabe sein, die Grundlagen der Heyman'schen Ethik eingehend zu prüfen noch in ihren Einzellehren zu diskutieren. Mir scheint nur bemerkenswert, dass Heymans, dessen Buch sehr wertvoll ist, in ihrer Fundierung von den logischen Theorien nicht so stark abweicht, wie er meint. Der besondere phaenomenologische Sachverhalt des sittlichen Urteils, kurz gesagt: die Tatsache des sittlichen Bewusstseins, lässt sich der Logik (Ordnungslehre) einfügen, wenn man es als ein Anzeichen dafür ansieht, welche Rolle das Individuum in der menschlichen Gesellschaft im Dienst ihres Entwicklungszieles gespielt hat. Reue und sittliche Befriedigung könnten die schlecht oder gut gespielte Rolle anzeigen (So ungefähr Driesch). Doch würde die Erörterung über die Einreihung der Ethik in das System der Wissenschaften, ob sie der Logik koordiniert oder — immer natürlich nur von systematischen Gesichtspunkten aus — ihr unterzuordnen ist, sehr weit führen. Uns interessieren hier andere Dinge. Es verdient besondere Hervorhebung, dass eine mit einem solchem Ausmass von Sicherheit begründete Ethik, die auch inhaltsreich ist wie die Heymans', trotz ihrer empisischen Basis doch weit über utilitaristisches Niveau hinausführt zu vielen auch der Religion eigenen Lehren. Die vielen anderen Ethiken, die die Sittlichkeit im reinen Denken begründen oder, zwar auf der selbstbesinnlichen Feststellung des sittlichen Bewusstseins beruhend, dennoch kaum zu inhaltlichen Lehren, zu Vorschriften für das Leben gelangen, haben einen wesentlich geringeren Ertrag. Der praktische Ethiker wird sich der Resultate Heymans' freuen, idie autonom gewonnen sind — mancher Anhänger heteronomer Ethik wird n einem Zwiespalt sein, soll er die vorschriftenreiche Ethik begrüssen, obgleich sie des göttlichen Gesetzgebens entraten zu können glaubt, oder lieber auf den Fortschritt praktischer Sittlichkeit verzichten? Ich glaube, in praxi verdient wohl die Tatsache einer den sittlichen Fortschritt fördernden Lehre Beachtung. Dabei verstehe ich sehr wohl das Unbehagen sowohl der strengen Theoretiker, denen die Ethik in Heymans'scher Gestalt durchaus nicht so gut gegründet scheint wie etwa die Logik (im weitesten Sinn) — das ist auch meine Meinung — und denen aus theoretischen Gründen am meisten an der intellektuellen Reinheit des Systems gelegen ist; darin berührt sich ja der strenge Forscher mit dem strengen Gläubigen, dass ihm Herkunft und Begründung der Sittlichkeit, wenn auch in recht verschiedener Auffassung — nicht gleichgiltig sind. Vorläufig fehlen der Ethik dis Wege zur Feststellung von Gesetzen, die die Naturwissenschaft zu einer nomothetischen gemacht haben.

Wir müssen einzelnes in unserer Betrachtung in den Vordergrund stellen. Mit das Bedeutendste von Heymans' Buch ist die sorgfällige Verwendung statistischer Untersuchungen. Damit erfüllt er vielfach vernachlässigte Pflichten des Ethikers, die schon v. Oettingen gepflegt und F. A. Lange als Hauptaufgabe bezeichnet hat. Bekanntlich sagt er in seinem Vorwort Geschichte etc. des Materialismus (allerdings in gewaltiger Uebertreibung): meine Logik ist Wahrscheinlichkeitsrechnung, meine Psychologie auf Physiologie gegründet und meine Ethik Moralstatistik. Jedenfalls demonstriert letztere deutlicher als alles andere die Bedeutung gewisser Temperamente (s. o.), die gewaltige Veredelung, die durch die Ehe den Menschen zuteil wird. Es wäre gezwungen zu sagen, dass nur die besseren Elemente heiraten. Dass aber die Verheirateten — ceteris paribus — im Durchschnitt in allem tugendhafter und an allen Lastern weniger beteiligt sind, das rechtfertigt allerdings das Institut der Ehe und ganz besonders die von den jüdischen Ethikern propagierte Frühehe. Es verdient betont zu werden, dass in diesem Punkte mancher erfreulicher Consensus besteht. Ich darf u. a. an Landauers beredtes Lob der Ehe erinnern (Der werdende Mensch).

Mit Hinweis auf meinen früheren Beitrag zur Sexualethik[1]) möchte ich auf die Stellen in Heymans' Buch hinweisen, die diese Frage betreffen. Das Wichtigste ist in diesem Zusammenhang nicht die Forderung der Keuschheit, ehelichen Treue usw., sondern die Motivierung dafür, warum sie in uns schlummert und geschätzt wird. Es ist der Respekt vor dem Geschlechtlichen überhaupt, nicht lediglich Nützlichkeitslehre, Schutz der eigenen und fremden Geschlechtsehre usw. Hier wird eine beträchtliche Höhe erreicht, indem das Ueberindividuelle, ja über eine Generation Hinausgehende, die Verantwortung vor der Zukunft, gelehrt wird. Dass der Weltwille sich bei dem Geschlechtlichen durchsetzt und die Partner mit allen möglichen Listen lockt und übertölpelt, war Schopenhauers Meinung. Das Geschlechtliche selbst erhält auch dabei den überindividuellen Rang, freilich nicht in der verehrungsvollen Weise, sondern fast in hämischer Schmähung. So ist durch Heyman's Darlegungen ausschweifenden biologischen Theorien auf diesem Feld (v. Ehrenfels) die Berechtigung genommen.

In einem Punkte muss ich Heymans widersprechen, Wenn ich auch zugebe, dass die wissenschaftliche Ethik nicht heteronom sein kann, so ist gegen die theologische Theorie der Ethik nichts einzuwenden, dass die Vorstellung des allmächtigen Gottes noch nicht die des allgütigen und

---

[1]) Wolfsberg, Jeschurun VII, 60—91, 1920.

gerechten einschliesse. Die monotheistischen Religionen stellen sich Gott als das vollkommenste Wesen vor, das natürlich auch in ethischer Hinsicht vollendet ist (In der jüdischen Auffassung: כי קדוש אני וכו׳). Endlich ist eine religiöse Ethik in ihrem Inhalt und die ethische Gesinnung und Handlung nicht minderwertig, wenn sie nicht aus selbstgegebenem Gesetz fliesst; nur auf ein anderes Gebiet, nämlich das der Religion, ist alles verschoben. Hier wäre an C o h e n s Abgrenzung zu denken: die Ethik erfindet den Begriff M e n s c h h e i t als collectivum, die Religion den N e b e n menschen, das D u.

Mit wenigen Worten möchte ich das Problem der Willensfreiheit noch streifen (behandeln kann ich es hier nicht). Mir scheint es aber berechtigt, dass die Wissenschaft einen absoluten Indeterminismus ebenso wenig für die Psychologie wie für die Ethik zugeben kann. Immer kann es bei der sittlichen Freiheit nur um das w e s e n s g e m ä s s e, triebfreie Handeln gehen. Wir würden uns in diese Dinge besser hineinfinden, wenn wir die psychologische Kausalität (insbesondere die durch den Willen) nicht mechanistisch fassen. Motivfrei handeln ist für wissenschaftliche Betrachtung unzulässig. Das Schwierige — und daran scheitern Verständnis und Fortschritt auf diesem Gebiet — ist hier das Quantitative. Warum und nach welchen Gesichtspunkten wiegt e i n Motiv schwerer als das andere?

Es gab auch jüdische Religionsphilosophen, die dem Determinismus zustimmten (Crescas). Die Probleme der Religionsphilosophie — Verantwortlichkeit, Strafe, Verhältnis Gottes zu den Geschöpfen — sind dadurch nicht ausgeschaltet. Auch bei Annahme des Indeterminismus bleiben gar viele offene Fragen. Lohn und Strafe können auch in der deterministischen Ethik Platz finden, und sei es auch als strenge Parallele naturgesetzlicher Konsequenz ins Ethische übertragen.

# Eine Weihnachtsfeier.
## (Wie ich in einer Nacht grau geworden).
### Von Awigdor Feuerstein*)
(Frei übertragen von Ari Wohlgemuth z. Z. Telschi).

Wer von euch hat schon einmal das Glück gehabt, mitanzusehen, wie man sein Grab gegraben? —

Der Gott des Krieges hat mir auch diese Gnade erwiesen als ich in der Gefangenschaft war — eine Nacht.

Als Patrouille wurden wir gegen den Feind geschickt, zu fünf. Zufällig waren wir drei Juden und zwei Nichtjuden. Ich

---
*) Aus der „Hatekufah", Warschau. Tebeth-Siwan 5682. Der Aufsatz trägt dort eine andere Ueberschrift.

für meine Person liebe nicht solche Unterscheidungen: Jude, Nichtjude. Aber in dieser Geschichte, die ich hier erzählen will, fragte mich das Schicksal nicht, ob ich unterscheiden wollte zwischen Jude und Nichtjude, dem Zwang gehorchend musste ich mein Judesein fühlen — ich musst's bis zum Entsetzen.

Also: Drei Juden waren wir und zwei Ungarn. Schon war es uns gelungen, wichtige Dinge von der Front des Feindes zu erkunden — da fielen wir in einen Hinterhalt. Feindliche Vorposten hatten uns von allen Seiten umstellt — es gab kein Entkommen. Wir waren gefangen; es war 10 Uhr abends.

Zu dreissig waren sie; sie führten uns in ein kleines Dorf, das zur Hälfte zerstört war. Es gelang ihnen nicht, uns alle zu ihrem Kommandanten zu bringen. Einer von den Ungarn entkam auf halbem Wege. Nachdem sie uns aufs gründlichste untersucht — führte man uns zum Kommandanten. Wir näherten uns einer niedrigen Hütte. Sie war schon baufällig, gedeckt mit faulendem Stroh, sah so recht wie ein Sohn des armen galizischen Volkes aus.

Man führte uns in diese trunkene Hütte. Heisse Luft strömte uns entgegen voll Schnapsgeruch und beizendem Rauch. Es war als öffnete ein Ungeheuer seinen scheusslichen Rachen und gösse über uns seinen giftigen augenblendenden, atemverpestenden Speichel aus.

Kaum hatten wir die Augen geöffnet, da stand vor uns ein wildes Bild. Ein gedeckter Tisch überladen mit Getränken verschiedener Farbe und jeder Art Geruch. Um den Tisch herum sassen Soldaten, russische Offiziere jeder Gattung: Infanterie, Kavallerie, Kosaken und Betrunkene ohne Rang, sie rauchten, tranken und johlten in jenem beschwingten Zustand, der schon halb an Bewusstlosigkeit grenzt. Der russische Unteroffizier der uns führte, trat vor einen unter ihnen und machte in vorschriftsmässiger Haltung die Meldung, er habe österreichische Gefangene gebracht. Der Offizier glotzte den Unteroffizier mit verschwommenen Augen an, tat als ob er ihn verstanden und sagte „Gut! Wegtreten!" Uns sah er gar nicht an, sang weiter und trank und mit ihm die ganze Runde. Einer brüllte ein jüdisches Lied, die anderen liessen sich aber nicht stören. Es kam ihnen wahrhaftig nicht auf eine Disharmonie an.

So hatte ich Zeit, mich umzusehen. An den Wänden hingen Heiligenbilder und Spinngewebe, aber unter der Last des dicken Staubes drohten diese auseinanderzufallen. Auf dem Bette lag so etwas wie ein Offizier, lang ausgestreckt und schnarchte tief. Das Schnarchen passte so recht in die ganze Symphonie des Unreinen. Auf dem Herde brannte ein Feuer und darauf stand eine Pfanne mit Schweinefleisch. Das spritzte und brodelte wie in Wut.

Und der Geruch, der von diesen Fleischstücken aufstieg, mischte sich mit dem Schnapsgeruch und dem Rauch: Das Ganze eine Symphonie des Ekels.

Unter dem Tisch aber lag ein Mann, der rührte sich nicht. Ich sah näher zu: er hatte keinen Kopf. Mich schauderte und jede Spur der benebelnden Atmosphäre schwand. Starr sah ich auf meinen Kameraden: Wo war der Kopf?

Der Kopf war auf dem Tisch. Zwischen den Flaschen und Gläsern mitten im roten Wein, der ringsum vergossen war, stand der Kopf. Ja, er stand da, mit halbem Nacken — die Augen zur Hälfte geöffnet, in seinem Munde — eine glimmende Zigarre. Man merkte gleich: das war der Kopf eines Juden. — Nur wer die Sprache der Dämonen kennt, der unreinen Geister, der vermag das Gefühl zu schildern, das mich in diesen Augenblick durchzog. Leichen mit zertretenen, abgerissenen Gliedern das gehört zu einem ordentlichen Krieg. Dafür ist das ja ein Krieg für Freiheit und Recht. Doch ein solches Bild geht eigentlich über das Mass dessen hinaus, wofür man die Freiheit und das Recht ins Gefecht führen kann.

Das alles denke ich natürlich j e t z t, wo ich diese Geschichte niederschreibe; damals hatte ich überhaupt keinen Gedanken! Das Durcheinander von Zigarrenrauch, dampfenden Getränken, die mit Menschenblut vermengt, das ganz sicher noch warm war, von all dem war ich wie vor dem Kopf geschlagen. Meine Augen rollten in ihren Höhlen, mein Herz schlug bis an den Hals, auf der Zunge spürte ich einen Geschmack, wie von salzig süssem Schleim und in meinem Geiste stiegen die schrecklichsten Bilder auf.

Aus dieser Betäubung weckte mich die Stimme des Kommandanten:

„Wer von Euch ist die höchste Charge?"

„Ich."

„Du bist ein Jude?"

„Ja."

„Sehr gut!" „Wer ist noch Jude unter Euch?"

„Ich, antwortete einer meiner Freunde."

„Das merkt man: man sieht deinem Gesicht an, wie schlau du bist. Und wer noch?"

„Ich", erwiderte mein zweiter Kamerad mit zitternder, farbloser Stimme.

„Ihr alle seid Juden? Tod und Teufel! Eine Judenbande! Auch du?" wandte er sich an den Ungarn.

„Ich . . . nein."

„Also: Drei Juden," rief der Offizier, Prachtvoll!

„Ausgezeichnet!" setzte ein anderer hinzu, die sind „zur rechten Zeit gekommen. Wahrhaftig! Zur rechten Zeit!"

„Wisst ihr, Juden, was heute für ein Tag ist?"

Ich erinnerte mich, dass es Weihnachten war. Ich schwieg. Der Offizier fuhr fort: „Heute ist ein heiliger Tag, Juden, ein grosses Fest. Der Geburtstag des Gottessohnes. Ihr wisst, was das ist?"

„Ja," antworteten wir gleichzeitig.

„Gut, natürlich wisst ihr das. — Ihr müsst ja diesen Tag noch besser als wir Christen kennen. Durch euch sind wir ja zu diesem Fest gekommen. Ihr habt doch dazu beigetragen, dass der Gesalbte uns durch seine Leiden verklärt, uns von Schuld und Vergehen versöhnte — und darum, als Dank, sollt ihr mit uns dieses Fest begehen. Woher seid ihr, Juden?

„Aus Ungarn."

„Aus Ungarn?" — So, so. Mir ist doch, als hätte ich gehört, dass die Juden Ungarns sich ganz besonders darauf verstehen . . . Sagt doch mal, Juden, ist das wahr, dass bei euch, dass ihr Juden in Ungarn euch gut darauf versteht, „Christenblut zu trinken?" Wir schwiegen.. Wir standen wie gelähmt und schwiegen. Was konnte man hier reden?

„Na, was schweigt ihr denn? Es ist doch ein offenes Geheimnis. . . . Antworte doch bitte — wandte er sich an mich — du bist doch die erste Charge, du weisst doch sicherlich mehr als sie: „Wie nehmen die Juden bei euch das Christenblut?"

„Auch du schweigst?! Warum schweigst du denn? Das ist nicht schön von dir. Also sag' du mir mal — wandte er sich an dem Ungarn —, wie trinken die Juden bei euch Christenblut!

Du musst doch das auch wissen. Wie trinken sie euer Blut? Der Ungar stand militärisch stramm, hüstelte und gab zur Antwort:

„Herr Oberst! Bei uns trinken die Juden kein Christenblut! Es gibt bei uns keine Kannibalen!"

Was heisst das, fragte der Offizier erstaunt; „bist du kein Christ?"

„Jawohl."

„Nun denn: Als Christ, als Anhänger des christlichen Glaubens deckst du die Verbrechen der Juden? Doch du hast vielleicht vor ihnen Angst? wie?"

„Nein!"

Na, selbstverständlich, du brauchst dich auch nicht vor ihnen zu fürchten. Hier bei uns werden sie dir nichts tun. Also, keine Angst, erzähl' uns alles, was du weisst!" —

Der Ungar schwieg. Blickte mich an und schwieg. Dieses stumme Anblicken war mir unangenehm, es sah so aus, als fürchtete er sich vor mir. Ich wandte mich zu ihm und sagte:

„Antworte ohne Furcht, Andrass; sag', was du weisst!"

Der Ungar, der bisher in respektvoller Haltung vor dem Offizier gestanden hatte, änderte seine dienstliche Stellung, wandte sich mit einer heftigen Bewegung zu mir und sagte fester und sicher auf ungarisch: Ich sage nichts! Ich werde dem Schwein da keine Lüge zur Antwort geben!"

Der Kommandant wurde wütend: Warum sprach er mit mir und nicht zu ihm. Ich sagte ihm, er solle zum Kommandanten und nicht zu mir reden. Der Ungar verharrte in seiner Stellung. „Was soll ich denn mit diesem Schwein reden?!" antwortete er mir mit rotem Kopf.

Der Offizier sprang auf und drohte ihm, brüllend, zähneknirschend.

Der Ungar stand wieder stramm, wandte sich dem Offizier zu und antwortete in gebrochenem weissrussisch:

— — „Ich kann nicht lügen! — Ich bin ein Ungar!"

Die letzten Worte hatte er mit solch' schneidendem Ton unterstrichen, dass der Kommandant kein Wort zur Antwort gab; er lächelte nur und wandte sich an mich:

„Ihr macht das ausgezeichnet, sagte er höhnisch: ihr verschliesst eurem Vieh das Maul, ihr zieht sie euch richtig. Also noch einmal: Willst du nun aufrichtig sein und bekennen?

Mir war ja alles klar. Ergeben fügte ich mich in mein Schicksal und antwortete:

„Herr Oberst! Mir ist es klar, dass Sie die Antwort auf all' diese Fragen genau so gut kennen wie ich! Sie sind doch ein kultivierter Mensch, ein Offizier; auch ich bin ein Offizier und kann nicht treulos handeln gegen mich selbst. Wir sind alle in Ihrer Hand; tun Sie, was Sie mit uns zu tun für richtig halten — Soldaten sind wir und gefangen — die Gefangenen gehören Ihnen'..."

Der Kommandant platzte lachend heraus:

„Ha, ha ha! Du kannst nicht treulos handeln gegen dich selbst? Ha, ha, ha! Ein Sohn Judas von Ischariot, der nicht lügen kann! Das ist wirklich interessant — nun, wir werden gleich sehen!"

Er schenkte sich und seinen Genossen ein und trank. Einer der Offiziere wandte sich zu dem Kopf, der auf dem Tische stand und sagte: „Nun Judchen, was sagst du zu deinem Bruder? Aufrichtige Juden, nicht wahr? Sie verraten nicht eure Geheimnisse. Sie schweigen. Schweigen so wie du Judchen."

Darauf ein schallendes Gelächter.

„Ja", sagte ein anderer, „dieser Jude schweigt schon. Der wird niemals mehr lügen, der wird nie mehr ein Geheimnis verraten — man muss ihm Feuer geben: Die Zigarre ist ausgegangen, gebt ihm Feuer."

Ein Kosak mit eingedrückter Nase und kleinen Katzenaugen, zündete ein Streichholz an und setzte die erloschene Zigarre in Brand — die Flamme züngelte empor und versengte den Bart — der Kommandant goss Wein darüber.

Wir senkten die Augen und wandten uns ab. Mir wars' im Munde trocken. Wie mit spitzen Nadeln stach's mir quer durch meine Kehle. Mir wurd' ums Herze schwer und schwerer, ich lehnte mich an die Wand. Auf meiner Schulter fühlte ich eine Lastschwere — ein Freund hatte sich an mich gelehnt. Die Wand war feucht. Ein angenehmes Gefühl, diese Kälte. Im Augenblick spürte ich einen Brechreiz. Irgend eine Glocke tönte, wie klingt das schön, — die Uhr an der Wand schlug — acht, neun, zehn — dreizehn — zwanzig — zweiunddreizig — es nahm kein Ende — fällt mir nicht ein, weiter zu zählen — ... und wieder ein wieherndes Lachen ... „dreht ihm den Schnurrbart" — „ach wie schön!" — „feiger Jude" — —

Eine schnarrende Stimme störte mich auf:

„Was wird aus dem Abendbrot, Kinder?"

„Sofort, gnädiger Herr!"

Ich öffnete die Augen: Der Soldat, der am Herde stand, reichte das Essen jedem der Zecher; man ass.

Der Kommandant wandte sich zu uns: „Setzt euch solange!" Hinter uns stand eine lange Bank. Wir setzten uns. Es kam uns gerade recht. Ich fühlte, wie alles Blut mir in die Füsse floss. Die Füsse wollten mich nicht weiter tragen. Ich schaute auf meine Kameraden: Keiner von ihnen blickte zum Tische. Die Augen waren geschlossen. Und auf dem Tische: Der Kopf mit der Zigarre; er war ganz nass von Wein. Wieder spürte ich einen Brechreiz. „Man muss auch dem Juden zu essen geben." — „Macht ihm den Mund auf und stopft ordentlich hinein" — „Er ist heute unser Gast" — „Nehmt ihm die Zigarre heraus" „Er hat ja keinen Magen!" — Ha, ha, ha! — Irgend ein Hammer klopfte, klopfte in meinem Hirn! Ich lehnte mich in einen Winkel. So ist's gut! Es hämmerte und hämmerte. „Ha, ha, ha!" — Eine fremdartige Stimme klang wie aus der Ferne — eine weiche und flehende: — „Was wollt ihr von mir?" — „Ich bin ein einfacher Jude" — „ein armer Jude" — „ich habe kleine Kinder" — der Körper unter dem Tisch fing an zu zucken. Aus den Augen rinnen mir die Tränen und bei jedem Blick füllen sie sich von neuem mit Tränen . . . und im Hause, im Rauche — schwebt ein weisser, reiner, dünner Schatten . . . die Seele schwingt ihre Flügel . . . wie ein Vogel über dem Haupte der Katze, die ihr Junges zerreisst . . .

* * *

Ein furchtbares Kommando schreckte mich auf:

„Aufgestanden, Juden! Jetzt ist's nicht Zeit zu schlafen! Heut ist ein heiliges Fest!"

Wir standen auf. Auch der Ungar.

„Du bleib' nur sitzen," sagte der Kommandant, „du bist doch kein Jude!"

Der Ungar setzte sich nicht. Er blieb mit uns stehen.

„Setz' dich, hab' ich dir gesagt!"

Aber der Ungar blieb stehen.

„Dummkopf!" sprach der Kommandant „Esel!" „Seht doch den Dummkopf an," rief er seinen Genossen zu, „diesen ungarischen Esel!"

„Setz' dich" sagte ich zu ihm, „setz' dich, Andrass!"

Der Kommandant trat wütend dicht zu mir heran, seine Nase berührte fast mein Gesicht; aus seinem Munde roch es nach Schnaps und seine Augen quollen aus ihren Höhlen.

„Schweig', verfluchter Hund!" — schrie er wütend, „verdammtes Judenblut." Ich werd' dich lehren hier zu befehlen! Also, Alexei Feodorowitsch, wandte er sich zu einem seiner Genossen, „mit wem, meinst du, sollen wir anfangen?"

„Mit dem da", entgegnete dieser, indem er mit dem Finger auf einen meiner Kameraden wies, „das ist der ausgesprochene Judentyp; seine Augen und seine Nase legen davon Zeugnis ab; diese Adlernase. Ha, ha, ha!"

Lachte und rutschte auf die Bank nieder. Er war total betrunken.

„Wie heisst du?"

„Ich heisse — Abraham . . ." — der Kommandant unterbrach ihn: „Nichts weiter: Abraham und Schluss! Also, Abraham, höre! Hört, ihr Juden! Das Offiziersgericht hat über euch das Urteil gesprochen. Die Schuld ist euch ja zur Genüge bekannt. Wir haben beschlossen, euch Gerechtigkeit widerfahren zu lassen. Mass für Mass! D. h. Ihr trinkt Christenblut, darum soll also einer von euch Judenblut trinken. Ihr müsst doch schliesslich einmal merken, wie Judenblut schmeckt. Zweitens: Ihr habt den Sohn Gottes gekreuzigt, darum soll einer von euch gekreuzigt werden. Drittens soll einer von euch lebendig begraben werden, wie der Sohn Gottes begraben wurde und aus dem Grabe auferstand! Verstanden?!" — Er wandte sich seinen Genossen zu, stiess mit ihnen an und trank. Darauf kehrte er sich wieder um:

„Also: Du, Abraham, sollst Blut trinken — jüdisches Blut was sagst du dazu? — Du schweigst? — Noch kannst du reden; noch ist's dir erlaubt."

— — — . . . .

„Gebt das Blut her!"

Einer von ihnen gab ihm ein Glas voll roten Weines. Als der Kommandant mit dem Glase vor meinen Kameraden trat, sah ich, dass es geronnenes Blut war mit Wein vermischt. Der Offizier setzte es an seine Lippen. Auch ich konnte das Blut riechen. Mein Freund bog sich nach hinten; legte die Hand auf den Mund; seine Augen waren starr. Dann ging ein Lächeln über sein Gesicht. Er glaubte noch nicht daran. Der Offizier brüllte fürchterlich: „Was? Du lächelst, du lachst, verdammter Jude?! Trink, verfluchter Hund!"

Mein Kamerad wandte sein Gesicht ab. Der Kommandant schien sich ein wenig zu beruhigen. — „Du willst nicht?" — sprach er mit ruhiger Stimme — trink, trink nur! Judenblut koscheres Judenblut . . . Und ich? — ich glaubte noch immer er scherze. Ich wusste nicht, wie und warum; ein leichtes

Lächeln überflog auch mein Gesicht. Der Kommandant rief mir zu: „Du lachst?" — Gleich werden wir sehen, wie du deine Pflicht erfüllen wirst! — Nun, Abraham, ich befehle dir, sofort dieses Glas mit Blut zu trinken!"

Sprach's, und mit der anderen Hand zog er seinen Dolch, hob ihn gegen das Gesicht meines Kameraden und setzte hinzu: „Ich befehle dir: Sofort trinkst du dieses Glas! Wo nicht — stirbst du auf der Stelle!"

— — — . . . .

„Ergreift ihn!" — befahl er seinen Spiessgesellen: „bindet ihn" Einer trat zu ihm heran, ergriff ihn und band ihm die beiden Hände mit einem Riemen auf dem Rücken; dann legte der „Offizier" seine Hand auf die Stirn meines Freundes, bog sie nach hinten, damit, das Gesicht gerade nach oben gerichtet sei; ein anderer nahm das Glas und stiess es ihm in den Mund, zwischen seine Lippen — der Mund blieb fest geschlossen — —

„Oeffnet ihm das Maul!" — schrie der Kommandant, und er selbst nahm einen der Rotte das Seitengewehr aus der Scheide und stiess es meinem Kameraden in den Mund! Es ging leicht hinein — mein Freund spürte schon nichts mehr, bewusstlos fiel er um. Sie legten ihn zurecht mit dem Dolch im Munde, die Zähne lagen fest aufeinander. Der Wüterich setzte seinen Fuss auf die Brust des Daniederliegenden und führte die Waffe hin und her . . . Die Zähne knirschen, brechen, doch der Mund öffnet sich nicht. Da nahm er noch einem Dolch und stach ihn hinein. Erst jetzt konnte man den Mund öffnen. Der Kommandant goss das rote Blut in den Mund, doch es trat wieder heraus. Mein Kamerad bewegte sich nicht, sein Gesicht war bleich und blau . . . Das Blut floss nach beiden Seiten heraus und färbte seine Wangen, er aber rührte sich nicht . . . mein Herz stand fast still und ich konnte das Auge doch nicht von meinem Freunde wenden . . . ich drückte es fest zu: unmöglich, sie selfen wieder hin . . . ich sehe — stirbt er? . . . da mit einmal ein furchtbares Zucken durch den ganzen Körper, wie bei einem Tier nach dem Schlachten, sein Kopf schleudert nach hinten aus, aus seinem Munde schiesst ein Blutstrahl. Der Strahl fällt an sein Gesicht zurück — und dann noch ein Ausbruch auf das Gesicht des Wüterichs... der Körper zuckt und zappelt noch einmal, streckt sich der Länge nach, durch die Füsse geht ein Zittern, der Kopf gleitet müde zur Seite — — es ist vorbei!

„Du Hund, du Dirnenbrut!" — ruft der Kommandant, und wischt sich den Unrat von Gesicht — Schafft ihn fort! Werft ihn zur Seite!"

Man nahm den Leichnam und legte ihn an die Wand. Der Kommandant befeuchtete sein Gesicht mit Eau de Cologne, das ihm ein Soldat reichte, trank einen Schnaps und wandte sich zu seinen Genossen, die dem allem mit trunkenen Augen zugeschaut und gelacht hatten. Sie nickten einander zu: „So, so" — „Judenblut" — „sie müssen es doch schliesslich 'mal haben" — „Nur Christenblut trinken sie" — der Hundesohn — — und wer kommt jetzt dran? — fragte sie der Kommandant, fast ruhig, ohne Erregung, nachdem er nochmals getrunken. — Wer von ihnen soll gekreuzigt werden?

— Der Chargierte, — antwortete jemand und wies auf mich.

Irgend ein Wort drang sich mir auf die Lippen — ich schluckte es mit Gewalt herunter. Schweiss lief mir von der Stirn, von Hinterkopf, von Scheitel, von den Haaren —

— Nein, — sagte ein Offizier: — der Chargierte soll der Dritte sein . . .

Er soll aus dem Grabe auferstehen.

Wieder wollte sich ein Wort von meinen Lippen ringen — wieder würgte ich es herunter.

— Also: dieser, — sagte der Kommandant und wies auf meinen Freund. —

Wie heisst du?

Keine Antwort.

Wie heisst du, Hund?

Wieder keine Antwort.

Du willst nicht reden? — Nun denn, so wollen wir dich Judas nennen — Judas Ischariot. Nun, Judas Ischariot, du sollst gekreuzigt werden, sowie deine Väter den Sohn Gottes gekreuzigt.

Als zwei Soldaten herantraten, um ihn zu binden, wich er

ein wenig zurück. Danach klammerte er sich an mich, zog meinen Körper an den seinen, umarmte und drückte mich so stark, dass mir fast der Atem ausging. Um so besser! — vielleicht erstickt er mich, und ich finde so den Tod. Auch ich umschlang ihn, umschlang seinen Hals . . .

Soldaten trennten uns. Mich stiessen sie zur Seite und meinen Freund ergriffen sie an beiden Händen und führten ihn an die Wand. Dort hing ein heiliges Bild. Zwei Bilder. Eines: Die Mutter mit ihrem Sohn, das zweite: der Gekreuzigte. Man führte meinen Freund dorthin und entfernte die Bilder von der Wand — das Klirren des Handwerkzeugs — die Nägel — er bebte am ganzen Körper . . . und brach in Weinen aus . . . und weinte, weinte laut, schluchzend, wie ein kleines Kind, dem der böse Lehrer den Gürtel löst, wenn er es prügeln will. Er weinte wortlos. Der Ungar neben mir machte eine heftige Bewegung und rief:

„Was brüllst du?!" — sagte er laut, fast gellend, und doch mit einer Stimme voll Liebe und Mitgefühl, — „was brüllst du wie ein Stier?! Christus — der Gesalbte sieht dies alles, er sieht's, er wird es nicht vergessen . . . gib' ihm, dem Obersten eins auf sein schändliches Maul! Gib ihm eins und dann lass' sie tuen, was sie wollen!"

— Was wollen sie? — kam es thränenerstickt aus dem Unglücklichen heraus — was wollen sie von mir? Was wo—l-l-e—n sie? — — Der Ungar konnte sich nicht mehr halten, er trat zu ihm heran, legte dem Freund die Hand auf die Schulter und drückte ihm die Rechte:

„Lass das Weinen! Kamerad, sagte er weich — lass das Weinen, wiederholte er beinahe hart. Dann knirschte er mit den Zähnen und ballte seine Faust, trat zum Kommandanten und ein Blick tötlichen Hasses schlägt aus seinen Augen und die Faust gegen das Bild des Gekreuzigten erhoben rief er — es klang, als ob's ihm im Halse würgte. —

— Du, Christus, der siebenfach Geheiligte?! — Du — du — du der Messias?! — und zertrümmerte das Glas des Bildes.

Der Kommandant stiess ihn mit einem heftigen Schlag bei Seite. Warte nur Ungar, du wildes Tier! — Ich will dich gleich lehren! — ich schick dich deinen Juden nach! — Bindet ihn!
Der Ungar hörte garnicht zu, trat noch einmal zu unserem unglücklichen Freunde, reichte ihm die Hand, drückte sie heiss und blickte ihm in die Augen; umarmte ihn und sagte leise:
— G'tt mit dir! Fürchte dich nicht! Zeig diesen Schweinen, dass du ein Held bist und zu sterben weisst!

Auch ich trat zu meinem Freunde — aber ich konnte nicht einmal die Kraft aufbringen, ihm die Hand zu drücken — man stiess uns zur Seite.

Sie rückten einen Schemel an die Wand und stellten meinen Freund hinauf, hoben ihm die Hände zu beiden Seiten in die Höhe, nahmen einen grossen Nagel — und ich seh's — und ich kann die Augen nicht schliessen — und steckten ihn in die eine Hand. Mein Freund gab keinen Ton von sich, biss sich auf die Unterlippe und verzerrte nur das Gesicht. Sie schlugen auf den Nagel mit irgend einem Eisen. Mein Freund seufzte tief auf, tief und lang, wie der Ton einer gebrochenen Flöte, sie aber schlugen immer zu, bis sie den Nagel in der Wand hatten. Die Offiziere tranken, einer wandte sich um und sagt: „Recht so, Kinder!" Einer von ihnen ging hinaus. „Ich komme gleich" — rief er. Ein anderer Offizier verschwand. Sie drücken den Nagel in die andere Hand. Mein Freund stösst einen langen, tiefen Seufzer aus, weh', diese Augen! — er drückt sie zu — ich fühle furchtbaren Schmerz . . . wo? — In der Hand, furchtbaren Schmerz — nein — im Gaumen — tief im Herzen . . . das Haupt des Gekreuzigten neigt sich zur Seite — über meinen Kopf legt sich ein dunkelroter Schleier, mir wird schwarz vor den Augen . . . und der Hammer schlägt und schlägt — — —

Mit einem Mal: ein furchtbares Geschrei —!! Der Unglückliche hat sich von der Wand gerissen und mit furchtbarer Kraft stürzt er sich auf seine Umgebung, schlägt nach links und rechts, mit Händen und Füssen, wie ein Blinder, — man will ihn binden und kann ihn nicht greifen — er schlägt und stösst, und wirft alle vor sich nieder — er packt das Eisen und haut damit um sich, nach rechts, nach links, die „Helden" drängen sich bestürzt nach allen Seiten: „Packt ihn, packt ihn!" Der Kommandant schreit und flucht, von seinem Kopf rieselt das Blut und von seiner Hand, einer liegt am Boden, am Kopfe verwundet, der Ungar hüpft vor Freude und schreit: „Schlag nur zu, Kamerad, schlag zu!

„Acha! Schlag ihnen die Zähne ein!" Er reibt sich die Hände und jauchzt vor Freude, siegestrunken, wahnsinnig, zähneknirschend, jener aber wütet wie ein wildes Tier, das seine Freiheit wieder gewann und schlägt um sich gegen Menschen, Flaschen, Luft, wie ein Blinder — — — Endlich haben sie zugegriffen, er fällt zu Boden hingestreckt auf unseren toten Kameraden, seufzt tief auf wie ein Stier, der geschlachtet wird und wird still. Aus seinem Munde weisser Schaum, vermischt mit Blut. Der Kommandant zieht seinen Dolch, sticht einmal, zweimal, dreimal zu . . . Dann tritt er zu uns mit seinem Dolch vor unserem Gesicht, seine Hand zittert — und gleitet hinunter, tritt dicht zu uns heran und spricht ohne Zorn, ruhig, Kopf und Hand ist blutig:

— Nein, nein! — sagt er mit heiserer Stimme. — Ich will euch nicht töten. Seht ihr dies Blut? — und weist mit dem Finger auf das Blut, das von seinem Haupte rinnt. — Ihr seht es? Nein, nein, nicht töten werd' ich euch, lebendig begraben werd' ich euch! Nicht beide zusammen — nein; du — wandte er sich zu meinem ungarischen Kameraden — du sollst dabei stehen und zusehen — und danach dich — ergreift sie!

Die Offiziere waren mit sich selbst beschäftigt. Einer verband dem Kommandanten den Kopf mit Watte; dieser trank wieder einen Schnaps, seine Genossen tranken ebenfalls, schimpften und fluchten mit schwacher, leiser Stimme und staunten über die Kraft des Juden, der sie nicht hatten widerstehen können.

— Er ist verrückt geworden — sagte einer, als ob er sich rechtfertigen wollte, — er ist von Sinnen gekommen und deshalb — denn sonst hätten wir ihn doch bezwungen, sprach's und glitt auf die Bank hinunter. — Und diese beiden müssen wir auch ordentlich fesseln, sonst werden sie auch noch verrückt . . . .

„Die werden schon nicht verrückt werden sagte der Kommandant. — Ich — ich werd's ihnen zeigen, ich werd' sie lehren — bindet sie gut!"

Man band uns. Wir sträubten uns nicht. Der Riemen und der dünne Strick zerschnitten mir die Hände. So standen wir beide gebunden, die Hände nach hinten. Ich fühlte keinen Schmerz, auch keine Furcht — nur heiss war mir, glühend heiss.

Der Offizier trat zu meinem ungarischen Kameraden:

— Du solltest dich schämen! — Wirklich schämen! Du willst doch ein Christ sein?

Der Ungar knirschte mit den Zähnen, richtete sich hoch auf und sprach mit fester Stimme voller Hohn:

— Du irrst! — Ich bin kein Christ! — Auch ich bin Jude! Tu' nur mit mir das, was du meinem Vorgesetzten tun willst! Auch ich bin Jude!

Ich blickte ihn an — und wenn ich nicht sicher gewusst hätte, dass er kein Jude war, so würde ich tatsächlich gedacht haben, er sei ein Jude. Ich wollte ihm ein Wort sagen — die Kraft versagte mir. Ich wollte ihn umarmen — meine Hände waren gebunden ...

— Nun, wenn du ein Jude bist, — sagte zu ihm der Kommandant, — nun denn! ... so wollen wir dich wie einen Juden richten, wir wollen dich wie sie richten! — sprach er und seine Augen brannten wie Flammen der Hölle.

Dann wandte er sich zu den Soldaten und rief:

Los Kinder, schaufelt das Grab!

Einige gingen hinaus.

Ein Offizier stand plötzlich auf und sagte:

— Lass sie, die Hunde! Zum Teufel mit ihnen! Erschiess sie, jag ihnen eine Kugel durch den Kopf! Genug! Ich habe sie schon satt ...

— Was?! — wütete der Kommandant. — Was? Ihnen eine Kugel geben?! Und dies Blut?! — er zeigte auf seinen Kopf. — Und dies Blut, was soll damit werden?! Nein, Lieber, du irrst; ich werde sie begraben — lebendig — —

Es war still. Man räumte ab und trank: ohne ein Wort

zu reden, müde, still. Der Kopf auf dem Tische lag auf der Seite, man sah die durchschnittene Kehle. — Ein Schauer überlief mich. Ich zitterte am ganzen Körper. Von draussen hörte man dumpfe Töne — Erdschollen waren's vom Grabe, das gegraben wurde, die dumpf an die Mauer fielen, so dumpf, so schwer, so tot. Plötzlich blickten wir uns an, ich und mein Ungar — ich glaube, er wars, der zu mir sprach, der mich leise fragte: Werden sie uns wirklich lebendig begraben? — und wieder diese dumpfen Töne. Stille — Stille so schwer wie Blei. Der Kommandant taumelte hin und her. Er war betrunken. Die Uhr an der Wand schlug: eins — der Klang tönte in mir fort: Din, din, din, din — din . . . es wurde mir so angenehm warm — ein G e f ü h l  d e r  T r u n k e n h e i t: Zu sterben . . . jetzt zu sterben, so einzuschlafen, im Sitzen, wie schön, ich sterbe und fühle garnichts. Die Seele zieht hinaus, leise, wie warmer Hauch steigt sie empor. Ich liege in der Erde, im Grabe, und sie zieht durch die starre Materie hinaus, schwingt sich enger zu den himmlischen Höhen. Dort ist — meine Mutter. Sie wartet auf mich — auf die Seele ihres Sohnes. Sie empfängt mich voller Wehmut und Erbarmen, küsst mich mit heissem Kusse, wie lindert doch ein solch mütterlicher Kuss unter Tränen den Schmerz, ich schlafe ein auf ihren Knien . . . Erwacht, seh ich mich an ihre Brust gelehnt, umarme sie, wie warm fühlt sie sich, welch Leben strömt aus dem Erbarmen dieser Liebe. Ich schütte mein Herz vor ihr aus: Sie schlugen und sie quälten mich, begruben mich lebendig. Ich drücke sie fest und lege mein Haupt an ihre Brust. Ich schlafe, träume: Meine beiden toten Freunde sind zum Leben auferstanden — und lächeln: „Furchtbar war's? Und dennoch leben wir . . . sie haben's nicht geschafft." Lachen und jauchzen und tummeln sich wie Kinder, wie Engel . . . Licht, Glück. Es tönt ein Lied — din, din din — —

Eine rohe Stimme schreckte mich auf:

„Na, Hunde, kommt!"

Wir gingen. Draussen war's kalte Nacht, feucht und schwarz. Das Grab war fast schon fertig. Die Soldaten graben, man leuchtet mit einer Kerze. „Tief, tief" — ruft der Kommandant. Mein Kamerad steht und blickt in das Grab, blickt und schweigt. Plötzlich wendet er sich zu mir:

„Acha" — dies Wort kam aus einer fernen, fernen Welt. „Acha" — ist das wärmste, liebste Wort der Ungarn. „Acha" ist verborgene, heimliche Liebe, und „Acha" ist das Gebet in gemeinsamer Gefahr, aus der es kein Entrinnen gibt ...

Und wenn der Soldat sich selbst vergisst und die Achtung vor seinem Offizier und „Acha" ruft — dann steht vor ihm schon die furchtbare Majestät des Todes ... Und in diesem Augenblick sagte er wirklich: Acha, bete mit mir hebräisch — —

— Es ist nicht nötig, mein Lieber, nicht nötig — du bist doch ein Christ — bete nur zu deinem Gotte — es ist doch gleich — ein Gott hat uns ja geschaffen ...

Der Ungar schnellte empor und sagte erregt:

Was?! Ich ein Christ?! Mit diesen Schweinen da zusammen?! —

Und dann legte er sich auf's Bitten:

— Ach, tu mir doch die Liebe an: lehre mich nur irgend ein kurzes Gebet, hebräisch — bitte, bitte — den Namen eures Gottes ...

— Seinen Namen? — Seinen Namen — ich weiss ihn nicht ... er hat keinen Namen ...

— Irgend ein Gebet; ich weiss: ihr habt irgend ein Gebet — ich glaube — ich habe einmal gehört: Adunai — ach, bitte — Adunai. —

In diesem Augenblick fiel der dichte Schleier von meiner Seele, mir war's, als höbe sich mein Leib auf Schwingen ... mein Herz schlug leicht, er spürte seinen Segen und sang und sang und sang.

Ich neigte mich zu meinem Freunde, und so gebunden, mit den Händen auf den Rücken, küsste ich ihn. Auch er küsste mich heiss, süss, voll Schmerzenslust der ewigen Freude. —

Und als sich Mund vom Munde löste, begann ich: — Sprich, Andrass, sprich mir nach: Schma — „Schma", Jisroel „Jisroel", Adaunoi — „Adaunoi", Elauhenu, — „Elauhenu",

Adaunoi — „Adaunoi", Echod — „Echod". Und nun sage: Jisgadal — „Jisgadal", Wejiskadasch — „Wejiskadasch", Schmei — „Schmei", Rabbo — „Rabbo", B'olm — — — da plötzlich Schüsse aus der Ferne, aus schwerem Geschütz, das knattert im Dunkel . . . ss — ss — ss und immer schneller fallen die Schüsse und immer näher kommen sie und alle in unsere Richtung. Und plötzlich fühle ich, wie neues Leben mich durchströmt, . . . mein Herz schlägt lauter, die Schüsse kommen ununterbrochen näher und näher, der Tumult wird immer grösser, alles rennt ratlos, geängstigt, hin und her. — — „Ach, liebe Herren," schrieen zu uns die Soldaten aus dem Grabe — Pomi, Pomi, kommen Sie doch her, springen Sie hinein! Hierher, in die Grube! — Hierher!" — Wir springen in's Grab, zwischen die Gräber, sie empfangen uns mit übermässiger Liebe, belecken uns — — lösen unsere Hände, die Schüsse pfeifen wie der Sturmwind, die Verwirrung wird immer grösser, die trunkene Hütte brennt, Geschrei, einer der Soldaten umarmt mich und flucht auf den Offizier. Er gibt mir einen Dolch, ein anderer meinem Freunde ein Gewehr mit aufgepflanztem Bajonett. „Nehmt es uns nicht übel, Herren, wir sind ja nicht schuldig — uns war es leid — nehmt es uns nicht übel" — „Nein, lieber Kamerad, nein, im Gegenteil" . . . ein Offizier will zu uns in die Grube springen - die einzige Deckung, — der Ungar stösst ihm das Bajonett in den Leib. „Das mir! — ächzt der Russe — das mir! Du Hund!" — Die Schüsse klingen immer ferner hinter den Schurken her, und bald sind sie alle verschwunden.

Es ist nicht mehr gefährlich, die Grube zu verlassen. Die Unseren kommen! — ich lauf' ihnen entgegen, laufe mit aller Kraft, quer durch den Schnee, ich höre hinter mir rufen: Warten Sie ein bischen! — Ich sehe mich um: Mein Ungar ist's, der mir nachläuft, er trägt ein Gewehr und am Bajonett steckt ein toter Menschenkörper, zur Hälfte zerrissen. — Da haben Sie ihn, Herr Leutnant! — rief der Ungar mit glücklicher Miene, wie eine Katze, die eine Maus im Maule hält. — da haben Sie ihn, den Teufel!

Er wirft den Körper auf den Schnee, noch einmal stösst

er das Bajonett in den Leib, zweimal, dreimal — — ich zünde ein Streichholz an und sehe meinen Ungar vor mir; sein Scheitel schien mir stark von Mehl bestäubt zu sein — — ich sah näher zu: Sein Haar war weiss; er war ergraut ... „Was ist das!" — fragte ich ihn. — „Auch du" — erwiderte er. Und wieder wandte er sich dem Körper im Schnee zu und stösst nochmals das Bajonett hinein, tief hinein mit grimmer Wut. Ich blickte dem Toten ins Gesicht. Es war der Kommandant!

## Die religiöse Immanenz.

Von **Dr. Hermann Weyl** (Frankfurt/Main).
(Fortsetzung.)

### VII.

Um das Wesen des Judentums darzulegen, könnte u. E. der Standpunkt der Immanenz von wichtigster Bedeutung werden. Denn jetzt würde es möglich sein, alles aus dem Innersten zu begreifen, die religiöse Urkraft darzutun, wie sie in aller jüdisch-religiösen Tatsachenfülle sich verwirklichte. Auf alles würde innigste religiöse Beseeltheit leuchten, und erst jetzt käme der Urprozess, die religiöse Aktivität zu ergreifender Sichtbarkeit. Eine spätere Arbeit soll diese wichtige Aufgabe leisten. Und mit innerer Gewissheit und idealer Schau einer solchen Deutungstat des Judentums wenden wir uns zu einem gegenwärtigen Versuch, das Judentum zu begreifen und zu vermitteln.

### VIII.

Max B r o d 's Werk ist Spiegel einer religiösen Existenz; als grosse Tatsache hinzunehmen: Bekenntnis zum Judentum. Selten dürfte aus religiösen Grundeinsichten der praktisch-sittliche Gehalt des Judentums uns Neueren schon gleich bedeutend dargestellt worden sein. Abbild einer religiösen Existenz ist das Werk, fast schon Existenz selbst; hervorgetrieben aus innerster Erfülltheit, nicht in schweifend irrlichtelierender Verschwommenheit, die gewissermassen erst ihr Objekt suchen muss, wie bei so manchen romantischen Lebenssystemen. An starker Wirklichkeit erglühter Sinn bekennt auch das Religiöse als erdhaft-sinnlich wirksame Geistesmacht.

Aber seine metaphysische Grundlegung ist durchaus zweifelhaft, muss zweifelhaft bleiben, wie Jeder einsieht, der unsere principiellen Ausführungen verstanden hat. Ihm ist seine metaphysische Deutung und Erklärung auch letzte Wahrheit, vielleicht sogar von wissenschaftlicher Verbindlichkeit. Wir aber erkannten die vollständige Heterogenität von religiöser Existenz und philosophischer Begründung. Religiöses Dasein ist immanent. Es gibt aber keine adäquate philosophisch begründende Erkenntnis dieser Immanenz.

Lebend in dieser Existenz vermag man zwar nicht voraussetzungslos zu erkennen, gleichwohl aber zu allem Existentiellen Stellung zu nehmen. So auch B r o d. Alles wurde Auseinandersetzung mit einer Existenz. Und da diese Existenz einer Seite jüdisch-religiöser Weltauffassung, der unmittelbaren entspricht, ist es zugleich eine Auseinandersetzung seines Judentums mit dem, was er „Christentum" und „Heidentum" nennt.

Was ist hier Judentum? Es betrifft seiner tiefsten Tendenz nach die Wirklichkeit; erblickt in der Vergöttlichung der Realität seinen letzten Sinn, in dem Paradoxen: dass im Vergänglichsten das Ewigste erscheint, erscheinen muss. Dies nennt er „Diesseitswunder". Wunder, weil es rätselhaft bleiben müsse, wie das Irdische zugleich das Göttliche trägt. Ein Phänomen, das nach unserer Auffassung von der religiösen Immanenz ohne die für uns unzulängliche Brod'sche metaphysische Deutung mehr als irrationales psychisches Faktum demonstriert werden müsste.

— Kritik des paulinischen und späteren Christentums folgt zwanglos und überzeugend. Diese Indifferenz des offiziellen Christentums allem Lebendig-Wirklichen gegenüber führte praktisch zum Bankrott des christlichen Gedankens überhaupt [2]).

---

[2]) Interessante Bestätigung mancher hier gebotenen Gesichtspunkte in allerdings ganz anderen Zusammenhängen findet man bei E u c k e n. Hier hören wir, wie alle natur-, geschichts- und geistes-

Was hier über dogmatische und psychologische Erscheinungen im Christentum gesagt ist, erscheint von typischer Bedeutung. — Heidentum dagegen sei eine völlige Indifferenz dem sittlich-religiösen Wert gegenüber. Ein Tanzen auf dem Abgrund, geheimnisvolle Verzweiflung. Leider ist unter einem unzulänglichen Begriff „Heidentum" allzuviel Heterogenes verschwiegen worden. Der umfassende religiöse Denker kommt ohne Miteinbezug asiatischer Religionen z. B. nicht mehr aus. Hier ist die Antike und sie nur unzulänglich begriffen. An Homer wird es überzeugend klar. Er rettete sich (nach Brod'scher Auffassung) aus dem Chaos seiner Seele in die unendliche Vielfalt der Sinnenwelt: eine Tatsache, die unseres Erachtens jedem universalen Dichter und Künstler begegnet, weil Jeder sein Seelen-Chaos an der Sinnenwelt zur Gestaltung bringt. Dies nenne ich bei Homer seine naiv-sinnliche Uebersinnlichkeit: wie er, als ein Grosser, die Verewigung alles Geschauten vollzieht. Denn auch alles Sichtbare ist sub specie aeterni gemeint. — Der sonstige grosse Kosmos griechischen Seelentums wird von Brod fast ganz übersehen. Warum? Weil er in seiner religiösen Unmittelbarkeit diese vital-heterogenen Elemente nicht assimilieren konnte. Das Unmittelbare aber kennt seiner Natur nach nicht die Universalität des Geistes. So klärt unsere Auffassung von der religiösen Immanenz auch die Begrenztheit des Brod'schen Werkes[3]).

---

wirklichen Tatsachen auch nach Ansicht dieses Denkers zunächst den überwirklichen jenseitigen Charakter des Christentums, dieser „Religion weltüberlegener Art", besonders lebhaft angreifen mussten. (Rudolf Eucken: Der Wahrheitsgehalt der Religion. Im Abschnitt: Die Bewegung der Neuzeit wider das Christentum.)

[3]) Eine höchst mangelhafte Auffassung des Brod'schen Werkes findet sich im Dezemberheft 1921 der „Neuen Rundschau" S. Fischer, Berlin: Chronik Werenwags II. — Auch Prof. Hans Ehrenberg (in dem Aufsatz „Das tragische Deutschland" („Frankfurter Zeitung" Anfang September, erstes Morgenblatt) wird der Vielfalt des Werkes nicht gerecht. Gleichwohl versucht er gewisse Grundgedanken herauszustellen. Auch mag es gewiss berechtigt sein, wenn er es als Mangel bezeichnet, dass die christliche Weltauffassung bei Brod nicht genügend dargestellt ist. Aber Ehrenberg berücksichtigt wiederum viel zu wenig Brod's prinzipiellen Unterscheidungsversuch zwischen Juden-

Nur unzulänglich ist die jüdische Weltauffassung erkannt. Erkennen liesse sie sich nur aus der Universalität des jüdischen Bewusstseins, die nach allen geistigen Kategorien sich entfaltet. — Aber Judentum ist gelebt, und als gelebtes gestaltet. Eine Verklärung des ganzen menschlichen Daseins im Angesichte der Ewigkeit. Emporheben jedes kleinen Geschehens in's „göttliche Licht"; religiöse Existenz.

Hier rührte K i e r k e g a a r d so geheimnisvoll an die jüdische Lebensgestaltung. Wie dieser stets sich selbst überstürmende Geist eine kurze Spanne Wegs mit der jüdischen Weltauffassung sich traf, ist bedeutsam gezeigt. Wie er aber weitertrieb und sein ganzes paradoxes Leben entrollte, kann restlos nur von unserem Standpunkt der Immanenz erkannt, wenn nicht gar nachgelebt werden. — Auch an D a n t e 's Lebensgang in seiner inneren Tendenz weist Brod mancherlei Verwandschaft mit dem Judentum auf. Zwar hat sich, so scheint mir, gerade D a n t e in solch dogmatisches Beiwerk gehüllt, dass wir ihm auch künstlerisch nicht mehr ganz unmittelbar entgegentreten. Doch sein Liebesdasein war ganz auf die wenn auch romantische Wirklichkeit gestellt; und seine „Begegnung mit Gott" mag, wenn man das dogmatisch-katholische starkanthropomorphe Element nicht sehen will, eine Verklärung des Irdischen' im ewigkeitlichen Geiste genannt werden. —

Bekenntnis will auch hier bei Brod heissen: Gestaltung seiner religiösen Existenz, seines Daseins im Judentum. Daher

tum und Christentum. Auch weiss E h r e n b e r g anscheinend nichts oder verschliesst sich einfach den noch immer wirklichen „Höhepunkten des Judentums", die er lieber als die „vergangenen" hinstellen zu müssen sich berechtigt hält. B r o d's Werk, das — wie wir schon mehrfach angedeutet haben — doch nur einen Ausschnitt aus der ganzen jüdischen Lebenstotalität gibt, kann richtigerweise nur aus der Höhenperspektive dieser Lebenstotalität gedeutet sein. — Ich selbst muss noch kurz anmerken, dass Brod's Um-Fassung des Hohen Liedes für mich auch rein künstlerisch nicht annehmbar ist. Die ganz unbekümmerte dramatisch-lyrische Form des ursprünglichen Textes ist gerade in ihrer fortgesetzt schwebenden, auf und nieder wallenden, die eigentliche Handlung immer wieder übertönenden Weise viel überzeugender als Brod's Umstellung, die alles zu durchsichtig macht und den eigentlich zauberhaften Schleier hebt.

ist er durchaus berechtigt, auch in Kritik seine jüdische Daseinsart neu zu beleuchten, und andere ihm fremde religiöse Systeme abzulehnen, ohne dass er allerdings damit gewissen historischen, psychologischen, kulturellen Faktoren restlos gerecht wird. Bekenntnis heisst hier lebendiger Seelenausdruck; nicht Erkenntnis, sondern Gestaltung des jüdischen Lebensgefühls. — Gleichwohl ist es auch wissenschaftlich möglich, die religiösen Inhalte des Judentums nicht etwa zu begründen, aber darzulegen. Aus allen selbst mit objektiver Tendenz entwickelten Gedankenreihen geht diese Erdverfestigung, die irdische Sinngebung und sittliche Verwirklichungsstrebung der jüdischen Weltauffassung hervor; wie dies z. B. für die Erziehung von meinem Vater[4]) gestaltet wurde. Auch hier ist die Grundlage und Grundlegung lebendigst gefasste jüdische Ideenwelt, die Ausführung eine Entwicklung der hauptsächlichen erzieherischen Fragen aus ganz immanent zu nehmendem jüdisch-religiösen Bewusstsein.

## IX.

Hier verweisen wir auf Kant, nicht wegen seiner Religionsphilosophie, nur wegen einer völlig unzulänglichen Auffassung der jüdischen Religion. Man lese die Stellen in seiner „Religion innerhalb der Grenzen der blossen Vernunft" und staune vor der Begrenztheit des Genies. Aus seiner Religionsphilosophie könnten wir manches in einem allerdings sehr abgewandelten Sinn auch in unserem Zusammenhang verwerten. Aber immerhin ist es notwendig zu verbreiten, was Kant über das Judentum gedacht, wie unzulänglich er darüber gewusst hat.[5]) Da entstellt sich zu unserer Verwunderung „der jüdische Glaube" als „ein Inbegriff bloss statuarischer Gesetze", „denn welche moralische Zusätze entweder damals schon oder auch in der Folge ihm angehängt worden sind, die sind schlechterdings nicht zum Judentum als einem solchen gehörig." Wir erfahren: Judentum „ist eigentlich gar keine Religion, sondern bloss Ver-

---

[4]) Adolf Weyl: Die Bedeutung des Hauses im alttestamentlichen Erziehungsplane. Frankfurt a. Main. J. Kauffmann 1903.

[5]) Kant: Religion innerhalb der Grenzen der blossen Vernunft. 2. kantische Originalausgabe S. 186 ff.

einigung einer Menge Menschen, die ... sich zu einem gemeinen Wesen unter bloss politischen Gesetzen, mithin nicht zu einer Kirche formten;" Gott ist bloss „als weltlicher Regent" verehrt. Selbst die 10 Gebote sind „in jener Gesetzgebung gar nicht mit der Forderung an d i e m o r a l i s c h e G e s i n n u n g in Befolgung derselben (worin nachher das Christentum das Hauptwerk setzte) gegeben, sondern schlechterdings nur an die äussere Beobachtung gerichtet worden." „Das ganze menschliche Geschlecht" wurde von seiner Gemeinschaft ausgeschlossen usw. usw.— Man sollte vermuten: die reine Gottesvorstellung müsste K a n t doch die religiöse Reife des Judentums erwiesen haben. Wir werden anders belehrt. Auch bei den meisten Völkern ziele die Glaubenslehre zur Einheit Gottes, nur dass sie sich „durch die V e r e h r u n g gewisser jenem untergeordneten mächtigen Untergötter des Polytheismus verdächtig machten." „Denn ein Gott, der bloss die Befolgung solcher Gebote will, dazu gar keine gebesserte moralische Gesinnung erfordert wird, ist doch eigentlich nicht dasjenige moralische Wesen, dessen Begriff wir zu einer Religion nötig haben. Diese würde noch eher bei einem Glauben an viele solche mächtige unsichtbare Wesen stattfinden, wenn ein Volk sich diese etwa so dächte, dass sie bei der Verschiedenheit ihrer Departements doch alle darin übereinkämen, dass sie ihres Wohlgefallens nur den würdigten, der mit ganzem Herzen der Tugend anhinge, als wenn der Glaube nur einem einzigen Wesen gewidmet ist, das aber aus einem mechanischen Kultus das Hauptwerk macht."

Was nutzt diese formal-richtige Spekulation, die das innere religiöse Dasein im Judentum aus Gründen wie immer nicht kennt und so auf einer ganz falschen Voraussetzung als einer vermeintlich empirischen Realität sich gründet? Jedenfalls ist gerade in unseren Zusammenhängen die Einsicht wichtig, aus welch völlig entstellten Tatsachen auch völlig entstellende Deutungen bei K a n t entstanden sind. —

Was er dagegen in der Anthropologie[6] über Juden und

---

[6] K a n t : Anthropologie in pragmatischer Hinsicht.

Judentum zu berichten weiss, kann uns zum Glück nur kaum beschäftigen und enthebt uns der Mühe einer ermüdenden Kritik. Judentum sei in Geboten einer geschäftigen Nichtstuerei begründet und er fügt hinzu: gratis anhelare, multa agendo nihil agere (§ 12).

An einer anderen Stelle spricht er von den „unter uns lebenden Palästinern", die — wenn nicht für eine Nation von Betrügern — so doch befremdlicherweise als eine Nation von lauter Kaufleuten zu denken seien, deren Hauptbestrebung die Ueberlistung des Wirtsvolkes geworden. Und es folgt noch ein ungenügender sociologischer Erklärungsversuch (§ 46).

Sagen wir milde: Was hier, erträumt und konstruiert, den geistigen Wirklichkeiten nicht Rechnung tragend, eine völlige sachliche Ignoranz enthüllt, kann hier füglich von uns übergangen sein. —

Auch Herder und Hegel übergehen wir, obwohl über Beide manches Erstaunliche erzählt werden könnte. —

Eine andere auch hier interessante Nüancierung findet sich bei Christian Morgenstern[7]. Nicht nur die religiöse, sondern jede eigentümlich jüdische Gestaltung wird jetzt ziemlich grosszügig abgehandelt. Der Aphoristiker spricht. Begreiflicherweise müsste er sich lediglich an aphoristische Existenzen halten, die in jedem Kulturzusammenhang sich finden (lebendige Symbole eines Ineinanderfliessens der Weltanschauungen), charakterologisch wie geistig die ewig leidenschaftliche Bewegung und Selbstentwicklung des menschlichen Geistes illustrieren und für die jeweilige ausgeprägte Kultur durchaus nicht kennzeichnend sind. Aber er vergreift sich, verhebt sich an der Last. — „Alles Jüdische ist vorwiegend destruktiv." Was wusste er eigentlich von der jüdischen Kultur?

Das eigentümlich jüdische Geistesleben war ihm wohl ganz verschlossen. So hielt er sich an Christus und Spinoza, die doch eigentlich am Rande des Judentums stehen. Was beginnt er mit ihnen? Er deutet sie sicher originell, aber aus

---

[7] Christian Morgenstern: Stufen. R. Piper und Co. München 1918. S. 105 ff.

der Froschperspektive. Warum destruktiv? Mit viel Pathos und ohne einige mässige Begründung wird's verkündet. An Nietzsche dagegen sei alles „ein Schaffen, Bauen, Konstruieren, Befehlen, Bestimmen, der Zweck heiligt die Mittel usw. usw. Alles in ihm ist Zuchtgedanke. Die Juden sind die Opponenten der Schaffenden, ihre Korrektoren, ihre bösen Gewissen". Und zum Beweise findet er Christus und Spinoza, zwei Erscheinungen, an denen noch jede geistesgeschichtliche Deutung den vorwiegend synthetisch-aufbauenden Zug anerkennen musste. Wir selbst möchten behaupten: das eigentlich Aufbauende bei Beiden war das eigentümlich Jüdische. Was bleibt an Christus, wenn man die von ihm ganz bewusst aus dem jüdischen Leben proklamierten sittlich-religiösen Werte, was an Spinoza, wenn man die eine Substanz in ihrer metaphysisch-logisch-ethischen Realität entfernte? — Morgenstern dagegen, sieht eine Destruktion, was bei ihm vielleicht Tiefsinn bedeuten mag. Sogar Goethe ist ganz falsch gesehen und völlig unzulänglich in einen germanophilen Zusammenhang eingezwängt.

Aber Morgenstern berauscht sich an seiner Idee vom Judentum. „Es ist wundervoll, in diese wahrhaft weltgeschichtlichen Dissonanzen hineinzuhorchen". Wir haben seinen für ihn vielleicht notwendigen Irrtum aufgedeckt und dürfen mit schweigendem Bedauern an ihm vorüberziehn. —

Wenn aber Weininger[8]) ebenso oberflächlich wie geschmacklos, ebenso krankhaft wie pöbelhaft-wahnwitzig das Judentum in fast masochistischer Wut entstellt und an dieser Selbstpreisgabe sein unverkennbares, kaum mehr normal zu wertendes Behagen verrät, darf dies unsere Zusammenhänge nicht bewegen. Keiner seiner Gedanken über Judentum verdient sachliche Auseinandersetzung und Kritik, alle scheinen vielmehr aus einem oft geisteskrank anmutenden Bewusstsein entsprungen. Vielleicht komme ich später einmal auf ihn zurück. Jedenfalls bekenne ich hier mit Nachdruck, dass trotz eingehenden und unvoreingenommenen Studiums seiner Werke ich kaum einen

---

[8]) Otto Weininger: Geschlecht und Charakter; dto.: Ueber die letzten Dinge. Wilhelm Braumüller, Wien u. Leipzig.

einzigen Gedanken fand, der die pathetische, oft grössenwahnsinnige Geste des Autors hätte rechtfertigen können, und dass bodenlose Ignoranz, verblüffende logisch-psychologische Unsauberkeiten auf jeden ernst Bemühten höchst abstossend wirken. Erst wenn man pathographisch betrachtet, gewinnt Alles tieferes Interesse — als Gegenstand der Pathologie. Von unheimlicher, aber in sich fast metaphysisch-gerechter Tragweite bleibt es, (man kann es nicht ohne Erschütterung sehen), dass dieser junge Mann — hätte er doch zu seinen Jünglingsideen und Pubertätskrisen mehr Distanz gewonnen und den rettenden Weg wenn auch bescheidener Selbstkritik betreten! — dass dieser Mensch und Jude die Entwurzelung seines Daseins mit Selbstmord büssen musste, nachdem er in nie genug zu erkennender geistiger Verworrenheit ein sexualphilosophisches System entwickelt hatte, das in den mehr philosophischen Partieen eklektisch und unbestimmt, in den mehr eigentümlich-sensationellen Untersuchungen über Geschlecht, Charakter, Judentum usw. aber konstruiert, gekünstelt, wirr, von Hass, Unkenntnis und Hochmut strotzt. —

Dass er seine gelehrigen, den kaum überbietbaren Meister dennoch überbietenden Schüler und Apostel fand, ist selbstverständlich. —

## X.

Sicher hat K a n t alle religiösen Inhalte nicht immanent, sondern transzendent gefasst. Dazu neigt alle natürliche Theologie, und wir finden bei H u m e eine ähnliche wenn auch im Skeptizismus wieder gehemmte Tendenz. Aber in der Kritik der reinen Vernunft gibt es einige auch die Immanenz beachtende Stellen, in der Ideenlehre. —

Besonders vermissen wir natürlich bei Kant und allen seinen Schülern jene letzte Aufdeckung r e l i g i ö s e r  A u t o n o m i e , da Alles bei ihnen sofort in Ethik und Metaphysik verwandelt wird. Mehr in's Innere ist der Akzent zu verlegen, aus der Rationalität in's Irrationale, vom Logisch-Umschreibbaren in's Intuitive. — — —

Um nun unsern angedeuteten religionsphilosophischen Entwurf zum Ende zu führen, müssten Untersuchungen folgen, die den gegenwärtigen Rahmen sprengen und sämtliche Religionen miteinbeziehen. Dies wird vielleicht später einmal ausgeführt. Wir begnügen uns daher noch an einigen zusammenfassenden Bemerkungen.

Scharf sind die gelebten Inhalte des unmittelbaren Bewusstseins von aller also auch philosophischer Kontemplation darüber getrennt. Die kennzeichnende Art der religiösen Existenz liegt in ihrer Unmittelbarkeit, die als A k t u s nie sich in Begriffe einfängt, die als I n h a l t nur als g e l e b t e r Inhalt, nicht als e r k a n n t e r noch eigentlich religiös bleibt.

Zwar gibt es „ein Erkennen", das auch unmittelbar und daher auch religiös sein kann. So heisst es von A b r a h a m: er erkannte seinen Schöpfer, הכיר את בוראו. Aber dies ist eine gelebte Erkenntnis, mehr ein Wiedererkennen, ein Wiederfinden, neue Aufdeckung einer entschwundenen Seelenwirklichkeit. Diese Erkenntnis ist selbst Teilausdruck der Vitalität, ganz wie jede künstlerische Gestaltung auch ein „erkennerischer" und doch ein vitalster Prozess ist. Anders die philosophische Erkenntnis; sie möchte (ob es möglich ist, wird ein neues Problem) die Inhalte des Erkennens für sich betrachten, als Hinweis auf „Objekte", wie der Physiker in den optischen, thermischen, chemischen, elektrischen Erscheinungen des Lichts Hinweise erblickt auf die Natur des Lichts, wie der Psychiater aus den physiologischen, chemischen, biologischen, psychischen Erscheinungen bei der zirkulären Psychose ihre objektive Natur, den somatopathologischen Prozess erkennen möchte.

Diese Fragestellung gibt es hier nur im unkritischen Sinne noch. Es heisst die Vernunft vergewaltigen, ihr Probleme zuzumuten, denen sie aus ihrer Natur und der Natur des irrationalen selbstgenügsamen Bewusstseins nicht gewachsen sein kann, und an falschen Fragestellungen ihren Tiefsinn zu erproben.

B u b e r freilich (wie es in seinem Vortragszyklus „Religion als Gegenwart" besonders deutlich wurde) glaubt dieser ganzen Problematik dadurch auszuweichen, dass er immer nur das Unmittelbare, nie die philosophisch notwendige Reflexion sehen will. Damit bleibt er der bedeutende religiöse Gestalter, aber er vermag in der ausgeführten von der Natur unseres Denkens innerlich geforderten Weise das religiöse Bewusstsein im ganzen geistigen Gedankenbau nicht p h i l o s o p h i s c h abzugrenzen, so sehr er eine ureigenste religiöse Sphäre gerade betont. Das ist „Existenz" (Buber nennt es „Gegenwart"), doch keine wenn auch zu überwindende Erkenntnis. —

Was die Vernunft zu erkennen vermag und verpflichtet wird, ist jene Grenzeinsicht, der wir diese Untersuchung gewidmet haben: d i e r e l i g i ö s e I m m a n e n z.

Der religiös Existierende ist eine „Monade". Sie hat keine Fenster, durch die sie die ausserimmanente Realität der religiösen Inhalte in philosophischer Erkenntnis erblicken könnte.

Das Gleiche, wenn auch nicht als Erkenntnis und Grenzsetzung, sondern als unmittelbare in der religiösen Existenz sich entfaltende Evidenz, besagt, was מהרש״ל in ein einer תשובה erzählt: [9])

מה יפה כח של ר״ש טקינון אחר שלמד סתרי הקבלה אמר שהוא התפלל כתינוק בן יומו.

Alle Versuche, das „Göttliche" objektiv, kabbalistisch, magisch zu bestimmen, versinken vor der unmittelbaren Wirklichkeit, wie sie dem Kinde und Kindlichen gross und gegenwärtig sein mag. —

Im gleichen Zusammenhang ist zu verstehen, was der Nachfolger des Baalschemtow, R. D o w B e r M e s e r i t s c h e r (der grosse Maggid) über das Gebet sagte: Manche beteten mit Weinen, sie lebten nur in ihrem eigenen traurigen Gemüte fort und konnten die eigene Melancholie nicht überwinden. Andere beteten in der ihnen angeborenen Freude der Seele und gestalteten so auch immer nur sich selbst. Höherstehende versenkten sich während des Gebetes in die Gedanken an Gott, an die weise Weltleitung und erfüllten sich so mit Liebe und Ehrfurcht, mit Dank und Wonne, mit Hingebung und Demut vor seiner Heiligkeit. Aber auch hier sei das Gebet noch durch eine reflektierende Geistestätigkeit erzeugt. Erst wenn der Mensch

---

[9]) Zitiert im: ספר היי אדם כלל י״ת (ב).

vor Ehrfurcht und Schauer nicht mehr wüsste, wo er ist, und alles mehr oder weniger Verstandesmässige und Erkennerische sei aufgehoben, in Tränen erlöst und aufgelöst, erst jetzt beginne das wahre Gebet. Hier ist tatsächlich die religiöse Intuition in ihrer Reinheit (in unserer Terminologie: die Immanenz) ganz introspektiv überzeugend dargetan. Und der grosse Maggid schliesst diesen Gedanken mit den Worten: „So lange er nicht dazu gekommen ist, ist er noch kein wirklicher Jude". —

Das Gleiche als metaphysische Einsicht meint der bedeutende französische Denker R a v a i s s o n : nicht durch Ueberlegung, nicht durch intellektuelle Intuition erfassten wir Gott, sondern durch Intuition der ganzen Seele in ihrer allseitigen Aktivität usw. usw. Ueberhaupt ist der ganze französische Spiritualismus des 19. und 20. Jahrhunderts auch für unsere Fragestellung von grosser Bedeutung, da er die ganze innere Erfahrung metaphysisch vertieft und interessanteste philosophische Systeme gezeitigt hat. — — —

Auch der religiöse Mensch hat immer wieder eingesehen, dass sein religiöses Weltgefühl etwas ganz spezifisches ist. Das eigentlich Religiöse sei von allem Gedanklichen zu reinigen und als eigenartiges in sich selbst lebendes Gefühl hinzustellen. Hierauf beruhen die immer neu gestellten Forderungen, das religiöse Leben aus seinen Verquickungen mit Kunst, Metaphysik, nach vielen sogar mit der Ethik loszulösen und in seiner Reinheit immer neu aufleben zu lassen. — Wie das religiöse Weltgefühl gleichwohl über viele andere Bewusstheitsfülle (ästhet., ethischer, auch metaphysischer Art) verstrahlt, nach unserer Ansicht sogar verstrahlen muss und mit ihr oft ganz untrennbare, lebenswirkliche, bedeutende Einheit eingeht, haben wir oben schon gerechtfertigt und begründet. — '

Das religiöse Bewusstsein, folgerichtig entfaltet, vermag sich nur als Immanenz zu bewahren. Hier beginnt jede religionsphilosophische Problematik, die gleichwohl — wie wir es verh： ... - klar ausgesprochen werden kann und muss.

## XI.

Dem prinzipiellen Charakter unserer Untersuchung gemäss schien ein Hinweis auf ähnliche und eine Polemik gegen andersartige Anschauungen überflüssig, obwohl zu beidem sich reichlich Gelegenheit geboten hätte. Es liegt nicht in der Richtung einer systematischen Untersuchung, nun gar noch genau die historische Situation zu bestimmen, in der die Untersuchung steht. Dass philosophisches Denken, wie jedes andere, seine historische Voraussetzung hat, ist fraglos. Dass es aber zugleich ein Eigenstes ist (und wenn es dieses Eigenste nicht ist, eigentlich nicht wert ist gedacht zu werden), dass es eine durchaus „sachphilosophische" Bedeutung hat, dies allerdings erscheint den mehr historisch Eingestellten durchaus nicht immer zweckmässig. Sie ergänzen nämlich systematisches Denken durch ein historisches Sammelbündel und vermeinen ein denkerisches Problem besser gelöst, wenn es geschichtlich eingeordnet und relativiert ist. Wir aber schreiben ja hier keine Geschichte des religiösen Problems und des religiösen Denkens und müssen auch nicht den Immanenzcharakter des Religiösen durch eine historische Fundierung stützen. In solchem Falle müssten nicht nur neuere und neueste Denker wie Schleiermacher, Simmel, Scholz, James im positiven oder negativen Sinne erwähnt sein; bei den Primitiven müsste tatsächlich begonnen, Griechentum, philosoph. Mittelalter und Renaissance, die ganze Romantik usw. in einer vieltausendjährigen Totalität beschrieben werden. — Hier aber begnügen wir uns mit einer systematischen Einsicht und sehen nun den Aehrenlesern der Geschichte interessiert und gerne zu, wie sie sammeln und vergleichen und alles hier Entwickelte auch in einer weiteren historischen Zusammenhangsfülle mit Notwendigkeit erblicken. —

(Schluss folgt.)

### Druckfehler-Berichtigung
(für „Die religiöse Immanenz" erster Teil).

Seite 327, Zeile 5 von oben: „und sieht schon" statt „und sie schon",
Zeile 20,21 von oben: „im Bewusstsein" statt „ins . . ."
Seite 328, Zeile 3,4 von oben: „alles konkrete religiöse Dasein".

## Bücherbesprechung.

**Dalman**, Gustav: Orte und Wege Jesu, 2. verbesserte und vermehrte mit 40 Abbildungen und Plänen. Gütersloh 1921 (C. Bertelsmann) X u. 321 S. in gr. 8⁰.

Es ist ein christliches Buch, das vor uns liegt, das aber auch Juden nicht nur lesen, sondern studieren sollten. Ist doch Prof. Dalman heute der beste Kenner Palästinas' der bald zwei Jahrzehnte hindurch als Leiter des deutschen evang. Instituts für Altertumswissenschaft des Heiligen Landes zu Jerusalem tätig gewesen. Er ist aber zugleich nach dem Tode Stracks wohl der gründlichste Kenner des talmudischen Schrifttums unter den christlichen Gelehrten, der diesem Schrifttum, soweit dies besonders in einer Arbeit, welche sich mit dem Leben des christlichen Religionsstifters beschäftigt, irgend möglich ist,' objektiv gegenübersteht. Die Kenntnis des Landes und die Kenntnis des jüdischen Schrifttums dient ihm dazu, das Verständnis der Urquellen des Christentums zu fördern, dessen Entstehung aber ohne gründliche Erforschung des zeitgenössischen Judentums, besonders aber der jüdischen Bevölkerung Galiläas, nicht recht begriffen werden kann. Ein jedes irgendwie bedeutsames Moment im Leben Jesus wird daher in diesem Buche durch die zeitgenössischen jüdischen Quellenschriften beleuchtet und jeder Ort, wo er sich aufhielt, und jeder Weg, denn er ging, wird mit Hilfe derselben Quellen erforscht, festgestellt und auf Grund eigener Anschauung beschrieben. Hierdurch fällt natürlich sehr oft neues Licht auf die christlichen Quellen, aber nicht selten auch auf talmudische Realien, die noch besonders durch die heutigen Sitten des Landes beleuchtet werden. So möge denn jeder Talmudist die Ausführungen auf S. 42 über מרבריות und ביתיות lesen; ebenso was S. 89 Anm. 4 über Tos. Bab. K. X 28, oder S. 114 über Maasrot III 7 (סוכת גיניסר) gesagt wird. S. 79 Anm. 5 wird über das Wunder der Verstopfung des Flussbettes des Jordans gesprochen.

Die jüdischen Quellen kennt Dalman, wie bereits bemerkt wurde, durch eigenes Studium. Er vernachlässigt aber auch die Arbeiten jüdischer Forscher nicht; selbst hebräisch geschriebene Aufsätze werden berücksichtigt, — wahrlich eine seltene, wenn nicht alleinstehende Erscheinung bei den protestantischen Theologen unserer Zeit. Selbst die Erfolge neuzeitlicher jüdischer Kolonisation werden nicht mehr verschwiegen (S. 113), wie denn der Verfasser dem neuen jüdischen Heim sympathisch gegenübersteht. Sein christlicher Standpunkt zum rabbinischen Judentum wird in manchen seiner Bemerkungen (z. B. S. 188, 204, 237, 250, 255) wohl sicher mehr in apologetischem Interesse, als wissenschaftlich begründet, etwas einseitig zum Ausdruck gebracht. Trotzdem können wir nicht umhin, seiner Leistung auch vom Standpunkte der jüdisch-wissenschaftlichen Forschung, und ganz besonders der Erforschung Palästinas, die so wenige gründliche Arbeiter hat, unseren tiefempfundenen Dank auszusprechen und zu wünschen, dass es ihm vergönnt sei, durch Ausführung seiner literarischen Pläne die Kenntnis und die Liebe des Heiligen Landes unter Christen und Juden zu fördern. Ich kann aber bei dieser Gelegenheit nicht die Frage unterdrücken: wann werden wohl unsere jüdischen Verleger dafür sorgen, dass ähnliche, das Leben und das Wirken einer jüdischen Persönlichkeit der biblischen und besonders der mischnisch-talmudischen Zeit behandelnden Werke erscheinen können? . . .

Im folgenden gebe ich eine Zahl Einzelbemerkungen a) zu den topographischen Beiträgen; b) zu sonstigen literarischen oder historischen Stellen des Buches, und lasse zum Schluss einige Druckfehlerberichtigungen folgen.

Es braucht kaum gesagt zu werden, dass Dalman's Beiträge zur T o p o g r a p h i e Palästinas überall das Ergebnis gründlichen Quellenstudiums und der Kenntnis des Landes selbst darstellen. Immerhin findet man hie und da etwas zu berichtigen. So auf S. 45 Anm. 2, wo über מגדל עדר, den Ort, wo Simon b. Eleasar lehrte (Der. er. 4, Ab. d. r. N, 21, (l. 41) b. Taan- 20 a, MS Monac) gesprochen wird. Doch ist hier die durch das MS gebotene Lesart sicher falsch und durch Gen 35, 21 beeinflusst. Es muss zweifellos מגדל גדר heissen, d. h Migdal bei Geder-Gadara im Ostjordanlande, s. „meine Beiträge" S. 79, Anm. 4; 89, Anm. 1. R. Simon b. Eleaser lernte (n i c h t lehrte") dort, oder besser vielleicht: er besuchte dort seinen Lehrer. Sein eigenes Lehrhaus war in Betschean (Ber. r. c. 9). Er kam von Migdal bei Geder entlang des Jarmuk-Flusses על שפת הנחר oder am Ufer des galiläischen Sees על שפת הים so Aruch s. v. א מייל) um nach Betschean zu gelangen (s. die richtige Bemerkung G o l d h o r s אדמת קדש 100 Anm. 2). — Was S. 48 über הר המלך gesagt wird, ist nicht richtig. S. darüber mein ארץ ישראל 12 und 113 § 23 (Anm). Richtig wäre hier ההר (ebend. 13 Zeile 1).— S. 88. Die Angaben des Josephus über das Bewässerungsland von Jericho sind „unmöglich". Dagegen haben die jüd. Quellen richtig 500 Ellen im Geviert: דָּשְׁנָהּ[1]): Sifre Num 81 של יריחו חמש מאות אמה על חמש מאות אמה (p 218); Sifra Deut 62 (87 b): Sifre Zutta 76; Midr. Taunaim 217₅; Ab d. R N c. 35. |

S. 101 bedarf das über עין טב Gesagte einer gründlichen Prüfung. Meiner Ansicht nach ist der Ort in Judäa gelegen. Nähere Beweisführung muss mit Rücksicht auf den mir zur Verfügung stehenden Raum bei anderer Gelegenheit erfolgen. — Was S. 103 über die Ansetzung von עין תאינה gesagt wird, ist richtig, doch heisst T u r a n im Midrasch תרען (s. mein ארץ ישראל 62).— S. 151 Anm. 4 ist „Ber. R 32 [§ 9] zu lesen; 31 § 13 wird die gleiche Entfernung in anderem Zusammenhang angegeben. — S. 159 Anm. 8 ist חמת גדר gemeint, nicht חמת bei Tiberias; s. meine Beiträge S. 79 Anm. 4.— Wichtig ist die Gleichsetzung von בית ירח mit P h i l o t e r i a (S. 160). — S. 169 Anm. 1. Statt פסלן ist zweifellos כסלן oder noch eher כסלו zu lesen. Cod. Vat. hat Ber. r. אכסלו, d. h. Iksalo (Löw's Mitteilung nach T h e o d o r's Angaben). — Die Korrektur S. 184 Anm. 2 ist unrichtig und unnötig. Es muss in Ber. r. 98 heissen: בית שאן בבית השקיא . . . אסכרות שבבעל; vgl. M. Terumot X 11 und R. D. Luria's Bemerkung zu Ber. r. Danach ist auch S. 189 zu berichtigen. — S. 185 Anm. 8 wolle der verehrte Verfasser die dort an-

---

[1]) So ist das Wort דושנה zu lesen; ו = o (d. h. קמץ קטן).

448    Bücherbesprechung

geführte Stelle nochmals prüfen, und wird wohl meiner Auffassung beipflichten. Es handelt sich um den Baum! — S. 192 Anm. 2 עמתן j. M. K. 82a ist nicht = עמתן j. Schebi. 38 d, vgl. M G W J 1915, 165. — S. 225 Anm. 8 Für הר המשחה ist Echa r. 2,2 sicher הר המלך zu lesen (s. Anm. 9).

Die Bemerkung S. 47 über die Barajta von den galiläischen Sitzen aller Priesterordnungen ist mir nicht recht klar („so ungewiss ihr geschichtlicher Hintergrund ist, ein Beweis dafür, in wie enger Verbindung mit Judäa man sich später Galiläa gedacht hat"). Die Barajta bezieht sich eben auf eine spätere Zeit, nach der Zerstörung des Tempels, da in galiläischen Ortschaften (wie übrigens auch in mehreren babylonischen Städten) Mitglieder aller 24 Ordnungen anzutreffen waren. Was ich hierüber „Beiträge" schrieb halte ich weiter aufrecht, und hoffe in einer demnächst erscheinenden Arbeit noch erhärten zu können. — Die Zeit Ḳalirs ist nach den neuesten Forschungen nicht mehr ins 9. Jahrhundert zu setzen (S. 52). Er lebte wohl sicher zu Beginn des 7. Jahrhunderts (so Jawitz: Hoffmann-Festschrift hebr. Teil 69 ff.; Elbogen: Jüd. Gottesdienst 306; Marmorstein: REJ 1921, 73, p. 82). — S. 52 in der 3. Zeile des Verses ist nicht תָּמוּר zu lesen und mit „vertauscht ist" zu übersetzen, sondern תְּמוּר d. h. „anstatt" u. s. f. — S. 58 in der 1. Zeile des Verses lies: צרו Z. 5 der Uebersetzung ist unrichtig. Es muss heissen: . . . „in den Tagen des [Eleasar] b. Dinaj's". Gemeint ist אלעזר בן דינאי M. Sota IX 9; Sifre Deut § 205 (116 b), wo voller Name; ebenso Josephus Ant. XX 61 und 85; kürzer: [בן] דינאי Schir r. 27 (bei Grätz III 5 431 Anm. 4 unrichtig 85). Nach M. Kelim V 10 war er ursprünglich ein Ofenverfertiger (וחנורו של בן דנאי), der später ein wilder Zelote geworden ist. Seine Frau ist Ketub. 27a genannt. Zu Sota IX 9 vgl. Löw, Ges. Schriften V, 216 (Derenbourg); Kohler in Harkavy-Festschr. p. 16; Krauss MGWJ 907, 151. — Die Mischnastelle hat richtig zu lauten: משבא[ו] אלעזר בן דינאי ותחינה בן פרישה] — 'בן פרישה היה נקרא חזרו לקרותו בן תרצחן וכו. — S. 66 Anm. 3 ist die Erklärung von א"י = ארץ יהודה (Ber. r. 20) richtig, dagegen die im Text gegebene Erklärung der Stelle ganz falsch. — Unrichtig ist auch die Wiedergabe von Tosefta Ber. IV 16 auf S. 79. Die Beduinen trugen einst nicht geteerte Felle, sondern die Araber („Kaufleute") führten als Ware mit sich „übelriechende Felle und Teer" (s. Bacher, Ag. Tan. I², 347). — S. 94 wenn נבו richtig, so ist das Wort zu Nebu[zbradan] zu ergänzen. — S. 100 Anm. 1 ist die Korrektur שבראש של כרמל unmöglich; es könnte eventuell שבראשו של כ' heissen. Aber aus einem so gewöhnlichen Wort wie שבראשו wäre niemals שבראני entstanden! — S. 204 Anm. 2 Wasser wird zur Habdala ausdrücklich verboten. Or. Chajjim 296 § 2. Der Hinweis auf 269 ist in 296 zu korrigieren! — Die Schreibung בית פאני (S. 217) spricht nicht gegen die Ableitung von פגים, denn das ist die alte paläst. Schreibart, vgl. mein Corp. Inscr. I, 115; II, 88.

Druckfehler: S. 3 Mitte ist zum Worte Judäa ein Verweis auf Anm. 3) zu setzen. — S. 132 Z. 7 lies: 15 a. — MGWJ sollte überall gleichmässig zitiert sein (vgl. 145 Anm. 3 mit 146 Anm. 1!). — S. 258, Z. 3 lies „ha" statt „den".                    Dr. Samuel Klei

ט"ו מילין אינו חידוש אלא הוא דבר ידוע וכמו שכ' המעי"ט אלא עולא רוצה לפרש
אמאי נקיט ר"מ שיעור זה ומפרש עולא דסבר ליה פי' ר' עקיבא כי הא דארבב"ח
וכו' (ואין להקשות היאך קאמר על תנא ר"ע דס"ל כאמורא ר' יוחנן דהא לא אמר
ס"ל כר' יוחנן אלא ס"ל כי הא דאר"ר יוחנן ומילתא דר' יוחנן דמהלך אדם ביום י'
פרס' הוה דבר מקובל מקדם ומצינו כיוצא בזה בש"ס) הכל דברי עולא עד עולא
לטעמיה ששם מתחילין דברי הגמ'. ובזה מדוק הלשון עולא לטעמיה דלפירש"י
הל"ל מקודם עולא ס"ל כי הא וכו' ואזיל לטעמיה וכו' או לכל הפחות הל"ל
ועולא לטעמיה בו"ו אלא וודאי שעד כאן הם דברי עולא בעצמו וכאן מתחילין
דברי הגמ'. אח"כ אמר רבא עוביו של רקיע א' מ' מלניו כמו שמפרט בעצמו וע"ז
פריך מברי' דר' יהודה קאמר עוביו של רקיע א' מ' ביום והיינו נמי מלניו דלא
כרש"י ותיובתא דרבא ודעולא דלדידהו הוא א' מ' מלניו ואף דר"ע פליג על
ר' יהודה בשיעור היליך מיל אבל במה שאמר ר' יהודה שעוביו של רקיע דהיינו
הנשף א' מ' מעיקר היום שבין הנה"ח ושקה"ח לא שמענו שום תנא חולק עליו
ובאמת גם לר"ע הוא א' מ' ביום דהיינו ג' מיל ופריך לימא תיהוי תיובתא דר' יוחנן
דכיוון דהילכ' כר' עקיבא דמהנה"ח עד שקיעתה ל' מילין וגם אין חולק על מה
שאמר ר' יהודה דעוביו של רקיע א' מ' ביום נמצא מהלך אדם ביום אינו אלא
ל"ו מילין ומסיק אמר לך ר"י אנא בימטא הוא דאמרי עם מה דנהיגי אינשי לאקדומי
ולאחשוכי ונפ"מ לענין אבל שבא ממקום קרוב ורבנן הוא דקטעו שחשבו שכל הה'
מילין הם לאחר עה"ש וקודם צה"כ ומסקנ' הגמ' גם לזה הפירוש לפום מאי דקיי"ל
כר"ע שמיל א' משלשים מי"ב שעות השוויה דהיינו כ"ד מינוטין שלנו ובפי' הזה
מיושבים כל דברי הגמ' דבר דבור על אופניו וגם כל דברי הרמב"ם כפי' המשנ'
ובחיבורו מיושבים ונצמדים יחד בס"ד שלפ"ז הנשף הוא עכ"פ א' מח' מי"ב שעות
זמניות שמהנה"ח עד שקיעתה דהיינו שעה וחומש שעה זמניות ויצא לנו מביאורנו
זה דגם השעות זמניות הן להרמב"ם מהנה"ח עד שקה"ח ואזיל לשיטתיה כדעת הגאונים
בזמן בין השמשות. וכדעת הרמב"ם נראה ג"כ דעת ר' יונה שהרי כ' תרי"י ברפ"א
וברפ"ג דברכות דתפלת המנחה עד הערב דתנן התם היינו עד שקיעת החמה וטוכח
מדבריהם שם שכוונתם על התעלם גוף החמה תחת האופק ומיד אח"כ מתחיל זמן
תפלת ערבית וכבר ביררנו למעלה שזה לא יתכן אלא אם סוף י"ב שעות ג"כ בשקה"ח
כדעת הלבוש. (סוף יבא)

## הַשְׁלָמָה.

בחוברת ראשונה משנה זו נדפסה בחלק. בדורי הלכות פרק ראשון מתשובת שאלה ע"ד
תשמישי קדושה בעוד אשר הדפסת פרקה השני נדחה אחר־כך מחוברת לחוברת עד אשר
עכשיו עבר זמנו ובטל ענינו. אין לי אלא להזכיר את מסקנת הדברים: כי אעפ"י שהארכתי
שם להביא ראיות לדעת חמ"ז עיי"ש בדרתי אח"כ בפרק שני שרוב האחרונים ז"ל חולקין
עליו ואין לצרף את דעתו אלא בתור סניף להתירו של הווהר־יאיר שיש לשנות מחמור לקל
במקום שאין צרך לחמור עיי"ש. ולפיכך אין לתפור מאותן ממפחות בגדים לעניים, שהוא תשמיש
חול אצלם, אלא לעשות מהם תיקי תפילין וכדומה ע"מ שימכרו עפ"י טובי העיר ודמותן יפול
לקופה של צדקה.                                           א. א. קפלן.

דפוס ה. איטצקאווסקי, ברלין

על ענין השעות הנזכרות בתלמוד

מהלך מיל ב' חומשי שעה ותי' החק יעקב שבברכות כתב הרמב"ם משעות זמניות זהן נחשבות מעה"ש עד צה"כ דהיינו רביע מלבד יותר מן משך י"ב שעות ההשויה שהוא מהנה"ח עד שקה"ח לפי מה דפסק כרבא ועולא וא"כ שעה וחומש משעות זמניות בזמן תקיפת ניסן ותשרי ישוו שעה וג' חומשי שעה משעות ההשויה והיינו ד' מיל של ב' חומשי שעה בצימצום כמש"כ הרמב"ם בפסחים אלא שהחק יעקב בעצמו הק' על תירוץ זה. שהוא לכאורה מזויף מתוכו שהרי יסוד חשבון מיל לב' חומשי שעה הוא שמהנה"ח עד שקיעתה יש ל' מילין וכמו שפסק הרמב"ם בהדיא כרבא ועולא בהל' ק"ש ולפי"ז ע"כ הזמן מן הנה"ח ואחר השקיעה כל אחר ה' מילין דמהלך כל היום מ' מילין (כן פסק הרמב"ם לענין אבל שָׁבָא מִמָקוֹם קָרוֹב) ואנחנו בעינו תירוצנו על מה שאורך הנשף הוא רק ד' מילין ותי' החק יעקב דהרמב"ם לא ס"ל כפי' רש"י בסוגיא דפסחי' שהרמב"ם סבר שא"א' שתהיה מחלוקת ר"ע ור' יהודה לענין הזמן שעד הנה"ח ואחר שקיעתה היפך מה שנחלקו לענין הזמן שבין הנה"ח לשקה"ח דמהנצה עד שקיעתה שיעור ההילוך הוא פחות לר"ע מלר' יהודה ולפני הנצה ואחר שקיעתה הוא פחות לר' יהודה ומשו"ה ס"ל להרמב"ם דבודאי לר"י ממהר אדם יותר שהולך ל"ב מילין בעיקר היום שבין ההנץ והשקיעה ולר"ע ולעולא אינו הולך אלא ל' מילין ובערך חשבון זה יתמעט שי' הילוך אדם בינוני קודם הנה"ח ואחר השקיעה לר"ע שלעולם הוא א' מי' מלבד דהיינו א' מח' מלניו ממהלך עיקר היום ולפי"ז לר"ע יהיה מהלך אדם ביום מעה"ש עד צה"כ פחות הרבה ממ' מילין והא דקאמר רבב"ה בשם ר' יוחנן מ' מילין היינו משום שרוב בנ"א מקדמי ומחשכי קודם עה"ש ואחר צה"כ וא"כ מה שאמר עולא מעה"ש ועד צה"כ הוא לאו דווקא וזהו כוונת ר' יוחנן באמרו רבנן הוא דקטעי דקא חשבי דקדמא וחשוכא ולפי"ז מובן בקל שהחשבון עולה יפה שעכ"פ י"ב שעות זמניות מעה"ש עד צה"כ והנשף עכ"פ א' מי' מזה דהיינו שעה וחומש שעה ושיעור מיל ב' חומשי שעה משעות ההשויה ע"כ ת"ד החק יעקב אלא שהוא כתב כל זה ברמז־נסתר ואני בירותי ובארתי בעז"ה דבריו עיין שם.

והנה יסוד דברי החק יעקב הוא יישוב המעי"ש שהבאתי למעלה שלא איתות בעולא במה שאמר ששיעור דרך רחוקה של ר"ע הוא ט"ז מיל אלא אדרבה זה אמת ומפורסם ולא איתותב אלא במה שרוצה לדייק זה ממתני' בצירוף דברי רבב"ה בשם ר' יוחנן בלא ידיעת מציאות המקום ותי' זה נ' לענ"ד דחוק מאד שדברי הגמ' ברורים שעולא איתותב בעיקר דבריו וגם צריך לומר לפי' החק יעקב שצה"כ וע"ה"ש שאמרינן בגמ' לאו דווקא ועוד אכתוב לקטן אי"ה שהגר"א הק' על פירש"י בסוגיא זו דא' מי' דרבא הוא מלניו וא' מי' דר' יהודה הוא מלבר ועוד דקדוקים אחרים וכל הקו' החזקות האלו תהיינה נ"כ על פי' החי' בדעת הרמב"ם ועוד הרי כתבתי לעיל שלפי שיטת הגאונים בזמן ביה"ש סוף י"ב שעות ע"כ הוא בשקה"ח תחת האופק ול' הרמב"ם בהל' שבת משמע בוודאי שדעתו כדעת הגאונים כדרכו בכל מקום וגם ר' אברהם בנו כ' בתשו' שהובאת לשונה בס' מנחת כהן בבירור שמיד כשנתעלמה כל עגולת השמש תחת האופק מתחיל' ג' ריבעי מיל של ביה"ש ועל כן נלענ"ד דהרמב"ם לא הלך לו בדרך פי' רש"י בסוגיא זו אלא ס"ל מה שאמר עולא מן המודיעים לירושלים

כרבא ועולא דמעה"ש עד הנה"ח ומן השקיעה עד צה"כ ה' מילין ולפי"ז יהיה מהלך אדם בי"ב שעות ההשויה רק ל' מילין וא"כ כל מיל ומיל ב' חומשי שעה והיינו כ"ד מינוטין וכ"כ נ"כ הרמב"ם בפי' המשנה פ"ג דפסחים דשיעור מיל הוא ב' חומשי שעה מששעות השויה.

וקו' 'זו הקשה המעי"ט בפ"א דברכות ותי' דמשו"ה פוסק הרמב"ם כרבא ועולא אע"ג דאסקינן עלייהו בתיובתא משום דלא איתותבי עולא ורבא אלא במה שרצו למילף מסברא מהא דר' חנינא דמעה"ש עד הנה"ח הוא ה' מילין וא"כ נשארו להזמן שמהנה"ח עד שקה"ח ל' מילין ומן המודיעים לירושלים חצים דהיינו ט"ו מילין דהא חזינן דאין זה סברא חיצונה וגם ר' חנינא שראה כן בההוא אתרא ע"כ טעה ע"ש שהרי ר' יהודה לית ליה הכי זהו קושית הגמ' עליהם אבל דינם אית דזה היה ידוע להם ולא שייך בו פלוגתא שמן המודיעים לירושל' ט"ו מיל וע"כ ס"ל לר' עקיבא דמתני' כרבא דמהלך אדם בי"ב שעות שמהנץ החמה עד השקיעה ל' מילין והילכ' כוותיה וכדפסיק הרמב"ם ג"כ בחיבורו הל' ק"פ דשיעור דרך רחוקה ט"ו מילין ע"כ פי' המעי"ט עם קצת ביאור וכן אנחנו נאמר גם כן ליישוב הפוסקים הנזכ' למעלה שפוסקים כר"ע נגד ר' יהודה והא דבפ' ב"מ ובפ' כל שהיה טמא ובזבחים נ"ו ובמנחות כ' ד' מילין היינו משום דהתם קיימי אליבא דר' יהודה להקשות מר"י אר"י (ע' מזה עוד לקמן) אבל להילכתא נ' דס"ל כר"ע משקה"ח עד צה"כ יש זמן ה' מילין וא"כ גם לתוס' מהלך מיל הוא כ"ד מינוטין.

והנה המעי"ט שם הכריח ממה שכ' הרמב"ם דשיעור מיל ב' חומשי שעה דהרמב"ם ס"ל דבלבוש די"ב שעות היום נחשבים מהנה"ח עד שקה"ח שאז ישוו ב' חומשי שעה שהם א' מל' מי"ב שעות שלמות של יום למהלך מיל שמהלך יום מהנה"ח עד שקה"ח ל' מיל אבל אם הי"ב שעות נמשכות מעה"ש עד צה"כ נוסף מהלך י' מיל ומיל א' לא ישוה אלא לא' וחצי מחומשי השעה (י"ח מינוטין).

אבל ראיה זו אין לה מקום כלל שהרי הרמב"ם בפי' המשנ' בפסחים כ' ב' חומשי שעה מששעות ההשויה אבל הי"ב שעות זמניות אפשר שיש למנותם מעה"ש עד צה"כ (ואף שהמעי"ט שם אינו מביא כל לשון הרמב"ם עם תיבות "משעות ההשויה" הרי גרים להו בפסחי' שם בתוי"ט) וכבר דחה החק יעקב בסי' תנ"ט ראית המעי"ט כן אלא שהדה"י חשב (וכן בתשו' חוט השני בסוף הספר) דהטעי"ט רוצה לומר שהרמב"ם ס"ל דיום התורה אינו אלא מהנה"ח עד שקה"ח ולא ידעתי מניין לו זה דלענ"ד נ' דזה לא עלה מעולם על דעת המעי"ט דבודאי קיי"ל דמעה"ש יממא הוא אלא כוונת המעי"ט שדעת הרמב"ם די"ב שעות היום שבתלמוד מתחשבים מהנה"ח עד שקה"ח וזה נ"כ דעת הלבוש וע' מזה לקמן.

והחק יעקב רוצה ליישב בזה שהרמב"ם מיירי בפסחי' משעת ההשויה נ"כ סתירה גלויה בדבריו שכבר העיר עליה המגן אברהם בסי' נ"ח ולא מצא לה פירוק והיינו שהרמב"ם כ' בפי' המשנ' ריש ברכות דמעה"ש עד הנה"ח שעה וחומש שעה משעות זמניות וזה לא יתכן אלא אם נחשוב הזמן הזה לר' מילין ושני מהלך מיל לאחד מחומשי שעה, וכבר כתבנו שהרמב"ם בפי' המשנ' פסחים כ' דשיעור

ע"י שמשכימין קודם עה"ש וכן אחר שקיעתה ע"י שמחשכין ליכנס אחר צאת הכוכבים) הנה לפי פירש"י מסקנת הסוגיא די פרסאות הן מהלך אדם מעה"ש עד צה"כ בימי תקופת ניסן ותשרי אבל אין זה הזמן שוה לי"ב שעות שלנו כי משעותינו שהם שעות ההשוויה דהיינו א' מכ"ד ביום ולילה יחד יש י"ב מהנה"ח עד שקה"ח בתקופת ניסן ותשרי ואין לומר דמה שכ' רש"י שהימים והלילות שוין דקאי על יום התורה שהוא מעה"ש עד צה"כ ולא מיירי בדיוק מתקופת ניסן ותשרי אלא חדש א' משוך לאמצע החורף ואז ישוה יום זה של תורה ללילה של תורה (וכן יישב הם"כ) שאין זה אמת דבארץ ישראל אפי' בתקופת טבת הזמן שבין הנה"ח ושקה"ח אינו פחות מי' שעות שלנו וא"כ עם הוספת כ' פעמים ע"ב מינוטין שהוא לכל הפחות אורך הנשף עדיין יעדויף היום על הלילה ואפילו במדינתנו הנוטים לצפון לא יהיה שיווי יום ולילה של התורה אלא חדש אחד קודם ואחר תקופת טבת אלא ברור שדברי רש"י הלקוחים מן המדרש ויקרא רבא הטובא בירושלמי ריש ברכות שבא' בתקופת ניסן ובא' בתקופת תשרי היום והלילה שוין אינם מדברים אלא ממה שכסי בני אדם נקרא יום ולילה דהיינו מהגה"ח עד שקה"ח*) ובזמן שזה היום שוה ללילה או אדם הולך י' פרס' מעה"ש עד צה"כ וב' מאלו הי' פרסאות הן קודם הנה"ח ואחר שקיעתה נמצא שוות שעות שבי"ב שעות שלנו הולך ח' פרס' שהם ל"ב מילין וא"כ נתברר שלפי פירש"י מהלך מיל הוא ג' שמיניות בשעה שלנו שהם כ"ב מינוטין וחצי (ויהיו י"ח מינוטין אם תהיה שעה אחת א' מי"ב מהזמן אשר מעה"ש עד צה"כ דאז מהלך מיל הוא א' מט' מי"ב שעות) ושיעור הנשף מהלך ד' מילין דהיינו שעה ומחצה בצימצום.

אבל צריכים אנו לדעת שהרבה פוסקים ומהם רש"י ותוס' ריש ברכות והתוס' פסחים י"א וסנהדרין מ"א ור"ת בס' הישר בפ' במה מדליקין והרא"ש בתענית סי' י"ב והרא"ם בס' יראים והגמ"ר והש"ג בפ' ב"מ בשמו כולם כאחד כתבו נגד מסקנת הגמ' אלא

*) וא"ת הא בהדיא אמרינן בירושלמי איסכא אמר רבי יוסי בירבי בון אם אומר ליתן עוביו של רקיע ללילה בין בערבית בין בשחרית נמצאת אומר שאין הלילה שוין היום והלילה באי' בתקופת ניסן וכו' עכ"ל הירושלמי אשיב לך שבלא זה גירסא זו ק' להולמה שהרי רבב מאמרי כל האמוראים שם הם תשובות על מה שחקר' רי"ח שם כמה דאת אמר בערבית גראו ג' כוכבים אע"פ שהחמה נתונה באמצע הרקיע לילה הוא ומ' אף בשחרית כן והביאו האמוראי' ילפותות הרבה מן המקרא דיש לחשוב היום מעה"ש וא"כ מה ענין הא דתני הא בתקופ' וכו' לכאן דערבך ערבא צריך אלא נלע"נ"ד ברור שחוא ענין בפני עצמו וצריך לגרוס אם י"ת ליה אם אמר והיא קי' מכל הילפותות האלו על ברייתא דבא' בתקופת ניסן וכו' דאם את נותן עוביו של רקיע בבקר ליום כדילפינן בקראי לא ישוו יום ולילה ועל"ז השיב רב הונא גלפעיה מדרך ארץ שרי מלכה נפק כדילפינן דלא נפק אמרין דנפק שרי על לא אמרין דעל עד שעתא דיעיעל פי' דברייתא זו אינה מדברת ביום האמיתי עפ"י דין תורה אלא קורא היום על פי דרך הארץ בסלך שכשמתחיל לצאת אמרין שיווצא ומשו"ה אינה מונה עוביו של רקיע בערב ליום וכשמתחיל חסלך לבא אין אומרין שבא אלא כשכבר נכנס ומשו"ה אינה מונה עוביו של רקיע בבקר ליום. ועיין במפרשי הירושלמי שקצתם פירשו נגד המציאות וקצתם דחקו מאד וגם הוזרבו כולם להניח בדברי הירושלמי.

וכן יש להביא ראיה לההי"א אליבא דר' יהודה) אלא ברור שלשיטת הגאונים בענינן ביה"ש מוכרח לומר כשיטת הלבוש בחשבון השעות אבל מי שהולך בשיטת ר"ת בענין ביה"ש שבייה"ש אינו עד ד' או ה' מילין אחר שקה"ח אינו מוכרח להמשיך נ"ך י"ב שעות היום עד זמן זה דאפשר שמ"מ זמן מנחה אינו אלא עד שקה"ח ואז כבר הוא סוף י"ב שעות היום (עיין תוס' זבחים כ' ומנחות נ"ו) אבל נראה בע"ה לקטן שההתוס' שהולכים בשיטת ר"ת לענין ביה"ש ס"ל דחשבון השעות מעה"ש עד צה"כ כדעת תה"ד אבל כיון שראיתי שכתב הגר"א שהתוס' יסברו שיטת הלבוש וגם ראיתי בחק יעקב שביאר בדעת הרמב"ם שתופס לעולם שיטת הגאונים שהוא יסבור כתה"ד בחשבון השעות צריך אני לברר שיטות הפוסקים הראשונים האלו באריכות ואציע לזה סוגיא דפסחים צ"ג צ"ד ואנב גררא יתברר לנו שיעור מהלך מיל ואורך הנשף מעלות השחר עד הנה"ח.

והכי תנן התם איזהו דרך רחוקה מן המודיעים ולחוץ וכמדתה לכל רוח ד"ר עקיבא ובגמ' אמר עולא מן המודיעים לירושלים מ"ו מילין הוה סבר לה (פירש"י עולא) כי הא דאמר רבב"ח א"ר יוחנן כמה מהלך אדם ביום י' פרס' (פירש"י אדם בינוני ביום בינוני בתקופת ניסן ותשרי שהימים והלילות שוין) מעה"ש עד הנה"ח ה' מילין משקה"ח עד צה"כ ה' מילין פשו להו תלתין חמיסר מצפרא לפלגא דיומא וחמיסר מפלגא דיומא לאורתא עולא לטעמיה דאמר עולא איזהו דרך רחוקה כל שאינו יכול ליכנס בשעת שחיטה (פירש"י דה"מ לאורתא לשקה"ח דשוב אין זמן שחיטה וכו' והרמב"ם פי' כל שאינו יכול ליכנס בתחילת זמן שחיטה והט"ז מילין חשבינן מצפרא לפלגא דיומא ואין נפ"מ מזה לעניננו כאן) אמר מר מן עה"ש עד הנה"ח ה' מילין מנא לן דכתיב וכמו השחר עלה וכתיב השמש יצא וכו' וא"ר חנינא לדידי חזי לי ההוא אתרא והויא ה' מילין עוד שם אמר רבא שיתא אלפי פרסי הוה עלמא וסומכא דרקיעא אלפא פרסא חדא גמרא וחדא סברא סבר לה כי הא דארבב"ח אר"י כמה מהלך אדם בינוני ביום י' פרס' מעה"ש עד הנה"ח ה' מילין משקה"ח עד צה"כ ה' מילין נמצאת עוביו של רקיע א' מ' ביום מיתיבי ר' יהודה אומר עוביו של רקיע א' מ' ביום חדע כמה מהלך אדם בינוני ביום י' פרס' מעה"ש עד הנה"ח ה' מילין וכו' נמצא עוביו של רקיע א' מ' ביום תיובתא דרבא תיובתא דעולא תיובתא (פירש"י ר' יהודה קחשיב לכוליה יומא מעה"ש עד צה"כ מיהו בהא מותבינן לרבא דקתני הכא מעה"ש עד צה"כ ד' מילין דהיינו עובי הרקיע וכן משקיעתה ועד צה"כ ד' מילין פשו להו ל"ב מילין מהנה"ח ועד השקיעה ותיובתא דרבא ודעולא דאמרי ל' מילין) גימא תיהוי תיובתא דר' יוחנן (פירש"י כלומר גימא דהא דאמרינן לעיל בדרבב"ח מעה"ש ועד הנה"ח ה' מילין כולה רבב"ח אתר לה משמיה דר' יוחנן ותיהוי הך נמי תיובתיה) אמר לך ר' יוחנן אנא בימטא היא דאמרי ורבנן הוא דקטעי דקחשבי דקדמא וחשוכא (פירש"י אני כללתי של כל היום מעלות היום עד צאת הכוכבים ולא פירש כמה קודם הנץ החמה ואחר השקיעה ורבנן עולא ורבא שפירשו הדבר טעו בקדמא וחשוכא שרוב בנ"א מהלכין ה' מילין קודם הנה"ח

טעמותיהם בדרך זו שלא מצאתי שהביא שום אחד מן המחברים לאחת מן הדעות ראיה מכרחת מלשונות הגמרא שלא נדחתה כבר משאר מחברים לכן נלכה נא אל הר המור לחקור דעת גדולי הטורים הראשונים בזה ובדרך חקירתנו זו נדע בע"ה שספק זה תלוי במחלוקת אחרת שבין הראשונים ועפי"ז יש לפשוט אותו מסוגית הגמרא כאשר יתברר לנו בעזרת חונן דעת.

ונקדים לחקירה זו שעכ"פ אם נתחיל חשבון השעות מעמוד השחר מוכרחים אנו להמשיכו עד זמן צאת הכוכבים שהוא מאוחר משקה"ח תחת האופק אותו משך זמן שעה"ש מוקדם להנץ החמה וכן להיפך אם נתחיל שעה ראשונה בהנץ החמה, ע"כ סוף הי"ב שעות הוא בשקיעת החמה תחת האופק וזה מוכרח מהא דאמרינן בפ' מי שהיה טמא חצי שש וחצי שבע חמה עומדת בראש כל אדם וכן אמרינן ביומא דבתחילת שבע ינטו צללי ערב ועוד ממאמרי חז"ל בכמה דוכתי מוכח דבנקודת חצות כשהחמה בתכלית הגובה ועוברת קו חצי היום (מערידיאן) אז הוא בצימצום חציו של י"ב שעות היום וא"כ ע"כ תחילתן וסופן במרחק שוה מנקודה זו דהיינו או שתחילתן תהיה בהנה"ח וסופן בשקה"ח או תחילתן בעה"ש וסופן בצאת הכוכבים ששני זמנים אלו הם במרחק שוה מנקודת חצות.

הנה ידועה מחלוקת הראשונים על התחלת זמן בין השמשות שהוא ספק יום ספק לילה שלפי סוגית הגמ' בשבת ל"ד הוא משתשקע החמה זמן מהלך ג' ריבעי מיל ודעת ר"ת ותוס' דשקיעת החמה הנאמרה כאן אינה השקיעה תחת האופק הנראה לעינינו אלא סוף שקיעתה בעובי הרקיע שהוא ד' או ה' מילין אחר זה אבל דעת הגאונים (מובא כן בשמם בס' מנחת כהן) והרמב"ם (ע' מזה לקמן) שלשון משתשקע החמה כמשמעו שתשקע החמה תחת האופק למראה עינינו שאז מתחיל ספק של בין השמשות וגמשך מהלך ג' ריבעי מיל ובסוף זמן זה צאת הוא ג' כוכבים בינונים (בארץ ישראל ביום תקופות ניסן ותשרי) ואז לילה גמורה לדיני התורה כדילפינן מנחמיה כמה דאמרינן בירושלמי ריש ברכות דטיעוט כוכבים שנים וקרמא לא מתחשב וצאת הכוכבים הנזכר בפסחים שהוא זמן רב אחר זה הוא צאת כל הכוכבים וערבית כל האור מן הרקיע והנה יש להביא ראיה מכרחת שלפי שיטת הגאונים סוף הי"ב שעות הוא בשקה"ח תחת האופק מברכות כ"ו וכ"ז דפליגי התם ר' יהודה ורבנן בזמן תפלת מנחה רבנן אומרים עד הערב ור"י אומר עד פלג המנחה ואמרינן התם דאין לומר דכוונת ר"י על פלג מנחה אחרונה ועד ועד בכלל דא"כ ר' יהודה היינו רבנן אלא כוונת ר' יהודה על פלג מנחה ראשונה ועד ועד בכלל וסוף פלג מנחה ראשונה הוא בי"א שעות חסר רביע שהתחלת זמן מנחת קטנה בתשעה ומחצה הרי להדיא דעד הערב דרבנן הוא סוף פלג מנחה אחרונה וכיון שפלג מנחה ראשונה הוא מט' ומחצה עד י"א חסר רביע א"כ פלג מנחה אחרונה נמשך עד סוף שעה י"ב של יום ואם סוף שעה י"ב היה מהלך ד' או ה' מילין אחר שקיעת החמה תחת האופק כדעת תה"ד א"כ נמצא סוף זמן תפלת המנחה לרבנן שעה אחת בקירוב אחר סוף בין השמשות לפי דעת הגאונים שבין השמשות הוא משך ג' ריבעי מיל אחר שקה"ח תחת האופק וזה מן הנמנע

"בנפש מזבול נדחת", זבול זה גן־עדן. ע' לקמן חרוז תצ"ז ובהארות שם ולא כמו שנתפרש בהערות כאן. וכידוע מדברי חז"ל שהוא אחד מן הרקיעים. בחרוז תל"ב פרוש יָדָמוּ — יכרתו, וע' בהערות. בחרוז תל"ד צ"ל ולשוד (ולא: ולשור). בחרוז תע"ב צ"ל הַנֵה.

מיכאל שלזינגר.

## על עניְן השעות הנזכרות בתלמוד.

כתב הרמב"ם בפי' המשני' ריש ברכות שהשעות הנזכרות במשנה הן זמניות היינו שאינן בכל מקום ובכל זמן בשוה א' מכ"ד מיום ולילה יחד אלא לעולם מחלקים אותו היום בלבד או אותו הלילה בלבד באותו זמן ובאותו מקום לי"ב חלקים וכן הוא מוסכם מכל הפוסקים בפשיטות וגם התוס' בעירובין נ"ו לא נסתפקו אלא לעניְן שעות הנזכרות אצל חשבון התקופות אבל השעות הנזכרות אצל מצות ודיני התורה הן זמניות בבירור (ע' תה"ד סי' א' בשם תוס' בברכות) כי יש ראיה לזה מן הגמרא ריש פ' תמיד נשחט כמש"כ המהרי"ל שמובא לשונו במגן אברהם סי' רס"א דמשמע התם שהזמן שמחצות עד ח' שעות ומחצה שוה להזמן שיש מט' שעות ומחצה עד הערב וא"כ מוכח שלעולם בין בקיץ בין בחורף הערב הוא סוף י"ב שעות היום ועוד ראיה מגמ' פסחים י"א וסנהדרין ט"א דהתם משמע שתחילת שעה ראשונה היא לעולם תחילת היום וסוף שעה ששית לעולם אמצע היום ומלבד ראיות אלו מן הגמרא הרי ידוע שכן היה מנהג פשוט באומות הקדמוניות לחשוב שעות זמניות.

אבל ראוי לחקור אם י"ב שעות זמניות אלו נמשכות גם כן על זמן הנשף בבקר ובערב (דאממערונג) או אם אין נחשבות אלא ביום השמש מהנצו עד שקיעתו. כי נחלקו בזה גדולי הפוסקים שדעת מהרי"א בעל תרומת הדשן שחושבים השעות מעלות השחר עד צאת הכוכבים שזהו יום התורה כדאמרינן בריש ברכות ובכמה דוכתי אבל ר' מרדכי יפה בעל הלבושים בלבוש התכלת סי' רל"ג ובלבוש התכלת סי' רס"ז חולק עליו ודעתו לחשוב י"ב שעות היום מזריחת השמש עד שקיעתה וכתב "שכן הוא משמעות כל ספרי התכונה." ויישב בזה מנהג בני אשכנז שמקדימין להתפלל ערבית לפעמים זמן רב קודם הלילה והרי אף לר' יהודה אין להקדימה קודם פלג המנחה שהוא לפי דעת תה"ד רק חומש מרביע שעה (היינו ג' מינוטין) קודם שקיעת החמה תחת האופק אבל ע"י שמחשבין שעות היום עד שקה"ח בלבד יהיה פלג המנחה ב' שעות ומחצה קודם צאת הכוכבים ותמה הלבוש בסי' רס"ז על שלא עלה יישוב זה על דעת תה"ד וכתב שאולי הוא לבלתי עוסקים בזמנו בספרי התכונה.

כמה דיו נשתפך וכמה קולמוסים נשתברו בכתיבת ראיות וקושיות לכל אחת משתי דעות הללו בס' לדוגמא בס' מנחת כהן להר"ר אברהם כהן פימונטיל ובס' חדושי וכללות הרז"ה לר' זאב הלוי מק"ק בראָד ועוד ספרים הרבה. אין קץ וגבול דבריהם בקשו לפשוט לספק זה מדקדוק לשונות הגמרא ומאהבת הקיצור לא אבא

ההכרה לרום פסגתה, כי עד שלא תשרה בו הכרת־הקדש לא תוכל נפשו לאמר שירה (בשירה אמתית הכתוב מדבר, בלב ולא בפה), שירת חייו לאלדים.

הכרה מלגו ושירה מלבר — זהו עליונה של תורת האדם. והכרה פנימית־ שבפנימית זו, הגנוזה עמוק בסוד הלב, למען יבדילוה מהכרה אחרת שאין מקומה אלא במוח ושגם שם לא באה בו מתוכו אלא נתישבה בו מן החוץ — כדי להבליט את הבדל ההכרות האלה נקבע שם מיוחד להכרת הלב, וקוראין לה: מוסר. ההכרה האחרת, שמוצאה מן הדעת, נכנסת באדם דרך אזניו אם רק יכון לשמוע היטב, אבל ההכרה הפנימית הזאת, שהיא הכרת המוסר, הן אינה נוגעת אלא בו, אינה ברואה אלא בשבילו, רכוש סוביקטיבי הוא שאינו נמכר ואינו נגאל, היא אינה נקנית אלא ללב, בבואה בדרך ישר מן הנצח אל פתחיו; בשעה שהיא נפתח לנגדה מעצמו, בשעה שהוא מובא לה ומוזמן... כמה שאמר הכתוב: הביאה למוסר לבך, ואזניך לאמרי דעת (משלי ר״ג י״ב).

כן.    הביאו לב לקראת המוסר!

כרוזו של המקרא הזה דבר בעתו הוא. ובשעה שקוראין את שירת זכות ז״ל אי אפשר שלא להכריזו. והנה גם מר פרידמאן, שלא הקדיש את עיקר מבואו אלא לשירו של ר״מ זכות ז״ל ולא לדברי מוסרו [מפני שלה היה זה מעניגו], בכל זאת לא נמלט בסוף דבריו מלדבר דבר על המוסר. ומה נאה דברו זה, כמה יש בו מהודאה־על־האמת, ומי יתן וישמע באותם החוגים הצריכים לכך. הלא זה לשונו:

"... היא (ר״ל המסתוריה של זכות) עולה על המסתוריה של עמי ימי הבינים בלשונות השונות בין מצד יפיה השירתי ובין מצד עוזה היצירתי והמוסרי.

גם המוסרי.

כי יצאנו כבר מתקופת האסור על המוסר. הספרות והאמנות הארופיות שחררו את עצמן זה כבר מתקופת השעשועים, בין אלה של ימי ילדותן ובין אלה של עת זקנתן״.

וכו׳ וכו׳ עיין שם, כדאי לעיין שם.

---

בסוף הדברים הגני להעיר על הגהות אחדות שיש להגיה בספר "תפתה ערוך׳: בחרוז קפ״ט הוא אומר על המשחית כי "פניו פני מות, פני הדבר, וכמו חללים שוכני קבר". ומר פרידמאן מעיר בצדק, כי פני המשחית מתוארים כאן בצורת שלד של עצמות המבהיק בחרון מפחיד.  אולם בחרוז ר״ו אנו קוראים כי פני המשחית "דומים לגור" וביאר מר פרידמאן שהם דומים לפני נור אריה. והא אין זו אלא סתירה בתוך כדי דף, כי פני גור־אריה לא פני שלד עצמות הם, וגם אינם מבהיקים בחרון מפחיד. אבל האמת הוא שיש לגרוס "גיר" (ולא נור), "כמו אבני גיר מנופצות" (ישעיה כ״ז ט״י) שהוא סיד לבן. ועי׳ ירושלמי מס׳ מעשר שני פ״ה ה״א.

בחרוז רצ״ב צ״ל לדעתי: עור (ולא: עוד). ע׳ בהערות פרוש שאי אפשר להלמו.  בחרוז רצ״ז צ״ל לדעתי: כי בין (ולא: כן) שרפים קנך יְשָׁבְּףְ — מתאים למליצת הכתוב עובדיה ד׳. ופרוש ההערות דחוק. בחרוז שע״ד צ״ל שָׁפָּךְ. בחרוז תי״ג:

לבור צללתי"... הוא מרגיש בנפשו כאלו היא נֹעֶת, אבל אינו מאמין כי אמנם כן הוא. הוא רק מסתפק בדבר, מביט בתמהון ומשתומם: "צר לי מאד עתה — — ולא אדעה, אם קרבה עתי אשר אגועה"....

יפה אמר מר פרידמאן באחת מהערותיו כי הר"מ זכות ז"ל הלך בעקבות חז"ל פסיעה אחר פסיעה ולא נתן חופש לרמזונו בכל פרטי תאוריו. כי הנה גם התואר הנפשי הזה של ההתקוממות נגד המשחית — שהוא, לדעתי, הנאה ביותר ומקורי ביותר בין כל יתר התאורים שיש למצוא גם בשירי־שאול של מִשוררים אחרים מאומות העולם — הנה, אני אומר, גם התאור הנפשי הזה יסודתו בהררי קדש בדברי רז"ל הנאמרים באחת בשם רבי אליעזר בן יעקב, ככל אשר הבאתי כבר לעיל.

הרביתי לשרטט את התאור הזה משום שהוא חשוב ביותר מצד המ ו ס ר שבו, ושזו הן היתה גם עיקר כונתו של הרב המשורר ז"ל: לשמוע ולקחת מוסר. קיחת־מוסר זו מתוך תאורי האחרית שנתכון לה הר"מ זכות ז"ל הודגשה היטב ע"י רבי ישראל סלנטר ז"ל, גאון המוסר בדורותינו, באחד ממכתביו: "עתה מה היא היראה ומה קניתה? אחת היא: הרחבת הדברים הנודעים לכל, יראת העונש הנוגע לגויה ולנפש, הנגבה למעלה מכל יסורי תבל. אכן לא בידיעתם (כלומר: ידיעת העונשין העתידים לבוא) יָעֲפָר האדם, כמאמר חז"ל בשבת (ל"א) יודעין הרשעים שדרכם למיתה וכו' שמא תאמר שמחה היא מהן ת"ל ואחריהם בפיהם ירצו סלה, ע"ש. ורק בהרחבה ובהתפעלות הנפשית תָּסֵד [היראה]. להרחיב הרעיון בציור חושי (כמעשי הר"מ זכות ז"ל) לעורר הנפש ברגשת האברים, למשוך בקרבה דברים הנודעים, עונשי הגויה והנפש אשר לא לור יקומו, כ"א להאדם עצמו עושה העברה, ה ו א ב ע צ מ ו יענש בעונש מר באין מנחם". מה קרובים כל הדברים הללו לשירת הר"מ זכות ז"ל! כאלו אדם אחד אמרם, לב אחד הרגישם. שהרי כבר אמרתי והוכחתי, כי לא ספר־שירה מוסרי כתב לנו הרב, רק ספר־מוסר שירי. על דברי התורה בס' דברים: ועתה כתבו לכם את השירה הזאת וגו' — אמרו חז"ל שכל התורה כלה בכלל שירה היא. כי אין לך דבר בעולם הנצח שאין סופו לשירה. כל זמן שאתה חודר באותו דבר, בוקע בו ומבינו, לוקח אותו ותופס בו, יודע מוצאיו ומבואיו, דרכו ומתוח חפצו, כל זמן שאתה יכול להביאו בהשבון, עדיין אפשר לך לצמצם את מהות־מושגך עליו בד' אמות של פשטות. להזות קר ככפור וקשה כארז, ואינך צריך לדברי שיר — אבל מכיון שאתה מגיע לתחום ההכרה השכלית בו, מיד אתה רואה שם עומדת חורבתה הדלה של בנת האדם שבת־קול יוצאת בה ומכרזת: עד פה תבוא ולא תוסף... ואז תופיע השירה! היא שירת האדם הצמא לא' חי, צמאון נצחי אשר לא יסוף. היא גם שירתם של מלאכי השרת העונים ואומרים בקול רעש גדול לעומת השאלה של נצח־נצחים: איה מקום כבודו...

שירה בכל עולם, רינה בכל חי. אף החי החשוב ביותר — האדם — בשעה שמגיע לרום מעלתו — החסידות — גם אז אך רנה עטו' וחסידיך ירננג'... אך לא השירה היא העיקר, אלא ההכרה הגנוזה בה. אין השירה אלא סימן שהגיעה

(שמואל-ב, כ״ד י״ז); "מלאך ה' עומד בין הארץ ובין השמים וחרבו שלופה בידו" (דה״א, כ״א ט״ז), הרי שגם אצל אבותינו היו המושגים על המיתה מתאימים לדברי חז״ל על מלאך המות וחרבו. אטור מעתה, שאותם הכתובים על הכמישה והבליה אין כונתם אלא על הזקנה, ולא על המיתה עצמה (והרי גם צעירים לימים שאינם כמושים ולא בלויים מתים באופן זה עצמו), שֶׁבֵּן היא עומדת לפנים מן המקום שיד "המדע" מגעת אליו. וכמדומני שאין רשות למדע גֶּרֶם זה שיחזיק השערותיו במה שלא מִשֵּׁש בתור דברים הקרובים לאמת. כי ח״זל הביאו את מעשי המלאך בתור חוק עולמי, ולא בתור עונש, יש להוכיח מתוך מה שהוזכר גם אצל בהמה שמתה כדרכה, ע' בבא-מציעא ל״ז ב'.

אולם חוץ מן ההערות הללו הרי מבואו של מר פרידמאן פרווזור נאה עד מאד. בו יוכל הקורא להתקין את עצמו כדי להכנס לטרקלין, טרקליגו הפלאי של ר״מ זכות ז״ל. וחשאי הוא הטרקלין, נסתר וצנוע. בו יופיעו בזה אחר זה, כמתוך אספלולית קרה על בד אסור רוטט, תאורי הקבר והשאול. יסורים כבושים של בן־האדם לאחר שעבר ובטל מן העולם יפילו שם את צלם. אור נסתר מועט, הבא מתוך פנס של שירה אלמת, שוטף באימה על גבי הצללים. צללי כאב ויאוש, סחד-תמהון ונחומים, אבל-בדידות ואבדון... ה"מת" של ר״מ זכות ז״ל כבר יצא מן העולם הזה ולעולם אחר טרם בא. אתמול היה בחיים ומחר יעמוד בדין והיום הוא שוכן-עפר. עוד אין מצבו ברור לו. עודנו בשנתו וחלום הבליו, עודנו מושפע מתקוות חייו, עוד יעיז להתקומם על הסביב לו, על טלאבי-חבלה הבאים אליו כדי להזמינו לדין-שמים. חשק החיים אשר בלבו לא יתן לו להאמין כי אמנם כבר מת. יודע הוא בלי שום ספק כי צעירים ממנו מתו, כי גם חבריו בני גילו, בני עירו וחברתו, הלכו כבר בדרך כל הארץ — ובכל זאת קשה לו ליישב בדעתו כי הנה כבר בא גם זכרונו הוא לפני אדון הנשמות, שכן נדמה לו תמיד כאלו אי-אפשר כלל שגם הוא ילך למיתה. כן, נכון הדבר, הכל מתים, הכל לא יהיו עולמית — אבל עדיין יש לו להסתפק: האם גם הוא בין הכל? האם גם אותו לא ישכחו?... הן זמן רב כזה עבר עליו בארץ בשכחו לגמרי את "העתיד" — וכלום לא אפשר הוא שגם "העתיד" ישכח אותו?...

אכן זוהי דרך לב אנוש בשעה שהוא נצרך להונות את עצמו, בשעה שהוא רוצה להסיח דעתו מאיזה "ודאי" העומד לשטן לו. מתוך שהיה רגיל כל ימיו לשכח את אחריתו, לגרש מבין רעיוניו את יום היציאה מן העולם בו תצא נפשו מרשות לרשות, מן הֶחָדֵל אל הנצח, מן העפר אל האלרים; מתוך שלא חשב על הגבול הזה אשר בעל כרחו יעברנו — על כן בבוא השעה הזאת אשר מעבירין אותו בו היא מוסיעה לעומתו כשואת פתאום לא נראית מראש שקשה מאד להשלים עמה, כפסקא מפתיעה באמצע פסוק תמוהה ומוזרה, כדבר חזוני שבא במקרה וצריך להלחם בו ולבטלו....
הוא מרגיש כאלו נפל לאיזה בור, אבל אינו רוצה להאמין כי אמנם זהו בור-הקבר, עד שהוא תמה ואומר: איש איש (מבני ביתי) לערשו הלכו נדרו, ואני כאיש נופל

אינו אלא משל. עיין שם. הנה יצא הר"מ זכות ז"ל בדברי חרוזיו אלה ללחום נגד חכמי המחקר אשר בארו את הגהנם בדרך משל. בהוצאה החדשה הזאת הושמטו בתים אחדים המדברים על טדורי הגהנם מפני שאם לא כן היו הדברים הבאים שם ארוכים יותר מדאי ומקלקלים את טעם השיר (ראה במבוא) — אבל ברי לי שהר"מ זכות ז"ל עצמו לא היה חושש לכך, גם לו אם הכיר את קלקול השיר, כי לא היציאה בשיר שמישה לו עיקר אלא היציאה מידי חובתו כלפי בני דורו כדי למסר להם באמונה את „דברי רז"ל הנאמרים באמת". כי יותר משהיה זכות אמן תיאטרוני ובעל לשון היה גדול ביראת שמים, וזוהי שעמדה לו כמטרה במעשי אומנותו. הדגשת האמת הזאת בדמות דיוקנו של הר"מ זכות ז"ל, ובמטרת שיר־המוסר שלו, חֲסֵרָה לגמרי בדברי המבוא.

אילו ראה הרב המשורר ז"ל את הוצאת ספרו החדשה, היפה כל כך בסדורה ובהערכתה, ודאי שהיה שמח על עבודו של השיר. תקונים נאים מאד הכנים מר פרידמאן במהלך השירה מבלי לשנותה כלל. הנה, למשל, צדוק־הדין של החוטאים במדורי הגהנם בא אצל המשורר רק בסוף התאור של כל שבעת המדורים. נראה לי שהמשורר ז"ל עצמו היה מסכים לתקונו של מר פרידמאן שהביא את צדוק־הדין בכל פעם ופעם לכל מדור בפני עצמו אחרי גמר המשחית את תאורו. ואל יהי תקון זה קל בעיניך, כי משפיע הוא הרבה על נפש הקורא ומכניס בכל השירה כלה טעם מרובה לשבח. רק בדבר אחד צריך עיון עדיין. כי הנה אחרי המדור החמישי והששי לא הביא מר פרידמאן את צדוק־הדין. ובודאי עשה זאת כדי שלא לחזור יותר מדאי על אותם הדברים עצמם, והדבר עושה רושם, כאלו המדורים האלה עמוקים כל־כך עד שרק „אנקת החוטאים תחריד לב וקול דברים לא ישמע". אבל איך אפשר לפי זה כי מן המדור השביעי הבא אחריהם, שהוא עמוק יותר מהם ומיוחד לרשעים גדולים מן הקודמים, יִשָּׁמַע פתאם קול־דברים ברורים באטרם חרוז עצמו של צדוק־הדין? קצת קושיא בדבר, ומובטחני שבהוצאה החדשה יקל לו למר פרידמאן לפרקה.

כאטור, היה המשורר ז"ל עצמו מסכים על עבוד השיר ביד טעבד מומחה כזה, אלא שיחד עם זה היה גם מצטער הרבה על אבוד הבתים שהושמטו ממנו ושלא היה יכול לותר עליהם משום שהכניסם בחבורו על יסור „דברי רז"ל הנאמרים באמת", וכן גם על השמטת אלה הדברים עצמם מעל שער הספר. איני יודע אם יש רשות לעשות כן בספרו של גדול בשעה שודאי לנו שאין רוחו ז"ל נוחה מכך.

גם יש אשר נפגש בדברי המעבר קצת הערות ורמזים, אשר יהודי־ כמו־שהוא, זה שקורין לו עכשו בשפת־העלנים של זמננו „אורתודוכס", לא יסכים להם. מבלי להאריך בכך אביא רק דונמא אחת ממה שכתוב בדף נ"ט, כי המושגים על המות והמיתה אצל אבותינו בימי הנביאים היו כמעט יותר „מדעיים" ויותר קרובים לאמת מן המושג על מלאך־המות. „אז צִוּוּ האנשים לעצמם את המיתה בתור כמישה, החדלה, בליה: „כציץ יצא וימל" (איוב י"ד, א'); „ימי כצל נטוי ואני כעשב איבש" (תהל' ק"ב, י"א)". — אמנם כאן נראה לי להזכיר את „המלאך המכה בעם"

אך יש אשר תמַנֶה ההשגחה גם מזל אחר לספרים כאלה: מרחמים נמצאים להם, חובבים. החובבים הללו אשר יקיצום אינם מסתפקים בקיצה בלבד. הם דואגים להם. לא יתנום לצאת לבדם החוצה, כי מלוים הם אותם על כל צעד ושעל. ובשעה שהזקנים הללו נכנסים לרשות חייט מקדמים המלוים ונכנסים קודם, מרבים לספר לנו פרטות על אדת האורחים הממשמשים ובאים, על מוצאם ועל חייהם ועל המקום שבאו משם, עד אשר רחוקים נעשים כקרובים ואורחים כבני־בית. כידוע נעשית העבודה הזאת ביד מְלַוֵי הספרים באמצעות מבוא והערות.

והנה זכה הפעם למזל טוב כזה גם הספר „תפתה ערוך" של הר"מ זכות ז"ל. חושב חשוב אחד, יודע פרק בשיר וחזון וחודר לעמקם מאין כמוהו, ראהו ונתאהב בו, עמד והדפיסו*). — הוא הסופר ד"ר ד. א. פרידמאן.

תודה רבה!

המבוא הגדול שכתב מר פרידמן לספר־המוסר זה עוסק ברובו לא במוסרו של הספר כי אם בהעִרכת פיזומו של ר"מ זכות ז"ל, כוון יצוריו ותאוריו, אופי דברו ובטוייו. גם הרוצה לעמוד היטב על טיב המסתורין ביצירות השירה מתוך התאמתן למבנה הדורות, והאוהב לעיין בדברים קצרים המשמשים מפתחות לענינים גדולים — ילך ויקרא מבוא זה. גם עוד כונות אחרות היו לו לטעבד במעשי עבודו, ככל אשר יתבאר בדברי המבוא ובהערה אחרונה בסוף הספר, אך לא על אלה אני דן.

כבר אמרתי למעלה, כי ספרו של הר"מ זכות ספר־מסר הוא. ספר־מוסר לכל, פרטיו ודקדוקיו ככל יתר ספרי היראה שנכתבו ע"י רבותינו ז"ל היראים והשלמים לפני מאות בשנים. כלם בכל ספריהם, וגם זכות כיוצא בהם, הלכו תמיד בעקבות חז"ל ולא סרו ימין ושמאל. אין בין הספר „תפתה ערוך" ובין הספר „ראשית חכמה" אלא שזה בא בשירו וזה בא בפרוזתו, אבל בתכנם ובמטרתם ענין אחד עולה לשניהם. מי שהלך מאמשטרדם לפוזנא כדי להתעמק בלמוד הקבלה, מי שהתענה ארבעים יום בדי שישכח את הספרים הלטינים אשר קרא בימי נעוריו, מי שדבק כל ימיו בתורה ובמצוות והיה לגאון ולצדיק נשגב — וכל זה עשה ר' משה זכות ז"ל — ודאי שמעשה שירו היה לשם שמים, לשם חזוק האמונה בשכר ועונש. והרי כן כתב על שער הספר: „יסודתו בהררי קודש דברי רז"ל הנאמרים באמת". בזה נגלה עיקר כונתו לנטוע בלב הקורא אמונת חכמים עמוקה בעונשו של גהנם לאחר מיתה. ובחר לשם כך את צורת השירה, שהיתה לו אמנות נפלאה בה, כדי להציב כמו חי את תמונות העונשין של הרשעים בדיוק גמור עפ"י דברי חז"ל במדרשים ובזוהר ולקרב אל העין ללב בני דורו למען ירגישוהו בתואר „עתיד ודאי" אם לא ייטיבו את דרכיהם. כונתו זאת נראית לנו בפרוש בחרוזי שע"ה־ש"פ במקום שהוא מדבר על האנשים הצעירים שנשתכרו „בין השחרות" ואשר ה„בוערים" שאינם מאמינים בעָנשי הגהנם „משלו בשכלם" לפתותם, באמרם להם תמיד כי כל הדברים שנאמרו על „התפתה"

---

*) תפתה ערוך. חברו הר"ר משה זכות. מעובד ומבואר בצרוף מבוא ע"י ד. א. פרידמאן. ברלין, „עינות" התרפ"ב.

שמענו הרבה היא שירת הדין עצמו, שירת העונש באשר הוא. על הַמִשְׁפָּט ברוח הרשע היורדה למטה לקבל דין, על הנקמה של החטא בשובו לטקים שיצא משם, לנפש יוצרו ועושו, לנפש החוטא עצמו שעדיין במרדו הוא עומד ואינו מצדיק דין שמים, בעודו שוהה על פתחו של גהנם ואינו חוזר בו; באותה שעה שהוא מכיר פתאם כי הנה תאותו, תאות חייו, הולכת ואובדת ממנו, והוא רואה בה וכועס, שניו יחרוק ונמס — אך אין לו מוצא מן המצר.

אבן־פנה לשירה זו אנו מוצאים בספר תהלים, ופרושה על שעת העונש — מתוך דברי רבותינו ז"ל.

אמר הכתוב: רשע יראה וכעס, שניו יחרק ונמס, תאות רשעים תאבד (תהלים קי"ב י'). רבי אליעזר בן יעקב אומר כשם שמקשה ערפו בעולם הזה כך מקשה ערפו בשעת פטירתו שעומד בדין, שנאמר רשע יראה וכעס וכו'. מכאן אמרו חכמים אפילו בפטירתו של אדם רשע יצרו מתגבר עליו, ואם צדיק הוא מוסר נפשו לבעליו.

יודע הצדיק שיש לו בעלים בעולמו, כי נפשו שאולה היא אתו ובכל שעה בעליו עמו, וכשמגיע זמן־השבה הוא מוסרה לבעלים בנחת רוח.

משנה זו של רבי אליעזר בן יעקב קן ענקי בה. ככל יתר דברי חכמים היא צריכה תלמוד ועיון פנימי. שרטוט קטן בה ויושר גדול שם, של רמז קל היא ועולם מלא בו. די לחכימא ברמיזא — ואולם כבר נמצא חכימא שלה. בספר נשכח אחד, „תפתה ערוך" שיר על הגהנם, אשר כתב ר' משה זכות ז"ל לפני מאתים שנה, יש פרוש נפשי עמוק למשנה קצרה זו בין שאר משניות על הקנר והשאול, שנשנו בברייתות שונות ונתפרשו באותה שירה.

בשעה שנכתב אותו השיר — נדפס, ואחרי שלשים שנה נדפס שנית, ואחר מאה שנה נתרגם לאיטלקית, אולם מאז ועד עתה לא זכה לצאת לאור. כי שלימה גדולה נְתַּנָה לפורה שר של שכחה בדברי ימי האדם. בתוך היכלו הגדול והמלא של שר נפלא זה הולכים ונצברים מדור לדור נכסי רוחם של גדולים לאחר שנשכחו מאיזה טעם (או יותר נכון: מחוסר־טעם של הבאים אחריהם) והוסחה מהם הדעת. אכן הכל תלוי במזל, ואפילו ספרים שבהיכל זה. יש מהם שזוכים ורואים בישועתה של איזו חברה העוסקת „בביקצת נרדמים", כי תשלח אליהם עובדים חרוצים לאמר לאסירים צאו ולאשר בחשך הגלו. ואז יוצאים הנרדמים האלה בעוד חבלי שנה על פניהם אל שוק הסםפרים בני־הדור, הרומשים על פני תבל. לא נוחה להם ביותר יציאת־פתאום זו. נפשם העתיקה כאלו סולדת מפזיזות זריזותם של ספריה „זמן" העוברים על פניהם רצוא ושוב בתנועה קלה ושחצנית, מבלי לשים לב „לנפטרים" חשובים הללו שהקיצו זה־עתה מעומק שנתם להתהלך בין החיים. כחוני המעגל בשעתו, השב אל עיר מושבו לאחר שישן שבעים שנה ובני עדתו לא הכירוהו, כך גם הספרים הישישים האלה שמקציי נרדמים הפריעום משנתם, הולכים ושבים בין ניני כותביהם, כזרים ואין להכיר, נדחים ואין לקרב.

וּמָה חָכַמְתָּ בְּהָשִׁיבְךָ אֶל לִבֵּךָ כִּי תוֹרַת אֲבוֹתֶיךָ הִיא מְקוֹר חָכְמַת
אֱלֹהִים, נְכוֹחָה לְכָל מֵבִין כַּקֶּטֹן כַּגָּדוֹל שְׁפָלִים עִם גְּבוֹהִים, אֲשֶׁר כֵּהָה
לֹא יָפוּג וְלֹא יִתַּם לָעַד וּמַעְיְנוֹתֶיהָ לְעוֹלָם לֹא יְכַזְּבוּ, כִּי תוֹרַת אֱמֶת הִיא,
אֲשֶׁר נְבִיאֶיהָ מְלִיצֶיהָ לֹא יְשַׁקֵּרוּ וְלֹא יְנַחֲמוּ, תּוֹרַת עוֹלָמִים הִיא אֲשֶׁר
חֲכָמֶיהָ מוֹרֶיהָ לֹא יְשַׁנּוּ טַעֲמָהּ וְאֶת עֵינָהּ לֹא יַהְפֹּכוּ. וְאַתְּ נַפְשִׁי, אִם
בְּזֹאת הַתּוֹרָה בְּכָל לֵב תִּדְבָּקִי וּבְמִצְוֹתֶיהָ בְּכָל עֹז תַּחֲזִיקִי בִּדְרָכֶיךָ לֹא
עוֹד תִּכָּשֵׁלִי וּמְשָׁרֶשֵׁךָ לֹא עוֹד תִּנָּשֵׁלִי. לֹא תֵהָבְלִי וְלֹא תִבְהֲלִי, כִּי
לַאֲמָרֶיהָ תִשְׁמָעִי וּגְעִימוֹת נֶצַח בְּכָל רֶגַע תִּשְׁבָּעִי אִם אֶת פְּנֵי תוֹרַת
יִשְׂרָאֵל כָּכָה תָהַדְּרִי אָז תִּנָּקִי וְקָדַשְׁתְּ וְלִפְנֵי ה' תִּטְהָרִי.

א. א. קפלן.

## הַשִּׁירָה וְהַמּוּסָר לְר' מֹשֶׁה זַבּוּת ז"ל.

(עיונים)

שָׁנִינוּ בְמַסּ' בְּרָכוֹת (ט"ח:) רַבִּי מֵאִיר אוֹמֵר מִנַּיִן שֶׁכְּשֵׁם שֶׁמְּבָרֵךְ עַל הַטּוֹבָה
כָּךְ מְבָרֵךְ עַל הָרָעָה, תַּלְמוּד לוֹמַר, אֲשֶׁר נָתַן לְךָ ה' אֱלֹהֶיךָ — בָּנֶיךָ, בְּכָל דִּין
שֶׁדָּנְךָ, בֵּין מִדָּה טוֹבָה וּבֵין מִדַּת פּוּרְעָנוּת. כְּלוֹמַר: יֵדַע הָאָדָם וְיָבִין כִּי ה' בַּעַל
הָרַחֲמִים הוּא גַם אֱלֹהָיו, דַּיָּנוֹ, בְּכָל דִּין שֶׁדָּנוּ, וּבֵין כְּשֶׁנֶּהֱנֶה בֵּין כְּשֶׁנֶּעֱנָשׁ אֵין לוֹ אֶלָּא
לְהִתְקָרֵב אֵלָיו, לְבָרְכוֹ, לְהַכִּיר רַק בּוֹ, כִּבְיָכוֹל, אֶת מְקוֹר הַבְּרָכוֹת כֻּלָּן, מְקוֹר הַשֶּׁפַע
לְכָל הֹוֶה שֶׁבְּסוֹף סוֹפָהּ הִיא רוֹאָה בְרָכָה.

וְלֹא זוֹ בִּלְבַד אָמְרוּ שֶׁיְּבָרֵךְ עַל הָרָעָה אֶלָּא גַם יָשִׁיר עָלֶיהָ. יָשִׁיר בְּשִׁירִים
כָּל לֵב רַע, כָּל אִישׁ צַר וּמָצוֹק. יִתְרוֹמֵם וְיִתְעַלֶּה רוּחַ הָאָדָם כַּאֲשֶׁר יִמְצָא עֹמֶק הַדִּין,
הוֹד וְהָדָר יִרְאֶה בָּעֳנָשׁוֹ, כְּבוֹד הַנֶּצַח וְתִפְאַרְתּוֹ. וּבְרָאוֹתוֹ — יֹאמַר שִׁירָה. שֶׁכֵּן אָמַר
דָּוִד לִפְנֵי הַקָּבָּ"ה: חֶסֶד וּמִשְׁפָּט אָשִׁירָה, לְךָ ה' אֲזַמֵּרָה. אִם חֶסֶד — אַשִׁירָה, וְאִם
מִשְׁפָּט — אַשִׁירָה! (ברכות) כִּי זֶה וְזֶה אַחַת הִיא. מְלֹא כָל הַמַּעֲשִׂים כְּבוֹדוֹ שֶׁל
מָקוֹם, וּבְכָל מָקוֹם אֲשֶׁר יַזְכִּיר אֶת שְׁמוֹ עֹז וְיִפְעָה בְּמִשְׁפָּט פָּעֳלוֹ, שִׁיר וְהַלֵּל עַמּוֹ.
כְּשֵׁם שֶׁתְּזַמֵּר שִׁירַת הָרַחֲמִים לִפְנִים מִשּׁוּרַת הַדִּין כָּךְ תְּזַמֵּר גַּם שִׁירַת הַדִּין בְּתוֹךְ
שׁוּרָתוֹ עַצְמָהּ. שִׁירוּ לוֹ, זַמְּרוּ לוֹ — בְּכָל מָקוֹם וּבְכָל עֵת.

הַרְבֵּה מִשִּׁירוֹת הָרַחֲמִים הִשְׁמִיעוּנוּ מְשׁוֹרְרֵי יִשְׂרָאֵל גְּדוֹלֵי כָל הַדּוֹרוֹת, כְּגוֹן רַבִּי
יְהוּדָה הַלֵּוִי ז"ל וַחֲבֵרָיו. וְעוֹד שִׁירָה אַחַת הִכִּינוּ מֵהֶם לְשָׁמְעוּ, הִיא הַמִּתְמַצַּעַת בֵּין שְׁנֵי אֵלֶּה,
בֵּין הַדִּין וּבֵין הָרַחֲמִים, הִיא הַשִּׁירָה שֶׁל צִדּוּק־הַדִּין. זוֹ בַּת הַהַרְגָּשָׁה שֶׁל „גַּם זוֹ
לְטוֹבָה", שִׁירַת הַכְּנִיעָה לִפְנֵי הַגְּזֵרָה, שִׁירַת הָאַהֲבָה בְּקַבָּלַת יִסּוּרִין. אַךְ אֶת אֲשֶׁר לֹא

מַה קַּלּוֹת בַּעֲדוֹתֶךָ גֵּבַהּ וְנַאֲוָה וְאַתְּ עֵרֹם וְעֶרְיָה. בְּהַעֲצִימְךָ אֶת רוּמֶךָ וּבְהַעֲלִימְךָ אֶת מוּמֶךָ, בְּאָכְלְךָ לְבַדְּךָ פִּתֶּךָ וְאֵין לַאֲחֵרִים אִתָּךְ, בְּתִתְּךָ אֶת קָטְנְךָ עֶלְיוֹן עַל־כֹּל וְאֶת בִּטְנְךָ תַּכְלִית הַכֹּל.

וּמַה גְּבַדְדְתָּ בַּעֲטוֹתְךָ מְעִיל צֶדֶק וַעֲנָוָה בִּהְיוֹת רוּם אֱנוֹשׁ קָטָן בְּעֵינֶיךָ, בְּדַעְתְּךָ כִּי רַק עֹשֶׂה חֶסֶד מִשְׁפָּט וּצְדָקָה יִדָּמֶה לִבְנֵי אֵלִים. וְאִם שָׁלֹשׁ אֵלֶּה לֹא יַעֲשֶׂה בְּאַיִן כָּמֹהוּ וְכָל כְּבוֹדוֹ אֶפֶס וָתֹהוּ.

מַה דַּלּוֹת בְּבִטְחֲךָ בְּאוֹצְרוֹתֶיךָ וְהֵם לֹא יוֹעִילוּ וְלֹא יַצִּילוּ. הֲלֹא כִרְבוֹת מִשְׂכָּל וְהָבְךָ יִגְדַּל כְּבֵד יְהָבְךָ וְכָל רוֹאֶה יְקָרְךָ אוֹתְךָ לֹא יָבָרֶךְ, כִּי בְכָל קִנְיָנֶיךָ תִּקְנֶי לָךְ קִנְאָה וְאוֹצָרֶיךָ יַרְבּוּ מִסְפַּר צוֹרְרֶיךָ. וּמִי יוֹדֵעַ אִם לֹא לָבוּז יִהְיֶה בִצְעֶךָ וְלִבּוֹ שֶׁלָּךְ וּמְאוּמָה לֹא תִשָּׂא בַעֲמָלָךְ.

וּמָה עָשַׁרְתָּ בְּהַכִּירְךָ כִּי יִרְאַת ה׳ הִיא אוֹצָרָךְ, כִּי יָשְׁרְךָ הוּא עָשְׁרֶךָ, וְכִי בַּעֲשׂוֹתְךָ צְדָקָה בָּאָרֶץ גִּנְזֵי מָרוֹם אַתְּ לָךְ גּוֹנֵזֶת וְקֶרֶן צַדִּיק בְּצִדְקָה מִתְרוֹמֶמֶת הִיא קֶרֶן עֲדֵי עַד קַיֶּמֶת בִּמְקוֹם יַד עָמָל לֹא תַגִּיעֶנָּה וְרֶגֶל גַּאֲוָה לֹא תְבוֹאֶהָ.

מַה שָּׁפַלְתָּ בְּשִׁכְחֲךָ אֶת עַמֶּךָ וְאֶת אֱלֹהֶיךָ אֶת הֲדַר תּוֹרָתֶךָ וְאֶת הֲדַר הוֹרָתֶךָ, בְּעָזְבְךָ אֶת אַחֶיךָ הַיְשָׁרִים לָלֶכֶת אַחֲרֵי זָרִים; בְּיַלְדֵי נָכְרִים תַּשְׂפִּיקִי וְעַל בּוּזֵי מוֹלַדְתְּךָ תִּתְרַפְּקִי, לְעַמָּם לְלָעְגָּם רָצוֹן תֹּאמְרִי וּכְבוֹד עַמֵּךְ בְּקָלוֹן תָּמִירִי.

וּמַה גָּבַהְתָּ בְּזָכְרְךָ הַצּוּר מִמֶּנּוּ חֻצַּבְתְּ, בְּהִתְבּוֹנְנֶךָ מִי הֵם הוֹרֶיךָ וּמִי מוֹרֶיךָ, מִי שָׂרַיִךְ וּמִי שָׂרָיִךְ, כִּי יִשְׂרָאֵל הוּא עַם אֱלֹהִים וְצִיּוֹן הַר אֱלֹהִים וְאִם יְשֵׁנָה וַחֲלוֹף כָּלִיל כָּל מַמְלְכוֹת הָאֱלִיל אַתְּ לְעוֹלָם הָסְנֵךְ וְאוֹנֵךְ וּגְאוֹן יַעֲקֹב עֲדֵי עַד הוֹד גְּאוֹנֵךְ. וְאִם עַל רוּם עָמְדֵךְ זֶה תַּעַמְדִי כְּבוֹד זָרִים לֹא עוֹד תַּחְמְדִי.

מַה פָּעַלְתָּ בְּעָזְבְךָ מָצוּר. שָׂדַי מַיִם נוֹזְלִים קָרִים, לַחֲצוֹב בּוֹרוֹת נִשְׁבָּרִים, לִשְׁאוֹף רוּחַ מִבֵּין גַּבֵּי חֹמֶר וּלְהָפִיק תְּבוּנָה מִמִּשְׁלֵי אֵפֶר, לִרְדֹּף דַּעַת קָדִים וְלִדְרֹשׁ מוּסָר מִפִּי הוֹלְלִים, לְבַקֵּשׁ אֱמֶת מִפִּי מוֹרֵי שֶׁקֶר וְלִדְ־רֹשׁ בְּעַד הַחַיִּים אֶל הַמֵּתִים.

# ישרון

### ירחון לתורה ולעניני היהדות

חוברת ו.     כסלו—טבת תרפ"ג     שנה שלישית

זאב יעב"ץ.

## חשבון הנפש.

(הגיון לב בחדש השביעי בתשעה לחדש בערב).

נַפְשִׁי נַפְשִׁי!

מַה קָּטֹנְתְּ וּמַה גָּדַלְתְּ, מַה קַּלּוֹת וּמַה נִּכְבַּדְתְּ, מַה דַּלּוֹת וּמַה עָשַׁרְתְּ. מַה שָּׁפַלְתְּ וּמַה גָּבַהְתְּ, מַה סָכַלְתְּ וּמַה חָכָמְתְּ.

מַה קָּטֹנְתְּ בְּאָמְרֵךְ כִּי אֲבִי גָלְמֵךְ, הוּא כָל עֲדִי עָצְמֵךְ, כִּי חַלְדֵךְ לְבַד הוּא כָל חֶלְדֵךְ, כִּי שָׂבְעֵךְ וְסָבְאֵךְ הֵם כָּל תְּעוּדָתֵךְ וּפְקוּדָתֵךְ. אִם כֹּה תְדַמִּי הֲלֹא רִמָּה רוֹמֶשֶׂת אַתְּ, תּוֹלַעַת בּוֹלַעַת אַתְּ, כִּי כְמוֹהֶן אֵין לָךְ בְּעוֹלָמֵךְ בִּלְתִּי אִם גְּרוֹנֵךְ וּגְחוֹנֵךְ.

וּמַה גָּדַלְתְּ בְּבַדְּעֻתֵּךְ כִּי כָל עַצְמָתֵךְ, הִיא נִשְׁמָתֵךְ, כִּי יְסוֹדָתָהּ חֵלֶק אֱלוֹהַּ, נִכְבָּד מִכָּל נִכְבָּד. וְאַתְּ לְמַלֵּא אוֹתָהּ רוּחַ חָכְמָה נוֹצַרְתְּ וּלְהַרְבּוֹת טוּב ה' בְּעוֹלָמֵךְ הוּצַב בָּאָרֶץ סֻלָּמֵךְ וְאַתְּ כְּמַלְאַךְ אֱלֹהִים בּוֹ עוֹלָה וְיוֹרֶדֶת. וּבֵין הַשָּׁמַיִם וּבֵין הָאָרֶץ עוֹמֶדֶת לִשְׁאוֹף רוּחַ חֵן וְטָהֳרָה מִמְּרוֹמִים, לְהַעֲרוֹת עַל אֶרֶץ בְּרָכוֹת שִׁפְעָתָהּ וּלְמַלֵּא פְּנֵי תֵבֵל אֶת יִפְעָתָהּ.

AP        Jeschurun
93
J4
Jg.9

PLEASE DO NOT REMOVE
CARDS OR SLIPS FROM THIS POCKET

UNIVERSITY OF TORONTO LIBRARY

Lightning Source UK Ltd.
Milton Keynes UK
UKHW022219160119
335697UK00011B/552/P